國際商事仲裁法研究

제 1 권

石 光 現 著

博 英 社

Essays in International Commercial Arbitration Law

Volume Ⅰ

SUK Kwang Hyun

Pakyoungsa Publishing Co.
SEOUL, KOREA
2007

머 리 말

저자는 과거 1983년 국제계약 담당 해군법무관으로서, 그리고 1984년부터 1999년까지 김&장에서 변호사로서 다양한 국제거래를 취급하면서 대안적 분쟁해결(alternative dispute resolution)의 수단인 國際商事仲裁法에 관심을 가지게 되었다. 초기에는 國際私法과 國際民事訴訟法에 더 큰 관심을 가졌지만, 그 후 점차 國際商事仲裁法에 대한 관심을 키워왔었다. 그러던 중 1999년 한양대학교로 자리를 옮긴 뒤 대학원에서 國際商事仲裁法을 강의하면서 체계적으로 공부할 기회를 가질 수 있었다. 그 때 아쉬웠던 것은 국내 문헌의 부족이었다. 영국, 미국과 프랑스처럼 국제상사중재에서 주도적인 역할을 하는 국가들과는 비교할 수도 없지만, 중재법의 연구자는 별로 없고 國際商事仲裁法의 경우는 더욱 심각하다. 저자는 우리나라의 모든 민사소송법학자들이 중재법과 國際商事仲裁法을 연구해야 한다고 믿지만 현실은 그렇지 않다. 따라서 지금은 國際商事仲裁法에 관한 한 우리나라에는 실무는 있지만, 학계는 존재조차도 의문시될 정도이다. 중재학회가 있지만 그곳에도 國際商事仲裁法에 관심을 가지는 분은 많지 않다. 이는 우리 법률가들의 다수가 國際去來와 國際私法 및 國際民事節次法에 무관심한 탓이고 법학계가 제 역할을 하지 못하기 때문이다.

다만 국제중재만을 대상으로 하는 대한상사중재원의 국제중재규칙이 2007년 2월 1일 시행되었고, 2005년 6월에는 국제중재실무회가 결성되어 활동하는 것으로 보이므로 앞으로는 좀 달라질 수도 있을 것이라는 희망을 가져본다. 다만 종래 우리나라에도 그 수는 비록 적지만, 국제상사중재에 관심을 가지고 중재인 또는 대리인으로 활동하면서 연구도 담당해온 법률가들이 계시는데 실무회가 그 분들을 배제한 것은 이해할 수 없다. 그나마 다행인 것은 근자에 외국에서 國際商事仲裁法에 관한 주제로 박사학위를 취득한 분들이 속속 귀국하여 연구업적을 발표하는 점인데, 앞으로 그 분들의 활약을 기대한다.

국내에도 國際商事仲裁法에 관한 책자들이 없는 것은 아니지만 대체로 구 중재법 하의 것이거나, 비법률가들을 위한 것이거나, 아니면 실무의 소개에 그치고 있다. 다만 중재법 전반을 다룬 목영준 헌법재판소 재판관의 商事仲裁法論(2000)과 이호원 가정법원장의 여러 논문들은 저자에게 큰 도움이 되었다. 현직 법관들이 바쁜 시간을 쪼개서 훌륭한 저서와 논문들을 쓰고 연구를 주도한 데 대하여 敬意를 표한다. 그리고 2005년 註釋仲裁法의 간행도 반가운 일이다. 다만 주석서라고 하기에는 부족한데, 개정판에서는 좀더 충실해지기를 기대한다.

이런 배경 하에서 저자 나름대로 國際商事仲裁法의 제논점을 다룬 글들을 썼고 이를 묶어서 여기에 上梓한다. 그 이유는 부족한 글이나마 발표함으로써 후배들에게 도움을 주고, 國際商事仲裁法에 관한 논의와 연구를 촉구하려는 것이다. 저자의 접근방법은 國際民事訴訟과의 관련 하에서, 그러나 국제상사중재의 독자성을 충분히 존중하면서 국제상사중재를 바라보는 것인데, 이는 양자를 명확히 이해할 수 있게 하는 장점이 있다. 저자가 중재절차 자체보다는 법원과의 접점이 있는 주제를 먼저 다룬 것도 그 때문이다. 2006년 2학기부터 1년 동안 안식년을 보낸 덕분에 이 책자를 좀더 빨리 간행할 수 있었다.

또한 저자는 한양대학교 법과대학의 동료교수들과 2단계 BK21사업에 참여하여「국제소송법제 및 국제중재법제 연구팀」을 설립하여 작업을 진행하였다. 이런 기회를 가질 수 있었던 것은 다행이지만 정작 후진양성이 부진한 점은 아쉽다. 한미 FTA의 타결을 계기로 투자자-국가분쟁(ISD)에 대한 국민의 관심이 커졌으므로 투자분쟁의 해결을 위한 투자(조약)중재는 물론이고 국제상사중재에 대한 우리 법률가들과 법학도들의 관심도 커질 것으로 기대한다. 그 과정에서 이 책자가 조금이나마 도움이 될 수 있기를 바란다.

마지막으로 독자들께 한 가지 양해의 말씀을 구하고자 한다. 이 책에 수록한 논문들 중에서 제7장과 제10장은 2007년 1월 저자가 간행한「國際私法과 國際訴訟」제4권에 이미 게재한 것이어서 여기에 再錄하는 것은 주저되었지만, 國際商事仲裁法에 관한 글들을 한 권에 묶는 것이 독자들에게 편리하다고 보아 그렇게 한 것이니 혜량하여 주실 것을 부탁드린다. 또한 각 장간에 중복되는 부분이 있지만 이는 각각 완성된 형태의 글로 발표하였거나 작성된 것이기 때문임을 너그럽게 양해해주실 것을 부탁드린다.

2007년 10월

석 광 현 씀

後 記

이 책의 교정을 보는 과정에서 2007년 7월 3일 뜻밖에도 '법학전문대학원 설치·운영에 관한 법률안'(이른바 로스쿨법)이 국회 본회의를 통과하였고 같은 달 27일 공포되어 9월 28일 발효되었다. 그 결과 2007년 여름 방학에는, 전국 법과대학과 법학교수들은 2009년 3월 개원이라는 무리한 일정에 맞추어 로스쿨인가를 받기 위한 준비를 하느라 비상사태를 경험하였고 법학교수 사회에는 인사 광풍이 불었다. 그 와중에 저자도 서울대로 자리를 옮기게 되었다. 저자는 로스쿨이 마치 우리나라 법학교육이 안고 있는 모든 문제를 일거에 해결해줄 수 있는 도깨비방망이라도 되는 듯한 환상을 가지는 것을 경계하지만, 우여곡절 끝에 도입된 이상 지혜를 모아 로스쿨제도를 바람직한 방향으로 키워나가야 할 것이다. 이를 위하여는 로스쿨 및 그 학생의 숫자가 일정 규모 이상 확보되어야 하고, 로스쿨에서 정상적으로 공부한 학생이라면 큰 어려움 없이 변호사시험에 합격할 수 있어야 한다. 물론 그 전제로서 로스쿨의 교육은 일정한 질적 수준을 담보하는 것이어야 한다. 그렇지 않으면 로스쿨의 학생들은 신 사법시험의 준비에 매달릴 것이고 그렇게 되면 國際去來法, 國際私法 및 國際民事節次法을 공부하거나 그 밖에 전문성을 기를 여유가 없을 것이다. 그리고 로스쿨체제 하에서 학문후속세대를 어떻게 양성할지도 고민해야 한다. 일본과 달리 로스쿨과 법학부의 병설을 금지한 우리로서는 자칫 잘못하면 연구자의 양성이 더욱 어렵게 될 우려가 있다.

저자는 서울대학교로 자리를 옮겼지만 일찍이 1999년 국제거래법 전임교수의 자리를 신설하여 저자를 받아준 한양대학교, 동 법과대학, 동료 교수님들과, 부족한 강의에도 불구하고 후하게 평가해준 학생들에게 감사하는 마음은 변함이 없다. 아울러 이 책자는 한양대학교 법과대학의 2단계 BK21사업의 결과물로서 간행되는 것임을 밝혀둔다.

차 례

제 1 장 國際商事仲裁法의 기초이론

제 2 장 개정중재법의 주요 내용과 문제점
—國際商事仲裁를 중심으로—

제 3 장 國際商事仲裁에서 仲裁合意

제 4 장 國際商事仲裁에서 분쟁의 실체에 적용할 準據法
—우리 중재법의 해석론을 중심으로—

제 5 장 國際商事仲裁에서 중재판정의 취소
—우리 중재법의 해석론을 중심으로—

제 6 장 뉴욕협약에 따른 外國仲裁判定의 承認 및 執行

제 7 장 뉴욕협약상 仲裁合意의 몇 가지 문제점 —대법원 2004. 12. 10. 선고 2004다20180 판결이 제기한 제출서류 및 중재합의의 방식요건을 중심으로—

제 8 장 外國仲裁判定에 기초한 執行判決과 청구이의사유의 주장 —대법원 2003. 4. 11. 선고 2001다20134 판결에 대한 평석—

제 9 장 仲裁節次에서의 法院의 역할

제10장 용선계약상 중재조항의 선하증권에의 편입 —대법원 2003. 1. 10. 선고 2000다70064 판결에 대한 평석—

부 록: 국제상사중재 관련 주요 규범

제 1 장 國際商事仲裁法의 기초이론

> 前 記
> 이 글은 이 책자를 위하여 새로 쓴 것이다. 다만 국제상사중재의 기초적인 개념(Ⅴ.) 중 중재지와 중재합의에 관한 부분은 전에 쓴 다른 글에서 가져온 것이다.

Ⅰ. 머 리 말

1. 중재의 개념

중재라 함은 당사자 간의 합의로 당사자 간의 분쟁을 법원의 재판에 의하지 아니하고 중재인의 판정, 즉 중재판정에 의하여 해결하는 절차이다. 중재는 *私的 紛爭解決手段*(private method of dispute resolution)으로서 대표적인 대체적(또는 대안적) 분쟁해결(alternative dispute resolution)의 수단이다. 여기에서 대안이라 함은, 당사자 간의 분쟁해결의 원칙적인 수단인 소송을 대체하는 또는 그에 대한 대안임을 의미한다. 소송은 국가가 분쟁을 해결하기 위하여 마련한 제도이므로 당사자들 간의 특별한 합의가 없더라도 가능하지만, 중재는 당사자 간에 중재에 의하여 분쟁을 해결하기로 하는 합의가 있어야 비로소 가능하다는 데 특색이 있다. 이러한 합의가 바로 중재합의이다. 1999년 전문개정된 우리 중재법(제3조 제1호)에 따르면 중재에 의하여 해결할 수 있는 분쟁은 *私法上*의 *紛爭*에 한정된다. 우리 중재법은 국제연합 국제무역법위원회(UNCITRAL)[1]의 1985년 “국제상사중재에 관한 모델법”(Model Law on International Commercial Arbitration)(이하 “모델법”이라 한다)을 전면적으로 수용하되, 국제중재와 국내중재를 함께 규율하는데 그 결과 우리나라도 국제적으로 검증된 중재규범을 가지게 되었다. 독일은 우리나라에 앞서 1998년 1월 1일 개정된 독일 민사소송법(ZPO)에 의하여,[2] 일본은 우리보다 늦게

1) 이를 ‘국제상거래법위원회’ 또는 ‘국제거래법위원회’라고도 번역하나 여기에서는 외교통상부의 번역을 따랐다.

2) 독일은 ‘중재절차의 신규율을 위한 법률’(Gesetz zur Neuregelung des Schiedsverfahrens-

2004년 3월 1일 시행된 중재법에 의하여 각각 모델법을 전면적으로 수용하였고,[3] 국제중재와 국내중재를 일원적으로 규율하므로 3국의 중재법은 매우 유사하게 되었다.

여기에서는 국제상사중재법의 기초적인 논점들을 논의한다.

첫째, 국제상사중재의 개념(Ⅱ.)

둘째, 국제상사중재의 장·단점(Ⅲ.)

셋째, 상사중재의 분류(Ⅳ.)

넷째, 국제상사중재의 기초적인 개념(Ⅴ.) 여기에서는 중재지, 중재합의와 중재가능성을 살펴보고, 그에 이어 우리 법상 중재가능성이 문제되는 분야별로 논의한다(Ⅵ.).

다섯째, 국제상사중재에서 제기되는 준거법의 제문제(Ⅶ.)

여섯째, 국제소송과 국제상사중재의 비교(Ⅷ.)

다만 그에 앞서 조정 등 중재 이외의 대체적 분쟁해결을 간단히 소개하고, 국제중재에 관한 논의시 유념할 점을 언급한다(아래 Ⅰ. 2.와 3.).

2. 중재와 기타 대체적 분쟁해결

중재판정은 당사자에 대하여 구속력이 있는 데 반하여, 대체적 분쟁해결의 다른 하나인 '조정'(conciliation)은 당사자가 거부하는 경우 구속력이 없다는 점에서 중재와 구별된다. 2002년 UNCITRAL이 국제거래에서 조정의 사용을 권장하고 그의 사용에 있어 예측가능성과 안정성을 제고하기 위하여 조정절차에 관한 통일규칙을 정한 "국제상사조정에 관한 모델법"(Model Law on International Commercial Conciliation)을 채택하였음은 주목할 만하다.[4] 우리나라에서는 현재 다양한 조정제도가 활용되는데, 조정에 관하여는 중재법

---

rechts. SchiedsVfG)에 의해 독일 민사소송법 중 중재편(제10편 제1025조—제1066조)을 개정하였다.

3) 일본의 신 중재법에 관하여는 우선 *渡辺惺之*, "일본 중재법의 현상과 과제," 중재연구 제13권 제2호(2004. 2.), 13면 이하 참조. 상세는 近藤昌昭 외 4인, 仲裁法コンメンタール(2003); 三木浩一/山本和彦 編, 新仲裁法の理論と實務(2006) 참조.

4) 이에 관하여는 전병서, "조정절차에 관한 국제적 동향," 변호사 제35집 —회원연구논문집—, 서울지방변호사회(2005), 400면 이하; 김태병, "UNCITRAL 국제상사조정모델법의 개요," 국제규범의 현황과 전망 —2006년 국제규범연구반 연구보고— (법원행정처, 2006), 541면 이하 참조.

과 같이 통일적인 법률은 아직 없다. 물론 民事調停法이 있지만 이는 이른바 '법원조정'(court annexed conciliation)을 규율하는 법률이고, 私人에 의한 조정에 관한 것은 아니다. 조정을 의미하는 용어로 'mediation'을 사용하기도 하고, 조정(conciliation)과 구분하여 mediation을 '알선'이라고 번역하기도 한다.[5] 역사적으로는 conciliation의 경우 조정인이 해결방안을 제시하는 점에서 mediation보다 한걸음 더 나간 것이었으나 근자에는 양자를 모두 조정의 의미로 사용하나, 영미법계에서는 mediation을, 대륙법계에서는 conciliation을 사용하는 경향이 있다.[6]

또한 근자에는 '非拘束的 仲裁'(non-binding arbitration)가 등장하였는데, 이는 주로 법원이 관계 법령에 따라 일정한 사건을 중재에 의무적으로 회부한 경우, 중재판정에 구속력을 인정하는 대신 당사자들의 이의를 허용하고 이의가 있으면 재판을 하도록 하는 것이다.[7] 그러나 이는 우리 중재법이 정한 중재의 개념에는 속하지 않는다. 그 밖에도 전통적인 중재절차에서 분화되어 다양한 대체적인 분쟁해결수단이 생겨나고 있는데 이를 '合成仲裁'(hybrid arbitration)라고 부르기도 한다.[8] 또한 국제상업회의소(International Chamber of Commerce)는 종전의 ICC 조정규칙(ICC Rules of Conciliation)을 대체하는 'ICC ADR Rules'를 제정하였는데 이는 2001년 7월 1일 발효되었다.[9]

---

5) 목영준, 상사중재법론(2000), 3면 주 5. 이 책은 이하 "목영준"이라고 인용한다.

6) Alan Redfern and Martin Hunter with Nigel Balckaby and Constantine Partasides, Law and Practice of International Commercial Arbitration, Fourth Edition (2004), para. 1-75; Andrew Tweeddale/Keren Tweeddale, Arbitration of Commercial Disputes: International and English Law and Practice (2005), para. 1.17. 이하 전자를 "Redfern/Hunter," 후자를 "Tweeddale/Tweeddale"이라고 인용한다.

7) 정준영, "민사사건에서의 중재의 필요성과 활성화 방안," 중재 제323호(2007년 봄), 31면.

8) Tweeddale/Tweeddale, para. 1.54 이하는 조정-중재(med-arb), two-tier or stepped ADR process와 flip-flop(또는 pendulum arbitration) 등을 소개한다. 한편 간이심리(mini-trial)는 가장 구조화된 형태의 조정으로 미국에서 주로 행해지는데, 정해진 절차는 없지만 정보교환이라고 불리는 하루 또는 이틀의 심리를 가지고, 타결되지 않으면 중립적인 조언자는 소송의 결과가 될 것으로 믿는 비구속적인 의견을 준다고 한다. Redfern/Hunter, para. 1-81. 목영준, 3-4면은 협상 및 화해, 알선, 조정, 중재와 기타로 분류하고, 기타에는 위에 언급한 조정중재, 간이심리(mini-trial, neutral adviser), 사적 판결(private judging, rent-a-judge), 최종제의중재(final offer arb.), multi-door courthouse 등을 예로 열거한다. 허만, "미국에서의 사법재판에 의하지 아니한 분쟁해결," 민사판례연구(XIV) (1992), 447면, 452면 이하도 참조. 국제거래에서 ADR에 관하여는 우선 J. C. Goldsmith/Arnold Ingen-Housz/Gerald H. Pointon (eds.), ADR in Business (2006); 송상현, "訴訟에 갈음하는 紛爭解決方案(ADR)의 理念과 展望," 허만, 민사판례연구(XIV)(1992), 411면 이하 참조.

9) ICC ADR 규칙에 관하여는 우선 Peter M. Wolrich, ADR under the ICC ADR Rules, Goldsmith/Ingen-Housz/H. Pointon (eds.), ADR in Business, p. 73 이하 참조.

3. 국제중재에 관한 논의시 유념할 점

가. 중재의 진행에 따른 단계별 검토

중재의 제문제를 논의함에 있어서는 중재단계, 항변단계와 집행단계를 구분하여 생각할 필요가 있다. 첫째, '중재단계'라 함은 일방당사자가 중재합의를 근거로 중재신청을 하여 중재인이 중재절차를 진행하는 사안으로 국제상사중재의 고유한 절차이다. 둘째, '항변단계'라 함은 중재합의에도 불구하고 일방당사자가 법원에 소를 제기하고 상대방이 항변으로 중재합의의 존재를 주장하여 소의 각하(또는 중지)를 구하는 사안을 말하는데,[10] 여기에서는 중재합의의 실효성의 보장이 문제된다. 셋째, '집행단계'라 함은 중재판정에서 이긴 당사자가 중재판정을 집행하기 위하여 필요한 절차를 밟는 사안이다. 그 밖에도 중재판정의 취소를 구하는 경우 취소단계가 있게 된다. 한편 국제소송의 경우 '재판단계'와 '집행단계'만이 있을 뿐이고 중재단계는 없으나, 재판단계는 두 가지 의미를 가진다. 예컨대 일본에 專屬的 國際裁判管轄을 부여하는 관할합의를 한 경우, 원고가 일본에서 소를 제기하면 중재단계에 상응하는 '재판단계'가 문제되지만, 합의에 반하여 한국에 소를 제기하면 항변단계에 상응하는 재판단계가 문제되는 점에서 중재합의의 경우와 유사한 면이 있다.[11]

나. 준거규범에 따른 검토

국제중재에 관한 가장 중요한 규범으로는 중재법 외에 1958년 "외국중재판정의 승인 및 집행에 관한 국제연합협약"(Convention on the Recognition and Enforcement of Foreign Arbitral Awards)(이하 "뉴욕협약"이라 한다)이 있는데, 이는 외국중재판정의 승인 및 집행을 국제적으로 보장하기 위한 것으로, 최근까지 140개국 이상이 뉴욕협약에 가입한 점에서 보듯이[12] 매우 성

---

10) 항변단계를 중재판정의 승인 또는 집행과 대비하여 '중재합의의 승인단계' 또는 '중재합의의 집행단계'라고 부르기도 한다.

11) 이러한 체계는 2005년 채택된 헤이그국제사법회의의 국제재판관할합의협약을 이해하는데 도움이 된다. 이는 아래에서 간단히 언급한다.

12) 가입국의 현황은 http://www.uncitral.org/uncitral/en/uncitral_texts/arbitration/NYConvention_status.html 참조. 우리나라는 1973년 가입하였다.

공적인 조약이다. 바로 뉴욕협약의 존재가 국제상거래상의 분쟁해결수단으로서 소송(litigation)과 비교하여 중재가 선호되는 이유 중의 하나이다. 따라서 국제중재에 관한 논점을 검토함에 있어서는 뉴욕협약이 적용되는 경우와 그렇지 않은 경우를 구분할 필요가 있다. 물론 실무적으로 전자가 더 중요하다. 주의할 것은, 뉴욕협약은 명칭상 외국중재판정의 승인 및 집행, 즉 집행단계에만 적용되는 것처럼 보이는데, 물론 집행단계가 가장 중요한 내용이기는 하지만 체약국의 중재합의 존중의무와 중재합의의 방식을 정한 제2조는 항변단계에도 적용된다는 점이다. 중재단계에서 중재인이 제2조를 어느 정도 고려할지는 논란이 있다.

Ⅱ. 國際商事仲裁의 개념

국제상사중재는 '국제적'(international) 중재여야 하고 '상사'(commercial) 중재여야 한다. 이는 국제중재라는 점에서 '국내적'(domestic or national) 중재와 구별되고, 상사중재라는 점에서 '민사'(civil) 중재와 구별된다.

1. 국 제 성

가. 국제성의 개념과 판단기준

국제중재라 함은 어떤 외국적 요소가 있는 중재를 말하는 것이나, 현재 보편타당한 국제중재의 개념이 있는 것은 아니고 아래와 같은 다양한 견해가 주장되고 있다.[13)]

첫째, 분쟁의 성질(nature of the dispute)에 착안하는 견해인데, ICC 중재규칙(Rules of Arbitration of the International Chamber of Commerce)과 프랑스의 신 민사소송법(*Nouveau Code de Procédure Civile*)이 그러한 태도를 취한다. ICC 중재규칙(제1조 제1항)은 "중재법원의 기능은 국제상업회의소의 중재규칙에 따라 국제적 성질을 가지는 사업분쟁(business disputes)을 중재에 의하여 해결하는 것이다"라고 규정한다.[14)] ICC 중재규칙은 국제적 성질을 가

13) Redfern/Hunter, para. 1-24 이하; 목영준, 19면 이하.
14) 영문은 아래와 같다.

지는 사업분쟁을 정의하지 않지만, ICC의 자료[15]에 따르면 어느 국가의 국민들 간에 체결되는 계약이더라도 그 이행이 외국에서 행해지는 경우 국제적 성질을 긍정한다. 한편 프랑스 신 민사소송법(제1492조)은 "국제상거래의 이익에 관계된 경우 중재는 국제적 성질을 가진다"[16]고 규정하는데 이는 프랑스의 최고법원인 파기원이 채택한 정의를 따른 것이라고 한다.[17]

둘째, 당사자에 착안하는 견해인데, 이는 당사자의 국적 또는 상거소를 기준으로 삼는다. 1961년 4월 21일 제네바에서 서명된 "국제상사중재에 관한 유럽협약"(European Convention on International Commercial Arbitration)(제1조 제1항 a.호)과 1989년 1월 1일부터 시행된 스위스의 國際私法[18]이 이에 해당한다. 스위스 국제사법(제176조 제1항)은 "이 장의 규정은, 중재합의의 체결시에 적어도 당사자 일방이 스위스에 그의 주소 또는 상거소를 가지고 있지 아니하였던 한, 스위스에 본거를 가지고 있는 중재판정부에 적용된다"고 규정하므로, 중재합의 체결시 적어도 일방당사자가 스위스에 주소 또는 상거소가 없으면 국제중재가 된다.

셋째, 위 양자를 결합한 혼합형인데, 어느 하나의 기준에 의하여 국제성이 있으면 국제중재라고 보므로 이는 국제중재의 범위를 확대하게 된다. 모델법이 그러한 예이다.[19] 모델법(제1조 제3항)에 따르면 국제중재는 ① 당사자가 중재합의 체결시 상이한 국가 내에 영업소를 두고 있는 경우, ② 만일 동일한 국가 내에 영업소를 두는 때에는 (a) 중재지(중재합의에서 정한 또는 중재합의에 따라 결정되는), (b) 의무이행지 또는 (c) 분쟁의 대상과 가장 밀

"The function of the Court is to provide for the settlement by arbitration of business disputes of an international character in accordance with the Rules of Arbitration of the International Chamber of Commerce."

그러나 동 규칙은 그에 이어 "중재합의에 의하여 중재법원에 권한이 부여된 경우 중재법원은 국제적 성격을 가지지 않는 상사분쟁에 관하여도 본 중재규칙에 따른 중재를 통하여 해결을 도모하여야 한다"고 규정함으로써 분쟁이 국제성이 없다는 이유로 기각되지 않음을 명시한다.

15) Redfern/Hunter, para. 1-25.

16) 불어는 아래와 같다.

"*Est international l'arbitrage qui met en cause des intérêts du commerce international.*"

17) Redfern/Hunter, para. 1-26.

18) 정확히는 國際私法에 관한 연방법률(Bundesgesetz über das Internationale Privatrecht (IPRG), *Loi fédérale sur le droit international privé.* LDIP)이다. 국제중재는 스위스 국제사법 제12장(제176조—제194조)에 의하여 규율된다. 스위스 국제사법의 개관은 석광현, 국제사법과 국제소송 제1권(2001), 479면 이하 참조.

19) 목영준, 21면.

접한 관련이 있는 장소가 다른 국가에 있는 경우와 ③ 당사자들이 분쟁의 대상의 국제성을 긍정하는 경우이다.[20] ③을 'opt-in provision'이라고 부르는데, 이에 대하여는 당사자들이 국내중재법의 적용을 회피할 수 있도록 허용하는 것이 되어 부당하다는 비판이 있었지만 UNCITRAL은 적용상 예측가능성이 크다는 이유로 이를 채택하였다.[21]

프랑스 신 민사소송법은 하나의 일반적인 공식을 두므로 국제중재를 넓게 파악할 수 있는 장점이 있으나 각국에서 달리 해석될 가능성이 있다는 이유로 UNCITRAL 작업반은 이를 배척하였다.[22] 주목할 것은, 대한상사중재원은 '국제중재규칙'을 마련하여 2007년 2월 1일부터 시행하고 있는데, 제2조 제4호는 모델법(제1조 제3항)의 정의와 유사한 규정을 두지만 다소 차이가 있다는 점이다.[23] 국제중재규칙상의 국제중재의 개념이 대한상사중재원의 기존 중재규칙상의 그것과 다르다는 점은 흥미롭다. 즉 기존규칙(제2조)에 따르면, 국내중재는 국내에 주된 영업소나 주소를 두고 있는 당사자 간의 중재를 말하며, 국제중재는 국내중재를 제외한 중재를 말한다. 즉 기존의 중재규칙은 국제중재규칙의 첫째 기준만을 채택하고 있다. 편차가 큰 국제중재규칙과 기존의 중재규칙을 이원적으로 두는 것은 부적절한데,[24] 더 나아가 국제중재의

---

20) 조문은 아래와 같다.
"국제중재는 다음에 해당하는 경우이다.
1. 중재합의의 당사자가 중재합의를 체결할 당시 상이한 국가 내에 영업소를 두고 있는 경우
2. 다음 장소 중 어느 한 장소가 당사자들의 영업소 소재지 국외에 있는 경우
(i) 중재합의에서 결정되어 있거나 또는 그에 따라 결정되는 중재지
(ii) 상거래상 의무의 실질적인 부분이 이행되어야 할 장소 또는 분쟁의 대상과 가장 밀접하게 연결되어 있는 장소
3. 중재합의의 대상이 2개국 이상과 관련되어 있다고 당사자들이 명시적으로 합의한 경우."

21) Howard M. Holtzmann and Joseph E. Neuhaus, A Guide To The UNCITRAL Model Law On International Commercial Arbitration: Legislative History and Commentary (1989), pp. 31-32. 이하 "Holtzmann/Neuhaus"라 인용한다.

22) Holtzmann/Neuhaus, pp. 28-29.

23) 국제중재규칙의 조문은 다음과 같다.
"국제중재"라 함은 중재절차의 당사자들이 중재합의를 할 당시 서로 다른 국가에 영업소를 갖고 있거나, 다음 장소 중의 한 곳이 당사자들의 영업소 소재지 이외의 국가에 위치한 경우를 말한다.
(a) 당사자 간의 중재합의에 따라 정해신 중재지
(b) 계약상 의무의 실질적인 부분이 이행되는 장소 또는 분쟁의 대상과 가장 밀접한 관련을 갖고 있는 장소.

24) 석광현, "대한상사중재원의 2007년 「국제중재규칙」에 관하여," 법률신문 제3547호(2007. 4. 19.), 15면.

개념 자체에 차이를 두는 것은 이해할 수 없다.

어쨌든 국제성의 개념이 국가에 따라 상이하므로 무엇이 국제중재인가는 결국 각국의 국내법이 결정할 사항이다.

나. 국제성 판단의 실익

국제중재와 국내중재를 구별하는 실익은 다음과 같다.

첫째, 국제중재는 통상 중재지와 별로 관련이 없으므로(그곳이 중재지라는 것을 제외하고는), 일반적으로 말해서 국내중재에 대하여는 중재지 국가가 관여할 필요가 큰 데 반하여, 국제중재의 경우는 중재지 국가와의 관련성이 희박하여 관여의 정도가 상대적으로 완화된다.[25] 국제상사중재를 대상으로 하는 모델법(제5조)이 중재절차에 대한 법원의 관여를 제한하는 것은 이 점을 보여준다.[26] 실제로 프랑스, 홍콩 및 스위스를 포함한 많은 국가들이 국내중재와 구별되는 별도의 국제중재법제를 두고 있는 것은 이러한 고려에 기초한 것이다.

둘째, 첫째의 연장선상에 있는 것으로 법원의 관여만이 아니라 법의 개입도 마찬가지이다. 즉 중재판정의 승인 또는 집행이 한국의 공서에 위반하는 때에는 중재판정의 취소사유가 된다(제36조 제2항 제2호 나목). 공서는 우리나라의 본질적인 법원칙, 즉 기본적인 도덕적 신념 또는 근본적인 가치관념과 정의관념에 반하는 중재판정을 취소할 수 있도록 함으로써 국내법질서를 보존하는 방어적 기능을 가진다. 그런데 여기의 공서는 국제중재의 경우와 국내중재의 경우를 달리 해석해야 할 것으로 보인다. 즉 국제중재의 경우 공서는 외국중재판정의 승인거부사유인 공서위반에서의 공서와 동일하므로 국제적 공서를 말하는 데 반하여, 국내중재의 경우 국내공서를 포함한다고 본다.

셋째, 우리 중재법은 모델법과 달리 국내중재를 함께 규율하면서 국내중재에만 적용되는 규정을 별도로 두지는 않는다. 그런데 국제중재의 경우 국제중재의 제논점에 관한 준거법을 결정할 필요가 있으나, 국내중재의 경우 그러한 필요성이 별로 없다.[27] 또한 대한상사중재원의 2007년 국제중재규칙

---

25) Redfern/Hunter, para. 1-22. 그 밖에도 일부 국가의 경우 국제거래에 관하여만 중재합의를 체결할 수 있다고 한다.

26) 모델법 제5조에 관한 상세는 석광현, "중재절차에서의 법원의 역할," 서울지방변호사회, 변호사 —회원연구논문집— 제37집(2007), 46면 이하 참조.

27) 국제성이 없는 순수한 국내중재의 경우 당사자가 중재합의의 준거법과, 분쟁의 실체의

은 국제중재에만 적용되므로 그 범위 내에서 국제중재와 국내중재를 구별하는 실익이 있다.

넷째, 국제상사중재의 경우 상이한 국적, 문화, 법적 배경과 원칙을 조우하게 되므로 당사자들 특히 중재인은 이를 이해할 필요가 있는데, 특히 중재절차의 진행과 관련하여 편협한 개념을 버리고 국제주의자적 접근방법을 취할 필요가 있다.28)

다섯째, 국제중재의 경우 당사자는 주로 자연인인 개인이 아니라 회사이거나 국가기업이 된다. 국내중재의 경우 자연인인 개인 특히 소비자가 될 수 있으므로 소비자보호의 문제가 제기될 수 있다.29)

2. 상　　사

모델법은 상사의 개념을 넓게 규정하는데, 모델법에 포함된 각주는 다음과 같이 설명한다.

"상사"라는 용어는 상사의 성질을 가지는 모든 관계로부터 발생하는 사항들을, 그것이 계약적인 것이든 아니든 간에 포함할 수 있도록 넓게 해석하여야 한다. 상사적 성질의 관계는 다음 거래들을 포함하나 그에 한정되지 않는다. 물품 또는 용역의 공급 또는 교환을 위한 무역거래, 판매점계약(distribution agreement), 상사대리(commercial representation or agency), 팩토링, 리스, 공장건설(construction of works), 컨설팅, 엔지니어링, 라이센스, 투

준거법을 자유롭게 결정할 수 있는지는 논란이 있다. 분쟁의 실체의 준거법에 관한 제29조는 국제상사중재에만 적용된다는 견해가 있다. 김명기, "상사중재에 있어서 판례의 법원성 부인에 관한 연구," 중재 제319호(2006 봄), 77면 이하. 그러나 저자는 그렇게 단정할 것은 아니라는 견해를 피력하였다. 석광현, "國際商事仲裁에서 紛爭의 實體에 적용할 準據法 —우리 仲裁法의 해석론을 중심으로," 한양대학교 법학논총 제23집 제1호(2006. 6.), 318면 주 14 참조. 이 책 제4장 참조.

28) Redfern/Hunter, para. 1-23. Redfern/Hunter, para. 1-23은 중재판정의 승인과 관련하여 국제중재와 국내중재를 구별할 필요가 있다고 설명한다. 그러나 이는 내국판정과 외국판정의 구별이지 국제중재와 국내중재의 구별은 아니다. 즉 국제중재에서 내려지는 중재판정이더라도 중재지가 한국 안이면 이는 내국판정이므로 뉴욕협약이 적용되지 않기 때문이다. 다만 '비내국판정'(non-domestic award)으로서 뉴욕협약이 적용되기 위하여는 국제중재여야 한다.

29) 스웨덴의 경우 국제조약이 달리 정하지 않는 한 소비자는 분쟁발생 전에 체결한 중재합의에 구속되지 않는다고 한다. Redfern/Hunter, para. 1-22, Fn. 62 참조. 일본의 중재법 부칙 제3조도 소비자를 보호하기 위한 특칙을 두고 있다.

자, 금융, 은행업, 보험, 개발계약 또는 양허계약, 합작투자 및 다른 형태의 산업협력 또는 사업협력, 항공, 해상, 철도 또는 도로에 의한 물품 또는 여객의 운송.

즉 대륙법계에서는 전통적으로 민사와 상사를 구별하여 민법과 구별되는 상법을 두는 경향이 있고, 중재를 상업회의소와 결부시키는 것도 그런 맥락에서 이해할 수 있다.[30] 이런 기준에 따르면, 가족법 또는 노동법상의 분쟁을 상사로 보기는 어려울 것이나, 무엇이 상사인가는 결국 각국의 국내법이 결정할 사항이다.

참고로 뉴욕협약(제1조 제3항 후단)은, 어떠한 국가든지 유보선언을 한 국가의 국내법상 상사(commercial)의 것이라고 인정되는 법률관계로부터 발생하는 분쟁에 한하여 뉴욕협약을 적용할 것을 선언할 수 있다고 함으로써 각 체약국에게 이른바 '상사유보'(commercial reservation)를 허용하였는데[31] 우리나라는 상사유보를 하였다. 이를 허용한 이유는 상사유보를 허용하지 않을 경우 민사와 상사를 구별하는 일부 대륙법계 국가들이 뉴욕협약에 가입할 수 없다고 믿었기 때문이다.[32] 따라서 뉴욕협약상으로는 상사는 의미가 있는데, 상사인지의 여부는 각 국가의 국내법에 따를 사항이다.

반면에, 중재법의 맥락에 있어서는 우리나라는 모델법을 받아들이면서 그 적용범위를 상사에 한정하지 않고 민사에까지 확장하였으므로 민사와 상사의 구별의 실익은 크지 않다.

Ⅲ. 國際商事仲裁의 장 · 단점[33]

국제(상사)중재는 국제소송과 비교하여 다음과 같은 장 · 단점이 있다.

---

30) Redfern/Hunter, para. 1-31. 위에서 본 ICC 중재규칙이 상사라는 표현을 피하고 사업분쟁이라고 하는 것도 이 때문이며, 상사에 넓은 의미를 부여하려는 것이다. Yves Derains and Eric A. Schwartz, A Guide to the ICC Rules of Arbitration Second Edition (2005), p. 17.

31) 이는 국제연합의 전신인 국제연맹의 후원 하에 채택된 1923년 "중재조항에 관한 제네바의정서"(Geneva Protocol on Arbitration Clauses)(제1조)를 따른 것이다.

32) Albert Jan van den Berg, The New York Arbitration Convention of 1958 (1981), p. 51. 이하 "van den Berg"라 인용한다.

33) 중재의 장 · 단점의 설명은 다양하나 여기에서는 여러 문헌을 참조하여 저자 나름대로 정리하여 보았다. 예컨대 Redfern/Hunter, para. 1-41 이하는 주된 장점으로 중립적 판정부를 선택할 수 있는 점과 뉴욕협약에 의한 중재판정의 집행을 들고, 부수적인 장점으로 중재절

이는 대부분 중재가 소송과 비교하여 가지는 장·단점이지만, 일부는 국제상사중재에 특유한 장점이다.

1. 중재의 장점

국제상사중재는 소송과 비교할 때 다음과 같은 장점을 가진다.

가. 중립적인 판단주체의 선택

국제거래의 당사자는 많은 경우 상이한 국가의 국민이므로 일방당사자의 법원은 다른 당사자에게는 외국법원일 수밖에 없다. 그 경우 소송은 법원, 언어, 변호사, 절차 등 여러 가지 면에서 생소하다. 만일 당사자가 중재합의를 하지 않으면 소를 제기하려는 자는 많은 경우 피고 주소지에서 소를 제기하게 된다. 반면에 중재의 경우 당사자는 중립적인 중재판정부로부터 판단을 받을 수 있는 장점이 있는데, 이는 일방당사자가 국가 또는 국가기업인 경우에 두드러진다.[34] 뿐만 아니라 당사자는 중립적인 중재판정부를 구성하는 중재인의 선정에 직접 참여할 수 있다. 물론 당사자들은 관할합의에 의하여 소송의 불편을 부분적으로 피할 수 있으나, 국가에 따라서는 아무런 관련이 없는 국가의 법원에 專屬的 國際裁判管轄을 부여하는 관할합의의 효력을 부인하기도 한다.[35]

나. 중재판정의 승인 및 집행의 법적 보장

외국판결의 승인 및 집행에 관하여는 유럽연합의 브뤼셀규정(또는 브뤼셀규칙)[36]과 유럽연합과 자유무역연합(EFTA) 국가들 간에 적용되는 루가노

차의 유연성과 비밀보장을 든다. Tweeddale/Tweeddale, para. 2.14도 참조. 우리 문헌으로는 우선 목영준, 5면 이하; 신웅식, "商事仲裁制度," 인권과 정의 제198호(1993. 2.), 27면 등 참조.

34) Redfern/Hunter, para. 1-51.

35) 예컨대 우리 대법원 1997. 9. 9. 선고 96다20093 판결에 따르면 한국법원의 관할을 배제하고 외국법원을 관할법원으로 하는 전속적인 국제재판관할합의를 하려면 당해 사건이 그 외국법원에 대하여 합리적인 관련성을 가져야 한다. 비판은 석광현, 국제사법과 국제소송 제3권(2004), 212면 이하 참조.

36) 당초에는 국제조약인 브뤼셀협약이었으나 2002년 3월 1일자로 법형식이 유럽연합의 이사회규정(또는 규칙)(Council Regulation)으로 전환되었다. 브뤼셀협약에 관하여는 석광현, 국제사법과 국제소송 제2권(2001), 321면 이하, 브뤼셀규정에 관하여는 석광현, 국제사법과

협약처럼 지역규범이 있을 뿐이고 전세계적인 조약이 없으므로, 외국판결의 승인 및 집행이 가능한지와 그 요건은 국가에 따라 구구한 데 반하여, 중재의 경우 뉴욕협약에 의하여 적어도 체약국 간에 외국중재판정의 승인 및 집행이 보장된다는 점에 중요한 차이가 있다. 이것이 국제거래에서 분쟁해결수단으로서 중재가 선호되는 가장 큰 이유이다. 다만 헤이그관할합의협약의 존재에 주목할 필요가 있다. 즉 헤이그국제사법회의에서 2005년 6월 30일 "관할합의에 관한 협약"(Convention on Choice of Court Agreements)이 채택되었는데,[37] 동 협약의 목적은 국제소송에 관하여, 종래 국제중재에서 뉴욕협약이 수행하는 역할에 상응하는 역할을 하도록 하려는 것이다. 따라서 장래 관할합의협약이 발효된다면 국제상사중재가 국제소송에 대하여 가지는 상대적 장점은 그 범위 내에서 약화될 것이다.

다. 단심제에 의한 신속한 분쟁해결

중재는 통상 단심제에 의하여 분쟁을 해결하므로,[38] 소송의 경우 통상 삼심제에 의하는 것과 차이가 있다.[39] 그러나 이는 적정한 재판이라는 관점에서 단점이 될 수 있다. 중재는 단심제이므로 분쟁의 신속한 해결에 유리하다. 주의할 것은 재판의 경우 중재한 하자가 있으면 재심이 가능한 것처럼, 중재의 경우에도 중재판정 취소의 소가 가능하다는 점이다.

라. 경제적인 분쟁해결인가

중재는 단심제이므로 분쟁을 저렴하게, 즉 경제적으로 해결할 수 있다고 일반적으로 인식되나,[40] 중재 특히 국제중재의 경우 선뜻 동의하기 어렵다.[41] 이는 각국은 소송에 의한 분쟁 해결을 위하여 사법부라는 상설기구를 설치하므로 당사자가 일정한 소송비용 외에 법관과 법원직원의 보수를 지급할 필요

국제소송 제3권(2004), 368면 이하 참조.

37) 텍스트는 http://hcch.e-vision.nl/index_en.php?act=conventions.text&cid=98을 참조. 이에 관하여는 우선 석광현, "2005년 헤이그 재판관할합의협약의 소개," 국제사법연구 제11호(2005), 196면 이하 참조.

38) 예외적으로 중재절차 내에서 항소가 가능한 중재도 있는데 이를 'two-tiered arbitration'(이단계중재)이라고 부른다.

39) 그러나 모든 국가가 삼심제를 취하는 것은 아니고, 예컨대 중국은 이심제를 취한다.

40) Tweeddale/Tweeddale, para. 2. 14.

41) Redfern/Hunter, para. 1-46은 이를 단점으로 들고, 목영준, 9면도 경제성에 대하여는 부정적이다.

는 없는 데 반하여, 중재의 경우 당사자들이 중재인의 보수와 기타비용을 부담해야 하기 때문이다. 더욱이 당사자는 중재기관에도 비용을 지급해야 하는데, 사건의 규모에 따라 비용을 산정하는 경우 그 규모가 커질 수 있다.

다만 실제로는 경제적인 해결방법이 되지 못하더라도 중재법에서 정한 목적상으로는 이를 명시하는 것은 별개의 문제이다. 즉 중재법 제1조는 "이 法은 仲裁에 의하여 私法上의 紛爭을 적정·公平·신속하게 解決함을 목적으로 한다"고 규정하는데, 경제를 규정하지 않은 이유는 실제로 고비용이 발생하기 때문으로 짐작되지만, 당위론으로서는 '분쟁의 경제적인 해결'을 함께 규정하는 것이 옳다.

마. 전문성의 확보

중재는 분쟁해결의 전문성을 확보하는 데 유리하다. 이는 얼핏 의아하게 들릴지 모르나, 여기의 전문성은 법률에 관한 전문성이 아니라 분쟁의 대상에 관한 전문성을 의미한다. 즉 반드시 법률가가 중재인이 되지는 않으므로 법률에 관한 전문성은 중재인이 상대적으로 약하지만, 예컨대 보험계약, 건설 및 엔지니어링계약, 해상운송 및 항공운송계약에 관한 분쟁의 경우 당해 분야의 전문가를 중재인으로 선임함으로써 전문성을 살릴 수 있다는 취지이다. 이런 이유로 중재는 위에 열거한 산업분야에서 선호되고 있다.[42]

바. 절차적 유연성 보장

소송의 경우 法廷地法原則(*lex fori* principle)에 따라 절차는 법정지법에 따른다. 그런데 대부분 국가의 민사소송법은 법정절차에 따르도록 할 뿐이고, 당사자에게 절차를 형성할 수 있는 자유를 허용하지 않으므로 언어, 변론의 장소와 절차의 면에서 제약이 있다. 반면에 중재의 경우 당사자들은 자유롭게 절차를 형성할 수 있는데, 기관중재의 경우 통상 당사자는 국제중재기관의 중재규칙에 따르기로 한다. 그 결과 중재의 당사자들은 절차법에 관하여 법계 간에 존재하는 대립을 배제하거나 완화할 수 있으나, 우리 중재법(제20조 제1항)에서 보듯이 중재지의 강행법규의 적용을 배제할 수는 없다.

---

42) Tweeddale/Tweeddale, para. 2. 14.

사. 형평에 따른 분쟁의 해결가능

소송의 경우 법에 의하여 분쟁을 해결하는 데 반하여, 중재의 경우 당사자의 수권(또는 명시적 수권)이 있으면 형평과 선, 즉 공평의 원칙과 양심에 따라 판정할 수 있다. 그 경우 중재인을 *amiable compositeur*(우의적 중재인)이라고 부른다.

아. 분쟁해결의 비밀보장(confidentiality)

법원의 재판은 공개주의를 취하는 데 반하여 중재는 그렇지 않다. 따라서 대외적으로 민감한 사건이거나 비밀로 취급할 성질의 분쟁에 관하여는 중재가 적절한 해결방법이 될 수 있다. 그러나 이러한 전통적인 태도에 대하여 근자에는 공익과 관련된 중재의 경우 심리 자체의 비밀은 보장하지만, 중재판정 및 그 밖의 중재절차는 달리 취급할 것이라는 견해가 유력한데, 이러한 새로운 경향에 따르면 중재절차에서 제출된 문서 또는 정보 나아가 중재판정은 공익상 정당한 이유가 있는 경우 비밀보장의 대상이 되지 않는다는 점을 주목할 필요가 있다.43)

자. 거래관계의 손상 회피 가능

소송은 당사자 간의 거래관계의 종료를 의미하는 경우가 많다. 반면에 중재의 경우 당사자 간에 다툼이 있는 쟁점에 관하여 제3자의 구속력 있는 판단을 받아서 그에 따르기로 하면서, 기존의 거래관계를 계속할 수 있다는 장점이 있다. 즉 중재는 당사자 간의 대결(confrontation)이 아니다. 더욱이 프랑스에서 처음 시작된 우의적 중재는 당사자 간의 우의와 신뢰가 중시되는 계약관계, 즉 광산계약이나 기술이전계약처럼 장기간계약, 합작계약, 장래 거래가 계속될 가능성이 많은 당사자들 간의 계약 또는 특정국가의 법을 적용하는 것이 상대방에게 부담스러운 국제계약에서 유용하다.44)

---

43) Redfern/Hunter, para. 1-55 이하. 중재판정의 공개는 Redfern/Hunter, para. 1-58 이하 참조. 특히 투자분쟁의 경우 비밀보장의 원칙이 완화되어 가고 있다.

44) 목영준, 92면.

차. 중재합의의 효력 보장

소송의 경우 법원, 특히 영미법계의 법원은 국제재판관할이 있더라도, 외국에 대체법정지가 있고, 외국 법원이 더 적절한 법정지임이 명백한 때에는 '不適切한 *法廷地*의 법리'(doctrine of *forum non conveniens*)에 의하여 재량으로써 소송을 중지하거나 소를 각하할 수 있다.[45] 관할합의가 있는 경우에도 동 법리가 적용될 수 있다. 그러나 중재합의가 있는 경우 뉴욕협약이 적용되는 범위 내에서는, 중재합의가 무효, 실효되거나 이행불능인 경우를 제외하고는 법원은 사건을 중재에 회부하여야 한다(뉴욕협약 제2조 제3항). 이처럼 중재합의의 효력이 보장되는 것도 중재의 장점이다. 그러나 불편한 법정지의 법리를 모르는 대륙법계의 경우 이를 중재의 장점이라고 할 수는 없다.

2. 중재의 단점

반면에 국제상사중재는 소송과 비교할 때 다음과 같은 단점을 가진다.

가. 적정한 분쟁해결에 취약

위에서 본 바와 같이 중재는 단심제에 의한 분쟁해결이므로 통상 삼심제에 의한 소송과 비교하여 상대적으로 신속하나, 적정한 분쟁해결이라는 관점에서 단점이 될 수 있다.

나. 비법적 해결

위에서 본 바와 같이 소송의 경우 법에 의하여 분쟁을 해결하는 데 반하여 중재의 경우 당사자의 수권(또는 명시적 수권)이 있으면 형평과 선에 의한 분쟁해결도 가능하지만, 이는 법에 의한 분쟁해결을 선호하는 입장에서는 단점일 수도 있다. 한편 법원이 법률을 잘못 적용한 경우 당사자는 상소할 수 있으나, 중재인의 경우 그가 의도적으로 그렇게 함으로써 권한유월이 되지 않으면 이를 다툴 수 없다는 점에서 중재의 경우 법적인 통제가 약하다.

---

45) 부적절한 법정지에 관한 미국의 법리는 석광현, 국제재판관할에 관한 연구—민사 및 상사사건에서의 국제재판관할의 기초이론과 일반관할을 중심으로(서울대학교출판부, 2001), 115면 이하, 영국의 법리는 동, 132면 이하 참조.

다. 중재인의 권한의 제한[46]

주지하는 바와 같이 중재는 私的 紛爭解決手段이므로 이러한 私的 性質(private nature)의 결과 중재판정부는 강제력을 가지지 아니한다. 따라서 중재인은 증인의 출석을 강제하거나 임시적 처분을 집행할 수 없다. 그러므로 중재절차를 원만히 진행하고 중재판정의 실효성을 보장하기 위하여는 법원의 지원이 필요하다. 예컨대 우리 중재법(제28조)도 증거조사에 관한 법원의 협조의무를 명시한다.

라. 다수당사자 간의 분쟁해결에 취약[47]

국제소송의 경우 동일한 법원 앞에서 다수당사자 간의 분쟁을 해결할 수 있다. 예컨대 보조참가, 독립당사자참가 등이 가능하고, 국가에 따라서는 제3자를 소송에 끌어넣을 수도 있으며(이른바 third party complaint), 법원은 필요한 경우 사건을 병합할 수 있는데, 그의 허용 여부는 법정지법에 따른다. 반면에 중재합의를 전제로 하는 중재의 경우 동일한 중재판정부 앞에서 다수당사자 간의 분쟁을 해결하는 데는 한계가 있다. 이는 특히 국제건설공사프로젝트에서 발주처가 수급인을 상대로 손해배상을 구하는 소를 제기한 경우 수급인은 하수급인 또는 그의 공급자들을 상대로 책임을 묻기 위하여 그들을 소송절차에 끌어넣을 수 있는 데 반하여, 중재절차에서는 그것이 가능하지 않다는 데서 두드러진다.

마. 저촉되는 중재판정

중재의 단점으로, 중재판정은 법원의 판결과 달리 先例로서 구속력을 가지지 않는다는 점을 지적하기도 한다.[48] 그러나 법원 판결에 대하여도 先例로서 법률상의 구속력을 인정하지 않는 대륙법계에서는 법원의 판결과 상대적으로 차이가 작다.

---

46) Redfern/Hunter, para. 1-47.

47) Redfern/Hunter, para. 1-48.

48) Redfern/Hunter, para. 1-49.

Ⅳ. 商事仲裁의 분류

중재는 상사중재와 비상사중재(또는 민사중재)로 분류할 수 있는데 무엇이 상사중재인가는 위(Ⅱ. 2.)에서 논의하였다. 아래에서는 그 밖의 분류를 살펴본다.

1. 국내중재와 국제중재

이에 관하여는 위 국제상사중재의 개념에 관한 부분에서 논의하였다. 주의할 것은, 국제중재에서 내려지는 중재판정이 외국중재판정이고 국내중재에서 내려지는 중재판정이 내국중재판정인 것은 아니며, 내국중재판정은 (우리 중재법에 따를 경우) 우리나라에서 내려지는 중재판정을 말한다는 점이다. 또한 국제중재기관의 규칙에 따라 진행되는 국제중재가 아래(Ⅴ. 1.)에서 논의하는 無國籍仲裁가 되는 것은 아니라는 점도 주의할 필요가 있다.

2. 임시중재와 기관중재

임시중재(ad hoc arbitration)는 임시중재의 규칙에 따라 중재기관의 관여 없이 이루어지는 중재를 말하고, 기관중재(institutional arbitration)는 상설중재기관의 중재규칙에 따라 이루어지는 중재를 말한다.[49] 임시중재의 경우 당사자의 합의에 따르는 것을 조건으로 중재판정부가 중재절차의 모든 측면을 통제하는 데 반하여, 기관중재의 경우 특정 중재기관이 중재절차를 관리한다.[50] 그러나 당자사가 중재기관의 규칙에 따르면서도 직접 중재인을 선정하는 경우, 또는 임시중재의 규칙을 적용하기로 하면서 중재인 선정기관에 합의하는 경우와 같이 양자의 경계가 모호한 경우도 있다.[51]

국제상사중재의 대표적인 상설중재기관으로는 파리에 본부를 둔 국제상업회의소의 중재법원(The International Court of Arbitration of the International Chamber of Commerce), 런던국제중재법원(London Court of Inter-

49) 목영준, 23면. 기관중재를 '상설중재'라고 부르기도 한다.
50) Tweeddale/Tweeddale, para. 3.01.
51) Tweeddale/Tweeddale, para. 3.02.

national Arbitration. LCIA)과 미국중재협회(American Arbitration Association. AAA. 정확히는 미국중재협회가 국제상사중재의 처리를 위하여 아일랜드 더블린에 설치한 국제분쟁해결센터(International Centre for Dispute Resolution. ICDR))를 들 수 있다. 그 밖에도 국제적으로 활발한 중재기관으로는 스톡홀름상업회의소중재원(Stockholm Chamber of Commerce Arbitration Institute. SCC), 싱가포르국제중재센터(Singapore International Arbitration Center. SIAC), 홍콩국제중재센터(Hong Kong International Arbitration Centre. HKIAC), 세계지적소유권기구(WIPO) 중재센터,[52] 독일중재원(German Institution for Arbitration. Deutsche Institution für Schiedsgerichtsbarkeit. DIS), 중국국제경제무역중재위원회(The China International Economic and Trade Arbitration Commission. CIETAC) 등이 있고, 우리나라에는 대한상사중재원(The Korean Commercial Arbitration Board. KCAB)이 있다.[53] 해사중재에 관하여는 영국의 런던해사중재인협회(The London Maritime Arbitrators Association. LMAA)와 뉴욕해사중재인협회(Society of Maritime Arbitrators. SMA)가 있다.[54] 위 양자는 국제중재기관이 가지고 있는 행정적 보조기능을 담당하는 시설과 조직을 가지고 있지 않고 런던이나 뉴욕의 임시중재를 장려하는 데 그치고 있다.[55]

그러나 UNCITRAL에는 상설중재재판소는 없고, UNCITRAL 중재규칙은 임시중재를 위한 중재규칙이다.[56] 그 밖에 임시중재의 예로는 1981년 설치된 '이란과 미국 간 중재판정부'(Iran-United States Claims Tribunal)가 있다. 우

52) 1994년 10월 1일 세계지적소유권기구(WIPO)가 제정한 중재규칙(WIPO Arbitration Rules)과 신속중재규칙(WIPO Expedited Arbitration Rules)이 발효되었다. WIPO 중재규칙은 지적소유권 분쟁에만 국한된 것은 아니다. 이기수, "世界知的所有權機構의 新 仲裁規定," 중재 280호(1996), 6면. 지적재산권분쟁에 관하여는 우선 David W. Plant, Resolving International Intellectual Property Disputes (ICC, 1999) 참조.

53) 목록은 Gary B. Born, International Commercial Arbitration in the United States (1994) Exhibit D, E; http://www2.lib.uchicago.edu/~llou/intlarb.html#courts 참조.

54) LMAA는 'LMAA Terms'라는 중재규칙을 가지고 있다. 상세는 Clare Ambrose and Karen Maxwell, London Maritime Arbitration (1996) 참조.

55) 장문철, 현대중재법의 이해(2000), 329면.

56) 현재 UNCITRAL 중재규칙을 개정하기 위한 작업이 진행중이다. 이에 관하여는 우선 이강빈, "UNCITRAL 중재규칙 개정안의 내용과 쟁점에 관한 연구," 중재연구 제17권 제2호(2007. 8.), 43면 이하 참조. 목영준, 28면은 국제연합무역법위원회 상설중재재판소(UNCITRAL Permanent Court of Arbitration)를 국제중재기관의 하나로 열거하나 이는 무엇인지 모르겠다.

리 중재법상 중재는 임시중재와 기관중재를 모두 포함한다.[57] 우리나라에서 ICC 중재규칙에 따라 또는 대한상사중재원의 국제중재규칙에 따라 기관중재가 행해지는 경우 당해 중재규칙 외에 우리 중재법이 적용됨을 주의하여야 한다. 물론 당사자의 계약자유가 허용되는 범위 내에서는 관련 중재규칙이 중재법에 우선한다.

3. 상사중재와 투자중재

국제상사중재와 여러 가지 점에서 대비되는 것으로, 근자에 점차 중요성이 커지고 있는 투자자-국가중재(investor-state arbitration)가 있다. 다만 국제투자에 관한 분쟁의 해결을 위한 중재라고 해서 모두 투자중재는 아니고 국제조약에 근거한 것을 말하므로 이를 '투자조약중재'(investment treaty arbitration)라고 부르기도 한다.[58]

투자중재는 2007년 4월 한미자유무역협정의 타결을 계기로 우리나라에서도 논란의 대상이 되고 있는데,[59] 이를 제도화한 것은 우리나라도 가입한 1965년 "국가와 타방국가 국민간의 투자분쟁의 해결에 관한 협약"(Convention on the Settlement of Investment Disputes between States and Nationals of Other States)(ICSID 협약 또는 워싱턴협약)[60]이다.

투자중재의 가장 큰 특성은, 국가가 아닌 투자자가 국가를 상대로 직접 중재신청을 할 수 있도록 허용함으로써 국가의 주권적 행위의 적법성에 대하여 판단할 수 있는 광범위한 관할권을 중재인에게 부여하는 데 있는데,

---

57) 다만 모델법(제2조 제1호)은 모델법상 중재라 함은 임시중재와 기관중재를 포함한다고 규정하나 우리 중재법은 이에 상응하는 조항을 두고 있지 않다.

58) 예컨대 NAFTA에 따른 투자분쟁도 당사자의 선택에 따라 ICSID 협약 또는 UNCITRAL 중재규칙에 따른 중재로 갈 수도 있는데 후자를 선택하면 여기에서 말하는 전형적인 투자중재는 아니다. 일본에서는 이를 '투자협정중재'라고 한다.

59) 우리나라에서는 투자자-국가분쟁(Investor-State Disputes. ISD)으로 논의되고 있다. 2007년 7월 국제거래법학회와 한국국제사법학회는 공동으로 투자자-국가간 분쟁해결(ISD)연구회를 발족하였다.

60) ICSID 협약에 관한 우리 문헌으로는 강병근, ICSID 중재제도 연구(법무부, 2006); 최태판, "FTA 투자협정과 분쟁해결제도에 관한 연구," 중재연구 제17권 제2호(2007. 8.), 141면 이하 참조. 외국 문헌으로는 Christoph H. Schreuer, The ICSID convention: A commentary (Cambridge University Press, 2001) 참조. 우리 정부가 공표한 ICSID 협약의 국문번역은 문제가 많은데, 위 강병근, 337면 이하는 수정한 번역문을 수록하고 있어 다행이다.

ICSID 협약은 투자중재의 체제를 최초로 창설한 데 큰 의의가 있다.[61] 투자중재는 그 후 '양자투자협정의 폭발'(explosion of Bilateral Investment Treaties 또는 BITS)[62]에 의하여 확산됨으로써 중요한 변화를 겪게 되었다.[63] 이런 이유로 평화롭던 중재세계가 진정한 혁명기를 겪고 있다고 평가하기도 하는데 이는 특히 남미에서 현저하다.[64]

투자중재의 대상은 투자에 관한 분쟁이라는 점에서 상사중재보다는 제한적인데, 투자의 개념 및 기타 투자중재의 구체적인 내용은 관련 조약에 따라 편차가 있다.

ICSID 협약에 따른 투자중재도 통상의 상사중재와 마찬가지로 투자자와 상대방 국가 간의 중재합의를 필요로 한다(ICSID 협약 제25조 제1항). 그러나 양자투자협정(BIT), NAFTA나 한미 FTA 하에서는 개별적인 중재합의는 불필요하다. 왜냐하면 그러한 조약을 체결함으로써 체약국인 국가가 중재합의의 공개청약(public offer)을 하고, 투자자가 중재신청을 함으로써 중재합의가 성립하는 구조를 취하기 때문이다.[65]

상사중재의 경우 중재절차는 당사자가 선택한 중재기관의 중재규칙과 중재지의 중재법에 의하여 규율되는 데 반하여, ICSID 협약에 따른 투자중재의 경우 중재절차는 ICSID 협약에 의하여 전적으로 규율되고 중재지의 중재법과는 거의 절연된다. 상사중재의 경우 중재에서 진 당사자는 중재지 국가의 법원에 중재판정의 취소의 소를 제기하거나 기타 불복할 수 있지만, ICSID 협약에 따른 투자중재의 경우 법원의 취소는 배제되고, 3인으로 구성되는 특별위원회, 사실상 새로운 중재판정부가 취소 신청에 대하여 결정한다는 데 특색이 있다(ICSID 협약 제52조). 즉 상사중재에서는 일정한 경우

---

61) 이 점은 Lauterpacht 경이 지적한 바이다(Schreuer(註 60)의 서문, xi-xii에서 재인용).

62) BIT에 관한 우리 문헌으로는 장승화, 양자간 투자협정 연구(법무부, 2001); 한찬식 · 이원희 · 유영준, 한일투자협정해설(2003) 참조.

63) Alan Redfern, "Investor-State Arbitration —A Bridge Too Far?," Gerald Aksen *et al.* (editors), Global Reflections on International Law, Commerce and Dispute Resolution, *Liber Amicorum* in honour of Robert Briner (2005), p. 667.

64) Cremades, in Beranrdo M. Cremades and Julian D. M. Lew, Parallel State and Arbitral Procedures in International Arbitration (ICC publication 692), p. 7 이하.

65) Cremades(註 64), p. 7; Piero Bernardini, "Investment Arbitration under the ICSID Convention and BITs," Gerald Aksen *et al.* (editors), Global Reflections on International Law, Commerce and Dispute Resolution, *Liber Amicorum* in honour of Robert Briner (2005), p. 93 이하 참조.

중재판정이 중재지국가의 법원의 통제 하에 놓이지만, 투자중재에서는 국가의 주권적 행위가 중재인의 통제 하에 놓이는 역전현상이 발생한다. 공익이라는 이름 하에 행해지는 중재의 비밀보장의 배제 또는 중재판정에 대한 불복 기회의 부여 등에 의하여 투자중재는 점차 소송절차를 닮아가는 경향을 보이고 있다.[66]

Ⅴ. 國際商事仲裁의 기초적인 개념

여기에서는 국제상사중재의 기초적인 개념으로 중재지(1.), 중재합의(2.)와 중재가능성(3.)을 간단히 살펴본다.

1. 중 재 지

가. 중재지의 의의

국제상사중재에서 당사자는 예컨대 서울(또는 런던)이라는 식으로 중재지를 명시한다. 중재지(place, seat, forum or *locus arbitri* of arbitration)는 일반적으로 중재사건의 심리를 진행하고 중재판정을 내리는 곳 또는 이를 하기로 예정한 곳을 말하는데, 이는 1개의 장소이다.[67] 중재지는 단순한 지리적인 문제가 아니라 중재의 법적 환경으로서 의미를 가지는데, 구체적으로 중재의 진행 즉 중재단계와 중재판정의 집행단계에서 중요한 의미를 가진다.[68]

첫째, 중재단계를 보면, 전통적인 이론에 따르면 중재지는 중재인에 대하여 마치 소송에서 法廷地(forum)와 같은 의미를 가졌으므로 중재절차는 당연히 중재지의 법에 의하였으나, 근자에는 이러한 의미가 약화되었다. 즉 중재인의 구성, 중재인의 권한, 중재신청의 제기, 본안심리, 증거조사 등 중재의 진행, 보전처분 및 중재판정의 방식과 효력 등 중재의 절차적인 문제는 중재지법에 의하여 규율되기는 하지만, 대부분 당사자들은 그와 달리 정할 수 있

---

66) Redfern(註 63), p. 675는 이런 현상을 지적하면서 만일 상사중재가 투자중재를 닮아간다면, 투자중재를 상사중재의 주류로부터 떼어내어, 상사중재와 유사하지만 상이한 분쟁해결제도로 취급할 여지가 있다고 한다.

67) 주석중재법/이강빈 · 서정일(2005), 94면.

68) Redfern/Hunter, para. 6-13.

고, 당사자들의 합의가 없는 경우에 중재지법이 적용된다는 면에서 그 의미는 제한된다.69) 더 나아가 당사자들의 합의에 의하여 국제상사중재를 특정 국가의 법으로부터 절연하려는 시도도 있다.70) 어쨌든 중재절차와 관련된 중재지의 강행법규는 반드시 준수되어야 한다.

둘째 중재판정의 집행단계를 보면, 중재지는 중재판정에 대한 뉴욕협약의 적용 여부—이는 중재판정의 국적에 따른다—,71) 중재합의의 성립과 (실질적) 유효성의 준거법(당사자의 합의가 없는 경우), 중재판정의 승인 및 집행과 관련한 상호주의의 적용 및 중재판정에 대한 불복수단과 중재판정을 취소 또는 정지할 수 있는 국제재판관할을 가지는 법원의 결정 등에 있어 의미를 가진다.72)

나아가 전통적인 이론에 따르면, 첫째 당사자들이 분쟁의 실체의 준거법을 지정하지 않으면 중재인은 중재지의 통상적인 저촉규범에 따라 준거법을 결정하였고,73) 둘째 실체에 관한 중재지의 국제적 강행법규는 마치 법정지의 그것인 것처럼 중재인에 의하여 당연히 적용되는 것으로 이해되었다. 그러나 주요 국제중재규칙 및 주요국의 입법례상 실체의 준거법 결정에 있어 중재지는 법정지로서의 의미를 상당부분 상실하였다. 중재지의 의의가 상당히 퇴색하였음을 보여주는 증거는, 예컨대 특정 국가에서 내려진 중재판정이더라도 그것이 당해 국가와 관련이 없는 외국인들 간의 분쟁이라면 굳이 자국의 중

69) 뉴욕협약 제5조 제1항 (d)호는 중재기관의 구성이나 중재절차가 당사자 간의 합의와 일치하지 아니하거나 또는 이러한 합의가 없는 경우 중재를 행하는 국가의 법령에 합치하지 않는 경우를 외국중재판정의 승인거부사유로 열거한다. 모델법 제1조 제2항도 동 법은 중재지가 그 국가의 영토 내에 있는 경우에만 적용된다고 규정한다. 또한 스위스 국제사법(제176조 제1항)에 따르면 국제중재에 관한 제12장이 적용되려면 중재지가 스위스 내에 있어야 한다.

70) 이러한 현상을 脫地域化(delocalization)라고 부르고(van den Berg, p. 28; Redfern/Hunter, para. 2-26), 그러한 중재절차로부터 내려지는 중재판정을 超國家的 仲裁判定(transnational award, supranational award) 또는 無國籍仲裁判定(a-national award)이라 부른다.

71) 우리 중재법 제38조는 영토주의(또는 屬地主義) 원칙에 입각하고 있으므로 한국 내에서 내려진 중재판정은, 가사 중재절차의 준거법이 외국법이거나, 당해 분쟁이 한국과 아무런 관련이 없더라도 내국중재판정이고 뉴욕협약의 적용대상이 아니다. 석광현, 국제사법과 국제소송 제2권(2001), 494면. 주석중재법/이호원, 248면도 동지.

72) 뉴욕협약 제1조 제1항(적용범위), 제3항(상호주의), 제5조 제1항 (a)호(중재합의의 효력), (e)호(중재판정의 취소 또는 정지) 등.

73) Otto Sandrock, “Neue Lehren zur internationalen Schiedsgerichtsbarkeit und das klassische Internationale Privat- und Prozeßrecht,” Festrschrift für Hans Stoll zum 75. Geburtstag (2001), S. 680.

재법 또는 법원의 개입을 배제하는 입법들이다.[74] 모델법도 국제상사중재에서 중재지가 가지는 중요성을 약화시키는 것을 정책으로 삼았다.[75] 하지만 우리 중재법(제2조 제1항)을 포함한 많은 입법례가 영토주의를 취하고, 분쟁의 실체의 준거법 결정원칙을 중재법이 명시하는 예에서 보듯이 중재지가 어떤 의미를 가지는 것은 사실이며, 오히려 전보다는 상대적으로 중재지의 의미가 좀더 강화되었다고 할 수도 있다. 요컨대 국제상사중재에 있어서 중재지의 의미가 상당히 퇴색한 것은 사실이지만, 제한된 범위 내에서 여전히 의미를 가지는 것도 부인할 수 없다.

나. 중재지의 결정

오늘날 국제상사중재에서 당사자들이 중재지를 자유로이 선정할 수 있음은 널리 인정되고 있다.[76] 우리 중재법(제21조 제1항)도 중재지는 당사자 간의 합의로 정함을 명시한다. 당사자들은 중재지가 당사자들에게 중립적인가와, 교통・통신의 편리, 자금이체의 자유, 숙련된 현지의 지원을 포함하는 실제적인 고려에 기초하여 중재지를 직접 선정하거나 제3자로 하여금 선정하게 한다. 중재지의 합의는 중재합의 자체와 달리 반드시 서면으로 해야 하는 것은 아니고 구술로 하더라도 무방하다.[77]

중재지가 당사자 또는 사안과 합리적인 또는 기타 어떤 관련이 있을 필요는 없다.[78] 중재인은 통상 심리 내지 회합을 포함한 중재절차를 그 장소에서 진행하지만 반드시 그곳에서 심리, 증거조사 등의 활동을 할 필요는 없다. 우리 중재법(제21조 제3항)[79]상으로도 당사자 간에 다른 합의가 없는 경우 중재판정부는 중재지 외의 적절한 장소에서 중재인들 간의 협의, 증인・감정

---

74) 예컨대 과거 1985년부터 1998년까지의 벨기에 司法法(제1717조)에 따르면 국제중재의 당사자들은 합의에 의하여 벨기에 법원의 중재판정의 취소를 배제할 수 있었다. 또한 스위스 국제사법(제192조 제1항)에 따르면 쌍방당사자가 모두 스위스에 주소, 상거소 또는 영업소를 가지고 있지 않은 때에는, 당사자들은 중재합의 또는 후의 서면에 의한 합의에 포함된 명시적 선언에 의하여 중재판정의 취소사유의 전부 또는 일부의 적용을 배제할 수 있다.

75) Holtzmann/Neuhaus, p. 770 참조.

76) 모델법(제20조 제1항), UNCITRAL 중재규칙(제16조 제1항) 또는 ICC 중재규칙(제14조 제1항) 참조.

77) Stein/Jonas/Schlosser, Kommentar zur Zivilprozessordnung 22. Auflage Band 9 (Ⅱ/2002), § 1043 Rn. 3. 이하 "Stein/Jonas/Schlosser"라 인용한다.

78) 위에 언급한 우리 대법원 1997. 9. 9. 선고 96다20093 판결 참조.

79) 이는 모델법(제20조 제2항)을 따른 것이다.

인 및 당사자 본인에 대한 신문, 물건·장소의 검증 또는 문서의 열람을 할 수 있다. 또한 중재판정부가 반드시 중재지에서 중재판정을 내려야 하는 것도 아니다. 즉 우리 중재법(제32조 제3항)에 따르면 중재인들은 중재판정에는 작성일자와 중재지를 기재하여야 하는데, 이 경우 중재판정은 당해 일자와 장소에서 내려진 것으로 본다.[80] 중재인들이 중재지에서 중재판정에 실제로 서명을 해야 하는 것도 아니다. 결국 중재지는 중재판정에 중재지라고 기재된 장소에 불과하며 그곳에서 실제로 아무런 행위가 행해지지 않을 수도 있는데, 이 점에서 중재지는 '형식적인 법적 주소 또는 본거'(formales Legaldomizil, juridical seat of arbitration)[81] 또는 '순전히 법적인 개념'(purely legal concept)[82]이라고 할 수 있다. 우리나라에는 중재절차가 다양한 장소에서 이루어진 경우 중재지는 가장 중요한 중재절차를 진행한 곳이 되어야 한다는 견해[83]가 유력하나 이는 모델법이나 우리 중재법의 해석론으로는 부적절하다. 간혹 중재지를 '법률상 의미의 중재지', 실제로 중재인의 심리 또는 증거조사가 행해지는 장소를 '물리적 의미의 중재지'라고 부르기도 하나[84] 이는 편의상의 용어일 뿐이고 후자는 중재지가 아니다.

그러나 당사자들은 중재지를 결정할 경우 위에서 본 바와 같은 중재지가 가지는 의미와 기능을 충분히 고려하여 결정하지 않으면 아니 된다. 특히 가장 중요한 고려사항은 법적인 환경인데, 위에서 본 것처럼 중재지는 중재의 진행과 중재판정의 집행을 위하여 의미를 가지기 때문이다.

당사자의 합의가 없는 경우 중재지의 결정에 관하여는 우리 중재법(제21조 제1항)은 모델법(제20조 제1항)을 따라 중재판정부가 당사자의 편의와 당해 사건에 관한 제반 사정을 고려하여 중재지를 정하도록 한다.[85]

---

80) 중재지의 간주는 모델법(제31조 제3항)을 따른 것이다. 중재인들이 의제적인 장소를 기재할 권한을 가진다는 점에 대해 거부감이 있었지만 결국 간주하는 접근방법(deeming approach)이 채택되었다. Holtzmann/Neuhaus, p. 596, pp. 838-839.

81) Karl Heinz Schwab/Gerhard Walter, Schiedsgerichtsbarkeit 7. Auflage (2005), Kapitel 15 Rn. 39.

82) Holtzmann/Neuhaus, p. 839.

83) 목영준, 93면; 주석중재법/이강빈·서정일, 95면.

84) 강병근, 국제중재의 기본문제(2000), 126면.

85) UNCITRAL 중재규칙(제16조 제1항)도 중재판정부가 중재지를 결정하도록 규정하고, ICC 중재규칙(제14조 제1항)은 중재법원이 결정하도록 한다.

2. 중재합의

가. 중재합의의 개념

우리 중재법(제3조 제1호, 제2호)에 따르면, '중재합의'(arbitration agreement, *convention d'arbitrage*, Schiedsvereinbarung)라 함은 계약상의 분쟁인지의 여부에 관계없이 일정한 법률관계에 관하여 당사자 간에 이미 발생하였거나 장래 발생할 수 있는 私法上의 紛爭의 전부 또는 일부를 법원의 재판에 의하지 아니하고 중재인의 판정에 의하여 해결하도록 하는 당사자 간의 합의이다.[86] 구 중재법(제2조 제1항)은 '중재계약'이라는 용어를 사용한 반면에, 중재법(제3조 제2호)은 '중재합의'라는 용어를 사용하는데(실무상으로는 중재약정이라고도 한다), 양자는 표현의 차이에 불과하고 실질에는 차이가 없다.

나. 중재합의의 유형

중재합의에는 '중재부탁계약'과 '중재조항'의 두 가지 유형이 있다(중재법 제8조 제1항). 전자는 현존하는 분쟁을 중재에 따르도록 하는 독립된 합의(submission to arbitration agreement, submission agreement. *compromis*, Schiedsabrede)이고, 후자는 장래의 분쟁을 중재에 의하여 처리하도록 하는, 통상 주된 계약(예컨대 매매계약 등)에 포함된 중재조항(arbitration clause, *clause compromissoire*, Schiedsklausel)을 말한다.[87] 두 가지 유형은 모두 중재합의에 해당하므로 양자를 구별하는 실익은 크지 않다. 중재조항의 경우에도 아래에서 보는 바와 같이 독립성이 인정되므로 더욱 그러하다. 다만 중재합의의 성립 및 실질적 유효성의 준거법을 논의하는 데 있어서 차이가 없는 것은 아니다. 그리고 연혁적으로 중재부탁계약과 비교할 때 중재조항의 유효성이 인정되기까지는 오랜 시간이 걸렸다.[88]

---

86) 당사자들은 실무상 중재합의에서 그의 본질적 구성부분 외에 중재인의 수, 자격, 선정방법, 중재지 등 중재절차에 관한 사항에 대해 합의하기도 하는데, 엄밀히는 이는 중재절차에 관한 합의이다. 대법원 1990. 4. 10. 선고 89다카20252 판결도 동지다.

87) Redfern/Hunter, para. 3-02; 목영준, 34면 이하 참조.

88) 그 이유는, 만일 분쟁발생 전에 중재조항에 의하여 열악한 지위에 있는 당사자들의 의사에 반하는 중재를 강요한다면 그들이 법원의 재판에 의하여 얻을 수 있는 국가의 정당한 보호를 상실할 수 있다는 우려 때문이었다. 목영준, 35면 이하 참조.

다. 중재조항의 독립성

중재법(제17조 제1항 2문)은, 중재합의가 중재조항의 형식으로 되어 있는 때에는 계약 중 다른 조항의 효력은 중재조항의 효력에 영향을 미치지 아니한다고 명시하는데, 이것이 국제상사중재에서 널리 인정되는 중재조항의 '독립성'(separability, independence, autonomy)의 원칙이다.[89] 중재합의 중 중재부탁계약이 독립성을 가지는 데는 의문이 없지만, 중재조항은 형식상 주된 계약의 일부로 되어 있어 논란의 여지가 있기 때문에 중재법은 모델법(제16조 제1항 2문)을 따라 중재조항의 독립성을 명시한다.

그러나 주된 계약이 효력을 상실하게 된 사유가 중재조항 자체에도 영향을 미치는 경우에는 중재조항의 독립성의 원칙은 인정되지 않는다. 또한 주된 계약이 처음부터 부존재인 경우를 예외로 보는 견해가 유력한데, 주된 계약이 처음부터 무효인 경우도 예외로 보는 견해도 있다.

중재조항의 독립성 유무는 중재합의의 성립 및 유효성의 준거법에 따를 사항인데,[90] 그 준거법의 결정은 아래에서 보듯이 뉴욕협약의 적용 여부와, 쟁점이 제기되는 단계별로 검토할 필요가 있다.

3. 분쟁대상의 仲裁可能性

가. 중재가능성 개관

어떠한 분쟁이 중재에 의하여 해결될 수 있는 성질의 분쟁인가가 중재가능성(또는 仲裁適格. arbitrability, *arbitrabilité*)의 문제이다.[91] 중재가능성이

---

89) 국제상거래에 관한 국제규범도 이 원칙을 널리 인정한다. 예컨대 UNIDROIT의 2004년 국제상사계약원칙(Principles of International Commercial Contract)(제7.3.5조 제4항)과 우리나라에서도 발효한 국제물품매매계약에 관한 협약(CISG)(제81조 제1항 2문)도 이를 명시한다.

90) Christoph Reithmann/Dieter Martiny/Rainer Hausmann, Das Internationale Vertragsrecht 6. Auflage (2004), Rz. 3416. 이하 "Reithmann/Martiny/Hausmann"이라고 인용한다.

91) 목영준, 46면. 독일 민사소송법(제1030조)은 이를 'objektive Schiedsfähigkeit'라고 하는데 직역하면 '객관적 중재능력'이다. 독일에서는 중재합의를 체결할 수 있는 당사자의 능력을 'subjektive Schiedsfähigkeit'(주관적 중재능력)라고 한다. Rolf A. Schütze, Schiedsgericht und Schiedverfahren 3. Auflage (1999), Rn. 73. 프랑스의 Fouchard/Gaillard/Goldman, para. 533 이하는 주관적 중재가능성과 객관적 중재가능성으로 구분하는데, 우리가 말하는 것은 후자이고, 전자는 개인 또는 기업이 그의 특수한 지위로 인하여 분쟁을 중재에 회부할 수 없는가의 문제를 말한다.

없는 때에는 중재합의가 무효가 될 수 있으므로 중재인은 중재판정을 내릴 수 없고,[92] 가사 중재판정을 내리더라도 중재판정 취소의 사유가 되며(중재법 제36조 제2항 제2호 가목), 승인 및 집행의 거부사유가 된다(중재법 제38조, 제39조).

개괄적으로는, 어떠한 분쟁이 순전히 당사자 간의 이해관계에만 관련된 경우 중재가능성을 긍정할 가능성이 크지만, 당사자 간의 이해관계를 넘어 공익에 관련되는 경우 특히 국가가 특정유형의 분쟁에 관하여 특별한 분쟁해결제도를 두고 있는 경우 화해가능성의 존재에도 불구하고 통상적인 중재가능성은 부정되는데,[93] 그 이유는 국가가 그러한 분쟁의 해결에 대하여 특별한 국가적 이익(special national interest)을 가지기 때문이다.[94] 후자는 결국 공익을 위한 것이다. 그러나 국가에 따라서는 당사자, 특히 사회·경제적 약자인 소비자, 투자자와 임차인의 이익을 보호하기 위하여 중재를 불허하기도 한다.[95] 따라서 분쟁대상의 중재가능성은 국가별로 검토하여야 한다.

나. 우리 중재법의 해석

구 중재법 제2조는 "중재계약은 私法상의 법률관계에 관하여 당사자 간에 발생하고 있거나 장래에 발생할 분쟁의 전부 또는 일부를 중재에 의하여 해결하도록 합의함으로써 효력이 생긴다. 다만, 당사자가 처분할 수 없는 법률관계에 관하여는 그러하지 아니하다"고 규정하였다. 구 중재법상 학설은 "당사자가 처분할 수 있는 私法상의 법률관계"의 의미를 재산권에 관한 법률관계로서 당사자 간에 화해로써 종결될 수 있는 것이라고 해석하였다.[96] 그런데 중재법은 제3조 제2호에서 "'중재합의'라 함은 계약상의 분쟁인지의 여부에 관계없이 일정한 법률관계에 관하여 당사자 간에 이미 발생하였거나 장래 발생할 수 있는 분쟁의 전부 또는 일부를 중재에 의하여 해결하도록 하는

92) Schwab/Walter(註 81), Kapitel 57 Rn. 1; Kapitel 44 Rn. 1ff.

93) Steward E. Sterk, Enforceability of Agreements to Arbitrate: An Examination of the Public Policy Defense, 2 Cardozo L. Rev. 481, 483 (1981) 참조.

94) van den Berg. p. 369 참조.

95) 손경한, "强行法規上 請求의 仲裁適格性 —美國의 경우를 중심으로— (上)," 중재 172호 (1986. 5.), 20-21면에 소개된 일본 학설은 중재가능성을 부정하는 것은, 당사자의 이익을 보호하기 위한 경우와 공익을 위한 경우로 분류한다.

96) 이태희, 國際契約法 理論과 實務, 증보판(1990), 111면. 이태희, 국제계약법(2001), 145면은 이 견해를 유지하나 중재법의 개정을 고려한 것인지는 불분명하다.

당사자 간의 합의를 말한다"고 하여 당사자의 처분가능성을 삭제하였고, 다만 제1조에서 私法상의 분쟁일 것을 요구할 뿐이다.[97] 즉 私法상의 법률관계에 관한 분쟁만이 중재가능성이 있음은 구 중재법이나 중재법상 차이가 없으나, 중재법은 당사자의 처분가능성(즉 화해가능성)을 명시적으로 요구하지 않는 점에서 구 중재법과 차이가 있다.

중재법(제2조 제2항)은 "중재법은 중재절차를 인정하지 아니하거나 중재법의 중재절차와는 다른 절차에 의하여 중재에 회부할 수 있도록 정한 법률과 한국에서 발효중인 조약에 대하여는 영향을 미치지 아니한다"고 하여 중재가능성에 관하여 소극적 규정만을 두고 더 이상 규정하지 않는데, 이는 모델법을 따랐기 때문으로 보인다.[98] 그러나 중재가능성에 관한 일응의 기준을 제시할 필요가 있고, 구 중재법에 규정이 있었던 점과, 특히 중재법은 국내중재를 함께 규율하는 점을 고려하면 중재법에서 중재가능성에 관한 기준을 제시하였어야 하고, 그 경우 중재가능성을 확대하는 국제적인 경향을 고려하여, 보다 전향적인 입장을 취하는 것이 입법론적으로 바람직하였다고 본다. 예컨대 재산권상의 분쟁일 것만을 요구하고, 굳이 私法상의 분쟁일 것과 화해가능성을 요구하지 않는 것이 하나의 방안이다.

참고로 독일의 구 민사소송법(제1025조 제1항)은 화해가능성을 기준으로 중재적격을 판단하였으나, 신 민사소송법(제1030조 제1항)은 "모든 재산권에 관한 청구는 중재합의의 대상이 될 수 있다. 비재산권에 관한 청구에 대한 중재합의는 당사자가 그 분쟁에 대해 화해를 체결할 수 있는 때에 한하여 법적인 효력을 가진다"고 규정함으로써 중재적격을 확대하였다. 독일법상으로는 재산권에 관한 청구면 족하므로 공법상의 청구도 중재가능성이 있다고 본다.[99] 모든 재산권에 관한 청구에 대해 중재가능성을 인정하는 점은 1989년 개정된 스위스 국제사법(제177조 제1항)도 같다.

어쨌든 중재법이 명시적인 규정을 두지 않은 이상 이 문제는 해석에 맡

97) 중재판정의 취소사유의 하나로서 제36조 제2항 제2호 가목에서 "중재판정의 대상이 된 분쟁이 대한민국 법에 따라 중재로 해결할 수 없는 때"를 규정할 뿐이다.

98) 모델법이 중재가능성을 규정하지 않는 것은, 그것이 모델법을 채택하는 국가의 국내 실체법에 대한 간섭으로 이해되었고, 그의 완전한 목록을 작성하거나 일반적으로 타당한 정의규정을 두는 것이 불가능하였기 때문이라고 한다. Klaus Peter Berger, "Entstehungsgeschichte und Leitlinien des neuen deutschen Schiedsverfahrensrechts," in Das neue Recht der Schiedsgerichtsbarkeit, Berger, Klaus Peter (Hrsg.)(1998), S. 23-24.

99) BTDrucks. 13/5274, S. 35. Schütze(註 91), Rn. 95.

겨진 것이다. 일응 순수한 공법상의 분쟁과 가족법상의 분쟁과 같이 당사자가 처분할 수 없는 분쟁의 중재가능성이 없음은 크게 의문이 없지만, 해석론으로는 私法상의 분쟁일 것에 추가하여 ① 구 중재법에서와 마찬가지로 여전히 재산권에 관한 법률관계로서 화해가능성이 있을 것을 요구하는 견해와, ② 보다 완화된 견해가 주장될 수 있는데, ②의 경우 다양한 가능성이 있다.[100] 예컨대 스위스 국제사법처럼 재산권에 관한 분쟁이면 족하고 화해가능성을 요구하지 않는 견해와, 독일 민사소송법처럼 재산권에 관한 분쟁의 경우 화해가능성을 요구함이 없이 중재가능성을 인정하고, 비재산권에 관한 분쟁의 경우 화해가능성을 요구하는 견해도 가능하다.

공법상 또는 가족법상의 분쟁이나 그 밖의 이유로 중재가능성이 없다고 하는 경우 이는 그러한 분쟁이 중재의 대상 즉 본문제(main question)인 경우를 말하는 것이고, 선결문제(incidental question)로서 주장되는 경우에는 달리 보아야 할 것이다.[101] 이 점은 지적재산권 분쟁에 관한 아래(2.나.)의 논의에서 선명하게 드러난다.

우리 법에 따른 중재가능성에 관한 분야별 논의는 아래에서 항을 바꾸어 논의한다.

Ⅵ. 우리 법상 仲裁可能性에 관한 분야별 논의

분쟁의 중재가능성은 국가에 따라 상이한데, 종래 이 점이 활발히 논의된 미국의 논의를 참조하여 우리 법상 중재가능성이 문제되는 경우를 살펴본다.[102] 중재가능성의 준거법은 아래(Ⅶ. 5.)에서 언급한다.

---

100) 이는 당초 석광현, "개정중재법의 몇 가지 문제점 —국제상사중재를 중심으로—," 중재 제298호(2000년 겨울호), 20면에서 제시한 견해이다.

101) 참고로 헤이그관할합의협약(제2조 제2항, 제3항)은 가족법사건과 반독점사건 등을 그의 적용범위로부터 제한하면서도 다만 그것이 선결문제로 제기되는 경우에는 제외되지 않음을 명시한다.

102) 미국법상의 전반적인 논의는 Sterk(註 93), p. 481 참조.

1. 독점금지법 관련 분쟁

가. 미국에서의 논의

독점금지법 관련 분쟁의 중재가능성은 미국 연방대법원 판결을 계기로 활발히 논의되었다. 1968년 *American Safety Equipment Corp. v. J. P. Maguire & Co.* 사건[103]에서 American Safety가 상표사용계약이 셔먼법(Sherman Act)에 위반하여 무효라고 선언하는 판결을 구한 데 대하여, 피고는 중재신청을 하면서 소송절차의 중지를 구하였다. 연방지방법원은 소송절차의 중지와 중재절차의 진행을 명하였으나, 제2순회구 연방항소법원은 독점금지법 관련 분쟁의 중재가능성을 부정하고 일심판결을 파기하였다. 즉 연방항소법원은 "독점금지법상의 청구는 단순히 사적인 문제가 아니다. 셔먼법은 경쟁적인 경제 내에서 국가이익을 조장하기 위한 것이고, 동 법에 따라 권리를 주장하는 원고는 공익을 보호하는 'private attorney-general'(私的 법무장관)에 비견되어 왔다. … 독점금지법 위반은 수십만, 아마도 수백만의 사람들에게 영향을 줄 수 있고, 엄청난 경제적 손해를 끼치는 점에서 중재에 의한 실현에 부적절하며, 그러한 청구가 법원 외의 곳에서 해결되도록 의회가 의도했다고 믿을 수 없다"고 보고, 관련 계약의 부합계약적 성질, 독점금지법위반 사건의 복잡성과 증거조사의 어려움과 중재인이 관련 업계의 전문가들로부터 선정되는 점을 고려할 때 중재인은 커다란 공적 이익에 관한 분쟁을 해결하기에 부적합하다고 지적하였다.[104]

그러나 연방대법원은 1985년 *Mitsubishi Motors Corp. v. Soler Chrysler-Plymouth, Inc.* 사건 판결[105]에서 독점금지법 관련 분쟁의 중재가능성을 긍정하였다. *Mitsubishi Motors Corporation*(이하 "미쯔비시"라 한다)은 푸에르토리코 연방지방법원에 소를 제기하여 Soler Chrysler-Plymouth, Inc.(이하 "소울러"라 한다)로 하여금 중재절차를 밟도록 강제하는 명령을 신청하였고, 그

103) 391 F.2d 821 (2d Cir. 1968).

104) 391 F.2d 821, 826. 손경한, "强行法規上 請求의 仲裁適格性 —美國의 경우를 중심으로—(下)," 중재 제173호(1986. 6.), 4-5면; 이상돈, "國際商事仲裁와 獨占禁止法上의 爭點," 법조 36권 1호(1987), 16면 이하 참조. 후자의 글은 이상돈, 국제거래법(1992), 50면 이하에도 수록되었다.

105) 473 U.S. 614 (1985). 상세는 손경한(註 104), 5면 이하; 이상돈(註 104), 22면 이하 참조.

후 손해배상을 구하는 중재신청을 일본상사중재협회(Japan Commercial Arbitration Association)에 제출하였다. 미쯔비시의 제소에 대하여 소울러는 셔먼법의 위반을 주장하면서 반소를 제기하였는데, 미쯔비시와 Chrysler International, S.A. (CISA)는 독점금지법에 위반하여 시장을 분할하는 공모를 하였다고 주장하고 삼배배상(treble damages)을 구하였다.[106]

이 사건의 주요 쟁점은, 국제상거래를 화체하는 계약의 유효한 중재조항의 범위 내에 포함되고, 셔먼법(제1조 이하)에 따라 발생하는 청구의 중재가능성이었다.[107] 미쯔비시의 제소를 받은 연방지방법원은 청구를 받아들여 중재회부를 명하였지만, 제1순회구 연방항소법원은 위 American Safety 판결의 법리를 따라 중재가능성을 부정하여 일심판결을 파기하고 소송을 진행하였다. 연방대법원은 항소법원 판결을 파기하였는데 의견이 나뉘었다.

Blackmun 등 5명의 대법관이 지지한 다수의견은 우선 제정법상의 청구도 중재조항에 포함된다고 보았다. 다수의견은 1925년 연방중재법의 제정과 1970년 뉴욕협약의 비준을 통하여 중재를 소송과 동등한 분쟁해결장치로 인정한 입법자의 결정을 강조하면서 법원은 이러한 중재선호 정책을 존중하여야 한다고 판시하고, 국제재판관할합의에 관한 1972년 Bremen 사건 판결[108]과 아래 언급하는 1974년 Scherk 사건 판결이 당사자들이 자유롭게 협상한 계약상의 법정지 선택조항을 가능한 유효한 것으로 추정하는 원칙을 확립하였음을 확인하였다. 다수의견은 American Safety 판결의 법리에 대하여도 다음과 같이 회의를 표시하였다. 첫째, Bremen 사건 판결에서 보듯이 독점금지법 위반 분쟁이라는 것만으로 중재조항이 무효는 아니다. 둘째, 독점금지법 위반 사건의 잠재적 복잡성만을 이유로 중재를 배제할 수는 없다. 중재인 선정시 사건의 성질을 고려할 수 있고 중재에서도 감정인이 참여할 수 있다. 셋째, 중재판정부는 업계의 인사로 구성되므로 독점금지법 관련 분쟁을 다룰

---

106) 상세는 다음과 같다. 미쯔비시는 자동차를 제조하는 일본 회사로, Chrysler Corporation의 스위스 자회사인 CISA와 일본 회사인 미쯔비시 중공업주식회사 간의 합작회사였다. 미국속령인 푸에르토리코의 자동차판매상인 소울러는 CISA와 체결한 판매점계약(distributor agreement)에 따라, 미쯔비시가 Chrysler Corporation을 위하여 제조한 승용차를 푸에르토리코 내에서 판매하였다. 소울러는 또한 미쯔비시 및 CISA와 판매절차계약을 체결하였는데, 동 계약(제VI조)은 그의 일부 조항으로부터 발생하는 분쟁을 일본상사중재협회의 규칙에 따라 일본에서 중재에 의하여 최종적으로 해결한다는 중재조항을 포함하였다. 소울러가 판매지역 내에서 최소판매의무량을 충족시키지 못한 것으로부터 분쟁이 발생하였다.

107) 473 U.S. 614, 616 (1985).

108) *The Bremen et al. v. Zapata Off-shore Co.*, 407 U.S. 1 (1972).

능력과 의사가 없다는 전제도 부당하다. 그 경우에도 당사자들은 적절한 중재인을 선정할 수 있기 때문이다. 마지막으로 다수의견은 독점금지법제가 미국의 민주적 자본주의에 근본적으로 중요하지만, 그 때문에 중재가능성을 부정할 이유는 없다고 보았다. 왜냐하면 삼배배상제도를 기초로 하는 사적 집행이 독점금지법의 집행에 있어 중요하지만 그것도 당사자의 처분에 따르고, 당사자들이 합의한 경우 중재판정부도 독점금지법을 적용해야 하며, 중재판정의 집행단계에서 독점금지법의 집행에 관한 정당한 이익이 고려되도록 보장할 수 있기 때문이다. 다만 위 판결은 독점금지법 관련 분쟁의 중재가능성을 일반적으로 긍정한 것은 아니고 국제거래와 관련된 분쟁에 한정하였다.

반면에 Stevens 등 3명의 대법관이 지지한 소수의견[109]은 문제된 중재조항의 문언은 독점금지법 위반에 기한 청구를 포함하지 않고, 가사 포함하더라도 그러한 합의는 강제력이 없다(unenforceable)고 보았다. 또한 소수의견은, 다수의견은 순수한 국내사건의 중재가능성을 부정하면서도 이 사건의 국제성을 이유로 국제예양에 기하여 중재가능하다고 보았지만, 뉴욕협약(제2조와 제5조)에 따르면 국내법상 중재가능성이 없는 분쟁에 관하여는 중재합의와 중재판정을 존중할 의무가 없으므로 이는 부당하며, 다수의견은 국제사건인 1974년 Scherk 사건 판결을 잘못 적용하였다고 비판하였다.

나. 우리 법상의 논의

미국은 독점금지법 위반 사건에 대하여 셔먼법과 클레이튼법(Clayton Act)에 기하여 손해배상 등의 私的 救濟(즉 司法的 救濟)를 중시하나,[110] 우리나라는 종래 行政的 救濟를 중시하였으므로 우리나라에서는 독점규제 및 공정거래에 관한 법률(이하 “독점규제법”이라 한다) 위반 사건의 중재가능성은 별로 문제되지 않았다.[111] 특히 구 독점규제법(제57조 제1항)은 손해배상청구를 위한 시정조치 선확정제도를 두고 있었다. 그러나 현행 독점규제법은 이를 폐지하고, 손해액 인정제도를 도입함으로써 손해배상청구제도의 활성화

109) 473 U.S. 614, 640 이하. Powell 판사는 이 사건의 판결에 참가하지 않았다.

110) 미국에서는 손해배상청구, 금지청구 및 가처분 등의 私的 訴訟(private action)이 공정거래법의 대표적인 집행메커니즘이다. 윤세리, “미국 독점금지법상의 사소제도(私訴制度),” 경쟁법연구 제9권(2003. 4.), 9면.

111) 과거 독점규제법상의 분쟁은 중재로 해결할 수 없다는 견해가 있었다. 조재연, “외국중재판정에 대한 집행판결: 뉴욕협약을 중심으로,” 사법연구자료 11집(1984), 185면.

를 위한 전기를 마련한 결과 앞으로는 손해배상청구가 늘어날 것이므로[112] 중재가능성이 문제될 수 있다. 우리 법체계상 독점규제법은 경제법에 속하는 법이므로 과연 그것이 私法상의 분쟁인지에 관하여는 논란의 여지가 있으나, 적어도 통상의 법원이 판단할 수 있는 사항 예컨대 독점규제법 위반을 이유로 하는 손해배상청구 등 私法的 救濟手段에 관하여는 중재가능성을 긍정하여야 할 것이다.[113]

2. 지적재산권의 유효성에 관한 분쟁

지적재산권, 특히 특허권과 같은 등록을 전제로 하는 지적재산권의 유효성에 관한 분쟁의 중재가능성에 관하여는 전세계적으로 논란이 있다.[114] 우리 중재법상 지적재산권에 관한 분쟁의 중재가능성은 일률적으로가 아니라 권리 및 분쟁의 종류에 따라 구분하여야 한다. 예컨대 특허권과 같이 권리의 발생을 위하여 등록을 필요로 하는 지적재산권과 그렇지 않은 저작권의 경우를 구분하고, 또한 특허권의 침해에 관한 분쟁과 특허권의 유효성(validity)에 관한 분쟁을 구별할 필요가 있다.[115]

---

112) 이기종, "공정거래법상 손해배상청구소송에 있어서의 경제분석에 관한 연구," 상사법연구 제25권 제3호(통권 제52호), 293면. 금지청구에 관하여는 곽상현, "공정거래법의 집행과 금지청구제도—미국의 판례 및 도입과 관련된 쟁점을 중심으로—," 법조 통권 607호(2007. 4.), 80면 이하 참조.

113) 과거 독일의 독점금지법(GWB)(제91조 제1항)은 장래의 독점금지법상의 분쟁(특히 카르텔 분쟁)을, 법원의 재판을 받을 권리를 배제하고 전적으로 중재에 의하여 해결하기로 하는 중재합의의 효력을 부정하였다. 과거 입법자들은 당시 자신의 단체중재를 통하여 조직강제를 관철하였던 카르텔조직을 염두에 두었던 것이나 그 후 사정이 변경되었고, 중재판정부도 법원처럼 독점금지법의 강행규정을 존중하여야 하며, 법원은 중재판정의 취소 및 집행을 통하여 중재판정부의 독점금지법 준수 여부를 통제할 수 있다는 이유로 1998년 1월 1일 모델법을 민사소송법에 수용하면서 위 조항을 삭제한 결과 독점금지법 분쟁의 중재가능성이 긍정된다. Nico Spiegel, Kartellprivatrecht in der internationalen Handelsschiedsgerichtsbarkeit (2002), S. 60f. 참조. 이 책은 미국, 영국, 독일, 프랑스 등 주요 국가의 법제를 소개한다.

114) 독일과 미국의 상태는 Inna Anne Frost, Schiedsgerichtbarkeit im Bereich des geistigen Eigentums nach deutschem und US-amerkanischem Schiesrecht (2001), S. 30ff., 134ff. 각 참조. 국제적인 개관은 ICC Commission on International Arbitration, Intellectual Property Disputes and Arbitration, The ICC International Court of Arbitration Bulletin, Vol. 9, No. 1 (1998) 참조(위 Frost, S. 30, Fn. 168에서 재인용).

115) 상세는 석광현, 국제사법과 국제소송 제2권(2001), 565면 이하 참조. 조재연(註 111), 185면은 단순히 지적재산권에 관한 분쟁의 경우 仲裁可能性은 그 사건의 구체적인 분쟁내용에 따라 달라질 것이라고 하였다. 정찬모, "지적재산권분쟁의 중재가능성," 중재 제307호(2003

특허권의 침해의 경우는 통상의 불법행위와 마찬가지로 중재가능성을 인정할 수 있다. 그러나 특허권의 유효성에 관한 분쟁의 경우 다음의 이유로 중재가능성을 부정하여야 할 것이다. ① 중재가능성이 있기 위해서는 우선 私法상의 분쟁이어야 하는데, 특허권의 유효성에 관한 분쟁은 재산권에 관한 분쟁이라고 할 수는 있으나 이를 私法상의 분쟁으로 보기는 어렵다. ② 종래 대법원 판례처럼 특허권침해소송을 재판하는 통상 법원도 특허권의 유효성에 대해 원칙적으로 판단할 수 없다고 본다면, 그것과의 균형상 중재인도 특허권의 유효성에 대해 판단할 수 없다고 봄이 타당하다(다만 저작권의 경우는 가능하다). ③ 중재가능성의 전제로서 화해가능성을 요구하는 견해에 의하면, 특허의 무효를 주장하는 소송에서 당사자의 화해가능성을 인정하기는 어려울 것이므로 중재가능성을 부정할 것으로 생각된다.

한편 특허권의 침해에 관한 중재절차에서 특허권의 유효성이 선결문제로 다투어지는 경우에는 중재인은 선결문제에 대해 판단할 수 있다. 다만 한국의 특허권에 관한 국내중재의 경우에는 부정적인 견해가 설득력이 있다. 그러나 후자의 경우에도 침해소송의 법원이 특허권의 유효성에 대해 판단할 수 있는 범위 내에서는 중재인도 판단할 수 있다. 주목할 것은 최근 대법원 2004. 10. 28. 선고 2000다69194 판결이 권리남용이론을 도입하여 사실상 특허무효의 항변을 인정한 점이다. 즉 대법원은 특허의 무효심결이 확정되기 이전이라고 하더라도 특허권침해소송을 심리하는 법원은 특허에 무효사유가 있는 것이 명백한지 여부에 대하여 판단할 수 있고, 심리한 결과 당해 특허에 무효사유가 있는 것이 분명한 때에는 그 특허권에 기초한 금지와 손해배상 등의 청구는 특별한 사정이 없는 한 권리남용에 해당하여 허용되지 아니한다고 판시하였다.[116] 이는 일본 最高裁判所의 2000. 4. 11. 제3소법정판결(이른바 キルビ 사건)[117]을 따른 것으로 보인다. 이 판결에 따른다면 예컨대

년 봄), 55면 이하는 중재법의 해석론의 범위를 넘는 자유로운 견해로 보인다. 미국법상의 논의는 우선 松浦 馨/青山善充(編), 現代仲裁法の論点, 115면 이하(김상수 집필부분) 참조. 우리나라에서의 최근의 논의는 손경한, "국제지적재산분쟁의 중재," 중재연구 제17권 제2호(2007. 8.), 71면 이하 참조.

116) 소개는 강기중, "특허침해소송의 구조와 판례동향," 인권과 정의 통권 제342호(2005. 2.), 51-52면 참조. 평석은 최성준, "무효사유가 있는 것이 명백한 특허권의 행사가 권리남용에 해당하는지 여부," 지적재산권 8호(2005. 7.), 58면 이하 참조.

117) 일본 最高裁判所 민사판례집 54권 4호, 1368면; 中山信弘 · 相澤英孝 · 大淵哲也(편)/비교특허판례연구회(역), 특허판례백선(제3판)(2005), 505면 이하 참조.

특허권 침해소송에 대하여 우리나라에 국제재판관할이 있다면 당해 특허권이 무효라는 항변이 선결문제로서 제기되는 경우 우리 법원은 무효항변의 적부를 판단할 수 있다. 다만 대법원이 위 판결로써 종전의 견해를 변경한 것인가에 관하여는 논란이 있다.

3. 증권거래에 관한 분쟁

가. 미국에서의 논의

미국에서는 과거 증권거래에 관한 분쟁의 중재가능성에 관하여 논란이 있었다.[118] 이는 증권회사와 증권 투자자 간에 체결되는 계약에 삽입되는 중재조항은 경제적 약자인 투자자의 보호에 적합하지 않다는 인식을 배경으로 하는데, 구체적으로는 증권 투자자로 하여금 증권법의 조항이 정하는 바의 준수를 포기하게 하는 모든 약정은 무효라는 연방법인 미국 증권법(제14조)[119]과 관련된다.

1953년 *Wilko v. Swan* 사건 판결[120]에서 미국 연방대법원은 증권거래에 관한 분쟁의 중재가능성을 부정하였다. 이 사건에서 증권의 매수인인 미국인 Wilko가 미국 증권중개인인 Swan을 상대로 허위표시(false representation)를 이유로 1933년 증권법(제12조 제2항)에 기한 손해배상청구를 하였고 Swan은 그에 대하여 중재합의의 존재를 근거로 소송절차의 중지를 구하였다. 연방대법원은 증권법(제14조)을 근거로 중재합의는 무효이므로 Wilko의 청구를 배척할 수 없다고 판단하였다. 그러나 미국이 1970년에 뉴욕협약에 가입한 후 1974년 Scherk 사건 판결[121]에서 연방법인 증권거래소법(제10조 b)에 기초한

118) 소개는 목영준, 279면 이하 참조. 한철, “증권분쟁의 해결수단으로서의 증권중재,” 상사법연구 22권 1호(통권 37호)(2003), 399면 이하; 松浦 馨/青山善充(編)(註 113), 121면 이하 참조.

119) 1933년 증권법 제14조는 “Any condition, stipulation, or provision binding any person acquiring any security to waive compliance with any provision of this subchapter or of the rules and regulations of the commission shall be void.”라고 규정함으로써 증권의 취득자가 이 장의 규정의 준수를 포기하도록 요구하는 조항, 규정을 금지한다. 1934년 증권거래법 제29조 a항도 유사한 취지의 조항을 두고 있다.

120) 346 U.S. 427 (1953). 소개는 손경한(註 95), 21면 참조.

121) 417 U.S. 506 (1974). Stewart 등 5명의 대법관이 지지한 다수의견은 당사자 간 거래의 ‘참된 국제적 성질’(truly international character)을 강조하였고, 국제거래의 당사자는 질서정연함과 예견가능성을 위하여 분쟁해결의 법정지와 준거법을 미리 합의해둘 필요성이 있음을 지적하였으며, 중재합의를 특별한 종류의 관할합의조항(a specialized kind of forum selection clause)으로 파악하고 국제재판관할합의의 효력을 긍정한 연방대법원의 *The*

국제적 소송에서는 위 판결의 구속력이 부정되었고, 마침내 증권법(제12조 제2항)에 기한 손해배상을 청구한 *Rodriguez de Quijas et al. v. Shearson/American Express, Inc.* 사건 판결[122]을 계기로 변경된 것으로 평가되고 있다. 따라서 국제거래상의 계약은 증권법이 적용되는 경우에도 중재의 대상이 될 수 있다고 평가된다.[123]

나. 우리 법상의 논의

미국 증권법(제14조)과 같은 조항이 없는 우리나라에서는 증권거래에 관한 분쟁이 중재가능성이 있음은 별 의문이 없다.[124] 우리나라에서는 2001년 4월 이후 증권선물거래소에 증권분쟁조정위원회가 설치되어 분쟁조정이 이루어지고 있으나 이는 조정이지 중재는 아니므로 구속력이 없다. 따라서 증권분쟁에도 중재절차를 활용할 수 있도록 할 필요가 있다는 견해가 있다.[125]

4. 사회 · 경제적 약자의 보호에 관한 분쟁

2001년 7월 개정된 우리 국제사법은 사회 · 경제적 약자인 소비자와 근로자를 보호하기 위한 국제사법상의 조치로서 소비자계약과 근로계약의 경우 소비자의 상거소 소재지와 근로자의 상거소 소재지 국가 또는 일상적 노무제공지 국가에 국제재판관할을 긍정하고 그 밖에 소비자에게 불리한 관할합의

Bremen et al. v. Zapata Off-shore Co., 407 U.S. 1 (1972) 사건 판결을 원용하였다. 이 점에서 이 사건은 미국 법원이 전통적으로 지녀온 외국법원불신풍조를 제거하는 데 있어 획기적인 공헌을 한 판결이라고 평가한다. 손경한(註 95), 22면 이하 참조.

122) 490 U.S. 477 (1989).

123) 주석중재법/이호원, 401면.

124) 목영준, 280면은 독일에서도 증권거래에 관한 중재조항은 공서에 반한다는 태도를 가지고 있다고 하나 동의하기 어렵다. 즉 당초 이런 제한은 독일 거래소법이 거래소에서 기한거래를 체결할 수 있는 능력을 상인 등에게 한정하였고, 그러한 제한을 외국거래소에서 체결된 기한거래에도 적용하였기 때문에 비롯되었는데, 이를 증권거래 일반에 확장할 것은 아니기 때문이다. 더욱이 1989년 거래소법 개정 이후 상황이 달라졌고, 독일 연방대법원은 1998. 4. 21. 판결에서 종래의 판례와 달리 독일 구 거래소법상의 기한거래 또는 차액거래의 항변(Termin- und Differenzeinwand)은 국제적 공서에 포함되지 않는다고 판단하였다. 평석은 Gerfired Fischer, "Abschied vom ordre public bei Börsentermingeschäften im Ausland," IPRax (1999), S. 450ff. 참조.

125) 김성태 · 송종준 · 이준섭 · 이중기, "증권분쟁조정제도의 현황과 과제," 건전한 증시질서 구축을 위한 자율규제기관의 역할(한국증권법학회 · 한국증권거래소 연구용역보고서)(2001), 170면(한철(註 118), 427면에서 재인용).

를 제한한다. 만일 국제상사중재에 국제사법 제27조를 유추적용한다면 중재부탁계약과 달리 분쟁발생 전에 중재합의를 하는 중재조항은 중재지가 소비자의 상거소 소재지인 경우에만 허용된다고 보게 될 여지가 있다. 그러나 위 조항으로부터 소비자계약과 근로계약으로부터 발생하는 분쟁의 중재가능성을 아예 부정하는 결론을 도출할 수는 없다.[126)]

5. 노동법상의 분쟁

노동법상의 분쟁의 중재가능성은 분쟁의 유형에 따라 검토할 필요가 있다. 예컨대 어떤 근로자가 사용자에 대해 임금 또는 퇴직금을 청구하거나 해고를 다투는 것과 같은 개별분쟁은 중재에 의하여 해결할 수 있고 실제로 중재법에 따른 중재가 행해지고 있다. 그러나 단체적 노사관계에서 발생하는 분쟁, 즉 노동쟁의, 그 중에서도 집단적 이익분쟁에 대하여는 노동조합 및 노동관계조정법(이하 “노동조합법”이라 한다)이 특별한 중재절차를 규정하고 있으므로 그 범위 내에서는 중재법에 우선하여 노동조합법이 적용된다. ‘노동쟁의’라 함은 노동조합과 사용자 또는 사용자단체 간에 임금·근로시간·복지·해고 기타 대우 등 근로조건의 결정에 관한 주장의 불일치로 인하여 발생한 분쟁상태를 말하는데(노동조합법 제2조), 이는 노동조합법이 정한 강제적인 중재 또는 사적 중재의 대상이 된다.[127)]

노동조합법은 노동위원회는 관계 당사자의 일방이 노동쟁의의 조정을 신청한 때에는 지체없이 조정을 개시하여야 하며 관계 당사자 쌍방은 이에 성실히 임하여야 한다고 규정하고(제53조), 노사의 당사자 쌍방이 함께 신청한 때와 일방이 단체협약에 의하여 신청한 때 노동쟁의의 중재를 행한다고 규정하며(제62조) 그 중재재정에 대하여 단체협약과 동일한 효력을 인정한다(제70

---

126) 독일 민사소송법은 소비자와 체결하는 중재합의는 당사자 중 일인이 자필서명한 서면에 포함될 것을 요구할 뿐이고(제1031조 제5항) 달리 규정을 두고 있지 않다.

127) 노동법상의 분쟁은 행위주체에 따라 ‘개별분쟁’과 ‘집단분쟁’으로, 분쟁의 대상과 성격에 따라 ‘권리분쟁’과 ‘이익분쟁’으로 구분하는데, 집단분쟁과 이익분쟁이 밀접한 관련성이 있지만 양자가 반드시 일치하는 것은 아니고 집단분쟁이 권리분쟁일 수도 있다. 박수근, “노동분쟁과 대체적 분쟁해결방안—우리나라에서 노동분쟁해결의 현황과 과제를 중심으로—,” 비교사법 제13권 1호(통권 32호)(2006. 3.), 194면. 이미 형성된 법의 해석, 준수와 적용에 관한 분쟁인 권리분쟁과 달리, 이익분쟁은 당사자의 합의에 의하여 새로운 규범의 형성을 목적으로 하는 분쟁인데, 이는 자주적 해결에 의하고 그것이 어려운 경우 쟁의행위를 통하여 해결된다. 위 박수근, 194면, 207면.

조 제1항).[128] 이처럼 노동조합법이 노동위원회라고 하는 별도의 기관을 두어 노동쟁의에 관한 중재권한을 부여하고, 중재법에 따른 중재와는 상이한 일련의 규칙들을 두고 있으므로 노동쟁의는 중재법에 따른 통상의 중재의 대상은 아니다.[129] 노동조합법의 해석상 이익분쟁이 노동쟁의에 해당함은 의문이 없으나 권리분쟁이 노동쟁의에 포함되는지는 논란이 있다.[130]

주목할 것은, 노동조합법 제52조가 사적 조정·중재라는 제목 하에 동법 제2절 및 제3절의 규정은, 노동관계 당사자가 쌍방의 합의 또는 단체협약이 정하는 바에 따라 각각 다른 조정 또는 중재방법, 즉 '사적 조정 등'(또는 임의적 조정 등)에 의하여 노동쟁의를 해결하는 것을 방해하지 아니한다고 명시하므로, 노동쟁의도 사적 중재의 대상이 될 수 있다는 점이다. 그러나 그 경우에도 중재인은 노동위원회법(제8조 제2항 제2호)이 정한 자격을 가져야 하고(제5항), 중재판정은 단체협약과 동일한 효력을 가지는 점에서(제4항) 통상의 중재법과 다른 특칙이 적용된다.

요컨대 노동쟁의도 중재에 의하여 해결될 수 있으나, 노동조합법이 별도의 중재제도를 두고 있으므로 그러한 특별한 중재의 대상이 되거나, 아니면 사적 중재에 의하여 중재가 이루어지는 경우에도 노동조합법이 정한 특칙에 의하여 규율되는 특별한 중재의 대상이 된다고 정리할 수 있다. 중재법(제2조 제2항)은, 동 법은 중재법의 중재절차와는 다른 절차에 의하여 중재에 회부할 수 있도록 정한 법률에 대하여 영향을 미치지 아니한다고 규정하므로, 비록 중재법상 사법상의 분쟁만이 중재가능하지만 이는 노동조합법에 따른 중재에 영향을 미치지 아니한다.

6. 도산에 관한 사건

도산사건을 중재인이 처리할 수 없음은 별 의문이 없다. 파산을 포함한

---

128) 2007년 12월 31일까지는 필수공익사업의 경우 일정한 요건이 구비되면 노동부장관은 노동쟁의에 관한 긴급조정의 결정을 할 수 있고, 조정이 성립될 가망이 없는 경우에는 중앙노동위원회의 직권중재의 대상이 되나(제75조) 이는 2008년 1월 1일자로 폐지된다.

129) 박수근(註 127), 205면은, 노동법 분야에서는 노동분쟁해결방법이 제도적으로 정착되어 있기 때문에, 다른 법률분야에서 대체적 분쟁해결방안으로 인정되는 조정과 중재를 노동분쟁에서는 대체적 분쟁해결이라고 파악하기 어렵거나 또는 그 의미는 상당히 다를 수밖에 없다고 한다.

130) 김형배, 노동법 신판 제3판(2006), 825면 참조.

도산절차는 다수인이 관여하는 절차이므로 당사자 간의 중재합의를 전제로 하는 중재에 의하여 해결하는 것은 적절하지도 않고 가능하지도 않다. 다만 외국의 경우 도산사건을 조정에 의하여 처리하는 사례가 있는데 근자에는 우리나라에서도 이에 관한 논의가 있다.131)

우리의 관심은 우선 중재합의를 한 당사자의 일방 또는 쌍방에 대하여 파산선고(또는 도산절차의 개시)가 있는 경우 중재합의의 효력이 어떻게 되는가와, 중재절차에서 내려진 외국중재판정의 승인 및 집행이 채무자에 대한 파산선고(또는 도산절차의 개시)를 이유로 거부될 수 있는가 등에 있는데, 이는 중재절차의 진행 중 어느 단계에서 파산선고(또는 도산절차의 개시)가 있는지를 구분할 필요가 있다.132) 하지만 이는 중재가능성의 문제는 아니다.

다만 채무자의 파산선고 전에 채권을 가지고 있던 채권자가 파산선고 후에 파산채권을 신고한 데 대하여 파산관재인 또는 파산채권자가 이의를 한 경우, 채권자가 채권조사확정재판에 의하지 아니하고 파산채권을 확정하는 중재판정을 받을 수 있는지가 중재가능성과 관련하여 문제된다.133)

Ⅶ. 國際商事仲裁에서 제기되는 準據法의 제문제

위에서 본 바와 같이 국제상사중재의 개념을 어떻게 정립할지에 관하여는 견해가 나뉘나, 어느 견해를 따르든 간에 외국적 요소가 있는 상사분쟁을 해결하기 위한 중재라는 점에는 차이가 없으므로 다음과 같이 다양한 준거법의 문제가 제기된다.134) 준거법의 맥락에서 국제소송과의 異同도 간단히 언급한다.

131) 박재완, "일본의 특정조정절차에 관하여," 한양대학교 법학논총 제24집 제2호(2007. 7.), 476면 이하 참조.

132) 목영준, 285면 참조. 우선 김경욱, "仲裁當事者의 破産이 仲裁節次에 미치는 影響 —국내중재 · 파산절차에 한정하여—," 민사소송 제10권 제2호(2006), 291면 이하 참조. 그 밖에도 오창석, "파산절차에 있어서의 중재합의의 효력과 중재절차의 중단," 중재연구 15권 1호(2005), 113면 이하; 임치용, "파산절차의 개시가 중재절차에 미치는 영향," 사법논집 제41집(2005), 261면 이하 참조. 미국의 논의는 Sterk(註 93), p. 533 참조.

133) 이 경우에도 전속관할에 관한 도산법의 규정은 중재가능성에 영향을 미치지 않으므로 여전히 중재가능하다는 견해가 유력하다. 김경욱(註 132), 306면.

134) 이에 관하여는 우선 Redfern/Hunter, para. 2-04를 참조.

1. 중재합의의 준거법[135)]

중재합의의 준거법에는, 중재합의의 성립 및 (실질적) 유효성의 준거법, 중재합의의 효력의 준거법과 중재합의의 방식의 준거법 등이 있다. 합의의 법적 성질이 소송행위인지를 포함하여, 이는 여러 가지 면에서 국제재판관할합의의 준거법에 관한 논의와 유사하다. 뉴욕협약(제5조 제1항 a호)에 따르면, 중재합의의 준거법은 당사자들이 지정한 법이고, 지정이 없는 경우에는 중재지법이 된다. 그 밖에도 중재합의의 허용요건(또는 적법요건 또는 중재합의에 특유한 유효요건)[136)]의 준거법도 문제된다.

2. 분쟁의 대상인 실체의 준거법[137)]

여기에서 실체는 절차(procedure)와 구별되는 'substance' 또는 'merits'를 의미한다. 중재법(제29조)에 따르면, 실체의 준거법은 당사자들이 지정한 법에 따른다. 이것이 국제적으로 널리 인정되는 當事者自治(party autonomy)의 원칙이다. 당사자들의 지정은 달리 명시되지 아니하는 한 그 국가의 實質法을 지정한 것으로 본다. 다만 당사자들이 지정하지 않은 경우의 처리에 관하여는 다양한 입법례가 있으나 대체로 중재판정부는 분쟁의 대상과 가장 밀접한 관련이 있는 국가의 법을 적용하거나 적절하다고 판단하는 국제사법을 적용하여 준거법을 결정한다. 당사자가 정하는 경우 준거규범은 당사자들이 지정한 '법'인데 반하여, 중재판정부가 정하는 경우 '국가의 법'이므로, 전자의 경우 예컨대 상인법을 지정할 수도 있으나, 후자의 경우 이는 허용되지 않는다고 본다.

국제소송의 경우에도 실체의 준거법의 문제가 제기되는데, 중재의 경우 주로 국제계약이 문제되므로 간단한 연결원칙만을 두는 데 반하여, 소송의 경우 연결대상과 연결원칙이 훨씬 다양하다.

---

135) 상세는 이 책 제3장 참조.

136) 독일에서는 "Zulässigkeitsvoraussetzung"이라고도 한다. Reithmann/Martiny/Hausmann, Rz. 3261. 이를 직역하면 "허용요건"이다. 허용요건이 구비되지 않으면 결국 중재합의가 무효이므로 이를 유효요건이라고도 부르는데, 다만 중재합의에 의사표시의 하자가 없을 것과 선량한 풍속 기타 사회질서에 반하지 않을 것 등 민법 또는 국제사법상 법률행위 일반에 요구되는 일반적 유효요건과 구별하여 '중재합의에 고유한 유효요건'이라고 할 수 있다.

137) 상세는 이 책 제4장 참조.

3. 중재절차의 준거법

뉴욕협약(제5조 제1항 d호)에 따르면 중재절차의 준거법(*lex arbitri*)[138]은 당사자가 지정한 법, 그리고 당사자가 정하지 않은 경우 중재지법이 된다.[139] 그런데 중재법상 중재절차의 준거법에 관하여 當事者自治가 허용되는지는 논란이 있다. 즉, 우리나라에서도 종래 중재절차의 준거법에 관하여 當事者自治를 허용하는 견해가 통설이다.[140] 그러나 중재법상 이러한 해석론은 허용되지 않는다고 본다. 즉 중재법(제2조 제1항)은 영토주의(또는 屬地主義)를 취하므로 중재지가 한국 안에 있는 한 중재법이 적용되는데 이는 강행규정이라고 할 것이고, 중재법(제20조 제1항)은 당사자들이 합의에 의하여 중재법의 강행규정을 배제하는 것을 허용하지 않기 때문이다.[141] 다만 우리 중재법은 당사자의 자유, 즉 계약자유를 널리 인정하므로 당사자가 우리 중재법이 허용하는 범위 내에서 상당부분 중재절차를 자유로이 형성할 수 있어 실제는 별 차이가 없다. 그러나 적어도 논리적으로는 이는 당사자가 외국법을 중재절차의 내용으로 편입하는 것(incorporation by reference)이지 중재절차의 준거법으로 합의한 것은 아니다.

반면에 국제소송의 경우 법정지법원칙에 따라 절차는 법정지법에 의하므로 절차의 준거법은 크게 문제되지 아니한다.

---

138) 여기에서는 중재절차를 규율하는 법, 즉 중재절차의 준거법의 의미로 '*lex arbitri*'를 사용한다. 목영준, 79면도 동지. 그러나 이를 단어에 충실하게 중재의 준거법(law governing the arbitration)이라고 넓게 이해하기도 한다. 그에 따르면 중재가능성과, 공서위반을 이유로 하는 중재판정 취소도 *lex arbitri*에 따른다. Redfern/Hunter, para. 2-04 이하 특히 para. 2-09; Julian D.M. Lew/Loukas A. Mistelis/Stefan M. Kröll, Comparative International Commercial Arbitration (2003), para. 3-13도 동지. 반면에 *lex arbitri*를 중재합의의 준거법이라고 하는 견해도 있다. David St. John Sutton and Judith Gill, Russell on Arbitration Twenty-Second Edition (2003), 2-088.

139) 뉴욕협약이 적용되지 않는 경우 우리 중재법(제20조)에 따르면, 중재절차는 우선 당사자의 합의에 의하고, 합의가 없는 경우 중재판정부가 중재법의 규정에 따라 적절한 방식으로 중재절차를 진행할 수 있다.

140) 예컨대 목영준, 81면 주 135.

141) Reithmann/Martiny/Hausmann, Rz. 3332; Bericht der Kommission zur Neuordnung des Schiedsverfahrens (1994), S. 75 참조.

4. 중재합의를 체결할 수 있는 당사자들의 능력의 준거법

이에는 권리능력과 행위능력이 모두 포함된다. 능력의 문제는 영미법국가에서는 대체로 계약의 준거법의 문제이다.142) 그러나 대륙법국가에서는 신분의 문제로 이해되므로143) 당사자의 屬人法(personal law)에 따를 사항인데, 법정지가 우리나라라면 당사자의 권리능력과 행위능력의 준거법은 우리 국제사법에 의해 결정된다.144) 자연인의 경우 당사자의 본국법(국제사법 제11조, 제13조)이고, 법인 기타 단체의 경우 원칙적으로 설립준거법이지만, 외국에서 설립된 법인 또는 단체가 한국에 주된 사무소가 있거나 한국에서 주된 사업을 하는 경우에는 예외적으로 한국법이다(국제사법 제16조). 그러나 엄밀하게는 견해가 나뉠 수 있다. 즉 중재합의의 법적 성질을 私法上의 契約으로 보면 위의 견해가 타당하나, 소송법상의 계약으로 보면 당사자능력과 소송능력에 관한 민사소송법의 규정을 유추적용할 여지가 있기 때문이다. 다만 민사소송법상의 당사자능력은 권리능력을, 소송능력은 행위능력을 기초로 하므로 양자는 대체로 유사한 결론이 된다.145)

국제소송의 경우는 민사소송법의 논의가 타당하다.

5. 분쟁대상의 중재가능성의 준거법

상세는 다른 기회에 논의할 예정이나, 중재가능성의 준거법도 뉴욕협약이 적용되는 경우와 아닌 경우를 구분하고, 각각에 관하여 집행단계, 항변단계와 중재단계를 구분할 필요가 있다. 집행단계의 경우 뉴욕협약(제5조 제2항 a호)은 승인국 또는 집행국법이 중재가능성의 준거법이 됨을 명시하지만, 항변단계 또는 중재단계에서의 중재가능성의 준거법을 명시하지 않는다. 항

---

142) 예컨대 미국의 경우 계약 체결을 위한 능력에 관한 속인법의 개념이 없고 계약의 준거법에 따른다. American Law Institute, Restatement of the Law Second —Conflict of Laws 2d (1971), 제198조, 제187조, 제188조. 그런 국가의 경우 당해 국가의 국제사법원칙에 따라 준거법을 정하면 된다. van den Berg, p. 277.

143) Peter North/James J. Fawcett, Cheshire and North's Private International Law, Thirteenth Edition (1999), p. 546.

144) 이 경우 우리 국제사법을 적용해야 하는지에 대해 이견이 있을 수 있다.

145) 우리 민사소송법상 당사자능력과 소송능력의 준거법에 관하여는 견해가 나뉜다. 석광현, 국제사법과 국제소송 제4권(2007), 125면 이하 참조.

변단계의 경우 중재합의의 준거법설, 법정지법설[146], 양자를 중첩적용하는 중첩설 등이 있으나 우리나라에서는 종래 법정지법설과 중첩설이 유력하다.[147] 독일에서는 과거 중재합의의 준거법과 법정지법을 누적적용하는 견해가 유력하였으나, 근자에는 법정지법설을 정한 뉴욕협약(제5조 제2항 a호)을 완결적인 저촉규범으로 보아 법정지법에 의한다는 견해가 유력하다.[148] 한편 중재단계에서는 법정지가 없으므로 중재합의의 준거법과 중재지법을 중첩적용할지 아니면 중재합의의 준거법에 의할지가 문제될 것이다.

국제소송의 경우 중재가능성의 문제는 제기되지 않는다. 다만 일정한 법률관계의 경우 특정국가가 전속적 국제재판관할을 가지는데, 이를 변경하는 관할합의는 허용되지 않는다.

6. 중재판정과 중재판정의 취소의 준거법

중재판정의 준거법[149]은 중재판정 취소의 준거법과 동일하다고 보는데, 뉴욕협약(제5조 제1항 e호)은 중재판정 취소의 준거법을 명시하므로 그에 따라 중재지법 또는 중재절차의 준거법이 중재판정의 준거법이라고 본다.

국제소송의 경우 법정지법원칙의 결과 재판의 효력은 법정지법이다.

---

146) 이는 중재단계에서는 중재지법일 것이다.

147) 목영준, 53면. 그 밖에도 ① 중재지법설과 ② 중재지법과 법정지법 중 일방에 따라 중재가능성이 없으면 중재에 회부하지 말아야 한다는 견해 등이 있다. Holtzmann/Neuhaus, p. 304 참조. 그러나 손경한(註 104), 10면은 중재단계에서는 당사자자치를 근간으로 하는 일반원칙에 따라 결정되는 당해 분쟁의 실체의 준거법에 따를 것이라고 한다. 일본에는 그 밖에도 중재가능성의 문제를 두 가지 경우로 나누어 중재를 허용하지 않는 이유가 당사자의 이익을 보호하기 위한 것인 경우에는 중재합의의 준거법에 따르고, 공익을 위한 것인 경우에는 당해 권리관계의 준거법에 따른다는 견해도 유력한데, 강수미, "중재합의의 성립 내지 효력에 관한 준거법," 중재연구 제16권 제2호(2006), 99면 이하는 이를 따른다. 일본 학설은 손경한(註 95), 20-21면 참조. 이런 구분은 Sterk(註 93), p. 483의 구분과 유사하다.

148) Stein/Jonas/Schlosser, Anhang § 1061 Rn. 43; Schwab/Walter(註 81), Kapitel 44 Rn. 1; Reithmann/Martiny/Hausmann, Rz. 3321ff.

149) 중재판정의 준거법을 실체의 준거법의 의미로 사용하기도 하나, 여기에서는 중재판정의 성립, 방식과 효력 등의 준거법을 말한다.

7. 중재판정의 승인 및 집행의 준거법

중재판정의 승인 및 집행의 준거법은 당사자가 승인 및 집행을 구하는 국가의 법이다. 다만 현재 140개 이상의 국가들이 뉴욕협약에 가입하였으므로 뉴욕협약이 특히 중요한 의미를 가진다. 뉴욕협약이 적용되지 않는 범위 내에서는 법정지법이 적용된다.

국제소송의 경우 법정지법원칙의 결과 재판의 승인 및 집행의 효력은 법정지법에 따른다.

Ⅷ. 國際訴訟과 國際商事仲裁의 비교

국제거래의 분쟁해결수단인 국제소송과 국제중재는 다음과 같은 차이가 있다. 국제상사중재의 장·단점(Ⅲ.)과 국제상사중재에서 제기되는 준거법의 제문제(Ⅶ.)에서 상당 부분 논의하였으나 이를 정리하면 다음과 같다. 대부분 私的 紛爭解決手段이라는 중재의 私的 性質과 강제력의 결여로부터 유래하는 것이다.

1. 대상이 되는 분쟁의 범위

국제소송의 경우 상사, 가사 등의 민사뿐만 아니라 행정소송 등 다양한 유형의 소송이 허용된다. 물론 행정 등 공법상의 소송은 통상의 민사 또는 상사사건과는 특별하게 취급된다. 그러나 국제상사중재의 경우 제한된 범위 내의 분쟁만이 대상이 될 수 있다. 즉 일정한 분쟁은 중재가능성이 없으므로 중재의 대상이 될 수 없다. 그 범위는 위(Ⅵ.)에서 본 바와 같이 국가에 따라 상이하다.

2. 裁判權—主權免除

전통적으로 국가는 다른 국가의 裁判權(즉 司法權. Gerichtsbarkeit 또는 *facultas jurisdictionis*)에 복종하지 않는데, 이는 다른 국가의 명예의 존중과 주권평등 및 독립의 원칙에 근거한 것이다. 과거 우리 대법원 1975. 5. 23.자 74마281 결정은 외국이 소송의 피고가 되는 모든 경우에 주권면제를 인정하는 절대적 주권면제론을 취하였으나, 대법원 1998. 12. 17. 선고 97다39216 전원합의체 판결[150)]은 이를 폐기하고 국가의 주권적 행위(*acta jure imperii*)와 私法的 行爲(*acta jure gestionis*)를 구별하여 전자에 대하여만 주권면제를 인정하는 제한적 주권면제론을 취하였다. 외국판결의 승인 및 집행의 맥락에서는, 주권면제(또는 국가면책)를 향유하는, 따라서 특정 국가의 재판권으로부터 면제되는 외국 국가에 대하여 주권면제를 무시하고 판결을 선고한 경우 승인되지 않는데, 그 근거는 재판권의 결여 또는 공서위반을 든다. 주목할 것은, 국제연합은 2004년 12월 "국가와 그 재산의 재판권면제에 관한 협약"(United Nations Convention on Jurisdictional Immunities of States and Their Property)을 채택한 점인데, 우리나라도 가입을 적극 검토할 필요가 있다.

그러나 중재의 경우에는 이러한 문제가 제기되지 않는다. 왜냐하면 외국중재판정의 승인의 경우 중재합의가 존재하여야 하는데, 주권국가가 중재합의를 한 경우 그 합의에 구속된다는 것은 확립된 국제법의 원칙이고, 그와 같이 복종할 수 있는 능력 자체가 주권에 부수하는 것 또는 속성이기 때문이다.[151)] 실제로 국가와 계약 체결시 중재합의를 선호하는 것은 통상적인 국내법원에 의한 재판을 할 경우 제기될 수 있는 주권면제의 문제를 회피하기 위한 것이고, 중재합의는 주권면제를 묵시적으로 포기하는 것으로 볼 수 있다.[152)]

3. 國際裁判管轄

국제소송의 경우 어느 국가의 법원이 특정사건을 재판하기 위하여는 국제재판관할이 있어야 하는데, 재판관할의 발생근거는 다양하고 현재 전세계적으로 통용되는 원칙은 존재하지 않는다.[153)] 실무상 이러한 어려움을 완화

---

150) 평석은 석광현, 국제사법과 국제소송 제3권(2004), 217면 이하 참조.

151) Redfern/Hunter, para. 10-62 이하.

152) 최태현, "外國과 私人間의 紛爭에 대한 國內法院의 管轄權에 관한 硏究 —國家免除의 制限을 중심으로—," 서울대학교 대학원 법학박사학위논문(1991), 143면 이하. 주권면제와 중재의 관계에 관한 상세는 Dhisadee Chamlongrasdr, Foreign State Immunity and Arbitration (2007) 참조.

153) 국제재판관할에 관한 상세는 석광현, 國際裁判管轄에 관한 연구(서울대출판부, 2001) 참조. 개관은 석광현, 2001년 개정 국제사법 해설 제2판(2003), 32면 이하 참조.

하는 것이 국제재판관할합의인데, 특히 專屬的 國際裁判管轄合意와 중재합의는 여러 가지 점에서 유사하다. 다만 중재합의의 경우 뉴욕협약에 의하여 효력이 보장되고, 성립 및 유효성의 준거법의 결정과 중재합의의 방식에 관한 통일적인 규범이 있는 데 반하여, 재판관할합의의 경우 그러한 규범이 없다는 차이가 있다.[154)]

다만 위에서 언급한 우리 대법원 1997. 9. 9. 선고 96다20093 판결[155)]에 따르면 우리 법원의 관할을 배제하고 외국법원에 전속관할을 부여하는 합의를 하기 위하여는 당해 사건이 그 외국법원에 대하여 합리적인 관련성을 가져야 한다. 문제는 예컨대 계약의 준거법을 영국법으로 합의하면서 영국 법원의 전속관할에 따르기로 하는 경우 합리적 관련성이 있는가이다. 그러나 중재합의의 경우 중재지의 결정에는 이러한 제한이 없다는 점에서 차이가 크다.

4. 판단주체의 선정

소송의 경우 판단주체인 법관의 선정의 문제는 제기되지 않는 데 반하여, 중재의 경우 당사자는 중재인을 선정하는 점에서 커다란 차이가 있다. 이처럼 당사자가 중립적인 중재판정부를 구성하는 중재인의 선정에 직접 참여할 수 있다. 중재인의 선정에는 당사자들이 직접 선정하는 방법, 중재기관, 기존 중재인들 또는 국가법원이 선정하는 방법과 당사자 또는 중재기관이 명부를 사용하는 명부방식(list system) 등 다양한 방법이 사용된다.[156)]

법관이든 중재인이든 공정성이나 독립성에 의심이 있는 때에는 판단으로부터 배제되는데, 중재인의 경우, 특히 당사자가 선정하는 중재인의 경우 그 한계의 설정은 어려운 문제를 제기한다. 우리 민사소송법은 법관의 제척, 기피와 회피를 규정하나, 중재법은 중재인의 기피만을 규정한다. 판단주체의 배제 기준은, 소송의 경우 각국의 절차법이 규정하고, 중재의 경우 각국의 중재법 또는 중재기관의 중재규칙이 규정하는데, 국제중재에서는 국제변호사협회(IBA)가 2004년 채택한 "국제중재의 이익충돌지침"(IBA Guidelines on Conflicts of Interest in International Arbitration)이 참고가 된다.[157)]

---

154) 물론 장래에 헤이그관할합의협약이 발효되면 관할합의에도 통일된 규범이 적용될 것이다.
155) 이에 관하여는 석광현, 국제사법과 국제소송 제3권(2004), 212면 이하 참조.
156) Redfern/Hunter, para. 4-21 이하 참조.
157) 이에 관하여는 우선 Redfern/Hunter, para. 4-62 이하 참조. 조문은 Redfern/Hunter, p. 552

5. 다수당사자 간의 분쟁

국제소송의 경우 다수당사자 간의 분쟁을 해결할 수 있다. 예컨대 보조참가, 독립당사자참가 등이 허용되고, 필요한 경우 법원은 사건의 병합을 명할 수 있다. 반면에 중재는 중재합의를 전제로 하고, 중재인은 사건의 병합을 명할 수 없으므로 다수당사자 간의 분쟁의 해결하는 데 한계가 있다. 일부 국제중재규칙은 다수당사자 간의 중재에 관한 특칙을 두는데, 예컨대 ICC 중재규칙 제10조와 LCIA 중재규칙 제8조는 중재인 선정에 관한 특칙이다.[158]

6. 法廷地法原則과 當事者自治

위에서 본 바와 같이 국제소송의 경우 절차에 관하여는 법정지법원칙(*lex fori* principle)이 국제적으로 널리 인정된다. 그러나 중재의 경우 중재지법에 따르는 것이 아니라 당사자는 자유롭게 중재절차를 형성할 수 있다. 즉 각국의 중재법은 중재절차에 관하여 간결한 규정만을 두고 중재절차의 형성을 당사자에게 맡긴다. 실제로는 기관중재의 경우 당사자들은 국제중재기관의 중재규칙을 적용하는데, 중재규칙도 상세는 당사자의 합의 또는 중재인에게 맡기고 있다. 여기에서 상이한 법적, 문화적 배경을 가지는 중재인들의 합리적인 판단이 중요하다. 이 점에서 중재는 소송과 구별된다. 종래 민사소송, 특히 증거조사에 관하여 당사자주의를 취하는 영미법계와 직권주의를 취하는 대륙법계의 차이가 두드러지는데, 중재인의 법적 배경에 따라 증거조사가 사실상 그의 영향을 받는다. 그러나 노련한 국제중재인들은 법계의 배경에 관계없이 쟁점을 판단하기 위하여 필요한 사실관계를 증명하는 데 초점을 맞추고, 이러한 목표를 달성하는 데 장애가 될 수 있는 증거법칙에 의해 구속되는 것을 꺼리는 경향이 있다.[159] 이러한 문화적 충돌을 해결하기 위하여 국제변호사협회(IBA)가 1983년 제정하고 1999년 개정한 "국제상사중재의 증거규칙"(Rules of Evidence in International Commercial Arbitration)[160]은 증거조

이하 참조.

158) 관련 논점은 Redfern/Hunter, para. 3-73 이하 참조.

159) Redfern/Hunter, para. 6-65.

160) 이에 관하여는 우선 Commentary on the new IBA Rules of Evidence in International Commercial Arbitration (2000) 참조. IBA는 그 밖에도 2004년 국제중재에서 이익충돌에 관

사에 관한 국제기준의 형성에 기여하고 있다. 예컨대 증거규칙(제3조)은 미국의 민사소송에서 인정되는 證據開示(discovery)의 일환으로 행해지는 과도한 문서제출을 적절한 범위로 제한한다.[161)]

다만 우리 중재법에서 보듯이 중재지의 강행법규의 적용을 배제할 수는 없다. 우리 중재법상으로는 당사자는 중재절차의 내용을 형성할 수 있는 자유를 가질 뿐이지 중재절차의 준거법을 자유롭게 결정할 수 있는 것은 아니라는 점에서 當事者自治에는 한계가 있다.

7. 國際民事司法共助의 필요 여부

법정지법원칙의 연장선상에 있는 것으로, 국제소송의 경우 외국으로의 송달과 외국에서의 증거조사 등이 문제된다. 당사자송달주의와, 당사자주도형의 증거조사제도를 취하는 영미법계의 경우와 달리, 대륙법계는 송달과 증거조사를 주권의 행사로 이해하기 때문에 상대방 국가의 동의가 없는 한 법원이 외국으로 송달을 하거나 외국에서 증거조사를 할 수는 없기 때문이다. 이러한 법계의 충돌을 해결하기 위하여 국제사회는 외국의 사법기관을 통한 국제민사사법공조의 방법을 이용하는데, 이를 좀더 효율적으로 하기 위하여 헤이그국제사법회의는 1965년 송달협약[162)]과 1970년 증거협약[163)]을 채택하였다. 또한 다수 국가들은 그에 추가하여 양자조약을 체결하였는데, 우리나라도 호주 및 중국과 민사사법공조에 관한 양자조약을 체결하였다. 반면에 私的性質을 가지는 중재의 경우 중재인에 의한 외국으로의 송달 또는 증거조사는 주권의 행사와 무관한 사적인 활동이므로 자유롭다.

한 지침(Guidelines on Conflicts of Interest in International Arbitration)을 제정하였다. Hilmar Raescheke-Kessler, The Contribution of International Arbitration to Transnational Procedural Law, Gerald Aksen *et al.* (editors), Global Reflections on International Law, Commerce and Dispute Resolution, *Liber Amicorum* in honour of Robert Briner (2005), p. 647 이하 참조.

161) Redfern/Hunter, para. 6-71 이하 참조.

162) 송달협약에 관하여는 석광현, 국제사법과 국제소송 제2권(2001), 287면 이하 참조.

163) 증거협약에 관하여는 석광현, 증거조사에 관한 국제민사사법공조 연구(법무부, 2007), 16면 이하 참조.

8. 분쟁의 실체의 준거법의 결정[164)]

국제소송의 경우 법원은 법정지의 국제사법을 적용하여 분쟁의 실체에 적용할 준거법을 결정한다. 반면에 중재인은 우리나라처럼 중재법이 정한 특별한 연결원칙을 적용하거나, 아니면 중재인이 적절하다고 판단하는 연결원칙을 적용하여 준거법을 결정한다. 즉 중재인은 중재지의 國際私法(통상의)을 적용할 의무를 가지지 않는다는 점에서 소송과 다르다. 나아가 일부 입법례나 중재규칙에 따르면 중재인은 국제사법의 중개를 거치지 않고 곧바로 실질법(또는 실질법 원칙)을 적용할 수도 있는데, 이는 소송의 경우와 현저하게 다른 점이다. 국제소송에서는 국제사법이 다양한 법률관계별로 다양한 연결원칙을 두는 데 반하여, 국제중재에서는 대체로 當事者自治의 원칙만을 규정하는데, 當事者自治의 원칙에도 한계가 없지는 않다. 또한 국제중재의 경우 당사자의 지정이 있는 때에는 특정국가의 법체계만이 아니라 UNIDROIT의 2004년 국제상사계약원칙(Principles of International Commercial Contracts) 기타 商人法(*lex mercatoria*)을 적용할 수 있다. 마지막으로 국제적 강행법규(internationally mandatory rules, international zwingende Bestimmungen)의 취급에 있어서도 소송과 중재는 차이가 있다.

9. 판결과 중재판정의 효력

내국중재판정은 당사자 간에 있어서 우리 법원의 확정판결과 같은 효력이 있으나(중재법 제35조), 외국중재판정은 승인요건을 구비하는가의 여부에 따라 우리나라에서 기판력을 가지는지가 결정된다. 판결 중 이행을 명하는 판결은 기판력이 있을 뿐만 아니라 집행력이 있다. 그러나 중재판정의 경우 외국중재판정은 물론 내국중재판정도 기판력은 있으나 집행력은 없다. 우리나라의 경우 집행력은 우리 법원의 집행판결에 의하여 비로소 부여된다고 보며, 이런 의미에서 집행판결을 형성판결로 본다.

---

164) 상세는 이 책 제4장 참조.

10. 외국판결과 외국중재판정의 승인 및 집행[165)]

외국판결의 승인 및 집행에 관하여는 국제적인 조약이 없고, 위에 언급한 헤이그국제재판관할합의협약이 있을 뿐이나 아직 발효되지 않았다. 따라서 외국판결의 승인 및 집행이 가능한지와 그 요건은 국가에 따라 구구한 데 반하여, 중재의 경우 뉴욕협약에 의하여 적어도 체약국 간에는 외국중재판정의 승인 및 집행이 보장되는 데 중요한 차이가 있다. 다만 우리나라는 일정한 요건이 구비된 경우 외국판결을 승인하고, 우리 법원의 집행판결을 받는 것을 조건으로 집행도 허용하므로[166)] 결과적으로 외국판결을, 뉴욕협약이 적용되는 외국중재판정과 유사하게 취급한다.[167)] 다만 법원판결의 경우 상호보증의 요건이 장벽이 되고 있다.

법원판결의 국적 결정은 의문의 여지 없이 명백하지만, 중재판정의 경우 그렇게 명확한 것은 아니다. 뉴욕협약의 적용 여부와 관련하여 중재판정의 국적이 중요한 의미를 가지는데 이는 대체로 중재지에 의하여 결정된다.

11. 보전처분과 임시적 처분

국제소송의 경우 보전처분에 관하여 국제재판관할을 가지는 법원은 법정지법에 따라 보전처분을 할 수 있다. 한편 국제중재의 경우 과거에는 중재판정부에게 임시적 처분을 할 수 있는 권한을 부여하지 않는 국가가 많았으나 근자에는 점차 이를 허용한다. 우리 구 중재법은 규정하지 않았으나, 중재법(제18조 제1항 제1문)은 모델법(제17조 1문)을 따라 중재인이 임시적 처분을 내릴 수 있도록 하는데, 다만 임시적 처분의 범위와 실효성은 제한적이다. 특히 중재에서 일방당사자의 신청에 의한 임시적 처분에 대하여는 중재인의 공평성의 관점에서 거부감이 있었는데, 2006년 UNCITRAL에서 채택된 모델법의 개정안은 제4장의2를 신설하여 임시적 처분과 사전명령을 구

165) 상세는 이 책 제6장 참조.

166) 외국판결의 승인 및 집행에 관하여는 석광현, 국제사법과 국제소송 제1권(2001), 259면 이하 참조.

167) 유의할 것은, 종래 외국법원의 보전처분과 중재판정부의 임시적 처분은 승인 및 집행의 대상이 되지 않는다는 점이다. 그러나 2006년 개정된 모델법은 임시적 처분의 집행을 허용하므로 앞으로 추이를 지켜볼 필요가 있다. 뉴욕협약에 따른 외국중재판정의 승인 및 집행은 이 책 제6장 참조.

별한다.[168] 임시적 처분은 상대방에 대한 통지 후에 내려지는 것으로, 관할법원에 집행을 신청할 수 있고 법원은 승인거부사유가 없는 한 이를 승인하고 집행해야 한다. 반면에 사전명령은 임시적 처분의 집행을 확보하기 위하여 일방당사자의 신청에 의하여 내려질 수 있으나 20일 동안만 효력이 있으며 집행의 대상이 되지 않는다. 중재의 경우 중재합의가 있더라도 당사자는 여전히 법원에 보전처분을 신청할 수 있으므로, 일단 중재판정부가 구성되었다면 당사자는 그의 선택에 따라 법원에 보전처분을 신청하거나 또는 중재인에게 임시적 처분을 신청할 수 있다.

12. 상소의 가부, 재심과 중재판정의 취소

국제소송의 경우 대부분의 국가는 삼심제를 취하는 데 반하여, 중재의 경우 대부분 단심제를 취한다. 따라서 법원, 특히 하급심법원의 판결은 상소의 대상이 되므로 선고와 동시에 확정되는 것이 아님에 반하여, 중재판정은 선고와 동시에 구속력이 있는(binding) 점에 차이가 있다. 법원이 법률을 잘못 적용한 경우 상소할 수 있으나, 중재인의 경우 권한유월이 되지 않으면 이를 다투기 어렵다. 다만 법원의 판결의 경우 중대한 하자가 있으면 확정되었더라도 재심에 의하여 취소될 수 있는 것처럼, 중재판정도 중대한 하자가 있으면 중재판정취소의 소에 의하여 취소될 수 있다.[169] 이 경우 판결을 한 국가 또는 중재지 국가의 법원이 각각 專屬的 國際裁判管轄을 가진다.

주목할 것은, 국제소송과 달리 국제중재의 경우 중재지 법원에 의한 중재판정의 취소가능성을 배제하려는 노력이 존재한다는 점이다. 이처럼 국제상사중재를 특정국가의 법으로부터 절연하는 현상을 脫地域化(delocalization)(또는 탈국가화)라고 부르는데, 특정 국가(특히 중재지)의 중재법으로부터 절연된 중재로부터 내려지는 중재판정을 無國籍仲裁判定(a-national award)이라 한다.[170] 물론 이것이 가능하려면 중재지법이 이를 인정하여야 한다.

---

168) 상세는 노태악 · 구자헌, "최근 UNCITRAL 모델 仲裁法의 개정논의 결과와 國內法에의 示唆 —仲裁合意의 書面性과 仲裁判定部의 臨時的 處分을 중심으로," 국제규범의 현황과 전망 —2006년 국제규범연구반 연구보고— (2006), 488면 이하; 강병근, "UNCITRAL 모델중재법의 개정 —제39차 유엔국제 무역법위원회 본 회의를 중심으로—," 한림법학 FORUM 제17권(2006), 8면 이하 참조.

169) 상세는 이 책 제5장 참조.

170) 상세는 이 책 제6장 참조.

13. 소송과 중재의 경합과 저지

뉴욕협약(제2조 제3항)에서 보듯이 중재합의가 있는 분쟁에 관하여 소가 제기된 경우 법원은 중재합의가 무효, 실효 또는 이행불능이라고 인정되는 경우를 제외하고 일방당사자의 청구에 따라 중재에 회부하여야 하는데, 영미법계에서는 이 경우 소송을 중지하는 데 반하여 우리 중재법(제9조 제1항)은 소를 각하하도록 한다. 따라서 양 절차가 일시적으로 병행할 가능성은 있으나 계속 진행되는 일은 원칙적으로 발생하지 아니한다.

그러나 일방당사자는 상대방의 중재신청 또는 제소를 차단하고자 다양한 수단을 동원한다. 즉 일방당사자는 ① 중재절차의 개시 전 또는 진행중에 법원에 중재절차를 금지하는 가처분 또는 본안판결을 신청하거나(양자를 '仲裁留止命令'(anti-arbitration injunction)이라 한다), ② 중재절차의 개시 전 또는 진행중에 법원에 중재절차의 위법확인 또는 중재합의의 부존재(또는 무효)의 확인을 구하는 소를 제기할 수 있고, ③ 중재절차와는 별도로 법원에 본안에 관한 소(예컨대 소극적 확인의 소)를 제기하여 그 절차 내에서 중재합의의 무효를 주장할 수 있다. 대법원 2004. 6. 25. 선고 2003다5634 판결은, 중재합의가 없었음에도 불구하고 중재절차를 진행시키는 것을 이유로 중재절차 위법확인의 소를 제기하는 것은 부적법하다고 판시함으로써 일부 중재후진국에서 보는 바와 같은 법원과 중재판정부 간의 영역다툼(turf war)에 관한 우려를 불식하였다.

반대로 일방당사자는 소송의 진행을 막기 위하여 상대방이 중재합의에 반하는 소를 제기하거나 수행하는 것을 금지하기 위하여 訴訟留止命令(anti-suit injunction)을 신청할 수 있는데, 그러한 가처분의 허용 여부와 요건은 법계에 따라 상이하다. 근자에는 소송과 중재, 중재와 중재 간의 경합이 점차 중요한 문제로 부각되고 있다.[171]

171) 이에 관하여는 우선 Cremades/Lew(註 64) 참조.

Ⅸ. 맺 음 말

지금까지 국제상사중재법의 기초적인 논점을 살펴보았는데, 이를 이해하지 못하면 국제상사중재의 다양한 논점들을 제대로 이해하기 어렵다. 우리나라에서는 종래 국제상사중재에 관한 체계적인 연구가 매우 부족한데, 우리 기업들이 국제거래에 활발하게 참여하고 있는 현실을 직시한다면 더 이상 이런 상태를 방치해서는 아니 된다. 이제 우리나라에서도 국제상사중재를 좀더 체계적으로 연구하고 교육함으로써, 분쟁에 연루된 우리 기업들에게 도움을 줄 뿐만 아니라, 국제적으로 활동할 수 있는 유능한 국제중재의 전문가들을 양성할 필요가 있다. 그렇게 된다면 예컨대 한중일 기업들 간의 분쟁을 해결하기 위한 동북아국제분쟁해결센터의 설립을 시도해볼 수도 있을 것이다. 그렇지 않으면 국제중재는 주로 영미 및 프랑스 법률가들과, 영국의 영향 하에 성장한 싱가포르나 홍콩의 일부 법률가들로 구성된 그들만의 private club으로 남게 될 것이다.

국제상사중재를 연구함에 있어서는 이를 국제민사절차법의 일환으로 연구하는 것이 바람직하다. 국제민사소송과 국제상사중재의 異同을 검토함으로써 국제상사중재가 가지는 장·단점은 물론 특색을 분명히 인식할 수 있기 때문이다. 물론 그 경우 중재의 독자성을 충분히 고려할 필요가 있다. 또한 그렇게 함으로써 2007년 4월 한미자유무역협정의 타결로 국민적 관심사가 된 투자자-국가중재(investor-state arbitration)의 절차법적 측면을 이해하기 위한 기초를 다질 수 있을 것이다. 그런 의미에서 저자는, 국제거래의 기본법인 國際私法과 國際民事訴訟法을 이해하지 않고는 國際商事仲裁法을 제대로 이해할 수 없다고 본다.

제2장 개정중재법의 주요 내용과 문제점
—國際商事仲裁를 중심으로—

前　記
이 글은 당초 "仲裁法改正法律案에 대한 小考—國際商事仲裁를 중심으로—," 중재 제298호(2000년 겨울), 15면 이하에 게재한 글을 수정한 "改正仲裁法의 몇 가지 문제점—국제상사중재를 중심으로—," 국제사법과 국제소송 제2권(2001), 471면 이하의 글을 다시 수정·보완한 것이다. 주석중재법 등 2000년 말 이후 개정중재법에 관하여 발표된 문헌을 반영하고, 일본 중재법과 모델법의 2006년 개정도 소개하였다.

Ⅰ. 머 리 말

중재법은 1966년 제정된 후 1973년에 부분적으로 개정되었을 뿐이고 지난 30여년 동안 개정되지 않았다. 그러던 중 지난 1999년 12월 31일 법률 제6083호로 '仲裁法改正法律'이 공포되었고 동 일자로부터 시행되었다. 이로써 구 중재법은 전면적으로 개정되었다(이하 개정된 중재법을 "개정중재법"이라고 한다). 개정중재법은 국제연합 국제거래법위원회(United Nations Commission on International Trade Law. UNCITRAL)[1]가 1985년 채택한 "國際商事仲裁에 관한 모델법"(Model Law on International Commercial Arbitration)(이하 "모델법"이라 한다)[2]을 전면적으로 수용하되, 국제중재뿐만 아니라 국내중재를 함께 규율하는 방법을 취한 점에 특색이 있다. 대한상사중재원과 한국중재학회는 1999년 8월 28일 공동으로 중재법 개정공청회를 개최하였고, 정부는 1999년 9월 6일 仲裁法改正法律案을 입법예고한 바 있다. 위 前記에

1) 우리나라에서는 '국제상거래법위원회', '국제거래법위원회' 또는 '국제무역법위원회'라고 한다. 대체로 법무부에서는 '국제상거래법위원회'라는 표현을, 외교통상부에서는 '국제무역법위원회'라는 표현을 사용하는 것으로 보이나, 이를 통일해야 할 것이다.

2) 모델법의 국문번역은 장문철·정선주·강병근·서정일, UNCITRAL모델仲裁法의 수용론(1999), 259-274면 참조. 모델법을 '표준법' 또는 '모범법'이라고 부르기도 한다. 대한상사중재원의 웹사이트(http://www.kcab.or.kr/)에도 번역문이 있는데, 참고로 이를 이 책의 말미에 수록하였다. 다만 어느 것도 유권적인 국문번역은 아니다.

서 밝힌 바와 같이 저자는 과거 개정중재법의 입법과정에서 개정안의 문제점을 지적하는 글을 발표한 바 있다.[3]

상세는 아래에서 논의하겠지만, 개정중재법이 영토주의를 취하는 결과 중재판정의 국적 결정에 관한 과거의 기준이 유지될 수 없음에도 불구하고, 이 점이 충분히 인식되고 있지 않은 것으로 보인다. 한편 개정중재법이 분쟁의 실체의 준거법에 관한 원칙을 명시한 점, 중재판정의 취소사유를 제한하고 중재판정 취소소송의 제기기간을 단축한 점과 외국중재판정의 승인 및 집행의 법적 근거를 명시한 점 등에서 커다란 의미가 있으나, 승인판결의 개념을 도입하면서 집행판결의 경우와 동일한 구조를 취함으로써 혼란을 초래한 점 등은 문제가 있다. 아래에서는 다음의 순서로 논의한다.

첫째, 개정중재법의 기본방향(Ⅱ.)

둘째, 개정중재법의 주요 내용과 개별조항의 문제점(Ⅲ.).[4] 이 글의 핵심은 여기에 있다.

셋째, 개정중재법에 조문은 없지만 검토해야 될 그 밖의 논점들(Ⅳ.)

또한 주목할 것은 UNCITRAL은 2006년 중재합의의 방식과 임시적 처분에 관한 조문 등을 개정하기 위하여 모델법을 개정하였다는 점인데 이는 관련된 부분에서 소개한다.

Ⅱ. 개정중재법의 基本方向

1. 모델법의 전면수용과 국내중재 및 국제중재의 통합적 규율

중재법의 개정작업을 진행하는 과정에서 중재법 개정의 기본적인 방향과 관련하여 다음 두 가지가 중요한 논점으로 부각되었다.[5]

3) 석광현, "仲裁法改正案에 대한 管見," 법률신문 제2822호(1999. 9. 20.), 14면와 위 前記에 적은 석광현, "仲裁法改正法律案에 대한 小考 ―國際商事仲裁를 중심으로―," 중재 제298호(2000년 겨울), 15면 이하.

4) 개정중재법에 관한 개괄적인 설명은 장문철, "개정중재법 해설," 인권과 정의 제284호(2000. 4.), 99면 이하; 하용득, "仲裁法의 改正經過 및 主要內容," 중재 통권 제295호(2000년 봄), 6면 이하 참조.

5) 독일에서의 논의는 Bericht der Kommission zur Neuordnung des Schiedsverfahrensrechts (1994), 9ff.; 정선주, "독일의 仲裁法 改正案에 관하여," 중재학회지 제6권(1996), 139면; 장

첫째, 모델법을 수용할 것인가, 만일 수용한다면 전면적으로 수용할 것인가, 아니면 모델법 중 일부 조항을 선별하여 중재법에 편입할 것인가. 논의 결과, 모델법은 전세계적인 합의의 산물로서 국제적으로 그 타당성이 검증된 법이고 내용적으로도 매우 합리적이므로 법정책적으로 이를 전면적으로 수용하는 것이 바람직하다는 견해가 유력하였다.[6)]

둘째, 국내중재와 국제중재를 통합하여 일원적으로 규정할 것인가, 아니면 국내중재법과 국제중재법을 별도의 법률로 제정할 것인가. 모델법은 명칭으로부터 알 수 있듯이 국제상사중재를 규율대상으로 하므로 국내중재와 국제중재를 함께 규율하는 법을 제정할 경우 국내중재에 관한 규정을 적절히 추가하지 않으면 아니 된다. 이에 관하여는 상당한 논란이 있었으나, 양자에 대해 별도의 법률을 만들 경우 상당부분 중복을 피할 수 없고, 중재법 전반에 대한 일목요연한 이해가 어렵게 된다는 단점 등이 있어 통합하여 규율하는 방식이 채택되었다.[7)] 양자를 구별할 필요가 있는 부분에 대해서는 하부규칙에서 정하면 될 것이라는 견해가 유력하였다.[8)]

위에 적은 바와 같이, 개정중재법은 모델법을 전면적으로 수용하고, 국내중재와 국제중재를 통합하여 일원적으로 규율하는 방법을 취함으로써 위 두 가지 논점에 관한 논란에 대해 종지부를 찍었다. 나아가, 개정중재법은 모델법의 적용범위를 확장하여 상사뿐만 아니라 민사도 포함하도록 하였다.

생각건대, 다음과 같은 이유로 개정중재법의 접근방법은 적절하다고 본다. 첫째의 논점에 관하여는, 모델법은 하나의 완결된 법체계로 작성된 것이므로 이를 전면적으로 수용하는 것이 체계상 보다 바람직하다. 모델법을 전면 수용함으로써 우리는 외부 세계에, 특히 국제거래에 참여하는 당사자들에

문철 · 정선주 · 강병근 · 서정일(註 2), 63-65면 참조.

6) 장문철(註 4), 100-101면 참조.

7) 하용득(註 4), 8면. 장문철(註 4), 102면은 국제중재법과 국내중재법을 이원화할 경우 당사자들이 자신에게 유리한 법을 적용하려고 다투기 위해 불필요한 소송이 발생할 가능성이 있다고 하나 그 취지가 분명하지 않다.

8) 실제로 대한상사중재원이 개정중재법 하에서 제정한 중재규칙은 국내중재와 국제중재를 구별하고 국제중재의 경우 여러 가지 기간을 정함에 있어 상대적으로 장기의 기간을 규정하고 있다. 답변서 제출기간, 조정요청을 할 수 있는 기간, 중재인 선정과 관련한 기간, 중재심리의 일시, 장소 등의 통지기간, 심리의 연기 또는 속행시 다음 기일까지의 기간, 중재신청 철회에 대한 이의제기기간 등이 그러한 예이다. 그러나, 중재판정의 형식 또는 언어에 관하여는 차이를 두지 않는다. 주목할 것은, 2007년 2월 1일부터는 국제중재에만 적용되는 국제중재규칙이 시행되고 있다는 점이다. 개관과 비판은 석광현, "대한상사중재원의 2007년 「국제중재규칙」에 관하여," 법률신문 제3547호(2007. 4. 19.), 14-15면 참조.

게 한국의 중재제도가 국제적인 보편성을 획득하게 되었음을 효과적으로 알릴 수 있다.[9] 둘째의 논점에 관하여는 개정중재법의 태도가 입법기술적으로 바람직하다고 본다. 다만, 개정중재법이 과연 국내중재를 규율하기에 필요한 모든 조항을 망라적으로 규정하고 있는지는 다소 의문이다.[10]

2. 단행법률의 제정

독일은 '仲裁節次의 新規律을 위한 법률'(Gesetz zur Neuregelung des Schiedsverfahrensrechts.[11] SchiedsVfG)에 의해 1998년 1월 1일자로 독일 민사소송법(ZPO) 중 중재편(제10편 제1025조—제1066조)을 개정하였다.[12] 한편 일본은 우리보다 늦게 2004년 3월 1일 시행된 중재법에 의하여 모델법을 받아들였다.[13] 그런데 독일과 일본은 모두 우리처럼 모델법을 전면적으로 수용하고, 국제중재와 국내중재를 일원적으로 규율하므로 결국 독일, 우리나라와 일본 3국의 중재법은 매우 유사하게 되었다. 다만 독일은 단행법률의 형식이 아니라 민사소송법의 일부로 규정하는 점에서 민사소송법과 독립된 단행법률의 형식을 취하는 우리나라와 일본과는 체제상 차이가 있다.[14]

생각건대, 민사소송과 구별되는 중재의 독자성 내지는 독립성을 중시하

9) 우리와 동일한 방식을 취한 독일에서는 이를 'Signalwirkung'(파급효력)이라고 부른다. Klaus Peter Berger, "Entstehungsgeschichte und Leitlinien des neuen deutschen Schiedsverfahrensrechts," Das neue Recht der Schiedsgerichtsbarkeit, Klaus Peter Berger (Hrsg.) (1998), S. 3.

10) 개정중재법을 이해하기 위해서는 이를 모델법과 비교하여 개정중재법이 모델법과 의도적으로 달리 규정한 조항들을 체계적으로 분석할 필요가 있다. 과연 개정중재법이 국내중재를 규율하기 위하여 필요한 조항을 적절히 두었는지도 그러한 맥락에서 검토해야 한다.

11) 간단히는 '중재절차신규율법'(Schiedsverfahrens-Neuregelungsgesetz)이라고도 한다.

12) 독일 민사소송법 제10편의 국문번역은 장문철 · 정선주 · 강병근 · 서정일(註 2), 105-122면을 참조.

13) 일본의 신 중재법에 관하여는 우선 渡辺惺之, "일본 중재법의 현상과 과제," 중재연구 제13권 제2호(2004. 2.), 13면 이하 참조. 상세는 近藤昌昭 외 4인, 仲裁法コンメンタール(2003); 三木浩一/山本和彦 編, 新仲裁法の理論と實務(2006) 참조. 한일 중재법을 비교한 자료로는 최석범 · 정재우 · 김태환, "한 · 일중재법상 중재판정의 비교법적 고찰," 중재연구 제16권 제1호(2006), 81면 이하를 비롯한 무역학자들의 글이 있으나 기술적인 사항의 나열에 그치고 있다.

14) 우리나라의 경우도 과거 일본 민사소송법을 依用할 당시에는 중재법은 민사소송법의 일부이었다. 그 후 1960년 현행 민사소송법의 제정 당시 중재편이 삭제된 결과 중재제도 자체가 일시적으로 사라졌으나, 그 후 국제무역의 증대에 수반하여 중재기관의 설치에 관한 필요성이 인식됨에 따라 1966년 3월 16일 중재법이 공포시행됨으로써 비로소 중재제도가 다시 도입되었다. 목영준, 商事仲裁法論(2000), 12-13면 참조. 이하 "목영준"이라 인용한다.

고, 개정중재법이 국내중재만이 아니라 국제중재를 통합하여 일원적으로 규율하고 있고, 개정중재법에는 국제사법적 규정(제29조)도 포함되어 있음을 감안한다면 중재법을 민사소송법과는 독립된 단행법률로 규정하는 종래 우리 법의 입장은 상당히 설득력이 있다. 특히, 민사소송법은 2002년 7월 1일자로 민사소송법과 민사집행법으로 분리되었는데, 만일 중재법을 민사소송법에 두었다면, 그 경우 중재판정부의 임시적 처분에 관한 조항(제18조)과 중재판정의 집행에 관한 조항(제37조—제39조) 등은 민사집행법에 규정해야 한다는 견해가 주장될 수 있을 것이다. 이러한 사정을 고려한다면, 중재에 관한 사항을 중재법이라는 단행법률에 통합하여 규정하는 개정중재법의 입장은 더욱 정당화될 수 있다.

Ⅲ. 改正仲裁法의 주요 내용과 개별조항의 문제점

1. 목적(제1조)

개정중재법 제1조는 "이 法은 仲裁에 의하여 私法上의 紛爭을 적정·公平·신속하게 解決함을 목적으로 한다"고 규정한다. 한편, 민사소송법 제1조는 "법원은 소송절차가 공정, 신속하고 경제적으로 진행되도록 노력하여야 하며, 당사자와 관계인은 신의에 좇아 성실하게 이에 협력하여야 한다"고 규정하므로,[15] 개정중재법 제1조는 민사소송법 제1조와 유사하나, 후자가 적정과 공평을 '공정'으로 묶고, 민사소송의 기본이념으로서 '경제'와 '신의성실의 원칙'을 함께 규정하는 점에 차이가 있다.

'적정'은 개정중재법의 당초의 초안에는 포함되어 있지 않았으나, 공청회를 거치는 과정에서 이를 추가해야 한다는 의견이 제시된[16] 결과 추가된 것이 아닌가 짐작된다. 중재가 상대적으로 적정의 점에서 취약한 것은 사실이나 중재법의 목적에서 이를 명시하는 것이 나무랄 일은 아니다. 그러나, 중재의 경우 분쟁의 경제적인 해결이 민사소송의 경우와 비교하여 상대적으로 강

15) 한편, 개정중재법 제40조는 "상사분쟁을 공정·신속하게 해결하고"라고 규정하나, 이는 제1조의 문언과는 일관성이 없다.

16) 1999년 8월 28일 있었던 공청회에서 제시된 이호원 당시 부장판사의 의견, 공청회자료, 80면.

조되므로 '경제'도 포함하는 것이 적절하다고 본다. 개정중재법에서 경제를 규정하지 않은 이유는, 아마도 실제로 중재의 경우 소송과 비교하여 당사자들이 더 많은 비용을 부담하는 경우가 있기 때문이 아닐까 짐작된다.[17] 하지만, 실제로는 그렇게 되더라도 적어도 중재법의 목적으로서는 '분쟁의 경제적인 해결'을 함께 규정하는 것이 옳지 않을까. 더욱이 신속만을 규정하고 경제를 제외함으로써 양자를 달리 취급할 이유가 있는지는 의문이다. 참고로, 영국[18]의 1996년 중재법 제1부 제1조는 "중재의 목적은 불필요한 지연 또는 비용 없이 불편부당한 중재판정부에 의하여 분쟁을 공평하게 해결하는 것이다"[19]고 규정함으로써 '신속'과 '경제'를 중재의 목적으로 들고 있다. 일반적으로도 중재는 분쟁의 적정한 해결보다는 오히려 신속하고 경제적인 해결을 목적으로 한다는 점을 고려한다면 제1조에서 '적정'보다는 '신속'과 '경제'를 규정하는 것이 바람직할 것이다. 그렇다면 개정중재법 제1조를 "이 법은 仲裁에 의하여 私法上의 紛爭을 적정하고 공평하며 신속하게 경제적으로 해결함을 목적으로 한다"고 수정함이 바람직할 것이다. 다만, 그렇게 할 경우, 신의성실의 원칙을 규정하지 않은 점만을 제외하면 개정중재법 제1조가 민사소송법 제1조와 유사하게 되는데, 과연 양자의 이념을 유사하게 규정하는 것이 적절한지는 다소 의문이다.

2. 適用範圍(제2조)

가. 領土主義(territoriality principle)[20]의 채택

개정중재법의 적용범위를 정한 제2조 제1항은, "이 法은 제21조의 規定에 의한 仲裁地가 대한민국 안인 경우에 이를 적용한다. 다만, 제9조 및 제10조의 규정은 중재지가 아직 정하여지지 아니하였거나 대한민국 안이 아닌 경우에도 적용하며, 제37조 및 제39조의 규정은 중재지가 대한민국 안이 아닌 경우에도 적용한다"고 규정한다. 이 조항은 중재법의 적용범위에 관하여

17) 목영준, 9면은 중재의 장점으로서 신속성은 긍정하면서도 경제성에 대해서는 부정적인 입장을 취한다.

18) 정확히는 England를 말한다.

19) 영문은 다음과 같다. "the object of arbitration is to obtain the fair resolution of disputes by an impartial tribunal without unnecessary delay or expense."

20) 이를 '속지주의'라고 번역하기도 한다. 여기에서는 양자를 호환적으로 사용한다.

모델법 제1조 제2항을 따라[21] 영토주의를 취한 것이다. 중재법이 영토주의를 취한 것은 다음과 같은 의미를 가진다.

나. 중재지의 의의와 결정

중재지는 단순한 지리적인 문제에 불과한 것이 아니라 중재의 법적 환경으로서의 의미를 가지는데, 보다 구체적으로 중재의 진행 및 중재판정의 집행과 관련하여 중요하다.[22]

중재의 진행을 보면, 전통적인 이론에 따르면 중재지는 중재인에 대하여 마치 소송에서 법정지(forum)와 같은 의미를 가졌으므로 중재절차는 당연히 중재지법에 의하였으나, 근자에는 이러한 의미가 약화되었다. 즉 중재인의 구성과 권한, 중재의 진행과 기타 중재의 절차적인 문제는 중재지법에 의하여 규율되기는 하지만, 당사자들은 그와 달리 합의할 수 있고, 중재지법은 당사자들의 합의가 없는 경우에 보충적으로 적용되는 점에서 그 의미는 제한적이다.

둘째 중재판정의 집행을 보면, 중재지는 "外國仲裁判定의 承認 및 執行에 관한 1958년 뉴욕협약"(이하 "뉴욕협약"이라 한다)의 적용 여부(이는 중재판정의 국적의 문제이다), 당사자의 합의가 없는 경우 중재합의의 성립과 유효성의 판단, 중재판정의 승인 및 집행과 관련한 상호주의의 적용 및 중재판정에 대한 불복수단과 중재판정을 취소 또는 정지할 수 있는 국제재판관할을 가지는 법원의 결정 등에 있어 의미를 가진다. 그러나 주요 국제중재규칙 및 주요국의 입법례와 모델법상 국제상사중재에서 중재지의 중요성은 약화되었다. 하지만 제한된 범위 내에서 중재지가 여전히 의미를 가지는 것도 사실이다. 특히 우리 중재법(제2조 제1항)이 영토주의를 취한 결과 중재지의 의미가 좀더 강화되었다고 볼 수 있다.

국제상사중재에서 당사자들은 중재지를 자유로이 선정할 수 있다. 우리 중재법(제21조 제1항)도 이를 명시한다. 당사자들은 당사자들에게 중립적인지와, 교통·통신의 편리, 자금이체의 자유, 숙련된 현지의 지원을 포함하는 실제적인 고려사항에 기초하여 중재지를 선정한다. 중재지가 당사자 또는 사안

21) 모델법은 "only"라는 표현을 사용하고 있으나 개정중재법은 독일 중재법과 마찬가지로 이를 사용하지 않는다.

22) 이 책 제1장(Ⅴ.1.); Alan Redfern and Martin Hunter with Nigel Balckaby and Constantine Partasides, Law and Practice of International Commercial Arbitration, Fourth Edition (2004), para. 6-13 참조. 이하 이 책을 "Redfern/Hunter"라고 인용한다.

과 합리적인, 실질적인 또는 기타 어떤 관련이 있을 필요는 없다. 중재법(제32조 제3항)에 따르면 중재인들은 중재판정에는 작성일자와 중재지를 기재하여야 하는데, 이 경우 중재판정은 당해 일자와 장소에서 내려진 것으로 보므로 중재지는 '형식적인 法的 住所 또는 本據'(formales Legaldomizil, juridical seat of arbitration)[23] 또는 '순전히 법적인 개념'(purely legal concept)[24]이다. 당사자의 합의가 없으면, 중재법(제21조 제1항)은 중재판정부가 당사자의 편의와 당해 사건에 관한 제반 사정을 고려하여 중재지를 정하도록 한다.

다. 입법기술적인 문제점

다소 입법기술적인 사항으로 몇 가지 문제점을 지적할 수 있다.

첫째, 개정중재법 중 제8장 補則은 제40조(商事仲裁機關에 대한 보조)와 제41조(仲裁規則의 制定 및 승인)로 구성되는데 이 두 개의 조문은 중재지가 어디인가에 관계없이 적용된다. 따라서, 제2조 제1항에서 개정중재법의 적용범위를 정함에 있어 제8장은 별도로 취급하여 이는 중재지에 관계없이 적용됨을 명시했어야 한다. 그렇게 하지 않은 것은 입법기술상의 잘못이다.

둘째, 제37조 및 제39조는 외국중재판정의 승인 및 집행에 관한 조항인데, 외국중재판정이라면 통상은 중재지가 대한민국 안이 아닐 것이므로 제37조 및 제39조는 중재지가 한국 안이 아닌 경우에 적용될 것이다. 다만, 제37조 및 제39조는 외국중재판정의 승인 및 집행에 관한 조항이므로 중재지가 한국 안임에도 불구하고 중재판정이 외국중재판정에 해당하는 경우에는 ―개정중재법상 그런 경우가 있을 수 있는지는 아래(12.다.)에서 논의한다― 여전히 적용될 수 있을 것이나, 이는 예외적인 경우일 것이다. 따라서 제2조 제1항은 논리적으로 틀린 것은 아니더라도, 통상적인 경우와 예외적인 경우를 뒤집어 규정한 것으로서 적절하지 않다. 현재의 문언보다는 차라리 중재지를 언급하지 말고 "外國仲裁判定의 승인 및 집행에 관하여는 제37조와 제39조를 적용한다"고 하는 것이 적절하다. 독일 민사소송법(제1025조 제4항)은 실제로 그와 같이 규정하고 있다. 그러나 일본 중재법 제3조 제3항은 중재판정

---

23) Karl Heinz Schwab/Gerhard Walter, Schiedsgerichtsbarkeit 7. Auflage (2005), Kapitel 15 Rn. 39. 이하 "Schwab/Walter"라고 인용한다.

24) Howard M. Holtzmann and Joseph E. Neuhaus, A Guide To The UNCITRAL Model Law On International Commercial Arbitration: Legislative History and Holtzmann/Neuhaus (1989), p. 839. 이하 위 책을 "Holtzmann/Neuhaus"라고 인용한다.

의 승인 및 집행결정에 관한 제8장의 규정은 중재지가 일본 국내에 있는 경우 및 중재지가 일본 국외에 있는 경우에 적용한다고 규정한다.

셋째, 개정중재법 제2조 제1항은 중재지가 한국 안이 아닌 경우에도 적용되는 조항으로 제9조, 제10조, 제37조 및 제39조만을 열거하고 있으나, 개정중재법 제7조 제4항도 그에 포함시켜야 할 것이다. 왜냐하면 제7조 제4항은 제37조 및 제39조가 적용되는 경우이기 때문이다.

3. 仲裁可能性(仲裁適格)(제1조, 제3조 제1호)

개정중재법 제2조 제2항은 "이 法은 仲裁節次를 인정하지 아니하거나 이 法의 仲裁節次와는 다른 節次에 의하여 仲裁에 회부할 수 있도록 정한 法律과 大韓民國에서 發效중인 條約에 대하여는 영향을 미치지 아니한다"고 규정하는데, 이는 모델법 제1조 제5항을 기초로 한 것으로 중재가능성에 관한 소극적인 규정이라고 할 수 있다.

그러나, 개정중재법은 중재가능성 또는 仲裁適格[25](arbitrability, *arbitrabilité*)에 관하여 아무런 규정을 두지 않고, 중재판정의 취소사유의 하나로서 제36조 제2항 제2호 가목에서 "仲裁判定의 대상이 된 분쟁이 대한민국법에 따라 仲裁로 해결할 수 없는 때"를 규정할 뿐이므로 중재판정의 취소사유의 하나인 중재가능성의 결여는 한국법에 따라 결정할 사항이다. 분쟁 대상의 중재가능성의 결여는 뉴욕협약상으로도 승인의 거부사유인데, 이는 승인국의 법에 따라 판단할 사항이다(제5조 제2항 a호).

다만 개정중재법 제1조는 "이 法은 仲裁에 의하여 私法上의 紛爭을 적정·公平·신속하게 解決함을 目的으로 한다"고 규정하므로 중재의 대상은 私法上의 紛爭이어야 한다. 제3조 제1호도 마찬가지로 私法上의 紛爭일 것을 요구한다. 私法上의 紛爭에 한하여 중재가능성을 인정하는 것은 모델법에서는 볼 수 없는 것인데, 이와 관련하여 몇 가지 의문이 제기된다.

---

25) 독일에서는 이를 'objektive Schiedsfähigkeit'라고 하는데(독일 민사소송법 제1030조), 이는 단어에 충실하자면 '客觀的 仲裁能力'이라고 할 것이나, 우리나라에서는 통상 '仲裁適格' 또는 '仲裁適格性'이라고 번역한다. 한편 독일에서는 중재합의를 체결할 수 있는 능력을 'subjektive Schiedsfähigkeit'(主觀的 仲裁能力)라고 한다. Rolf A. Schütze, Schiedsgericht und Schiedsverfahren, 3. Auflage (1999), Rn. 73.

가. 仲裁可能性에 관한 규정을 두지 않은 것은 적절한가

구 중재법 제2조는, “중재계약은 私法上의 法律關係에 관하여 당사자 간에 발생하고 있거나 장래에 발생할 분쟁의 전부 또는 일부를 중재에 의하여 해결하도록 합의(이하 “중재계약”이라 한다)함으로써 효력이 생긴다. 다만, 당사자가 처분할 수 없는 법률관계에 관하여는 그러하지 아니하다”고 규정하였는데, 학설은 “당사자가 처분할 수 있는 사법상의 법률관계”의 의미를 재산권에 관한 법률관계로서 당사자 간에 화해로써 종결될 수 있는 것이라고 해석하였다.[26] 그런데, 개정중재법(제3조 제2호)은 “‘仲裁合意’라 함은 契約上의 紛爭인지의 여부에 관계없이 일정한 法律關係에 관하여 當事者間에 이미 발생하였거나 장래 발생할 수 있는 紛爭의 전부 또는 일부를 仲裁에 의하여 解決하도록 하는 當事者間의 合意를 말한다”고 하여 당사자의 처분가능성을 삭제하였고, 다만 제1조에서 사법상의 분쟁일 것을 요구할 뿐이다. 따라서, 私法上의 법률관계에 관한 분쟁만이 중재가능성이 있음은 구 중재법이나 개정중재법상 차이가 없으나, 개정중재법은 당사자의 처분가능성, 즉 화해가능성을 명시적으로 요구하지 않는 점에서 차이가 있다.

개정중재법이 중재가능성에 관하여 그 이상의 규정을 두지 않은 것은 아마도 모델법을 따랐기 때문인 것으로 짐작되나,[27] 중재가능성에 관한 일응의 기준을 제시할 필요가 있다는 점, 구 중재법에 규정이 있었던 점과, 특히 개정중재법은 국제중재만이 아니라 국내중재를 함께 규율하는 법이라는 점을 감안한다면 중재가능성에 관하여 입장을 밝혔어야 하고, 그 경우 중재가능성을 확대하는 국제적인 경향을 고려하여, 보다 전향적인 입장을 취하는 것이 바람직하지 않았을까 생각된다. 예컨대, 재산권상의 분쟁일 것만을 요구하고, 굳이 私法상의 紛爭일 것과 화해가능성을 요구하지 않는 것이 하나의 방안이라고 생각된다.

참고로, 독일의 구 민사소송법(제1025조 제1항)은 화해가능성을 기준으로

---

26) 李泰熙, 國際契約法 理論과 實務, 증보판(1990), 111면; 사법연수원, 국제상사중재(1999), 78면.

27) 모델법이 仲裁可能性에 관하여 규정을 두지 않은 것은, 이는 모델법을 채택하는 국가의 국내 실체법에 대한 간섭으로 이해되었고, 나아가 그의 완전한 목록을 작성하거나 일반적으로 타당한 정의규정을 두는 것이 불가능하였기 때문이라고 한다. Berger(註 9), S. 23-24, Holtzmann/Neuhaus, p. 39.

중재적격을 판단하였으나,[28] 현행 독일 민사소송법(제1030조 제1항)은 "모든 재산권에 관한 청구는[29] 중재합의의 대상이 될 수 있다. 비재산권에 관한 청구에 대한 중재합의는 당사자가 그 분쟁에 대해 화해를 체결할 수 있는 때에 한하여 법적인 효력을 가진다"고 규정함으로써 중재가능성을 확대하였다. 모든 재산권에 관한 청구에 대해 중재가능성을 인정하는 점은 1989년에 개정된 스위스 국제사법(제177조 제1항)도 마찬가지이다.

나. 중재의 대상을 私法上의 紛爭에 한정한 것은 적절한가

개정중재법이 私法상의 紛爭만이 중재의 대상이 될 수 있다고 규정하는 것이 적절한지도 의문이다. 이는 구 중재법의 입장을 그대로 따른 것이다. 외국에서는 독점금지법 관련 분쟁의 중재가능성을 인정하는 경향이 강한데, 우리 법체계상 독점금지법(또는 독점규제 및 공정거래에 관한 법률)은 경제법 내지는 사회법에 속하는 법이므로 과연 그것을 私法상의 紛爭으로 볼 수 있는지는 의문이다. 또한 지적재산권의 유효성에 관한 분쟁의 경우도 유사한 문제가 있다.

개정중재법의 해석론으로서도 公法상 분쟁의 중재가능성을 정면으로 인정하는 견해가 있는데,[30] 그러한 결론이 바람직하더라도 해석론으로서는 다소 무리라고 본다. 다만, 공법상의 쟁점이 本問題가 아니라 先決問題인 경우에는 중재인이 판단할 수 있다고 볼 것이다. 예컨대, 특허침해소송에서 특허권의 유효성이 先決問題로 다투어지는 경우, 특허권의 유효성은 공법적 문제라고 하더라도 중재인은 그에 대해 판단할 수 있다는 것이다. 아쉬운 것은, 이 점을 왜 개정중재법에서 입법적으로 해결하지 않았는가라는 점이다. '私法上의 紛爭'에 한하여 중재가능성을 인정할 것이 아니라, 법문상으로는 아무런 제한을 명시하지 말거나, 제한을 둔다면 차라리 '財産權상의 紛爭'으로 규정하는 편이 바람직했을 것이다. 독일법상으로는 재산권에 관한 청구이면 족하므로 公法상의 청구도 중재가능성이 있다고 본다.[31]

---

28) 여전히 일본 중재법(제13조 제1항)은, 법령에 특별한 정함이 있는 경우를 제외하고는, 화해가능성이 있는 민사상의 분쟁일 것을 요구하나 이혼 또는 파양의 분쟁을 제외한다.

29) 독어 원문은 "Jeder vermögensrechtliche Anspruch"이다. 저자는 당초 이를 "모든 재산법상의 청구"라고 번역하였으나 여기에서는 "모든 재산권에 관한 청구"로 수정하였다.

30) 장문철(註 4), 102면.

31) BTDrucks. 13/5274 S. 35; Schütze(註 25), Rn. 95.

다. 개정중재법의 해석론

어쨌거나, 개정중재법이 중재가능성의 기준에 관하여 명시적인 규정을 두지 않은 이상 이 문제는 해석에 맡겨진 것이다. 해석론으로서는 私法上의 紛爭일 것에 추가하여 ① 구 중재법에서와 마찬가지로 여전히 재산권에 관한 법률관계로서 화해가능성이 있을 것을 요구하는 견해와, ② 보다 완화된 견해가 주장될 수 있는데, ②의 경우 다양한 견해가 주장될 수 있다. 예컨대 첫째, 스위스 국제사법처럼 재산권상의 분쟁이면 족하고 화해가능성을 요구하지 않는 견해와, 둘째, 독일 민사소송법처럼 재산권상의 분쟁의 경우 화해가능성을 요구함이 없이 중재가능성을 인정하고, 비재산권상의 분쟁의 경우에는 화해가능성이 있으면 중재가능성이 있다는 견해도 가능할 것이다. 어느 견해가 타당한 해석론인지는 좀더 신중히 검토할 사항이다. 최근에는 지적재산권 분쟁, 즉 지적재산권 자체의 유효성에 관한 분쟁과 지적재산권 침해에 관한 분쟁이 점차 관심의 대상이 되고 있는바, 그러한 분쟁을 중재로 해결하기 위해서는 중재가능성의 존재가 전제되어야 한다.[32)]

라. 개정중재법상의 중재가능성에 관한 각론

종래 국제적으로 중재가능성이 문제되는 사례는 독점금지법에 관한 분쟁, 지적재산권의 유효성에 관한 분쟁, 증권거래에 관한 분쟁과 사회·경제적 약자의 보호에 관한 분쟁인데, 이는 중재보다 소송에 의한 분쟁해결에 대하여 각국이 가지는 특별한 이익을 반영한 것이다.[33)] 그러므로 중재가능성의 기준은 국가에 따라 상이하다. 우리 법상으로도 위 유형의 분쟁에 관하여 중재가능성을 살펴볼 필요가 있다. 이에 관하여는 다른 곳에서 논의하였으므로 여기에서는 생략한다.[34)]

---

32) 지적재산권의 침해는 불법행위를 구성하므로 지적재산권의 침해에 관한 분쟁은 仲裁可能性이 있으나, 절차의 진행중 상대방이 가지는 지적재산권 자체의 유효성이 선결문제로 다투어지는 경우 중재인이 그를 판단할 수 있는지의 여부가 문제된다. 상세는 석광현, "國際的인 知的財産權 紛爭 해결의 문제점 —國際私法的 論點에 관한 試論—," 국제사법과 국제소송 제2권(2001), 562면 이하 참조.

33) Albert Jan van den Berg, The New York Arbitration Convention of 1958 (1981), p. 369. 이 책은 이하 "van den Berg"라 인용한다.

34) 중재가능성의 분야별 검토는 이 책 제1장(Ⅵ.) 참조.

4. 仲裁合意의 방식

개정중재법 제8조는 구 중재법과 마찬가지로 중재합의가 서면에 의할 것을 요구하는데, 이는 모델법 제7조 제2항을 따른 것이다. 개정중재법 제8조 제3항은 서면에 의한 중재합의로 인정되는 경우를 열거한다. 우선 제1호는 '당사자들이 서명한 문서에 중재합의가 포함되어 있는 경우'를 열거하는데, 서명만 규정할 것이 아니라 '기명 · 날인'도 함께 규정했어야 한다. 물론 그렇지 않더라도 그 경우 서면성이 부정되지는 않겠으나, 특히 국내중재의 경우에 통상적으로 사용되는 방법인 기명 · 날인을 명시하지 않은 점은 부적절하다.

가. 書面性의 완화(제8조 제3항 제3호)

개정중재법 제8조 제3항 제3호는 "一方 當事者가 當事者間에 交換된 文書의 내용에 仲裁合意가 있는 것을 主張하고 相對方이 이를 다투지 아니하는 경우" 이를 서면에 의한 중재합의로 본다고 규정한다. 위 조항의 기초가 된 모델법 제7조 제2항은 "… or in an exchange of statements of claim and defence in which the existence of an agreement is alleged by one party and not denied by another"라고 규정하여, 단순히 "당사자 간에 교환된 문서"가 아니라 "신청서와 답변서의 교환에 의하여 일방당사자가 중재합의가 있는 것을 주장하고 상대방 당사자가 이를 다투지 아니하는 경우"라고 규정한다. 즉, 모델법 제7조 제2항은 모든 문서를 지칭하는 것이 아니라 신청서와 답변서만으로 제한하고 있음에 반하여 개정중재법 제8조 제3항 제3호는 이를 모든 문서로 확대한 점에 차이가 있다.[35)]

개정중재법에 의할 경우 중재합의의 방식이 지나치게 완화된 결과 방식상 유효한 중재합의의 존재에 관한 다툼이 증가할 것으로 예상되는데, 과연 중재합의의 방식을 모델법보다도 더 확대할 합리적인 이유가 있는지는 매우 의문이다.[36)] 특히, 개정중재법 제8조 제3항 제3호의 방식은 뉴욕협약상 허용

---

35) 제3항 제3호는 모델법을 따른 것이라는 견해가 있으나(하용득(註 4), 12면), 이는 모델법과는 명백히 다르다.

36) 모델법의 위 문언도 제한적인 범위 내에서 仲裁合意의 방식을 확대하기 위한 것이었다. Commission Report A/40/17(21 August 1985) in Howard M. Holtzmann/Joseph E. Neuhaus, A Guide to the UNCITRAL Model Law on International Commercial Arbitration(1989), p. 301 참조.

되는 중재합의의 방식에 해당하지 않아 뉴욕협약의 적용을 받을 수 없으므로 삭제되어야 한다는 주장이 있었음에 비추어[37] 이를 확대한 이유는 이해하기 어렵다. 혹자는 독일 민사소송법 제1031조 제2항도 모델법과 비교하여 중재합의의 방식요건을 완화하고 있음을 근거로 위 제3호를 정당하다고 주장할지 모르겠으나, 독일 민사소송법은 일방당사자가 상대방에게 또는 제3자가 양당자사에게 전달한 서면에 중재합의가 포함되어 있는 것만으로 충분하지 않고, 그에 추가하여 적시에 이의가 제기되지 아니하면 서면의 내용이 계약내용으로 간주되는 거래관행이 존재하는 경우에 비로소 서면성을 인정하는 점에서 차이가 있다.[38] 요컨대, 개정중재법 제8조 제3항 제3호는 모델법은 물론이고, 독일 민사소송법의 방식요건보다도 완화되어 있는 것으로서 그 타당성이 의문시된다.

다만 주목할 것은, 2006년 6월—7월에 개최된 UNCITRAL 제39차 본회의에서는 모델법 제7조를 개정하여 서면요건을 완화하는 개정안과, 더 나아가 아예 서면성을 폐지하는 대안을 채택하였다는 점이다.[39]

나. 仲裁合意의 방식의 준거법

개정중재법 제8조와 관련하여 주목할 것은, 개정중재법의 규정상 제8조는 중재지가 한국 안인 경우에만 적용되고, 중재지가 외국인 경우에는 적용되지 않는다는 점이다. 독일 민사소송법의 경우도 마찬가지인데(제1031조와 제1025조), 이는 아마도, 중재지가 한국인 경우는 한국법이 중재합의의 방식의 준거법이 되어야 하나, 중재지가 외국인 경우는 그렇지 않다고 보았기 때문으로 짐작된다.

---

37) 사법연수원(註 26), 28면; 목영준, 40면 참조. 다만, 그러한 주장이 타당한지에 대하여는 논란의 여지가 있다.

38) 독일 민사소송법의 조문은 다음과 같다. "전항의 방식은 일방 당사자가 상대방 당사자에게 또는 제3자가 양 당사자에게 전달한 서면에 仲裁合意가 포함되어 있고, 또한 적시에 이의가 제기되지 아니하면 거래관행상 서면의 내용이 계약내용으로 간주되는 경우에도 충족된 것으로 본다."

39) 문언은 http://www.uncitral.org/uncitral/en/uncitral_texts/arbitration/1985Model_arbitration.html 에서 볼 수 있는데, 이 책의 부록에 있는 모델법의 뒤에도 수록하였다. 상세는 노태악·구자헌, "최근 UNCITRAL 모델 仲裁法의 개정논의 결과와 國內法에의 示唆—仲裁合意의 書面性과 仲裁判定部의 臨時的 處分을 중심으로," 국제규범의 현황과 전망—2006년 국제규범연구반 연구보고—(2006), 473면 이하; 강병근, "UNCITRAL 모델중재법의 개정—제39차 유엔국제 무역법위원회 본 회의를 중심으로—," 한림법학 FORUM 제17권(2006), 23면 이하.

개정중재법 제8조와 같은 조항을 두지 않았던 구 중재법 하에서는 중재합의의 방식의 준거법은 涉外私法의 일반원칙에 따라야 할 것이었므로, 결국 涉外私法 제10조에 따라 중재합의의 준거법 또는 중재합의의 체결지의 법이 중재합의의 방식의 준거법이 되었다. 그런데 이제는 개정중재법 제8조가 중재합의의 방식의 준거법 판단에 어떠한 영향을 미치는가가 문제된다. 제8조의 규정상 중재지가 한국인 경우 한국법이 중재합의의 방식의 준거법이 됨은 별 의문이 없고, 이는 중재합의의 준거법에 관계없이 그렇게 될 것이다.

한편, 중재지가 외국임에도 불구하고 뉴욕협약이 적용되지 않는 경우[40] 중재합의의 방식의 준거법을 어떻게 결정할 것인가가 문제된다. 이에 관하여는 ① 개정중재법의 규정을 쌍방적 저촉규정으로 이해하여 중재지인 외국의 법이 중재합의의 방식의 준거법이 되어야 한다는 견해[41]와 ② 국제사법의 일반원칙으로 돌아가 국제사법 제17조에 따라 중재합의의 준거법 또는 중재합의의 체결지의 법이 중재합의의 방식의 준거법이 되어야 한다는 견해가 주장될 수 있을 것이다.[42] 전자가 좀더 설득력이 있는 것으로 보인다.[43]

5. 仲裁判定部의 判定權限에 관한 결정(제17조)

가. Kompetenz-Kompetenz 원칙의 선언

중재법 제17조는 모델법 제16조를 받아들여 널리 알려진 Kompetenz-Kompetenz의 원칙, 즉 중재판정부가 자신의 권한에 관하여 판단할 수 있다는 원칙을 명시한다. 이는 UNCITRAL 중재규칙(제21조 제1항)을 다소 수정한 것으로, 중재판정부가 자신의 권한에 관하여 판단할 수 있다는 의미이다.[44]

---

40) 실무상으로는, 중재지가 외국인 경우 대부분 뉴욕협약이 적용될 것이므로 동 협약 제2조에 따라 중재합의의 방식을 판단하면 될 것이다. 그러나, 상사가 아니라는 등의 이유로 뉴욕협약이 적용되지 않는 경우도 있을 수 있는데, 그 경우 중재합의의 방식의 준거법을 결정할 실익이 있다.

41) 국제재판관할합의의 방식은 법정지법에 따를 사항이라는 견해가 널리 인정되고 있는데, 위 견해는 중재지를 법정지에 상응하는 것으로 보고 중재합의의 방식은 중재지법에 따를 것이라고 한다.

42) 개정중재법과 유사한 체제를 취하고 있는 독일 민사소송법의 해석에 관해 Schütze(註 25), Rn. 108은 후자의 견해를 따른다.

43) 이강빈, "국제중재에 있어서 중재합의의 준거법 결정에 관한 연구," 중재연구 제15권 제2호(2005. 8.), 218면도 동지. 강수미, "중재합의의 성립 내지 효력에 관한 준거법," 중재연구 제16권 제2호(2006), 98면은 후자를 지지한다.

44) 이는 법원을 구속하는 판단을 할 수 있다는 의미까지 내포하는 것은 아니다. Redfern/

당사자가 합의하여 중재판정부의 판정권한을 배제할 수 있는가에 관하여 모델법과 중재법은 아무런 규정을 두지 않는다.[45] 모델법의 성안과정에서 '당사자들이 달리 합의하지 않으면'이라는 문언을 넣자는 제안이 있었으나 규정을 두지 않고 각국의 입법자에게 맡기기로 하였다.[46] 중재판정부의 권한판단권한은 중재의 기능을 위하여 중요하므로 강행적인 원칙이고 따라서 당사자들은 중재판정부의 권한판단권한을 제한할 수 없다는 견해가 설득력이 있다.[47]

나아가 Kompetenz-Kompetenz 조항의 효력이 문제된다. 즉 중재판정부의 권한판단권한을 긍정하더라도, 당사자가 명시적인 합의에 의하여 최종적인 판단권한을 중재판정부에게 주고 법원의 심사를 배제할 수 있는가라는 의문이 제기된다. 종래 독일에서는 이를 권한-권한조항(Kompetenz-Kompetenz Klausel)의 효력의 문제로 논의하였는데, 독일의 구 민사소송법 하에서는 유효설이 연방대법원의 판결이고 다수설이었으나,[48] 개정 민사소송법은 최종적인 판단권한을 법원에 귀속시키므로 이제는 부정설이 다수설이다.[49] 우리 중재법의 해석론은 잘 보이지 않으나 아마도 부정설인 것으로 생각된다.[50]

중재법 제17조는 내용적으로는 모델법을 충실히 따른 것으로서 별 문제가 없는 것으로 보인다.[51] 다만, 모델법(제16조)이나 독일 민사소송법(제1040

Hunter, para. 5-39; Stein/Jonas/Schlosser, Kommentar zur Zivilprozessordnung 22. Auflage Band 9 (Ⅱ/2002), § 1032 Rn. 11, § 1040 Rn. 1. 이를 구 스타일의 Kompetenz-Kompetenz 라고 부르기도 한다. 후자를 이하 "Stein/Jonas/Schlosser"라 인용한다.

45) 영국 중재법상은 이것이 가능하다. Ragnar Harbst, Die Rolle der staatlichen Gerichte im Schiedsverfahren (2002), S. 36f.

46) 위원회보고서, A/40/17, para. 151. Broches, Article 16 para. 12 이하.

47) Homtzmann/Neuhaus, p. 480. 위원회보고서, A/40/17, para. 151는 각국은 모델법을 채택함에 있어서 입법으로써 그러한 중재판정부의 권한을 배제하거나 제한할 수 있을 것이라고 한다.

48) BGH BB 1955, 532: BGHZ 68, 356 = NJW 1977, 1397. Peter Schlosser, Das Recht der Internationalen Privaten Schiedsgerichtsbarkeit 2. Auflage (1989), Rn. 556; 안병희, "仲裁人의 權限確定權限(Kompetenz-Kompetenz)에 관한 연구," 중재학회지 11권(2001. 12.), 113면 이하.

49) Reinhold Geimer, Internationales Zivilprozeßrecht 5. Auflage (2005), Rz. 3826; 안병희(註 48), 109면. 그러나 Walter J. Habschied, "Zur Kompetenz-Kompetenz nach dem neuen Schiedsrecht," Grenzüberschreitungen, Festschrift für Peter Schlosser zum 70. Geburtstag (2005), S. 247ff.는 여전히 허용된다고 본다.

50) 예컨대 안병희(註 48), 56면 이하; 정선주, "중재절차에서 법원의 역할과 한계 —개정 중재법과 UNCITRAL 모델법 등을 중심으로—," 중재학회지 10권(2000), 78면 참조.

51) 그러나 제17조 제8항을 삭제해야 한다는 비판이 있으나(김홍규, "중재법원(중재판정부)의 자기의 관할권을 판정하는 권한," 중재 제298호(2000년 겨울), 4-14면) 의문이다.

조)이 3개항으로 구성되어 있음에 반하여 개정중재법은 동일한 내용을 8개항으로 규정하고 있으나, 굳이 그렇게 규정할 이유가 없고, 대외적으로 중재법이 모델법과 상이하다는 인상만 줄 우려가 있으므로 그 타당성은 의문이다.

나. 중재판정부의 권한에 대한 결정에 대한 법원의 심사[52)]

모델법 제16조에 관하여 가장 논쟁의 대상이 되었던 것은 바로 이 조항인데, 중재판정부의 권한에 대한 중재판정부의 결정이 사법적 통제의 대상이 되어야 한다는 데는 이견이 없었지만 통제의 종류와, 특히 그 통제가 중재절차 진행중에—중재절차를 중지하거나 또는 중지하지 않든 간에— 행사되어야 하는지에 관하여는 많은 논란이 있었다.[53)]

불필요한 중재절차의 진행에 따른 시간과 비용의 낭비를 막기 위하여 법원이 조기에 심사할 수 있어야 한다는 견해와, 당사자가 중재절차를 지연하고 방해하기 위한 목적으로 법원에 의한 심사를 남용할 가능성이 있으므로 법원의 심사는 중재판정이 내려진 후로 미루어야 한다는 견해가 대립하였다.[54)] 작업반의 논의과정에서 다양한 초안들이 작성되었는데, 위원회는 그 중에서 다음과 같은 내용의 혁신적이고 합리적인 **타협안**을 채택하였다.[55)]

첫째, 법원은 중재법 제9조(모델법 제8조)에 따라 사건을 중재판정부에 회부할지를 결정함에 있어서 중재판정부의 권한을 심사할 수 있다. 사건이 법원에 계속중인 동안 중재판정부는 중재절차를 계속할 수 있는 재량을 가진다.

둘째, 중재판정부는 이의제기가 있으면 그의 선택에 따라 중재판정부의 권한에 대하여 선결문제로서 결정하거나 본안에 관한 중재판정에서 함께 판단할 수 있다(제17조 제5항). 중재판정부가 선결문제로서 결정한 경우 이는 법원의 즉각적인 심사의 대상이 된다. 중재판정부가 본안에 대한 종국적인 중재판정을 내리기 전에 국가법원이 판정부의 권한의 문제에 관여하는 체계를 '同時統制'(concurrent control)라고 부르는데, 모델법은 중재판정부가 선결문제로 자신의 권한을 긍정한 경우에 한하여 이를 채택한 것이다.[56)]

52) 상세는 석광현, "중재절차에서의 법원의 역할," 서울지방변호사회, 변호사 —회원연구논문집— 제37집(2007), 72면 이하; 이 책 제9장(Ⅲ. 3. 라.) 참조.
53) Holtzmann/Neuhaus, p. 483 이하.
54) 위원회보고서, A/40/17, paras. 158-159. Broches, Article 16 para. 31.
55) 우선 Holtzmann/Neuhaus, p. 485 *et. seq.* 참조.
56) Redfern/Hunter, para. 5-47. 모델법의 성안과정에서도 한 때 'Concurrent court control'이라는 제목으로 별도의 조문이 제안된 바 있었다. Broches, Article 16 para. 34.

흥미로운 것은, 여기에서 '중재인의 권한'이라 함은 중재인의 裁判權(Gerichtsbarkeit)을 말하는 것이지 管轄(Zuständigkeit)이 아니라고 보는 견해가 있다는 점이다.[57] 그러나, '裁判權'은 재판에 의해 법적 쟁송사건을 해결할 수 있는 국가권력 또는 법질서의 실현을 위한 국가의 권능으로서 '司法權'이라고도 하며 법관으로 구성된 법원에 속한다고 설명하거나, 국가주권 또는 領土高權으로부터 파생되는, 개별 국가의 재판을 할 수 있는 권능이라고 하므로, 중재합의의 결과 법원의 재판권이 배제되는 것은 사실이지만, 중재인의 권한을 이러한 의미의 裁判權이라고 보는 것이 적절한지는 의문이다. 또한 재판권과 관할권의 관계도 애매하다. 따라서, Kompetenz-Kompetenz의 문제를 중재인의 裁判權의 문제로 보는 것은 적절하지 않다고 생각된다. 독일 민사소송법 제1040조의 표제도 "Befugnis des Schiedsgerichts zur Entscheidung über die eigene Zuständigkeit"(자신의 관할에 관하여 결정할 수 있는 중재판정부의 권한)라고 하고 'Gerichtsbarkeit'라는 표현을 사용하지 않는 것도 같은 이유에서가 아닐까 생각된다.

6. 臨時的 處分(제18조)[58]

가. 임시적 처분을 할 수 있는 중재판정부의 권한

법제에 따라서는 중재판정부에게 임시적 처분을 할 수 있는 권한을 부여하지 않는다.[59] 이에 관하여 침묵하였던 구 중재법과 달리, 개정중재법(제18조 제1항 제1문)은 모델법(제17조 1문)을 따라 "당사자 간에 다른 합의가 없는 경우에 중재판정부는 일방당사자의 신청에 따라 결정으로 분쟁의 대상에 관하여 필요하다고 인정하는 임시적 처분을 내릴 수 있다"고 규정한다.[60] 개정중재법의 문언상으로는 모델법과 마찬가지로 일방당사자의 신청에 의한 임

---

57) 목영준, "중재인의 權限, 責任 및 免責," 1999. 10. 30. 한국중재학회 상사중재세미나 발표자료, 15면 주 76; 목영준, 120면. 흥미로운 것은, 손경한, "外國判決 및 仲裁判定의 承認과 執行 —判例를 중심으로—," 무역분쟁의 해결, 국제거래법연구 창간호(1992), 155면은 중재인의 관할권의 문제는 이른바 특별관할권(Competence)의 문제로서 일반관할권(Jurisdiction)과는 다른 개념이라고 하는 점이나 잘 이해되지는 않는다.

58) 상세는 석광현, "중재절차에서의 법원의 역할," 서울지방변호사회, 변호사 —회원연구논문집— 제37집(2007), 46면 이하; 이 책 제9장(Ⅳ. 1.) 참조.

59) 예컨대 중국 민사소송법상으로는 중재위원회는 직접 임시적 처분을 할 수는 없고 당사자의 신청을 인민법원에 이송할 수 있을 뿐이라고 한다. 윤진기, 중국중재제도(1998), 141면.

60) 모델법의 조문은 UNCITRAL 중재규칙(제26조 제1항, 제2항)을 따른 것이다.

시적 처분이 가능하나, 일방적 신청에 따른 임시적 처분은 부당하므로 대부분의 중재선진국들은 최근 법을 개정하면서 그러한 권리를 포함시키지 않았다고 한다.[61] 아래에서 보듯이 모델법 개정안은 임시적 처분에 관하여 좀더 정밀한 규정을 두고 있다.

나. 중재판정부가 할 수 있는 임시적 처분의 종류

국제상사중재에서 내려지는 임시적 처분의 유형은 그 목적에 따라 첫째 손해를 회피하기 위하여 하는 처분(현상유지를 위한 임시적 처분도 이에 포함된다), 둘째 장래의 중재판정의 집행을 촉진하기 위한 처분(자산동결처분도 이에 포함된다)과, 셋째 중재절차의 진행을 촉진하기 위한 처분이 있다.[62]

주의할 것은, 제18조 제1항은 "중재판정부는 … 분쟁의 대상에 관하여 … 임시적 처분을 내릴 수 있다"고 규정하므로 중재판정부가 할 수 있는 임시적 처분은 분쟁의 대상에 관한 것에 한정된다는 점이다. 따라서 예컨대 다툼의 대상(즉 계쟁물)에 관한 처분금지가처분이나 점유이전금지가처분 등을 할 수는 있으나, 중재의 대상이 아닌 피신청인의 다른 재산에 대한 가압류 기타의 처분을 할 수는 없다.[63] 이처럼 중재판정부의 권한의 범위는 분쟁의 대상과 분쟁의 대상을 이루는 물품의 보전에 한정되므로 위 범위를 넘는 그 밖의 현상유지를 위한 임시적 처분은 허용되지 않는다.[64]

개정중재법상으로는 중재판정부는 위 셋째의 유형, 즉 訴訟留止命令(anti-suit injunction) 기타 중재절차의 진행을 촉진하기 위한 임시적 처분을 할 수는 없다. 다만 아래에서 보듯이 개정된 모델법은 이를 명시적으로 허용한다. 영국법상으로는 당사자의 일방이 중재합의에 반하여 제소하거나 소송을 수행하는 것을 금지하기 위한 법원의 訴訟留止命令이 허용된다.[65]

다만 모델법과 개정중재법상 당사자는 합의에 의하여 중재판정부가 할 수 있는 임시적 처분의 범위를 제한하거나 확장할 수 있고, 이는 중재규칙의 지정에 의하여도 가능하다.[66]

---

61) 예컨대 Refern/Hunter, para. 7-17 참조.
62) A/CN.9/WG.II/WP.119, paras. 16-18, A/CN.9/468, para. 81 참조. 이 부분은 노태악 · 구자헌(註 39), 490면 이하 참조.
63) 목영준, 161면. Redfern/Hunter, paras. 7-26, 7-27.
64) Redfern/Hunter, para. 7-28.
65) Sir Peter Gross, "Anti-suit injunctions and arbitration," [2005] LMCLQ 1, p. 10 이하 참조.
66) Stein/Jonas/Schlosser, § 1041 Rn. 8.

다. 중재판정부의 임시적 처분의 집행

제18조는 중재판정부가 내린 임시적 처분의 집행방법은 규정하지 않는다.[67] 사실 모델법의 성안과정에서 사무국은 중재판정부가 법원에게 임시적 처분의 집행에 조력을 요청할 수 있다는 문언을 두었으나, 논의과정에서 각국의 절차법이 규율하는 사항과 법원의 권한에 관련되므로 다수 국가들이 수용할 수 없을 것이라는 이유로 삭제되었다.[68]

그런데 개정중재법에 따르면 법원의 집행판결의 대상이 되는 것은 중재판정에 한정되므로(제37조 이하)[69] 중재판정부가 임시적 처분으로서 하는 결정은 집행판결의 대상이 되지 않는다.[70] 그러나, 종래 법원의 소극적인 자세에 비추어 법원이 임시적 처분의 집행에 관여하지 않을 가능성이 크고, 특히 개정중재법 제6조는 법원은 중재법에서 명시한 것 외에는 관여할 수 없다고 규정하므로 더욱 그러하다. 그렇게 되면 개정중재법 제18조는 상당부분 의미를 상실할 것이므로 독일 민사소송법(제1041조 제2항)과 같이 법원이 위 결정을 집행할 수 있도록 할 필요가 있다. 물론 그 경우 집행 여부는 법원의 재량에 따른다.

그러나 이에 대하여는 이견이 있다. 즉 비록 중재판정부는 법원과 같은 정도의 강제력을 행사할 수 없고, 보전처분의 국제적 집행은 용이하지 않지만, 중재판정부의 모든 명령은 당사자 간에는 구속력이 있으므로 중재판정부의 보전처분이 무의미한 것은 아니고, 분쟁의 본안을 판단할 중재판정부가 내린 보전처분을 당사자들이 의도적으로 무시한다는 것은 용감한 또는 어리석은 행동이라는 점에서 중재판정부의 임시적 처분은 사실상 상당한 구속력이 있다는 것이다.[71] 사무국의 의견도 중재판정부는 당사자가 중재판정부의 임시적 처분을 따르지 않은 사실을 중재판정을 함에 있어, 특히 손해배상을

---

67) 증거조사에 관한 개정중재법 제28조는 중재판정부에게 법원에 증거조사를 촉탁할 수 있는 권한을 부여하는 데 반하여 제18조는 이러한 권한을 부여하지 않는다.

68) Holtzmann/Neuhaus, p. 531.

69) 개정중재법은 중재인이 절차에 관하여 하는 판단을 결정의 형식으로, 본안에 관하여 하는 판단을 판정의 형식으로 하도록 이원화하고 있다. 목영준, 17면. 주 83.

70) 이 점은 석광현, "개정중재법의 몇 가지 문제점—國際商事仲裁를 중심으로—," 국제사법과 국제소송 제2권(2001), 483-484면에서 이미 지적하였다. 양병회 외, 주석중재법(양병회·정선주 집필부분)(2005), 82면도 동지. 이 책은 이하 "주석중재법/집필자"로 인용한다.

71) Redfern/Hunter, para. 7-22. 민병국, "중재인의 임시적 처분(臨時的 處分)," 중재 제319호(2006 봄), 87면도 동지다.

산정함에 있어서 고려할 수 있다고 한다.[72]

라. 모델법의 개정

2006년 6월—7월에 개최된 제39차 본회의에서 UNCITRAL은 모델법을 개정하였다. 즉 제4장의2(Chapter IV bis)로 '임시적 처분과 사전명령'이라는 장을 신설하여 그에 관한 상세한 규정을 둔다.[73] 임시적 처분(interim measures)은 상대방에 대한 통지 후에 내려지는 것으로, 관할법원에 집행을 신청할 수 있고 법원은 승인거부사유가 없는 한 이를 승인하고 집행해야 한다. 반면에 사전명령(preliminary orders)은 임시적 처분의 집행을 확보하기 위하여 일방당사자의 신청에 의하여 내려질 수 있으나 20일 동안만 효력이 있으며 집행의 대상이 되지 않는다. 나아가 개정모델법(제17조 제2항)은 현상유지를 위한 임시적 처분과 訴訟留止命令(anti-suit injunction)도 내릴 수 있음을 명시한다(다만 위에서 본 것처럼 법원의 訴訟留止命令이 가능하다면 그것이 더 실효적일 것이다). 앞으로 우리나라도 모델법의 개정내용을 면밀히 검토하여 개정중재법에 적절히 반영할 필요가 있다.

7. 仲裁節次

개정중재법상 당사자들은 중재법의 강행규정에 반하지 아니하는 한 중재절차에 관하여 합의할 수 있고, 합의가 없는 경우에는 중재판정부가 적절한 방식으로 중재절차를 진행할 수 있으나(제20조), 다만 양당사자는 중재절차에서 동등한 대우를 받아야 하고, 자신의 사안에 대하여 변론할 수 있는 충분한 기회를 가져야 한다(제19조).

제19조는 '중재절차의 대헌장의 핵심적 요소'(key element of the Magna Carta of Arbitral Procedure)인데,[74] 중재에서의 적법절차의 원리(due process)를 규정한 것이라고 할 수 있다.[75] 제19조의 원칙은 중재판정부뿐만 아니라 당사자에 의해서도 지켜져야 한다. 제19조는 광범위한 당사자의 자유를 규정

72) Holtzmann/Neuhaus, p. 531.

73) 문언은 http://www.uncitral.org/uncitral/en/uncitral_texts/arbitration/1985Model_arbitration.html 참조. 소개는 노태악 · 구자헌(註 39), 492면; 강병근(註 39), 9면 이하 참조.

74) Secretariat Note, A/CN.9/264, Art. 19, para. 1.

75) Holtzmann/Neuhaus, p. 550.

한 제20조에 대한 제한의 의미가 있는데, 즉 당사자가 중재절차를 합의하는 경우 당사자를, 합의가 없는 경우 중재판정부가 중재절차를 정하는 경우 중재판정부를 제한한다.[76]

가. 중재절차의 준거법

우리나라에서는 종래 중재절차의 준거법에 관하여 當事者自治를 허용하는 견해가 통설이다.[77] 그러나 개정중재법상 이러한 해석론은 허용되지 않는다고 본다. 즉 개정중재법(제2조 제1항)은 영토주의를 취하므로 중재지가 우리나라 안에 있는 한 개정중재법이 적용되는데, 개정중재법(제20조 제1항)은 당사자들이 합의에 의하여 중재법의 강행규정을 배제하는 것을 허용하지 않기 때문이다.[78] 당사자의 합의가 준거법의 합의이든 중재절차의 내용에 관한 합의이든 마찬가지이다. 그러므로 개정중재법의 해석론으로서 당사자들이 중재절차의 준거법을 자유로이 정할 수 있다는 견해[79]는 적절하지 않다. 다만 우리 개정중재법은 당사자의 자유, 즉 계약자유를 널리 인정하고 있어서 당사자가 우리 개정중재법이 허용하는 범위 내에서 상당부분 중재절차를 자유로이 형성할 수 있으므로 실제로는 큰 차이가 있는 것은 아니다. 그러나 이는 당사자가 합의에 의하여 외국법을 중재절차의 내용으로 편입하는 것(incorporation by reference)이지 외국법을 중재절차의 준거법으로 지정하는 것은 아니다.[80]

실제로 문제되는 것은 외국법을 중재절차의 내용으로 편입하는 것이 아니라 당사자들이 ICC 중재법원과 같이 국제상사중재를 전문으로 취급하는

---

76) Holtzmann/Neuhaus, pp. 550-551.

77) 예컨대 목영준, 81면 주 135.

78) Reithmann/Martiny/Hausmann, Rz. 3332; Bericht der Kommission zur Neuordnung des Schiedsverfahrens (1994), S. 75 참조.

79) 그러나 목영준, 81면 이하는 당사자의 합의가 없는 경우 중재절차의 준거법 결정에 관한 입법례를 중재지법주의(뉴욕협약), 중재인결정주의(ICC 중재규칙 제15조 제1항)와 보완형으로 구분하고 우리 개정중재법(제20조 제1항)은 모델법과 마찬가지로 보완형을 취한다고 설명한다. 보완형은 당사자의 합의가 없는 경우 중재지법을 적용하면서도 중재지법에 규정이 없으면 중재인에게 결정권을 주는 입법이라고 설명한다.

80) 차이가 있는 사례로는 다음의 경우를 생각할 수 있다. 예컨대 Kompetenz-Kompetenz와 관련하여 만일 우리 중재법상 당사자가 합의하여 중재판정부의 판정권한을 배제할 수 없다고 보면서, 이는 중재절차의 준거법에 따를 사항이라는 견해를 취한다면, 중재지가 한국 안임에도 불구하고 당사자가 영국법을 준거법으로 선택함으로써 중재인의 판정권한을 배제하는 것은 허용되지 않는다고 본다.

국제중재기관의 중재규칙을 적용하기로 합의하는 경우이다. 이 경우 當事者自治가 허용되는 범위 내에서 그러한 중재규칙이 적용되고, 그 범위 내에서 당사자가 정하지 않은 사항은 중재지법에 의하여 보충된다. 그러나 當事者自治가 허용되지 않는 범위 내에서는 중재지가 한국 안이라면 개정중재법이 적용된다. 이러한 의미에서 중재절차에 관한 개정중재법의 규정은 국제중재기관의 중재규칙에 의하여 사실상 배제되나, 그에는 일정한 한계가 있음을 유념할 필요가 있다.

나. 국제적 중재와 중재절차

통상 국제상사중재라고 일컫는 경우의 중재절차, 특히 ICC 중재법원과 같이 국제상사중재를 전문으로 취급하는 중재기관의 중재규칙에 따라 행해지는 중재를 무국적중재, 그로부터 내려지는 판정을 무국적중재판정이라고 부르기도 하나,[81] 이는 모든 국가의 중재법으로부터 절연된 중재가 아니라 당해 사건에 적용되는 중재법이 허용하는 범위 내에서 국제화된 중재를 의미한다.[82] 엄밀하게 말하자면 無國籍仲裁判定(a-national award)이라 함은, 당사자들의 합의에 의하여 특정 국가(특히 중재판정지)의 중재법으로부터 절연된 중재로부터 내려지는 중재판정을 말한다.[83] 위에서 말한 국제적 중재판정은 무국적중재판정과 구별해야 한다. 예컨대 당사자가 중재지를 우리나라로 정하고 ICC 중재규칙을 적용하기로 합의한 경우 우리 법이 중재지법으로서 적용되고, 그 경우 중재판정은 한국의 중재판정이지 무국적중재판정은 아니다.

8. 紛爭의 實體에 적용될 법(제29조)[84]

가. 당사자들의 지정이 있는 경우(제29조 제1항)

법원이 재판하는 경우에 관하여는 아직 논란이 있으나, 국제상사중재의 경우 당사자들은 특정국가의 법체계뿐만 아니라 이른바 商人法(*lex mer-*

---

81) 목영준, 80면; 주석중재법/조대연, 127면.

82) van den Berg, p. 31.

83) van den Berg, p. 29.

84) 상세는 이 책 제4장; 석광현, "國際商事仲裁에서 紛爭의 實體에 적용할 準據法 ―우리 仲裁法의 해석론을 중심으로," 한양대 법학논총 제23집 제1호(2006. 6.), 315면 이하 참조.

catoria, law merchant)[85](이하 "商人法"이라 한다) 또는 법의 일반원칙(general principles of law)을 분쟁해결의 준거규범으로 합의할 수 있다는 것이 요즈음의 경향이다.

모델법 제28조 제1항도 "The arbitral tribunal shall decide the dispute in accordance with such rules of law as are chosen by the parties as applicable to the substance of the dispute.(중재판정부는 당사자들이 분쟁의 실체에 적용되도록 선택한 법규에 따라 분쟁을 판단하여야 한다)"(밑줄은 저자가 추가함)라고 하여, 당사자들이 선택할 수 있는 규범을 'law'라고 하는 대신 'rules of law'라고 하여 이러한 경향을 따르고 있다. 이는 당사자들이 계약을 단일한 준거법에 따르도록 하지 않고 계약을 분할하여 준거법을 달리 지정하는 것, 즉 준거법의 分裂(*dépeçage*)을 가능하게 하고, '*lex mercatoria*'(商人法)를 분쟁해결의 준거규범으로 합의할 수 있도록 하기 위한 것이다.[86] 반면에, 모델법 제28조 제2항은 "Failing any designation by the parties, the arbitral tribunal shall apply the law determined by the conflict of laws rules which it considers applicable."(당사자들이 지정하지 않은 때에는 중재판정부는 그가 적용될 수 있다고 보는 국제사법에 따라 결정되는 법을 적용하여야 한다)(밑줄은 저자가 추가함)라고 하여 rules of law가 아니라 law를 사용함으로써 양자를 의도적으로 구분한다.

그런데, 개정중재법 제29조 제1항은 "仲裁判定部는 當事者들이 지정한 法에 따라 判定을 내려야 한다"고 하고, 제29조 제2항은 "제1항의 지정이 없는 경우에 仲裁判定部는 紛爭의 대상과 가장 밀접한 관련이 있는 國家의 法을 적용하여야 한다"고 함으로써, 모델법의 'rules of law'와 'law'를 모두 '法'이라고 번역하고 용어상 양자를 구별하지 않는다. 만일 그렇게 할 경우 "우리 법체계에서는 혼란을 가져올 우려가 있으므로 법적 안정성과 확실성을 보장하기 위하여 모델법의 입장을 채택하지 않았다고 한다."[87] 이는 준거법의 분열을 인정할 경우 법체계에 혼란을 가져올 우려가 있기 때문에 이를 채택하지 않았다는 취지로 짐작되나, 준거법의 분열을 허용하는 것이 국제적인

85) 이는 대체로 국제상거래에서 통용되는 통일적인 규범을 의미하는 것으로 이해되는데, translational law, international law of contracts, international *lex mercatoria* 또는 international trade law라고도 한다.

86) Berger(註 9), S. 21.

87) 장문철(註 4), 114면.

흐름이고, 대법원 1998. 7. 14. 선고 96다39707 판결 등도 이미 준거법의 분열을 인정하였다는 점에서 그러한 설명은 설득력이 없다.[88]

어쨌든 개정중재법에 따르면, 당사자들이 UNIDROIT가 2004년 채택한 '국제상사계약원칙'(Principles of International Commercial Contracts) 또는 *lex mercatoria* 등을 준거규범으로 합의할 수 있는지에 대해 의문이 제기될 수 있다. 그러나 사견으로는 '국가의 법'이라고 규정하는 제29조 제2항과 달리 제1항은 단순히 '법'이라고 규정하는 점을 고려할 때 개정중재법상으로도 모델법에서와 같은 해석이 가능하다고 보는데, 그렇다면 제1항에서는 '法' 대신 예컨대 '法規' 또는 '法의 規則'이라는 표현을 사용함으로써 그 취지를 명확히 함이 바람직하지 않았을까 생각된다.[89] 독일 민사소송법(제1051조)도 'Rechtsvorschrift'와 'Recht'라고 하여 양자를 용어상 구별한다. 더욱이 우리나라가 가입한 1965년의 "국가와 타방국가 국민 간의 투자분쟁의 해결에 관한 협약"[90](ICSID 협약. 이른바 "워싱턴협약") 제42조 제1항의 'rules of law'를 이미 '법률의 규칙'이라고 번역하고 있다는 점도 고려했어야 한다.[91] 참고로 일본 중재법(제36조)의 문언은 우리 중재법과 유사하다.

제1항이 국제상사중재의 전형적인 대상인 국제계약상의 분쟁의 경우 當事者自治가 적용됨을 선언한 것은 명백하다. 그런데 제1항의 문면상으로는 국제계약뿐만이 아니라 다른 분야의 분쟁에 대해서도 當事者自治를 허용하는 취지로 보이는데, 과연 그렇게 해석할 수 있는가가 문제된다. 사견으로는 개

88) 개정 국제사법 제25조 제2항은 準據法의 分裂을 명시적으로 허용한다.

89) 물론, 만일 그러한 조항이 없더라도 당사자들은 實質法的 指定에 의해 국제상사계약원칙이나 *lex mercatoria*를 계약의 내용으로 편입할 수 있다. 그렇다면, 모델법에서 굳이 양자를 구별하여 사용할 실익이 있었는가라는 의문이 제기될 여지도 있다. 왜냐하면 국제상사계약원칙이나 *lex mercatoria*를 계약의 준거규범으로 삼을 경우 客觀的 準據法의 强行法規의 적용을 배제할 수 있다면 모르겠으나, 그렇지 않다면 결국 차이는 없을 것이기 때문이다. 그러나, 국제상사중재에서 국제상사계약원칙이나 *lex mercatoria*를 계약의 준거규범으로 인정하려는 취지는, 계약의 내용으로 편입하는 경우와 달리, 그 경우 客觀的 準據法의 강행법규의 적용을 배제할 수 있다고 생각하기 때문이다. 다만, 그 경우에도 준거법에 관계없이 적용되는 국제적 강행법규의 적용은 배제되지 않는다. UNIDROIT, Principles of International Commercial Contracts(2004), p. 3, p. 11 참조. 국제상사계약원칙은 당초 1994년 채택되었는데 2004년 확대개정되었다.

90) Convention on the Settlement of Investment Disputes between States and Nationals of Other States.

91) 워싱턴협약 제42조 제1항의 'rules of law'는 모델법 제28조 제1항의 'rules of law'와 같은 맥락에서 논의된다. UNIDROIT, Principles of International Commercial Contracts (1994), p. 3 참조.

정중재법이 명시적으로 널리 當事者自治를 허용하므로 반드시 국제계약에만 當事者自治를 허용할 것은 아니나, 이를 무제한적으로 확대하여 중재가능한 분쟁 전부에 대해 當事者自治를 허용할 수는 없고, 예컨대 물권법 분야(특히 부동산 물권)와 같이 일정한 분야에서는 當事者自治는 허용되지 않는다고 본다.[92] 다만 구체적인 범위의 결정이 문제된다.

나. 當事者들의 지정이 없는 경우(제29조 제2항)

국제상사중재에 있어 당사자들이 분쟁의 실체에 적용할 준거법을 지정하지 않은 경우 준거법의 지정에 관하여는 종래 다음과 같은 문제점이 논의되었다.[93]

첫째, 중재인은 반드시 抵觸規範(또는 國際私法)을 우선 적용하고 그에 따라 실체의 준거법을 결정해야 하는가, 아니면 저촉규범의 중개 없이 실체의 실질법을 곧바로 결정할 수 있는가.

둘째, 만일 중재인이 저촉규범의 중개를 거쳐 실체의 준거법을 결정하여야 한다면, 그 때의 저촉규범은 반드시 중재지의 저촉규범이어야 하는가.[94]

셋째, 중재인이 저촉규범의 중개 없이 곧바로 실질법을 적용하거나, 또는 저촉규범의 중개를 거쳐 실질법을 적용하는 경우, 중재인은 어느 국가의 실

---

92) 우리와 유사한 규정을 두고 있는 스위스 국제사법의 경우 문면을 중시하여, 모든 중재가능한 사건에서 당사자의 준거법 선택이 의미를 가지는 때에는 당사자는 합의에 의해 준거법을 지정할 수 있다는 견해(Heini/Keller/Siehr/Vischer/Volken, IPRG Kommentar (1993), Art. 187, Rn. 10)와, 그렇더라도 당사자자치가 인정되지 않거나 충분히 인정되지 않은 분야에서는 여전히 당사자는 준거법을 지정할 수 없다는 견해(Andreas Bucher/Pierre-Yves Tschanz, International Arbitration in Switzerland (1988), para. 199)가 나뉘고 있다. 사견은 양자의 절충적 견해이나 후자에 다소 가깝다고 할 수 있다.

93) 상세는 석광현, "國際商事仲裁에 있어서 實體에 적용할 準據法의 결정," 법실천의 제문제, 東泉金仁燮 변호사 화갑기념논문집(1996), 522-535면 참조. 이는 중재법 개정 전의 논의이기는 하나 논점은 마찬가지이다.

94) 중재인이 실체의 준거법을 결정하기 위하여 우선 저촉규범을 적용하여야 한다면 어떠한 저촉규범을 적용해야 하는지가 문제된다. 이에 관하여는 (ㄱ) 중재지의 저촉규범을 적용할 것이라는 전통적인 견해, (ㄴ) 중재절차를 규율하는 국가의 저촉규범을 적용할 것이라는 견해와 (ㄷ) 중재인이 적절하다고 판단하는 저촉규범을 적용할 것이라는 견해 등이 있다. 셋째의 견해가 주류적인 경향인데, 개정 전 ICC 중재규칙 제13조 제3항은 "당사자가 준거법을 지정하지 않은 경우 중재인은 그가 적절하다고 판단하는 저촉규범에 따라 지정되는 준거법을 적용하여야 한다"고 규정하고, 모델법 제28조 제2항과 UNCITRAL 중재규칙 제33조 제1항도 유사한 취지의 규정을 두었다. ICC 중재에 있어 중재인이 적절하다고 판단하는 저촉규범이 무엇인가에 관하여도 견해가 나뉘나, 주로 분쟁과 관련이 있는 국가의 저촉규범을 누적적으로 적용하였다고 한다.

질법(체계)(national substantive law, national system of law)을 적용하여야 하는가, 아니면 그 대신 분쟁해결에 적절한 규범 또는 형평과 선(*ex aequo et bono*)을 적용할 수 있는가.

위에서 언급한 바와 같이, 당사자들이 준거법을 지정하지 않은 경우에 관하여 모델법 제28조 제2항은 "Failing any designation by the parties, the arbitral tribunal shall apply the law determined by the conflict of laws rules which it considers applicable.(당사자들이 지정하지 않은 때에는 중재판정부는 그가 적용될 수 있다고 보는 國際私法에 따라 결정되는 법을 적용하여야 한다)"(밑줄은 저자가 추가함)이라고 하여 중재인들이 국제사법의 중개를 통하여 적용할 법을 결정하도록 하고, 그 경우 제1항과는 달리 'rules of law'가 아니라 'law'라고 하여 어느 국가의 법이 준거법이 될 것을 요구하는 것으로 보인다.

반면에, 1998년 1월 1일자로 개정된 국제상업회의소(ICC) 중재규칙(제17조 제1항)은 "The parties shall be free to agree upon the rules of law to be applied by the Arbitral Tribunal to the merits of the dispute. In the absence of any such agreement, the Arbitral Tribunal shall apply the rules of law which it determines to be appropriate.(당사자들은 중재판정부가 분쟁의 본안에 대하여 적용할 법규를 자유로이 합의할 수 있다. 그러한 합의가 없는 경우 중재판정부는 그가 적절하다고 결정하는 법규를 적용하여야 한다)"(밑줄은 저자가 추가함)라고 하여 저촉규범의 중개를 거치지 않도록 하고, 반드시 법이 아니라 rules of law를 적용할 수 있도록 규정함으로써 모델법과 대비된다.

그런데, 개정중재법 제29조 제2항은 "제1항의 지정이 없는 경우에 仲裁判定部는 紛爭의 대상과 가장 밀접한 관련이 있는 國家의 法을 적용하여야 한다"고 규정함으로써,[95] 첫째의 논점에 관하여는 모델법과 달리 통상적인 국제사법의 중개를 요구하지 않는 점에서 국제상업회의소 규칙과 유사한 선진적인 입장을 취하고 있으나,[96] 셋째의 논점에 관하여는 특정 국가의 법을

95) 이는 개정 국제사법 제26조 제1항과 유사하다.

96) "가장 밀접한 관련이 있는 국가의 법"이라는 규정을 하나의 저촉규범이라고 할 수 있으므로 본문에서는 "통상적인 국제사법의 중개를 요구하지 않는"이라는 표현을 사용한 것이다. 그 범위 내에서는 개정중재법은 국제상업회의소 중재규칙과는 차이가 있다. 즉 엄밀히 말하자면, 개정중재법은 "중재법이 저촉규범을 직접 규정"하는 방식인 데 반하여 ICC 중

적용하도록 함으로써 중재인이 *lex mercatoria*와 같이 특정 국가의 법이 아닌 규범을 적용할 가능성을 배제하고 있다. 이는 독일 민사소송법(제1051조 제2항)과는 동일하나, 가장 밀접한 관련이 있는 법규를 적용하도록 하는 스위스 국제사법(제187조 제1항) 또는 캐나다 British Columbia주의 중재법(제28조 제3항)이나, 중재인들이 적절하다고 판단하는 'rules of law'를 적용하도록 하는 국제상업회의소(ICC) 중재규칙(제17조 제1항)과는 상이하다. 사견으로는 입법론으로는 제2항에서도 국제상업회의소(ICC) 중재규칙이나 적어도 스위스 국제사법처럼 보다 전향적인 입장을 취하는 것도 고려할 필요가 있다고 본다.[97)]

제2항의 해석과 관련하여 한 가지 의문이 제기된다. 즉, 중재인은 분쟁의 대상과 가장 밀접한 관련이 있는 국가의 법을 탐구함에 있어서 우리 涉外私法을 적용해야 하는가의 여부이다. 많은 경우 涉外私法의 규정이 분쟁의 대상과 가장 밀접한 관련이 있는 법을 지정할 것이나, 국제계약의 경우 행위지법원칙을 정한 涉外私法 제9조 단서의 예에서 보는 바와 같이 항상 그런 것은 아니다. 따라서, 중재인은 涉外私法에 구속되지 않고 독자적으로 가장 밀접한 관련이 있는 국가의 법을 탐구해서 이를 적용해야 한다. 다만, 2001년 7월 1일자로 涉外私法이 개정되어 명칭도 국제사법으로 변경되고, 가장 밀접한 관련이 있는 법을 준거법으로 지정하기 위한 연결원칙들이 도입되었으므로 앞으로는 국제사법에 의하더라도 별 문제는 없을 것이나, 논리적으로는 중재인들은 국제사법에 구속될 것은 아니라고 생각된다.

9. 仲裁判定 원본의 보관(제32조 제4항)

뉴욕협약의 중요한 업적의 하나는 이중집행판결(double *exequatur*)의 요건을 폐지한 것이었는데, 그 결과 중재판정은 판정지국에서의 기탁 또는 등록이 없이 외국에서 집행될 수 있다. UNCITRAL 사무국은 뉴욕협약의 태도를 모델법에 수용함으로써 모든 국제상사중재판정이 판정지국과 외국에서 기탁 또는 등록 없이 집행될 수 있도록 할 것을 제안하였고,[98)] 모델법은 이에

재규칙이나 프랑스 신 민사소송법은 저촉규범의 중개를 아예 필요로 하지 않는 방식이다. 상세는 이 책 제4장 참조.

97) 상세는 이 책 제4장(Ⅳ. 3.) 참조.

98) First Secretariat Note, A/CN.9/207, paras. 97-100.

따라 중재판정 정본의 당사자들에 대한 교부만을 규정하고, 법원에의 기탁 또는 등록을 요구하지 않는다.

그러나 개정중재법(제32조 제4항)은, 구 중재법 제11조 제4항과 마찬가지로 중재판정의 정본을 각 당사자에게 송부하도록 하고, 모델법과 달리 중재판정의 원본을 송부사실을 증명하는 서면과 함께 관할법원에 송부 · 보관하도록 한다. 기관중재의 경우 중재기관이 중재판정의 원본 또는 정본을 보관하지만, 임시중재의 경우 사인인 중재인에게 중재판정의 원본을 장기간 보관하도록 요구하는 것은 무리이므로 법원에 보관하게 한 것이다.[99] 이는 법원으로부터 중재판정에 대한 공적 인증을 받고, 중재판정의 존재에 관한 입증을 용이하게 함으로써 중재판정의 지속적인 사용을 보장하기 위한 조치이다.[100] 그렇다면 예컨대 대한상사중재원의 중재규칙 또는 국제중재규칙에 의하는 경우 굳이 법원에 보관하도록 할 이유가 없을 것이다. 그러나 대한상사중재원의 중재규칙 하에서는 종래 실무상 중재판정의 원본을 관할법원에 송부 · 보관하도록 하는 것으로 보이나, 기관중재의 경우 법원의 보관의무를 면제하는 조항을 중재법에 두는 편이 좋았을 것이다.

개정중재법상 중재판정 원본의 법원에의 송부 · 보관은 중재판정의 구속력의 발생요건은 아니며, 단지 중재판정 후의 절차적인 사항에 관한 훈시규정이다.[101] 이에 대하여 중재절차의 종료단계에서 국가기관이 개입하는 점에서 외국당사자들이 부정적으로 볼 것이라는 비판이 있으나,[102] 법원의 보관은 중재판정의 구속력과 관계없이 당사자의 편의를 위한 것이므로 그 점만 분명히 한다면 부정적으로 볼 것은 아니다.

10. 仲裁判定의 효력(제35조)

제35조는 "仲裁判定의 효력"이라는 표제 하에, "仲裁判定은 當事者間에 있어서 法院의 確定判決과 동일한 효력을 가진다"고 규정하는데, 이는 구 중재법(제12조) 및 독일 민사소송법(제1055조)과 같지만 모델법에는 없는 조항

99) 목영준, 33면.

100) 목영준, 33면; First Working Group Report, A/CN.9./216, para. 102.

101) 오창석, "관할법원에 송부 · 보관되지 않은 중재판정의 효력," 중재연구 제15권 제3호 (2005. 12.), 66면, 73면도 동지.

102) 오창석(註 101), 69면.

이다. 일본 중재법(제45조 제1항)도 유사한 규정을 두는데, 다만 중재지에 관계없이 동 조를 적용하는 점에 차이가 있다. 개정중재법은 제35조와 제36조(仲裁判定取消의 訴)를 묶어 제6장으로 함께 규정한다. 그러나, 중재판정의 효력에 관한 제35조는 독일 민사소송법에서 보는 바와 같이, 중재판정의 형식과 내용 등에 관한 조항(개정중재법 제32조)에 이어 중재판정에 관한 제5장에서 함께 규정하고, 제36조만을 '중재판정에 대한 불복'으로 제6장으로 규정하는 편이 체제상 보다 적절할 것으로 생각된다.

한 가지 주의할 것은 제35조는 내국중재판정에 관한 조항이라는 점이다. 이는 적용범위를 정한 개정중재법 제2조 제1항으로부터 명백하다. 따라서 내국중재판정의 기판력의 범위는 우리 법원 판결의 그것과 동일하다.

반면에, 외국중재판정에 대하여는 제35조가 적용되지 않는다. 외국중재판정의 효력은 제37조 이하에 의해 규율되는데, 예컨대 외국중재판정의 기판력의 범위에 관하여는, 외국판결의 경우처럼 중재판정지국의 법에 의할 것이라는 견해, 승인국의 법에 의할 것이라는 견해와 판정지국의 법을 원칙으로 하되 승인국의 법에 의한 제한을 인정하는 견해 등이 주장될 수 있을 것이다.[103] 이와 달리 일부 견해는, 승인은 "법원이 중재판정에 대해 우리 법원의 확정판결과 같은 효력을 인정하여 주는 것"이라고 하나[104] 이는 중재법에 반하는 것으로 근거가 없다.

11. 仲裁判定 取消의 소(제36조 제2항)[105]

우리 중재판정에 대한 상소는 허용되지 않는다. 그러나 중재판정에 중대한 하자가 있음에도 이 원칙을 관철하는 것은 부당하므로 예외적으로 법원이 중재판정을 취소할 수 있도록 하는데, 이는 확정판결에 관하여 중대한 하자가 있는 경우 법원의 재심을 허용하는 것과 유사하다. 즉 중재판정의 취소라 함은, 권한 있는 기관이 중재판정의 효력을 소급적으로 소멸시키는 것을 말한다. 그러나 중재판정의 취소를 너무 쉽게 허용하면 중재제도가 존재의의를

---

103) Schlosser, Peter, Das Recht der internationalen privaten Schiedsgerichtsbarkeit 2. Aufl.(1989), Rn. 903 참조.

104) 목영준, 240면; 주석중재법/이호원, 229면.

105) 상세는 석광현, "國際商事仲裁에서 중재판정의 취소 —우리 중재법의 해석론을 중심으로—," 국제거래법학회지 제16집 제1호(2007. 7.), 221면 이하; 이 책 제5장 참조.

상실할 우려가 있으므로 개정중재법(제36조)은 중재판정에 대한 불복은 중재판정취소의 소에 의하여만 할 수 있도록 제한하고, 중재판정의 취소사유를 제한적으로 열거하며, 중재판정 취소소송의 제기기간을 제한한다. 취소사유를 어떻게 정하는가에 따라 중재판정에 대한 법원의 관여의 범위가 좌우되는데 그 범위는 국가에 따라 다르다.[106)]

가. 중재판정의 취소사유

개정중재법(제36조 제2항)은 뉴욕협약(제5조)의 승인거부사유를 차용하여,[107)] 보다 정확히는 모델법(제34조)을 따라 6가지 취소사유를 제한적으로 열거하는데, 이는 취소를 구하는 당사자가 주장·입증하여야 하는 사유(제1항)와, 법원이 직권으로 판단할 사유(제2항)로 구분된다. 전자는 ① 당사자의 무능력 또는 중재합의의 무효, ② 피신청인의 방어권의 침해, ③ 중재인의 권한유월 및 ④ 중재판정부의 구성 또는 중재절차의 하자이고,[108)] 후자는 ① 우리 법상의 중재가능성(arbitrability)의 결여와 ② 우리나라의 공서위반이다.

구 중재법(제13조 제1항)은 이유불기재(또는 이유불비)를 포함한 중재판정의 취소사유를 열거하고, 마지막 취소사유로서 판단누락을 포함하는 민사소송법이 정한 재심사유 중 일정한 사유를 열거하였다. 그러나 개정중재법은 모델법을 받아들임으로써 취소사유와 승인거부사유를 동조시키고 이유불기재와 판단누락(구 민사소송법하의 판단유탈)을 취소사유에서 제외하였는데, 개정중재법상 그것이 취소사유인지에 관하여는 논란이 있다.[109)] 판단누락의 경우 만일 누락된 문제가 중요해서 만약 그것이 다루어졌다면 중재판정의 결과가 달라졌을 것이라면 취소사유가 된다는 것이 우리나라의 다수설이다. 즉 판단누락 자체가 취소사유가 되지는 않지만, 제36조 제2항 제1호 라목이 정한 취소사유, 즉 '중재절차가 당사자 간의 합의에 따르지 아니하거나 그러한

106) 외국의 입법례는 주석중재법/손용근·이호원, 197면 이하 참조.

107) 물론 몇 가지 점에서 차이가 있다. 예컨대 중재판정이 구속력이 없거나 또는 취소·정지된 경우는 제외되었다. 승인 및 집행의 경우와 달리 중재판정의 취소를 이유로 이를 취소할 수는 없고, 중재판정의 구속력이 발생하지 않은 경우 굳이 취소할 필요가 없다.

108) 다만 당사자의 합의와 중재절차의 준거법에 속하는 강행규정의 우열의 취급에 있어서 취소사유와 승인거부사유 간에 차이가 있다.

109) 과거 취소사유 중 가장 논란이 된 것은 이유불기재와 판단누락이었다. 예컨대 판단누락에 관한 대법원 1990. 3. 9. 선고 89재다카140 판결과, 이유불비에 관한 대법원 1998. 3. 10. 선고 97다21918, 21925 판결 등. 구 중재법상 취소사유와의 관계는 주석중재법/손용근·이호원, 213면 이하 참조.

합의가 없는 경우 중재법에 따르지 아니한 경우'에 해당한다고 본다.[110)]

한편 이유불기재에 관하여는, 중재절차의 준거법상 중재판정에 이유를 기재해야 함에도 불구하고 전혀 기재하지 않은 경우 중재절차에 하자가 있음은 명백하다. 문제는 이유가 기재되었으나 불완전한 경우인데, 당사자가 주장한 일부 공격방어방법에 대하여 이유의 기재가 없거나, 이유의 기재가 있으나 불명확하여 판정주문과 이유 간에 논리적 연결을 찾을 수 없는 경우, 또는 이유 자체로 모순되는 경우 중재절차에 하자가 있다는 견해[111)]가 있다. 그러나 이유가 있기만 하면 족한 것은 아니지만, 중재판정의 이유에 대해 법원판결의 이유에 대하여 요구하는 것과 동일한 척도를 적용할 것은 아니므로 이유기재가 다소 미비하더라도 중대한 모순이 없다면 중재절차에 하자가 있는 것은 아니라고 할 것이므로 위 견해는 너무 엄격하다.[112)] 사견은 구 중재법하의 대법원판결의 태도[113)]와 유사하나 그보다도 좀더 완화된 것이다.

나. 중재판정 취소소송절차의 중지와 중재절차의 재개

모델법(제34조 제4항)은 "중재판정취소의 소가 제기된 법원은 당사자의 신청이 있고 또한 그것이 적절하다고 판단하는 때에는 중재판정부로 하여금 중재절차를 재개하거나 또는 스스로 취소사유를 제거할 다른 조치를 취할 수 있는 기회를 주기 위하여 일정기간 소송절차를 중지할 수 있다"고 규정한다. 이는 취소의 소가 계속중 중재판정부에게 하자를 스스로 치유할 기회를 부여하는 일종의 환송(remission)을 규정한 것으로 주로 영미법계 국가에서 인정되는데, 법원이 중재판정을 취소하고 환송하는 것이 아니라, 중재판정을 취소하는 대신 환송할 수 있게 하는 데 특색이 있다.[114)]

독일 민사소송법(제1059조 제4항)은 중재판정 취소의 소가 제기된 경우 법원은 취소사유가 있고 적절하다고 판단하는 경우 중재판정을 취소하고 사

110) 목영준, 232면; 주석중재법/손용근 · 이호원, 216면. 모델법의 성안과정에서 여러 가지 사유를 취소사유에 추가하는 제안이 논의되었으나 모두 거부되었다. 중재판정에서 쟁점이 누락된 경우(a point of dispute is omitted from the award)도 그 중 하나였다. Holtzmann/Neuhaus, p. 912. 중재에 회부된 당사자의 청구의 일부만을 판단하고 일부는 판단하지 않은 것은 '판정누락'이고, 판단누락은 당사자가 주장한 공격방어방법 중 판정의 결론에 영향을 미칠 사항에 대하여 판단하지 않은 경우를 말한다.

111) 목영준, 229면은 이를 중재절차의 하자로 본다.

112) Stein/Jonas/Schlosser, Anhang § 1061 Rn. 155도 동지로 보인다.

113) 예컨대 대법원 2001. 4. 10. 선고 99다13577, 13584 판결.

114) Holtzmann/Neuhaus, p. 920.

건을 중재판정부로 환송할 수 있다고 규정하나, 개정중재법과 일본 중재법은 이를 채택하지 않았다. 그 이유는, 법원과 중재판정부 간에 법적인 관계가 없고, 법원이 취소절차를 정지하여도 중재판정부가 취소사유를 제거하는 것을 기대하기 어려우며, 또 기대할 수 있더라도 법원이 중재판정부가 고려할 사항을 전달하는 것이 적절한지 및 방법도 문제될 수 있으며, 취소결정을 한 뒤의 대응을 당사자나 중재판정부에게 위임하는 것이 간명하기 때문이다.[115]

다. 입법기술적인 문제점

개정중재법 제36조 제2항 제1호 나목은 모델법 제36조 제1항 a)호 (ii)목의 "present his case …"를 "本案에 관한 辯論을 할 …"이라고 번역한 것으로 보이나, 'present his case'는 단순히 '변론하다' 또는 '주장하다'는 의미로서, 예컨대 중재인의 권한을 다투는 경우도 포함하는 개념이지 반드시 本案에 관한 변론에 한정되는 것은 아니다.[116]

한편 제36조 제2항 제2호 가목은 중재판정의 취소사유의 하나로서 "<u>仲裁判定의 대상이 된 분쟁</u>이 大韓民國의 법에 따라 仲裁로 해결될 수 없을 때"를 규정하나(밑줄은 저자가 추가함), '仲裁判定의 대상이 된 분쟁이'를 '분쟁의 대상이'라고 수정함이 더 적절하다. 모델법의 문언도 'subject matter of the dispute'이다. 제4항은 "당해 仲裁判定에 관하여 大韓民國의 法院에서 내려진 승인 또는 執行判決이 확정된 후에는 仲裁判定取消의 訴를 제기할 수 없다"고 규정하나, '대한민국 법원'이 아니라 단순히 '법원'으로 수정하는 것이 다른 조문과 일관성이 있다. 또한, '… 법원에서 내려진 승인 또는 執行判決'이라고 할 것이 아니라, 아래에서 보는 바와 같은 이유로 '승인'은 삭제해야 한다.

나아가 개정중재법 제36조 제2항 제2호 나목은 "仲裁判定의 승인 또는 執行이 大韓民國의 선량한 風俗 기타 社會秩序에 違背되는 때"를 취소사유로 규정한다. 이는 독일 민사소송법(제1059조 제2항 제2호 b목)과 유사하다. 그런데 한국의 중재판정은 당사자 간에는 확정판결과 동일한 효력이 있으므로 굳이 승인을 요하지 않고, 더욱이 집행이 전제되지 않더라도 취소될 수

115) 近藤昌昭 외 4인(註 13), 255면. 주석중재법/이호원, 224면도 동지.

116) 모델법 제18조는 "presenting his case"라는 표현을 사용하는데, 개정중재법 제19조는 이를 "사안에 대하여 변론할"이라고 번역하고 있다. 그러나 이도 단순히 '변론할'이라고 하는 편이 적절할 것이다.

있다. 큰 차이가 있는 것은 아니지만, 나목을 모델법의 문언에 충실하게 "仲裁判定이 大韓民國의 선량한 風俗 기타 社會秩序에 違背되는 때"라고 규정하는 편이 더 적절한 것으로 보인다. 참고로 일본 중재법(제44조 제1항 제8호)은 "중재판정의 내용이 일본에서의 공공의 질서 또는 선량한 풍속에 반하는 것"이라고 규정한다. 그러나 절차적 공서위반이 있을 수 있으므로 '내용'에 한정하지 않는 편이 적절하다.

12. 仲裁判定의 承認과 執行(제37조—제39조)

가. 승인판결의 필요성(제37조 제1항)

제37조 제1항은 "仲裁判定의 승인 또는 執行은 법원의 승인 또는 執行判決에 의한다"고 규정한다. 중재판정의 집행이 집행판결에 의한다는 것은 문제가 없다. 한편, 중재판정의 승인에 관하여는, 위 조항은 '승인'과 '승인판결' 중 어느 것을 요한다는 취지인지가 불분명하나, 전체적인 취지로 볼 때 "仲裁判定의 승인은 법원의 승인판결에 의한다"는 취지로 보인다.

그러나, 이는 적절하지 않다고 생각된다. 내국중재판정은 승인요건을 구비하면 법원의 확정판결과 같은 효력을 가지며(개정중재법 제35조), 외국중재판정의 승인은 외국판결의 승인과 마찬가지로 법원의 승인을 요하는 것도 아니고, 법원의 승인판결을 요하는 것은 더더욱 아니다.[117] 물론 확인의 이익이 있는 경우 당사자가 중재판정의 승인을 구하기 위하여 확인의 소를 제기할 수는 있으나, 중재판정의 효력을 인정받기 위해 승인판결을 받아야 하는 것은 아니다. 구 중재법(제14조 제1항)이나 독일 개정 민사소송법(제1060조 제1항)이 승인에 관하여 침묵한 채 집행에 관하여만 규정을 두고 있는 것은 바로 이러한 이유 때문이다.

예컨대 중재판정에 의하여 기판력이 발생한 경우 후에 소송절차 또는 다른 중재절차에서 그것이 다투어지는 때에는, 중재판정의 승인요건이 구비된다면, 법원 또는 중재판정부는 선행 중재판정의 기판력을 인정하지 않을 수

117) 구 중재법에는 仲裁判定의 집행에 관한 규정(제14조)만이 있었을 뿐이고 승인에 관한 규정은 없었다. 이에 대해 집행에 관한 제14조가 승인의 경우에도 유추적용된다는 견해가 있었다. 사법연수원(註 26), 143면. 그러나, 제14조는 집행의 요건을 정한 것이 아니라 집행판결에 관한 규정이므로 동조를 승인에도 유추적용할 것은 아니다. 위 견해는 중재판정의 승인과 집행의 차이를 무시한 것으로서 적절하지 않다.

없는데, 이것이 바로 중재판정의 승인이다.[118] 그런데 개정중재법을 문면대로 해석한다면, 이 경우 법원 또는 중재판정부가 선행 중재판정의 기판력을 인정하기 위해서는 우선 제7조 제4항에 정한 관할법원의 승인판결을 받아야 하는데, 이는 불필요한 승인판결 절차를 요구함으로써 중재판정의 효력을 부당하게 제한하는 결과가 된다. 물론 외국중재판정의 경우는 제39조에 의하여 승인판결을 요하지 않는다고 볼 여지도 있으나, 가사 그렇다고 하더라도 내국중재판정의 경우를 달리 취급할 이유가 없다. 이는 입법상의 잘못이며, 제37조 제1항은 "仲裁判定의 執行은 법원의 執行判決에 의한다"는 취지로 수정되어야 할 것이다. 승인판결에 대하여는 규정을 둘 필요가 없으나, 만일 필요하다면, "확인의 이익이 있는 경우 법원은 판결로써 외국 중재판정이 승인요건을 구비함을 확인할 수 있다"고 규정할 일이지, 개정중재법의 문언과 같이 마치 승인을 위해서는 반드시 법원의 승인판결을 받아야 하는 것처럼 규정할 것은 아니다.

나. 집행판결을 위하여 제출할 서류(제37조 제2항)

뉴욕협약은 외국중재판정의 승인 및 집행을 구하는 당사자가 우리 법원에 제출할 서류를 규정하는데, 개정중재법 제37조 제2항도 당사자가 제출할 서류를 유사하게 규정하므로 다음 두 가지 의문이 제기된다.[119]

첫째는 개정중재법(제37조 제2항)의 문언이 적절한지이다. 개정중재법(제37조 제2항)은 중재판정과 중재합의의 정본 또는 정당하게 인증된 그 등본의 제출을 요구하나, "정당하게 인증된"을 "정당하게 증명된"으로 수정하는 편이 옳다.

둘째는 뉴욕협약과 제37조 제2항의 관계이다. 개정중재법은 중재판정의 원본 대신 정본을 요구하는 점과, 번역문의 번역 주체를 뉴욕협약처럼 제한하지 않는 점에서 뉴욕협약보다 완화되어 있다. 외국중재판정의 승인 및 집

---

118) 외국판결의 집행판결을 구하는 경우에서 보는 바와 같이, 외국판결의 승인은 통상 집행과 독립하여 문제되지 않는다. 그러나, 최근 서울지방법원 1999. 11. 5. 선고 99가합26523 판결에서는, 중국인민법원에서 패소한 한국수출보험공사가 중국판결 확정 후 한국에서 동일한 소를 제기하였으나 중국판결의 효력이 국내에서 승인된 결과 청구가 기각되었다. 이러한 경우는 외국판결의 집행이 아니라 승인만이 문제된다.

119) 상세는 석광현, "國際商事仲裁에서의 仲裁合意에 관한 법적 문제점—대법원 2004. 12. 10. 선고 2004다20180 판결이 제기한 뉴욕협약상의 쟁점들을 중심으로—," 국제사법과 국제소송 제4권(2007), 441면 이하 참조.

행에 개정중재법 제37조가 적용되는데, 개정중재법(제39조 제1항)이 뉴욕협약이 적용되는 외국중재판정의 승인 또는 집행은 동 협약에 의한다고 규정하므로 과연 뉴욕협약이 적용되는 외국중재판정의 승인 및 집행의 경우에도 개정중재법(제37조 제2항)이 적용되는지가 문제된다. 사견으로는 이런 차이는, 입법자들이 의도적으로 뉴욕협약의 요건을 완화하고자 한 결과는 아니고 단순한 번역상의 문제로 생각되므로, 뉴욕협약이 적용되는 외국중재판정의 승인 및 집행의 경우에는 개정중재법 제37조 제2항이 아니라 뉴욕협약에 따라야 할 것으로 본다. 중재법 개정시 뉴욕협약이 우선 적용됨을 명확히 했었더라면 좋았을 것이다. 독일 민사소송법(제1064조 제1항)도 중재판정의 승인 및 집행을 구하는 당사자가 제출할 서류를 열거하는 점은 개정중재법 제37조 제2항과 유사한데, 제1064조 제3항은 국제협약이 우선하여 적용됨을 명시한다. 다만 그 취지에 관하여는 논란이 있다.[120] 참고로 2006년 개정된 모델법은 중재합의서의 제출요건을 폐지하였는데, 독일 민사소송법(제1064조)과 일본 중재법(제46조)은 그런 취지를 이미 반영하였음은 주목할 만하다.

다. 내국중재판정과 외국중재판정의 구별(제38조와 제39조 제1항의 관계)

모델법은 내국중재판정인가 외국중재판정인가에 관계없이 동일한 요건과 절차에 따라 승인·집행하도록 하는데 제35조 제1항은 이를 명시한다. 하지만 개정중재법은 모델법을 따르지 않고 독일법처럼 ① 내국중재판정과 ② 외국중재판정을 구분하여, 전자는 중재판정의 취소사유가 없는 한 승인 및 집행하도록 하고(제38조), 후자는 경우를 나누어 ②—A 뉴욕협약이 적용되는 외국중재판정에 대하여는 뉴욕협약을 적용하고, ②—B 뉴욕협약이 적용되지 않는 외국중재판정에 대하여는 외국판결의 승인 및 집행에 관한 민사소송법과 민사집행법을 준용한다(제39조).[121]

우리나라처럼 뉴욕협약에 가입하면서 상호주의유보를 한 국가들이 많으므로 모델법에도 상호주의요건을 명시하자는 제안이 많았으나, 이는 국제상사중재를 영토에 연계하는 바람직하지 않은 결과를 조장함으로써 국제상사중

120) Stein/Jonas/Schlosser, § 1065 Rn. 4 Fn. 3.

121) 독일 민사소송법(제1061조)은 모든 외국중재판정에 대하여는 뉴욕협약을 적용하고, 일본 중재법(제45조 이하)은 모델법의 태도를 따른다.

재를 저해할 것이라는 이유로 채택되지 않았다.122) 그럼에도 불가하고 위원회보고서는 각 입법국은 상호주의요건을 명시할 수 있음을 명시한다.123) 우리나라의 경우 뉴욕협약이 적용되는 외국중재판정에 대하여는 상호주의유보가 적용되고, 뉴욕협약이 적용되지 않는 외국중재판정에 대하여는 민사소송법에 따른 상호보증의 요건이 적용된다.

개정중재법이 내국중재판정의 경우 승인·집행의 거부사유를 중재판정 취소사유와 동일하게 한 것은 구 중재법(제14조 제2항)의 규정방식과 동일하다. 그러나, 모델법과 개정중재법의 중재판정 취소사유는 뉴욕협약 제5조에 규정된 외국중재판정의 승인 거부사유를 기초로 한 것이므로, 적어도 뉴욕협약이 적용되는 외국중재판정에 관한 한, 모델법과 개정중재법 간에 실질적인 차이가 있는 것은 아니다. 다만 위 조항에 관하여 다음과 같은 문제점을 지적할 수 있다.

(1) 국내중재판정인가 내국중재판정인가

제38조는 '國內仲裁判定'이라는 표제 하에 "大韓民國 내에서124) 내려진 仲裁判定은 제36조 제2항의 사유가 없는 한 승인 또는 執行되어야 한다"고 규정하나, 이를 그처럼 '국내중재판정'이라고 할 것인지, 아니면 '내국중재판정'이라고 할지는 생각해 볼 필요가 있다. 논리적으로는, '국제중재'와 '외국중재판정'을 정확히 사용하면 되고, 그에 대응하는 것을 모두 '國內仲裁'와 '國內仲裁判定'이라고 할 수 없는 것은 아니나, 다음과 같은 이유로 이를 '內國仲裁判定'이라고 수정하는 것이 적절하다. 우선, 그렇게 하는 것이 뉴욕협약의 국문번역과 일관성이 있다.125) 또한, 중재규칙(제2조)은 과거와 마찬가지로, 국내에 주된 영업소나 주소를 두고 있는 당사자 간의 중재를 '국내중재', 국내중재 이외의 중재를 '국제중재'라고 하는데, 그러한 용어와의 혼란을 피하기 위해서도 '내국중재판정'이 적절하다. 즉, 중재판정의 국적을 가리키

122) Holtzmann/Neuhaus, p. 1009.

123) 위원회보고서, A/40/17, para. 330.

124) 개정중재법 제2조 제1항의 문언과 일관성을 가지기 위해서는 '대한민국 안에서'라고 수정해야 할 것이다.

125) 뉴욕협약 제1조 제1항의 국문번역은 다음과 같다. "이 협약은 중재판정의 승인 및 집행의 요구를 받은 국가 이외의 국가의 영토 내에서 내려진 판정으로서, 자연인 또는 법인 간의 분쟁으로부터 발생하는 중재판정의 승인 및 집행에 적용한다. 이 협약은 또한 그 승인 및 집행의 요구를 받은 국가에서 내국판정이라고 인정되지 아니하는 중재판정에도 적용한다"(밑줄은 저자가 추가함).

는 경우에는 중재지를 기준으로 '내국판정'과 '외국판정'으로 구분하고, 중재의 대상인 분쟁이 국제적인 요소가 있는지의 여부를 가리키는 경우에는 '국내중재'와 '국제중재'라는 표현이 적절하며, 양자를 구별하는 것이 종래의 관행에 부합한다. 바꾸어 말하면, '내국'은 '외국'에 대응하는 용어로, '국내'는 '국제'에 대응하는 용어로 사용하자는 것이다.

(2) 개정중재법에 따른 중재판정의 국적과 第38조의 의미

중재판정의 국적을 판단함에 있어서 第38조가 가지는 의미를 분석할 필요가 있다. 주지하는 바와 같이, 내국중재판정과 외국중재판정의 구별, 즉 중재판정의 국적의 결정은 일차적으로 뉴욕협약의 적용과 관련하여 의미가 있다. 왜냐하면, 뉴욕협약은 외국중재판정에만 적용되기 때문이다. 뉴욕협약 제1조 제1항은 ① 집행국 이외의 국가의 영토 내에서 내려진 중재판정과 ② 집행국이 내국판정으로 인정하지 않는 중재판정에 대해 동 협약이 적용됨을 명시하고 있으므로, 비록 한국의 영토 내에서 내려진 중재판정이라도 한국이 내국중재판정이라고 인정하지 않는 경우에는(이를 '비국내판정'(non-domestic award)이라고 부르기도 한다) 뉴욕협약이 적용되는 외국중재판정이 될 수 있다. 위 ②의 기준에 관하여 구 중재법은 침묵하고 있었는데, 학설로는 한국에서 내려진 중재판정이더라도 중재절차의 준거법이 외국법인 중재판정, 또는 당해 분쟁이 한국과 무관한 외국적 요소만을 가지는 경우에는 외국중재판정으로 보아야 한다는 견해가 유력하였다.[126]

문제는 개정중재법 第38조의 규정과 관련하여, 구 중재법 하에서의 위 견해가 개정중재법 하에서도 유지될 수 있는가라는 점인데 이에 관하여는 논리적으로는 세 가지 견해가 가능할 것으로 생각된다.

1설은 구 중재법 하에서의 해석을 유지하면서 第38조를 무시하는 견해이다. 즉, 한국에서 내려진 중재판정이지만 위의 기준에 해당하는 중재판정은 외국중재판정이라고 보고 그에 대해서는 뉴욕협약이 여전히 적용될 뿐이고 그 범위 내에서는 第38조는 무시된다는 것이다. 이것이 전혀 근거가 없는 것은 아니다. 즉 第39조 第1항은 뉴욕협약의 적용을 받는 외국중재판정의 승인 또는 집행은 동 협약에 의한다고 규정하므로, 그에 관한 한 종전의 견해를 유지하고 第38조는 그것이 적용되지 않는 범위 내에서 적용된다고 설명할 여

126) 사법연수원(註 26), 141면 주 6.

지도 전혀 없는 것은 아니기 때문이다. 그러나 이 견해는 제38조에 명백히 반한다.

2설은 구 중재법 하에서의 해석을 유지하면서 제38조에 어느 정도 의미를 부여하여 제38조를 선택적으로 적용하는 견해이다.127) 이 견해는, 한국에서 내려진 중재판정이지만 위의 기준에 해당하는 중재판정은 외국중재판정이므로 그에 대해서는 뉴욕협약이 여전히 적용된다고 보면서, 그 중재판정의 집행을 구하는 당사자는 개정중재법 제38조에 따라 내국중재판정으로서 집행을 구하든가, 또는 뉴욕협약에 따라 외국중재판정으로서 집행을 구할 수 있다고 본다.128) 선택적 적용을 할 수 있는 근거는, 뉴욕협약 제7조 제1항이 뉴욕협약이 적용되는 외국중재판정이더라도 집행국의 법이 그보다 더 유리한 조건하에 집행을 허용하는 경우 그 법을 적용할 수 있다고 규정하고 있기 때문이다.129)

3설은 구 중재법 하에서의 해석은 개정중재법상으로는 유지될 수 없다는 견해이다. 이 견해는, 개정중재법 제38조는 영토주의에 입각하여 '국내중재판정'이라는 표제 하에 "大韓民國 내에서 내려진 仲裁判定은 제36조 제2항의 사유130)가 없는 한 승인 또는 執行되어야 한다"(밑줄은 저자가 추가)고 규정하는 점에 무게를 둔다. 즉, 개정중재법 제38조를 국내중재판정의 정의로 이해하고, 개정중재법 하에서는 한국에서 내려진 중재판정이라면, 가사 중재절차의 준거법이 외국법이거나, 당해 분쟁이 한국과 아무런 관련이 없더라도 내국중재판정이고 따라서 이는 뉴욕협약의 적용대상이 아니며,131) 그에 대하여는 뉴욕협약 제7조 제1항은 적용될 여지가 없다.

2설의 논거로는, 개정중재법은 종래 뉴욕협약이 적용되는 외국중재판정의 승인 및 집행에 대해 계속 뉴욕협약을 적용하고자 하는 입법자의 의도를 들 수 있을 것이나, 2설은, 한국에서 내려진 중재판정임에도 불구하고, 중재

127) 목영준, 249면; 22면 주 64.

128) 목영준, 249면.

129) 조문은 다음과 같다. "이 협약의 규정들은 체약국에 의하여 체결된 중재판정의 승인 및 집행에 관한 다른 다자 또는 양자협정의 효력에 영향을 미치지 아니하며, 또한 어떠한 관계당사자가 집행국의 법령이나 조약에 의하여 허용된 방법과 범위 내에서 그 판정을 원용할 수 있는 권리를 박탈하지 아니한다."

130) 이는 중재판정 취소사유를 말한다.

131) Schütze(註 25), Rn. 255 참조. 독일에서는 과거 중재판정의 국적을 결정함에 있어 이른바 절차법설에 따랐으나, 개정된 민사소송법이 영토주의를 따른 결과 이제는 절차법설은 허용될 수 없다고 한다. Berger(註 9), S. 17.

절차의 준거법이 외국법이거나 당해 분쟁이 한국과 아무런 관련이 없음을 이유로 외국중재판정이라고 보는 근거가 명확하지 않다. 또한, 2설은 개정중재법이 영토주의를 취했다는 설명[132]과는 일관성이 없다는 비판을 면할 수 없다. 생각건대, 개정중재법의 해석론으로서는 2설과 3설이 모두 논리적으로 가능할 것으로 보인다. 어느 견해가 채택될 것인지는 앞으로 판례와 학설의 발전을 지켜보아야 할 것이나, 문언에 충실하자면 3설이 보다 설득력이 있지 않을까 생각된다.[133]

(3) 내국중재판정의 승인은 필요한가—개정중재법 제38조와 제35조의 관계

내국중재판정의 승인도 필요한지의 문제가 있다. 즉 위에서 본 바와 같이 제38조는 대한민국 내에서 내려진 중재판정은 제36조 제2항의 사유가 없는 한 승인 … 되어야 한다"고 규정하므로 내국중재판정도 취소사유가 있으면 승인될 수 없는 것처럼 보인다. 그런데 개정중재법 제35조에 따르면 내국중재판정은 당사자 간에 있어서 법원의 확정판결과 동일한 효력을 가지므로 승인을 문제삼을 필요는 없다.

즉 제35조를 존중하면 제38조에서 굳이 승인을 언급할 필요는 없다. 이는 단순한 이론적인 논점이 아니라 취소사유가 있음에도 당사자가 취소의 소를 제기하지 않고 제소기간을 도과한 경우 실제로 차이를 가져올 수 있다. 즉 승인이 불필요하다고 보면 가사 취소사유가 있더라도 제소기간을 도과한 경우 중재판정은 확정판결과 동일한 효력이 있는 데 반하여, 제38조에 충실하면 취소사유가 있으면 승인될 수 없고 따라서 확정판결과 동일한 효력을 부정해야 하기 때문이다. 제소기간을 도과한 경우 중재판정에서 진 당사자는 중재판정 무효확인의 소를 제기할 수 없으므로[134] 결론에 차이가 있게 된다.

---

132) 장문철(註 4), 103면; 하용득(註 4), 9면.

133) 저자는 당초 위와 같이 썼으나 이제는 이것이 유력한 견해이다. 강병근, "仲裁判定의 取消, 承認 및 執行을 둘러싼 몇가지 論爭," 통상법률 통권 제40호(2001. 8.), 27면 이하는 2설은 개정중재법상 허용되지 않는다고 하고 3설을 지지한다. 주석중재법/이호원, 248면도 同旨. 이와 관련하여 또 다른 문제가 제기된다. 만일, 2설과 같이 한국 내에서 내려졌음에도 불구하고 외국중재판정이 될 수 있다면, 만일 그것이 商事가 아닌 民事仲裁判定인 경우 뉴욕협약이 적용되지 않으므로 제39조 제1항이 적용되지 않는다. 그러한 仲裁判定에 대하여는 제38조와 제39조 제2항 중 어느 것이 적용되는지가 문제된다. 그러나 위 중재판정을 內國仲裁判定으로 보는 3설에 따르면 그 경우 제38조만이 적용된다.

134) 논란의 여지가 있지만 이렇게 본다. 주석중재법/손용근 · 이호원, 218면도 同旨.

라. 뉴욕협약이 적용되지 않는 외국중재판정의 승인 및 집행(제37조 와 제39조 제2항)

구 중재법에는 규정이 없었으나[135] 개정중재법 제39조 제2항은 뉴욕협약이 적용되지 않는 외국중재판정의 승인 및 집행에 관하여 민사소송법 제217조, 민사집행법 제26조 제1항 및 제27조를 준용한다. 그러나 여기에는 다음과 같은 문제가 있다.

(1) 외국중재판정의 법적 성질

개정중재법 제39조와 같은 명문의 규정이 없던 과거에는 외국중재판정의 법적 성질이 무엇인가를 결정하고 그로부터 그의 승인 및 집행에 법원칙을 도출하려는 시도가 있었다. 외국중재판정의 법적 성질을 외국판결이라거나 그에 준하는 것으로 볼 수 있다면 외국판결의 승인 및 집행에 관한 원칙을 적용하거나 유추적용할 수 있기 때문이었다. 이에 관하여는 중재합의를 소송계약으로 보고 중재판정을 판결에 유사한 소송행위로 보는 견해와, 중재합의를 사법상의 채권계약의 일종으로 보아 중재판정도 이 계약으로 발생한 당사자 사이의 실체법상 법률행위로 보는 견해가 대립하였다.[136]

(2) 민사소송법과 민사집행법의 준용의 문제점

첫째, 민사집행법 제26조 제1항은 개정중재법 제37조 제1항에 의하여 이미 대체되었으므로 이를 준용할 이유가 없다. 즉, 민사집행법 제26조 제1항은 "외국법원의 판결에 기초한 강제집행은 대한민국 법원에서 집행판결로 그 적법함을 선고하여야 할 수 있다"고 규정하는데, 위에서 본 바와 같이 개정중재법 제37조 제1항은 "仲裁判定의 승인 또는 執行은 法院의 승인 또는 執行判決에 의한다"고 규정하므로 민사집행법 제26조 제1항을 다시 준용할 이유가 없다.

둘째, 입법기술적으로 개정중재법이 정하는 내용은 입법기술로서의 준용의 범위를 명백히 벗어나는 것이다. 민사소송법 제217조는 외국판결의 승인

---

135) 구 중재법 하에서는 뉴욕협약이 적용되지 않는 외국중재판정의 경우 이를 ① 외국판결로 보는 견해, ② 구 민사소송법 제203조를 준용하여 조리에 의해 해결할 것이라는 견해, ③ 국제사법과 국제민사소송법에 기초한 조리에 의할 것이라는 견해, ④ 국내중재판정에 관한 규정을 유추적용하는 견해와 ⑤ 뉴욕협약을 유추적용하는 견해 등이 있었다. 학설의 소개는 장문철, 국제사법총론(1996), 217면 이하 참조.

136) 견해의 소개는 이호원, "외국중재판정의 승인과 집행: 뉴욕협약을 중심으로," 재판자료 제34집(1986), 659면 이하 참조.

을 위하여 다음 요건을 요구한다. 즉 ① 확정판결일 것, ② 판결국이 국제재판관할[137]을 가질 것, ③ 패소한 피고가 송달을 받았을 것, ④ 판결의 승인이 한국의 공서에 반하지 아니할 것과 ⑤ 외국과 한국 간에 상호보증이 있을 것이 그것이다. 중재법 제39조 제2항의 기초자들은 중재법에서 민사소송법 제217조를 준용할 경우, 민사소송법 제217조 제1호가 정한 '② 판결국이 국제재판관할을 가질 것'이라는 요건은 아마도 '① 유효한 중재합의가 존재할 것, ② 중재판정이 중재합의의 범위에 속할 것과 ③ 분쟁의 대상이 중재가능성(또는 중재적격)이 있을 것'이라는 취지로 해석될 것을 기대한 것으로 짐작된다.[138] 나아가 '① 확정판결일 것'에 상응하는 요건으로서 중재판정의 확정을 요구할 것이나, 중재의 경우 중재판정취소의 소의 제기기간이 경과되기 전이라도 선고 즉시 확정된다고 보아야 할 것이다.[139] 그러나, 이러한 복잡한 해석상의 변형을 요구하는 것은 입법기술로서의 준용의 범위를 명백히 벗어나는 것이라고 생각된다.[140]

(3) 바람직한 해결방안

사견으로는 민사소송법을 준용할 것이 아니라 다음과 같이 개선하는 것이 바람직하다.

첫째 개정중재법은 뉴욕협약이 적용되는 외국중재판정과 그 밖의 외국중재판정을 구별하여 달리 취급하나, 상호주의유보를 철회함으로써 비체약국의 외국중재판정에 대하여도 뉴욕협약을 적용하는 것이 바람직하다. 왜냐하면 상호주의를 요구할 경우, 외국중재판정이 승인거부사유가 없더라도 비체약국의 중재판정이라는 이유만으로 승인 및 집행을 거절하게 되므로, 정당한 권리를 가지고 중재판정에서 이긴 당사자의 이익을 침해하는 것이 되어 불합리하다. 외국판결의 승인 및 집행에서 상호주의를 요구하는 것은 판결국에 대한 보복의 성격을 가지는데 과연 비체약국인 중재지국에 그것이 의미가 있는지 의문이다. 특히 위에서 본 것처럼 중재지는 중재판정에 중재지라고 기재

---

137) 2002년 7월 1일 개정된 민사소송법 제217조 제1호는 2001년 7월 1일 개정된 국제사법의 뒤를 이어 국제재판관할권이라는 개념을 정식으로 도입하였다.

138) 중재판정부의 적절한 구성도 이에 포함될 수 있고, 중재가능성을 공서의 문제로 볼 여지도 있다.

139) 확정판결의 '확정된'(rechtskräftig)과, 구속력 있는(binding) 중재판정의 '구속력 있을 것'이 동일한가에 관하여는 논란이 있다. 목영준, 260면은 양자는 실제 차이가 없다고 본다.

140) 이호원, "改正仲裁法에 관한 小考," 이십일세기 한국민사법학의 과제와 전망: 심당송상현교수화갑기념논문집(2002), 458면도 동지.

된 장소로서 순전히 법적인 개념이기 때문이다. 참고로 독일은 민사소송법의 개정을 계기로 상호주의유보를 철회하였고, 일본은 이를 철회하지는 않았지만 모델법을 따르므로 사실상 상호주의유보를 철회한 것으로 볼 수 있다.[141)]

둘째 개정중재법은 외국중재판정의 집행은 우리 법원의 집행판결에 의하도록 함으로써 변론을 거칠 것을 요구하나 이를 집행결정에 의하도록 함으로써 원칙적으로 변론을 요하지 않는 것으로 완화할 필요가 있다. 참고로 독일 민사소송법(제1063조)과 일본의 중재법(제45조 제1항, 제46조)은 모두 집행결정에 의하도록 한다.

Ⅳ. 그 밖의 논점들

1. 仲裁費用

모델법은 중재비용에 관하여 명시적인 규정을 두고 있지 않는데, 이는 주요 국제중재규칙이 비용에 관하여 상세한 규정을 두고 있거나, 당사자들이 중재비용의 처리에 관하여 합의하기 때문으로 보인다. 구 중재법하에서는 상사중재규칙이 중재비용에 관한 규정을 두고 있었고, 개정중재법에 따라 개정된 중재규칙(제9장)도 중재비용에 관한 규정을 두고 있다. 그러나, 국제중재의 경우에도 당사자 간에 중재비용에 관한 합의가 없을 수 있고, 국내중재의 경우는 더욱 그러하며, 특히 변호사 보수를 어떻게 처리할 것인가의 문제가 있다. 따라서, 사견으로는 개정중재법에 중재비용에 관한 규정을 두는 것이 바람직하다고 본다. 중재비용에 관한 상세한 규정은 중재규칙에 두면 될 것이나, 예컨대, "당사자가 달리 합의하지 않는 한, 중재인은 중재비용의 부담에 관하여 중재판정에서 판단해야 한다"는 점과 그 경우 중재인의 판단의 기준 등 기본적인 원칙은 개정중재법에서 명시함이 바람직하다. 참고로, 독일 민사소송법(제1057조)은 중재비용에 관하여 명시적인 규정을 두고 있고, 일본 중재법(제48조와 제49조)도 마찬가지다.

---

141) Shunichiro Nakano, International Commercial Arbitration under the New Arbitration Law of Japan, The Japanese Annual of International Law No. 47 (2004), p. 114.

2. 民事訴訟法의 준용

개정중재법에 "仲裁에 관하여 이 법의 규정이 없는 경우에는 그 성질에 반하지 아니하는 한 민사소송법의 규정을 準用한다"는 취지의 규정을 두자는 견해가 있었다.[142]

이러한 조항은 특히 중재절차와 관련하여 의미를 가질 것으로 생각된다. 그러나, 개정중재법 제20조에 의하면 중재절차는 당사자들이 합의하여 정하는 것이 원칙이고, 합의가 없는 경우 중재판정부가 중재법의 규정에 따라 적절한 방식으로 진행할 수 있다. 중재절차에 관하여 당사자의 합의가 없는 경우 중재판정부는 민사소송법이 정한 절차가 적합하다고 판단한다면 그에 따를 수 있음은 물론이나, 이는 중재판정부가 판단할 사항이지 중재판정부에게 민사소송법의 규정을 준용할 의무를 부과할 필요는 없지 않을까 생각된다. 오히려 그렇게 규정할 경우 중재절차의 장점으로 거론되는 절차의 탄력성을 해할 우려가 있으므로 바람직하지 않다고 본다. 그러한 취지의 규정을 두지 않더라도, 실무상으로는 중재인은 적절하다고 판단하는 경우 민사소송법의 규정을 유추적용할 수 있고, 특히 국내중재의 경우는 그런 개연성이 클 것이다.

참고로 일본 중재법(제10조)은, 중재법의 규정에 의하여 법원이 행하는 절차에 관하여는 특별히 정함이 있는 경우를 제외하고 민사소송법의 규정을 준용한다고 규정한다. 그러나 이는 '중재절차'가 아니라 '중재법에 의하여 법원이 행하는 절차'에 민사소송법을 준용하는 것이다.

3. 消費者와 勤勞者의 보호

약관의 규제에 관한 법률("약관규제법")은 불공정한 내용의 약관을 규제하여 건전한 거래질서를 확립함으로써 소비자를 보호하는 것을 목적으로 하는데, 약관규제법(제14조)상 고객에게 부당하게 불리한 소제기의 금지조항은 무효이다. 고객에게 불리한 중재합의라고 하여 모두 무효인 것은 아니고, '부

142) 이호원 당시 부장판사의 의견, 1999년 8월 28일 공청회자료, 83면. 참고로, 독일의 유력한 견해에 따르면 중재지가 독일인 경우 중재절차는 독일 민사소송법의 근본원칙에 반할 수는 없으므로, 예컨대, 중재인은 민사소송법상 허용되지 않는 모색증명을 허용할 수는 없다고 한다. 이는 중재절차를 규율하는 규범의 우선순위와 관련하여 중재지의 강행적인 절차법에 우선적인 지위를 부여하기 때문이다.

당하게' 불리한 경우에 한하여 무효가 되는데, 문제는 그 기준이 매우 추상적이라는 점이다. 약관규제법은 중재합의의 방식에 관하여는 아무런 특칙을 두지 않으나, 독일 민사소송법(제1031조 제5항)은 "소비자가 관련된 중재합의는 반드시 당사자 중 1인의 자필서명이 있는 문서에 포함되어야 한다"고 규정함으로써 소비자의 보호를 위하여 중재합의의 방식에 관한 특칙을 두고 있는데, 이는 참고할 만하다. 특히 대법원 판결이, 국제거래의 경우 국제적으로 통용되는 운송업, 금융업 및 보험업의 약관 등에 대하여는 약관규제법 제14조와, 약관의 내용통제에 관한 일반원칙을 정한 제6조는 모두 적용되지 않는다는 입장을 취하였음을 고려한다면,[143] 중재합의의 남용으로부터 소비자를 보호하기 위해 개정중재법과 약관규제법의 규정방식이 적절한지를 재검토할 필요가 있다. 그 경우 국내거래와 국제거래의 경우를 모두 고려해서 약관에 의한 중재합의의 남용으로부터 소비자를 보호하기 위한 적절한 규제의 수준과 방법을 강구해야 한다.

특히, 국제거래에서는 소비자의 범위를 제한하고—예컨대, 자연인이 직업 또는 영업활동 외의 목적으로 계약을 체결하는 경우로 한정하여—그에 대해 실효적인 보호를 부여하는 것이 국제거래에서의 소비자보호의 방향임을 생각한다면, 그러한 제한적인 의미의 소비자인가에 관계없이 약관의 사용이라는 거래형태만에 착안하여 매우 느슨한 보호를 부여하는 현행 약관규제법이 적절한지는 매우 의문이다. 관할합의의 경우도 마찬가지이다. 요즈음 대체적 또는 대안적 분쟁해결수단(alternative dispute resolution)으로서 중재에 의한 분쟁해결이 선호되고 있는 경향을 고려한다면 이러한 조치는 꼭 필요하다고 본다.

근로자와 체결하는 개별근로계약의 경우도 유사한 문제가 있다.

참고로 일본 중재법은 사회・경제적 약자인 소비자와 근로자를 보호하기

143) 약관규제법 제15조와 동법시행령 제3조는, 국제적으로 통용되는 운송업, 금융업 및 보험업의 약관 등에 대하여는 약관규제법 제7조 내지 제14조의 적용을 배제한다. 문언상으로는 내용통제에 관한 일반원칙인 제6조와 제3조는 적용이 배제되지 않는 결과 일반원칙에 의한 통제와 약관의 편입에 대한 약관규제법상의 통제가 가능할 것으로 보이나, 대법원 1999. 12. 10. 선고 98다9038 판결(판례공보 제98호(2000. 1. 15), 154면)은, 약관이 구체적으로 무효가 되는 경우들을 규정한 제7조 내지 제14조에 대하여 약관이 일반적으로 무효가 되는 경우를 포괄적으로 규정하고 있는 제6조가 적용되게 되면 구체적 무효조항들의 적용을 배제하는 제15조의 규정 취지가 거의 완전히 몰각되는 불합리한 결과를 가져오게 된다는 이유로 대통령령으로 정하는 특정업종들의 약관에는 제6조는 적용되지 않는다고 판시하였다.

위한 특칙을 둔다. 즉 일본 중재법은 소비자가 체결한 중재합의를 해제할 수 있도록 하고(부칙 제3조), 개별근로관계분쟁에 관하여 근로자가 체결한 중재합의를 무효라고 규정한다(부칙 제4조). 다만 이는 일본 중재법 시행 후 소비자 또는 근로자가 장래의 분쟁을 해결하기 위하여 체결한 중재합의에 적용되는데, 이는 관련 법제가 정비될 때까지의 잠정적인 조치이다.[144)]

4. 附 則

부칙 제2항은 "이 법 시행 전에 중재절차가 진행중인 사건에 대하여는 종전의 규정에 의한다"고만 규정한다. 그런데, 부칙 제1항에 따르면 개정중재법은 公布된 날로부터 시행되므로, 중재합의는 구 중재법 하에서 체결되었으나, 개정중재법 시행 후에 중재절차가 비로소 개시되는 경우에는 부칙에 따르면 모든 점에서 개정중재법이 적용되는 것처럼 읽힌다. 그러나, 그 경우 중재절차에 대하여는 개정중재법이 적용되나, 예컨대 중재합의 방식이나 유효성은 구 중재법에 따라야 할 것이다. 따라서 부칙에서 이 점을 명시하는 것이 적절했을 것으로 생각된다. 참고로, 독일의 중재절차신규율법의 경과규정(Article 4 §1 제1항)은 그러한 취지를 명시한다.

V. 맺 음 말

개정중재법은 모델법을 전면적으로 수용하면서 국내중재와 국제중재를 통합하여 일원적으로 규정한 점에서 바람직한 방향을 채택하였다. 또한 개정중재법은 내용적으로도 대체로 적절하다고 생각되나, 위에서 지적한 점들을 개선할 필요가 있다. 특히 2006년에 모델법이 일부 개정되었으므로 그 점을 반영하기 위하여도 개정중재법을 다시 개정할 필요가 있다. 물론 어느 범위 내에서 개정된 모델법을 받아들일지는 면밀히 검토해야 할 사항이다.

우리가 모델법을 기초로 한 개정중재법을 채택한 이상 앞으로 우리 법원과 중재판정부가 개정중재법을 해석하고 운용함에 있어서는 모델법의 궁극적

---

144) 상세는 近藤昌昭 외 4인(註 13), 305면 이하 참조.

인 목적, 즉 국제중재에 관한 규범의 國際的인 統一 내지는 調和라고 하는 이상을 충분히 고려해야 한다.

모델법은 국제물품매매계약에 관한 유엔협약(CISG) 제7조 제1항과 같은, 협약의 국제적 성격과 적용상의 통일을 증진할 필요성을 고려해야 한다는 조항을 두지는 않았으나,[145] 개정중재법을 해석하고 운용함에 있어서도, 해석론의 범위를 넘지 않는 한 그의 기초가 된 모델법의 국제적인 성격과 적용상의 통일을 증진할 필요를 고려해야 한다. 이를 위해서는 앞으로 UNCITRAL이 관리하는 데이타베이스인 CLOUT(Case Law on UNCITRAL Texts)도 도움이 될 것이다. 모델법의 수용은 그만큼 우리 법의 해석과 운용의 국제화를 요청한다.

아무쪼록 개정중재법의 시행을 계기로 우리나라에서도 중재, 특히 국제상사중재가 국제거래분쟁의 대체적인 해결수단으로서 보다 활성화되기를 희망한다. 그것이 가능하자면 무엇보다도 국제상사중재법에 대한 학계와 실무계의 지속적인 교육과 연구의 강화가 필수적이다.

---

145) 다른 UNCITRAL 모델법은 그러한 취지의 조항을 둔다. 예컨대 1996년 채택된 전자상거래에 관한 모델법 제3조 제1항과 1997년 채택된 국제도산에 관한 모델법 제8조 참조. 주목할 것은 2006년 모델법의 개정시 그러한 취지를 담은 조항이 제2A조로 추가되었다는 점이다. 문언은 http://www.uncitral.org/uncitral/en/uncitral_texts/arbitration/1985 Model_arbitration.html 참조.

제3장 國際商事仲裁에서 仲裁合意

前 記
이 글은 "國際商事仲裁에서 仲裁合意의 準據法"라는 제목으로 한양대학교 법학논총 제24집 제1호(2007. 4.), 119면 이하에 게재한 글에 實質法의 논의를 추가하여 수정·보완한 것이다.

Ⅰ. 머 리 말

1. 중재와 중재합의

중재라 함은 당사자 간의 합의로 당사자 간의 분쟁을 법원의 재판에 의하지 아니하고 중재인의 판정, 즉 중재판정에 의하여 해결하는 절차이다. 1999년 전문개정된 우리 중재법(제3조 제1호)에 따르면 여기의 분쟁은 私法上의 紛爭에 한정된다. 중재는 私的 紛爭解決手段(private method of dispute resolution)으로서 대표적인 대체적(또는 대안적) 분쟁해결(alternative dispute resolution)의 수단인데, 여기에서 당사자 간의 합의가 바로 중재합의이다. 중재합의는 중재제도의 존립의 법적 기초가 되는 개념으로, 중재합의가 없으면 중재인은 분쟁을 해결할 권한이 없으므로 중재절차를 개시·진행하여 중재판정을 내릴 수 없고, 가사 중재판정을 내리더라도 중재판정취소의 사유가 되며(제36조 제2항 제1호), 나아가 집행의 대상이 될 수도 없다. 1958년 외국중재판정의 승인 및 집행에 관한 국제연합협약(Convention on the Recognition and Enforcement of Foreign Arbitral Awards)(이하 "뉴욕협약"이라 한다)(제5조 제1항 a호)상으로도 중재합의의 무효는 중재판정의 승인 및 집행의 거부사유(이하 "승인거부사유"라 한다)가 된다. 이처럼 중재합의는 중재에서 가장 핵심적인 개념의 하나이다.

우리 중재법은 국제연합 국제무역법위원회(UNCITRAL)의 1985년 "국제상사중재에 관한 모델법"(Model Law on International Commercial Arbitration)(이하 "모델법"이라 한다)을 전면적으로 수용하되, 국제중재와 국내중재를 함께 규율하는데 그 결과 우리나라도 국제적으로 검증된 중재규범을 가지게 되었다. 독일은 우리나라에 앞서 1998년 1월 1일 개정된 독일 민사소송법에 의하여,[1] 일본은 우리보다 늦게 2004년 3월 1일 시행된 중재법에 의하여 각각 모델법을 받아들였고[2] 모두 모델법을 전면적으로 수용하고, 국제중재와 국내중재를 일원적으로 규율하므로 3국의 중재법은 매우 유사하게 되었다.

2. 國際商事仲裁에서 제기되는 준거법의 제문제

국제상사중재의 개념에 관하여는 다양한 견해가 있으나[3] 어떤 외국적 요소가 있는 상사분쟁을 중재에 의하여 해결하기 위한 것이라는 점에는 차이가 없으므로 준거법에 관한 다양한 문제가 제기된다. 국제상사중재에서는 다음과 같은 준거법이 문제된다.[4]

① 중재합의의 준거법. 이에는 첫째 중재합의의 성립 및 (실질적) 유효성의 준거법, 둘째 중재합의의 효력의 준거법과 셋째 중재합의의 방식의 준거법 등이 있다. 그 밖에도 중재합의의 허용요건(또는 적법요건 또는 중재합의에 특유한 유효요건)(이하 "허용요건"이라고 한다)[5]의 준거법도 문제된다.

---

1) 독일은 '중재절차의 신규율을 위한 법률'(Gesetz zur Neuregelung des Schiedsverfahrensrechts —SchiedsVfG)에 의해 독일 민사소송법(ZPO) 중 중재편(제10편 제1025조—제1066조)을 개정하였다.

2) 일본의 신 중재법에 관하여는 우선 渡辺惺之, "일본 중재법의 현상과 과제," 중재연구 제13권 제2호(2004. 2.), 13면 이하 참조. 상세는 近藤昌昭 외 4인, 仲裁法コンメンタール(2003); 三木浩一/山本和彦 編, 新仲裁法の理論と實務(2006) 참조.

3) 목영준, 상사중재법론(2000), 19면 이하 참조. 이하 "목영준"이라고 인용한다. 주목할 것은, 대한상사중재원은 국제중재를 합리적으로 규율하기 위하여 주요 국제중재기관의 국제중재규칙을 참조하여 총 45개 조문과 부칙 등으로 이뤄진 '국제중재규칙'을 마련하여 2007년 2월 1일부터 시행하는 점인데, 제2조 제4호는 국제중재의 개념을 정의한다. 주요 국제중재기관과 지역중재기관의 목록과 웹사이트는 Gary B. Born, International Arbitration and Forum Selection Agreements: Planning, Drafting and Enforcing (1999), p. 151 이하 (Exhibit D) 참조.

4) 국제상사중재에서 제기되는 다양한 준거법의 논점에 관하여는 우선 Alan Redfern and Martin Hunter with Nigel Balckaby and Constantine Partasides, Law and Practice of International Commercial Arbitration, Fourth Edition (2004), para. 2-04; Klaus Peter Berger, International Economic Arbitration (1993), pp. 477-579를 참조. 앞의 책은 이하 "Refern/Hunter"라고 인용한다. 또한 이 책 제1장(Ⅶ.) 참조.

5) 독일에서는 이를 "Zulässigkeitsvoraussetzung"이라고도 부른다.

② 분쟁의 대상인 실체[6]의 준거법. 이것이 '분쟁의 실체의 준거법'이다.

③ 중재절차의 준거법(*lex arbitri*).

④ 중재합의를 체결할 수 있는 당사자들의 능력의 준거법. 이에는 권리능력(또는 당사자능력)과 행위능력(또는 소송능력)이 모두 포함된다.

⑤ 분쟁의 대상이 중재에 의하여 해결될 수 있는 성질을 가질 것, 즉 중재가능성(또는 '중재적격'. arbitrability, *arbitrabilité*, objektive Schiedsfähigkeit)의 준거법.

⑥ 중재판정과, 중재판정의 취소의 준거법. 중재판정의 준거법[7]은 중재판정 취소의 준거법과 동일하다.

⑦ 중재판정의 승인 및 집행의 준거법. 이는 당사자가 중재판정의 승인 및 집행을 구하는 국가의 법이다. 2007년 9월 현재 140개 이상의 국가들이 뉴욕협약에 가입하였으므로 뉴욕협약이 특히 중요하다.

3. 논의의 방향

저자는 다른 기회에 위 '② 분쟁의 실체의 준거법'에 관하여 논의하였으므로,[8] 여기에서는 우리 중재법을 중심으로 주로 위 '① 중재합의의 준거법'을 논의한다. 논의 순서는 아래와 같다.

첫째, 중재지(아래 Ⅱ.). 국제상사중재의 전통적인 이론에 따르면 중재합의의 준거법을 판단하는 데 있어 중재지(또는 중재판정지. 이하 양자를 호환적으로 사용한다)가 의미를 가지므로 이를 먼저 간단히 살펴본다.

둘째, 중재합의의 몇 가지 기초적인 논점(아래 Ⅲ.)

셋째, 중재합의의 법적 성질(아래 Ⅳ.)

넷째, 국제상사중재에서 중재합의의 제문제(아래 Ⅴ.). 여기에서는 중재합의의 준거법을 중심으로 논의한다. 그에 추가하여 실질법적인 논점도 언급하는데, 뉴욕협약이 통일적인 규범을 두는 경우는 그에 관하여 설명하나, 그렇

6) 이는 절차(procedure)와 구별되는 'substance' 또는 'merits'를 의미한다.

7) 양병회 외, 주석중재법(2005)(조대연 집필부분), 139면 이하와 박상조 · 주기종 · 윤종진, 국제상사중재법론(1997), 408면은 분쟁의 실체의 준거법을 "중재판정의 준거법"이라고 부르나 오해의 여지가 있다. 주석중재법은 이하 "주석중재법/집필자"로 인용한다.

8) 석광현, "國際商事仲裁에서 紛爭의 實體에 적용할 準據法—우리 仲裁法의 해석론을 중심으로," 한양대학교 법학논총 제23집 제1호(2006), 315면 이하 참조. 이는 이 책 제4장으로 수록되었다.

지 않은 경우 우리 중재법을 중심으로 한다.

다섯째, 국제상사중재에서 중재조항의 실례(Ⅵ.).

Ⅱ. 國際商事仲裁에서의 仲裁地[9)]

1. 중재지의 의의

중재합의를 하는 국제계약의 당사자는 예컨대 '서울' 또는 '런던'이라는 식으로 중재지를 명시한다. 중재지(place, seat, forum or *locus arbitri* of arbitration)는 일반적으로 중재사건의 심리를 진행하고 중재판정을 내리는 곳 또는 이를 하기로 예정하는 곳을 말하는데, 이는 1개의 장소이다.[10)] 중재지는 단순한 지리적인 문제에 불과한 것이 아니라 중재의 법적 환경으로서의 의미를 가지는데, 보다 구체적으로 중재의 진행, 즉 중재단계와 중재판정의 집행, 즉 집행단계에서 중요한 의미를 가진다.[11)]

나아가 전통적인 이론에 따르면, 당사자들이 분쟁의 실체의 준거법을 지정하지 않으면 중재인은 중재지의 저촉규범에 따라 준거법을 결정하였고, 실체에 관한 중재지의 국제적 강행법규(internationally mandatory rules, international zwingende Bestimmungen)는 마치 법정지의 그것인 것처럼 중재인에 의하여 당연히 적용되는 것으로 이해되었다. 그러나 주요 국제중재규칙과 입법례상 실체의 준거법결정에 있어 중재지는 법정지로서의 의미를 상당부분 상실하였다. 하지만 제한된 범위 내에서 여전히 의미를 가지고 있다. 여기의 논의를 통하여 중재합의의 준거법을 결정하는 데 있어 중재지가 가지는 보충적인 의미가 분명하게 될 것이다.

2. 중재지의 결정

오늘날 국제상사중재에서 당사자들이 중재지를 자유로이 선정할 수 있음

---

9) 당초 이 글에서는 이 부분을 비교적 상세히 논의하였으나 이 책에서는 제1장(V.)에서 논의하였으므로 여기에서는 간단히 줄였다.
10) 주석중재법/이강빈 · 서정일, 94면.
11) Redfern/Hunter, para. 6-13.

은 널리 인정되고 있고, 우리 중재법(제21조 제1항)도 이를 명시한다. 당사자들은 중재지가 중립적인가와, 교통·통신의 편리, 자금이체의 자유, 숙련된 현지의 지원을 포함하는 실제적인 고려사항을 기초로 중재지를 선정한다. 중재지가 당사자 또는 사안과 합리적인, 실질적인 또는 기타 어떤 관련이 있을 필요는 없다. 중재인은 통상 심리 내지 회합을 포함한 중재절차를 그 장소에서 진행하지만 반드시 그곳에서 심리, 증거조사 등의 활동을 할 필요도 없다. 우리 중재법(제21조 제3항)상으로도 같다. 결국 중재지는 중재판정에 중재지라고 기재된 장소에 불과하며 그곳에서 실제로 아무런 행위가 행해지지 않을 수도 있는데, 이 점에서 중재지는 '형식적인 법적 주소 또는 본거'(formales Legaldomizil, juridical seat of arbitration)[12] 또는 '순전히 법적인 개념'(purely legal concept)[13]이다.

당사자들은 중재지를 결정함에 있어 중재지가 가지는 의미와 기능을 충분히 고려하여야 하는데, 가장 중요한 고려사항은 위에서 본 것처럼 중재지가 중재의 진행과 중재판정의 집행을 위하여 의미를 가지는 점이다. 당사자의 합의가 없는 경우, 우리 중재법(제21조 제1항)은 중재판정부가 당사자의 편의와 당해 사건에 관한 제반 사정을 고려하여 중재지를 정하도록 한다.

Ⅲ. 仲裁合意의 몇 가지 기초적인 논점

1. 중재합의의 개념

우리 중재법(제3조 제1호, 제2호)에 따르면, '중재합의'(arbitration agreement, *convention d'arbitrage*, Schiedsvereinbarung)라 함은 계약상의 분쟁인지의 여부에 관계없이 일정한 법률관계에 관하여 당사자 간에 이미 발생하였거나 장래 발생할 수 있는 私法上의 紛爭의 전부 또는 일부를 법원의 재판에 의하지 아니하고 중재인의 판정에 의하여 해결하도록 하는 당사자 간의 합의

12) Karl Heinz Schwab/Gerhard Walter, Schiedsgerichtsbarkeit 7. Auflage (2005), Kapitel 15 Rn. 39. 이하 "Schwab/Walter"라고 인용한다.

13) Howard M. Holtzmann and Joseph E. Neuhaus, A Guide To The UNCITRAL Model Law On International Commercial Arbitration: Legislative History and Commentary (1989), p. 839. 이하 "Holtzmann/Neuhaus"라고 인용한다.

이다.[14] 중재의 대상인 분쟁이 私法上의 紛爭이어야 하는가는 '중재가능성'(arbitrability, *arbitrabilité*, objektive Schiedsfähigkeit)과 직결되는 것으로 입법례에 따라 상이한데 이러한 상이는 중재합의의 개념에도 차이를 가져올 수 있다. 구 중재법(제2조 제1항)은 '중재계약'이라는 용어를 사용한 반면에, 중재법(제3조 제2호)은 '중재합의'라는 용어를 사용하는데(실무상으로는 중재약정이라고도 한다. 이하 "중재합의"라 한다), 양자는 표현의 차이에 불과하고 실질에는 차이가 없다.

2. 중재합의의 유형

중재합의에는 '중재부탁계약'과 '중재조항'의 두 가지 유형이 있다(중재법 제8조 제1항). 전자는 현존하는 분쟁을 중재에 따르도록 하는 독립된 합의(submission to arbitration agreement, submission agreement, *compromis*, Schiedsabrede)이고, 후자는 장래의 분쟁을 중재에 의하여 처리하도록 하는, 통상 주된 계약(예컨대 매매계약 등)에 포함된 중재조항(arbitration clause, *clause compromissoire*, Schiedsklausel)을 말한다.[15] 두 가지 유형은 모두 중재합의에 해당하므로 양자를 구별하는 실익은 크지 않다. 중재조항의 경우에도 아래에서 보는 바와 같이 독립성이 인정되므로 더욱 그러하다. 다만 중재합의의 성립 및 (실질적) 유효성의 준거법을 논의하는 데 있어서 차이가 없는 것은 아닌데, 이 점은 아래에서 논의한다. 그리고 연혁적으로 중재부탁계약과 비교할 때 중재조항의 유효성이 인정되기까지는 오랜 시간이 걸렸다.[16]

---

14) 당사자들은 실무상 중재합의에서 그의 본질적 구성부분 외에 중재인의 수, 자격, 선정방법, 중재지 등 중재절차에 관한 사항에 대해 합의하기도 하는데, 엄밀히는 이는 중재절차에 관한 합의이다. 강수미, "중재합의의 성립 내지 효력에 관한 준거법," 중재연구 제16권 제2호(2006), 95면은 이 점을 지적한다, 이 글을 이하 "강수미"라고 인용한다. 대법원 1990. 4. 10. 선고 89다카20252 판결도, 뉴욕협약(제2조)에 의하면 동 협약이 적용되는 중재합의는 '분쟁을 중재에 부탁하기로 하는 서면에 의한 합의'로서 족하고 중재장소나 중재기관 및 준거법까지 명시할 것을 요건으로 하지는 않는다는 취지로 판시하였다.

15) Redfern/Hunter, para. 3-02; 목영준, 34면 이하 참조.

16) 그 이유는, 만일 분쟁발생 전에 중재조항에 의하여 열악한 지위에 있는 당사자들의 의사에 반하는 중재를 강요한다면 그들이 법원의 재판에 의하여 얻을 수 있는 국가의 정당한 보호를 상실할 수 있다는 우려 때문이었다. 목영준, "國際契約에 있어서의 仲裁條項," 사법논집 제21집(1990), 632면; 목영준, 35면 이하.

3. 중재조항의 독립성

중재법(제17조 제1항 2문)은, 중재합의가 중재조항의 형식으로 되어 있는 때에는 계약 중 다른 조항의 효력은 중재조항의 효력에 영향을 미치지 아니한다고 명시하는데, 이것이 국제상사중재에서 널리 인정되는 중재조항의 '독립성'(separability, independence, autonomy)의 원칙이다.[17] 중재합의 중 중재부탁계약이 독립성을 가지는 데는 의문이 없지만, 중재조항은 형식상 주된 계약의 일부로 되어 있어 논란의 여지가 있기 때문에 중재법은 모델법(제16조 제1항 2문)을 따라 중재조항의 독립성을 명시한다.

그러나 주된 계약이 효력을 상실하게 된 사유가 중재조항 자체에도 영향을 미치는 경우에는 중재조항의 독립성의 원칙은 인정되지 않는다. 또한 주된 계약이 처음부터 부존재인 경우를 예외로 보는 견해가 유력한데, 주된 계약이 처음부터 무효인 경우도 예외로 보는 견해도 있다.

중재조항의 독립성 유무는 중재합의의 성립 및 유효성의 준거법에 따를 사항인데,[18] 그 준거법의 결정은 아래에서 보듯이 뉴욕협약의 적용 여부와, 쟁점이 제기되는 단계별로 검토할 필요가 있다.

Ⅳ. 仲裁合意의 법적 성질

1. 중재합의의 법적 성질에 관한 학설

중재합의의 법적 성질에 관하여는 종래 소송행위설(소송계약설), 私法상의 계약설(실체법상의 계약설)과 절충설 등 다양한 견해가 있으나, 우리나라의 다수설은 "절차법적 법률관계에 관한 실체법(사법)상의 계약"[19] 또는 "소

17) 국제상거래에 관한 국제규범도 이 원칙을 널리 인정한다. 예컨대 UNIDROIT의 2004년 국제상사계약원칙(Principles of International Commercial Contract)(제7.3.5조 제4항)과 우리나라에서도 발효한 국제물품매매계약에 관한 협약(CISG)(제81조 제1항 2문)도 이를 명시한다.

18) Christoph Reithmann/Dieter Martiny/Rainer Hausmann, Das Internationale Vertragsrecht 6. Auflage (2004), Rz. 3416. 이하 "Reithmann/Martiny/Hausmann"이라고 인용한다.

19) 김홍규, "중재법원(중재판정부)의 자기의 관할권을 판정하는 권한," 중재 제298호(2000), 6면.

송상의 관계에 대한 실체법상의 계약"[20]이라거나 "소송법적 효과를 수반하는 특수한 私法上의 契約"[21]이라고 본다. 이 점에 관한 우리 판례의 태도는 불분명하다.[22]

독일에는 중재합의의 법적 성질을 소송계약(Prozessvertrag)으로 보는 견해[23]도 유력하나, 연방대법원은 관할합의의 경우와 마찬가지로 소송법적 효력을 가지는 실체법적 계약으로 본다.[24] 사견으로는 우리나라의 다수설, 즉 중재합의를 소송상의 관계에 대한 실체법상의 계약이라거나, 소송법적 효과를 수반하는 특수한 私法上의 契約이라는 견해가 대체로 무난하다고 본다. 최근에는 국제적으로는 중재합의를 독자적인 성질의 계약으로 보는 견해가 유력한데[25] 이도 중재합의의 특수성을 표현한 것이라고 생각한다.

그런데 중재합의가 소송행위(정확히는 소송상의 합의 또는 소송계약)인지는 소송행위의 개념을 어떻게 정의하는가와 관련되므로 일의적으로 단정하기는 곤란하다. 즉 종래 우리 민사소송법학에서는 독일에서와 유사하게 '소송행위의 개념'에 관하여 요건과 효과를 기준으로 하는 '요건 및 효과설'과, 효과만을 기준으로 하는 '효과설'이 나뉘는데,[26] 어느 견해를 취하는가에 따라 중재합의가 소송행위인지의 여부가 좌우되므로, 중재합의의 법적 성질을 논의함에 있어서는 우선 소송행위의 개념을 정의하고 그와의 관련하에서 중

---

20) 오창석, "파산절차에 있어서의 중재합의의 효력과 중재절차," 중재연구 제15권 제1호 (2005. 3.), 126면, 주 34.

21) 손경한, "중재합의," 사법연구 1: 계약법의 특수문제(1983), 123면.

22) 오창석(註 20), 126면, 주 34는 대법원 1988. 2. 9. 선고 84다카1003 판결을 인용하면서 동 판결이 소송상의 관계에 대한 실체법상의 계약으로 보았다고 하는데, 아마도 위 판결이 중재조항의 형식을 취한 중재합의의 준거법에 관하여 주된 계약인 매매계약의 준거법에 관한 논의를 그대로 적용하였기 때문인 것으로 짐작되나 그렇게 단정하기는 어렵다.

23) Heinrich Nagel/Peter Gottwald, Internationales Zivilprozeßrecht 5. Auflage (2002), § 16 Rz. 8; Reinhold Geimer, Internationales Zivilprozeßecht 5. Auflage (2005), Rz. 3786; Schwab/Walter, Kapitel 7 Rn. 37. 독일의 학설은 Schwab/Walter, Kapitel 7 Rn. 37, Fn. 133 참조.

24) 1963년 11월 28일의 연방대법원 판결. BGHZ 40, 320.

25) Julian D. M. Lew/Loukas A. Mistelis/Stefan M. Kröll, Comparative International Commercial Arbitration (2003), Chapter 5, 특히 para. 5-27 이하 참조. 이는 학설을 관할이론, 계약이론, 결합이론과 독자적 이론으로 분류하는데, 관할이론은 소송계약설에, 계약이론은 사법상 계약설에 유사한 것으로 보인다. Philippe Fouchard/Emmanuel Gaillard/Berthold Goldman, On International Commercial Arbitration edited by Emmanuel Gaillard and John Savage (1999), para. 424도 중재합의를 '독자적인 계약'(autonomous contract)이라고 한다.

26) 우리의 소송행위이론은 독일의 영향을 받은 것이다. 우리 이론은 이시윤, 新民事訴訟法 제3판(2006), 350면 이하, 독일 학설은 Stein/Jonas/Leipold, Kommentar zur Zivilprozessordnung 22. Auflage Band 3: §§ 128-252 (2005), vor § 128 Rn. 207ff. 참조.

재합의의 법적 성질을 논의해야 하지, 개념 정의 없이 중재합의가 소송행위라거나 아니라는 식의 논의는 부적절하다. 만일 소송행위의 개념에 관하여 다수설인 요건 및 효과설을 따르면 그 요건과 효과가 소송법에 의하여 규율되는 행위가 소송행위인 데 반하여, 효과설을 따르면 주요불가결한 효과가 소송법의 영역에서 발생하면 소송행위이다. 따라서 중재합의의 효과가 소송법의 영역에서 발생하므로 효과설을 따르면 소송행위일 것이나, 중재합의의 모든 요건이 소송법에 의해 규율되는 것은 아니므로 요건 및 효과설을 따르면 중재합의가 소송행위인지에 관하여는 논란의 여지가 있다. 또한 중재합의의 법적 성질에 관하여 요건은 사법에 속하고, 효과는 소송법에 속하는 행위라고 보거나,[27] 소송법적 효과를 수반하는 私法上의 契約이라고 보고, 만일 소송행위의 개념에 관하여 효과설을 취하면 중재합의는 소송행위라는 결론이 된다. 종래 중재합의의 법적 성질에 관한 우리의 논의는 이 점에 대한 고려가 부족하였다.

2. 중재합의의 법적 성질에 관한 논의의 실익

종래의 논의를 보면 중재합의의 법적 성질을 논의하는 실익은 대체로 다음 두 가지에 있다.

첫째, 중재합의를 체결하기 위하여 당사자들이 권리능력과 행위능력을 가져야 하는지, 아니면 당사자능력과 소송능력을 가져야 하는지이다.[28] 중재합의의 법적 성질을 私法上의 契約으로 보면 (소송법적 효력을 가지더라도) 전자를 취하는 데 반하여, 소송행위로 보면 후자를 취하는 것이 논리적이다. 다만 우리 민사소송법상 당사자능력은 권리능력을, 소송능력은 행위능력을 기초로 하므로 양자는 대체로 유사한 결론이 되지만 차이가 전혀 없지는 않다.[29]

---

27) 이는 손경한(註 21), 123면에 소개된 견해이다.

28) 참고로 이강빈, "국제중재에 있어서 중재합의의 준거법 결정에 관한 연구," 중재연구 제15권 제2호(2005. 8.), 213면 이하는 '중재합의 체결능력'과 '당사자의 능력'이라는 표현을 혼용함으로써 혼란을 초래한다.

29) Manja Epping, Die Schiedsvereinbarung im internationalen privaten Rechtsverkehr nach der Reform des deutschen Schiedsverfahrensrechts (1999), S. 173-174. 그러나 Geimer(註 23). Rz. 3815f.는 중재합의를 소송행위로 보면서도 권리능력, 행위능력, 나아가 당사자능력과 소송능력이 필요하다고 하고 이는 국제사법에 따라 권리능력과 행위능력의 준거법에 의한다고 한다. 우리 민사소송법상 당사자능력과 소송능력의 준거법에 관하여는 견해가 나뉘는데, 상세는 석광현, 국제사법과 국제소송 제4권(2007), 125면 이하 참조. 국내중재의 경우

둘째, 논자에 따라서는 중재합의의 준거법을 결정하는 데 실익이 있다고 주장한다. 즉 일부 견해는 중재합의의 법적 성질을 우선 결정하고, 소송행위이면 법정지법을 적용하고, 私法上의 契約이면 當事者自治를 허용하거나 기타 법정지의 국제사법에 의하여 준거법을 결정할 것이라는 결론을 연역해 내는데, 중재합의의 법적 성질을 논의하는 실익이 준거법의 결정에 있다고 단정하는 견해도 있다.[30] 그러나 저자는 아래의 이유로 그에 찬동하지 않는다.

첫째, 중재합의의 준거법에 관하여 뉴욕협약과 같은 국제조약이 통일적인 연결원칙을 두고 있으므로 중재합의의 법적 성질로부터 준거법을 도출하는 태도는 제한적인 의미밖에 없다. 더욱이 뉴욕협약(제5조 제1항 a호)은 중재합의의 준거법에 관하여 當事者自治(party autonomy)를 명시적으로 허용하므로,[31] 적어도 뉴욕협약이 적용되는 범위 내에서는 當事者自治를 부정하는 견해는 이제 설 자리가 없다.

둘째, 중재합의의 법적 성질을 소송행위로 보는 경우, 방식이나 효력처럼 중재법(또는 민사소송법)이 직접 규율하는 사항이 동 법에 따름을 쉽게 설명할 수 있지만, 그 밖에 중재합의의 성립 및 실질적 유효성(예컨대 의사표시의 하자가 없을 것과 선량한 풍속 기타 사회질서에 반하지 않을 것)에 관하여는 중재법(또는 민사소송법)으로부터 어떤 결론을 도출하기 어렵다. 따라서 중재합의를 소송행위라고 보더라도 중재법(또는 민사소송법)이 규율하지 않는 사항은 법정지의 국제사법에 따라 결정되는 준거법 또는 법정지의 실체법에 의하여 보충할 수밖에 없다.[32] 그 경우 중재합의의 성립 및 유효성에 관한 한 當事者自治를 부정할 이유가 없다.

셋째, 위에서 본 바와 같이 종래 소송행위의 개념에 관하여 요건 및 효

민사소송법의 당사자능력과 소송능력에 관한 규정을 유추적용할 여지가 있으나, 국제중재의 경우 권리능력과 행위능력에 관한 국제사법원칙을 따를 것이다. 이강빈(註 28), 213면; 강수미, 97면도 당사자의 능력은 屬人法에 따를 것이라고 한다.

30) 손경한(註 21), 123면은 사법상의 계약으로 보는 것이 세계적인 조류이므로 그 준거법의 결정에 있어 當事者自治의 원칙이 적용될 수 있다고 한다. 김명엽, "중재계약의 성질과 효력에 관한 연구," 중재학회지 제11권(2001), 126면은 좀더 직설적이다. 강수미, 93면 이하도 일본 학설을 참조하여 중재합의의 법적 성질에 따라 준거법을 결정하는 접근방법을 소개한다.

31) 강수미, 95면은 뉴욕협약은 중재합의의 법적 성질을 실체법적으로 파악한 것이라고 한다.

32) 민사소송법이론상, 의사표시에 하자가 있어도 소송행위의 경우 민법의 유추적용을 부정하는 것이 판례와 통설이지만 관할합의처럼 소송절차와 직접 관련성이 없는 행위의 경우 민법의 유추적용을 긍정한다. 이시윤(註 26), 356면.

과설과 효과설이 있으므로, 중재합의의 법적 성질도 어느 학설을 취하는가에 따라 좌우되는 탓에 일의적인 결론을 도출할 수 없다. 단적으로, 중재합의는 소송법적 효과를 수반하므로 소송행위라고 보고, 다시 소송행위이기 때문에 그의 성립 및 유효성의 준거법도 법정지법이라는 식의 설명은 잘못이다. 또한 독일식의 精緻한 소송행위의 개념을 알지 못하는 영미에서는 이런 견해가 통용될 수도 없고 단지 절차법상의 계약으로 이해할 수 있을 뿐이다.

요컨대 사견으로는, 중재합의의 법적 성질을 결정하고 그로부터 준거법을 연역적으로 도출하려는 시도는 적절하지 않으며, 이 점에서 성질결정의 의미는 제한적일 수밖에 없다.[33)] 즉 중재합의의 법적 성질과 준거법 간에 관계가 전혀 없는 것은 아니지만 양자 간에 논리필연적인 관계가 존재하는 것은 아니라는 점이다.[34)] 아래에서는 이러한 이해를 전제로 논의한다.

Ⅴ. 國際商事仲裁에서 仲裁合意의 제문제 —準據法을 중심으로

국제상사중재에서 중재합의의 중요성은 위에서 언급하였다. 그런데 모델법이 꾸준히 확산되고 있지만 아직도 중재합의에 대한 각국의 법제는 통일되어 있지 않으므로 국제상사중재에서는 중재합의의 준거법을 검토할 이론적인 그리고 실제적인 필요가 있다. 비근한 예를 들면, 첫째 우리나라에서는 아래에서 보듯이 선택적 중재합의의 유효성이 다투어졌고 대법원판결도 있는데, 국제중재의 맥락에서 선택적 중재합의의 유효성 판단의 준거법을 결정할 필요가 있다.[35)] 둘째, 약관에 포함된 중재조항의 경우 우리나라의 약관의 규제

---

33) Schwab/Walter, Kapitel 7 Rn. 37; Peter Schlosser, Das Recht der Internationalen Privaten Schiedsgerichtsbarkeit 2. Auflage (1989), Rn. 250; Epping(註 29), S. 22도 동지. 국제재판관할합의의 경우에도 그의 법적 성질로부터 준거법이 당연히 도출되는 것은 아니다. 한충수, “國際裁判管轄合意에 관한 硏究,” 연세대학교 대학원 박사학위 논문(1997), 66면 이하 참조. 반면에 이강빈(註 28)은 중재합의의 법적 성질은 고려하지 않는다.

34) 그 밖에도 과거에는 중재합의의 법적 성질로부터 중재판정의 법적 성질을 도출하고 중재판정, 특히 외국중재판정의 승인 및 집행에 적용할 규범을 결정하는 견해도 있었다. 그러나 이는 뉴욕협약과 중재법 제39조에 의하여 극복되었고 더 이상 의미가 없다. 과거의 논의는 이호원, “外國仲裁判定의 승인 및 집행,” 섭외사건의 제문제(하) 재판자료 제34집(1986), 659면 이하 참조.

35) 이는 유효한 중재합의의 성립의 문제이므로 ‘중재합의의 성립 및 (실질적) 유효성의 준거법’에 따른다. Nagel/Gottwald(註 23), § 16 Rz. 8; Epping(註 29), S. 39; Reithmann/Martiny/Hausmann, Rz. 3303f.; Stein/Jonas/Schlosser, Kommentar zur Zivilprozessordnung 22. Auflage

에 관한 법률(이하 “약관규제법”이라 한다)이 적용되어 중재조항이 계약에 편입되었는지와, 그의 내용이 고객에게 부당하게 불리하여 무효인지를 판단할 필요가 있다. 셋째, 중국 중재법(제16조, 제18조)에 따르면 기관중재만이 허용되므로 중재합의시 중재기관을 명시하여야 하고 그렇지 않으면 중재합의가 무효가 되는데[36] 중재지가 중국이면 항상 이 요건을 구비해야 하는지도 결정할 필요가 있다.

그런데 엄밀히 말하자면 중재합의의 준거법에는 다음과 같은 여러 가지가 있다.[37]

① 중재합의의 성립 및 (실질적) 유효성의 준거법,[38]

② 중재합의의 방식(또는 형식적 유효성)의 준거법,

③ 중재합의의 효력 —이는 적극적 효력과 소극적 효력을 말한다— 의 준거법.

또한 중재가능성이 없는 분쟁의 대상에 관한 중재합의는 무효가 될 수 있는데, 어떤 분쟁이 중재에 의하여 해결될 수 있고 어떤 분쟁이 법원의 배타적인 관할에 속하는가는 각국의 정책의 문제로서 국가에 따라 상이하므로 ④ 중재가능성의 준거법[39]도 검토할 필요가 있다. 그 밖에도 ⑤ 중재합의의 허용요건[40]의 준거법도 문제된다.

Band 9 (Ⅱ/2002), § 1061 Rn. 42. 이하 “Stein/Jonas/Schlosser”라고 인용한다. 후 2자는 뉴욕협약이 적용되는 경우에 관한 것이다.

36) 윤진기, 중국중재제도(1998), 94면, 105면. 논란의 여지가 있음은 물론이나 이는 중재합의의 성립 및 실질적 유효성이라기보다는 중재지법에 의할 사항이라고 생각된다.

37) 이처럼 하나의 법률행위의 실질이 하나의 준거법에 따르는 것(이른바 準據法單一의 原則)이 아니라 쟁점별로 복수의 준거법에 따르는 현상을 준거법의 분열(*dépeçage*. 또는 분할)이라고 한다.

38) 이강빈(註 28), 203면 이하는 중재합의의 유효성만을 언급하나 이는 중재합의의 성립과 유효성을 함께 가리키는 것으로 보인다.

39) 중재가능성의 준거법도 뉴욕협약의 적용 여부에 따라 구분하고, 다시 각각에 관하여 집행단계, 항변단계와 중재단계를 구분할 필요가 있다. 항변단계의 경우 우리나라에서는 법정지법설과 누적설이 유력하다. 목영준, 52-53면. 당초 이 글에서는 좀더 논의하였으나 이 책에서는 제1장(Ⅶ. 5.)을 참조.

40) 논자에 따라서는 중재가능성을 중재합의의 특정성요건(법률관계와 중재법원의 특정성)과 함께 중재합의의 허용요건으로 다루나(Reithmann/Martiny/Hausmann, Rz. 3452ff.) 양자를 구별할 필요가 있다. 중재합의의 허용요건은 법정지법에 따른다는 견해도 있다(Nagel/Gottwald(註 23), § 16 Rz. 8. 이는 국제재판관할합의에도 동일한 접근방법을 취한다). 특정성요건은 법정지법에 따른다는 견해가 유력하나, 중재합의의 효력의 유무에 영향을 미치므로 성립 및 유효성의 준거법에 의할 것이라거나, 중재지법에 의할 것이라는 견해도 가능하다. 다만 뉴욕협약이나 중재법이 허용요건을 직접 규율하는 범위 내에서는 그에 따른다.

주의할 것은, 중재합의의 준거법을 논의함에 있어서는 뉴욕협약이 적용되는 경우와 적용되지 않는 경우를 구분하고, 각각에 대하여 집행단계, 항변단계와 중재단계를 구분할 필요가 있다는 점이다.[41] '집행단계'라 함은 일방당사자가 외국에서 받은 중재판정을 내국에서 집행하기 위하여 필요한 절차를 밟는 사안을, '항변단계'라 함은 중재합의에도 불구하고 일방당사자가 법원에 소를 제기하고 상대방이 항변으로 중재합의의 존재를 주장하여 소의 각하 또는 중지를 구하는 사안을 말한다.[42] '중재단계'라 함은 일방당사자가 중재합의를 근거로 중재신청을 하여 중재인이 중재절차를 진행하는 사안을 말한다. 아래에서는 그 밖에 중재판정의 취소가 다투어지는 취소단계도 간단히 언급한다.

머리말에서 밝힌 바와 같이 여기에서는 실질법상의 논점도 일부 취급하는데, 뉴욕협약이 통일적인 규범을 두는 경우는 그에 관하여 설명하나, 그렇지 않은 경우에는 우리 중재법에 관한 설명이다.

1. 뉴욕협약이 적용되는 경우

뉴욕협약이 적용되는 경우 중재합의의 준거법은 다음과 같다.

가. 중재합의의 성립 및 (실질적) 유효성의 준거법

중재합의는 당사자 간의 합의이므로 중재합의가 성립하려면 의사의 합치가 있어야 한다. 또한 중재합의가 유효하려면 당사자가 능력이 있어야 하고, 의사표시의 하자가 없어야 하며 선량한 풍속 기타 사회질서에 반하지 않아야 하는 등의 유효요건을 구비하여야 한다. 후자가 중재합의의 (실질적) 유효성의 문제이다. 또한 중재합의의 해석도 통상은 중재합의의 성립 및 실질적 유효성의 준거법에 따를 사항이다.[43]

---

41) Reithmann/Martiny/Hausmann, Rz. 3243ff.와 Rz. 3387ff.는 이러한 구분을 철저히 한다. 강수미, 96면 이하도 단계별로, 특히 중재판정의 취소단계를 별도로 논의하나 중재단계는 논의하지 않는 데 반하여, 이강빈은 철저하지 못하다.

42) 그 밖에 '중재합의의 승인'이라고 하거나(뉴욕협약 제2조 제1항), 중재판정의 승인 또는 집행과 대비하여 '중재합의의 승인단계'(목영준, 61면, 강수미, 106면), '중재합의의 승인과 집행'이라고 하거나(목영준, 51면) '중재합의의 집행'이라고도 한다. Albert Jan van den Berg, The New York Arbitration Convention of 1958 (1981), p. 121. 이를 "van den Berg"라고 인용한다.

43) Reithmann/Martiny/Hausmann, Rz. 3226과 Rz. 3417.

중재절차의 흐름을 생각하면 중재단계, 항변단계와 집행단계의 순서로 논의해야 할 것이나, 아래에서 보듯이 뉴욕협약은 항변단계와 집행단계를 규율하면서 집행단계에 관하여 중재합의의 준거법을 명시하므로, 논란의 여지가 작은 순서, 즉 집행단계, 항변단계와 중재단계의 순서로 논의한다.

(1) 執行段階

집행단계에서의 중재합의의 준거법에 관하여는 뉴욕협약이 명시적으로 규정한다. 즉 뉴욕협약(제5조 제1항 a호)은 외국중재판정의 승인거부사유의 하나로서 "중재합의가 당사자들이 준거법으로서 지정한 법령에 의하여 또는 지정이 없는 경우에는 판정을 내린 국가의 법령에 의하여 무효인 경우"를 규정한다. 따라서 중재합의, 보다 정확히는 중재합의의 성립과 (실질적) 유효성의 준거법은 당사자들이 중재합의의 준거법으로 지정한 법에 의하고, 지정이 없는 경우 중재판정지국법에 의한다. 뉴욕협약이 명시하므로 집행단계에서 이 점은 의문이 없다.[44)]

여기에서 주의할 것은, 준거법의 지정이라 함은 명시적 지정만이 아니라 묵시적 지정을 포함한다는 점이다.[45)] 이 경우 준거법의 지정은 실질법을 지정하는 것을 의미하고 反定(*renvoi*)은 허용되지 않는다.[46)]

실무상의 문제는, 중재합의의 준거법의 명시적 지정은 없으나 당사자들이 중재조항을 포함한 주된 계약의 준거법을 명시적으로 또는 묵시적으로 지정한 경우 이를 중재합의의 묵시적인 준거법지정으로 볼 수 있는가이다. 이에 관하여는 견해가 나뉘는데 부정설은 중재합의의 독립성과, 중재합의의 절차적 성격에 비추어 이를 부정하면서 오히려 중재지법을 중재합의의 묵시적 준거법으로 볼 것이라고 한다.[47)]

사견은 다음과 같다. 우선 당사자가 '중재부탁계약'의 준거법을 명시적 또는 묵시적으로 지정하지 않은 경우 중재지법을 준거법으로 본다. 반면에 '중재조항'의 경우에는 중재합의가 주된 계약의 일부를 구성하는 형식을 취

---

44) 대법원 1990. 4. 10. 선고 89다카20252 판결(법원공보 1990, 1043)은 이를 확인한 바 있다. 이는 이른바 GKN 사건인데, 평석은 우선 목영준, "外國仲裁判定의 執行拒否事由인 公共秩序: 우리나라와 미국의 判例을 中心으로," 상사판례연구 V권(2000), 413면 이하 참조.

45) Reithmann/Martiny/Hausmann, Rz. 3305; Stein/Jonas/Schlosser, Anhang § 1061 Rn. 77. 그러나 명시적이어야 한다는 견해도 있다. Epping(註 29), S. 50, Fn. 59의 문헌 참조.

46) Epping(註 29), S. 47f.

47) van den Berg, p. 293; 이호원(註 34), 675면; 김상호, "외국상사중재 판정에 관한 연구," 중앙대학교 대학원 무역학 박사학위논문(1988), 46면. 기타 학설은 강수미, 110-111면 참조.

하므로, 명시적이든 묵시적이든 당사자들이 주된 계약의 준거법을 지정한 때에는 그 법을 중재조항의 준거법으로 묵시적으로 지정하였다고 추정하는 것이 통상 당사자의 의사에 부합할 것이다.[48] 반면에 당사자가 주된 계약의 준거법을 명시적 또는 묵시적으로도 지정하지 않아 주된 계약의 준거법이 객관적 연결에 의하여 결정되는 경우는 중재지법이 중재조항의 준거법이 된다고 본다. 이 경우 우리 국제사법에 의하면 주된 계약의 준거법은 가장 밀접한 관련이 있는 국가의 법이 되므로 주된 계약과 중재조항의 준거법이 상이하게 될 수 있다. 실제로 문제되는 것은, 당사자가 주된 계약의 준거법을 A국법으로 선택하면서 중재지는 B국으로 합의하는 경우이고, 양자가 동일한 경우에는 어느 견해를 따르든 차이가 없다.

(2) 抗辯段階

뉴욕협약 제2조 제3항은 "당사자들이 본 조에서 의미하는 합의를 한 사항에 관한 소송이 제기되었을 때에는 체약국의 법원은 전기 합의를 무효, 실효 또는 이행불능이라고 인정하는 경우를 제외하고 일방당사자의 청구에 따라서 중재에 부탁할 것을 당사자에게 명하여야 한다"고 규정하므로[49] 법원은 항변단계에서 중재합의의 무효, 실효 또는 이행불능을 판단하는 준거법을 결정할 필요가 있다.

뉴욕협약은 "외국중재판정의 승인 및 집행에 관한 UN협약"이라는 이름이 시사하듯이 외국중재판정의 승인 및 집행을 주된 규율대상으로 하며 대부분의 조항도 이에 관한 것이므로, 마치 집행단계에만 적용되는 것처럼 오해될 소지가 있으나, 제2조는 뉴욕협약이 항변단계에도 적용됨을 명확히 규정한다.[50] 그렇다면 외국중재판정의 승인 및 집행에 관한 UN협약이라는 뉴욕협약의 명칭은 적절한 것은 아니다.[51]

그런데 뉴욕협약은 항변단계의 중재합의[52]의 준거법을 명시하지 않는다.

---

48) Redfern/Hunter, para. 2-93. 이강빈(註 28), 202면도 동지이나, 이는 주된 계약의 준거법에 관한 명시적 합의가 있는 경우에 한정한다. 그러나 만일 본문과 같이 볼 경우 중재조항이 무효가 되는 때에는 중재지법을 준거법으로 볼 수 있을 것이다.

49) 이 점은 우리 중재법(제9조 제1항)도 거의 유사하다.

50) van den Berg, p. 185 이하.

51) Redfern/Hunter, para. 3-04.

52) 이는 통상은 중재합의의 성립 및 (실질적) 유효성의 준거법이나, 중재합의의 허용요건의 결여도 중재합의를 무효화할 수 있으므로 그의 준거법도 고려해야 한다. 따라서 중재합의의 무효, 실효 또는 이행불능의 준거법이 항상 중재합의의 성립 및 (실질적) 유효성의 준거법은 아니다. 또한 강수미, 101면은 중재합의의 실효를 중재합의의 해석의 문제라고 하

이와 관련하여 아래와 같은 두 가지 의문이 제기된다.

첫째, 뉴욕협약상 항변단계에서 중재합의의 준거법은 어떻게 결정하는지.

위에서 본 바와 같이 뉴욕협약(제5조 제1항 a호)은 집행단계의 경우에 관하여 중재합의의 준거법을 규정하는데, 집행단계에 적용되는 원칙이 항변단계에도 적용(또는 유추적용)될 수 있는가라는 의문이 제기된다. 생각건대 항변단계에도 집행단계에 적용되는 연결원칙을 적용(또는 유추적용)함으로써 동일한 연결원칙에 따르도록 하는 것이 바람직하다.[53] 그 이유는 법원이 어느 단계에서든 동일한 준거법을 적용함으로써 내적인 판결의 일치를 달성할 수 있고, 만일 항변단계와 집행단계에서 상이한 준거법을 적용한다면 뉴욕협약을 일관성 있게 적용할 수 없기 때문이다.[54] 따라서 당사자가 선택한 중재합의의 준거법이 있으면 그에 의하고 없으면 중재지법이 준거법이 되는데, 그 경우 당사자가 선택한 주된 계약의 준거법이 중재합의의 묵시적 준거법이 될 수 있음은 위에서 본 바와 같다. 이처럼 논란이 있지만, 뉴욕협약상 중재합의의 준거법이 국내법이라는 데는 별 이견이 없다. 그러나 최근에는 뉴욕협약(제2조)으로부터 직접 통일적인 실질법규칙을 도출하려는 시도도 있다.[55]

이와 관련하여 대법원 1990. 2. 13. 선고 88다카23735 판결은, 소위 쎈트로콘(CeNtRoCoN) 중재조항이 삽입된 선하증권에 관한 사건에서, 구 중재법상 "중재계약이 유효한지의 여부나 그 효력은 중재가 행하여지는 국가나 중재조항상의 준거법인 영국의 법에 따라 판단되어야 할 것"이라는 취지로 판시한 바 있다. 대법원판결은 원고는 선하증권을 취득하였더라도 당시 영국법상 운송계약상의 당사자지위를 취득할 수 없으므로 그에 부수된 중재합의의 당사자가 될 수 없다는 것을 판시한 점, 즉 중재합의의 주관적 효력의 범위

나 그렇게 볼 수는 없다.

53) van den Berg, p. 126 이하; Schlosser(註 33), Rn. 251, 246; Epping(註 29), S. 41; 목영준, 62면; 이강빈(註 28), 209면도 동지. Reithmann/Martiny/Hausmann, Rz. 3298, Rz. 3303f. 참조.

54) Holtzmann/Neuhaus, p. 303; Epping(註 29), S. 41. 그러나 제5조는 중재판정의 승인 및 집행에 관한 것이므로 중재판정 전의 단계인 제2조에 동일한 원칙을 적용할 것은 아니라는 반대설도 있다. Gary Born/Johannes Koepp, "Towards a Uniform Standard of Validity of International Arbitration Agreements Under the New York Convention," Bachmann, B/Breidenbach, S./Coester-Waltjen, D./Hess, B./Noelle, A./Wolf, C. (Hrsg.), Grenzüberschreitungen: Beiträge zum Internationalen Verfahrensrecht und zur Schiedsgerichtsbarkeit, Festschrift für Peter Schlosser zum 70. Geburtstag (2005), p. 62 Fn. 12와 p. 71 Fn. 39에 인용된 견해 참조.

55) Born/Koepp(註 54), p. 67 이하.

에 관하여는 의미가 있으나, 대법원판결이 당해 사건에서 중재합의의 준거법을 영국법이라고 본 근거가 분명하지 않고, 또한 분쟁의 실체의 준거법, 중재합의의 준거법과 중재절차의 준거법을 명확히 구별한 것인지는 의문이다.[56)]

둘째, 항변단계에도 뉴욕협약(제5조 제1항 a호)의 원칙을 적용(또는 유추적용)한다면 중재판정이 내려지지 않은 상태에서 뉴욕협약의 적용 여부를 어떻게 결정하는지.

뉴욕협약 제1조에 따르면 뉴욕협약은 외국중재판정에 적용되고, 외국중재판정인지의 여부는 1차적 척도(first criterion)인 중재판정지를 기준으로 결정된다. 그런데 항변단계에도 뉴욕협약이 적용된다면 이 경우 아직 중재판정이 내려진 곳이 존재하지 않으므로 뉴욕협약의 적용 여부를 어떻게 판단할지가 문제된다. 논란이 없는 것은 아니지만, 중재합의와 중재판정에 대하여 통일적인 적용범위를 정하는 것이 바람직하므로 중재판정에 관하여 뉴욕협약의 적용범위를 정한 제1조의 원칙을 따라 장차 중재판정이 내려질 곳, 즉 중재판정 예정지를 기준으로 뉴욕협약의 적용 여부를 판단할 것이라고 본다.[57)]

그러나 중재판정 예정지도 알 수 없는 경우에는 이에 의할 수 없고, 중재합의의 준거법은 결국 법정지의 국제사법에 따라 결정할 수밖에 없을 것이다.[58)]

(3) 仲裁段階

중재단계의 경우에도 중재인은 중재합의의 준거법을 결정할 필요가 있다. 이와 관련하여 다음과 같은 세 가지 의문이 제기된다.

첫째, 집행단계와 항변단계만이 아니라 과연 중재단계에도 뉴욕협약이 유추적용되는지.

뉴욕협약은 이 경우 중재인이 뉴욕협약을 적용할 것을 규정하지는 않으므로 논란이 있으나, 이를 긍정하는 견해가 타당하다고 본다. 왜냐하면 그렇지 않을 경우 중재인의 권한에 관한 중재인의 판단과 항변단계에서의 법원의 판단이 불일치할 가능성이 있기 때문이다.[59)] 그러나 이 경우에까지 뉴욕협약

---

56) 이에 관하여는 우선 강병근, "중재계약의 준거법과 섭외사법의 적용," 중재 280호(1996. 6.), 42면 이하; 강수미, 112면 이하 참조.

57) van den Berg, p. 127; Epping(註 29), S. 20; Reithmann/Martiny/Hausmann, Rz. 3255; 목영준, 62면.

58) van den Berg, p. 127; 목영준, 62면.

59) Reithmann/Martiny/Hausmann, Rz. 3257; van den Berg, p. 185 이하(후자는 중재합의에 관한 논의이다). Stein/Jonas/Schlosser, Anhang § 1061 Rn. 31은 다소 제한적이다.

을 유추적용하는 데 대하여는 반대하는 의견이 있음은 물론이다. 특히 항변단계의 경우 뉴욕협약 제2조가 있어 뉴욕협약이 적용됨은 분명하나, 중재단계의 경우에는 이를 적용할 근거가 약하므로 여기에서는 뉴욕협약을 유추적용한다고 하였다.

둘째, 중재단계에도 뉴욕협약이 유추적용된다면 중재합의의 준거법은 어떻게 결정하는지.

이 경우 명시적인 근거는 없지만 뉴욕협약(제5조 제1항 a호)의 원칙을 유추적용해야 할 것이다.

셋째, 중재단계에도 뉴욕협약(제5조 제1항 a호)을 유추적용한다면 중재판정이 내려지지 않은 상태에서 뉴욕협약의 적용 여부를 어떻게 결정하는지.

이 때는 우리나라가 아닌 뉴욕협약의 다른 체약국에서 중재판정의 승인 및 집행이 문제될 것으로 예상된다면 뉴욕협약의 원칙을 유추적용해야 한다고 본다.[60]

(4) 내국중재판정의 取消段階

통상 중재판정은 내려진 때로부터 구속력을 가지며 중재판정에 대한 상소는 허용되지 않는다.[61] 그러나 중재판정에 중대한 하자가 있음에도 이 원칙을 관철하는 것은 부당하므로 중대한 사유가 있는 경우 예외적으로 법원이 중재판정을 취소할 수 있도록 하는데, 중재판정의 취소가 다투어지는 사안을 '취소단계'라 부를 수 있다. 중재판정취소의 소에 대하여는 중재지국 또는 중재절차의 준거법 소속국이 專屬的 國際裁判管轄을 가진다.[62] 중재지가 우리나라인 경우 중재법에 따라 중재판정취소의 소를 제기할 수 있는데, 이 경우 뉴욕협약은 적용되지 않는다.[63] 그러나 아래에서 보는 바와 같이 중재법(제36조 제2항 제1호 가목)은 중재합의의 준거법에 관하여 뉴욕협약의 그것과 동일한 원칙을 규정한다.

---

60) Reithmann/Martiny/Hausmann, Rz. 3257.

61) 우리 중재법(제35조)상으로는 우리나라의 중재판정은 당사자 간에 있어서 법원의 확정판결과 동일한 효력을 가진다.

62) 뉴욕협약(제5조 제1항 e호). van den Berg, p. 350.

63) 중재법(제38조)은 중재판정의 국적에 관하여 영토주의를 취하므로 중재지가 한국인 이상, 중재절차의 준거법이 외국법이거나 당해 분쟁이 한국과 아무런 관련이 없다는 이유로 '이차적 척도'(second criterion)에 의하여 뉴욕협약을 적용할 수는 없다. 석광현, 국제사법과 국제소송 제2권(2001), 495면.

(5) 약관에 의한 중재합의의 문제

약관규제법 제14조는 소제기의 금지 등이라는 제목하에, 고객에 대하여 부당하게 불리한 '소제기의 금지조항'을 무효라고 규정하는데 중재조항은 소제기의 금지조항에 포함된다. 따라서 제14조가 국제상거래에서 사용되는 약관에 포함된 중재합의, 즉 중재조항에서 가지는 의미가 문제된다. 이 경우 첫째 중재조항이 당사자 간의 합의의 일부를 이루는가라는 편입통제와, 둘째 중재조항의 내용에 대한 내용통제가 문제된다.

우선 편입통제에 관하여는, 뉴욕협약이 적용되는 범위 내에서는 통일규범인 뉴욕협약에 따라야 하고 우리 약관규제법을 적용할 것은 아니다.[64)]

반면에 뉴욕협약은 내용통제에 관하여 규정하지 않으므로, 만일 한국법이 준거법이면 약관규제법의 내용통제에 관한 조항은 여전히 적용된다.[65)] 문제는 그의 준거법인데 이는 중재합의의 허용요건의 준거법에 따를 사항이므로, 중재합의의 법적 성질에 관계없이, 중재합의의 방식 및 효력과 함께 법정지법에 따른다는 견해가 설득력이 있는 것으로 보인다.[66)] 여기에서 '법정지'의 개념에 관하여는 논란의 여지가 있으나, 만일 중재조항이 없었더라면 우리 법원이 재판할 수 있었음에도 불구하고[67)] 중재조항의 결과 재판할 수 없게 되었다면, 예컨대 우리나라의 항변단계 또는 집행단계에서, 중재합의의 성립의 준거법에 관계없이 약관규제법에 의하여 중재조항의 효력이 부정될 수 있다.[68)] 다만 약관규제법이 "고객에 대하여 부당하게 불리한 소제기의 금지조항"이라고 하여 막연한 기준만을 두므로 이를 좀더 구체화할 필요가 있는데, 약관에

---

64) Reithmann/Martiny/Hausmann, Rz. 3309 참조.

65) 독일에서도 일방당사자를 부당하게 불리하게 하는 독일 민법 제138조(우리 민법 제103조와 제104조에 상응)와 제307조(약관규제법 제6조에 상응)에 따른 내용통제는 여전히 적용된다는 견해가 유력하다. Reithmann/Martiny/Hausmann, Rz. 3309.

66) 이는 국제재판관할합의에 관한 견해를 중재합의에 대입해 본 것이다. 석광현, 국제사법과 국제소송 제3권(2004), 176면. 그러나 내용통제도 주된 계약의 준거법에 따른다는 견해도 가능하며 그것이 이해하기 쉽다. 그에 따르면 주된 계약의 준거법이 우리 법인 경우 약관규제법(제14조)도 적용된다. 다만 어느 견해를 따르든 중재지의 국제적 공서가 개입할 수 있다.

67) 중재합의가 없었더라면 우리나라가 재판권과 국제재판관할의 양자를 가지는 것을 말한다.

68) 다만 약관규제법(제15조)과 동법시행령(제3조)은 국제적으로 통용되는 특정업종의 약관에 대하여는 제14조의 적용을 배제하므로 그런 약관과 기타 약관을 구별할 필요가 있다. 후자의 경우 위의 논의가 타당하나, 전자의 경우 중재합의의 허용요건의 준거법이 한국법이더라도 제14조는 적용되지 않는다. 또한 대법원 1999. 12. 10. 선고 98다9038 판결에 따르면 특정업종의 약관에 대하여는 약관규제법 제6조도 적용되지 않으나 저자는 이에 반대한다. 석광현, 국제사법과 국제소송 제3권(2004), 159면 이하 참조.

포함되었다는 이유만으로 중재조항이 무효가 되는 것이 아님은 의문이 없을 것이다.

(6) 소 결

이상의 논의를 종합하면 다음과 같다.

어느 단계인가에 관계없이 중재합의의 준거법은 뉴욕협약(제5조 제1항 a호)이 정한 연결원칙을 적용(또는 유추적용)함으로써 결정해야 한다(취소단계의 경우도 결과는 동일하다). 따라서 당사자가 선택한 법이 있으면 그 법이, 선택이 없으면 중재지법이 중재합의의 성립 및 (실질적) 유효성의 준거법이 된다. 다만 중재조항의 경우 명시적 또는 묵시적으로 선택된 주된 계약의 준거법을 중재합의의 묵시적 준거법으로 볼지에 관하여는 논란이 있는데 통상은 그렇게 추정해야 할 것이다. 약관에 포함된 중재조항의 경우 주된 계약의 준거법이 외국법이면 통상 우리 약관규제법은 적용되지 않지만, 중재조항이 없었을 경우 우리 법원이 재판할 사건이었다면, 내용통제에 관한 한 약관규제법이 적용될 수 있다.

(7) 실질법상의 논점

뉴욕협약(제2조 제1항)에 따르면 중재합의는, 계약적 성질의 것이거나 아니거나를 불문하고 중재에 의하여 해결이 가능한 사항에 관한 일정한 법률관계에 관련하여 당사자 간에 발생하였거나 또는 발생할 수 있는 전부 또는 일부의 분쟁을 중재에 부탁하기로 하는 당사자 간의 약정을 말한다. 이처럼 중재합의는 일정한 법률관계에 관련한 분쟁을 대상으로 하는 것이어야 하는데, 이는 중재합의의 허용성의 요건이다. 이는 경험이 많지 않은 당사자를 그가 예상하지 못하였던 장래의 다수의 분쟁에 관하여 법원의 재판을 받을 권리를 상실할 위험으로부터 보호하기 위한 것이다.[69] 예컨대 당사자 간에 존재하는 기본계약(예컨대 판매점계약)으로부터 발생하는 모든 분쟁, 또는 국제상사중재에서 흔히 사용되는 "이 계약으로부터, 또는 이 계약과 관련하여 당사자 간에 발생하는 모든 분쟁"을 중재에 회부하기로 하는 문언은 위 요건을 충족하지만, 단순히 "거래관계로부터 발생하는 모든 분쟁" 또는 "장래의 급부로부터 발생하는 모든 분쟁"은 이 요건을 충족하지 못한다.[70]

우리 대법원 1990. 4. 10. 선고 89다카20252 판결은 뉴욕협약 제2조에

---

69) Reithmann/Martiny/Hausmann, Rz. 3262.

70) Reithmann/Martiny/Hausmann, Rz. 3262, Rz. 3454.

의하면 동 협약이 적용되는 중재합의는 “분쟁을 중재에 부탁하기로 하는 서면에 의한 합의”로써 족하고 중재장소나 중재기관 및 준거법까지 명시할 것을 요건으로 하고 있지는 아니하다고 판시한 바 있다. 이는 중재합의의 성립요건의 문제이다.

이러한 중재합의의 정의와 요건은 우리 중재법(제3조 제2호)의 그것과 거의 같으므로 여기의 논의는 그에 대하여도 타당하다.[71]

나. 중재합의의 방식의 준거법

중재합의의 방식의 문제는 주로 중재합의가 서면요건을 구비하여야 하는가의 문제이다. 뉴욕협약이 중재합의의 방식을 직접 규율하므로 그에 의하면 되고 중재합의의 방식의 준거법은 별도로 문제되지 않는다.

실질법적 측면을 보면, 뉴욕협약(제2조 제1항)은 중재법(제8조 제2항)과 마찬가지로 중재합의가 서면에 의할 것을 요구한다. 그 이유는 중재합의는 법원이 아닌 사인에게 분쟁해결을 맡기는 것이므로, 계약의 진정성을 담보하는 한편, 당사자들로 하여금 계약의 내용이 가지는 중요성을 일깨워 줌으로써 신중한 의사결정을 하도록 할 필요가 있기 때문이다.[72] 서면에 의한 합의라 함은, 당사자들에 의하여 서명되었거나 서신 또는 전보 교환 속에 담긴, 주된 계약 속의 중재조항 또는 중재합의를 포함한다(뉴욕협약 제2조 제2항).[73]

중재합의를 서면으로 해야 한다는 것은, 중재합의에 관한 서면증거가 있어야 한다는 것이 아니라 합의 자체가 서면으로 이루어져야 한다는 것을 의미하므로, 양당사자가 서명한 계약서, 또는 양당사자가 각각 작성한 문서가 서로 교환된 경우에는 이 요건이 구비되지만, 서면청약을 구두로 승낙하거나 구두청약을 서면으로 승낙하는 것과, 당사자 간의 구두합의를 사후에 서면으로 확인하는 것은 비록 국제거래에서 실제로 널리 사용되고 있지만 서면요건을 구비하지 못한다.[74] 독일에서는 이를 ‘완전한 서면방식’(volle Schriftform)

71) 제3조 제2호의 조문은 다음과 같다.
“仲裁合意”라 함은 契約上의 紛爭인지의 여부에 관계없이 일정한 法律關係에 관하여 當事者間에 이미 발생하였거나 장래 발생할 수 있는 紛爭의 전부 또는 일부를 仲裁에 의하여 解決하도록 하는 當事者間의 合意를 말한다.

72) 목영준, 37면; van den Berg, p. 171.

73) 상세는 석광현, 국제사법과 국제소송 제4권(2007), 425면 이하 참조.

74) van den Berg, p. 196. 그러나 Fouchard/Gaillard/Goldman, On International Commercial Arbitration (1999), N. 620은 완화된 태도를 취한다.

또는 '이중서면성'(doppelte Schriftlichkeit)이라고 설명한다.[75)]

특히 문제되는 것은 당사자 간의 계약이 중재조항을 포함한 다른 문서(또는 약관)를 인용하는 경우에도 서면성 또는 방식요건이 구비되는가이다.[76)] 구 중재법 하에서 대법원은 "중재계약은 … 중재조항을 포함하는 일반거래약관 등 다른 문서를 인용하고 있는 경우에도 당사자가 이를 계약의 내용으로 삼은 이상 허용된다"는 취지로 판시하였던바[77)] 이는 타당하다. 중재법 제8조 제4항은 이를 명시한 것이라고 할 수 있다. 여기에서 중재조항을 포함하는 다른 문서의 인용이 중재조항을 특별히 언급하는 특정편입문구인 경우에는 문제가 없지만 일반편입문구도 족한지가 문제된다. 모델법(제7조 제2항)은 중재조항에 대한 명시적인 특정언급을 요구하는 것은 아니라는 견해가 유력하고,[78)] 위 대법원판결들도 모두 중재조항을 특정하지 않은 일반편입문구에 관한 사안으로 보인다. 물론 일반편입문구의 효력을 전면적으로 부정할 것은 아니지만, 일반편입문구가 항상 충분한 것은 아닐 테고, 상대방이 뜻하지 않게 재판을 받을 권리를 상실하는 불이익을 입지 않도록 할 필요가 있다. 한편 선하증권에서 중재조항을 포함하는 문서(용선계약)를 인용하는 경우 서면요건의 구비 여부가 문제된다. 이에 관하여 선하증권의 일반편입문구는 뉴욕협약의 서면요건을 구비하지 못한다고 보는 것이 정설이지만, 특정편입문구가 뉴욕협약상의 서면요건을 충족하는가에 관하여는 견해가 나뉘는데, 사견으로는 뉴욕협약이나 우리 중재법의 해석상 이를 부정한다.[79)]

다. 중재합의의 효력의 준거법

중재합의의 효력에는 소극적 효력과 적극적 효력이 있다.[80)] 당사자들이 중재합의를 한 사항에 관하여 소송이 제기되었을 때에는 체약국의 법원은 원칙적으로 일방당사자의 청구에 따라서 당사자들을 중재에 회부하여야 한다.

---

75) Reithmann/Martiny/Hausmann, Rz. 3269; Epping(註 29), S. 65.

76) 별도의 계약서가 아니라 계약서의 이면에 중재조항을 포함한 약관이 기재된 경우 일반편입이든 특정편입이든 방식요건의 구비는 문제가 없다. van den Berg, p. 216, p. 228

77) 예컨대 대법원 1990. 4. 10. 선고 89다카20252 판결; 대법원 1997. 2. 25. 선고 96다24385 판결; 대법원 2001. 10. 12. 선고 99다45543 판결 등.

78) Holtzmann/Neuhaus, p. 264.

79) 상세는 이 책 제10장; 석광현, 국제사법과 국제소송 제4권(2007), 482면 이하 참조.

80) Jean-François Poudret/Sébastien Besson, *Droit comparé de l'arbitrage international* (2002), N. 367; 목영준, 62면 이하.

이것이 중재합의의 '소극적 효력'(또는 소송배제적 효력 또는 直訴禁止의 效力)이다.[81] 한편 중재합의에 의하여 당사자는 분쟁을 중재절차에 회부할 수 있고, 중재인은 분쟁을 해결할 권한을 가지며 중재판정을 내릴 수 있는데, 이것이 중재합의의 '적극적 효력'(또는 절차법적 효력)이다. 이하 단계별로 중재합의의 효력의 준거법을 본다.

(1) 執行段階

중재합의에 기초하여 중재판정이 내려지면 중재합의는 그 목적을 달성한 것이 된다. 따라서 그 때부터는 중재판정의 효력이 문제될 뿐이고 중재합의의 효력(effect, Wirkung)[82]은 문제되지 않는다. 즉 중재판정이 내려지는 것은 중재합의의 실효사유의 하나이다.[83]

(2) 抗辯段階—중재합의의 소극적 효력(뉴욕협약 제2조 제3항)

항변단계에서의 중재합의의 효력은 위에서 언급한 뉴욕협약(제2조 제3항)이 규정한다. 즉 제2조 제3항은 중재합의의 대상인 사항에 관한 소가 제기되었을 때에는 체약국의 법원은 중재합의를 무효, 실효 또는 이행불능이라고 인정하는 경우를 제외하고 일방당사자의 청구에 따라 당사자들을 중재에 회부하여야 한다고 규정함으로써 중재합의의 소극적 효력을 명시하므로 그에 따라야 한다. 다만 뉴욕협약은 '중재에 회부'하여야 한다고 할 뿐이고 법원이 취할 구체적인 조치는 명시하지 않은 채 각국의 입법에 일임하는데, 국가에 따라 법원이 소송절차를 중지(stay)하고 중재판정을 기다리거나 소를 각하하기도 하는데,[84] 우리 중재법(제9조 제1항)은 소를 각하하도록 규정한다. 즉 구체적인 조치는 법정지법에 따라 판단할 사항이다.[85] 이는 중재합의에도 불구하고 소가 제기된 경우의 소송절차의 처리의 문제이므로 국제사법상 널리 인정되는 '절차는 법정지법에 따른다'는 법정지법원칙(*lex fori* principle)에 따를 사항이기 때문이다. 이를 중재합의의 소송법적 효과로 설명할 여지도 있다.

---

81) 목영준, 63면.

82) 물론 중재합의의 유효성(validity, Wirksamkeit)은 위에서 본 바와 같이 여전히 문제된다.

83) 이 경우 중재합의는 실효되더라도 중재판정을 집행할 수 있다. 따라서 중재합의의 실효가 항상 중재판정의 승인거부사유가 된다는 설명(김갑유, "외국중재판정의 집행과 중재약정의 실효," 서울지방변호사회 판례연구 제20집(1)(2006), 194-195면)은 부적절하고, 실효사유별로 판단할 필요가 있다.

84) 목영준, 64면.

85) Reithmann/Martiny/Hausmann, Rz. 3482. 강수미, 102면도 동지로 보인다.

(3) 仲裁段階—중재합의의 적극적 효력

중재합의에 의하여 당사자는 분쟁을 중재절차에 회부할 수 있고, 중재인은 분쟁을 해결할 권한을 가지며 중재판정을 내릴 수 있다. 이것이 중재합의의 적극적 효력이다. 또한 중재합의의 당사자는 중재합의의 내용에 따라 신속한 중재절차의 진행을 위하여 협력할 의무를 지는데, 이를 당사자의 협력의무라고 한다.[86)]

문제는 당사자의 협력의무가 엄밀한 의미에서 실체법상의 의무인가, 따라서 일방당사자가 협력의무를 불이행할 경우 법원이 이를 강제할 수 있는가이다. 이는 실질법의 문제인데, 우리나라에서도 독일에서처럼 견해가 나뉜다. 긍정설은 관할합의의 경우와 달리 중재합의의 당사자들은 중재합의를 이행할 의무, 즉 중재절차의 실행을 가능하게 하고 촉진하기 위하여 필요한 행위를 하고, 중재인의 판정 또는 기타 분쟁의 해결을 위태롭게 하는 행위를 하지 않을 실체법상의 의무를 부담하므로, 일방당사자가 중재합의의 이행을 거부하면 상대방은 법원에 강제이행 또는 의무위반에 대한 손해배상을 청구할 수 있다고 본다.[87)] 미국법상은 침해를 받은 당사자는 중재를 강제하는 소를 법원에 제기할 수 있다.[88)] 반면에 부정설은, 협력의무는 국가법원에 의해 이행을 강제할 수 없는 성질의 것이라는 점에서 엄밀하게는 의무가 아니라, 소송상 필요하기는 하지만 그 행위를 할 것인지의 여부는 당사자의 재량에 맡겨져 있는 이른바 '소송상의 부담'(prozessuale Last)일 뿐이라고 한다.[89)] 부정설은 당사자가 중재합의에 따른 협력의무를 위반하더라도 이를 굳이 강제할 필요는 없으며, 중재인으로서는 협력하지 않은 데 따른 효과를 부여하면 족하다고 한다. 이에 관하여는 소송상의 합의(즉 소송계약)의 법적 성질[90)]은 물

---

86) 독일 연방대법원의 판결(NJW (1988), 1215)도 협력의무를 긍정하였다. 정선주, "당사자의 무자력과 중재합의관계의 해소," 중재연구 제12권 1호(2002. 8.), 256면도 이를 긍정한다.

87) 목영준, 49면; 정선주(註 86), 256면, 264면; Stein/Jonas/Schlosser, § 1029 Rn. 30; Rolf A. Schütze, Schiedsgericht und Schiedverfahren 3. Auflage (1999), Rn. 126.

88) 미국 연방중재법(Federal Arbitration Act) 제2장 제206조(9. U.S.C. § 206).

89) 오창석(註 20), 131면. 독일은 Schwab/Walter, Kapitel 7 Rn. 20과 Fn. 85에 인용된 문헌 참조. 예컨대 당사자는 소송에서 사실을 주장하고 입증할 필요가 있지만 이를 하지 않고 그로 인한 불이익을 감수할 수 있다. 이는 실체법상의 간접의무(또는 책무)에 유사한 개념이다. Musielak Hans-Joachim, ZPO, 4. Auflage (2005), Einleitung, Rn. 56. 다만 부정설도 중재비용을 예납할 당사자의 의무는 진정한 의무라고 본다.

90) 우리 학설로는 사법계약설, 소송계약설과 발전적 소송계약설이 있다. 우선 이시윤(註 26), 352면 이하 참조.

론, 중재합의의 특수성을 좀더 체계적으로 검토할 필요가 있으므로 사견은 유보하나, 어느 견해를 취하는가에 따라 법원이 중재합의에 반하는 소의 제기 및 수행을 금지하는 訴訟留止命令(anti-suit injunction)을 할 수 있는가에 대한 태도도 달라질 수 있다.

중재합의의 적극적 효력의 준거법은 두 가지를 구분할 필요가 있다고 본다. 첫째, 중재인이 중재절차를 진행할 수 있는 효력에 관한 적극적 효력은 중재지법에 따를 사항이다.[91] 둘째, 당사자가 법원을 통하여 중재합의를 강제할 수 있는가는 법정지법에 따라 판단할 사항이다. 그러므로 예컨대 중재지가 뉴욕이고 중재합의의 준거법이 뉴욕주법이더라도 우리 법원에 소가 제기되었다면, 만일 우리 중재법상 중재절차를 강제할 수 없다는 해석론을 취할 경우, 우리 법원은 중재절차를 강제할 수는 없다. 하지만 만일 실체법상의 의무를 긍정한다면 결과적으로 그 범위 내에서는 중재합의의 준거법에 따른다고 볼 여지도 있다.

(4) 소　결

요컨대 중재합의의 적극적 효력과 소극적 효력은 모두 법정지법에 따를 사항이지만, 적극적 효력 중 중재판정부가 중재절차를 진행할 수 있는 효력은 중재지법에 따른다고 본다.

(5) 제3자에 대한 효력

중재합의의 효력은 원칙적으로 중재합의의 당사자에게만 미친다. 그러나 제3자가 예외적으로 중재합의에 구속되거나 중재에 의지할 수 있는 경우가 있는데, 대표적인 것이 첫째, 일정한 상황 하에서 법인격을 부인함으로써 중재합의로부터 발생하는 이익과 의무가 동일한 기업집단의 다른 구성원들에까지 확장될 수 있다는 '기업집단'(group of companies)의 법리에 의한 경우와, 둘째, 주로 양도, 대리, 승계 등과 같은 私法의 일반적인 원칙의 적용에 의한 경우이다. 그런데 당사자의 지위를 승계한 경우에는 의문이 없으나, 단순히 권리의 특정승계가 있는 경우 중재합의의 효력이 승계인에게 미치는가는 논란이 있다. 예컨대 매도인과 매수인 간에 중재합의가 있는데 매도인이 제3자에게 대금채권을 양도하였다면, 제3자가 중재합의에 구속되는지, 또한 제3자

91) 우리 중재법은 영토주의를 취하므로 이는 별 의문이 없다. 그러나 강수미, 102면은 이를 중재합의의 효력의 문제라기보다는 법원에 의한 중재절차에 대한 통제문제로 이해하여 법정지법에 의할 것이라고 한다. 그러나 법정지법을 어떻게 결정할지는 설명하지 않는다.

가 중재신청을 한 경우 매수인이 중재합의에 구속되는가라는 의문이 제기된다. 환언하면 주된 계약상의 권리와 함께 중재합의라는 계약상의 권리도 승계인에게 양도되는가이다.

이에 관하여는 별도의 기회에 논의할 예정이나[92] 간단히 지적해 두면, 이 경우 제3자는 중재합의에 구속되지 않는 것이 자명할 것 같지만 국제적으로 견해가 나뉜다. 특정승계의 경우 양수인은 중재합의에 구속된다는 긍정설이 독일의 통설이고 연방대법원의 판례이며, 세계적으로도 다수설이라고 한다.[93] 그 근거는 양도되는 권리의 속성이라거나, 권리의 경제적 가치의 일부를 구성한다거나, 중재합의를 체결한 뒤 권리를 양도함으로써 일방적으로 중재합의의 구속으로부터 벗어날 수 있다면 중재합의는 무의미하게 된다는 데서 찾는다. 다만 이 견해를 취하면서도 예외적으로 당사자들이 그들 간에 존재하는 특별한 신뢰관계에 기하여 중재합의를 체결한 경우 권리가 양도된 때에는 중재합의의 효력은 승계인에게 미치지 않는다는 견해도 있다. 흥미로운 것은 UNIDROIT의 2004년 국제상사계약원칙의 태도인데, 이는 중재합의의 존재를 채무자의 절차법상의 항변의 문제로 이해하므로, 그에 따르면 권리의 양수인이 채무자에 대하여 제소할 경우 채무자는 중재합의의 항변을 제기할 수 있다.[94]

권리의 특정승계의 경우 승계인이 중재합의에 구속되는가를 판단하는 준거법이 문제된다. 이는 원래의 당사자와 특정승계인 간의 법률관계(예컨대 양도계약)의 준거법이 결정할 사항이라는 견해[95]와, 반대로 중재합의의 준거법에 따를 사항이라는 견해[96]가 보인다. 후자가 설득력이 있는 것으로 생각되는데, 여기에서 중재합의의 준거법이라 함은 중재합의의 성립 및 (실질적) 유효성의 준거법을 말한다. 물론 중재합의의 효력이 권리의 특정승계인에게

---

92) 당초 이 글의 발표시에는 이 점을 함께 논의하였으나 좀더 보완할 필요가 있어 여기에서는 줄였다.

93) 우리나라에서도 관할합의의 경우, 지명채권양도시 양수인도 관할합의에 구속된다고 보는 것이 종래의 통설, 판례이다. 최근 대법원 2006. 3. 2. 자 2005마902 결정도 동지인데, 그 근거는 당사자가 내용을 자유롭게 변경할 수 있는 권리관계의 경우 관할합의는 당해 권리관계에 부착하는 권리행사의 조건이라는 것이다.

94) UNIDROIT, Principles of International Commercial Contracts (2004), p. 283.

95) Reithmann/Martiny/Hausmann, Rz. 3486.

96) Schlosser(註 33), Rn. 427. 강수미, 101면. 강수미 교수는 중재합의의 효력이 권리의 특정승계인에게 미치는지는 중재합의의 준거법에 의하여 판단하면 되고 별다른 문제가 없다고 하나, 위의 논의를 보면 그렇게 간단한 문제는 아니다.

미치려면 우선 당해 권리의 특정승계가 있어야 하는데 이는 당해 권리의 준거법에 따를 사항이다.

2. 뉴욕협약이 적용되지 않는 경우

뉴욕협약이 적용되지 않는 경우 중재합의의 준거법은 다음과 같다.

가. 중재합의의 성립 및 (실질적) 유효성의 준거법

(1) 執行段階

우리 중재법(제39조 제2항)은 뉴욕협약이 적용되지 않는 외국중재판정의 승인 및 집행에 관하여 민사소송법 제217조, 민사집행법 제26조 제1항 및 제27조를 준용한다. 입법자의 의도는 민사소송법 제217조를 준용하면 예컨대 동 조 제1호가 정한 '판결국이 국제재판관할권을 가질 것'이라는 요건을 ① 유효한 중재합의가 존재할 것, ② 중재판정이 중재합의의 범위에 속할 것과 ③ 분쟁의 대상이 중재가능성이 있을 것'이라는 취지로 해석할 것을 기대한 것으로 짐작된다. 어쨌든 중재합의가 유효하지 않으면 뉴욕협약이 적용되지 않는 외국중재판정의 승인 및 집행은 불가능하다.

뉴욕협약이 적용되지 않는 경우에는 결국 법정지의 국제사법에 따라 중재합의의 준거법을 결정할 것이라는 견해가 설득력이 있다.[97] 중재합의의 법적 성질을 私法上의 契約으로 보면 이는 당연한 결론이고, 만일 이를 소송계약으로 보는 경우에는 중재법(또는 민사소송법)에 의할 것이나, 중재법(또는 민사소송법)이 이에 관하여 규정을 두지 않는 범위 내에서는 계약의 일반원칙으로 돌아간다고 설명할 수 있다.

우리 국제사법상 국제계약의 준거법은 當事者自治에 의하므로, 당사자들이 중재합의의 준거법을 명시적 또는 묵시적으로 지정한 경우 그에 따른다. 이 경우 반정은 허용되지 않는다(국제사법 제9조 제2항). 당사자들이 준거법을 지정하지 않은 경우 국제사법(제26조)에 따르면 계약과 가장 밀접한 관련

97) 목영준, 60면도 동지. 참고로 독일에서는 과거 "그의 준거법에 따라서 구속력을 가지게 된 외국중재판정은 … 집행가능하다고 선언될 수 있다"는 구 민사소송법(제1044조 제2항 제1호)을 근거로, 중재합의의 준거법을 독립적으로 결정하는 대신 중재절차에 적용되는 저촉규범에 따라 결정되는 준거법에 따랐다. Epping(註 29), S. 44; Reithamann/Martiny/Hausmann, Rz. 3388.

이 있는 국가의 법이 준거법이 된다.[98] 문제는 그것이 주된 계약의 준거법인지, 아니면 중재지법(또는 중재절차의 준거법)인지이다. 종래 독일에서는 견해가 나뉘고 있다.[99]

사견으로는 뉴욕협약이 적용되는 경우에서 논의한 바와 같이 중재조항의 형식으로 중재합의가 이루어지는 경우, 통상 주된 계약의 명시적 또는 묵시적 준거법을 중재합의의 묵시적 준거법으로 합의한 것으로 추정하는 것이 당사자의 의사에 부합할 것이다.[100] 다만 중재부탁계약의 형식을 취하는 경우에는 중재지법이 객관적 준거법이 된다.

다만 아래에서 보는 바와 같이 중재판정취소의 단계에 관한 우리 중재법의 규정을 집행단계에도 유추적용한다면 그에 따라야 할 것이다. 이 점은 항변단계와 중재단계의 경우도 마찬가지인데, 물론 중재단계의 경우 중재지가 한국 안인 경우를 말한다.

(2) 抗辯段階

이 경우에는 법정지의 국제사법에 따라 결정되는 중재합의의 준거법에 의한다. 즉 이 경우에도 법정지의 국제사법이 적용되는 것은 집행단계와 동일하나 법정지의 의미가 상이하다. 즉 집행단계의 경우 법정지는 집행을 구하는 국가인 데 반하여, 항변단계의 경우는 중재합의에도 불구하고 소가 제기된 국가이기 때문이다.

(3) 仲裁段階

이 경우는 결국 중재지의 국제사법에 의하여 중재합의의 준거법을 결정하여야 할 것이다.[101] 그러나 중재인이 반드시 중재지의 국제사법에 구속될 이유가 없으므로 중재인은 스스로 적절하다고 판단하는 국제사법을 적용하여 실질법을 결정하여야 한다는 견해도 가능하다.[102]

---

98) 이강빈(註 28), 207면은 당사자의 지정이 없는 경우 국제사법 제26조가 아니라 제29조를 적용하나 제26조를 적용하는 것이 옳다.

99) Reithamann/Martiny/Hausmann, Rz. 3402; Geimer(註 23), Rz. 3788ff. 상세는 Epping(註 29), S. 44ff. 일본의 종래 견해는 강수미, 109면 이하 참조(이는 일본의 구 법의 해석론으로 보인다).

100) 그러나 Reithmann/Martiny/Hausmann, Rz. 3402는 주된 계약의 준거법과의 병행보다는 중재절차의 준거법과 중재합의의 준거법을 동일하게 보아 중재지법을 중재합의의 준거법으로 보는 것이 타당하나, 다만 중재지가 분명하지 않은 경우는 주된 계약의 준거법을 적용할 것이라고 한다.

101) 목영준, 60면 주 77은 중재인이 하는 경우 중재지국이 법정지국이라고 한다.

102) 중재지가 외국인 경우에는 이에 따르나, 중재지가 독일인 경우에는 독일 중재법의 태도

(4) 내국중재판정의 取消段階

중재판정취소의 소에 대하여는 중재지국 또는 중재절차의 준거법 소속국이 專屬的 國際裁判管轄을 가진다. 예컨대 중재지가 우리나라인 경우 중재법에 따라 중재판정취소의 소를 제기할 수 있는데, 이 경우 뉴욕협약은 적용되지 않는다. 그런데 중재법은 중재합의의 성립 및 유효성의 준거법을 규정하지 않지만, 중재판정 취소사유의 하나로 중재합의가 당사자들이 지정한 법에 의하여 무효이거나 그러한 지정이 없는 경우에는 우리 법에 의하여 무효인 사실을 열거하므로(제36조 제2항 제1호 가목)[103] 중재판정취소단계에서는 그에 의한다.[104] 즉 당사자들이 지정한 법, 지정이 없는 경우에는 중재지법이 중재합의의 성립 및 유효성의 준거법이다. 이 원칙을 중재판정취소에만 적용할지 아니면 확장하여 뉴욕협약이 적용되지 않는 경우 중재합의의 성립 및 유효성의 준거법으로 삼을지는 논란의 여지가 있다.[105]

(5) 약관에 의한 중재합의의 문제

뉴욕협약이 적용되는 경우와 달리 이 경우 만일 준거법이 우리 법이라면 약관규제법에 따른 편입통제와, 중재조항이 내용적으로 문제가 없는가라는 내용통제가 문제된다.

첫째, 중재조항의 편입에 대하여는 통상의 약관의 편입통제에 관한 논의가 타당하다.[106] 따라서 주된 계약의 준거법이 외국법인 경우 대체로 유효할 것이므로 중재조항의 편입통제는 당해 외국법에 따를 사항이고 우리 약관규제법은 적용되지 않는다.[107]

둘째, 중재조항의 내용통제의 준거법의 결정이 중요한데, 이는 중재합의의 허용요건의 준거법에 따를 사항이므로, 중재합의의 법적 성질에 관계없이, 중재합의의 방식 및 효력과 마찬가지로 법정지법에 의한다고 본다.[108] 법정지의

를 따른다. Reithmann/Martiny/Hausmann, Rz. 3400. 이강빈(註 28), 208면도 참조.

103) 이는 모델법(제34조 제2항 a호 (i)목)을 따른 것이다.

104) Holtzmann/Neuhaus, p. 481도 동지.

105) 예컨대 김갑유, "중재합의의 유효성판단과 그 準據法," 인권과 정의 331호(2004. 3.), 181면. 독일의 논의는 Epping(註 29), S. 45ff. 참조.

106) 석광현, 국제사법과 국제소송 제3권(2004), 168면 이하 참조.

107) 물론 예컨대 전혀 예상 밖의 법을 준거법으로 지정하는 경우 그 지정은 효력이 없을 것이다.

108) 이와 달리 내용통제도 편입통제와 동일한 준거법에 따른다는 견해도 가능하며 체계적으로는 그것이 이해하기 쉽다. 그 경우 주된 계약의 준거법이 우리 법이면 약관규제법(제14조)도 적용된다. Reithmann/Martiny/Hausmann, Rz. 3314는 중재합의의 준거법에 따른다고

개념에 관하여는 뉴욕협약이 적용되는 경우에 관한 위의 논의가 타당하다.

한 가지 의문은, 국제상사중재합의에 대하여 국제사법 제27조가 유추적용될 수 있는지이다. 만일 이를 긍정한다면 중재부탁계약과 달리 분쟁발생 전에 중재합의를 하는 중재조항은 중재지가 소비자의 상거소 소재지인 경우에만 허용된다고 볼 여지가 있다.109) 해석론으로는 논란의 여지가 있을 수 있으나 중재법에 명문의 규정을 두어 소비자보호의 문제를 입법적으로 해결하는 것이 바람직하다.110)

(6) 실질법상의 논점—선택적 중재합의의 유효성

중재합의의 성립 및 유효성에 관한 실질법상의 논점은 위 뉴욕협약에서 논의한 것과 별로 차이가 없다. 다만 우리나라에서 특히 문제된 것은 선택적 중재합의(optional arbitration agreement)이다. 즉 당사자들은 분쟁해결의 방식을 합의하는 경우 통상 소송 또는 중재의 어느 하나를 선택하지만 경우에 따라서는 계약과 관련된 분쟁을 '중재 또는 소송'에 의하여 해결하도록 합의하기도 한다. 이처럼 중재가 유일한 분쟁해결방법이 아니라 다른 분쟁해결방법과 동 순위의111) 선택적인 분쟁해결방법으로 지정되는 경우도 있다.112) 문제는 선택적 중재합의가 유효한 중재합의인가이다. 우리나라에서는 선택적 중재합의만큼 중재법 분야에서 많은 글이 발표된 주제가 없다. 그 이유는 국가나 지방자치단체가 사인에게 공사를 도급할 때에 적용하는 재정경제부 회계예규인 공사계약일반조건이 선택적 중재합의를 규정하였기에 그에 따라 중재가 행해졌는데, 법원의 판결들이 그의 효력을 부정하였기 때문이다. 다만 2003년과 2004년의 대법원판결의 결과 실무적으로는 이제 정리가 된 것으로 보인다.

한다. 다만 어느 견해를 따르든 중재지의 국제적 공서가 개입할 수 있다.

109) 이 점은 독일에도 논의가 있다. 또한 계약의 방식의 준거법에 관한 우리 국제사법(제27조 제3항)의 유추적용도 문제되는데, 독일 민사소송법은 소비자와 체결하는 중재합의는 당사자 중 일인이 자필서명한 서면에 포함될 것을 요구할 뿐이고(제1031조 제5항) 달리 규정하지 않으므로 논란이 있다. 우선 Boris Handorn, Das Sonderkollisionsrecht der deutschen internationalen Schiedsgerichtsbarkeit (2005), S. 196ff. 참조.

110) 이 점은 석광현(註 63), 498면 이하에서 지적하였는데, 그 후 일본 중재법(부칙 제3조)도 소비자를 보호하기 위한 규정을 두고 있다.

111) 이 점에서 이는 예컨대 일차적으로 당사자의 원만한 합의에 의하여 해결하고, 이것이 실패하는 경우 조정에 의하고, 조정이 실패하는 경우 비로소 중재에 의하는 것과 같은 '단계적 합의'와는 구별된다.

112) 대법원 2005. 5. 13. 선고 2004다67264, 67271 판결은 전자를 '전속적 중재합의', 후자를 '선택적 중재합의'라고 부른다.

㈎ **대법원판결의 태도** 대법원판결들[113]은 구체적인 중재조항이 중재계약으로서 효력이 있는 것으로 보기 위하여는 중재법이 규정하는 중재의 개념, 중재계약의 성질이나 방식 등을 기초로 당해 중재조항의 내용, 당사자가 중재조항을 두게 된 경위 등 구체적 사정을 종합하여 판단하여야 한다는 일반론을 설시한 뒤, 문제된 선택적 중재합의의 경우, 일방당사자가 상대방에 대하여 판결이 아닌 중재절차를 선택하여 그 절차에 따라 분쟁해결을 요구하고 이에 대하여 상대방이 별다른 이의 없이 중재절차에 임하였을 때 비로소 중재계약으로서 효력이 있다고 본다. 따라서 일방당사자의 중재신청에 대하여 상대방이 중재신청에 대한 답변서에서 중재합의의 부존재를 적극적으로 주장하면서 중재에 의한 해결에 반대한 경우에는 중재계약의 효력을 부정하였다.

㈏ **대법원판결의 태도에 대한 평가** 대법원판결에 대하여는 비판설과 지지설이 나뉘어 있는데, 근자에는 선택적 중재합의를 유형별로 분류하여 달리 보는 견해도 있다.[114] 사견으로는 선택적 중재합의를 둘러싼 분쟁은 일차적으로 중재조항의 작성의 미숙에 기인하는 것이다. 선택적 중재합의가 유효하다고 보더라도 통상의 완전한 중재합의와 동일한 효력을 가지는 것은 아니다. 왜냐하면 선택적 중재합의하에서 일방당사자가 소송을 선택하여 소를 제기한 경우 유효한 소의 제기이고, 법원은 상대방의 중재합의의 항변이 있더라도 소를 각하할 수는 없기 때문이다. 이러한 취지가 분명히 표시된다면 선택적 중재합의가 무효가 될 이유는 없다. 예컨대 당사자들이 중재신청 또는 소제기를 분쟁해결방법으로 합의하고, 각 당사자에게 선택권을 부여하여 그가 선택권을 행사함으로써 분쟁해결방법이 확정되도록 합의할 수 있기 때문이다. 관건은 당해 사건에서 문제된 선택적 중재합의의 해석상 각 당사자에게 선택권을 부여한 것이 분명히 표시되었는가인데,[115] 대법원은 이를 부

113) 예컨대 대법원 2003. 8. 22. 선고 2003다318 판결과 대법원 2004. 11. 11. 선고 2004다42166 판결 참조.

114) 학설은 우선 여미숙, "선택적 중재조항의 유효성," 민사판례연구 [XXVII](2005), 723면 이하; 목영준, "仲裁에 있어서 法院의 役割에 관한 硏究," 연세대학교대학원 법학박사학위논문(2005), 39면 이하; 정선주, "선택적 중재합의조항의 유효성과 문제점," 중재연구 제13권 제2호(2004. 2.), 585면 이하 참조. 예컨대 '조정 또는 중재'라는 유형, '조정 또는 중재'라고 합의하고 조정에 불복하면 판결에 의하는 유형과 '판결 또는 중재'라는 유형 등을 구분한다.

115) W. Laurence Craig/William W. Park/Jan Paulsson, International Chamber of Commerce Arbitration, Third edition (2000), p. 128은 당사자들이 중재를 원하는 경우 이를 명확히 표

정하였다. 대법원판결에 따르면 문제된 중재합의는 당사자들이 이용할 수 있는 분쟁해결방법을 단순히 열거한 것으로 '하자 있는 중재조항'일 뿐이라는 것이다.[116] 대법원이 좀더 전향적인 태도를 취하지 않은 것은 유감이라고 할 여지도 있겠지만, 문제된 선택적 중재합의가 부실한 탓이 크므로 대법원판결을 나무랄 것만은 아니다.

결국 대법원판결은 당사자의 의사가 다소 애매한 사건에서—즉 분쟁해결방법의 열거인지 아니면 각 당사자에게 선택권을 부여한 것인지—, 당사자의 의사와, 헌법상 보장되어 있는 법원의 재판을 받을 권리 중에서 후자를 존중한 것이다. 그러나 당사자의 의사가 좀더 명확한 경우 대법원은 중재합의를 존중한다. 예컨대 위에서 언급한 대법원 2005. 5. 13. 선고 2004다67264, 67271 판결이 "분쟁해결은 당사자 쌍방 모두 중재법에 의거 대한상사중재원 부산지부 중재에 따르고, 법률적 쟁송이 있을 경우 갑(도급인)의 주소지 관할법원으로 한다"는 중재조항은 그 작성경위 등에 비추어 이른바 선택적 중재조항으로 볼 수 없고, 오히려 전속적 중재조항으로 해석하여야 한다고 판시한 것은 이런 해석을 뒷받침한다.

선택적 중재합의가 유효한지는 유효한 중재합의의 성립의 문제이므로 중재합의의 성립 및 (실질적) 유효성의 준거법에 따를 사항이다.[117] 위는 준거법이 우리 법인 경우의 논의이다.

나. 중재합의의 방식의 준거법

중재지가 한국 안이면 중재합의의 방식은 중재법(제8조)에 따른다. 반면에 중재지가 외국임에도 불구하고 뉴욕협약이 적용되지 않는 경우 중재합의의 방식의 준거법을 어떻게 결정할 것인가가 문제된다. 이에 관하여는 ① 중재합의의 방식에 관한 중재법(제8조)의 규정을 쌍방적 저촉규정으로 이해하여 중재지인 외국의 법이 중재합의의 방식의 준거법이 된다는 견해와 ② 일반원칙인 국제사법(제17조)에 따라 중재합의의 준거법과 중재합의의 체결지

시하여야 한다고 하고, 애매함은 치명적인 잘못이라고 지적한다.

116) 병리적인 중재조항의 예는 Redfern/Hunter, para. 3-67 이하; Craig/Park/Paulsson(註 115), p. 127 이하 참조.

117) Nagel/Gottwald(註 23), § 16 Rz. 8; Epping(註 29), S. 39; Stein/Jonas/Schlosser, Anhang § 1061 Rn. 42; Reithmann/Martiny/Hausmann, Rz. 3303f. 후 2자는 뉴욕협약이 적용되는 경우에 관한 것이다. 뉴욕협약이 적용되지 않는 경우 허용성의 문제이므로 법정지법에 따른다는 견해도 주장될 수 있다.

법에 선택적으로 연결할 것이라는 견해가 주장될 수 있음은 이미 지적한 바와 같은데,[118] 전자가 좀더 설득력이 있는 것으로 보인다.[119]

모델법의 서면요건에 관하여도 뉴욕협약에서 설명한 바가 대체로 타당하다.[120] 따라서 우리 중재법의 경우도 유사하지만, 우리 중재법은 모델법과 차이가 있음을 주의하여야 한다.

즉 우리 중재법(제8조 제3항 제3호)은 "一方 當事者가 當事者間에 交換된 文書의 내용에 仲裁合意가 있는 것을 主張하고 相對方이 이를 다투지 아니하는 경우" 이를 서면에 의한 중재합의로 본다고 규정한다. 위 조항의 기초가 된 모델법 제7조 제2항은 "… or in an exchange of statements of claim and defence in which the existence of an agreement is alleged by one party and not denied by another"라고 규정하여, 단순히 "당사자 간에 교환된 문서"가 아니라 "신청서와 답변서의 교환에 의하여 일방당사자가 중재합의가 있는 것을 주장하고 相對方 당사자가 이를 다투지 아니하는 경우"라고 규정한다. 즉, 모델법(제7조 제2항)은 모든 문서를 지칭하는 것이 아니라 신청서와 답변서만으로 제한하고 있음에 반하여 중재법(제8조 제3항 제3호)은 이를 모든 문서로 확대한 점에 차이가 있다.

우리 중재법에 의할 경우 중재합의의 방식이 지나치게 완화된 결과 방식상 유효한 중재합의의 존재에 관한 다툼이 증가할 것으로 예상되는데, 과연 중재합의의 방식을 모델법보다 더 확대할 합리적인 이유가 있는지는 매우 의문이다.[121] 특히 우리 중재법(제8조 제3항 제3호)의 방식은 뉴욕협약상 허용되는 중재합의의 방식에 해당하지 않아 뉴욕협약의 적용을 받을 수 없으므로 삭제되어야 한다는 주장이 있었음에 비추어[122] 이를 확대한 이유는 이해하기 어렵다. 혹자는 독일 민사소송법 제1031조 제2항도 모델법과 비교하여 중재합의의 방식요건을 완화하고 있음을 근거로 위 제3호를 정당하다고 주장할지 모르겠으나, 독일 민사소송법은 일방당사자가 상대방에게 또는 제3자가 양당자사에게 전달한 서면에 중재합의가 포함되어 있는 것만으로 충분하지 않고,

118) 석광현(註 63), 482면.

119) 이강빈(註 28), 218면도 동지. 강수미, 98면은 후자를 지지한다.

120) Holtzmann/Neuhaus, pp. 260-261; Klaus Peter Berger, International Economic Arbitration (1993), p. 142 이하.

121) 모델법의 위 문언도 제한적인 범위 내에서 중재합의의 방식을 확대하기 위한 것이었다. Commission Report A/40/17(21 August 1985), Holtzmann/Neuhaus, p. 301 참조.

122) 목영준, 40면 참조. 다만, 그러한 주장이 타당한지에 대하여는 논란의 여지가 있다.

그에 추가하여 적시에 이의가 제기되지 아니하면 서면의 내용이 계약내용으로 간주되는 거래관행이 존재하는 경우에 비로소 서면성을 인정하는 점에서 차이가 있다.[123] 요컨대 우리 중재법(제8조 제3항 제3호)은 모델법은 물론이고, 독일 민사소송법의 방식요건보다도 완화되어 있는 것으로서 그 타당성이 의문시된다.

주목할 것은 2006년 6월—7월에 개최된 UNCITRAL 제39차 본회의에서는 모델법 제7조를 개정하여 서면요건을 완화하는 개정안과, 더 나아가 아예 서면성을 폐지하는 대안을 채택하였다는 점이다.[124]

다. 중재합의의 효력의 준거법

(1) 執行段階

위에서 본 바와 같이 집행단계에서는 중재판정의 효력만이 문제되고 중재합의의 효력은 문제되지 않는다.

(2) 抗辯段階—중재합의의 소극적 효력(중재법 제9조)

이 경우에는 뉴욕협약이 적용되지 않고, 우리나라에 소가 제기되었다면 중재지에 관계없이 중재법 제9조가 적용된다. 중재법 제9조는 중재지가 한국 안이 아닌 경우에도 적용되기 때문이다. 우리 중재법(제9조 제1항)은 모델법(제8조 제1항)을 따르면서도 중재합의의 존재를 소극적 소송요건(또는 소송장애)으로 보는 민사소송법 이론을 따라 소를 각하하도록 한다. 이것이 중재합의의 소극적 효력이라 함은 위에서 본 바와 같다. 따라서 우리 법원은 중재

---

123) 독일 민사소송법의 조문은 다음과 같다. “전항의 방식은 일방 당사자가 상대방 당사자에게 또는 제3자가 양 당사자에게 전달한 서면에 仲裁合意가 포함되어 있고, 또한 적시에 이의가 제기되지 아니하면 거래관행상 서면의 내용이 계약내용으로 간주되는 경우에도 충족된 것으로 본다.”

124) 문언은 http://www.uncitral.org/uncitral/en/uncitral_texts/arbitration/1985Model_arbitration.html 참조. 이러한 작업과 병행하여 중재합의의 서면요건을 정한 뉴욕협약 제2조 제2항과의 정합성이 문제가 되었다. 이를 해결하기 위하여 다양한 방안이 논의되었으나 결국 뉴욕협약의 방식요건에 관한 해석이나 적용상의 지침을 제공하여 각 체약국 법원으로 하여금 뉴욕협약 제2조 제2항의 해석기준으로 모델법 제7조를 사용하게 하는 방안을 채택하고 그 결과 뉴욕협약 제2조 제2항 및 제7조 제1항의 해석에 관한 권고안을 채택하였다. 노태악·구자헌, “최근 UNCITRAL 모델 仲裁法의 개정논의 결과와 國內法에의 示唆—仲裁合意의 書面性과 仲裁判定部의 臨時的 處分을 중심으로,” 국제규범의 현황과 전망—2006년 국제규범연구반 연구보고—(2006), 473면 이하; 강병근, “UNCITRAL 모델중재법의 개정—제39차 유엔국제 무역법위원회 본 회의를 중심으로—,” 한림법학 FORUM 제17권(2006), 23면 이하. 해석선언의 텍스트와 논의는 위 노태악·구자헌, 480면 이하 참조.

합의가 부존재·무효이거나 효력을 상실하였거나 이행불능인 경우를 제외하고는, 피고가 중재합의 존재의 항변을 하는 때에는 소를 각하하여야 한다. 이러한 결과는 뉴욕협약이 적용되는 경우와 동일하다. 결국 법원이 소를 각하하는 법적 근거에는 차이가 있지만, 그 결과에는 뉴욕협약의 적용 여부에 따른 차이가 없다.

(3) 仲裁段階—중재합의의 적극적 효력

위에서 본 바와 같이 중재합의에 의하여 당사자는 분쟁을 중재절차에 회부할 수 있고, 중재인은 분쟁을 해결할 권한을 가지며 중재판정을 내릴 수 있다. 이것이 중재합의의 적극적 효력인데, 중재인이 중재절차를 진행할 수 있는 적극적 효력은 중재지법에 따른다. 따라서 중재지가 한국 내라면 우리 중재법이 적용된다. 한편 중재합의의 당사자에 대하여 법원이 중재를 강제할 수 있는가는 법정지법에 의할 사항이다. 이는 위에서 본 뉴욕협약이 적용되는 경우와 동일한 결론이다.

(4) 제3자에 대한 효력

이에 관하여는 뉴욕협약이 적용되는 경우에 관한 위의 논의가 타당하다.

Ⅵ. 국제상사중재에서 중재조항의 실례

당사자로서는 실제로 중재조항을 어떻게 작성하여야 하는지가 관심의 대상이다. 따라서 여기에서는 기관중재 및 임시중재의 경우 사용되는 전형적인 표준중재조항의 경우와, 그 밖의 경우로 나누어 국제상사중재에서 사용되는 중재조항의 실례를 검토한다.

1. 표준중재조항의 실례[125)]

당사자의 편의를 위하여 국제적인 중재기관이나 UNCITRAL은 표준중재조항을 마련해 두고 있다. 대표적인 기관중재의 예로는 대한상사중재원(The

125) 각종 표준중재조항은 예컨대 Born(註 3), p. 145 이하 (Exhibit C); Andrew Tweeddale/Keren Tweeddale, Arbitration of Commercial Disputes: International and English Law and Practice (2005), p. 899 이하; 목영준, 315면 이하 참조.

Korean Commercial Arbitration Board), 국제상업회의소 중재법원(International Chamber of Commerce International Court of Arbitration), 런던중재법원(London Court of International Arbitration. LCIA)과 미국중재협회(American Arbitration Association) 등이 있고,[126] 임시중재의 예로는 UNCITRAL 중재규칙이 대표적이다.

가. 대한상사중재원의 경우

기존 중재규칙의 표준중재조항은 아래와 같다.

> "All disputes, controversies, or differences which may arise between the parties, out of or in relation to or in connection with this contract, or for the breach thereof, shall be finally settled by arbitration in Seoul, Korea in accordance with the Commercial Arbitration Rules of The Korean Commercial Arbitration Board and under the law of Korea. The award rendered by the arbitrator(s) shall be final and binding upon both parties concerned. (이 계약으로부터, 또는, 이 계약과 관련하여 또는 이 계약의 불이행으로 말미암아 당사자 간에 발생하는 모든 분쟁, 논쟁 또는 의견 차이는, 대한민국 서울특별시에서, 대한상사중재원의 상사중재규칙 및 대한민국법에 따라 중재에 의하여, 최종적으로 해결한다. 중재인(들)에 의하여 내려지는 판정은, 최종적인 것으로 당사자 쌍방에 대하여 구속력을 가진다)."

한편 대한상사중재원은 점증하는 국제중재 수요에 부응하고자 주요 국제중재기관의 국제중재규칙을 검토하여 45개 조문과 부칙 등으로 구성된 '국제중재규칙'을 마련하였고, 대법원장의 승인을 받아 2007년 2월부터 이를 시행하고 있다. 국제중재규칙은, 국내중재와 국제중재에 적용되는 기존의 중재규칙과 병존하는 것으로, 당사자가 서면으로 신규칙에 따라 국제중재를 진행하기로 합의한 경우에 적용된다(제3조).[127] 장래의 분쟁에 관한 영문 표준중재

---

126) 그 밖에도 Arbitration Institute of the Stockholm Chamber of Commerce (SCC), Singapore International Arbitration Center (SIAC)와 Hong Kong International Arbitration Centre (HKIAC) 등 다양한 중재기관들이 있다. 상세는 이 책 제1장(Ⅳ. 2.) 참조. 목록은 http://www2.lib.uchicago.edu/~llou/intlarb.html#courts 참조.

127) 국제중재규칙의 소개는 중재 제323호(2007년 봄), 3면 이하에 수록된 장승화, 김갑유와 임영철의 글 참조. 개관과 비판은 석광현, "대한상사중재원의 2007년 「국제중재규칙」에 관하여," 법률신문 제3547호(2007. 4. 19.), 14-15면 참조.

문언은 아래와 같다.[128)]

"Any dispute, controversy or claim arising under, out of or relating to this contract (including non-contractual claims) and any subsequent amendments of this contract, including, without limitation, its formation, validity, binding effect, interpretation, performance, breach or termination, shall be referred to and finally resolved by arbitration under KCAB International Arbitration Rules, which Rules are deemed to be incorporated by reference into this clause.
The number of arbitrators shall be [one/three]
The seat, or legal place, of arbitration shall be [City/Country]
The language to be used in the arbitral proceedings shall be [language]"[129)]

나. 국제상업회의소의 경우

국제상업회의소는 과거에는 "조정 및 중재에 관한 국제상업회의소규칙"(Rules of Conciliation and Arbitration of the International Chamber of Commerce)을 두고 있었으나 이는 1998년 "국제상업회의소 중재규칙"(Rules of Arbitration of the International Chamber of Commerce)으로 개정되었고 후자는 1998년 1월 1일 발효되었다.[130)] 1998년 중재규칙이 제시하는 표준중재조항은 다음과 같다.[131)]

"All disputes arising out of or in connection with the present contract shall be finally settled under the Rules of Arbitration of the International Chamber of Commerce by one or more arbitrators appointed in accordance with the said

---

128) 기존(또는 현존하는) 분쟁에 관한 문언은 생략한다.
129) 국문은 아래와 같다.
"장래의 분쟁
이 계약(비계약적 청구를 포함)과 이 계약의 추후 수정 내용에 따라, 그로부터, 또는 그와 관련하여 발생하는 모든 분쟁, 논쟁 또는 청구(계약의 성립, 효력, 구속력, 해석, 이행, 위반 또는 해지 등 포함)는 대한상사중재원 국제중재규칙에 회부하여 중재에 의하여 종국적으로 해결하여야 한다. 이 규칙은 이 표준중재조항의 일부로 본다.
중재인의 수: [1 / 3]
중재지: [도시 / 국가]
중재에 사용될 언어: [언어]."
130) 1998년 개정된 ICC 중재규칙의 개관은 안영광, "國際商業會議所의 1998 仲裁規則에 관한 硏究," 한양대학교 대학원 법학석사학위논문(2006) 참조.
131) 이는 ICC Publication 808과 국제상업회의소의 아래 웹사이트에서 볼 수 있다. http://www.iccwbo.org/court/arbitration/id4114/index.html.

Rules."

Optional Provisions

The parties may also consider adding the following provisions to the arbitration agreement:

- the law governing the contract;
- the number of arbitrators;
- the place of arbitration; and
- the language of the arbitration.

국제상업회의소의 표준중재조항은 이처럼 매우 단순하고, 중재지, 준거법 등에 관하여 항상 규정하지는 않으므로 얼핏 유효한 중재합의인지가 의문이 들 정도이나, 그 밖의 사항들은 ICC 중재규칙에 의해 보완된다.

다. 런던중재법원의 경우

장래의 분쟁에 관하여 런던중재법원이 제시하는 표준중재조항은 다음과 같다.132)

"Any dispute arising out of or in connection with this contract, including any question regarding its existence, validity or termination, shall be referred to and finally resolved by arbitration under the LCIA Rules, which Rules are deemed to be incorporated by reference into this clause.

The number of arbitrators shall be [one/three].

The seat, or legal place,133) of arbitration shall be [City and/or Country].

The language to be used in the arbitral proceedings shall be [ ].

The governing law of the contract shall be the substantive law of [ ]."

라. 미국중재협회(American Arbitration Association) 국제중재

미국중재협회(AAA)가 국제중재의 경우 제시하는 표준중재조항은 다음과 같다.

132) 기존 분쟁에 관한 문언은 생략한다. 목영준, 316-317면 참조.

133) 과거에는 'place of arbitration'이었으나 위와 같이 개정되었다. 목영준, 316면은 과거의 것이다. 문언은 http://www.lcia-arbitration.com/ 참조.

"Any controversy or claim arising out of or relating to this contract shall be determined by arbitration in accordance with the International Arbitration Rules of the [International Centre for Dispute Resolution/American Arbitration Association].[134)]"

The Parties may wish to consider adding:

(a) The number of arbitrators shall be (one or three);

(b) The place of arbitration shall be (city and/or country); or

(c) The language(s) of the arbitration shall be ______.

Parties are encouraged, when writing their contracts or when a dispute arises, to request a conference, in person or by telephone, with the AAA, to discuss an appropriate method for selection of arbitrators or any other matter that might facilitate efficient arbitration of the dispute.

중재지가 미국인 경우 만일 당사자가 징벌배상을 명하는 판정을 받을 것을 우려한다면 중재판정부가 징벌배상을 할 수 있는 권한이 없음을 명시적으로 규정할 필요가 있다.[135)]

마. UNCITRAL 중재규칙의 경우 —임시중재의 경우

1976년 채택된 국제무역법위원회의 중재규칙(UNCITRAL Arbitration Rules)이 제시하는 표준중재조항은 다음과 같다. 이는 임시중재를 위한 것이다.

"Any dispute, controversy or claim arising out of or relating to this contract, or the breach, termination or invalidity thereof, shall be settled by arbitration in accordance with the UNCITRAL Arbitration Rules as at present in force."

나아가 UNCITRAL 중재규칙은 표준중재조항에 중재인의 수와 선정권자, 중재지와 중재의 언어의 추가를 고려할 수 있다고 다음과 같이 명시한다.

---

134) 당사자는 양자 중 어느 것을 표시해도 무방하다. 국제분쟁해결센터(International Centre for Dispute Resolution)(ICDR)는 미국중재협회의 국제부(international division)이다. 위 문언은 http://www.adr.org/sp.asp?id=28819를 참조하였다.

135) 미국 연방대법원은 *Matrobuono v. Shearson Lehman Hutton* 사건 판결(514 U.S. 52 (1995)에서 중재합의에 근거가 있는 경우 중재판정부도 징벌배상을 명할 수 있다고 판시하였다. 우선 이점인, "懲罰的 損害賠償과 仲裁 —미연방대법원 Mastrobuono 사건 판결을 중심으로—," 부산법조 16호(1998. 12.), 168면 이하 참조.

NOTE:

- The appointing authority shall be … (name of institution or person)
- The number of arbitrators shall be … (one or three);
- The place of arbitration shall be … (town or country);
- The language(s) to be used in the arbitral proceedings shall be …

2. 표준중재조항이 아닌 경우 실무상의 주의사항

중재합의에 포함시켜야 할 사항의 최소한의 기준은 결국 중재합의의 준거법과 중재지법에 따를 사항이다. 위에서 본 바와 같이 동일한 내용의 선택적 중재조항도 준거법에 따라 유효하거나 무효일 수 있고, 중국 중재법(제16조, 제18조)에 따르면 기관중재만이 허용되므로 중재합의시 중재기관을 명시하지 않으면 중재합의가 무효가 된다.

당사자들이 기관중재를 선택하는 경우 당해 중재기관의 표준중재조항을 사용하는 것이 바람직하나, 물론 필요한 수정을 가할 수 있다. 다만 그 경우 의도하지 않는 상충이 발생하지 않도록 주의할 필요가 있다.[136]

한편 당사자들이 임시중재를 선택한다면 적절한 중재조항을 작성하여야 한다. 이 경우 중재조항에 포함시킬 사항은 위에서 본 표준중재조항들로부터 도출할 수 있는데, 이는 ① 당사자들이 당사자 간의 일정한 분쟁을 중재에 의하여 해결한다는 합의, ② 중재지, ③ 중재인의 수와 선정권자, ④ 중재언어, ⑤ 분쟁의 실체의 준거법과 ⑥ 중재절차의 준거법 등이다.[137]

가장 중요한 것은 '① 당사자들이 당사자 간의 일정한 분쟁을 중재에 의하여 해결한다는 합의'이다. 이 점은 우리 대법원판결[138]이 뉴욕협약상이 중재합의에 관하여 "중재합의로서 유효하기 위해서는 중재절차에 의한다는 명시적 의사표시만 있으면 되고 중재장소, 중재기관, 준거법규까지 명시할 필요는 없다"고 판시한 것으로부터도 알 수 있다. 선택적 중재합의는 바로 이러한 합의가 유효하게 존재하는가의 문제이다.

그러나 중재에 의한다는 합의만으로 중재합의가 유효하게 성립할 수 있

---

136) 하자 있는 중재합의의 사례는 Craig/Park/Paulsson(註 115), p. 127 이하; Redfern/Hunter, para. 3-67 이하; 참조.

137) 상세는 Born(註 3), p. 37 이하 참조.

138) 대법원 1990. 4. 10. 선고 89다카20252 판결 등.

더라도 중재지, 중재인의 수와 선정방법, 중재의 언어, 중재절차의 준거법과 실체의 준거법 등을 명시하는 것이 실무적으로 바람직하다. 특히 중재지를 정하지 않으면 실제로 어려운 문제가 발생한다. 즉 예컨대 우리 중재법은 모델법을 따라 영토주의를 취하므로 중재법의 적용 여부는 중재지에 따라 결정되는데, 당사자가 중재인의 선정방법을 합의하지 않은 경우 중재지가 한국 안이라면 법원이 중재인을 선정할 수 있으나, 중재지 자체가 결정되지 않으면, 상대방이 거부하는 경우 중재인을 선정할 수 없게 된다. 우리 중재법(제21조 제2항)에서 보듯이 당사자가 중재지를 정하지 않은 경우 중재판정부가 이를 정할 수 있지만, 중재인을 선정하지 못하는 경우 중재인에 의한 중재지의 결정은 불가능하다.

Ⅶ. 맺 음 말

지금까지 국제상사중재에서 중재합의의 준거법과, 중재합의에 관련된 약간의 실질법적 논점을 살펴보았다. 중재합의는 국제상사중재의 가장 중요한 법적 기초이므로 국제상사중재를 제대로 이해하기 위하여는 중재합의와 관련된 법리를 정확히 이해하지 않으면 아니 된다. 종래 우리나라에서는 중재 전반에 대한 법률가들의 관심이 크지 않았고, 국제상사중재에 관하여는 더욱 그러하였으며, 심지어 국제상사중재는 상학(또는 무역학)을 하는 분들이 취급할 분야로 치부하는 경향마저 있었다. 그러나 이러한 태도는 크게 잘못된 것이다. 국제상사중재의 단독중재인이나, 3인중재의 경우 의장중재인이 되려는 자는 법률가이거나, 그렇지 않더라도 국제상사중재의 법리에 밝아야 한다.[139] 국제상사중재에 관하여 국제적으로는 활발한 논의가 이루어지고 있으나, 우리나라에는 국제상사중재의 실무는 있지만 국제상사중재의 법리에 관심을 가지는 법률가는 많지 않다. 이는 國際商事仲裁法 내지 國際民事節次法, 나아가서는 國際私法과 國際去來法 전반에 대한 우리 법률가들의 무관심과 법학교육의 파행에 기인하는 것이다. 다만 2006년 10월 말 서울에서 개최된 ICC/KCAB/KOCIA Conference와, 2007년 2월 1일부터 시행된 대한상사중재

139) Redfern/Hunter, paras. 4-43, 4-44.

원의 국제중재규칙의 제정을 계기로 앞으로 달라질 것이라는 희망을 가져본다. 하지만 국제중재규칙의 내용을 보면 그것이 충분한 법적 검토를 거친 것인지는 의문이며, 과연 그러한 희망이 실현될 가능성이 있는지 우려하지 않을 수 없다. 앞으로 국제상사중재의 중요성과 국제상사중재법 연구의 필요성에 대한 우리 법률가들의 인식을 제고하지 않으면 아니 된다. 그렇게 하기 위하여는 일회적인 이벤트성 행사보다는 법학계와 실무계가 공동으로 지속적으로 교육과 연구를 강화하여 전문가를 양성하는 것이 正道라고 본다. 또한 상사중재와는 다소 차이가 있지만, 2007년 4월 한미자유무역협정(FTA)의 타결을 계기로 투자분쟁에 관한 국제중재, 특히 워싱턴협약(또는 ICSID 협약)에 따른 투자중재에 대하여도 늦었지만 큰 관심을 가져야 할 것이다.

제4장 國際商事仲裁에서 분쟁의 실체에 적용할 準據法
—우리 중재법의 해석론을 중심으로—

> 前 記
> 이 글은 한양대학교 법학논총 제23집 제1호(2006. 6.), 315면 이하에 게재한 글에 다소 수정·보완한 것이다. 특히 중재지에 관하여는 제1장에서 다루었으므로 여기에서는 그 부분을 줄였다.

Ⅰ. 문제의 제기

1. 국제상사중재에서 제기되는 準據法의 제문제

국제상사중재의 개념을 어떻게 정립할지에 관하여는 견해가 나뉘나,[1] 어느 견해를 따르든 간에 어떤 외국적 요소가 있는 상사분쟁을 중재에 의하여 해결하기 위한 것이므로 준거법에 관한 다양한 문제가 제기된다. 국제상사중재에서 제기되는 준거법의 제문제로는 다음의 것들을 들 수 있다.[2]

① 중재합의의 준거법. 이에는 중재합의의 성립 및 실질적 유효성의 준거법, 중재합의의 효력의 준거법과 중재합의의 방식의 준거법 등이 있다.[3]

② 분쟁의 대상인 실체(이하 "실체"라고 한다)의 준거법. 아래에서는 이를 "분쟁의 실체의 준거법"이라 한다. 여기에서 실체는 절차(procedure)와 구

---

1) 목영준, 商事仲裁法論(2000), 19면 이하 참조. 이하 "목영준"이라고 인용한다.

2) 국제상사중재에서 제기되는 다양한 준거법의 논점에 관하여는 우선 Alan Redfern and Martin Hunter with Nigel Balckaby and Constantine Partasides, Law and Practice of International Commercial Arbitration, Fourth Edition (2004), para. 2-04; Klaus Peter Berger, International Economic Arbitration (1993), pp. 477-579를 참조. 앞의 책은 이하 "Redfern/Hunter"라고 인용한다. 이 책 제1장(Ⅶ.)도 참조.

3) 상세는 석광현, "國際商事仲裁에서 仲裁合意의 準據法," 한양대학교 법학논총 제24집 제1호(2007. 4.), 119면 이하; 이 책 제3장 참조.

별되는 'substance' 또는 'merits'를 의미한다.

③ 중재절차의 준거법(*lex arbitri*).[4] 중재법상 중재절차의 준거법에 관하여 당사자자치가 허용되는지는 논란이 있다.

④ 중재합의를 체결할 수 있는 당사자들의 능력의 준거법.

⑤ 분쟁대상의 중재가능성 또는 중재적격(arbitrability, *arbitrabilité,* objektive Schiedsfähigkeit)의 준거법.[5]

⑥ 중재판정과 중재판정의 취소의 준거법.

중재판정의 준거법[6]은 중재판정 취소의 준거법과 동일하다고 본다.[7]

⑦ 중재판정의 승인 및 집행의 준거법. 중재판정의 승인 및 집행의 준거법은 당사자가 승인 및 집행을 구하는 국가의 법이다. 다만 현재 140개 이상의 국가들이 외국중재판정의 승인 및 집행을 용이하게 하기 위한 1958년 외국중재판정의 승인 및 집행에 관한 국제연합협약(Convention on the Recognition and Enforcement of Foreign Arbitral Awards)(이하 "뉴욕협약"이라 한다)에 가입하였으므로 뉴욕협약이 특히 중요한 의미를 가진다.

우리나라는 국제연합 국제무역법위원회(UNCITRAL)가 1985년 채택한 "국제상사중재에 관한 모델법"(Model Law on International Commercial Arbitration)(이하 "모델법"이라 한다)을 받아들여 중재법을 전면개정하였고 이는 1999년 12월 31일 발효되었는데, 여기에서는 중재법을 중심으로 분쟁의 실체의 준거법(즉 ②의 준거법)을 검토한다. 또한 1998년 1월 1일자로 개정된 국제상업회의소(International Chamber of Commerce. ICC)의 중재규칙(Rules of Arbitration of the International Chamber of Commerce)(이하 "ICC 중재규칙"

---

4) 여기에서는 중재절차를 규율하는 법, 즉 중재절차의 준거법의 의미로 '*lex arbitri*'를 사용한다. Berger(註 2), p. 477; 목영준, 79면도 동지. 그러나 이를 단어에 충실하게 '중재의 준거법'(law governing the arbitration)이라고 넓게 이해하기도 한다. 그에 따르면 중재가능성과, 공서위반을 이유로 하는 중재판정 취소도 *lex arbitri*에 따른다. Redfern/Hunter, para. 2-04 이하 특히 para. 2-09.

5) 중재법은 구 중재법(제2조)과 달리 중재가능성에 관하여 명확한 기준을 제시하지 않으나 이는 바람직하지 않으며 마땅히 규정을 두었어야 했다. 석광현, "改正仲裁法의 몇 가지 문제점 —國際商事仲裁를 중심으로—," 국제사법과 국제소송 제2권(2001), 477면 이하.

6) 양병회 외, 주석중재법(2005)(조대연 집필부분), 139면 이하와 박상조 · 주기종 · 윤종진, 국제상사중재법론(1997), 408면은 이 글에서 다루는 분쟁의 실체의 준거법을 "중재판정의 준거법"이라고 부르나 적절한 표현은 아니라고 본다. 저자는 그것을 오히려 중재판정의 성립, 방식과 효력의 준거법을 의미하는 것으로 사용한다. 주석중재법은 이하 "주석중재법/집필자"로 인용한다.

7) 이호원, "외국중재판정의 승인과 집행," 재판자료 제34집(1986), 686면.

이라 한다),[8] 국제연합 국제무역법위원회의 1976년 중재규칙(UNCITRAL Arbitration Rules)(이하 "UNCITRAL 중재규칙"이라 한다), 우리나라와 마찬가지로 모델법을 받아들인 독일 신 민사소송법과 일본 중재법과,[9] 스위스의 1987년 국제사법[10](제12장)에 따른 국제상사중재도 간단히 살펴본다. 분쟁의 실체의 준거법에 따라 중재판정의 결론이 달라질 수 있고, 또한 분쟁의 실체의 준거법이 어느 법인가에 따라 실제로 그 준거법 소속국의 변호사가 주도적으로 또는 적어도 보조적으로 중재절차에 관여하게 된다는 점에서 분쟁의 실체의 준거법은 이론적으로나 실무적으로 중요한 의미를 가진다.

2. 분쟁의 실체의 準據法의 결정과정과 논점의 정리

국제상사중재에 있어 중재인(들) 또는 중재판정부(이하 양자를 호환적으로 사용한다)는 외국적 요소(foreign element)가 있는 사안에 대한 중재판정을 내리기 위하여는 실체에 적용할 준거법을 결정하여야 하는데, 이 점은 국제소송에서 법원이 분쟁을 해결하는 경우와 다를 바가 없다. 법원이라면 우선 법정지(forum)의 저촉규범(또는 국제사법. 이하 양자를 호환적으로 사용한다)을 적용하고, 그 저촉규범이 정한 연결원칙에 따라 실체에 적용되는 준거법인 실질법을 결정하는 이단계를 거치게 된다.[11] 문제는 이러한 준거법결정의

8) 개정된 ICC 중재규칙에 관한 개관은 안영광, "國際商業會議所의 1998 仲裁規則에 관한 研究," 한양대학교 대학원 법학석사학위논문(2006) 참조.

9) 독일은 우리나라에 앞서 '중재절차의 신규율을 위한 법률'(Gesetz zur Neuregelung des Schiedsverfahrensrechts—SchiedsVfG)에 의해 1998년 1월 1일자로 독일 민사소송법(ZPO) 중 중재편(제10편 제1025조—제1066조)을 개정하였고, 일본은 우리보다 늦게 2004년 3월 1일자로 중재법을 개정하였다. 일본의 중재법에 관하여는 우선 渡辺惺之, "일본 중재법의 현상과 과제," 중재연구 제13권 제2호(2004. 2.), 13면 이하 참조. 상세는 近藤昌昭/後藤 健/內堀宏達/前田 洋/片岡智美, 仲裁法コンメンタール(2003) 참조. 독일 신 민사소송법과 일본 중재법도 우리 중재법처럼 모델법을 전면적으로 수용하고, 국제중재와 국내중재를 일원적으로 규율한다.

10) 이는 스위스의 "國際私法에 관한 聯邦法律"을 말한다. 스위스 국제사법 일반에 관하여는 석광현, "스위스 國際私法(IPRG)," 국제사법과 국제소송 제1권(2001), 479면 이하 참조.

11) 반정이 허용되는 경우 외국의 국제사법을 적용한다(우리 국제사법 제9조 참조). '실질법'이라 함은 법적용규범(또는 간접규범)인 저촉법(또는 국제사법)에 대비되는 개념으로, 우리 민·상법과 같이 저촉법(또는 국제사법)에 의하여 준거법으로 지정되어 특정 법률관계 또는 쟁점을 직접 규율하는 규범을 말한다. 이는 절차법과 대비되는 실체법과는 상이한 개념이다. 그러나 장복희, "국제상사중재에 있어서 준거법 선택에 관한 연구," 중재 277호(1995년 가을), 64면; 오원석, "국제상사중재에서 준거법의 결정," 무역상무연구 제29권(2006. 2.), 40면 등은 실질법을 실체법과 혼동한다.

과정이 국제상사중재에서 중재인에게도 타당한가라는 점이다. 구 중재법은 실체의 준거법에 관하여 명시적인 규정을 두지 않았으나, 중재법은 모델법을 수용하여 명시적인 규정을 둔다. 따라서 아래에서는 중재법을 중심으로 분쟁의 실체의 준거법의 결정에 관한 다음의 논점들을 차례대로 검토한다.[12] 이는 주로 우리 중재법(제29조)의 해석론의 문제이다.[13][14]

첫째, 분쟁의 실체의 주관적 준거법 ―當事者自治(Ⅲ.)

둘째, 당사자들이 준거법을 지정하지 않은 경우 분쟁의 실체의 객관적 준거법(Ⅳ.)

셋째, 당사자들은 중재인으로 하여금 형평과 선(*ex aequo et bono*)을 적용하여 판단하도록 할 수 있나(Ⅴ.)

넷째, 계약의 준수와 상관습의 고려(Ⅵ.)

다섯째, 국제상사중재와 국제적 강행법규의 적용 또는 고려(Ⅶ.)

여섯째, 중재판정부의 준거법 또는 계약조건의 적용의 잘못과 중재판정의 취소 또는 승인(및 집행)의 거부(Ⅷ.)

다만 국제상사중재의 전통적인 이론에 따르면 위 논점들을 검토하는 데

---

12) 저자는 전에 석광현, "國際商事仲裁에 있어서 實體에 적용할 準據法의 결정," 東泉 金仁燮 辯護士 華甲紀念論文集(1996), 522면 이하에서 이러한 논점을 간단히 취급하였는데, 이는 주로 구 중재법 하의 해석론이었다. 여기에서는 현행 중재법의 해석론을 전개하고 논의를 좀더 진전시켰다. 최근에 간행된 주석중재법도 반영하였다. 구 중재법의 해석론은 그 밖에도 장복희(註 11), 58면 이하; 박상조 · 주기종 · 윤종진(註 6), 408면 이하 참조.

13) 최근의 논의로는 무역학자인 오원석(註 11), 39면 이하가 있으나 이는 외국 문헌을 기초로 입법례를 소개한 것이고 우리 중재법의 해석론은 아니다. 독일 민사소송법과 우리 중재법의 비교는 오석웅, "국제상사중재판정에 있어서 중재판정부에 의한 법선택의 범위―객관적 연결기준으로서 '밀접관련성'의 해석과 중재판정부에 의한 실질법의 적용범위에 관한 독일법의 비교법적 분석―," 국제거래법연구 제15집 제1호(2006), 169면 이하가 있다.

14) 제29조는 국제상사중재에만 적용된다는 견해가 있다. 김명기, "상사중재에 있어서 판례의 법원성 부인에 관한 연구," 중재 제319호(2006 봄), 77면 이하. 그러나 그렇게 단정하는 것은 의문이다. 우선 제1항에 관하여 보면, 우리 국제사법(제25조 제4항)도 순수한 국내계약에서 당사자들이 외국법을 준거법으로 지정하는 것을 허용하면서 일정한 한계를 두고 있는데 중재법에서 더 엄격한 태도를 취할 이유는 없다. 물론 그 경우 국제사법에서 보듯이 국내적 강행법규의 적용은 배제되지 않는다는 원칙을 유추적용할 필요가 있다. 제2항에 관하여는 국내중재에 대하여 이를 적용할 경우 준거법은 한국법이 될 것이므로 결과에 있어서는 차이가 없다. 더욱이 형평과 선에 의한 판정과 계약 및 상관습을 고려할 것을 정한 제29조 제3항과 제4항은 국내중재에서도 적용할 필요가 있다. 물론 아래에서 지적하듯이 당사자자치의 적용범위가 국제계약만이 아니라 좀더 확대될 가능성이 있는데, 그 때는 국내중재와 국제중재에서 차등을 둘 필요가 있다고 본다. 요컨대 제29조, 특히 제1항과 제2항은 주로 국제중재를 염두에 둔 것은 사실이지만 그 경우에 한정되는 것은 아니라고 볼 수 있다.

있어 중재지(또는 중재판정지. 이하 양자를 호환적으로 사용한다)가 중요한 의미를 가지므로 중재지의 의미를 먼저 간단히 살펴본다(Ⅱ.). 한 가지 지적해 둘 것은 소송의 경우 우리 법원은 우리 국제사법을 적용하는데, 아래의 논점을 검토하는 데 있어서는 국제사법에 따른 연결원칙, 특히 국제계약의 준거법결정과 비교하여 양자의 異同을 파악하는 것이 바람직하다는 점이다.[15] 그렇게 함으로써 중재에서 준거법 결정의 특색을 명확히 알 수 있기 때문이다.

Ⅱ. 국제상사중재에서의 중재지[16]

1. 仲裁地의 意義

중재합의를 하는 국제계약의 당사자는 예컨대 '서울' 또는 '런던'이라는 식으로 중재지를 명시한다. 중재지(place, seat, forum or *locus arbitri* of arbitration)는 일반적으로 중재사건의 심리를 진행하고 중재판정을 내리는 곳 또는 이를 하기로 예정하는 곳을 말하는데, 이는 1개의 장소이다.[17] 중재지는 단순한 지리적인 문제에 불과한 것이 아니라 중재의 법적 환경으로서의 의미를 가지는데, 보다 구체적으로 첫째, 중재의 진행, 즉 중재단계와 둘째, 중재판정의 집행, 즉 집행단계에서 중요한 의미를 가진다.[18]

나아가 전통적인 이론에 따르면, 첫째 당사자들이 분쟁의 실체의 준거법을 지정하지 않으면 중재인은 중재지의 저촉규범에 따라 준거법을 결정하였고, 둘째 실체에 관한 중재지의 국제적 강행법규(internationally mandatory rules, international zwingende Bestimmungen)는 마치 법정지의 그것인 것처럼 중재인에 의하여 당연히 적용되는 것으로 이해되었다. 그러나 주요 국제중재규칙 및 주요국의 입법례상 실체의 준거법결정에 있어 중재지는 법정지로서

15) 우리 국제사법에 따른 국제계약의 준거법결정에 관하여는 석광현, 국제사법 해설 제2판(2003), 200면 이하 참조.

16) 당초 이 글에서는 이 부분을 비교적 상세히 논의하였으나 이 책에서는 제1장 V.에서 논의하였으므로 여기에서는 간단히 줄였다.

17) 주석중재법/이강빈 · 서정일, 94면.

18) Redfern/Hunter, para. 6-13.

의 의미를 상당부분 상실하였다. 여기의 논의를 통하여 중재합의의 준거법을 결정하는 데 있어 중재지가 가지는 보충적인 의미가 분명하게 될 것이다.

2. 仲裁地의 決定

오늘날 국제상사중재에서 당사자들이 중재지를 자유로이 선정할 수 있음은 널리 인정되고 있고, 우리 중재법(제21조 제1항)도 이를 명시한다. 당사자들은 중재지가 당사자들에게 중립적인가와, 교통·통신의 편리, 자금이체의 자유, 숙련된 현지의 지원을 포함하는 실제적인 고려에 기초하여 중재지를 직접 선정하거나 제3자로 하여금 선정하게 한다. 중재지가 당사자 또는 사안과 합리적인, 실질적인 또는 기타 어떤 관련이 있을 필요는 없다. 중재인은 통상 심리 내지 회합을 포함한 중재절차를 그 장소에서 진행하지만 그곳에서 심리, 증거조사 등의 활동을 할 필요도 없다. 우리 중재법(제21조 제3항)상으로도 같다. 결국 중재지는 중재판정에 중재지라고 기재된 장소에 불과하며 그곳에서 실제로 어떤 행위도 행해지지 않을 수도 있는데, 이 점에서 중재지는 '형식적인 법적 주소 또는 본거'(formales Legaldomizil, juridical seat of arbitration)[19] 또는 '순전히 법적인 개념'(purely legal concept)[20]이다.

당사자들은 중재지를 결정함에 있어서 중재지가 가지는 의미와 기능을 충분히 고려하여야 하는데, 가장 중요한 고려사항은 중재지가 중재의 진행과 중재판정의 집행을 위하여 의미를 가진다는 점이다. 당사자의 합의가 없는 경우, 우리 중재법(중재법 제21조 제1항)은 중재판정부가 당사자의 편의와 당해 사건에 관한 제반 사정을 고려하여 중재지를 정하도록 한다.

Ⅲ. 분쟁의 실체의 주관적 준거법—當事者自治(제29조 제1항)

종래 국제상사중재에서 분쟁의 실체의 준거법 결정에 관하여는 이른바

---

19) Karl Heinz Schwab/Gerhard Walter, Schiedsgerichtsbarkeit 7. Auflage (2005), Kapitel 15 Rn. 39. 이하 "Schwab/Walter"라고 인용한다.

20) Howard M. Holtzmann and Joseph E. Neuhaus, A Guide To The UNCITRAL Model Law On International Commercial Arbitration: Legislative History and Commentary (1989), p. 839. 이하 "Holtzmann/Neuhaus"라고 인용한다.

'당사자자치(party autonomy, *l'autonomie de la volonté,* Parteiautonomie)의 원칙'이 널리 인정되고 있다. 아래에서는 우리 중재법의 해석론을 중심으로 다음의 논점들을 검토한다.

첫째 우리 중재법이 명시하는 당사자자치의 원칙(아래 1.).

둘째 당사자들은 특정 국가의 법체계[21](national system of law)만을 준거법으로 지정 또는 선택하여야 하는가, 아니면 그 대신 국제조약 또는 상인법(*lex mercatoria*) 또는 법의 일반원칙과 같은 분쟁해결에 적절한 규범을 지정할 수 있는가(아래 2.).

셋째 당사자자치의 원칙이 타당한 영역(아래 3.).

1. 당사자자치의 원칙의 명시

국제상사중재의 실무상 분쟁의 실체에 적용할 법을 당사자들이 명시적으로 지정하는 경우가 많은데, 국제상사중재에 관한 국제조약, 중재규칙 및 각국의 입법례는 당사자들의 준거법선택을 인정함으로써 당사자자치의 원칙을 널리 승인한다. 이는 중재가 사적 분쟁해결수단(private method of dispute resolution)이라는 점에 근거한 것으로 소송과 비교하여 더 넓게 인정된다. 1961년 4월 21일 제네바에서 서명된 "국제상사중재에 관한 유럽협약"(이하 "유럽협약"이라 한다)(제Ⅶ조 제1항 1문),[22] 개정 ICC 중재규칙(제17조 제1항), UNCITRAL 중재규칙(제33조 제1항 1문), 미국중재협회(American Arbitration Association. AAA)가 점증하는 국제상사중재를 해결하기 위하여 설치한 국제분쟁해결센터(International Centre for DisputeResolution. ICDR)의 국제중재규칙(제28조 제1항 1문)(이를 "ICDR 국제중재규칙" 또는 "AAA 국제중재규칙"이라 한다)과 스위스 국제사법(제187조 제1항)은 당사자자치의 원칙

21) 당사자가 준거법을 지정하는 경우 반정은 허용되지 않으므로 이를 '실질법(체계)'라고 번역하였으나 여기에서는 중재법 제29조 제1항의 문언을 따라 단순히 '법체계'라고 한다.

22) 영문명칭은 "European Convention on International Commercial Arbitration"인데 동 조의 조문은 아래와 같고 영문은 말미에 있다.

"제Ⅶ조 — 준거법

1. 당사자들은 중재인이 분쟁의 실체에 적용할 법을 합의에 의하여 자유로이 정할 수 있다. 준거법에 관한 당사자들의 표시가 없는 경우, 중재인들은 중재인들이 적용된다고 판단하는 저촉규칙에 따른 준거법을 적용하여야 한다. 어느 경우이든 중재인들은 계약의 조건과 상관행을 고려하여야 한다."

을 명시한다. 우리 중재법(제29조 제1항 1문)도 모델법(제28조 제1항)을 따라 "중재판정부는 당사자들이 지정한 법에 따라 판정을 내려야 한다"고 함으로써 당사자자치의 원칙을 명시한다. 위 조문들은 말미에 기재한 바와 같다.

당사자들은 당사자 또는 당해 분쟁과 아무런 실질적 관련이 없는 중립적인 법을 지정할 수 있다.[23] 또한 당사자들의 준거법 지정은 명시적 또는 묵시적으로 이루어질 수 있다. 다만 우리 국제사법(제25조 제1항 단서)은 1980년의 "계약채무의 準據法에 관한 유럽공동체협약"(이른바 "로마협약")[24]을 받아들여, 계약의 묵시적인 준거법 선택은 계약내용 그 밖에 모든 사정으로부터 합리적으로 인정할 수 있는 경우에 한한다고 제한하는데 중재의 경우에도 동일한 원칙이 타당하다고 본다.[25] 예컨대 특정 법체계의 조항에 대한 언급, 통화, 특정 언어 또는 다른 특정 국가적 요소에 대한 언급 등은 준거법의 묵시적 지정을 가능하게 하는 요소들이 되는데 특히 이들이 동일한 준거법을 지정하는 경우 그러하다.[26] 또한 당사자들이 준거법을 명시적으로 합의하지 않았으나 중재절차에서 다툼 없이 동일한 준거법에 기하여 주장하고 답변하는 경우에도 묵시적 지정을 인정할 수 있다.[27]

묵시적 선택과 관련하여 실무상 문제되는 것은, 당사자들의 중재지의 선택으로부터 중재지의 실질법을 분쟁의 실체의 준거법으로 묵시적으로 선택할 것으로 볼 수 있는지이다. 영국에서는 전통적으로 이를 긍정하는 견해가 유력하였는데, 이는 관할과 준거법의 병행을 선호하는 영국법의 경향 때문이라고 한다.[28] 그러나 위에서 본 바와 같이 중재지의 선정은 여러 가지 요소를 고려하여 이루어지므로 특별히 중재지의 선정으로부터 묵지적인 준거법의 선택을 도출하는 것을 적절하지 않으며, 다만 묵시적인 준거법을 판단하는 데 있어 하나의 요소로 고려할 수 있을 뿐이다.[29]

---

23) 목영준, 86면도 동지. 우리 국제사법(제25조)의 해석상으로도 마찬가지이다.

24) Convention on the law applicable to contractual obligations, 로마협약에 관한 상세는 석광현, "계약상 채무의 準據法에 관한 유럽공동체협약(로마협약)," 국제사법과 국제소송 제1권 (2001), 53면 이하 참조.

25) Julian D. M. Lew/Loukas A. Mistelis/Stefan M. Kröll, Comparative International Commercial Arbitration (2003), para. 17-13. 이 책은 이하 "Lew/Mistelis/Kröll"이라고 인용한다.

26) Mauro Rubino-Sammartano, International Arbitration Law and Practice, Second revised edition (2001), p. 423. 이 책은 이하 "Rubino-Sammartano"라고 인용한다.

27) Lew/Mistelis/Kröll, para. 17-16.

28) Robert Merkin, Arbitration Law (1991), 5.21; Rubino-Sammartano, p. 423.

29) Redfern/Hunter, para. 2-78; Lew/Mistelis/Kröll, para. 17-15도 동지.

특정 국가의 법 또는 법체계가 지정된 경우에 달리 명시되지 아니하는 한 그 국가의 국제사법이 아닌 분쟁의 실체에 적용될 법을 지정한 것으로 본다(제29조 제1항 2문). 즉 당사자가 준거법을 지정한 경우 이는 준거법 소속국의 국제사법이 아니라 "국제사법이 아닌 분쟁의 실체에 적용될 법," 즉 실질법을 지정한 것으로 본다. 이는 反定(*renvoi*)을 배제하기 위한 것이다. 위 조항은 "달리 명시되지 아니하는 한"이라고 규정하므로 당사자는 이른바 총괄지정(Gesamtverweisung)을 할 수도 있다는 것으로 보인다.

중재법에는 명문의 규정이 없지만, 당사자가 지정한 준거법을 적용한 결과가 국제적 공서(international public policy)에 반하는 때에는 적용될 수 없다고 본다.[30] 물론 그 경우 내국관련성이 있어야 하는데, 공서위반의 정도는 사안의 內國關聯性과의 관계에서 상대적으로 이해해야 한다. 즉 內國關聯性이 크면 외국법 적용의 결과가 선량한 풍속 및 사회질서 위반의 정도가 약하더라도 공서위반이 될 수 있으나, 반대로 內國關聯性이 작으면 외국법 적용의 결과가 선량한 풍속 및 사회질서 위반의 정도가 큰 경우에만 공서위반이 될 수 있다.[31]

2. 당사자는 반드시 특정 국가의 법체계를 지정해야 하나

가. 국제소송의 경우

국가의 법원이 재판하는 소송의 경우 준거법은 반드시 특정 국가의 법체계여야 하는지에 관하여는 국제적으로 논란이 있다. 즉 전통적인 국제사법이론에 따르면 계약의 준거법은 특정 국가의 법체계가 되는 것이 당연하고, 특정 국가의 법이 아닌 법규범(이하 이런 의미로 '법규' 또는 '법의 규칙'을 호환적으로 사용한다)의 선택은 준거법의 지정으로서 효력이 없다. 만일 그러한 선택을 한다면 당해 법률관계는 객관적 준거법에 의하여 규율된다. 그 이유는 특정 국가의 법체계만이 당사자들의 권리·의무와 그의 집행을 위한 구제수단을 망라적으로 규율할 수 있기 때문이다. 문제는 당사자들이 분쟁의 실체의 준거법으로 국제조약, *lex mercatoria*(law merchant. 이하 "상인법"이

30) 목영준, 87면도 同旨.
31) 석광현(註 15), 118면.

라 한다),[32] 또는 법의 일반원칙(general principles of law),[33] 私法統一國際研究所(UNIDROIT)의 1994년 및 2004년 국제상사계약원칙(Principles of International Commercial Contracts. 이하 "국제상사계약원칙"이라 한다) 또는 유럽계약법위원회(이른바 Lando 위원회)가 작성한 유럽계약법원칙(Principles of European Contract Law. PECL)[34] 등을 지정할 수 있는지이다. 이에 대해 어떤 견해를 취하는가에 따라 당사자들이 국제상사계약원칙을 매매계약에 적용하기로 합의하거나 조약의 적용범위에 속하지 않는 사건에서 "국제물품매매계약에 관한 국제연합협약"(CISG)을 적용하기로 합의한 경우, 이것이 抵觸法的 指定(kollisionsrechtliche Verweisung)인지 또는 實質法的 指定(materiell-rechtliche Verweisung)인지가 결정된다. 저촉법적 지정은 준거법의 지정인 데 반하여, 실질법적 지정은 준거법의 지정이 아니라 외국법을 마치 약관처럼 참조(또는 언급)함으로써 계약의 내용으로 편입하는 것(incorporation by

---

32) 이는 대체로 국제상거래에서 통용되는 통일적인 법규를 의미하는데, transnational law, international law of contracts, *lex mercatoria* 또는 international trade law라고도 한다. 이를 넓게 파악하면, 통일법을 창설하는 국제조약, 법의 일반원칙, 국제법, 국제기구의 규칙과 국제적으로 흔히 사용되는 조항 등을 포함하나, 좁게 파악하면 국제상거래에서 자생적으로 발생하여 발전하고 특정 국내법과 관련이 없는 일반원칙과 관행을 의미한다. 일부 견해는 '계약은 준수하여야 한다', '사정변경의 원칙', '계약의 형성과 이행에 있어서의 신의칙', '일방 계약당사자의 본질적인 채무불이행은 타방당사자를 면책시킨다'는 원칙 등을 상인법의 예로서 열거하나, 상인법의 존재를 인정하는 학자들 간에도 그 구체적인 내용에 관하여는 견해가 일치하지 않는다. 이는 상인법을 구체적인 원칙의 목록으로 이해하는 견해의 접근방법이다(예컨대 Ole Lande의 목록과 Lord Mustill의 목록. Lew/Mistelis/Kröll, paras. 18-56, 18-57 참조). 반면에 기능적인 접근방법을 취하는 입장이 있는데, 이는 상인법의 목록을 작성하는 대신 특정한 문제가 발생한 때에 이를 해결하기 위하여 적절한 상인법의 규칙 내지는 원칙을 특정하는 것을 목적으로 한다. Redfern/Hunter, para. 2-59 이하 참조. 한편 W. Laurence Craig/William W. Park/Jan Paulsson, International Chamber of Commerce Arbitration, 3rd edition (2000), Chapter 35는 상인법의 개념을 세 가지로 분류한다. 어느 태도를 취하든 간에 UNIDROIT의 2004년 국제상사계약원칙과 1998년 유럽계약법원칙이 중요한 의미를 가진다. 우리 문헌으로는 우선 서헌제, "lex mercatoria로서의 UNIDROIT Principles," 통상법률 통권 제33호(2000. 6.), 85면 이하 참조. 국제상사계약원칙은 2004년 개정을 통하여 확대되었는데 국문번역문은 오원석 · 최준선 · 허해관, UNIDROIT 국제상사계약원칙 2004(법문사, 2006)로 간행된 바 있다.

33) 국제상사중재에서 법의 일반원칙은 종종 상인법과 동일한 의미로 사용된다. Erik Schäfer/Herman Verbist/Christophe Imhoos, ICC Arbitration in Practice (2005), p. 86.

34) Ole Lando and Hugh Beale, The Principles of European Contract Law —Part Ⅰ: Performance, Non-Performance and Remedies (1995), Ole Lando and Hugh Beale, The Principles of European Contract Law —Parts Ⅰ and Ⅱ, Combined and Revised (2000)와 Ole Lando, Eric Clive, André Prüm and Reinhard Zimmermann (Eds.), Principles of European Contract Law —Part Ⅲ (2003) 참조.

reference)을 말하는데, 실질법적 지정의 경우 달리 준거법이 지정되지 않았다면, 당해 계약에 편입된 외국법의 내용은 객관적 준거법의 국내적 강행법규[35]에 의한 제한을 받는다.

그러나 근자에는 당사자들은 특정 국가의 법이 아닌 법규범을 계약의 준거법으로 지정할 수 있다는 견해가 점차 설득력을 얻어가고 있다.[36]

나. 국제상사중재의 경우

(1) 국제적인 논의

반면에 국제상사중재의 경우 당사자들은 특정 국가의 법체계뿐만 아니라 상인법, 국제상사계약원칙 또는 법의 일반원칙을 분쟁해결의 준거규범으로 합의할 수 있다는 것이 요즈음의 경향이고 실제로 그러한 사례가 증가하고 있다.[37][38] 이는 사적 분쟁해결수단이라는 중재의 성질에 근거한 것이다.

---

35) 이는 당사자의 합의에 의해 그 적용을 배제할 수 없는 강행법규를 말한다. 이를 단순한 또는 통상의 강행법규라고도 한다. 국제적 강행법규는 당사자의 합의에 의해 적용을 배제할 수 없을 뿐만 아니라, 그에 추가하여 준거법이 외국법이라도 그의 적용이 배제되지 않는 강행법규를 말한다. 석광현(註 15), 92면 이하 참조.

36) 예컨대 Max Planck Institute for Foreign Private and Private International Law, "Comments on the European Commission's Green Paper on the Conversion of the Rome Convention of 1980 on the law applicable to Contractual Obligations into a Community Instrument and its Modernization," Rabels Zeitschrift für ausländisches und internationales Privatrecht, Band 68 (2004), S. 33.

37) 당사자가 선택할 수 있는 규범에 관한 상세는 Redfern/Hunter, para. 2-39 이하 참조. 당사자들은 특히 일방이 국가인 경우 특정 국가의 법이 국제법 또는 법의 일반원칙과 일치하는 범위 내에서만 적용하기로 하거나(이른바 concurrent laws), 양당사자의 국가법이 공통된 범위 내에서만 적용하기로 합의하기도 한다(이른바 combined laws 또는 *tronc commun* doctrine라고 한다). 전자의 예로는 이란석유국유화와 관련된 3개의 중재사건, 즉 Texaco 중재, BP 중재와 Liamco 중재가 있고(Redfern/Hunter, para. 2-50), 후자의 예로는 Sapphire 사건과 Channel Tunnel 사건이 있다. Redfern/Hunter, para. 2-54. 후자는 영국과 프랑스 간의 유로터널프로젝트와 관련된 사건이다. 후자는 Rubino-Sammartano, p. 446 이하도 참조.

38) 논자에 따라서는 이처럼 실질법의 측면에서 상인법 또는 법의 일반원칙을 적용하여 내린 중재판정도 무국적중재판정이라고 부른다. 목영준, 202면. 그러나 통상 무국적중재판정(a-national award) 또는 초국가적 중재판정(transnational award, supranational award)이라 함은, 당사자들의 합의에 의하여 특정 국가(특히 중재판정지)의 중재법으로부터 절연된 중재로부터 내려지는 중재판정을 말한다. 위에서 언급한 바와 같이 이처럼 국제상사중재를 특정 국가법으로부터 절연하는 현상을 탈지역화(delocalization)라고 부른다. Albert Jan van den Berg, The New York Arbitration Convention of 1958 (1981), p. 28; Redfern/Hunter, para. 2-26. 이하 전자를 "van den Berg"라 인용한다. 즉 무국적중재판정은 통상 절차적인 측면에서 바라본 것이고 분쟁의 실체의 준거법이 특정 국가의 법이 아니라는 이유로 무국적중재판정이라고 하지는 않는다. 무국적 판정에 대하여는 뉴욕협약이 적용되는지에 관하여 논란이 있는 데 반하여, 분쟁의 실체에 특정 국가법 이외의 규범 또는 원칙을 적용하

모델법(제28조 제1항)도 "중재판정부는 당사자들이 분쟁의 실체에 적용되도록 선택한 법규(rules of law)에 따라 분쟁을 판단하여야 한다"[39](밑줄은 저자가 추가함)고 하여, 당사자들이 선택할 수 있는 규범을 'law'라고 하는 대신 'rules of law'라고 함으로써 이러한 경향을 따른다. 1996년 영국 중재법(Arbitration Act 제46조 제3항)도 모델법과 유사하고,[40] 개정 ICC 중재규칙(제17조 제1항 1문)도 "당사자들은 중재판정부가 분쟁의 본안에 대하여 적용할 법규를 자유로이 합의할 수 있다"[41]고 하여 동일한 원칙을 따른다. AAA 국제중재규칙(제28조 제1항 1문)도 마찬가지다. 이는 당사자들이 하나의 계약에 대하여 단일한 준거법을 지정하는 대신 계약을 분할하여 복수의 준거법을 달리 지정하는 것, 즉 준거법의 분열(*dépeçage*)을 가능하게 하고, 나아가 당사자들이 계약을 어느 특정 국가의 법체계가 아니라 상인법, 국제상사계약원칙 또는 법의 일반원칙을 분쟁해결의 준거규범으로 합의할 수 있도록 하기 위한 것이다.[42] 우리나라가 가입한 1965년 "국가와 타방국가 국민간의 투자분쟁의 해결에 관한 협약"(Convention on the Settlement of Investment Disputes between States and Nationals of Other States. ICSID 협약 또는 워싱턴협약) 제42조 제1항도 "중재판정부는 분쟁을 당사자들이 합의한 법규에 따라 결정한다"[43]고 명시한다. 반면에 아래에서 보듯이 모델법(제28조 제2항)은 객관적 준거법의 경우 'rules of law'가 아니라 'law'를 사용함으로써 양자

는 것은 널리 인정되고 있다. 따라서 양자를 함께 논의하는 것은 혼란을 초래할 위험이 있으므로 전자도 무국적중재판정이라고 부르는 것은 바람직하지 않다. Redfern/Hunter, para. 2-26, Fn. 68; van den Berg, p. 33 참조.

39) 영문은 말미에 있다. rules of law는 법규, 법의 규칙 또는 법의 원칙 등으로 번역할 수 있다. 여기에서는 이들을 호환적으로 사용한다.

40) Redfern/Hunter, para. 2-71. 조문은 "만일 그러한 선택 또는 합의가 없거나 없는 범위 내에서는 중재판정부는 그가 적용된다고 판단하는 저촉규범에 의하여 결정되는 법을 적용한다"는 것이다. 영문은 말미에 있다. 우리 문헌으로는 강병근, "1985년 UNCITRAL 모델법이 영국 중재법에 미친 영향," 중재학회지 제7권(1997), 240면 이하 참조.

41) 영문은 말미에 있다.

42) Holtzmann/Neuhaus, p. 766; Klaus Peter Berger, "Entstehungsgeschichte und Leitlinien des neuen deutschen Schiedsverfahrensrechts," Das neue Recht der Schiedsgerichtsbarkeit, Klaus Peter Berger (Hrsg.)(1998), S. 21. 초기에는 법규의 개념을 좁게 이해하였으나 상인법 또는 법의 일반원칙을 포함하는 개념으로 점차 확장되었다. Yves Derains and Eric A. Schwartz, A Guide to the ICC Rules of Arbitration Second Edition (2005), pp. 235-236. 이는 이하 "Derains/Schwartz"라고 인용한다.

43) 영문은 "The Tribunal shall decide a dispute in accordance with such rules of law as may be agreed by the parties"이다. 강병근, ICSID 중재제도 연구(법무부, 2006), 347면은 'rules of law'를 법원칙으로 번역한다.

를 의도적으로 구분한다.

(2) 우리 중재법의 해석론

우리 중재법의 해석상 당사자는 반드시 특정 국가의 법체계를 지정해야 하는지 아니면 좀더 넓은 자유를 가지는지가 문제된다. 여기에서는 첫째, 준거법의 분열과 공통되는 법의 적용의 문제와, 둘째, 준거법은 특정 국가의 법체계여야 하는가의 문제로 나누어 본다.

㈎ 준거법의 분열과 공통되는 법 등의 적용 당사자들은 분쟁의 실체, 특히 국제계약을 분할하여 각 부분에 대해 상이한 준거법을 지정하기를 원할 수 있다. 이것이 준거법의 분열이다. 또한 위에서 본 바와 같이 당사자들은 예컨대 한국법과 영국법의 공통되는 범위 내에서만 준거법으로 지정하기를 원할 수도 있다.[44] 위에서 본 바와 같이 모델법(제28조 제1항)이 당사자들이 선택할 수 있는 규범을 'law'라고 하는 대신 'rules of law'라고 한 것은 이를 가능하게 하기 위한 것이다.

그런데 우리 중재법(제29조 제1항)은 "중재판정부는 당사자들이 지정한 법에 따라 판정을 내려야 한다"고 하고, 동 조 제2항은 "제1항의 지정이 없는 경우에 중재판정부는 분쟁의 대상과 가장 밀접한 관련이 있는 국가의 법을 적용하여야 한다"고 규정함으로써, 모델법의 'rules of law'와 'law'를 모두 '법'이라고 번역하여 용어상 양자를 구별하지 않는다.

중재법의 개정작업에 참여한 장문철 교수는 만일 모델법을 충실하게 따를 경우 예컨대 한국법과 영국법의 공통되는 법원칙도 준거법으로 지정할 수 있게 되는데 이는 우리 법체계에서는 혼란을 야기할 우려가 있으므로 법적 안정성과 확실성을 보장하기 위하여 모델법의 입장을 채택하지 않았다고 설명한다.[45] 그러나 국제상사중재에서 당사자자치를 널리 인정하는 것이 바람직하고, 유독 우리 법체계에서만 그러한 우려가 크다는 볼 근거도 없다. 만일 당사자들이 양국의 법을 공통된 범위 내에서 적용하고자 한다면 이는 그 자체로 어느 하나의 특정 국가의 법은 아니지만 여전히 국가의 법이라는 점은 변함이 없다. 만일 당사자의 의도가 이와 달리 양국에 공통된 법원칙을 적용하는 것이라면 이는 아래(나.)의 문제가 될 것이다. 또한 중재뿐만 아니라 소

---

44) 이것이 위에서 언급한 '*tronc commun*'이다.

45) 장문철, "改正仲裁法 해설," 인권과 정의 제284호(2000. 4.), 114면; 장문철, 현대 중재법의 이해(2000), 54면.

송의 경우도 준거법의 분열을 허용하는 것이 국제적인 흐름이고, 대법원 1998. 7. 14. 선고 96다39707 판결 등도 이미 준거법의 분열을 인정한 바 있고, 우리 국제사법(제25조 제2항)도 준거법의 분열을 명시적으로 허용한다.

㈏ **준거법은 특정 국가의 법체계여야 하는가** 우리 중재법(제29조 제1항)이 모델법을 따르지 않고 "중재판정부는 당사자들이 지정한 법에 따라 판정을 내려야 한다"고 표현한 결과 중재법의 해석론으로는, 당사자들이 국제조약이나 국제상사계약원칙 또는 상인법 등을 준거규범으로 합의할 수 있는지에 대해 의문이 제기될 수 있다.

그러나 사견으로는 중재법상으로도 '법'을 넓은 의미로 해석함으로써 모델법에서와 같은 결론을 도출하는 것이 가능하며 그렇게 해석하는 것이 타당하다. '국가의 법'이라고 규정하는 제2항과 달리 제29조 제1항이 단순히 '법'이라고 하는 점도 이를 뒷받침한다. 역시 중재법의 개정작업에 참여한 목영준 재판관은 이런 견해를 취한다.[46] 그렇다면 다른 기회에 이미 지적한 바와 같이,[47] 제1항에서는 '법' 대신 예컨대 '법규' 또는 '법의 규칙'이라는 표현을 사용함으로써 그 취지를 좀더 명확히 하는 편이 바람직하였을 것이다.[48] 특히 모델법(제28조 제1항)이 'rule'로 할 것인지, 'rules of law'로 할지에 대해 상당한 논란을 거쳐 양자를 용어상 구별한 것이라는 점[49]을 고려할 때 더욱 그러하다. 나아가 우리가 가입한 워싱턴협약(제42조 제1항)의 국문본도 'rules of law'를 이미 '법률의 규칙'이라고 번역하는 점도 고려할 필요가 있었다.[50] 참고로 독일 민사소송법(제1051조)은 모델법의 용어에 상응

---

46) 목영준, 91면 주 167은 영문의 law와는 달리, 우리 용어로서의 '법'은 단순히 '국가의 법률'만을 지칭하는 것이 아니므로 제29조 제1항에 '법규범' 또는 '법원칙'이라는 용어를 사용하지 않았다고 한다.

47) 석광현(註 5), 485면.

48) 이 경우 법률의 규칙의 정확한 의미가 문제되는데, 아직 발효되지 않는 국제조약과 국제적인 차원에서 마련된 유사한 국제문서를 포함한다. Holtzmann/Neuhaus, p. 768. 그리고 위에서 본 바와 같이 요즈음에는 법의 규칙에는 상인법과 국제상사계약원칙이 포함되는 것으로 보인다. Berger(註 2), pp. 556-557; Stein/Jonas/Schlosser, Kommentar zur Zivilprozessordnung 22. Auflage Band 9 (Ⅱ/2002), § 1051 Rn. 6. 이하 "Stein/Jonas/Schlosser"라 인용한다. 다만 UNCITRAL의 작업반은 초기단계에서 법의 일반원칙과 중재판정에 의하여 발전된 법은 포함하지 않는다고 결정한 바 있었다고 한다. Holtzmann/Neuhaus, p. 768.

49) 성안과정은 Holtzmann/Neuhaus, p. 766 이하 참조.

50) 워싱턴협약 제42조 제1항의 'rules of law'는 모델법 제28조 제1항의 'rules of law'와 같은 맥락에서 논의된다. UNIDROIT, Principles of International Commercial Contracts (2004), p. 4; Redfern/Hunter, para. 2-71 참조.

하도록 'rules of law'를 'Rechtsvorschrift'로, 'law'를 'Recht'라고 함으로써 양자를 구별한다.[51] 그러나 일본의 개정 중재법(제36조)은 양자를 용어상 구별하지는 않는 점에서 우리와 유사하다. 즉 제1항에서는 단순히 '법' 또는 '법령'이라고 하고, 제2항에서는 '국가의 법령'이라고 하는데, 제1항의 법은 넓은 의미로 해석된다.[52]

㈐ **논의의 정리** 우리 중재법(제29조 제1항)의 해석상 '법'은 모델법이 말하는 'rules of law'의 의미로 넓게 해석하여야 한다.[53] 따라서 우리 중재법상으로도 당사자는 상인법, 법의 일반원칙, 국제상사계약원칙 또는 유럽계약법원칙 등을 적용하기로 지정할 수 있다.[54] 다만 상인법(*lex mercatoria*)을 준거규범으로 지정한 경우 그의 내용을 어떻게 확정할지가 문제인데 그 경우 국제상사계약원칙이 도움이 될 것이다. 다만 법의 규칙을 준거법으로 선택할 수 있는지 여부에 따른 차이가 실제로 그렇게 큰 것은 아니다. 즉 국가의 법체계만이 준거법으로 지정될 수 있다고 보더라도 당사자들은 실질법적 지정에 의해 국제조약, 국제상사계약원칙이나 상인법을 계약의 내용으로 편입할 수 있는데, 물론 그 경우 계약의 준거법[55]의 강행법규의 적용을 배제할 수 없지만 계약법 분야에서는 강행법규는 많지 않기 때문이다. 이처럼 국제상사중재에서 상인법 등을 계약의 준거법 또는 준거규범으로 지정할 수 있다고 본다면, 계약의 내용으로 편입하는 경우와 달리, 물론 준거법에 관

51) 독일어 조문과 국문번역은 말미에 있다.

52) Toshio Sawada, "The 2004 Japanese Arbitration Law in Relation to the UNCITRAL Model Law and the Japanese ADR and Attorneys Law," Gerald Aksen *et al.* (editors), Global Reflections on International Law, Commerce and Dispute Resolution, *Liber Amicorum* in honour of Robert Briner (2005), p. 732; Shunichiro Nakano, International Commercial Arbitration under the New Arbitration Law of Japan, The Japanese Annual of International Law No. 47 (2004), p. 110. 흥미롭게도 위 Sawada, p. 732도 저자와 마찬가지로 일본 중재법이 '법'이라고 한 데 대해 비판적인 견해를 피력한다.

53) 이것이 다수설이다. 주석중재법/조대연, 138면. 김명기(註 14), 78면은 저자의 견해를 잘못 소개한다.

54) 주지하는 바와 같이 국제상사계약원칙의 前文은 당사자들이 동 원칙을 적용하기로 합의하거나, 법의 일반원칙이나 상인법을 적용하기로 합의한 경우, 나아가 준거법을 선택하지 않은 경우 적용될 수 있음을 명시한다. UNIDROIT(註 50), p. 1. 그러한 국제상사계약원칙 또는 기타 규칙을 국제상사중재에 적용하자고 할 때는 그 규칙이 과연 당해 분쟁의 실체에 적용하기에 적합한가를 검토하여야 함은 물론이지만, 그것이 과연 관련 중재법상 허용되는지도 검토하지 않으면 아니 된다. 우리나라에서는 종래 후자에 대한 논의가 매우 부족하다.

55) 통상 당사자가 준거법을 지정하지 않는 경우일 것이므로 객관적 준거법이 문제될 것이다.

계없이 적용되어야 할 국제적 강행법규의 적용은 배제되지 않지만 객관적 준거법의 국내적 강행법규의 적용은 배제된다.[56]

그러나 당사자들이 예컨대 국제상사계약원칙과 같은 규범을 지정하였다고 하여 모든 저촉법적 문제가 해소되는 것은 아니다. 만일 그러한 규범이 일정한 사항에 관한 규칙을 두고 있지 않은 경우 당해 사항은 저촉규범에 의하여 객관적으로 연결되어야 한다.[57]

3. 당사자자치의 원칙이 타당한 영역

우리 중재법(제29조 제1항)은 국제상사중재의 전형적인 대상인 국제계약상의 분쟁의 경우 당사자자치가 적용됨을 선언한 것임은 명백하다. 그런데 제1항의 문면상으로는 국제계약뿐만이 아니라 다른 분야의 분쟁에 대해서도 당사자자치를 허용하는 취지로 보이는데, 과연 그렇게 해석할 수 있는가가 문제된다. 즉 우리 중재법과 우리 국제사법을 비교해 보면, 국제사법은 국제계약만이 아니라 법정채권, 물권, 지적재산권, 국제친족법 및 국제상속법 등 다양한 법률관계에 대해 다양한 연결원칙을 두고 있는 데 반하여, 중재법은 매우 간단한 연결원칙을 두고 있는 점에서 대비된다. 물론 국제친족법과 국제상속법과 같이 중재가능성이 없으므로 중재법에서는 아예 관심을 둘 필요가 없는 법률관계도 있지만 그 밖에 법정채권이라든가 물권법의 법률관계는 중재의 대상이 될 수도 있으므로 그에 관한 준거법을 결정할 필요가 있는데, 중재법은 별도의 규정을 두고 있지 않으므로 당사자자치의 원칙이 그러한 분쟁에도 타당한지, 나아가 중재법의 조문이 어떤 의미를 가지는지가 문제된다.

이에 관한 우리의 견해는 보지 못하였으나, 독일에는 첫째 문면을 중시하

56) UNIDROIT(註 50), p. 4, pp. 12-13은 국제상사계약원칙이 계약에 편입되는 경우와, 준거법이 되는 경우의 차이점을 명확히 구분하여 설명한다. 2004년 국제상사계약원칙은 1994년판에 비하여 적용범위가 확대면서 국내적 강행법규에 속하는 사항들(예컨대 대리와 소멸시효)을 포함하므로 문제의 소지가 커졌다.

57) 이에 대해 Otto Sandrock, "Neue Lehren zur internationalen Schiedsgerichtsbarkeit und das klassische Internationale Privat- und Prozeßrecht," Festrschrift für Hans Stoll zum 75. Geburtstag (2001), S. 679는 상인법 등을 적용함으로써 분쟁의 실체의 준거법에 관하여 전면적인 탈국가화를 실현하는 것은 전통적인 국제사법의 근간을 흔드는 것으로서 당사자의 지위를 위태롭게 한다고 비판한다.

여 중재가능성이 있는 모든 사건에서 당사자자치를 허용하는 견해 ―물론 이 견해도 공서와 강행법규에 의한 제한을 인정한다― 와, 둘째 일반적인 국제사법에 상응하는 범위 내에서만 준거법의 선택을 허용하는 견해도 있으나,[58] 사견으로는 우리 중재법이 분쟁의 실체의 준거법 결정에 관하여 명시적으로 널리 당사자자치를 허용하므로 이를 반드시 국제계약에 대하여만 한정할 것은 아니고 적용범위를 다소 확장할 수 있을 것으로 본다. 그러나 이를 무제한적으로 확대하여 중재가능성이 있는 분쟁 전부에 대해 당사자자치를 허용할 수는 없다. 예컨대 물권법 분야(특히 부동산 물권)와 같이 전통적으로 당사자자치가 허용되지 않는 분야에서는 중재의 경우에도 당사자자치는 허용되지 않는다고 본다.[59] 그러한 경계선은 앞으로 연구를 통하여 구체화시켜 나가야 한다. 독일에도 동일한 취지의 유력설이 있는데, Schlosser는 이를 '목적론적 축소해석'이라고 설명하면서 비교법적인 기준을 따를 것이라고 한다.[60] 실무상으로는 중재인들이 적절한 국제사법규칙을 적용하여 판단해야 할 것이다.

이는 국제상사중재에서 당사자자치의 원칙만으로 실체의 준거법에 관한 모든 문제를 해결할 수 없음을 보여주는 것이다. 아래에서 보는 국제적 강행법규의 적용 내지 고려도 마찬가지이다.

Ⅳ. 분쟁의 실체의 객관적 준거법 ―당사자들의 지정이 없는 경우(제29조 제2항)

국제상사중재에서 당사자들이 분쟁의 실체에 적용할 준거법을 지정하지

58) 스위스 국제사법의 해석론으로도 문면을 중시하여 모든 중재가능한 사건에서 준거법을 지정할 수 있다는 견해와, 그렇더라도 당사자자치가 인정되지 않거나 충분히 인정되지 않은 분야에서는 여전히 당사자는 준거법을 지정할 수 없다는 견해가 나뉨은 이미 지적하였다. 석광현(註 5), 486면 주 45.

59) Stein/Jonas/Schlosser, § 1051 Rn. 5도 전통적으로 어느 곳에서도 당사자자치가 허용되지 않는 사항, 예컨대 권리능력, 행위능력, 법인의 내부조직에 관한 사항들에 대하여는 당사자가 지정한 법이 적용되지 않고, 소비자계약의 경우와 물권법의 경우 사람들은 대체로 민법시행법(EGBGB)을 적용한다고 한다. 우리나라에서도 행위능력에 대하여는 당사자자치가 허용되지 않는다는 점은 목영준, 87면도 동지.

60) 독일의 학설은 Boris Handorn, Das Sonderkollisionsrecht der deutschen internationalen Schiedsgerichtsbarkeit (2005) S. 172f.; Stein/Jonas/Schlosser, Anhang § 1061 Rn. 5, Rn. 198 참조.

않은 경우 준거법의 지정에 관하여는 종래 다음과 같은 문제점이 논의되었다.[61]

첫째, 중재인은 법원과 마찬가지로 반드시 저촉규범을 우선 적용하고 그에 따라 실체의 준거법인 실질법을 결정해야 하는가, 아니면 저촉규범의 중개 없이 실질법을 곧바로 결정할 수 있는가(아래 1.).

둘째, 만일 중재인이 저촉규범의 중개를 거쳐 실질법을 결정하여야 한다면, 그 때의 저촉규범은 반드시 중재지의 저촉규범이어야 하는가(아래 2.).

셋째, 중재인이 저촉규범의 중개 없이 곧바로, 또는 저촉규범의 중개를 거쳐 실질법을 적용하는 경우, 중재인은 특정 국가의 법체계를 적용하여야 하는가, 아니면 상인법 또는 법의 일반원칙과 같은 분쟁해결에 적절한 규범을 적용할 수 있는가(아래 3.).

1. 객관적 준거법의 결정과 저촉규범에 의한 중개의 요부

위에서 본 바와 같이 법원은 섭외적 요소가 있는 국제적 사안에서 실체의 준거법을 결정함에 있어 우선 저촉규범을 적용하여야 하므로 법정지가 우리나라인 경우 법원은 당해 사안이 외국적 요소를 가진 때에는 당사자의 주장이 없더라도 직권으로 국제사법을 적용하여 준거법을 결정하여야 한다.[62] 그러나 논리적으로는 국제상사중재의 중재인이 저촉규범의 적용단계를 생략하고 곧바로 실질법을 결정할 수도 있는바 이 점이 활발히 논의되고 있다.[63]

가. 저촉규범에 의한 중개를 요구하지 않는 방법

프랑스 신 민사소송법(*Nouveau Code de Procédure Civile*)은 저촉규범에 의한 중개를 요구하지 않는다. 즉 동 법 제1496조 제1항은 "중재인은 당사자들이 선택한 법의 규칙에 따라, 그러한 선택이 없는 경우에는 그가 적절하다고 판단하는 법의 규칙에 따라 분쟁을 해결한다"[64]고 규정하는데, 여기에서 "중재인이 적절하다고 판단하는 법의 규칙"(*règles de droit qu'il estime*

61) 상세는 석광현(註 12), 522-535면 참조. 이는 구 중재법 하의 논의이나 논점은 동일하다.
62) 대법원 1982. 8. 24. 선고 81다684 판결은 이 점을 명확히 하였다.
63) 다만 실무상 중재인은 어떻게든 자신이 적절하다고 판단하는 법을 적용하여 결론을 도출할 것이므로 이는 학문적인 논의에 그친다는 지적도 있다. Redfern/Hunter, para. 2-83.
64) 프랑스어 조문과 국문번역은 말미에 있다.

appropriées)이라 함은 실질법을 의미한다. 즉 위 조문은 첫째 중재인이 저촉규범을 적용함이 없이 실질법을 곧바로 적용할 수 있고, 둘째 준거법이 되는 규범은 특정 국가의 법체계가 아니라 분쟁의 해결에 적절하다고 중재인이 판단하는 규칙이면 족하다는 두 가지 의미를 가진다.[65] 전자가 이른바 '직접적인 방법'(voie directe)이다.

개정된 ICC 중재규칙(제17조 제1항 2문)도, 중재판정부가 적절하다고 판단하는 저촉규범을 적용하도록 요구하던 과거의 중재규칙을 개정하여 "그러한 합의가 없는 경우 중재판정부는 <u>그가 적절하다고 결정하는 법규</u>를 적용하여야 한다"[66](밑줄은 저자가 추가함)라고 하여 저촉규범의 중개를 거치지 않도록 하고,[67] 나아가 반드시 법이 아니라 'rules of law'를 적용할 수 있도록 규정함으로써 프랑스 신 민사소송법과 동일한 태도를 취한다.[68] 따라서 ICC 중재의 경우 국제상사계약원칙을 적용하는 중재판정이 증가하고 있다고 한다.[69] AAA 국제중재규칙(제28조 제1항 2문)도 중재인은 저촉규범의 중개를 거치지 않고 직접 적절하다고 판단하는 법 또는 법규(rules of law)를 적용할 수 있다고 규정한다.

나. 통상의 저촉규범에 의한 중개를 요구하는 방법

그러나 현재 다수의 국제중재규칙과 입법례는 저촉규범의 중개를 요구하는 태도를 취하고 있다. 예컨대 모델법(제28조 제2항)과 UNCITRAL 중재규

---

65) Emmanuel Gaillard and John Savage (eds.), Fouchard, Gaillard, Goldman, On International Commercial Arbitration (1999), paras. 1421, 1444. 이하 "Fouchard/Gaillard/Goldman"이라 인용한다. 그 밖에도 Jean-François Poudret/Sébastien Besson, Droit comparé de l'arbitrage international (2002), p. 621 이하; Redfern/Hunter, para. 2-83; Sandrock(註 57), S. 678, S. 680.

66) 영문은 말미에 있다.

67) Redfern/Hunter, para. 2-84는 이러한 태도를 권장한다.

68) ICC 중재에 있어 프랑스의 학자들과 법률가들이 중요한 역할을 하고 있고, ICC 중재규칙도 프랑스법과 밀접하게 관련되어 있다. ICC의 본부는 파리에 있는데 ICC 중재의 경우 파리가 중재지인 사안이 대체로 1/3 정도이므로 중재판정 취소의 소도 프랑스 법원에서 다루어지는 경우가 많다고 한다. Menno Aden, Interantionale Handelschiedsgerichtsbarkeit, Kommentar zu den Schiedsverfahrensordnungen: ICC-DIS-Wiener Regeln-UNCITRAL-LCIA 2. Auflage (2003), S. 94. 특히 눈에 띄는 것은 여러 가지 점에서 국가법원의 통제를 벗어나 국제상사중재의 독자성을 확립하려는 노력이다. 대표적인 예가 Fouchard/Gaillard/Goldman인데, 그들은 전통적인 국제사법 및 국제절차법과 정면으로 배치되는 법리를 확립하고자 한다. 그의 소개와 비판은 Sandrock(註 57), S. 661ff. 참조.

69) Derains/Schwartz, p. 238.

칙(제33조 제1항 2문)도 다소 차이는 있으나 저촉규범의 중개를 요구한다. 유럽협약(제Ⅶ조)도 동일한데 동 조가 1998년 개정 전의 ICC 중재규칙[70]과 UNCITRAL 중재규칙의 모범이 되었다고 한다. 이러한 다수의 견해에 따르면, 당사자들이 실체의 준거법을 지정하지 않은 경우 중재인은 곧바로 실질법을 결정할 것이 아니라 일단 저촉규범을 결정하여 이를 적용하고 그에 따라 실질법을 결정하는 과정을 밟게 된다.

모델법(제28조 제2항)은 "당사자들이 지정하지 않은 때에는 <u>중재판정부는 그가 적용될 수 있다고 보는 국제사법에 따라 결정되는</u> 법을 적용하여야 한다"[71](밑줄은 저자가 추가함)라고 하여 중재인들이 국제사법의 중개를 통하여 적용할 법을 결정하도록 하고, 그 경우 제1항과는 달리 'rules of law'가 아니라 'law'라고 하여 특정 국가의 법이 준거법이 될 것을 요구한다. 이는 중재인으로 하여금 우선 국제사법을 선택하고 그에 따라 특정 국가의 법체계를 적용하도록 하는 것으로, 중재인의 권한을 제한하여 그의 자의적인 판단으로부터 당사자를 보호하려는 태도이지만 실제적인 결과에는 별 차이가 없을 것이라고 한다.[72]

다. 중재법이 연결원칙을 직접 제시하는 방법

우리 중재법(제29조 제2항)은 "제1항의 지정이 없는 경우에 중재판정부는 분쟁의 대상과 가장 밀접한 관련이 있는 국가의 법을 적용하여야 한다"고 규정함으로써, 모델법과 달리 통상적인 국제사법의 중개를 요구하지 않고 연결원칙을 직접 규정한다. 우리 중재법은 중재지가 우리나라 안인 경우에 적용되므로(중재법 제2조 제1항), 중재지가 우리나라 안이라면 중재인은 중재법에 따라 분쟁의 대상과 가장 밀접한 관련이 있는 국가의 법을 적용하면 된다.[73] 독일 민사소송법(제1051조 제2항), 일본 중재법(제36조 제2항)과 스위

---

70) 1998년 개정되기 전의 구 ICC 중재규칙(제13조 제3항)은 "당사자가 준거법을 지정하지 않은 경우 중재인은 그가 적절하다고 판단하는 저촉규범에 따라 지정되는 준거법을 적용하여야 한다"(In the absence of any indication by the parties as to the applicable law, the arbitrator shall apply the law designated as the proper law by the rule of conflict which he deems appropriate)고 규정하였다.

71) 영문은 말미에 있다.

72) Holtzmann/Neuhaus, p. 770; 목영준, 91면.

73) 과거 저자는 입법론으로서 다음과 같은 견해를 피력한 바 있다. 석광현(註 5), 531면.
"더욱이, 입법론으로 국제상사중재의 경우 중재인이 중재지인 우리나라의 섭외사법을 적용하여 실체의 준거법을 결정하여야 한다는 취지의 규정을 두어야 한다는 견해도 있으나, 이

스 국제사법(제187조 제1항)[74]도 동일한 태도를 취한다. 다만 이러한 태도를 ICC 중재규칙과 동일하다고 보는 견해와 상이하다고 보는 견해가 있다.[75] 사견으로는 우리 중재법은 통상의 저촉규범의 매개를 요하지 않는 점에서는 ICC 중재규칙과 동일하지만, "가장 밀접한 관련이 있는 국가의 법"을 적용하라는 것 자체를 하나의 저촉규범이라고 할 수 있으므로 그 범위 내에서는 ICC 중재규칙과는 차이가 있다고 보는 것이 더 정확하다.[76] 우리 국제사법(제26조 제1항)은 로마협약(제4조 제1항)을 받아들여 당사자가 준거법을 선택하지 아니한 경우에 그 계약과 가장 밀접한 관련이 있는 국가의 법에 의한다고 규정하는데, 우리 중재법(제29조 제2항)은 이와 거의 같기 때문이다.

중재인이 적용할 저촉규범의 결정에 관한 한 우리 중재법의 태도는 적절하다고 본다.[77]

2. 중재인이 적용할 저촉규범의 결정

만일 중재인이 실체의 준거법을 결정하기 위하여 우선 통상의 저촉규범

는 국제중재규칙과 모델법은 물론 국제상사중재이론의 현대적 조류에 반하는 견해로 찬성할 수 없다. 사견으로는, 입법론으로는 우선 프랑스 신 민사소송법이나 스위스 국제사법처럼 저촉규범의 중개를 요구하지 않는 전향적인 입장을 취할 것인가를 면밀히 검토하여 그에 관한 입장을 정해야 할 것이나, 현재로서는 중재지의 저촉규범을 적용하도록 규정할 것이 아니라 적어도 다수의 국제중재규칙과 모델법이 취하고 있는 입장을 따르는 것이 바람직할 것으로 생각된다." 저자의 견해가 전면적으로 채택된 것은 아니지만, 적어도 중재지의 통상적인 국제사법을 적용하자는 견해가 채택되지 않은 것은 다행이다.

74) 물론 아래에서 보는 바와 같이 스위스 국제사법은 법체계만이 아니라 법규의 적용까지 허용하는 점에서 좀더 전향적이나, 적어도 실질법에 이르는 단계까지만을 보면 동일하다.

75) 전자는 이러한 태도를 '직접적인 방법'(*voie directe*)이라고 부르기도 하나, 이는 여전히 저촉규범의 적용을 요구하므로 이러한 평가는 부적절하다. Handorn(註 60), S. 125. 우리나라에도 독일 민사소송법과 우리 중재법을 프랑스 신 민사소송법과 동일한 것으로 분류하는 견해도 있다. 예컨대 목영준, 88-89면; 주석중재법/조대연, 140면; 오석웅(註 13), 172-173면.

76) Derains/Schwartz, p. 240 Fn. 111도 독일 민사소송법과 스위스 국제사법은 특정한 저촉규범을 포함하는 점에서 ICC 중재규칙과는 차이가 있다고 하고, Sandrock(註 57), S. 681은 독일 민사소송법은 전통적인 견해를 따랐다고 한다. Poudret/Besson(註 65), p. 620 이하는 독일과 스위스의 태도를 둘째 방법으로, 프랑스의 태도를 셋째 방법으로 분류한 뒤, p. 623에서는 중재인은 자신이 원하는 실질법을 지정하는 저촉규범을 적용할 것이므로 결국 그 차이는 사소하다고 한다. 물론 국가의 법인지 법규인지에 관하여는 ICC 중재규칙과 차이가 있지만, 본문의 논의는 실질규범에 이르는 단계에 관한 논의이다.

77) ICC 중재규칙이나 프랑스 신 민사소송법과 같은 직접적인 방법에 대하여는 이는 중재인들이 초국가적인 공간에 존재하는 것을 인정함으로써 법관보다 더 강력한 권한을 부여하는 것이 되어 잘못이라는 비판이 있다. Sandrock(註 57), S. 681.

을 적용하여야 한다면, 중재인은 과연 어떠한 통상의 저촉규범을 적용하여야 하는지가 문제된다.[78] 그러나 위에서 본 바와 같이 우리 중재법은 직접 저촉규범을 제시하므로 우리 중재법상은 이런 문제는 없다.

가. 종래의 견해

이 점에 관하여는 국제적으로 종래 다음과 같은 방법과 견해들이 있었다.[79]

① 중재지의 (통상의) 저촉규범을 적용하는 견해. 이 견해는 중재지에, 소송에서 법정지가 가지는 의미와 기능을 부여하는 견해이다. 이것이 전통적인 견해인데, 1998년 개정 전 ICC 중재규칙이 제13조 제3항을 두기 전의 ICC 중재의 실무도 이를 따른 것이 많았다고 한다.[80] 그러나 당사자들의 중재지 선정은 그 곳의 저촉규범을 적용할 의사를 가지고 있기 때문이 아니라 그곳이 당사자들에게 중립적이고 교통 및 통신이 편리한 국가라는 등의 실제적인 고려 때문인 경우가 많으므로 중재지를 법정지로 보아 중재지의 통상의 저촉규범을 적용해야 한다고 볼 이유는 없다. 이러한 의미에서 요즈음에는 국제상사중재에 있어 중재인에게 법정지법(*lex fori*)이라는 개념은 존재하지 않는다고 것이 널리 인정되고 있다.[81]

② 중재절차를 규율하는 법이 속하는 국가의 저촉규범을 적용하는 견해. 이 견해에 따르면 중재절차를 규율하는 법과 분쟁의 실체를 규율하는 법이 동일하게 되는 장점이 있다. 당사자가 달리 약정하지 않는 한, 중재지와 중재절차를 규율하는 법은 통상 일치하므로 이 견해에 따르면 중재지의 저촉규범을 적용하는 견해와 같은 결과가 될 것이다.

---

78) MünchKomm/Sonnenberger, EGBGB 4. Auflage (2006), Einleitung, Rn. 276 이하는 이를 국제사법의 수범자(Adressat)의 문제로 논의한다. 여기에서는 객관적 준거법의 결정의 맥락에서 이를 논의하지만, 엄밀하게 말하면 주관적 준거법의 경우에도 어느 저촉규범을 적용하는가가 동일하게 문제된다. 다만 당사자자치가 국제적으로 널리 인정되고 있기 때문에 이를 문제삼지 않을 뿐이다.

79) Berger(註 2), pp. 496-509; Böckstiegel, Karl-Heinz, Die Bestimmung des anwendbaren Rechts in der Praxis internationaler Schiedsgerichtsverfahren, Festschrift für Beitzke (1979), S. 446-448; Ulrich Drobnig, Internationale Schiedsgerichtsbarkeit und wirtschaftsrechtliche Eingriffsnormen, Festschrift für Gerhard Kegel (1987), S. 100 참조.

80) Craig/Park/Paulsson(註 32), p. 323 이하. 동 조는 1975년 개정시에 도입된 조항이다.

81) Redfern/Hunter, para. 2-80; Berger(註 2), p. 177, p. 499; Peter Schlosser, Das Recht der internationalen privaten Schiedsgerichtsbarkeit, 2. Auflage (1989), Rn. 209, Rn. 726; Fouchard/Gaillard/Goldman, para. 1517 참조.

③ 중재인이 적절하다고 판단하는 저촉규범을 적용하는 견해. 다수의 국제중재규칙은 중재인에게 그가 적절하다고 판단하는 저촉규범을 적용하도록 규정한다. 위에서 본 바와 같이 개정 전 ICC 중재규칙(제13조 제3항)은 "당사자가 준거법을 지정하지 않은 경우 중재인은 그가 적절하다고 판단하는 저촉규범에 따라 지정되는 준거법을 적용하여야 한다"고 규정하고, 모델법(제28조 제2항)과 UNCITRAL 중재규칙(제33조 제1항 2문)도 유사한 취지의 규정을 두고 있는데, 이처럼 중재지의 통상적인 저촉규범으로부터의 자유를 인정하는 것이 근자의 국제적인 경향이라고 할 수 있다.[82] 이러한 자유로운 태도는 유럽협약(제Ⅶ조)에서 비롯된 것이라고 한다.[83]

과거 ICC 중재에 있어 중재인이 적절하다고 판단하는 저촉규범이라 함은 주로 ① 중재지의 저촉규범, ② 분쟁과 관련이 있는 국가의 저촉규범의 누적적 적용, ③ 저촉규범의 일반원칙(general principles of conflict of laws) 및 ④ 중재인이 직접 선정한 저촉규범(특정 국가의 저촉규범이 아니라)이었다고 한다.[84] 중재지의 저촉규범을 적용한 ICC 중재판정은 많이 있으나 대부분은 1975년 ICC 중재규칙이 개정되기 전의 것이고 그 후에는 그와 같은 판정은 많지 않으며 주로 누적적 적용의 방법이 이용되었다고 한다.[85] 물론 1998년 개정된 ICC 중재규칙(제17조 제1항)은 위에서 본 것처럼 실질법을 직접 적용하는 방법을 취한다. 그럼에도 불구하고 중재인들은 적절하다고 판단하는 저촉규범을 적용할 수 있는데, 어느 방법을 취하건 간에 당사자들의 정당한 기대에 따라 그러한 선택에 이유를 설명하여야 한다.[86] 물론 중재절차의 준거법이 이유의 불기재를 허용하는 경우에는 그러하지 아니하다.

나. 우리 중재법의 해석론

위에서 지적한 바와 같이 우리 중재법은 중재인이 적용할 연결원칙을 직

82) Redfern/Hunter, paras. 2-82-83.

83) Lew/Mistelis/Kröll, para. 17-47.

84) Craig/Park/Paulsson, 2nd edition (1990), p. 288; Derains/Schwartz, p. 241. Rubino-Sammartano, p. 433에 인용된 Lalive는 위 ②—④의 세 가지를 주요 경향으로 든다. Craig/Park/Paulsson(註 32), p. 323 이하는 개정된 ICC 중재규칙을 반영하여 위 네 가지에 ICC 중재규칙이 취하는 태도, 즉 중재인이 저촉규범에 대한 언급 없이 직접 법을 적용하는 태도를 추가하고 있다.

85) Craig/Park/Paulsson(註 32), p. 326 이하.

86) Derains/Schwartz, p. 242.

접 제시하므로 중재인이 특정 국가의 저촉규범을 적용할 것인가의 문제는 제기되지 않는다. 다만 이와 관련하여 다음 두 가지 논점을 검토할 필요가 있다.

첫째, 위에서 요즈음에는 국제상사중재의 경우 법정지법(*lex fori*)이라는 개념은 존재하지 않는다는 것이 널리 인정되고 있다고 하였으나, 우리 중재법은 중재지가 대한민국 안인 경우에 적용된다고 규정함으로써 속지주의를 취하므로 결국 중재지가 마치 법정지인 것처럼 기능되는 결과가 된다. 이 점은 독일 민사소송법(제1025조 제1항)과 일본 중재법(제1조)도 마찬가지인데, 이런 이유로 독일에서는 중재법원은 법정지법을 가지지 않는다는 명제는 개정된 독일 민사소송법의 해석으로는 타당하지 않다는 견해가 주장되고 있다.[87] 이는 모델법이 확산되면서 새롭게 발생하는 현상인데, 앞으로 이를 어떻게 체계적으로 설명할지는 좀더 검토할 사항이다.

둘째, 우리 중재법(제29조 제2항)의 해석상 중재인이 분쟁의 대상과 가장 밀접한 관련이 있는 국가의 법을 탐구함에 있어서 우리 국제사법을 적용 또는 참고할 수 있는가가 문제된다. 중재법의 조문상 명백한 바와 같이 중재인은 분쟁의 대상과 가장 밀접한 관련이 있는 국가의 법을 적용하여야 하므로 우리 국제사법을 적용할 의무는 없다.[88] 그러나 과거 섭외사법[89]과 달리 국제사법은 가장 밀접한 관련이 있는 법을 준거법으로 지정하기 위한 합리적인 연결원칙들을 도입하였으므로 중재인이 국제사법을 참고하더라도 별 문제는 없을 것이다. 특히 국제계약의 경우 우리 국제사법은 로마협약에 따라 特徵的 履行(또는 特徵的 給付. characteristic performance)에 기초한 추정규정을 두고 있는데 이는 가장 밀접한 관련이 있는 국가의 법의 발견을 돕기 위한 것이므로, 중재인도 이를 따를 수 있고 또한 그렇게 하는 것이 도움이 될 것이다.[90]

---

87) Stein/Jonas/Schlosser, § 1051 Rn. 1.

88) 주석중재법/조대연, 143면도 동지. 예컨대 Fouchard/Gaillard/Goldman, para. 1519는 중재지가 유럽 내인 경우 중재인은 중재지의 국제사법, 특히 로마협약을 적용할 의무를 지지 않음을 명확히 한다. 그러나 독일에서는 이 점에 관하여 견해가 나뉜다.

89) 섭외사법 제9조 단서에 따르면 당사자가 계약의 준거법을 지정하지 않은 경우 계약체결지법이 준거법이 되었는데, 이는 불합리하다는 비판을 많이 받았다.

90) Stein/Jonas/Schlosser, § 1051 Rn. 8; Schwab/Walter, Kapitel 55 Rn. 9 Fn 12. 주의할 것은 로마협약이나 우리 국제사법 하에서는, 그러한 특징적 이행을 해야 하는 의무의 이행지가 아니라, 특징적 이행을 해야 하는 당사자의 상거소, 주된 사업소 또는 영업소 소재지 국가와 밀접한 관련을 가지는 것으로 추정된다는 점이다. 오원석(註 11), 53면은 이를 전자의 의미로 잘못 쓰는 것으로 보인다.

3. 중재인은 특정 국가의 법체계를 적용해야 하나

가. 종래의 견해

위에서 언급한 바와 같이, 당사자들이 준거법을 지정하지 않은 경우에 관하여 모델법 제28조 제2항은 "당사자들이 지정하지 않은 때에는 중재판정부는 그가 적용될 수 있다고 보는 국제사법에 따라 결정되는 법을 적용하여야 한다"[91] (밑줄은 저자가 추가함)라고 하여 중재인들이 국제사법의 중개를 통하여 적용할 법을 결정하도록 하고, 그 경우 제1항과는 달리 'rules of law'가 아니라 'law'라고 하여 특정 국가의 법이 준거법이 될 것을 요구하는 것으로 보인다.

반면에 ICC 중재규칙(제17조 제1항)은 "당사자들은 중재판정부가 분쟁의 본안에 대하여 적용할 법규를 자유로이 합의할 수 있다. 그러한 합의가 없는 경우 중재판정부는 그가 적절하다고 결정하는 법규를 적용하여야 한다"[92](밑줄은 저자가 추가함)라고 하여 반드시 법이 아니라 rules of law를 적용할 수 있도록 규정함으로써 모델법과 대비되는데,[93] ICC 중재규칙의 태도가 "이 주제에 관한 국제적 사고의 점진적인 진화의 정점"(culmination of a gradual evolution in international thinking on this subject)이라는 평가도 있다.[94]

나. 우리 중재법의 해석론

우리 중재법(제29조 제2항)은 "제1항의 지정이 없는 경우에 중재판정부는 분쟁의 대상과 가장 밀접한 관련이 있는 국가의 법을 적용하여야 한다" (밑줄은 저자가 추가함)고 규정하여 특정 국가의 법을 적용하도록 함으로써 중재인이 상인법과 같이 특정 국가의 법이 아닌 규범을 적용할 가능성을 배제한다. 이는 독일 민사소송법(제1051조 제2항)과 일본 중재법(제36조 제2항)도 동일하나, 가장 밀접한 관련이 있는 법규를 적용하도록 하는 스위스 국제사법(제187조 제1항)[95]과 캐나다 British Columbia주의 중재법(제28조 제3항)

---

91) 영문은 말미에 있다.

92) 영문은 말미에 있다.

93) AAA 국제중재규칙 제28조 제1항, LCIA Rules 제23조 a)항, WIPO Arbitration Rules 제59조도 동일하다.

94) Derains/Schwartz, p. 240.

95) 스위스 국제사법의 독일어본은 가장 밀접한 관련이 있는 '법'(Recht)이라고 하나 불어본은 가장 밀접한 관련이 있는 '법규'(*règles de droit*)라고 하는데, 불어에 따른 해석론이 통

이나, 중재인들이 적절하다고 판단하는 'rules of law'를 적용하도록 하는 ICC 중재규칙(제17조 제1항)과는 차이가 있다. 따라서 해석론으로는 위와 같이 특정 국가의 법을 적용해야 한다는 결론이 설득력이 있다.[96] 다만 입법론으로는 이미 지적한 바와 같이 제2항에서도 ICC 중재규칙이나 스위스 국제사법처럼 보다 전향적인 입장을 취하는 방안도 고려할 필요가 있다. 다만 그에 대하여는 중재인이 자의적인 판단을 할 우려가 있다는 비판이 있음은 위에서 본 바와 같다.

4. ICC 중재규칙의 적용과 우리나라가 중재지인 경우의 실무상의 문제

당사자들이 ICC 중재규칙을 적용하기로 하고 우리나라를 중재지로 합의하면서 분쟁의 실체의 준거법을 지정하지 않은 경우 그의 준거법의 결정이 문제된다. 즉 이 경우에도 준거법의 지정이 없는 것으로 보아 우리 중재법에 따르지 아니면 ICC 중재규칙이 우선하는지의 문제이다. 논란의 여지가 있지만, 우리 중재법(제29조)의 해석상 당사자들이 직접 준거법을 정할 수도 있고, 중재인들에게 결정을 위임할 수도 있으므로 당사자들이 ICC 중재규칙을 적용하기로 하였다면 이는 중재인에게 준거법 또는 준거규범을 결정할 수 있는 권한을 준 것으로 보아 중재인은 ICC 중재규칙에 따라 준거법을 결정해야 할 것이다.[97] 따라서 중재인은 우리 중재법(제29조)에 따라 분쟁의 대상과 가장 밀접한 관련이 있는 국가의 법을 적용할 것이 아니라, ICC 중재규칙(제17조 제1항 2문)에 따라 그가 적절하다고 결정하는 법규를 적용해야 한다.

설이라고 한다. Walter/Bosch/Brönnimann, Internationale Schiedsgerichtsbarkeit in der Schweiz, Kommentar zu Kapitel 12 des IPR-Gesetzes (1991), S. 191-192; Poudret/Besson(註 65), p. 616. 그러나 법규의 적용을 허용하더라도 당연히 상인법의 적용을 허용하는 것은 아니며, 이는 상인법의 개념을 어떻게 이해하는가와 관련된다. Girsberger/Heini/Keller/Kostkiewicz/Siehr/Vischer/Volken, Zürcher Kommentar zum IPRG 2. Auflage (2004), Art. 187 Rn. 16a.

96) 주석중재법/조대연, 138면도 동지. 석광현(註 5), 488면에서 "제2항에서도 국제상업회의소(ICC) 仲裁規則이나 적어도 스위스 國際私法처럼 보다 전향적인 입장을 취하는 것도 고려할 필요가 있다고 본다"는 것은 입법론을 말한 것이다. 그 앞에 있는 설명 즉 "改正仲裁法 제29조 제2항은 … 특정 국가의 법을 적용하도록 함으로써 중재인이 *lex mercatoria*와 같이 특정 국가의 법이 아닌 규범을 적용할 가능성을 배제하고 있다"는 것이 해석론이다.

97) Stein/Jonas/Schlosser, § 1051 Rn. 6; Poudret/Besson(註 65), p. 613; Derains/Schwartz, p. 240 Fn. 111.

이처럼 당사자들이 특정 국제중재규칙을 적용하기로 합의한 경우 이는 준거법의 간접적 지정이라고 할 수 있다. 이 글에서는 각국의 입법례와 국제중재규칙을 병렬적으로 열거했지만 양자는 그 적용 근거와 의미에 차이가 있음을 유념할 필요가 있다. 그렇다면 대한상사중재원의 중재규칙에도 ICC 중재규칙의 그것과 유사한 규정을 넣음으로써 우리 중재법의 다소 경직된 태도를 완화하는 방안도 고려할 수 있다. 2007년 2월부터 시행되고 있는 대한상사중재원의 국제중재규칙(제25조 제1항)은 실제로 그런 취지의 규정을 두고 있다. 물론 중재법의 태도를 그처럼 변경하는 것이 바람직한가는 논란의 여지가 있다. 그 밖에도 우리나라에서 ICC 중재를 하는 경우 우리 중재법과 ICC 중재규칙을 함께 적용하는 데 따른 쟁점들은 체계적으로 검토할 필요가 있다.

5. 분쟁의 실체의 객관적 준거법에 관한 논의의 정리

분쟁의 실체의 객관적 준거법을 결정하는 태도를 정리하면 크게 두 가지 기준에 따라 구분할 수 있다. 첫째, 저촉규범의 중개를 거치는가, 거친다면 어느 저촉규범을 적용하는가, 둘째, 실질규범을 적용함에 있어 특정 국가의 법체계에 한정하는가 아니면 법규의 적용도 허용하는가이다.[98] 그리고 각각에 대해 어떤 태도를 취하는가에 따라 더 세분화된다.

(1) 중재인이 통상의 저촉규범의 중개를 거쳐 실질법을 결정하는 방법

이는 중재인이 적용할 저촉규범에 따라 중재지의 저촉규범을 적용하는 태도, 중재절차의 법의 소속국의 저촉규범을 적용하는 태도와, 중재인이 적절하다고 판단하는 저촉규범을 적용하는 태도가 있다.

(2) 중재인이 중재법이 직접 정한 저촉규범에 따라 실질법을 결정하는 방법

우리 중재법(제29조 제2항), 독일 민사소송법(제1051조 제2항), 일본 중재법(제36조 제2항)과 스위스 국제사법(제187조 제1항).

(3) 통상의 저촉규범의 중개 없이 중재인이 실질법을 곧바로 적용하는 방법[99]

이 경우 중재인이 적절하다고 판단하는 실질법을 적용하는 태도가 유력

98) Lew/Mistelis/Kröll, para. 17-78도 참조.

99) 이도 중재법 또는 관련 법(예컨대 프랑스의 신 민사소송법)이 그러한 취지의 저촉규범을 두기 때문이라고 주장할지 모르겠으나, 저촉규범을 적용하지 말라는 것은 저촉규범이 아니므로 그렇게 볼 수는 없다.

하나, 그 밖에도 중재지의 실질법을 적용하는 태도가 있을 수 있다.

위 세 가지의 태도는 각각 중재인이 적용할 실질법규범에 따라 ① 특정 국가의 실질법, 즉 국가법체계를 적용하는 태도와, ② 상인법 등 법규의 적용도 허용하는 태도로 구분된다. 특히 후자를 허용하는 것은 위 (3) 즉 통상의 저촉규범의 중개 없이 중재인이 실질법을 곧바로 적용하는 태도를 취하는 경우에 두드러진다. 실제로 프랑스 신 민사소송법(제1496조), ICC 중재규칙(제17조 제1항 2문)과 AAA 국제중재규칙(제28조 제1항)은 상인법 등 법규의 적용도 허용한다. 다만 ②에서도 법규와 상인법의 범위를 어떻게 볼지는 견해가 나뉜다. 한편 (2)에 속하는 우리 중재법과 독일 민사소송법은 법체계만의 적용을 허용하나, 스위스 국제사법은 법규의 적용을 허용한다. 이상의 논의를 표로 정리하면 아래와 같다.

《분쟁의 실체의 객관적 준거법(규범)》

<table>
<tr><td colspan="2" rowspan="2">구 분</td><td colspan="4">저촉규범의 중개 요부와 결정방법</td></tr>
<tr><td colspan="2">(1) 통상의 저촉규범의 중개 요</td><td>(2) 중재법이 저촉규범을 직접 규정</td><td>(3) 저촉규범의 중개 불요</td></tr>
<tr><td rowspan="3">실질규범의 범위</td><td rowspan="2">① 법체계만 허용</td><td rowspan="2">저촉규범</td><td>A. 중재지의 저촉규범 적용
—우리 구 중재법 하의 일부 견해</td><td rowspan="2">—우리 중재법 (제29조 제2항)
—독일 민사소송법 (제1051조 제2항)
—일본 중재법 (제36조 제2항)</td><td rowspan="2"></td></tr>
<tr><td>B. 중재인이 적절하다고 보는 저촉규범 적용
—1998년 개정전 ICC 중재규칙(제13조 제3항)
—모델법(제28조 제2항)
—UNCITRAL 중재규칙 (제33조 제1항 2문)</td></tr>
<tr><td>② 법규도 허용</td><td colspan="2"></td><td>—스위스 국제사법 (제187조 제1항)</td><td>—프랑스 신 민사소송법(제1496조 제1항)
—ICC 중재규칙 (제17조 제1항)
—AAA 국제중재규칙(제28조 제1항)</td></tr>
</table>

①(1)A가 전통적인 태도이고, ②(3)이 가장 전향적인 태도이다. (2)는 저촉규범의 중개를 요하는 점에서는 (1)과 같으나, 통상의 저촉규범의 중개를 요하지 않는 점에서는 (3)과 동일하다. 논자에 따라서는 (2)를 (3)에 포함시키기도 함은 위에서 보았다.[100)]

V. 형평과 선에 의한 중재판정(제29조 제3항)[101)]

중재인이 법규범이 아니라 형평과 선, 즉 공평의 원칙과 양심에 따라 판정할 수 있는가가 문제된다. 중재인이 형평과 선에 따라 판정할 경우 중재인은 *amiable compositeur*(이를 "우의적 중재인"이라고 번역하기도 한다)의 역할을 하게 된다.[102)] 우의적 중재는 프랑스에서 처음 시작되었는데, 이는 당사자 간의 우의와 신뢰가 중시되는 계약관계, 즉 광산계약이나 기술이전계약처럼 장기간 계약, 합작계약, 장래 거래가 계속될 가능성이 많은 당사자들 간의 계약 또는 특정 국가의 법을 적용하는 것이 상대방에게 부담이 되는 국제거래계약에서 필요하다고 한다.[103)]

ICC 중재규칙(제17조의 제3항)은 "당사자가 그러한 권한을 부여하기로 합의한 경우에 한하여 중재인은 우의적 중재인의 권한을 가지거나 형평과 선에 따라 판정한다"[104)]고 규정한다. AAA 국제중재규칙(제28조 제3항)도 유사하다. 스위스 국제사법(제187조 제1항)도 "당사자들은 중재인에게 형평에 따

100) 목영준, 88면은 (ⅰ) 중재지 또는 법정지국의 실질법에 의하는 방법, (ⅱ) 중재지 또는 법정지국의 국제사법에 의하는 방법, (ⅲ) 중재인이 적절한 국제사법을 택한 후 그에 따라 실질법을 정하는 방법과 (ⅳ) 중재인이 적절한 실질법을 정하는 방법의 4가지로 분류한다. 이는 실질법에 이르는 과정에 따른 분류이다. 목영준, 88-89면; 주석중재법/조대연, 140면은 독일 민사소송법과 우리 중재법을 프랑스와 함께 (ⅳ)에 해당하는 것으로 분류한다. Lew/Mistelis/Kröll, para. 17-48도 유사하다. 오원석(註 11), 57면도 유사하나 실질법을 실체법이라고 잘못 쓴다. 저자의 분류로는 (ⅰ)과 (ⅳ)는 실질법으로 곧바로 가는 방법이고, (ⅱ)와 (ⅲ)은 저촉규범의 중개를 거치는 방법이다. 어쨌든 위 분류에서 법정지국을 쓰는 것은 적절하지 않다.

101) 이에 관한 구 중재법 하의 국내문헌으로는 장복희, "仲裁準據法으로서의 衡平과 善: 友誼的 仲裁人," 仲裁學會誌 6卷(1996. 12.), 203면 이하 참조.

102) 물론 양자의 관계는 아래에서 보듯이 논란이 있지만 일단 여기에서는 이런 전제 하에서 논의한다.

103) 목영준, 92면.

104) The Arbitral Tribunal shall assume the powers of an *amiable compositeur or decide ex aequo et bono* only if the parties have agreed to give it such powers.

라"(nach Billigkeit, *en équité*) 판정할 수 있는 권한을 부여할 수 있다"고 규정한다. 모델법(제28조 제2항)은 "중재판정부는 당사자들이 명시적으로 권한을 부여하는 경우에 한하여 형평과 선에 따라 또는 우의적 중재인으로서 판정을 내린다"고 규정하는데, 우리 중재법(제29조 제3항)도 이를 받아들여 "중재판정부는 당사자들이 명시적으로 권한을 부여하는 경우에 한하여 형평과 선에 따라 판정을 내릴 수 있다"고 규정한다. 모델법은 "형평과 선에 따라" 또는 "우의적 중재인으로서"를 함께 사용하는 데 반하여 우리 중재법은 단순히 "형평과 선에 따라"만을 규정하는 점에 차이가 있다.

모델법이 양자를 사용한 것은 국가에 따라서는 양자를 구별할 가능성이 있기 때문이라고 한다.[105] 모델법이 우의적 중재를 규정한 것은 첫째, 일부 국가에서는 우의적 중재의 개념을 알지 못하지만 이를 사용하는 국가들도 있으므로[106] 이를 굳이 금지할 이유가 없고, 둘째, 중재지의 국내중재에서 우의적 중재인의 제도가 없더라도 이를 허용하는 것이 국제상사중재에서 중재지의 중요성을 약화한다는 정책에 부합하며, 셋째, 우의적 중재는 당사자들의 명시적 수권을 요구하므로 부주의한 당사자를 오도할 위험이 없기 때문이라고 한다.[107] 그러나 UNCITRAL 중재규칙(제33조 제2항)은 당사자들이 명시적으로 수권하고, 중재절차의 준거법이 이를 허용하는 경우에만 중재인은 형평과 선에 따라 중재판정을 내릴 수 있다고 규정하는 점에서 위와는 다소 차이가 있다.

중재인에게 우의적 중재인으로서 또는 형평과 선에 따라 판정할 수 있는 권한을 부여하는 조항을 실무상 '형평조항'(equity clause)라고 부르는데, 그 결과 중재인은 분쟁을 보다 공평하게 해결하기 위하여, 엄격히 법에 따라 판정을 내리는 대신 법의 엄격한 적용을 완화할 수 있는 재량을 가지는 것으로 이해되나, 그의 구체적인 내용에 관하여는 논자에 따라 견해 차이가 있다. 예

---

105) Holtzmann/Neuhaus, p. 770. ICC 중재규칙(제17조 제3항)도 양자를 함께 사용하는데 그 근거도 동일하다. Derains/Schwartz, p. 245. 형평과 선에 따라라는 문언은 1998년 개정시 추가되었다. 프랑스의 통설에 따르면 양자는 동의어라고 보는 데 반하여, 이탈리아법은 '형평과 선에 따라'는 중재인이 판정을 내리는 것인 데 반하여, '우의적 중재인'은 양당사자의 합의에 기하여 분쟁을 해결하는 것(화해)이라고 하여 양자를 구별한다. Rubino-Sammartano, p. 471 이하; 장복희(註 101), 216면 이하 참조.

106) 우의적 중재에 대하여 영국은 전통적으로 적대적인 태도를 취하였으나 로마법의 전통을 따른 대륙법계는 우호적인 태도를 취하였다고 한다. Rubino-Sammartano, p. 457 이하.

107) Holtzmann/Neuhaus, p. 770.

컨대 중재인이 형평과 선에 따라 판정한다는 것은, 첫째 중재판정부는 분쟁에 대해 관련 법규를 적용해야 하지만 계약의 방식과 같은 순전히 형식적인 규칙을 무시할 수 있다거나, 둘째 중재판정부는 분쟁에 대해 관련 법규를 적용해야 하지만 특정한 사안에서 가혹하거나 불공정하게 작용하는 것으로 보이는 것은 무시할 수 있다거나, 셋째 중재판정부는 법의 일반원칙에 따라 중재판정을 내려야 한다는 의미로 해석될 수 있지만, 중재판정부가 일체의 법규를 완전히 무시하고 사안의 실체에 관하여 법규라고 판단하는 바에 따라 결정할 수 있다는 의미는 아니다.[108]

이와 관련하여 몇 가지 의문이 제기된다.

첫째 우의적 중재인은 상인법에 따라 판단할 수 있나. 우의적 중재인은 국제사법에 따라 결정된 준거법이나 준거규범을 적용할 수 있음은 물론이고 그 경우 엄격성을 완화할 수 있으므로 우의적 중재인이 반드시 상인법을 적용해야 하는 것은 아니지만 적절하다면 상인법을 적용할 수 있다. 우의적 중재인 조항은 내재적으로 상인법을 준거규범으로 지정하는 것으로 볼 수 있다는 견해도 유력하다.[109]

둘째, 우의적 중재인은 당사자들이 적용을 배제할 수 없는 강행규정에 반하는 판단을 할 수 있나. 우의적 중재인은 공서에 반하는 중재판정을 할 수는 없지만, 강행규정에 반하는 중재판정을 할 수 있다는 견해도 있으나[110] 이는 부정해야 할 것으로 생각된다.[111]

셋째, 우의적 중재인은 필요시 계약의 조건을 수정함으로써 엄격성을 완화할 수 있나. 이를 긍정하는 견해와 부정하는 견해가 보이는데, 긍정하는 견해도 당사자의 거래의 기본적인 조건을 변경할 수는 없다고 한다.[112] 그러나 아래(Ⅵ.)에서 보는 바와 같이 우리 중재법 제29조 제4항이 계약에서 정한 바에 따를 것을 요구하고 있으므로 중재법의 해석론으로는 이는 부정해야 할 것이다.

---

108) Redfern/Hunter, para. 2-73. 장복희, "중재계약상 형평조항," 중재 312호(2004년 여름), 28면; 주석중재법/조대연, 142면도 중재인이 법을 무시할 수 있다는 것이 아니라 양당사자 간의 법과 계약을 해석하는 데 있어서 중재인이 상식적 견해를 취하여야 한다는 것이고 법적 전문성에 구속될 필요가 없다고 한다.

109) 장복희(註 101), 210면은 Goldman을 인용하면서 이렇게 본다. 한편 위에서 본 바와 같이 우의적 중재인이 아니더라도 중재인은 당사자들이 지정한 경우, 또는 지정이 없더라도 법규의 적용을 허용하는 법제 하에서는 상인법에 따라 판단할 수 있다.

110) Pieter Sanders, The Work of UNCITRAL on Arbitration and Conciliation (2004), p. 42.

111) Derains/Schwartz, p. 266; 주석중재법/조대연, 142면도 동지.

112) Derains/Schwartz, p. 266. 이것이 프랑스법의 태도라고 한다.

Ⅵ. 계약의 준수와 상관습의 고려(제29조 제4항)

중재판정부는 계약에서 정한 바에 따라 판단하고 해당 거래에 적용될 수 있는 상관습을 고려하여야 한다(중재법 제29조 제4항). 이는 중재판정부가 주관적 준거법 또는 객관적 준거법을 적용하는 경우뿐만 아니라, 형평과 선에 따라 판정하는 경우에도 마찬가지이다. 동 조는 모델법(제28조 제4항)을 따른 것인데, 그러한 조항은 이미 널리 알려진 것이고, UNCITRAL 중재규칙(제33조 제3항)과 유럽협약(제Ⅶ조 제1항)에도 이미 포함되어 있으며,[113] 당사자들이 중재를 선택하는 이유 중의 하나는 중재인들이 계약의 문언과 연혁 및 거래의 관행을 존중할 것을 기대하기 때문이므로 법에서 이를 명시함으로써 당사자들의 기대를 충족시킬 수 있기 때문이다.[114]

그런데 계약을 준수하라는 것은 문제가 없지만, 상관습(usages of the trade)을 언급하는 것에 대하여는, 분쟁의 실체의 준거법인 국내법이 통상 상관습을 적용할 것을 요구하기 때문에 그와 중복되고, 상관습의 개념은 매우 애매하고, 뿐만 아니라 상관습의 법적 효력과 자격은 모든 법제에서 통일된 것을 아니므로 위험하다는 비판이 제기될 수 있다.[115] 이는 상관습의 개념을 어떻게 이해할 것인가의 문제이다. 상관습에는 예컨대 국제상업회의소의 신용장통일규칙(UCP)과 인코텀즈 등이 포함될 것이나[116] 이는 상인법과는 구별되는 개념이다. 상인법은 대체로 국제상거래에서 발전되어 통일적으로 적용되는 법규를 의미하는 데 반하여, 여기의 상관습(즉 trade usages)은 당사자의 합의의 일부를 구성한다고 하고, 이런 의미에서 상관습은 일반적으로 당사자의 합의 밖에 있는 것이 아니라 합의 안에 있다고 설명하기도 한다.[117][118] 그러나

113) ICC 중재규칙(제17조 제2항)도 유사한 조항을 두고 있으나 다만 계약을 준수하라고 규정하는 대신 상관습과 마찬가지로 계약도 고려하라고 규정하는 점에 차이가 있다. 그 이유는 Derains/Schwartz, p. 243 참조.

114) Holtzmann/Neuhaus, p. 772.

115) Holtzmann/Neuhaus, p. 772.

116) 주석중재법/조대연, 144면; Aden(註 68), S. 268(후자는 ICC 중재규칙의 맥락에서).

117) 이는 ICC 중재규칙(제17조 제2항)에 관한 Derains/Schwartz, p. 243의 설명이나 우리 법의 해석에도 타당하다고 본다. 다만 이렇게 보면 신용장통일규칙이나 인코텀즈는 상관습이 아니라 상인법이라고 주장할 여지가 있고 실제로 그런 견해도 있다. 양자의 관계는 좀더 연구할 필요가 있다. 우리 대법원은 신용장통일규칙을 상관습법이라고 보는 것으로 평가된다.

118) 그렇다면 사견으로는 'usages of the trade'를 상관행이라고 번역하는 것이 나았을 것으로

양자의 관계가 그렇게 명확한 것은 아니다.

Ⅶ. 국제상사중재와 국제적 강행법규의 적용 또는 고려

국제상사중재에서도 국제적 강행법규의 적용이 문제되는데, 국제적으로 분쟁의 중재가능성이 점차 널리 인정됨에 따라 더욱 그러하다. 여기에서는 국제소송의 맥락에서의 국제적 강행법규의 문제를 일별하고 국제상사중재에서의 문제를 살펴본다. 만일 중재판정부는 당사자가 지정한 준거법에 관계없이 일정한 국제적 강행법규를 적용하거나 고려해야 한다면 국제적 강행법규는 당사자자치를 제약하는 기능을 한다.

1. 국제소송과 국제적 강행법규

국제소송에서는, 당사자의 합의에 의해 적용을 배제할 수 없을 뿐만 아니라, 그에 추가하여 준거법이 외국법이라도 그의 적용이 배제되지 않는 국제적 강행법규(international zwingende Bestimmungen, *lois de police,* internationally mandatory rules)의 적용을 둘러싸고 다양한 문제가 제기된다.[119] 즉 국제적 강행법규는 ① 법정지의 국제적 강행법규, ② 준거법 소속국의 국제적 강행법규와 ③ 그 밖의 즉 제3국의 국제적 강행법규로 구분되는데, 각각에 관하여 법원이 이를 적용 또는 고려해야 하는지와, 만일 그렇다면 그 근거는 무엇인지를 둘러싸고 많은 논란이 있다. 이를 나누어 보면 다음과 같다.

우리 국제사법(제7조)은, 외국법이 준거법으로 지정되더라도 입법 목적에

생각한다. 참고로 2005년 3월 1일부터 우리나라에서 발효된 국제물품매매계약에 관한 국제연합협약(CISG) 제4조 가호의 국문본은 'usage'를 관행이라고 번역한다.

119) 이를 간섭규범 또는 개입규범(Eingriffsnorm) 또는 직접적용법(*lois d'application immédiate*)이라고 부르기도 하나, 이러한 개념은 유럽연합법원의 2000. 11. 9. "Ingmar 사건 판결"에 의하여 동요하고 있다. 이는 당사자의 합의에 의해 그 적용을 배제할 수 없는 국내적 (단순한 또는 통상의) 강행법규와 대비되는 개념이다. 그러나 강행법규를 첫째, 국내적 강행법규(또는 통상의 강행법규), 둘째, 사회·경제적 약자인 소비자와 근로자를 보호하기 위한 강행법규와, 셋째, 국제적 강행법규의 세 가지로 구분할 수도 있다. 석광현, "국제거래에서의 代理商의 보호—商法 제92조의2의 국제적 적용범위와 관련하여—," 법조 통권 592호(2006. 1.), 39면 이하; 국제사법과 국제소송 제4권(2007), 18면 이하 참조. 강행성의 정도라는 관점에서 보면 둘째의 유형도 국내적 강행법규에 속한다.

비추어 준거법에 관계없이 적용되어야 하는 법정지의 강행법규는 여전히 적용됨을 명시한다. 법원은 법정지의 국제적 강행법규에 구속되므로 이는 종래 당연한 것으로 인정되어 왔는데 국제사법에서는 로마협약(제7조 제2항)을 따라 그 취지를 분명히 하였다.

한편 우리 국제사법은 준거법 소속국의 국제적 강행법규에 관하여는 제6조에서 준거법 소속국인 외국의 公法을 반드시 적용해야 한다고 규정하지는 않으며, 단지 公法이라는 이유만으로 적용이 배제되는 것은 아니다라는 소극적이고 간접적인 규정만을 두고 있으므로[120] 그의 적용 여부는 국제사법적 고려에 기해 판단해야 할 것이다. 준거법 소속국의 국제적 강행법규는 적용될 텐데, 그 근거는 준거법 소속국의 국제적 강행법규는 준거법의 일부로서 당연히 적용된다거나, 이른바 特別連結理論(Sonderanknüpfungslehre)에 의하여 적용된다고 설명할 수 있을 것이다.[121]

그러나 우리 국제사법은 제3국의 국제적 강행법규에 관하여는 규정을 두지 않는다. 왜냐하면 제3국의 국제적 강행법규의 처리에 관하여는 아직 국제적으로 정립된 견해가 없고, 우리나라의 경우도 마찬가지이기 때문이다. 참고로 로마협약(제7조 제1항)은 사안과 밀접한 관련을 가지는 제3국의 국제적 강행법규에 대해 그의 성질과 목적 및 그의 적용 또는 부적용의 결과 발생하게 될 효과를 고려하여 효력을 부여할 수 있다고 규정하지만, 많은 논란이 있고 영국과 독일 등은 그의 적용을 유보하였다.[122] 우리 국제사법의 해석상 제3국의 강행법규에 대하여는 로마협약이나 스위스 국제사법과 같은 견해도 주장될 수 있으나, 그와 달리 사실상의 영향을 실질법적 차원에서 고려할 것이라는 견해도 주장될 수 있다.[123]

---

120) 조문은 다음과 같다.
"제6조(준거법의 범위) 이 법에 의하여 준거법으로 지정되는 외국법의 규정은 공법적 성격이 있다는 이유만으로 그 적용이 배제되지 아니한다."

121) 석광현(註 15), 91면.

122) 석광현(註 15), 98면 이하 참조.

123) Fouchard/Gaillard/Goldman, para. 1518 이하 참조. 예컨대 강행법규의 결과 이행불능이 되면 실질법상 불가항력으로 처리된다.

2. 국제상사중재와 국제적 강행법규

가. 중재지의 국제적 강행법규

국제상사중재에 있어 우선 중재지의 국제적 강행법규의 적용 여부가 문제된다. 위에서 본 바와 같이 법원은 실체의 준거법에 관계없이 실체와 관련된 법정지의 국제적 강행법규를 적용할 법적 의무를 부담한다. 과거의 전통적 이론에 따르면 중재인도 중재지의 국제적 강행법규를 적용할 의무를 부담하는 것으로 이해되었는데, 국내중재의 경우와, 국내법에 의하여 규율되는 중재기관에 의한 중재의 경우는 이 점은 지금도 유지되고 있는 것으로 보인다.[124] 그러나 국제상사중재, 특히 ICC 중재법원과 같이 국제상사중재를 전문으로 취급하는 기관의 규칙이나 UNCITRAL 중재규칙에 따라 이루어지는 국제상사중재의 경우, 위에서 본 바와 같이 중재인은 중재지의 국제사법규칙을 적용할 의무가 없음이 널리 인정되고 있고,[125] 나아가 중재인은 법원과 달리 실체에 관한 중재지의 국제적 강행법규를 당연히 적용할 의무를 부담하는 것도 아니다.[126] 즉 국제상사의 중재인에게는 준거법 소속국 이외의 법은 모두 외국법이라고 할 수 있으며, 이 점에서 중재지는 법정지와 구별된다.

이렇게 본다면 중재지의 국제적 강행법규도 아래에서 논의하는 제3국의 국제적 강행법규와 동일하게 취급된다.[127] 요컨대 국제상사중재의 경우 중재인은 중재지가 한국이더라도 국제사법 제7조를 따를 일반적인 의무는 없다는 것이다.

다만 국제적 강행법규의 성질을 가지는 중재지의 절차법은 준수하여야 한다. 그렇지 않을 경우 중재판정은 중재지에서 취소될 수 있고, 외국에서도 승인 또는 집행이 거부될 수 있기 때문이다.[128]

---

124) Peter Nygh, Autonomy in International Contracts (1999), p. 227.

125) 예컨대 모델법(제28조 제2항)과 UNCITRAL 중재규칙(제33조 제1항) 참조. 그러나 우리 중재법과 같이 명시적인 규정을 두는 경우 중재법 자체의 저촉규범에 따라야 한다.

126) 그러나 Sandrock(註 57), S. 677은 전통적인 견해를 따라 여전히 이를 적용할 것이라고 하고 상인법의 지정을 실질법적 지정으로 이해한다.

127) Fouchard/Gaillard/Goldman, para. 1517; Handorn(註 60), S. 185; Jette Beulker, Die Eingriffsnormenproblematik in internationalen Schiedsverfahren (2005), S. 226f.

128) 전자는 예컨대 우리 중재법 제36조 제2항 제1호 라목, 후자는 뉴욕협약 제5조 제1항 라호. Beulker(註 127), S. 219ff.

나. 준거법 소속국의 국제적 강행법규

중재인은 준거법 소속국의 국제적 강행법규를 당연히 적용해야 한다는 견해는 준거법 소속국의 국제적 강행법규는 준거법의 일부로서 당연히 적용된다는 것인데, 이것이 전통적인 견해이며, 소송의 경우와 마찬가지로 종래 이는 당연한 것으로 생각되었다.129) 그러나 근자에는 준거법 소속국의 국제적 강행법규도 제3국의 국제적 강행법규와 다를 것이 없다는 견해130)가 주장되고 있으므로 앞으로 추이를 좀더 지켜볼 필요가 있다.

다. 제3국의 국제적 강행법규

소송에서의 논의에 비추어 볼 때, 국제상사중재의 경우에도 중재판정부가 당해 사안과 밀접한 관련이 있는 제3국의 국제적 강행법규를 반드시 적용할 의무를 부담하는 것은 아니나 이를 고려해야 한다는 견해가 주장될 수 있다. 그러나 이에 대해 어떤 태도를 취하건 간에 중재판정부로서는 그러한 강행법규를 고려할 실제적인 필요가 있는데, 국제상사중재의 실무상으로도 중재인들은 계약의 이행에 직접 영향을 미치는 것과 같은, 사안과 밀접한 관련이 있는 제3국의 국제적 강행법규를 존중한다.131) 특히 제3국이 중재판정의 집행국인 경우 그의 국제적 강행법규를 고려할 필요가 있다. 그렇지 않으면, 아래(4.)에서 논의하는 바와 같이 중재판정의 집행국의 공서에 반한다는 이유로 중재판정의 승인 및 집행이 좌절될 수 있기 때문이다.132)

어쨌든 요즈음에는 국제적 강행법규라는 이유만으로(특히 중재지의 국제

---

129) 예컨대 Lew/Mistelis/Kröll, para. 17-27; Handorn(註 60), S. 182-183; Drobnig(註 79), S. 106에 인용된 Derains의 견해.

130) Handorn(註 60), S. 182-183; Beulker(註 127), S. 230ff. 특히 S. 235.

131) Drobnig(註 79), S. 108: Horacio A. Grigera Naón, "International Commercial Arbitration—The Law Applicable to the Substance of the Dispute: Present Trends," Borchers/Zekoll (eds.), International Conflict of Laws for the Third Millennium (2001), p. 69 이하. Naón에 따르면 상당수의 ICC 중재판정들이 제3국의 국제적 강행법규를 적용하였다. 이는 특히 ICC 중재규칙(제35조)이 "… 중재법원과 중재판정부는 … 중재판정이 법적으로 집행 가능하도록 보장하기 위하여 모든 노력을 다하여야 한다"고 규정하는 것과도 관련이 있다. 그러나 이 조항이 중재판정부와 ICC 중재법원에 중재판정의 집행가능성을 보장하기 위하여 모든 노력을 할 의무를 부과하는 것은 아니다. Derains/Schwartz, p. 385.

132) 구 중재법 하의 해석론이기는 하나 박상조 · 주기종 · 윤종진(註 6), 409면은 '각국의' 강행법규에 반하는 경우 강행법규가 우선 적용된다고 하나 어느 국가의 강행법규를 말하는지 애매하다. 그러나 주석중재법/조대연, 141면도 이와 유사한 것으로 보인다.

적 강행법규와 제3국의 국제적 강행법규의 경우) 일률적으로 적용되어야 하는 것은 아니고, 구체적인 사건에서 당해 국제적 강행법규가 분쟁과 충분히 밀접한 관련을 가지고 나아가 국제적으로 승인되는 규율목적(즉 shared values)에 봉사하는 경우 적용되거나 고려되어야 한다는 견해가 점차 세를 얻고 있는 것으로 보인다.[133] 다만 'embargo'는 좀 특수하게 법적인 문제가 아니라 계약의 이행을 방해하는 사실상의 문제로 취급된다는 지적도 있다.[134] 국제상사중재에서 국제적 강행법규를 적용 내지 고려하는 것은, 특정 국가의 법으로부터 벗어나 국제화의 길을 걷고 있는 국제상사중재의 경향과는 대조적으로 실체에 적용되는 준거법의 결정에 있어 국가화의 경향을 보여주는 것이다.[135] 어쨌든 국제상사중재에서의 국제적 강행법규의 적용 여부에 대하여는 연구가 상당히 미흡한 것으로 보이므로 앞으로 좀더 체계적으로 연구할 필요가 있다.[136]

3. 국제적 강행법규의 적용을 피하기 위한 중재합의의 효력

당사자들이 국제재판관할합의를 함으로써 만일 합의가 없었더라면 법정지가 적용하였을 국제적 강행법규의 적용이 배제될 수 있는데, 그 경우 국제재판관할합의의 효력이 문제된다. 특히 국제적으로 논의되는 대표적인 예는 헤이그규칙(또는 헤이그-비스비규칙)을 입법화한 국가의 경우 선하증권에 의한 관할합의에 의하여 위 규칙의 적용이 배제될 가능성과 관련된 것이다. 즉 입법례에 따라서는 헤이그규칙(또는 헤이그-비스비규칙)을 입법화한 법을 국제적 강행법규로 규정하는데 외국법원은 동 법을 적용하지 않을 가능성이 있으므로 국제적 강행법규인 동 법의 적용을 관철하기 위하여 그러한 관할합의의 효력을 부인해야 한다는 것이다.[137] 이러한 법리를 적용하여 외국법원을 지정한 관할합의의 효력을 부정하고 미국 법원의 관할을 긍정한 대표적인 판결이 미국 제2순회구 연방항소법원의 1967년 *Indussa Corporation v. S. S.*

133) Handorn(註 60), S. 183f.; Beulker(註 127), S. 244ff.

134) Schäfer/Verbist/Imhoos(註 33), p. 88.

135) Naón(註 131), p. 65는 이러한 문제의식에서 출발하고 있다.

136) 이에 관하여는 우선 Fouchard/Gaillard/Goldman, paras. 1515-1528 및 Derains/Schwartz, p. 239 Fn. 103에 인용된 Lazareff, Hochstrasser, Derains과 Mayer의 논문들을 참조.

137) 독일에서는 이것이 다수설이다. 국제적 강행법규 일반에 관하여 우리나라에도 이런 견해가 있다.

Ranborg 사건 판결[138]이다. 독일에서도 유사한 입장이 유력하다.

문제는 국제재판관할합의에 관하여 발전된 이러한 법리가 국제상사중재합의에도 적용되어야 하는가이다. 이를 긍정하는 견해도 있으나 미국 연방대법원은 1995년 *Vimar Seguros Y Reaseguros S. A. v. MV Sky Reefer* 사건 판결[139]에서 Indussa 기준의 적용을 거부하고 선하증권상의 중재조항을 유효하다고 보았다.[140] 우리나라에서도 우리 상법[141]의 적용을 배제하고 헤이그규칙(또는 헤이그-비스비규칙)을 입법화하지 않은 국가의 법을 적용할 목적으로 중재합의를 할 경우 그의 유효성이 문제될 수 있다.[142] 이를 판단하기 위해서는 첫째, 우리나라의 국제적 강행법규의 적용을 배제하고자 중재합의를 하는 것이 유효한가와, 둘째, 상법 제790조 제1항이 국제적 강행법규인가라가 두 가지 논점을 검토하여야 하는데 저자는 두 가지 논점에 대해 모두 부정적인 견해를 취한다. 특히 전자의 점에 관하여 당해 사안이 우리나라와 밀접한 관련이 있다면 중재인은 준거법이 외국법이더라도 우리나라의 국제적 강행법규를 적용하거나 고려하여야 한다는 점을 감안할 때 위의 문제에 대해 소송과 비교하여 좀더 유연한 견해를 취할 필요가 있다고 본다.[143]

4. 집행국의 국제적 강행법규에 반하는 외국중재판정의 승인(및 집행)의 공서위반

우리의 국제적 강행법규에 위반하는 행위의 이행을 명하는 외국중재판정의 승인 및 집행이 뉴욕협약상 승인거부사유인 우리나라의 공서위반에 해당

---

138) 377 F.2d 200 (2d Cir. 1967). 송상현 · 김현, 해상법원론 제3판(2005), 292면 이하; 이재후 · 서동희, "船荷證券上의 管轄合意," 企業과 法, 度岩金敎昌辯護士華甲紀念論文集(1997), 931면 이하; 김선국, "미국 해상물건운송법의 적용을 받는 船荷證券상의 외국중재지조항과 외국법정지조항의 유효성," 상사법연구 제20권 제3호(통권 제31호)(2001), 136면 이하 참조.

139) 115 S.Ct. 2322 (1995).

140) 소개는 김선국(註 138), 143면 이하; 이재후 · 서동희(註 138), 932면 이하 참조.

141) 우리나라는 헤이그규칙 또는 헤이그-비스비규칙에 가입하지는 않았으나 그의 주요조항을 상법에 받아들였다.

142) 이는 그 밖에 다른 국제적 강행법규에 관하여도 마찬가지로 제기될 수 있는 문제이다.

143) 저자는 국제재판관할과 관련하여 이런 견해를 취하였는데(석광현, "船荷證券에 의한 國際裁判管轄合意의 문제점 —대법원 1997. 9. 9. 선고 96다20093 판결—," 국제사법과 국제소송 제3권(2004), 241면 이하), 중재합의의 경우도 유사하다는 것이다.

하는가가 문제된다. 이는 집행국의 국제적 강행법규의 문제이다. 생각건대 공서위반 여부는 일률적으로 판단할 것이 아니라 문제된 당해 국제적 강행법규의 성질 및 취지, 위반의 정도와 효력 등을 종합적으로 고려해서 판단할 사항이고, 국제적 강행법규에 위반한 외국중재판정의 경우에도 그의 승인 및 집행이 우리의 근본적인 정의관념과 기초적인 국가적 이익에 반하지 않는 한 이를 수인해야 할 것이지만—즉 우리나라의 국제적 강행법규의 위반 자체가 승인거부사유는 아니다—, 구체적인 경계의 획정은 좀더 체계적인 연구가 필요하다.[144)]

우리나라에서는 독점금지 및 공정거래에 관한 법률에 위반한 라이센스계약에 따른 의무의 이행을 명한 미국 중재판정의 승인 및 집행은 우리나라의 공서에 반하지 않는다는 취지의 서울고등법원 1995. 3. 14. 선고 94나11868 판결이 있다.[145)]

Ⅷ. 준거법 또는 계약조건의 적용의 잘못과 중재판정의 취소 또는 승인(및 집행)의 거부

이는 다음과 같이 경우를 나누어 볼 필요가 있다.

1. 수권 없이 형평과 선에 의하여 중재판정을 내린 경우

우리 중재법상 당사자가 중재인에게 명시적으로 그러한 권한을 부여한 바 없음에도 불구하고 만일 중재인이 형평과 선에 따라 중재판정을 내리는 것은 중재법(제29조 제3항)에 반하는 것으로서 권한유월이 되어 중재판정의 취소사유가 된다.[146)] 또한 외국 중재판정의 중재인이 그런 권한이 없음에도

144) 이러한 논리는 외국판결의 승인 및 집행이 공서위반에 해당하는가와 유사하다. 석광현, "民事 및 商事事件에서의 外國裁判의 承認 및 執行," 국제사법과 국제소송 제1권(2001), 312면 이하 참조.

145) 평석은 장문철, "외국중재판정과 외국판결에 대한 집행청구소송에 관한 평석," 국제사법연구 제2호(1997), 662-663면 참조. 당해 사건에서는 캘리포니아주의 중재판정과 판결 양자의 집행이 모두 문제되었는데, 판결의 집행이 문제된 이유는 당초 중재판정이 명시하지 않았던 지연이자의 지급을 판결이 추가로 명했기 때문이다.

146) Stein/Jonas/Schlosser, § 1051 Rn. 9, Anhang § 1061 Rn. 118.

불구하고 형평과 선에 의하여 판단한 경우 뉴욕협약상 승인 또는 집행의 거부사유가 된다.

2. 준거법의 적용을 잘못하여 중재판정을 내린 경우

준거법의 적용에 관하여 독일에서는, 중재인이 착오 또는 오해에 기하여 준거법의 적용을 잘못한 경우는 문제가 없지만, 중재인이 준거법을 의식적으로(bewusst) 무시한 경우에는 준거법을 잘못 판단한 경우와 달리 중재인이 권한을 넘은 것이 되어 중재판정의 취소사유가 된다고 보는 견해가 유력하다.[147] 또한 이는 뉴욕협약상 외국중재판정의 승인거부사유가 된다. 모델법상 법률의 적용을 잘못한 것은 중재판정의 취소사유가 아니지만, 중재라고 하여 중재판정부에게 자의적인 법의 적용을 허용하는 것은 아니므로 이러한 결론을 수긍할 수 있다.[148] 다만 그 경계를 어떻게 획정이 어려운 사안이 있을 수 있다.

한편 미국에서는 명백한 법의 무시(manifest disregard of the law)는 보통법상 중재판정의 취소사유이지만,[149] 이는 국내중재의 소산이고 적어도 외국중재판정의 승인 및 집행에 관한 뉴욕협약이 적용되는 범위 내에서는 이는 공서위반이 되지 않는다고 보는 것이 미국 판례의 주류적인 입장이라고 한다.[150] 우리 법상으로도 외국중재판정이 준거법을 잘못 적용하거나 명백히 무시한 경우, 즉 '명백한 법의 무시가 있더라도 그것만으로 그의 승인이 공서위반이 되는 것은 아니다. 다만 그것이 우리나라의 국제적 강행법규의 위

147) Rainer Hausmann, "Die Aufhebung von Schiedssrpüchen nach neuem deutschen Schiedsverfahrensrecht," Festschrift für Hans Stoll (2001), S. 601; Stein/Jonas/Schlosser, Anhang § 1061 Rn. 119. 참고로 강병근(註 43), 257면은 '준거법의 비적용'과 '준거법의 그릇된 적용'을 구별하여 전자는 후자와 달리 중재판정부의 월권이 되어 ICSID 협약상 중재판정의 취소사유가 될 수 있다고 한다.

148) 한편 스위스에도 이를 따르는 견해도 있으나 Zürcher Kommentar(註 95), Art. 187 Rn. 13은 이에 반대하고 오히려 공서위반이 될 수 있다고 한다. 흥미로운 것은 1996년 영국 중재법(제69조)에 따르면 법률의 적용의 잘못은 제한적인 요건 하에 중재판정의 취소사유가 된다는 점이다. Redfern/Hunter, para. 9-39.

149) *Wilko v. Swan* 사건 판결(346 U.S. 427, 436 (1953))은, 중재인들에 의한 법률해석의 오류는 명백한 법의 무시가 아닌 한 법원에 의한 재심사의 대상이 되지 않는다고 판시하였다.

150) 목영준, 290면. 이를 긍정한 하급심 판결들도 있는데 그들이 제시하는 기준은 다양하다. 이에 관하여는 우선 Gary B. Born, International Commercial Arbitration in the United States (1994), p. 505 이하 참조.

반인 때에는 사안에 따라 공서위반이 될 가능성이 있다. 그러나 중재인의 명백한 법의 무시가 중재인이 의식적으로 준거법을 무시한 결과라면 중재인의 권한유월을 이유로 중재판정의 취소사유가 될 수 있고(우리나라 중재판정인 경우), 승인거부사유가 될 수 있을 것이다(외국 중재판정인 경우). 다만 명백한 법의 무시와 준거법의 의식적인 무시의 관계를 어떻게 설정할지는 좀더 검토를 요한다.

3. 계약조건의 적용을 잘못하여 중재판정을 내린 경우

더 나아가 중재인이 계약의 조건을 노골적으로(blatantly) 무시한 경우 뉴욕협약상 그러한 중재판정의 승인은 거부되어야 한다는 견해도 있는데, 그 근거로는 중재인의 권한유월(제5조 제1항 c호), 중재절차에 관한 합의위반(제5조 제1항 d호) 또는 공서위반(제5조 제2항 b호)을 거론하고 있다.[151] 만일 이를 긍정한다면 중재판정의 취소사유도 될 것이다. 그러나 아무런 제한 없이 이러한 견해를, 특히 공서위반을 인정하는 것은 주저된다. 다만 중재인이 권한 없이 계약의 조건을 무시하였다면, 위(1.)에서 본 바와 같이 당사자들이 명시적으로 권한을 부여하지 않았음에도 불구하고 형평과 선에 따라 판단한 것이 될 여지가 있고, 나아가 중재인의 권한유월에 해당하는 경우가 될 수 있을 것이다. 즉 중재판정문으로부터 그런 사실을 알 수 있는 경우에는 중재인의 恣意的으로 판정을 내린 것이므로 논리적으로는 그렇게 볼 수 있지만, 다만 실제로 중재인이 그렇게 하였음을 인정하기는 쉽지 않을 것이다.

Ⅸ. 맺 음 말

지금까지 국제상사중재에서 분쟁의 실체에 적용할 준거법의 결정에 관한 주요 국제중재규칙과 입법례를 검토하였는바 그 결과 다음을 확인할 수 있었다.

첫째, 당사자들은 실체에 적용될 준거법을 명시적으로 지정하는 것이 바

151) Albert Jan van den Berg, "Failure by Arbitrators to Apply contract Terms from the Perspective of the New York Convention," Gerald Aksen *et al.* (editors), Global Reflections on International Law, Commerce and Dispute Resolution, *Liber Amicorum* in honour of Robert Briner (2005), p. 63 이하 특히 p. 70 참조.

람직하다. 우리 중재법을 포함한 많은 입법례와 국제중재규칙은 당사자들이 특정 국가의 법체계만이 아니라 국제조약 또는 국제상사계약원칙 등을 준거규범으로 지정하는 것을 허용한다. 그렇게 함으로써 분쟁의 결론에 대한 예측가능성을 제고할 수 있고, 혹시 준거법을 지정하지 않을 경우에 초래될 수 있는 중재절차의 지연과 추가비용의 발생을 피할 수 있다. 그러나 당사자자치에도 불구하고 당해 사안과 밀접한 관련이 있는 국제적 강행법규는 적용되거나 고려될 수 있다. 이것이 국제상사중재에서의 국제적 강행법규의 문제인데 우리도 이에 대해 좀더 체계적으로 연구할 필요가 있다.[152)]

둘째, 당사자들이 준거법을 지정하지 않은 경우 중재인은 중재지가 우리나라면 우리 중재법에 따라 실체의 준거법을 결정한다. 외국이 중재지인 경우 대체로 당해 국가의 중재법에 따를 것이다. 이 경우 중재인이 특정 국가의 법체계를 적용해야 하는지, 아니면 국제조약이나 국제상사계약원칙 등을 적용할 수 있는지에 관하여는 입법례가 나뉜다. 따라서 우리 당사자들도 외국의 중재인들이 국제상사계약원칙 등을 적용할 가능성에 대비할 필요가 있다. 다만 만일 당사자들이 특정 국제중재규칙을 적용하기로 합의하면 중재인은 그에 따라 준거법을 결정해야 한다.

셋째, 국제상사중재에 있어 특히 실체의 준거법결정과 관련하여 중재지는 소송에서 법정지가 가지는 것과 동일한 의미와 기능을 가지는 것이 아니다. 하지만 중재지가 모든 의미를 상실한 것은 아니며, 우리 중재법을 포함한 많은 입법례가 중재지를 기준으로 중재법의 적용 여부를 결정하는 점에서 보듯이 여전히 의미를 가지는 것은 사실이다.

종래 우리나라의 법률가들은 대체로 국제상사중재에 대하여 별로 관심을 보이지 않았기 때문에, 그에 관한 논의와 연구는 상대적으로 법학적 기초가 취약한 무역학자들(상학자들)이 주도해 온 것이 사실이다. 그러나 이는 결코 바람직하지 않다. 앞으로는 우리 법률가들이 중재법, 나아가 국제상사중재법과 국제민사절차법에 대해 더 큰 관심을 가져줄 것을 촉구한다.

---

152) 그 밖에도 우리 국제사법(제27조와 제28조)은 사회·경제적 약자인 소비자와 근로자를 보호하기 위한 국제사법상의 조치로서 당사자자치를 부분적으로 제한하는 규칙을 두고 있다. 우리 중재법은 그에 상응하는 규정을 두고 있지 않으므로 소비자계약과 근로계약의 경우 당사자자치가 어떻게 제한될 수 있는지가 문제된다. 이에 관한 논의는 다른 기회로 미룬다.

별 첨

주요 입법례와 국제중재규칙[153)]

모델법 제28조 분쟁의 실체에 적용되는 규칙(Rules applicable to substance of dispute)

(1) The arbitral tribunal shall decide the dispute in accordance with such rules of law as are chosen by the parties as applicable to the substance of the dispute. Any designation of the law or legal system of a given State shall be construed, unless otherwise expressed, as directly referring to the substantive law of that State and not to its conflict of laws rules.

(2) Failing any designation by the parties, the arbitral tribunal shall apply the law determined by the conflict of laws rules which it considers applicable.

(3) The arbitral tribunal shall decide *ex aequo et bono* or as *amiable compositeur* only if the parties have expressly authorized it to do so.

(4) In all cases, the arbitral tribunal shall decide in accordance with the terms of the contract and shall take into account the usages of the trade applicable to the transaction.

한국 중재법 제29조 분쟁의 실체에 적용될 법

① 중재판정부는 당사자들이 지정한 법에 따라 판정을 내려야 한다. 특정 국가의 법 또는 법체계가 지정된 경우에 달리 명시되지 아니하는 한 그 국가의 국제사법이 아닌 분쟁의 실체에 적용될 법을 지정한 것으로 본다.

② 제1항의 지정이 없는 경우에 중재판정부는 분쟁의 대상과 가장 밀접한 관련이 있는 국가의 법을 적용하여야 한다.

③ 중재판정부는 당사자들이 명시적으로 권한을 부여하는 경우에 한하여 형평과 선에 따라 판정을 내릴 수 있다.

④ 중재판정부는 계약에서 정한 바에 따라 판단하고 해당 거래에 적용될 수 있는 상관습을 고려하여야 한다.

독일 민사소송법 제1051조 준거법(Anwendbares Recht)

(1) Das Schiedsgericht hat die Streitigkeit in Übereinstimmung mit den Rechts-

153) 이 중 일부는 2005년 말 대한상사중재원이 간행한 외국중재법규집 제1집에 수록되어 있다.

vorschriften zu entscheiden, die von den Parteien als auf den Inhalt des Rechtsstreits anwendbar bezeichnet worden sind. Die Bezeichnung des Rechts oder der Rechtsordnung eines bestimmten Staates ist, sofern die Parteien nicht ausdrücklich etwas anderes vereinbart haben, als unmittelbare Verweisung auf die Sachvorschriften dieses Staates und nicht auf sein Kollisionsrecht zu verstehen.

(2) Haben die Parteien die anzuwendenden Rechtsvorschriften nicht bestimmt, so hat das Schiedsgericht das Recht des Staates anzuwenden, mit dem der Gegenstand des Verfahrens die engsten Verbindungen aufweist.

(3) Das Schiedsgericht hat nur dann nach Billigkeit zu entscheiden, wenn die Parteien es ausdrücklich dazu ermächtigt haben. Die Ermächtigung kann bis zur Entscheidung des Schiedsgerichts erteilt werden.

(4) In allen Fällen hat das Schiedsgericht in Übereinstimmung mit den Bestimmungen des Vertrages zu entscheiden und dabei bestehende Handelsbräuche zu berücksichtigen.

(1) 중재판정부는 당사자들이 분쟁의 내용에 적용하기로 지정한 법의 규칙에 따라 판단하여야 한다. 특정 국가의 법 또는 법질서의 지정은, 당사자들이 명시적으로 달리 합의하지 않는 한 그 국가의 저촉법이 아니라 그의 실질규범을 직접 지정한 것이다.

(2 당사자들이 적용할 법의 규칙을 지정하지 않은 경우 중재판정부는 절차의 대상과 가장 밀접한 관련을 가지는 국가의 법을 적용하여야 한다.

(3) 중재판정부는 당사자들이 명시적으로 수권한 경우에 한하여 형평에 따라 판단할 수 있다. 수권은 중재판정부의 판정시까지 부여될 수 있다.

(4) 모든 경우에 중재판정부는 계약에서 정한 바에 따라 판단하고 이 때 현존하는 상관습을 고려하여야 한다.

일본 중재법 제36조(중재판정에 대해 준거해야 할 법)

1. 중재판정부가 중재판정에 있어서 준거해야 할 법은 당사자가 합의에 의해 정하는 바에 의한다. 이 경우 한 나라의 법령이 정해진 때는 반대의 의사가 명시된 경우를 제외하고 당해 정함은 저촉하는 내외의 법령의 적용관계를 정하는 그 나라의 법령이 아니라 사안에 직접 적용되는 그 나라의 법령을 정한 것으로 본다.
2. 전항의 합의가 없는 때는 중재판정부는 중재절차에 회부된 민사상의 분쟁에 가장 밀접한 관계가 있는 나라의 법령으로서 사안에 직접 적용되어야 할 것을 적용해야 한다.
3. 중재판정부는 당사자 쌍방의 명시된 요구가 있는 때는 전 2항의 규정에 불구하고 형평과 선에 의해 판단하는 것으로 한다.
4. 중재판정부는 중재절차에 회부된 민사상의 분쟁과 관련되는 계약이 있는 때는 이것에 정해진 것에 따라서 판단하고, 당해 민사상의 분쟁에 적용할 수 있는 관습이

있는 때는 이것을 고려해야 한다.

프랑스 신 민사소송법 제1496조

L'arbitre tranche le litige conformément aux règles de droit que les parties ont choisies; à défaut d'un tel choix, conformément à celles qu'il estime appropriées.

Il tient compte dans tous les cas des usages du commerce.

중재인은 당사자들이 선택한 법의 규칙에 따라, 그러한 선택이 없는 경우에는 그가 적절하다고 판단하는 법의 규칙에 따라 분쟁을 해결한다.

중재인은 모든 경우에 상관행을 고려한다.

영국 중재법 제46조 분쟁의 실체에 적용되는 규칙(Rules applicable to substance of dispute)

(1) The arbitral tribunal shall decide the dispute

(a) in accordance with the law chosen by the parties as applicable to the substance of the dispute, or

(b) if the parties so agree, in accordance with such other considerations as are agreed by them or determined by the tribunal.

(2) For this purpose the choice of the laws of a country shall be understood to refer to the substantive laws of that country and not its conflict of laws rules.

(3) If or to the extent that there is no such choice or agreement, the tribunal shall apply the law determined by the conflict of laws rules which it considers applicable.

ICC 중재규칙 제17조 적용되는 법의 규칙(Applicable Rules of Law)

1. The parties shall be free to agree upon the rules of law to be applied by the Arbitral Tribunal to the merits of the dispute. In the absence of any such agreement, the Arbitral Tribunal shall apply the rules of law which it determines to be appropriate.
2. In all cases the Arbitral Tribunal shall take account of the provisions of the contract and the relevant trade usages.
3. The Arbitral Tribunal shall assume the powers of an *amiable compositeur* or decide ex aequo et bono only if the parties have agreed to give it such powers.

UNCITRAL 중재규칙 제33조 준거법, 우의적 중재인

1. The arbitral tribunal shall apply the law designated by the parties as applicable to the substance of the dispute. Failing such designation by the parties, the arbitral tribunal shall apply the law determined by the conflict of laws rules which it

considers applicable.

2. The arbitral tribunal shall decide as *amiable compositeur* or *ex aequo et bono* only if the parties have expressly authorized the arbitral tribunal to do so and if the law applicable to the arbitral procedure permits such arbitration.
3. In all cases, the arbitral tribunal shall decide in accordance with the terms of the contract and shall take into account the usages of the trade applicable to the transaction.

국제상사중재에 관한 유럽협약 제Ⅶ조 준거법

1. The parties shall be free to determine, by agreement, the law to be applied by the arbitrators to the substance of the dispute. Failing any indication by the parties as to the applicable law, the arbitrators shall apply the proper law under the rule of conflict that the arbitrators deem applicable. In both cases the arbitrators shall take account of the terms of the contract and trade usages.
2. The arbitrators shall act as *amiables compositeurs* if the parties so decide and if they may do so under the law applicable to the arbitration.

스위스 국제사법 제187조 [Ⅷ. 본안판정1. 준거법]

1. Das Schiedsgericht entscheidet die Streitsache nach dem von den Partein gewählten Recht oder, bei Fehlen einer Rechtswahl, nach dem Recht, mit dem die Streitsache am engsten Zusammenhängt.
2. Die Parteiein können das Schidesgericht ermächtigen, nach Billigkeit zu entsch eiden.

1. 중재판정부는 쟁송물을 당사자들이 선택한 법, 또는 법의 선택이 없는 경우에는 이 쟁송물이 가장 밀접한 관련을 가지고 있는 법에 따라 판정한다.
2. 당사자들은 중재판정부에게 형평에 따라 판정할 수 있는 권한을 부여할 수 있다.

미국 AAA 국제중재규칙 제28조 준거법과 구제수단

1. The tribunal shall apply the substantive law(s) or rules of law designated by the parties as applicable to the dispute. Failing such a designation by the parties, the tribunal shall apply such law(s) or rules of law as it determines to be appropriate.
2. In arbitrations involving the application of contracts, the tribunal shall decide in accordance with the terms of the contract and shall take into account usages of the trade applicable to the contract.
3. The tribunal shall not decide as *amiable compositeur* or *ex aequo et bono* unless the parties have expressly authorized it to do so.
4. A monetary award shall be in the currency or currencies of the contract unless the

tribunal considers another currency more appropriate, and the tribunal may award such pre-award and post-award interest, simple or compound, as it considers appropriate, taking into consideration the contract and applicable law.

5. Unless the parties agree otherwise, the parties expressly waive and forego any right to punitive, exemplary or similar damages unless a statute requires that compensatory damages be increased in a specified manner. This provision shall not apply to any award of arbitration costs to a party to compensate for dilatory or bad faith conduct in the arbitration.

제 5 장 國際商事仲裁에서 중재판정의 취소
—우리 중재법의 해석론을 중심으로—

前 記
이 글은 국제거래법학회지 제16집 제1호(2007. 7.), 221면 이하에 게재한 글을 대체로 전재한 것이다. 다만 222-223면의 기술적인 오류를 수정하였고 중재가능성에 관하여는 제1장에서 논의하였으므로 여기에서는 그 부분을 조금 줄였다.

Ⅰ. 머 리 말

중재라 함은 당사자 간의 합의로 그들 간의 분쟁을 법원의 재판에 의하지 아니하고 중재인의 판정, 즉 중재판정에 의하여 해결하는 절차이다. 1999년 전문개정된 우리 중재법[1)](제3조 제1호)에 따르면 여기의 분쟁은 私法上의 紛爭에 한정된다. 중재는 私的 紛爭解決手段(private method of dispute resolution)으로서 대표적인 대체적(또는 대안적) 분쟁해결(alternative dispute resolution)의 수단인데, 여기에서 당사자 간의 합의가 바로 중재합의이다.

중재법상 한국의 중재판정은 당사자 간에 있어서 법원의 확정판결과 동일한 효력을 가지는데(중재법 제35조), 중재판정에 대한 상소는 허용되지 않는다.[2)] 또한 중재판정의 유효나 무효확인청구는 원칙적으로 권리보호이익이 없으므로 허용되지 않는다.[3)] 그러나 중재판정에 중대한 하자가 있음에도 이 원칙을 관철하는 것은 부당하므로 예외적으로 법원이 중재판정의 효력을 배제할 수 있도록 한다. 우리 중재법은 이를 '중재판정의 취소'라고 하나, 국제적으로는 종래 'challenge', 'setting aside', 'recourse', 'appeal' 등의 다양한 표

1) 우리 중재법은 1999년 12월 31일 법률 제6083호로 전문개정되고, 그 후 일부 개정된 중재법을 말한다.
2) 프랑스는 국내중재의 경우 중재절차에도 심급제도를 인정하나 당사자는 중재합의에서 항소를 포기할 수 있다. 프랑스 신 민사소송법(제1482조) 참조.
3) 정선주, "중재절차에서 법원의 역할과 한계—개정 중재법과 UNCITRAL 모델법 등을 중심으로—," 중재학회지 10권(2000), 81면.

현이 사용되고 있다.[4] 이는 확정판결에 관하여 중대한 하자가 있는 경우 법원의 재심을 허용하는 것과 유사하다. 즉 중재판정의 취소라 함은, 권한 있는 기관이 중재판정의 효력을 소급적으로 소멸시키는 것을 말한다. 그러나 중재판정의 취소를 너무 쉽게 허용하면 중재제도가 존재의의를 상실할 우려가 있으므로, 중재법(제36조)은 중재판정에 대한 불복은 법원에 제기하는 중재판정 취소의 소에 의하여만 가능하도록 제한하고, 중재판정의 취소사유를 한정적으로 열거하며, 중재판정 취소의 소의 제소기간을 제한한다.

여기에서는 국제상사중재에서 중재지(또는 중재판정지. 이하 양자를 호환적으로 사용한다)가 우리나라인 경우를 중심으로, 따라서 우리 중재법상의 중재판정 취소의 여러 가지 논점을 검토한다. 우리 중재법은 국제연합 국제무역법위원회(UNCITRAL)의 1985년 "국제상사중재에 관한 모델법"(Model Law on International Commercial Arbitration)(이하 "모델법"이라 한다)을 전면적으로 수용하면서 국제중재와 국내중재를 함께 규율하는 방식을 취한다. 독일은 우리나라에 앞서 1998년 1월 1일 개정된 독일 민사소송법에 의하여,[5] 일본은 우리보다 늦게 2004년 3월 1일 시행된 중재법에 의하여 각각 모델법을 받아들였고[6] 모두 국제중재와 국내중재를 일원적으로 규율하므로 3국의 중재법은 유사하게 되었다. 그러므로 아래의 논의는 독일과 일본을 비롯하여 모델법을 받아들인 국가에 관하여도 타당하나, 입법국이 모델법을 수정한 범위 내에서 차이가 있다. 우리의 일차적인 관심은 국제상사중재이나, 우리 중재법은 중재판정의 취소에 관하여 국제중재와 국내중재를 구별하지 않으므로 여기의 논의는 국내중재에도 대체로 타당하나 아래에서 보듯이 차이가 전혀 없지는 않다.

아래에서는 다음의 순서로 논의한다.

첫째, 중재판정의 취소사유(Ⅲ.)

---

4) 일반적으로 recourse는 appeal보다 넓은 개념으로 그에는 appeal 외에도 remission, setting aside와 annulment 등이 포함된다고 한다. Yves Derains and Eric A. Schwartz, A Guide to the ICC Rules of Arbitration Second Edition (2005), p. 319.

5) 독일은 '중재절차의 신규율을 위한 법률'(Gesetz zur Neuregelung des Schiedsverfahrensrechts—SchiedsVfG)에 의해 1998. 1. 1.자로 독일 민사소송법(ZPO) 중 중재편(제10편 제1025조—제1066조)을 개정하였다.

6) 일본의 신 중재법에 관하여는 우선 渡辺惺之, "일본 중재법의 현상과 과제," 중재연구 제13권 제2호(2004. 2.), 13면 이하 참조. 상세는 近藤昌昭 외 4인, 仲裁法コンメンタール(2003); 三木浩一/山本和彦 編, 新仲裁法の理論と實務(2006) 참조.

둘째, 중재판정 취소의 소 또는 취소사유를 배제하거나 제한하는 합의의 허용 여부(Ⅳ.)

셋째, 중재판정 취소의 소의 소송절차(Ⅴ.)

다만 중재판정의 취소에 있어 중재지가 중요한 의미를 가지므로 그 의미를 먼저 간단히 살펴본다(Ⅱ.).

Ⅱ. 國際商事仲裁에서의 仲裁地[7)]

1. 仲裁地의 의의

중재합의를 하는 국제계약의 당사자는 예컨대 '서울' 또는 '런던'이라는 식으로 중재지를 명시한다. 중재지(place, seat, forum or *locus arbitri* of arbitration)는 일반적으로 중재사건의 심리를 진행하고 중재판정을 내리는 곳 또는 이를 하기로 예정하는 곳을 말하는데, 이는 1개의 장소이다.[8)] 중재지는 단순한 지리적인 문제에 불과한 것이 아니라 중재의 법적 환경으로서 의미를 가지는데, 보다 구체적으로 첫째, 중재의 진행과 둘째, 중재판정의 집행과 관련하여 중요한 의미를 가진다.[9)]

중재의 진행에 관하여 보면, 전통적인 이론에 따르면 중재지는 중재인에 대하여 마치 소송에서 법정지(forum)와 같은 의미를 가졌으므로 중재절차는 당연히 중재지의 법에 의하였으나, 근자에는 이러한 의미가 약화되었다. 즉 중재판정부의 구성, 중재인의 권한, 중재신청의 제기, 본안심리, 증거조사 등 중재의 진행, 보전처분 및 중재판정의 방식과 효력 등 중재의 절차적인 문제는 중재지법에 의하여 규율되기는 하지만, 당사자들은 그와 달리 정할 수 있고, 당사자들의 합의가 없는 경우에 비로소 중재지법이 적용된다는 면에서 그 의미는 제한된다. 그러나 중재판정의 취소에 있어서는 중재지국가가 專屬

7) 상세는 석광현, "國際商事仲裁에서 紛爭의 實體에 적용할 準據法—우리 仲裁法의 해석론을 중심으로," 한양대학교 법학논총 제23집 제1호(2006. 6.), 319면 이하; 이 책 제1장(Ⅴ.) 참조. 아래는 이를 줄인 것이다.

8) 주석중재법/이강빈 · 서정일, 94면.

9) Alan Redfern and Martin Hunter with Nigel Balckaby and Constantine Partasides, Law and Practice of International Commercial Arbitration, Fourth Edition (2004), para. 6-13. 이는 이하 "Redfern/Hunter"라고 인용한다.

的 國際裁判管轄을 가지고, 취소사유 및 절차의 문제에 대하여도 중재지국가의 법이 규율한다는 점이 널리 인정되고 있다. 이 경우 당사자가 합의에 의하여 중재판정의 취소사유를 제한할 수 있는지가 문제된다. 더 나아가 당사자들의 합의에 의하여 국제상사중재를 특정 국가의 법으로부터 완전히 절연함으로써 중재지국의 중재판정의 취소를 아예 배제하려는 시도도 있다. 이런 현상을 脫地域化(delocalization)라고 부르고,[10] 그러한 중재절차로부터 내려지는 중재판정을 超國家的 仲裁判定(transnational award, supranational award) 또는 無國籍仲裁判定(a-national award)이라 부르는데 그러한 시도가 현행법상 허용되는지가 문제된다.

2. 仲裁地의 결정

오늘날 국제상사중재에서 당사자들이 중재지를 자유로이 정할 수 있음은 널리 인정되고 있고, 우리 중재법(제21조 제1항)도 이를 명시한다. 당사자들은 중재지가 당사자들에게 중립적인가와, 교통·통신의 편리, 자금이체의 자유, 숙련된 현지의 지원을 포함하는 실제적인 고려에 기초하여 중재지를 직접 정하거나 제3자로 하여금 정하게 한다. 중재지가 당사자 또는 사안과 합리적인, 실질적인 또는 기타 어떤 관련이 있을 필요는 없다. 중재인은 통상 심리 내지 회합을 포함한 중재절차를 그 장소에서 진행하지만 반드시 그곳에서 심리, 증거조사 등의 활동을 할 필요도 없다. 우리 중재법(제21조 제3항)상으로도 같다. 결국 중재지는 중재판정에 중재지라고 기재된 장소에 불과하며 그곳에서 실제로 아무런 행위가 행해지지 않을 수도 있는데, 이 점에서 중재지는 '형식적인 法的 住所 또는 本據'(formales Legaldomizil, juridical seat of arbitration)[11] 또는 '순전히 법적인 개념'(purely legal concept)[12]이다.

당사자들은 중재지를 정함에 있어서 중재지가 가지는 의미와 기능을 충분히 고려하여야 하는데, 가장 중요한 고려사항은, 위에서 본 것처럼 중재지

10) Albert Jan van den Berg, The New York Arbitration Convention of 1958 (1981), p. 28; Redfern/Hunter, para. 2-26. 이하 전자를 "van den Berg"라 인용한다.

11) Karl Heinz Schwab/Gerhard Walter, Schiedsgerichtsbarkeit 7. Auflage (2005), Kapitel 15 Rn. 39. 이하 "Schwab/Walter"라고 인용한다.

12) Howard M. Holtzmann and Joseph E. Neuhaus, A Guide To The UNCITRAL Model Law On International Commercial Arbitration: Legislative History and Commentary (1989), p. 839. 이하 "Holtzmann/Neuhaus"라고 인용한다.

가 중재의 진행과 중재판정의 집행을 위하여 의미를 가진다는 점이다. 당사자의 합의가 없는 경우, 우리 중재법(중재법 제21조 제1항)은 중재판정부가 당사자의 편의와 당해 사건에 관한 제반 사정을 고려하여 중재지를 정하도록 한다.

Ⅲ. 중재판정의 취소사유

중재법(제36조 제2항)은 6가지 취소사유를 열거하는데, 이는 취소를 구하는 당사자가 주장·입증하여야 하는 사유(제1항)와, 법원이 직권으로 판단할 사유(제2항)로 구분된다. 전자는 ① 당사자의 무능력 또는 중재합의의 무효, ② 피신청인의 방어권의 침해, ③ 중재인의 권한유월 및 ④ 중재판정부의 구성 또는 중재절차의 하자이고, 후자는 ⑤ 우리 법상의 중재가능성의 결여와 ⑥ 우리나라의 공서위반이다. 취소사유는 공서위반, 그 중에서도 실체적 공서위반을 제외하면 대체로 중재 과정에서의, 또는 중재판정 자체의 절차적 흠결에 관한 것이다. 중재판정의 취소사유는 국가에 따라 차이가 있다. 즉 스펙트럼의 한쪽 끝에는, 국제중재판정에 대하여 최소한의 통제를 하는 프랑스와, 스위스인이 아닌 당사자들에게 합의로써 통제를 전면적으로 배제할 수 있도록 허용하는 스위스가 있고, 중간에는 우리나라처럼 모델법이 정한 취소사유를 채택한 국가들이 있으며, 다른 한쪽 끝에는 다양한 통제를 하는 영국과 같은 국가들이 있다.[13] 영국 중재법(제69조)은 법률문제에 관한 항소(appeal on point of law)를 허용하나, 이는 당사자들의 합의에 의하여 배제할 수 있는데,[14] 우리 중재법상으로는 이는 허용되지 않고, 미국의 경우 연방중재법이 취소사유를 열거하는데 그 밖에도 판례에 의하여 인정되

13) Redfern/Hunter, para. 9-37. 입법례는 그 밖에 목영준, 商事仲裁法論(2000), 212면 이하; 양병회 외, 주석중재법(2005)(손용근·이호원 집필부분), 197면 이하 참조. 이하 전자를 "목영준," 후자를 "주석중재법/집필자"라고 인용한다(후자는 이호원, "중재판정의 취소," 법조 통권 제575호(2004. 8.), 5면 이하를 보완한 것으로 보이므로 주석중재법을 인용한다). 목영준, "仲裁에 있어서 法院의 役割에 관한 硏究," 연세대학교대학원 법학박사 학위논문(2005), 152면 이하도 참조. 이하 이는 "목영준, 박사논문"이라고 인용한다.

14) 나아가 영국 중재법(제45조)에 따르면 법원은 중재절차중에 당사자의 신청에 따라 실체적인 법률문제에 관하여 선결적 판단(determination of preliminary point of law)을 할 수 있다.

는 취소사유도 있다.[15] 더 나아가 중재판정의 취소를 배제하는 입법례도 있는데, 과거 1985년부터 1998년까지 벨기에 司法法은 벨기에와 관련이 없으면 벨기에 법원의 통제를 강행적으로 배제하였으나 현재는 선택적인 것으로 수정되었다.[16]

우리 중재법의 취소사유는 모델법(제34조)을 따른 것인데, 모델법은 다시 "외국중재판정의 승인 및 집행에 관한 1958년 국제연합협약"(United Nations Convention on the Recognition and Enforcement of Foreign Arbitral Awards) (이하 "뉴욕협약"이라 한다) 제5조가 열거하는 외국중재판정의 승인 또는 집행의 거부사유(이하 "승인거부사유"라 한다)를 차용한 것이므로 승인거부사유에 관한 논의는 대체로 취소사유에 관하여도 타당하다.[17] 취소사유를 승인거부사유와 동조시킨 것은 중재판정의 국제적 통용을 원활하게 하기 위한 바람직한 조치라고 본다.

유념할 것은, 중재법은 명시하지 않지만 취소사유는 제한적인 열거이므로 그에 열거되지 않은 사유로는 중재판정을 취소할 수 없고, 또한 법원은 중재판정에 취소사유가 존재하는가의 여부를 판단함에 있어서 원칙적으로 實質再審査(*révision au fond*, review of the merits)를 할 수 없다는 점이다.[18] 이러한 법리는 뉴욕협약에 따른 외국중재판정의 승인 및 집행에 있어서는 당

---

15) 미국 연방중재법(제10조)에 의하면, 법원은 다음과 같은 경우 당사자의 신청에 의하여 판정을 취소할 수 있다.

(a) 판정이 부패(corruption), 사기 또는 기타 부당한 수단에 의해 이루어진 경우
(b) 중재인 전원 또는 어느 한 중재인에게 명백한 편파 또는 부패가 있는 경우
(c) 충분한 이유가 제시되었음에도 불구하고 중재인들이 심리 연기를 거절하거나, 분쟁에 관련되고 중요한 증거를 듣기를 거절하는 부정행위를 저지르거나, 또는 어느 당사자의 권리를 침해하는 부정을 저지른 경우
(d) 중재인들이 그 권한을 유월하였거나, 매우 불완전하게 행사하여 회부된 분쟁의 대상에 관한 공통의 최종적, 확정적 판정이 이루어지지 않은 경우

또한 연방중재법에 명시적인 규정은 없지만 판례가 인정하는 취소사유로는 첫째 공서위반, 둘째 공서가능성의 결여, 셋째 중재인의 명백한 법의 무시가 있는 경우, 넷째 중재인이 자의적이고 변덕스러운 판정을 내린 경우, 다섯째 중재합의가 체결되지 않는 경우가 있다. 상세는 Jack J. Coe, Jr., International Commercial Arbitration: American Principles and Practice in a Global Context (1997), para. 11.3.2. 참조.

16) Redfern/Hunter, para. 2-28.

17) 차이가 전혀 없지는 않다. 우선 중재판정이 구속력이 없거나 또는 취소·정지된 경우는 승인거부사유지만 취소사유는 아니고, 당사자의 합의와 중재절차의 준거법에 속하는 강행규정의 우열의 취급에 있어서 취소사유와 승인거부사유 간에 차이가 있다.

18) Rainer Hausmann, "Die Aufhebung von Schiedssrpüchen nach neuem deutschen Schiedsverfahrensrecht," Hohloch/Frank/Schlechtriem (Hrsg.), Festschrift für Hans Stoll zum 75. Geburtstag (2001), S. 594f. 이하 "Hausmann"이라고 인용한다.

연한 것으로 인식되고 있는데, 중재판정 취소의 맥락에서도 동일한 법리가 적용된다.

1. 당사자의 무능력 또는 중재합의의 무효

제36조 제2항 제1호 가목이 규정하는 취소사유는 당사자의 무능력과 중재합의의 무효 두 가지이다. 즉, 중재합의의 당사자가 그 준거법에 따라 무능력자이었거나, 또는 중재합의가 당사자들이 준거법으로 지정한 법에 의하여 또는 지정이 없는 경우에는 한국, 즉 중재판정을 내린 국가의 법에 의하여 무효인 것은 중재판정의 취소사유가 된다.

가. 당사자의 무능력

가목은 당사자의 무능력이라고 하나 이는 당사자의 '권리능력' 또는 '행위능력'이 없음을 말한다. 자연인의 경우에는 통상 행위능력만이 문제되나, 법인의 경우 권리능력과 행위능력이 모두 문제될 수 있다. 중재법은 당사자의 능력의 준거법을 명시하지 않고 단순히 "그 준거법에 의하여"라고 규정하는데 당자자의 능력의 준거법은 우리 국제사법에 따라 그의 屬人法(personal law)에 따를 사항이다.[19] 따라서 그 준거법은 자연인의 경우 당사자의 본국법이 되고(국제사법 제11조, 제13조), 법인 기타 단체의 경우는 원칙적으로 설립준거법이지만, 외국에서 설립된 법인 또는 단체가 한국에 주된 사무소가 있거나 한국에서 주된 사업을 하는 경우에는 예외적으로 한국법이 된다(국제사법 제16조). 그러나 엄밀하게는 견해가 나뉠 수 있다. 즉 중재합의의 법적 성질을 私法上의 契約으로 보면 위의 견해가 타당하나, 소송법상의 계약으로 보면 당사자능력과 소송능력에 관한 민사소송법의 규정을 유추적용할 여지가 있다. 다만 민사소송법상의 당사자능력은 권리능력을, 소송능력은 행위능력을 기초로 하므로 양자는 대체로 유사한 결론이 된다.[20]

---

19) 영미법국가에서는 이는 대체로 계약의 준거법의 문제이나, 대륙법국가에서는 신분의 문제로서 이해된다. van den Berg, p. 277; Peter North/James J. Fawcett, Cheshire and North's Private International Law, Thirteenth Edition (1999), p. 546.

20) 상세는 석광현, "國際訴訟의 外國人當事者에 관한 몇 가지 문제점," 국제사법과 국제소송 제4권(2007), 125면 이하 참조. 국내중재의 경우 민사소송법의 당사자능력과 소송능력에 관한 규정을 유추적용할 여지가 있으나, 국제중재의 경우 권리능력과 행위능력에 관한 국제사법원칙을 따른다고 구분할 여지가 있다.

나. 중재합의의 무효

중재합의가 당사자들이 준거법으로 지정한 법에 의하여 또는 지정이 없는 경우에는 우리 법에 의하여 무효인 경우 취소사유가 된다. 즉 중재합의의 성립과 (실질적) 유효성의 준거법은 당사자들이 지정한 법에 의하고, 지정이 없는 경우에는 한국법에 의한다. 한국법이 준거법이 되는 것은 한국이 중재지이기 때문이므로, 중재판정 취소의 맥락에서의 중재합의의 준거법은 뉴욕협약상의 중재합의의 준거법과 동일하다.

중재합의의 무효는 좁은 의미의 원시적 무효만이 아니라 의사표시의 하자로 인하여 중재합의가 취소되거나 철회된 경우도 포함하고, 중재합의의 부존재도 포함한다.[21]

주의할 것은, 준거법의 지정은 명시적 지정만이 아니라 묵시적 지정도 포함한다는 점이다.[22] 실무상 문제는, 중재합의의 준거법의 명시적 지정은 없지만, 당사자들이 주된 계약(중재조항을 포함한)의 준거법을 명시적 또는 묵시적으로 지정한 경우 이를 중재합의의 묵시적인 준거법지정으로 볼 수 있는가이다. 부정설은 중재합의의 독립성과, 중재합의의 절차적 성격에 비추어 이를 부정하면서 오히려 중재지법을 중재합의의 묵시적 준거법으로 본다.[23]

사견은 다음과 같다. 우선 당사자가 중재부탁계약의 준거법을 명시적 또는 묵시적으로 지정하지 않은 경우 중재지법을 준거법으로 본다. 반면에 중재조항의 경우 중재합의가 주된 계약의 일부를 구성하므로, 명시적이든 묵시적이든 당사자들이 주된 계약의 준거법을 지정한 때에는 그 법을 중재조항의 준거법으로 묵시적으로 지정하였다고 추정하는 것이 당사자의 의사에 부합할

21) 주석중재법/이호원, 385면; 이호원, "외국중재판정의 승인과 집행: 뉴욕협약을 중심으로," 재판자료 제34집(1986), 676면; 서철원, "외국중재판정의 승인과 집행에 관한 1958년 뉴욕협약에 대한 국내법원 판례분석," 국제판례연구 제1집(1999), 207면도 동지. 이하 두 번째 문헌을 "이호원"이라 인용한다.

22) Christoph Reithmann/Dieter Martiny/Rainer Hausmann, Das Internationale Vertragsrecht 6. Auflage (2004), Rz. 3305; Stein/Jonas/Schlosser, Kommentar zur Zivilprozessordnung 22. Auflage Band 9 (Ⅱ/2002), Anhang § 1061 Rn. 77. 이하 후자를 "Stein/Jonas/Schlosser"라고 인용한다. 그러나 명시적일 것을 요구하는 견해도 있다. Manja Epping, Die Schiedsvereinbarung im internationalen privaten Rechtsverkehr nach der Reform des deutschen Schiedsverfahrensrechts (1999), S. 50, Fn. 59에 인용된 문헌 참조.

23) van den Berg, p. 293; 이호원, 675면; 김상호, "외국상사중재 판정에 관한 연구," 중앙대학교 대학원 무역학박사 학위논문(1988), 46면.

것이다.[24] 반면에 당사자가 주된 계약의 준거법을 명시적 또는 묵시적으로도 지정하지 않아 주된 계약의 준거법이 객관적 연결에 의하여 결정되는 경우 중재지법이 중재조항의 준거법이 된다. 그런데 우리 국제사법에 의하면 주된 계약의 준거법은 가장 밀접한 관련이 있는 국가의 법이므로, 주된 계약과 중재조항의 준거법이 상이할 수 있다. 예컨대 당사자가 주된 계약의 준거법을 외국법으로 선택하면서 중재지는 한국으로 합의하는 경우 그런 문제가 발생하고, 양자가 동일한 경우에는 어느 견해를 따르든 차이가 없다.

우리나라에서는 선택적 중재합의를 무효라고 보고 이를 이유로 중재판정을 취소한 사례가 있으므로[25] 중재합의의 성립 및 (실질적) 유효성의 준거법이 한국법인 경우 이 점을 주의해야 한다.

다. 중재합의의 무효와 중재가능성의 결여와의 관계

어떠한 분쟁이 중재에 의하여 해결될 수 있는가가 중재가능성의 문제인데, 중재가능성이 없는 때에도 중재합의는 무효가 될 수 있다. 아래에서 보듯이 제36조 제2항 제2호 가목은 중재가능성의 결여를 별도의 취소사유로 규정하는데, 중재합의의 무효를 주장하는 경우 중재판정의 취소를 구하는 당사자가 그 사유를 증명하여야 하는 데 반하여, 중재가능성의 결여를 주장하는 경우 법원이 이를 직권으로 판단할 수 있다.

2. 피신청인의 방어권의 침해

중재판정에서 패한 당사자가 중재인의 선정 또는 중재절차에 관하여 적절한 통지를 받지 못하였거나 기타의 사유로 인하여 본안에 관하여 변론할 수 없었던 것은 취소사유가 된다(중재법 제36조 제2항 제1호 나목). 이는 중재가 최소한의 절차적 기준을 준수하여 행해질 것을 요구하는 것으로 당사자들, 특히 중재에 패한 당사자의 방어권(*droit de la défense*) 또는 공정한 심리(fair hearing)를 받을 권리를 보장하기 위한 것이다.[26] 영미에서는 이를 '適法

---

24) Redfern/Hunter, para. 2-93. 이강빈, "국제중재에 있어서 중재합의의 준거법 결정에 관한 연구," 중재연구 제15권 제2호(2005. 8.), 202면도 동지이나, 이는 주된 계약의 준거법에 관한 명시적 합의가 있는 경우에 한정한다. 그러나 만일 본문과 같이 볼 경우 중재조항이 무효가 되는 때에는 중재지법을 준거법으로 볼 수 있을 것이다.

25) 대법원 2005. 5. 27. 선고 2005다12452 판결.

26) Redfern/Hunter, paras. 9-21, 10-39.

節次'(due process)를 보장하기 위한 것, 독일에서는 '법적인 심문'(rechtliches Gehör)[27]을 받을 권리를 보장하기 위한 것이라고 설명한다.

가. 방어권의 침해가 되는 경우

제36조 제2항 제1호 나목은 포괄적으로 "당사자가 기타의 사유로 인하여 본안에 관한 변론을 할 수 없었던 사실"이라고 규정하여 마치 당사자의 방어권이 침해된 모든 경우를 포함하는 것처럼 보인다. 그러나 취소사유는 좁게 해석하여야 한다는 원칙[28]에 비추어, 우리 중재법상 당사자의 방어권과 관련된 조항의 위반이 모두 곧바로 취소사유가 되는 것은 아니고, 우리 법체계 전체의 절차적 정의의 관점에서 판단하여 당사자에게 적절한 심리의 기회가 주어졌는지 여부, 즉 당사자가 자신의 주장을 하고 입증하고, 상대방의 주장 및 입증에 대하여 답변하고 의견을 표시할 수 있었는지를 판단하여 방어권의 침해가 심하여 공정한 심리라고 보기 어려운 경우에만 취소사유를 인정할 수 있다.[29] 예컨대 당사자들이 심문이나 증거조사절차에 참석할 권리를 배제당하였거나 그들이 선택한 대리인에 의해 대리되거나 조력을 받도록 허가되지 않은 경우이다.[30] 반면에 중재판정에서 패한 당사자가 중재절차에 관하여 적절한 통지를 받았음에도 불구하고 불참한 경우 방어권의 침해는 없으므로 이에 해당하지 않는다.[31] 한편 위 나목은 '본안'에 관한 변론을 할 수 없었던 경우에 한정되는 것처럼 보이나, 예컨대 중재인의 권한을 다투는 경우도 포함된다고 보아야 하므로 이를 본안에 관한 변론에 한정할 이유는 없다. 이는 모델법을 부정확하게 번역한 것이다.

나. 중재인의 독립성 또는 공정성이 결여된 경우

당사자의 방어권이 침해된 경우로는 그 밖에도 중재인의 독립성 또는 공정성이 결여된 경우를 드는데, 중재인이 중재절차상 실제로 불공정한 행동을

27) Stein/Jonas/Schlosser, Anhang § 1061 Rn. 81f.

28) 뉴욕협약상의 승인거부사유에 관한 van den Berg, pp. 267-268을 참조.

29) 이호원, 678면. 뉴욕협약에 관한 대법원 1990. 4. 10. 선고 89다카20252 판결도 "… 뉴욕협약 제5조 제1항 나호의 취지는 … 당사자의 방어권이 침해된 모든 경우를 말하는 것이 아니라 그 방어권침해의 정도가 현저하게 용인할 수 없는 경우만으로 한정되는 것이라고 해석"된다고 판시하였다.

30) Redfern/Hunter, para. 9-21; Stein/Jonas/Schlosser, Anhang § 1061 Rn. 87, Rn. 89.

31) 이호원, 679면.

한 경우 당사자의 방어권을 침해한 것이므로 승인거부사유가 되지만, 중재인의 단지 불공정하다는 인상을 줄 정황이 있는 데 불과한 경우에는 취소사유가 되지는 않는다.[32] 중재인의 공정성에 관하여 미국에서는 판례가 축적되어 있다.[33] 논자에 따라서는 중재인의 독립성과 공정성이 결여된 경우를 절차적 공서에서 설명하기도 하는데,[34] 유력한 견해는 중재인의 독립성과 공정성의 결여는 제36조 제2항 제1호 나목에 의하여 주장될 수 있으나 거의 항상 제36조 제2항 제2호 나목에 의해 주장된다고 한다.[35]

다. 공서위반과의 관계

당사자의 방어권의 보장은 절차적 정의의 실현이라는 공공 질서의 일부를 이루는 것이라고 볼 수 있으므로, 방어권을 침해하는 중재절차에 기한 중재판정은 제36조 제2항 제2호 나목의 공서위반에 해당하게 되어 어느 조항이나 적용될 수 있다.[36] 그 점에서 양자를 구별할 실익이 큰 것은 아니며, 실무적으로는 승인 및 집행에 저항하는 당사자는 양자를 모두 주장할 것이다. 다만 제36조 제2항 제1호 나목과 라목이 별도로 취소사유를 규정하므로 절차적 공서위반은 보충적인 의미를 가질 뿐이다.[37] 반면에 만일 제2호 나목은 공서 일반에 관한 조항인 데 반하여 제1호 나목은 피신청인의 방어권에 관한 특별조항이므로 후자가 우선 적용되고 전자는 배제된다는 견해를 취하면, 법원은 중재판정의 취소를 구하는 당사자가 입증하는 경우에 한하여 이를 판단할 수 있을 뿐이고 제2호 나목에 따라 직권으로 취소할 수는 없다.

3. 중재인의 권한유월

가. 권한유월

중재인이 아무런 권한을 가지지 못한 경우는 위에서 본 제36조 제2항

32) 이호원, 680면.
33) 이에 관하여는 우선 목영준, 106면 이하 참조.
34) Stein/Jonas/Schlosser, Anhang § 1061 Rn. 151.
35) van den Berg, p. 377.
36) van den Berg, pp. 299-300; 이호원, 680면.
37) Stein/Jonas/Schlosser, Anhang § 1061 Rn. 150.

제1호 가목이 주장될 것인데, 일방당사자가 중재합의의 당사자가 아니었거나, 그러한 합의가 있었으나 불법을 이유로 무효인 경우이다.[38] 그러나 중재판정이 중재합의의 대상이 아닌 분쟁을 다루거나, 또는 중재판정이 중재합의의 범위를 벗어난 사항을 다룬 경우, 즉 중재인의 권한유월의 경우 중재판정의 취소사유가 되나, 중재판정이 중재합의의 대상에 관한 부분과 대상이 아닌 부분으로 분리될 수 있는 경우에는 대상이 아닌 중재판정부분만을 취소할 수 있다(중재법 제36조 제2항 제1호 다목). 중재합의가 무효라면 제36조 제2항 제1호 가목이 적용되고 다목은 적용되지 않는다. 중재인의 권한유월이 있는 때에는 제1호 라목의 중재절차의 위반도 존재한다.[39]

우리 중재법(제29조 제3항)은 모델법(제28조 제2항)과 유사하게 "중재판정부는 당사자들이 명시적으로 권한을 부여하는 경우에 한하여 형평과 선에 따라 판정을 내릴 수 있다"고 규정하는데, 명시적 수권이 없었음에도 불구하고 중재인이 형평과 선에 따라 중재판정을 내린 경우 권한유월이 된다.[40] 또한 중재인이 착오 또는 오해에 기하여 준거법의 적용을 잘못한 경우는 문제가 없지만, 중재인이 준거법을 의식적으로(bewusst) 무시한 경우에는 중재인의 권한유월이 되어 중재판정의 취소사유가 된다.[41]

'중재인의 권한유월'은, 첫째 중재조항(arbitration clause)의 범위를 넘은 경우와, 둘째 중재조항의 범위를 넘은 것은 아니지만 중재인이 당사자들의 중재부탁(mandate)의 범위를 넘은 경우(이른바 award ultra (또는 extra) petita)를 포함한다.[42] 그 밖에도 중재인이 신청인의 신청 범위를 넘어 중재판정을 한 경우도 권한유월에 해당한다.[43] 이는 민사소송법의 용어를 빌리면 중재인이 처분권주의에 반하여 중재판정을 내린 경우인데, 중재인이 어느 범위 내에서 신청인의 신청에 구속되는지 그리고 신청이 얼마나 특정되어야 하는지

---

38) Redfern/Hunter, para. 9-26.
39) Stein/Jonas/Schlosser, Anhang § 1061 Rn. 115.
40) Hausmann, S. 599-600; Stein/Jonas/Schlosser, § 1051 Rn. 9, Anhang § 1061 Rn. 118.
41) Hausmann, S. 601; Stein/Jonas/Schlosser, Anhang § 1061 Rn. 119.
42) 논자에 따라 본문처럼 *ultra petita*와 *extra petita*를 호환적으로 사용하기도 하고, 중재인이 권한(jurisdiction) 외의 또는 권한 없이 판정한 경우(*extra petita*)와, 중재인이 권한을 넘어서 판정한 경우(*ultra petita*)를 구별하기도 한다. Julian D M Lew/Loukas A. Mistelis/Stefan M. Kroell, Comparative International Commercial Arbitration (2003), para. 26-91 이하 참조. Hausmann, S. 599는 전자를 중재인이 관할(Zuständigkeit)을 넘은 경우, 후자를 판정권한(Entscheidungsbefugnis)을 넘은 경우로 구분한다.
43) 경우에 따라 이는 중재부탁의 범위를 넘은 경우일 것이다.

는 중재절차의 준거법에 따를 사항이다.[44)]

나. 권한유월에 대한 이의의 포기와 차단효

그러나 당사자가 중재절차에서 중재인의 권한유월에 대하여 이의하지 않았다면 권한유월을 이유로 중재판정을 취소하는 데 제약이 있을 수 있다. 우리 중재법(제17조 제2항, 제3항)에 따르면 중재판정부의 권한에 관한 이의는 본안에 관한 답변서 제출시까지 제기하여야 하고, 중재판정부가 중재절차 진행중 권한의 범위를 벗어났다는 이의는 그 사유가 중재절차에서 다루어지는 즉시 제기하여야 하기 때문이다. 다만 그러한 遮斷效(preclusive effect)에 대한 예외로서 모델법(제34조와 제36조)이 정한 법원이 직권으로 판단할 사항의 경우, 즉 중재가능성을 포함한 공서위반의 경우에는 중재판정부나 법원은 제기시기에 관계없이 이의에 대하여 판단할 수 있다는 견해가 유력하다.[45)]

다. 권한유월과 부분취소

그러나 권한유월의 경우에도 중재판정이 중재합의의 대상에 관한 부분과 대상이 아닌 부분 양자를 포함하고 있고 양자가 서로 분리될 수 있는 경우에는 대상이 아닌 중재판정부분만을 취소할 수 있다(제36조 제2항 제1호 다목 단서). 부분취소의 범위에 관하여 유력한 견해는, 이는 중재인의 사소한 권한유월을 이유로 중재판정 전부를 취소하는 것을 방지하기 위한 것인데, 중재판정의 일부가 중재인의 권한 내에 속하는지 여부를 판정하는 것은 중재판정의 실질을 심사하는 것이 되므로, 중재인의 권한을 넘은 사항이 부수적 성질의 것이어서 중재판정 전체의 집행을 거부하는 것이 집행을 구하는 당사자에게 부당한 곤란을 주는 경우에만 허용할 것이라거나, 권한유월 부분이 사소하고 명백한 경우에만 중재판정을 부분 취소할 것이라고 하면서[46)] 중재인이 권한을 넘어 이자 또는 비용에 관하여 판정한 경우 등을 예로 든다.[47)] 그러나 이처럼 사소한 권한유월의 경우로 한정할 것이 아니라, 권한을 넘은 부분

---

44) Stein/Jonas/Schlosser, Anhang § 1061 Rn. 115.

45) Holtzmann/Neuhaus, p. 483. 이와 관련하여 첫째, 차단효가 권한유월만이 아니라 다른 절차적 하자에도 관련되는지, 둘째, 어느 범위의 강행규정위반에까지 적용되는지를 검토할 필요가 있다.

46) 이호원, 682면; van den Berg, p. 319.

47) 이호원, 682면.

과 그렇지 않은 부분을 분리할 수 있으면 족하다. 예컨대 중재판정부가 신청인이 신청한 배상액을 심히 초과하는 배상액을 신청인에게 인용한 경우 중재인의 권한유월이 될 텐데[48] 그 경우 권한유월 부분이 사소하지 않다는 이유로 부분취소를 불허할 것이 아니라 이를 허용하여야 할 것이다.

라. 부탁사항의 일부를 판단하지 않은 경우—판정누락의 경우

제36조 제2항 제1호 다목은 중재인의 권한유월에 대하여는 규정하나, 중재인이 중재에 회부된 모든 '쟁점'을 판단하지 않은 경우에 대하여는 규정하지 않으므로 불완전한 판정이 승인거부사유인지가 문제된다. 다만 이는 중재에 회부된 당사자의 수개의 청구(claim)[49] 중 일부만을 판단하고 일부는 판단하지 않거나, 반대신청에 대하여 판단하지 않은 경우, 즉 '판정누락'을 말하는 것이고,[50] 당사자가 주장한 공격방어방법 중 판정의 결론에 영향을 미칠 사항에 대하여 판단하지 않은 경우, 즉 '판단누락'과는 구별해야 한다.[51] 판정누락의 경우 우리 중재법(제34조 제1항 제3호)에서 보는 바와 같이 추가중재판정을 할 수 있으므로 대체로 문제될 것이 없다.[52] 문제는 판단누락의

48) Redfern/Hunter, para. 9-26 참조.

49) 엄밀하게는 중재에 회부된 모든 '청구'(claim)와 중재에 회부된 모든 '쟁점 또는 문제'(questions or issues)를 구분할 수 있는데, 다목은 청구(claims)가 아니라 사항(matters)이라는 용어를 사용하므로 청구보다는 넓게 해석할 수 있을 것이다.

50) Stein/Jonas/Schlosser, Anhang § 1061 Rn. 115 참조; 목영준, 231면. 이는 우리 민사소송법(제451조 제1항 제9호)의 재심사유의 하나인 '판결에 영향을 미칠 중요한 사항에 관하여 판단을 누락한 때'와 관련하여 종래 전자를 '재판누락', 후자를 '판단누락'이라고 하는 데 상응하는 표현이다. 구 민사소송법(제422조 제1항 제9호 참조) 하에서는 '판단유탈'이라고 하였으나 2002. 7. 1.자로 개정된 신 민사소송법(제451조 제1항 제9호) 하에서는 '판단누락'이라고 한다.

51) 대체로 전자 즉 판정누락을 *infra petita*의 문제로 보고 그 경우의 중재판정을 award *infra petita*라고 하나, 판정누락과 판단누락을 모두 *infra petita*로 다루기도 하므로(Fouchard, Philippe/Gaillard, Emmanuel/Goldman, Berthold, On International Commercial Arbitration edited by Emmanuel Gaillard and John Savage (1999), para. 1627 이하 특히 para. 1630. 이호원, 682면은 *infra petita*를 "중재인이 중재인에게 제시된 모든 문제점을 판단하지 아니한 경우"라고 하면서도 이를 판단유탈이라고 부른다) 이 글에서는 *infra petita*라는 용어를 피하고 '판정누락'과 '판단누락'이라는 용어를 사용한다. 위 책은 이하 "Fouchard/Gaillard/Goldman"이라 인용한다.

52) 목영준, 231면; 주석중재법/손용근 · 이호원, 217면; Stein/Jonas/Schlosser, Anhang § 1061 Rn. 115. 마찬가지로 우리 민사소송법상으로도 재판누락은 추가판결(민사소송법 제212조)의 대상이지 재심사유는 아니다. 이시윤, 신민사소송법 제3판(2006), 819면, 542면. 그러나 추가중재판정은 정본을 받은 후 30일 내에 신청해야 하므로 이미 기간이 경과되어 추가중재판정이 불가능한 경우 문제가 있을 수 있다.

경우인데 이는 아래(4.다.)에서 논의한다.

마. 명백한 법 또는 계약조건의 무시

중재인의 명백한 법의 무시는 중재인의 법에 관한 단순한 착오 또는 잘못이 아니라 중재인이 법을 정확히 인식하였음에도 불구하고 준거법을 무시한 경우를 말하는데,[53] 이는 미국의 보통법상 중재판정의 취소사유로 인정되는 것이지만,[54] 국내중재의 소산이고 적어도 외국중재판정의 승인 및 집행에 관한 뉴욕협약이 적용되는 범위 내에서는 공서위반이 되지 않는다고 보는 것이 미국 판례의 주류적인 입장이라고 한다.[55] 아래에서 보듯이 우리 법상 중재인이 준거법을 명백히 무시한 경우 그것만으로 공서위반이 되는 것은 아니지만, 그것이 우리나라의 강행법규의 위반인 때에는 사안에 따라 공서위반이 될 수 있다. 그와는 별도로 중재인의 명백한 법의 무시는 중재인의 권한유월에 해당하는 것으로서 취소사유가 될 수 있다.[56] 독일에서도 중재인이 준거법을 의식적으로(bewusst) 무시한 경우에는 준거법을 잘못 판단한 경우와 달리 중재인의 권한유월이 된다는 견해가 유력하다.[57]

나아가 중재인이 계약조건을 노골적으로(blatantly) 무시한 경우 그러한 중재판정은 공서위반에 해당한다는 견해도 있는데,[58] 중재인이 恣意的 판단

53) 이는 *Fairchild & Co. v. Richmond, F. & P.R.R.,* 516 F.Supp. 1303, 1315 (D.C.D.C. 1981) 참조.

54) *Wilko v. Swan* 사건 판결(346 U.S. 427, 436 (1953))은, 중재인들에 의한 법률해석의 오류는 명백한 법의 무시가 아닌 한 법원에 의한 재심사의 대상이 되지 않는다고 판시하였다. 그러나 미국 연방중재법은 이를 취소사유로 명시하지 않으며 미국의 법원들도 취소사유로 인정하지 않는다. Redfern/Hunter, para. 9-41 참조.

55) 목영준, 290면의 본문과 주 80에 인용된 미국 하급심 판결들 참조. 미국 연방중재법은 법률의 착오에 근거한 중재판정의 사법적 심사에 관하여 명확히 규정하지 않으며, 미국 법원은 판정이 그러한 사유로 취소될 수 없다고 본다. Redfern/Hunter, para. 9-41. 하급심 판결들이 제시하는 기준은 다양한데 상세는 Gary B. Born, International Commercial Arbitration in the United States (1994), p. 505 이하 참조.

56) *Baravati v. Josephthal, Lyon & Ross, Inc.,* 28 F.3d 704, 706 (7th Cir. 1994) 판결에서 Posner 판사는 중재인의 명백한 법의 무시를 별도의 취소사유로 볼 것은 아니라고 하였으나 연방중재법상의 취소사유인 권한유월과 유사하다는 점을 부정하지는 않은 것으로 보인다.

57) Stein/Jonas/Schlosser, Anhang § 1061 Rn. 119.

58) Albert Jan van den Berg, “Failure by Arbitrators to Apply contract Terms from the Perspective of the New York Convention,” Gerald Aksen *et al.* (editors), Global Reflections on International Law, Commerce and Dispute Resolution, *Liber Amicorum* in honour of Robert Briner (2005), p. 63 이하 특히 p. 70.

을 한 경우로서 권한유월이 될 수 있다. 다만 실제로 중재인이 그렇게 하였음을 인정할 수 있는 사안은 많지 않을 것이다.

흥미로운 것은 이처럼 모델법상 법적용의 잘못은 중재판정의 취소사유가 아니지만, 1996년 영국 중재법상은 이는 제한적인 요건 하에 취소사유가 된다는 점인데,[59] 그 논거는 법은 명확해야 하고 특히 다른 계약들에서 사용된 동일한 단어의 의미와 효력에 대하여 중재판정부별로 상이한 판단을 해서는 아니 된다는 공익, 특히 상인의 이익에 관련된다는 데 근거한 것이라고 한다.[60]

4. 중재판정부의 구성 또는 중재절차의 하자

중재판정부의 구성 또는 중재절차가 중재법의 강행규정에 반하지 아니하는 당사자 간의 합의에 따르지 아니하거나, 그러한 합의가 없는 경우 우리 중재법에 따르지 아니하였다면 취소사유가 된다(중재법 제36조 제2항 제1호 라목). 이는 절차적 공서위반에 해당될 수도 있다.

여기의 중재절차라 함은 중재인 앞에서의 절차만이 아니라 중재신청 및 그의 통지와 같은 중재절차의 개시와 중재판정부의 구성을 포함한다.[61]

가. 중재판정부의 구성 또는 중재절차의 하자와 당사자자치

우리 중재법상 중재절차의 준거법에 관하여 당사자자치가 허용되는지가

---

59) 즉 영국 중재법(제69조)은 일정한 요건 하에, 중재판정이 중대한 법률의 착오를 포함하는 경우 중재판정의 취소를 허용하는데, 이러한 사법적 통제를 하는 정책적 근거는 건설 등을 포함한 일부 상거래분야의 중재가 비법률가들에 의하여 행해지는 전통이 확립되어 있는 점과 관련되나, 중재판정의 취소는 제한적이다. 첫째, 당사자들은 법원에 항소할 권리를 계약에 의해 포기할 수 있는데, 중재판정이 최종적이고 구속력이 있다는(final and binding) 취지의 표준중재조항은 서면으로 된 경우 그런 권리를 포기하는 유효한 합의이다. 둘째, 그것은 단지 영국법과 관련된 문제에 관하여 항소할 수 있는 권리이다. 셋째, 항소의 제기는 법원의 허가가 있는 경우에만 가능한데, 법률문제에 관한 판정부의 결정이 명백히 잘못이거나, 문제가 일반적으로 공공의 중요성을 갖는 것이어서 그 결정이 적어도 중대한 의심의 여지가 있어 법원이 문제를 결정하는 것이 모든 사정에서 적정하고 적절하여야 한다. Redfern/Hunter, para. 9-39.

60) Redfern/Hunter, para. 9-42. 그러나 중재판정부의 사실인정에 관하여는 그러한 일반적 이익이 존재하지 않고, 사실인정이 잘못이더라도 이는 당사자들의 이익에만 관계되므로 사실의 착오를 이유로 항소를 허용하지 않는다.

61) Peter Schlosser, Das Recht der Internationalen Privaten Schiedsgerichtsbarkeit 2. Auflage (1989), Rn. 448.

문제된다. 종래 긍정설이 통설이나,[62] 중재법상 이는 허용되지 않는다고 보는데, 그 이유는 중재법(제2조 제1항)은 영토주의(또는 屬地主義)를 취하므로 중재지가 우리나라 안에 있는 한 적용되는데 동 항은 강행규정이고, 중재법(제20조 제1항)은 당사자들이 합의에 의하여 중재법의 강행규정을 배제하는 것을 불허하기 때문이다.[63] 당사자의 합의가 준거법의 합의이든 중재절차의 내용에 관한 합의이든 마찬가지이다. 다만 우리 중재법은 당사자의 자유(즉 계약자유)를 널리 인정하므로 당사자가 외국 중재법을 반영하여 중재절차를 자유로이 형성할 수 있어 실제적인 차이는 크지 않다. 그러나 적어도 논리적으로는 이는 당사자가 외국 중재법을 중재절차의 내용으로 편입한 것(incorporation by reference)이지 중재절차의 준거법을 외국법으로 지정한 것은 아니다.

반면에 뉴욕협약은 중재법과 달리 당사자가 중재절차의 준거법을 합의할 수 있는 것으로 보면서, 당사자의 합의에 절대적 우위(absolute priority)를 인정한다.

구 중재법 하에서 3인의 중재인 중 1인이 사망한 후 2인의 중재인만으로 심문을 종결하고 중재판정을 내린 사안에서 대법원 1992. 4. 14. 선고 91다17146, 17153 판결은, 당사자들이 3인의 중재인 중 1인의 중재인이 불참인 채로 심문기일을 진행하고 심문종결하는 데 동의하였다 하여 나머지 2인의 중재인만으로 중재판정을 하는 것까지도 동의한 것이라고 볼 수 없으며 당사자의 동의 없이 3인의 중재인 중 2인의 중재인만에 의하여 이루어진 중재판정은 위법하여 취소를 면할 수 없다고 판시한 바 있다.[64]

---

62) 예컨대 목영준, 81면, 주 135. 목영준, 81면 이하는 당사자의 합의가 없는 경우 중재절차법의 결정에 관한 입법례를 중재지법주의(뉴욕협약), 중재인결정주의(ICC 중재규칙 제15조 제1항)와 보완형으로 구분하고, 우리 중재법(제20조 제1항)과 모델법은 보완형을 취한다고 한다. 보완형은 당사자의 합의가 없는 경우 중재지법을 적용하면서도 중재지법에 규정이 없으면 중재인에게 결정권을 주는 입법이다.

63) Reithmann/Martiny/Hausmann(註 22), Rz. 3332; Bericht der Kommission zur Neuordnung des Schiedsverfahrens (1994), S. 75 참조. 따라서 만일 당사자가 명시적인 합의에 의하여 중재인의 권한에 관한 최종적인 판단권한을 중재판정부에게 주고 법원의 심사를 배제하는 권한-권한조항(Kompetenz-Komptenz Klausel)의 효력이 중재절차의 준거법에 따를 사항이라고 본다면 당사자가 그 준거법을 외국법으로 합의함으로써 법원의 통제를 벗어날 수는 없다.

64) 평석은 박희수, "仲裁合意의 範圍 및 仲裁節次의 瑕疵와 當事者의 同意," 대법원판례해설 통권 제17호(1992), 334면 이하 참조.

나. 이유의 미비

구 중재법(제13조 제1항)은 이유불기재(또는 이유불비)를 포함한 중재판정의 취소사유를 열거하고, 마지막 취소사유로서 판단누락 등 민사소송법의 재심사유 중 일정한 사유(즉 제422조 제1항 제4호 내지 제9호에 해당하는 사유)를 열거하였는데, 가장 논란이 된 것은 이유불기재와 판단누락이었다.[65] 중재법은 모델법을 받아들임으로써 취소사유와 승인거부사유를 동조시키고 이유불기재와 판단누락(구 민사소송법하의 판단유탈)을 취소사유에서 제외하였는데,[66] 그 이유는 모델법, 독일 민사소송법과 영국 중재법 등 최근의 입법들이 이를 취소사유로 명시하지 않고, 명시적인 규정이 없더라도 제1호 라목의 중재절차의 하자로서 해결될 수 있기 때문이었다고 한다.[67] 이에 따르면 이유불기재는 취소사유가 되어야 할 것이나 실제로는 논란이 있다.

법계에 따라서는 중재판정에 이유기재를 요구하는 국가와, 일부 영미법계 국가처럼 중재판정에 이유기재를 요구하지 않는 국가가 있다.[68] 우리 중재법(제32조 제2항)은 당사자 간에 달리 합의하지 않으면 중재판정에는 이유를 기재할 것을 요구한다. 따라서 중재판정에 이유를 기재해야 함에도 불구하고 전혀 기재하지 않은 경우 제1호 라목의 취소사유가 된다. 이유기재의 결여는 공서위반이 될 수 있다는 견해도 있으나,[69] 중재절차의 하자로 보는 것이 적절하다.[70]

문제는, 이유가 기재되었으나 불완전한 경우도 취소사유인가이다. 당사자가 주장한 일부 공격방어방법에 대하여 이유를 기재하지 않았거나, 기재하였

---

65) 예컨대 판단누락에 관한 대법원 1990. 3. 9. 선고 89재다카140 판결과, 이유불비에 관한 대법원 1998. 3. 10. 선고 97다21918, 21925 판결 등. 구 중재법상 취소사유와의 관계는 주석중재법/손용근 · 이호원, 213면 이하 참조.

66) 모델법의 성안과정에서 여러 가지 사유를 취소사유에 추가하는 제안이 논의되었으나 모두 거부되었다. 중재판정에서 쟁점이 누락된 경우(a point of dispute is omitted from the award)도 그 중 하나였다. Holtzmann/Neuhaus, p. 912.

67) 장문철, "改正仲裁法 해설," 인권과 정의 제284호(2000. 4.), 117면; 하용득, "仲裁法의 改正經過 및 主要內容," 중재 통권 제295호(2000년 봄), 22면; 주석중재법/손용근 · 이호원, 215면.

68) 그러나 영국도 1979년 개정된 중재법은 이유기재를 요구하고, 미국의 경우도 일부 주는 국제중재에서 이유기재를 요구한다. 목영준, 178면 이하 참조.

69) Stein/Jonas/Schlosser, Anhang § 1061 Rn. 155.

70) 목영준, 229면도 동지로 보인다.

더라도 불명확하여 판정주문과 이유 간에 논리적 연결을 찾을 수 없는 경우, 또는 이유 자체로 모순되는 경우 중재절차의 하자가 있다는 견해[71]가 있다. 반면에 중재판정의 이유에 대해 법원판결의 이유에 대하여 요구하는 것과 동일한 척도를 적용할 것은 아니고, 이유기재가 전혀 없으면 제1호 라목의 사유가 되지만, 비록 이유에 결함이 있거나 잘못된 것이더라도 이유가 있으면 그렇지 않다는 견해도 있다.[72] 사견으로는 양자의 절충설을 취한다. 즉 이유가 있기만 하면 족하다고 보기는 어렵지만, 중재판정에 대해 법원판결과 동일한 엄격한 척도를 적용할 것은 아니므로 이유기재가 다소 미비하더라도 중대한 모순이 없다면 제1호 라목의 사유에 해당하는 것은 아니다.[73]

다. 판단누락(판단유탈)

판정누락에 관하여는 위에서 보았고 여기에서는 판단누락을 논의하는데, 이는 당사자가 제출한 공격방어방법으로서 중재판정의 주문에 영향을 미칠 사항에 대하여 중재판정의 이유 중에서 판단을 표시하지 아니한 경우이다.[74] 판단누락이 당연히 취소사유가 되는 것은 아니고, 판단누락이 중요해서 만약 그것이 누락되지 않았다면 판정의 결과가 달라졌을 가능성이 있는 경우가 문제된다.

위에서 본 바와 같이 취소사유는 뉴욕협약의 승인거부사유를 가져온 것인데, 뉴욕협약은 제네바협약(제2조 제2항)[75]과 달리 판단누락을 승인거부사유로 명시하지 않고, 또한 뉴욕협약(제5조)의 승인거부사유는 제한적인 열거이므로 열거되지 않은 사유를 근거로 집행을 거부할 수는 없다는 부정설도 유력하나,[76] 판단누락의 경우 중재절차에 하자가 있다고 보거나 또는 공서위반으로

---

71) 목영준, 229면은 이를 중재절차의 하자로 본다.

72) Schwab/Walter, Kapitel 24 Rn. 25.

73) Stein/Jonas/Schlosser, Anhang § 1061 Rn. 155는 절차적 공서의 맥락에서 이유기재가 공허한 상투적인 문구이거나 중대한 모순이 있어서는 아니 된다고 하므로 동지로 보인다.

74) 이시윤(註 52), 819면; 목영준, 231면.

75) 제네바협약(제2조 제2항)은, 제출된 모든 '쟁점'(questions)에 대하여 판단하지 않은 불완전한 중재판정의 집행을 구하는 경우 집행국 법원은 결정을 연기하거나 담보의 제출을 조건으로 집행을 허가할 수 있다는 취지로 규정한다.

76) van den Berg, p. 318 이하, 특히 p. 321; 이호원, 683면; 김상호(註 23), 55면. Fouchard/Gaillard/Goldman, para. 1630도 프랑스법의 맥락에서 동지인데 이는 'claim'과 'issue'를 명확히 구분한다. 안병희, "중재법원과 국가법원과의 상관관계에 관한 연구," 연세대학교대학원 법학박사 학위논문(2000), 118면도 동지. 다만 위 안병희, 90면은 취소사유의 경우 달리 보므로 이해하기 어렵다.

보아 긍정하는 견해도 유력하다.[77] 특히 우리나라에서는 판단누락 자체가 취소사유가 되지는 않지만, 판단누락은 제1호 라목에 정한 취소사유가 된다는 견해가 유력하다.[78] 사견으로는 판단누락은 원칙적으로 취소사유가 아니며, 판단누락이 있더라도 제1호 라목의 취소사유가 되는 것은 아니라는 견해가 중재법의 문언에 충실한 해석이라고 본다. 다만, 중재인의 판단누락이 판정문상 명백한 때에는 예외적으로 취소사유로 볼 수 있지 않을까 생각된다.

라. 중재판정부의 구성 또는 중재절차의 하자가 중재판정의 결과에 영향이 없는 경우

중재판정부의 구성이나 중재절차의 하자가 있었지만 그것이 중재판정의 결과에 영향을 미치지 않을 정도로 사소하거나 중요하지 않은 경우, 또는 그러한 하자와 중재판정 간에 인과관계가 없는 경우에도 취소사유가 되는지가 문제된다. 독일 민사소송법(제1059조 제2항 제1호 d목)은 그러한 하자가 중재판정에 영향을 미친 사실이 인정될 것을 요구하고, 영국 중재법(제68조 제2항)은 그러한 하자(irregularity)가 실질적 부정의를 초래하였거나 초래할 사실을 요구하는 데 반하여 우리 중재법은 이를 요구하지 않는다. 생각건대 결과에 영향을 미칠 수 있었던 가능성이 있으면 족하고, 반드시 중재의 결과에 영향을 미쳤을 것을 요구할 필요는 없다. 다만 반대로 하자가 없었더라도 동일한 결과가 되었을 것임이 명백한 경우 이에 해당하지 않는다.[79]

77) Stein/Jonas/Schlosser, Anhang § 1061 Rn. 115; Schlosser(註 61), Rn. 860; Redfern/Hunter, para. 9-27.

78) 목영준, 231-232면(판단누락과 이유기재의 흠결을 동일시한다); 안병희(註 76), 90면; 강병근, "仲裁判定의 取消, 承認 및 執行을 둘러싼 몇 가지 論爭," 통상법률 통권 제40호(2001. 8), 15면; 김상수, "중재판정취소의 소의 적법성," 중재 299호(2000), 109면; 주석중재법/손용근 · 이호원, 216면. 주석중재법/손용근 · 이호원, 216면과 390면(특히 주 74)을 보면 이호원 원장의 종전 견해와는 좀 차이가 있다. 즉 원칙적으로는 승인거부사유가 되지 않는다고 하면서도 판단누락이 이유불기재에 상응한다고 평가할 수 있다면 중재절차에 하자가 있는 경우로서 취소사유에 해당할 수 있다고 한다. 장문철, 현대중재법의 이해(2000), 65면은 제2항 제1호 다목 또는 라목의 문제로 해결할 것이라고 한다. 중재판정의 취소에 관한 우리 법원의 판례는 위 문헌들과 조무제, "판례에서 보는 중재법," 중재 제319호(2006 봄), 59면 이하 참조.

79) 주석중재법/손용근 · 이호원, 211면; Stein/Jonas/Schlosser, Anhang § 1059 Rn. 24도 동지. 목영준, 228면은 영향을 미치지 않았다면 취소사유가 아니라고만 한다. Stein/Jonas/Schlosser, Anhang § 1059 Rn. 24는 독일의 입법은 잘못이라고 비판한다.

5. 중재가능성의 결여

가. 중재가능성

중재판정의 대상이 된 분쟁이 한국 법에 따라 중재가능성이 없는 것은 취소사유가 된다(중재법 제36조 제2항 제2호 가목). 어떤 분쟁을 중재로 해결하기 위하여는 당해 분쟁이 중재로 해결할 수 있는 성질의 것이어야 하는데, 예컨대 이혼사건은 중재가능성이 없기 때문에 처음부터 중재에 의해 해결될 수 없다. 이것이 중재가능성(arbitrability, *arbitrabilité*)의 문제이다.[80] 우리나라에서는 중재가능성을 '仲裁適格' 또는 '중재적격성'이라고도 하는데, 그 기준은 국가에 따라 상이하다. 개괄적으로는, 어떠한 분쟁이 순전히 당사자 간의 이해관계에만 관련된 경우 중재가능성을 긍정할 가능성이 크지만, 당사자 간의 이해관계를 넘어 공익에 관련되는 경우 특히 국가가 특정유형의 분쟁에 관하여 특별한 분쟁해결제도를 두고 있는 경우 통상적인 중재가능성은 부정되는데,[81] 그 경우 국가가 그러한 분쟁의 해결에 대하여 특별한 국가적 이익(special national interest)을 가지기 때문이다.[82] 그러나 국가에 따라서는 당사자, 특히 사회·경제적 약자인 소비자, 투자자와 임차인의 이익을 보호하기 위하여 중재를 불허하기도 한다.[83]

나. 중재가능성의 결여와 중재합의의 무효

중재판정의 대상이 된 분쟁(보다 정확히는 분쟁의 대상)이 중재가능성이 없는 경우에는 중재합의는 무효가 되므로, 가사 제36조 제2항 제2호 가목이 없더라도 중재가능성의 결여는 중재판정의 취소사유가 될 것이나, 이를 별도

80) 목영준, 46면. 독일에서는 이를 'objektive Schiedsfähigkeit'라고 하는데(독일 민사소송법 제1030조) 직역하면 '객관적 중재능력'이다. 한편 독일에서는 중재합의를 체결할 수 있는 당사자의 능력을 'subjektive Schiedsfähigkeit'(주관적 중재능력)라고 한다. Rolf A. Schütze, Schiedsgericht und Schiedverfahren 3. Auflage (1999), Rn. 73. Fouchard/Gaillard/Goldman, para. 533 이하는 주관적 중재가능성과 객관적 중재가능성으로 구분한다.

81) Steward E. Sterk, Enforceability of Agreements to Arbitrate: An Examination of the Public Policy Defense, 2 Cardozo L. Rev. 481, 483 (1981) 참조.

82) van den Berg. p. 369 참조.

83) 손경한, "强行法規上 請求의 仲裁適格性 —美國의 경우를 중심으로— (上)," 중재 제172호 (1986. 5.), 20-21면에 소개된 일본 학설은, 중재가능성을 부정하는 경우를 당사자의 이익을 보호하기 위한 경우와, 공익을 위한 경우로 분류한다.

로 명시함으로써 중재가능성의 결여는 법원이 직권으로 판단할 취소사유가 된다.

다. 중재가능성과 공서의 관계

중재가능성의 결여와 공서위반의 관계에 관하여는 논란이 있다. 유력한 견해는 각 국가는 국가적 목적 또는 정책을 달성하기 위하여 중재에 의한 특정한 분쟁의 해결을 제한할 수 있는데, 이러한 중재가능성의 개념은 공서의 범주에 포함될 수밖에 없고 따라서 중재가능성이 없으면 공서에 반한다고 본다. 이 견해는, 뉴욕협약 제5조 제2항이 중재가능성과 공서를 별도로 규정한 것도 제네바협약 등에서 별도로 규정하였던 역사적 이유에 기인하는 것이라고 한다.[84)]

라. 우리 법상의 중재가능성

(1) 우리 중재법의 규정과 해석론

구 중재법 제2조는 "중재계약은 사법상의 법률관계에 관하여 당사자 간에 발생하고 있거나 장래에 발생할 분쟁의 전부 또는 일부를 중재에 의하여 해결하도록 합의(이하 "중재계약"이라 한다)함으로써 효력이 생긴다. 다만, 당사자가 처분할 수 없는 법률관계에 관하여는 그러하지 아니하다"고 규정하였다. 학설은 "당사자가 처분할 수 있는 私法상의 법률관계"의 의미를 재산권에 관한 법률관계로서 당사자 간에 화해로써 종결될 수 있는 것이라고 해석하였다.[85)] 그런데 중재법은 제3조 제2호에서 "'중재합의'라 함은 계약상의 분쟁인지의 여부에 관계없이 일정한 법률관계에 관하여 당사자 간에 이미 발생하였거나 장래 발생할 수 있는 분쟁의 전부 또는 일부를 중재에 의하여 해결하도록 하는 당사자 간의 합의를 말한다"고 하여 당사자의 처분가능성을 삭제하였고, 다만 제1조에서 私法상의 분쟁일 것을 요구할 뿐이다. 중재법이 중재가능성에 관하여 더 이상 규정하지 않는 것은 모델법을 따랐기 때문인

---

84) 목영준, 275면. van den Berg, p. 368. 그러나 Fouchard/Gaillard/Goldman, para. 1706은 중재가능성이 없다고 반드시 공서, 특히 국제적 공서위반이 되는 것은 아니라고 보아 양자를 구별한다. 예컨대 이혼 자체를 중재에 의할 수는 없지만, 이혼시 재산상 다툼의 해결은 중재에 의할 수 있을 것이라고 한다.

85) 이태희, 國際契約法 理論과 實務, 증보판(1990), 111면(이태희, 국제계약법(2001), 145면은 이 견해를 유지한다).

것으로 짐작되나,[86] 중재가능성에 관한 일응의 기준을 제시할 필요가 있고, 구 중재법에 규정이 있었던 점과, 특히 중재법은 국내중재를 함께 규율하는 점을 고려하면 중재법이 중재가능성에 관한 기준을 제시하였어야 하고, 그 경우 중재가능성을 확대하는 국제적인 경향을 고려하여, 보다 전향적인 입장을 취하는 것이 바람직하였다고 본다.

어쨌든 중재법이 명시적인 규정을 두지 않은 이상 이 문제는 해석에 맡겨진 것이다. 순수한 공법상의 분쟁과 가족법상의 분쟁과 같이 당사자가 처분할 수 없는 분쟁의 중재가능성이 없음은 별 의문이 없지만, 해석론으로는 사법상의 분쟁일 것에 추가하여 ① 구 중재법에서와 마찬가지로 여전히 재산권에 관한 법률관계로서 화해가능성이 있을 것을 요구하는 견해와, ② 보다 완화된 견해가 주장될 수 있는데, ②의 경우 다양한 가능성이 있다.[87] 예컨대 첫째 스위스 국제사법(제177조 제1항)처럼 재산권에 관한 분쟁이면 족하고 화해가능성을 요구하지 않는 견해와, 둘째 독일 민사소송법(제1030조 제1항)처럼 재산권에 관한 분쟁의 경우 화해가능성을 요구함이 없이 중재가능성을 인정하고, 비재산권에 관한 분쟁의 경우 화해가능성을 요구하는 견해도 가능하다. 다만 국가가 어떤 분쟁의 해결을 통상의 법원에 맡기는 대신 특별한 기구를 설치하여 그 기구가 전담하도록 하는 경우 그 취지에 따라 중재가능성이 부정될 수 있으나, 그러나 단순히 특정 법원의 전속적 토지관할에 속하는 것만으로는 중재가능성을 부정할 수는 없다고 본다.

주의할 것은, 공법상의 분쟁과 가족법상의 분쟁이 중재가능성이 없다고 하는 경우 이는 공법상의 분쟁과 가족법상의 분쟁이 본문제로서 중재의 대상이 되는 경우를 말하는 것이지 선결문제로서 주장되는 경우를 말하는 것은 아니라는 점이다. 이 점은 지적재산권 분쟁에 관한 아래의 논의에서 선명하게 드러나는데, 다른 분야의 경우 논란의 여지가 있는 것으로 보인다.

우리 법상 중재가능성이 문제되는 경우로는 다음을 들 수 있다.[88]

---

86) 모델법이 중재가능성을 규정하지 않는 것은, 그것이 모델법을 채택하는 국가의 국내 실체법에 대한 간섭으로 이해되었고, 나아가 그의 완전한 목록을 작성하거나 일반적으로 타당한 정의규정을 두는 것이 불가능하였기 때문이라고 한다. Klaus Peter Berger, "Entstehungsgeschichte und Leitlinien des neuen deutschen Schiesverfahrensrechts," Das neue Recht der Schiedsgerichtsbarkeit, Klaus Peter Berger (Hrsg.)(1998), S. 23-24.

87) 이는 당초 석광현, "개정중재법의 몇 가지 문제점 ―국제상사중재를 중심으로―," 중재 제298호(2000년 겨울호), 20면에서 제시한 견해이다.

88) 미국법상의 전반적인 논의는 Sterk(註 81), p. 481 참조. 상세는 이 책의 제1장 Ⅵ.을 참조.

(2) 독점금지법 관련 분쟁

(가) 미국에서의 논의 독점금지법 관련 분쟁의 중재가능성은 미국 연방대법원 판결을 계기로 활발히 논의되었다. 1968년 *American Safety Equipment Corp. v. J. P. Maguire & Co.* 사건 판결[89]에서 제2순회구 연방항소법원은 중재가능성을 부정하였다. 즉 연방항소법원은 "독점금지법상의 청구는 단순히 사적인 문제가 아니다. 셔먼법은 경쟁적인 경제 내에서 국가이익을 조장하기 위한 것이고, 동 법에 따라 권리를 주장하는 원고는 공익을 보호하는 私的 법무장관(attorney-general)에 비견되어 왔다. … 독점금지법 위반은 수십만, 아마도 수백만의 사람들에게 영향을 줄 수 있고, 엄청난 경제적 손해를 끼치는 점에서 중재에 의한 실현에 부적절하며, 그러한 청구가 법원 외의 곳에서 해결되도록 의회가 의도했다고 믿을 수 없다"고 보고, 관련 계약의 부합계약적 성질, 독점금지법위반 사건의 복잡성과 증거조사의 어려움 및 중재인이 관련 업계의 전문가들로부터 선정되는 점을 고려할 때 중재인은 커다란 공적 이익에 관한 분쟁을 해결하기에 부적합하다고 지적하였다.[90]

그러나 연방대법원은 1985년 *Mitsubishi Motors Corp. v. Soler Chrysler-Plymouth, Inc.* 사건 판결[91]에서 중재가능성을 긍정하고 항소법원 판결을 파기하였는데 다수의견과 소수의견으로 나뉘었다. Blackmun 등 5명의 대법관이 지지한 다수의견은 1925년 연방중재법의 제정과 1970년 뉴욕협약의 비준을 통하여 중재를 소송과 동등한 분쟁해결장치로 인정한 입법자의 결정을 강조하면서 법원은 이런 중재선호 정책을 존중하여야 한다고 판시하고, 국제재판관할합의에 관한 1972년 Bremen 사건 판결과 1974년 Scherk 사건 판결이 당사자들이 자유롭게 협상한 계약상의 법정지 선택조항을 가능한 유효한 것으로 추정하는 원칙을 확립하였음을 확인하였다. 다만 위 판결은 독점금지법 관련 분쟁의 중재가능성을 일반적으로 긍정한 것은 아니고 국제거래와 관련된 분쟁에 한정하였다.

(나) 우리 법상의 논의 미국은 독점금지법 위반 사건에 대하여 셔먼법과 클레이튼법에 기하여 손해배상 등의 私的 救濟(즉 司法的 救濟)를 중시하나, 우리는 종래 行政的 救濟를 중시하였으므로 우리나라에서는 독점규제

---

89) 391 F.2d 821 (2d Cir. 1968).

90) 손경한, "强行法規上 請求의 仲裁適格性 —美國의 경우를 중심으로— (下)," 중재 제173호 (1986. 6.), 4-5면 참조.

91) 473 U.S. 614 (1985).

및 공정거래에 관한 법률("독점규제법") 위반 사건의 중재가능성은 별로 문제되지 않았다. 특히 구 독점규제법(제57조 제1항)은 손해배상청구를 위한 시정조치 선확정제도를 두고 있었다. 그러나 현행 독점규제법은 이를 폐지하고, 손해액 인정제도를 도입함으로써 손해배상청구제도의 활성화를 위한 전기를 마련한 결과 앞으로는 손해배상청구가 늘어날 것이므로 중재가능성이 문제될 수 있다. 우리 법체계상 독점규제법 관련 분쟁이 과연 私法상의 분쟁인지에 관하여는 논란의 여지가 있으나, 적어도 통상의 법원이 판단할 수 있는 사항 예컨대 독점규제법 위반을 이유로 하는 손해배상청구 등 私法的 救濟手段에 관하여는 중재가능성을 긍정할 수 있을 것이다.

(3) 지적재산권의 유효성에 관한 분쟁

우리 중재법상 지적재산권에 관한 분쟁의 중재가능성은 권리 및 분쟁의 종류에 따라 구분하여야 한다. 예컨대 특허권과 같이 권리의 발생을 위하여 등록을 필요로 하는 지적재산권과 그렇지 않은 저작권의 경우를 구분하고, 또한 특허권의 침해에 관한 분쟁과 특허권의 유효성(validity)에 관한 분쟁을 구별할 필요가 있다.[92] 특허권의 침해에 관한 중재의 경우는 통상의 불법행위와 마찬가지로 중재가능성을 인정할 수 있으나, 특허권의 유효성에 관한 분쟁의 경우 중재가능성을 부정하여야 할 것이다. 한편 특허권의 침해에 관한 중재절차에서 특허권의 유효성이 선결문제로 다투어지는 경우에는 중재인은 선결문제에 대해 판단할 수 있다. 다만 한국의 특허권에 관한 국내중재의 경우에는 부정적인 견해가 설득력이 있다. 그러나 후자의 경우에도 침해소송의 법원이 특허권의 유효성에 대해 판단할 수 있는 범위 내에서는 중재인도 판단할 수 있다. 주목할 것은 최근 대법원 2004. 10. 28. 선고 2000다69194 판결이 권리남용이론을 도입하여 사실상 특허무효의 항변을 인정한 점이나, 대법원이 위 판결로써 종전의 견해를 변경한 것인가에 관하여는 논란이 있다.

(4) 증권거래에 관한 분쟁

미국에서는 과거 증권거래에 관한 분쟁의 중재가능성에 관하여 논란이 있었다. 이는 증권 투자자로 하여금 증권법의 조항이 정하는 바의 준수를 포기하게 하는 모든 약정은 무효라는 연방증권법(제14조)[93]과 관련된다. 1953

92) 상세는 석광현, "國際的인 知的財産權 紛爭 해결의 문제점 —國際私法的 論點에 관한 試論—," 국제사법과 국제소송 제2권(2001), 565면 이하 참조.

93) 1933년 미국 증권법 제14조는 "Any condition, stipulation, or provision binding any person acquiring any security to waive compliance with any provision of this subchapter or

년 *Wilko v. Swan* 사건 판결에서 미국 연방대법원은 증권거래에 관한 분쟁의 중재가능성을 부정하였다. 그러나 미국이 1970년에 뉴욕협약에 가입한 후 1974년 *Scherk v. Alberto-Culver*, 417 U.S. 506 사건 판결에서 증권거래소법(제10조 b)에 기초한 국제적 소송에서는 위 판결의 구속력이 부정되었고, 마침내 증권법(제12조 제2항)에 기한 손해배상을 청구한 *Rodriguez de Quijas et al. v. Shearson/American Express, Inc.* 사건 판결[94]을 계기로 변경된 것으로 평가된다. 따라서 국제거래상의 계약은 증권법이 적용되는 경우에도 중재의 대상이 될 수 있다.

미국 연방증권법(제14조)과 같은 조항이 없는 우리나라에서는 증권거래에 관한 분쟁이 중재가능성이 있음은 의문이 없다.

(5) 사회 · 경제적 약자의 보호에 관한 분쟁

2001년 7월 개정된 우리 국제사법은 사회 · 경제적 약자인 소비자와 근로자를 보호하기 위하여 소비자계약과 근로계약의 경우 소비자의 상거소 소재지와, 근로자의 상거소 소재지 국가 또는 일상적 노무제공지 국가에 관할을 긍정하고 그 밖에 소비자에게 불리한 관할합의를 제한한다. 국제상사중재에 국제사법 제27조를 유추적용하면 중재조항은 중재지가 소비자의 상거소 소재지인 경우에만 허용된다고 보게 될 여지가 있으나, 위 조항으로부터 소비자계약과 근로계약으로부터 발생하는 분쟁의 중재가능성을 부정할 수는 없다.

(6) 노동법상의 분쟁

노동법상의 분쟁의 중재가능성은 분쟁의 유형에 따라 검토할 필요가 있다. 예컨대 어떤 근로자가 사용자에 대해 임금 또는 퇴직금을 청구하거나 해고를 다투는 것과 같은 개별분쟁은 중재에 의하여 해결할 수 있다. 그러나 단체적 노사관계에서 발생하는 분쟁, 즉 노동쟁의, 그 중에서도 집단적 이익분쟁에 대하여는 노동조합 및 노동관계조정법(이하 “노동조합법”이라 한다)이 특별한 중재절차를 규정하고 있으므로 그 범위 내에서는 중재법에 우선하여 노동조합법이 적용된다. ‘노동쟁의’라 함은 노동조합과 사용자 또는 사용자단체 간에 임금 · 근로시간 · 복지 · 해고 기타 대우 등 근로조건의 결정에 관한 주장의 불일치로 인하여 발생한 분쟁상태를 말하는데(노동조합

---

of the rules and regulations of the commission shall be void”라고 규정함으로써 증권의 취득자가 이 장의 규정의 준수를 포기하도록 요구하는 조항, 규정을 금지한다. 1934년 미국 증권거래소법 제29조 a항도 유사한 취지의 조항을 두고 있다.

94) 490 U.S. 477 (1989).

법 제2조), 이는 노동조합법이 정한 강제적인 중재 또는 사적 중재의 대상이 된다.[95] 요컨대 노동쟁의도 중재에 의하여 해결될 수 있으나, 노동조합법이 별도의 중재제도를 두고 있으므로 그러한 특별한 중재의 대상이 되거나, 아니면 사적 중재에 의하여 중재가 이루어지는 경우에도 노동조합법이 정한 특칙에 의하여 규율되는 특별한 중재의 대상이 된다.

(7) 도산에 관한 사건

도산사건을 중재인이 처리할 수 없음은 별 의문이 없다. 도산절차는 다수인이 관여하는 절차이므로 당사자 간의 중재합의를 전제로 하는 중재에 의하여 해결하는 것은 적절하지도 않고 가능하지도 않다. 우리의 관심은 우선 중재합의를 한 당사자의 일방 또는 쌍방에 대하여 파산선고(또는 도산절차의 개시)가 있는 경우 중재합의의 효력이 어떻게 되는가와, 중재절차에서 내려진 외국중재판정의 승인 및 집행이 채무자에 대한 파산선고(또는 도산절차의 개시)를 이유로 거부될 수 있는가 등에 있는데, 이는 중재절차의 진행중 어느 단계에서 파산선고(또는 도산절차의 개시)가 있는지를 구분하여 검토할 필요가 있다. 하지만 이는 중재가능성의 문제는 아니다. 다만 채무자의 파산선고 전에 채권을 가지고 있던 채권자가 파산선고 후에 파산채권을 신고한 데 대하여 파산관재인 또는 파산채권자가 이의를 한 경우 채권자가 채권조사확정재판에 의하지 아니하고 파산채권을 확정하는 중재판정을 받을 수 있는지가 중재가능성과 관련하여 문제된다.

6. 공서위반

중재판정의 승인 또는 집행이 한국의 선량한 풍속 기타 사회질서에 위배되는 때에는 취소사유가 된다(중재법 제36조 제2항 제2호 나목). 이는 독일 민사소송법(제1059조 제2항 제2호 b목)과 유사하다. 반면에 일본 중재법(제44조

95) 노동법상의 분쟁은 행위주체에 따라 '개별분쟁'과 '집단분쟁'으로, 분쟁의 대상과 성격에 따라 '권리분쟁'과 '이익분쟁'으로 구분하는데, 집단분쟁과 이익분쟁이 밀접하게 관련되지만 양자가 일치하는 것은 아니고 집단분쟁이 권리분쟁일 수도 있다. 박수근, "노동분쟁과 대체적 분쟁해결방안—우리나라에서 노동분쟁해결의 현황과 과제를 중심으로—," 비교사법 제13권 1호(통권 32호)(2006. 3.), 194면. 이미 형성된 법의 해석, 준수와 적용에 관한 분쟁인 권리분쟁과 달리, 이익분쟁은 당사자의 합의에 의하여 새로운 규범의 형성을 목적으로 하는 분쟁인데, 이는 자주적 해결에 의하고 그것이 어려운 경우 쟁의행위를 통하여 해결된다. 위 박수근, 194면, 207면.

제1항 제8호)은 “중재판정의 내용이 일본에서의 공공의 질서 또는 선량한 풍속에 반하는 것”이라고 규정하는데, 이는 “중재판정이 해당국의 공서양속에 저촉되는 사실”이라고 규정하는 모델법(제34조 제2항 b호 ii목)에 충실하다.

제36조 제2항 제2호 나목은 “仲裁判定의 승인 또는 執行이 大韓民國의 선량한 風俗 기타 社會秩序에 違背되는 때”라고 규정하나(밑줄은 저자가 추가), 한국 중재판정은 당사자 간에는 확정판결과 동일한 효력이 있으므로 굳이 승인을 요하지 않고, 당사자가 집행을 구하지 않는 경우도 있을 뿐만 아니라 집행은 승인을 전제로 하므로 위 조문에서 굳이 집행을 언급할 필요는 없다. 또한 절차적 공서위반의 경우 중재판정의 내용이 공서위반이 되는 것은 아니므로, 사견으로는 “仲裁判定이 大韓民國의 선량한 風俗 기타 社會秩序에 違背되는 때”라고 규정하는 편이 더 적절하다고 본다.

가. 공서의 개념 ―국제중재와 국내중재의 구별

선량한 풍속 기타 사회질서, 즉 공서는 우리나라의 본질적인 법원칙, 즉 기본적인 도덕적 신념 또는 근본적인 가치관념과 정의관념[96]에 반하는 중재판정을 취소할 수 있도록 함으로써 국내법질서를 보존하는 방어적 기능을 가지므로, 좁게 제한적으로 해석해야 한다.

여기의 ‘선량한 풍속 기타 사회질서’의 의미는 국제중재인지 아니면 국내중재인지에 따라 달리 해석하여야 한다.[97] 외국중재판정의 승인거부사유인 공서는 국제적 공서에 한정된다는 점이 널리 인정되는 데 반하여, 내국중재판정의 취소사유로서의 공서도 그러한지는 별로 논의되고 있지 않은데, 사견으로는 국내중재와 국제중재의 경우를 구별할 필요가 있다고 본다.

즉 외국관련이 없는 국내중재의 경우에는 국제적 공서만이 아니라 민법(제103조)이 정한 국내적 공서(internal 또는 domestic public policy)를 포함하는 것으로 해석해야 할 것이므로[98] 우리나라의 강행규정도 그에 포함되는 것

---

96) 미국 제2순회구 연방항소법원의 *Parsons & Whittemore Overseas Co. Inc. v Société Générale de l'Industrie de Papier (RAKTA),* 508 F.2d 969 (2nd Cir. 1974) 사건 판결은 이를 “the forum state's most basic notions of morality and justice”라고 표현하였다.

97) Hausmann, S. 607은 이렇게 구별하는 것으로 보인다. 공서의 개념은 Schwab/Walter, Kapitel 24 Rn. 37ff. 참조.

98) 구 중재법 제13조 제1항 제3호는 “중재판정이 법률상 금지된 행위를 할 것을 내용으로 한 때”를 중재판정의 취소사유의 하나로 명시하였다. 목영준, 233면, 주 73은 중재법의 공서위반은 이를 포함한다고 본다.

으로 볼 수 있다.

반면에 국제중재의 경우 공서는 외국중재판정의 승인거부사유인 공서위반에서의 공서와 동일하게 볼 것이므로 국내적 공서와 구별되는 '國際的 公序'(international public policy)를 말한다고 본다.[99] 참고로 프랑스의 신 민사소송법(제1502조)은 중재판정의 승인 및 집행의 맥락에서 명시적으로 '국제적 공서'(*ordre public international*)라는 개념을 사용한다.[100] 또한 국제법협회(ILA)의 국제상사중재위원회는 승인거부사유인 공서에 관한 보고서(Report on Public Policy as a Bar to Enforcement of International Arbitral Awards)를 최근에 채택하였는데 이는 승인거부사유인 공서는 국제적 공서임을 분명히 하였다.[101] 다만 국제적으로 보편타당한 공서의 개념이 존재하는 것은 아니고, 공서는 각 국가가 판단할 사항인데 이를 '공서개념의 국가성'이라고 부른다.

종래 공서는 외국판결의 승인 및 집행과 관련하여 많은 논의가 있는데, 그에 관한 논의는 여기에서도 대체로 타당하다. 예컨대 뉴욕협약에 따른 승인거부사유에 관하여, 대법원 1990. 4. 10. 선고 89다카20252 판결은 "… 뉴욕협약 제5조 제2항 나호 … 는 중재판정이나 승인이 집행국의 기본적인 도덕적 신념과 사회질서를 보호하려는 데 그 취지가 있으므로 그 판단에 있어서는 국내적인 사정뿐만 아니라 국제적 거래질서의 안정이라는 측면도 함께 고려하여 제한적으로 해석하여야 한다"는 취지로 판시하였는데, 이는 승인거부사유인 공서가 국제적 공서임을 판시한 것이다. 또한 대법원 1995. 2. 14.

---

99) van den Berg, p. 361; Redfern/Hunter, paras. 9-33, 9-38; Fouchard/Gaillard/Goldman, para. 1710 이하 참조. 다만 국제적 공서는 다양한 의미로 사용되는데, 예컨대 '국가적 공서'(national public policy)에 대응하는 개념, 즉 다수 국가의 법에 의하여 공통적으로 인정되는 공서(transnational public policy)를 의미하는 개념으로, 또는 기본적인 인권 또는 최소한의 자연적 정의와 같은 보편적 공서(*ordre public universel*)의 의미로 사용되기도 한다.

100) 이는 1981. 5. 12. 법률(Decree Law) No. 81-500에 의하여 도입된 것이다.

101) 보고서는 4개의 권고를 담고 있다. 첫째, 중재판정의 종국성(finality)을 존중하여야 하나, 다만 국제적 공서위반이 있는 경우 예외를 인정하는데, 이는 좁게 정의되어야 한다. 둘째, 국제적 공서위반 여부는 집행국의 법에 달려 있다. 셋째, 집행국의 국제적 공서를 구성하지 않는 강행규정의 위반은 승인거부사유가 아니다. 넷째 중재판정의 집행의 결과 법정지국이 국제조약상의 의무를 위반하게 되는 경우 승인을 거부할 수 있다. 2000년 중간보고서는 A Sheppard, "Interim ILA Report on Public Policy as a Bar to Enforcement of International Arbitral Awards," 19 Arbitration International No. 2 (2003), pp. 217-248 참조. 개관은 Redfern/Hunter, para. 9-33; 박영길, "국제중재판정의 집행을 거부하기 위한 사유로서의 공서," 중재연구 제12권 제1호(2002. 8.), 3면 이하 참조. 최종보고서는 P. Mayer and A. Sheppard, "Final ILA Report on Public Policy as a Bar to Enforcement of International Arbitral Award" 19 Arbitration International No. 2 (2003), pp. 249-263 참조.

선고 93다53054 판결은, 준거법인 외국법상 소멸시효기간이 30년으로서 우리 법상의 그것보다 길고 또한 우리 소멸시효규정이 강행규정이라고 하더라도 외국중재판정의 집행이 공서위반이라고 할 수 없다고 판시하였다. 다만 예외적으로 우리 법상 시효에 걸리는 권리에 대해 외국법이 아예 시효소멸을 인정하지 않는 경우에는 공서위반으로 볼 여지가 있다.

여기의 공서에는 '실체적 공서'와 '절차적 공서'의 포함된다. 다만 제36조 제2항 제1호 나목과 라목이 절차상의 하자로 인한 취소사유를 별도로 규정하므로 절차적 공서는 보충적인 의미를 가진다.[102] 절차적 공서와 실체적 공서를 구별함으로써 공서를 좀더 체계적으로 이해할 수 있는 장점이 있는데, 위에서 언급한 국제법협회의 보고서도 실체적 공서와 절차적 공서를 구별한다.[103]

위에서 본 바와 같이 법원은 취소사유의 존부만을 판단할 수 있지 중재판정의 내용 또는 실질을 재심사할 수는 없다. 다만 공서위반 여부를 판단함에 있어 법원이 중재인의 사실인정에 구속되는지 아니면 필요한 경우 사실을 재심사할 수 있는지에 관하여는 논란의 여지가 있고, 실제로 독일에는 이를 제한 없이 허용하는 견해와, 절차의 하자가 없고 직접적으로 국가이익이 관련되지 않는 한 재심사할 수 없다는 견해가 나뉜다.[104]

주의할 것은, 국제중재에 있어 공서위반의 정도는 사안의 내국관련성(Inlandsbeziehung)과의 관계에서 상대적으로 이해해야 한다는 점이다. 내국관련의 정도가 낮으면 우리의 공서가 개입할 가능성이 낮으므로 우리 법의 본질적인 원칙과 다소 괴리가 있더라도 취소되지 않을 가능성이 상대적으로 크다.[105] 다만 기본적인 인권 또는 최소한의 자연법적 정의와 같은 보편적 공서(*ordre public universel*) 위반의 경우에는 내국관련이 불필요하다. 위에서 국제중재와 국내중재의 경우 공서의 개념은 다르다고 하였는데, 이 경우 국

102) Stein/Jonas/Schlosser, Anhang § 1061 Rn. 150.

103) 권고 1은 'procedural international public policy'와 'substantive international public policy'로 구분한다. van den Berg, p. 300도 실체적 공서와 절차적 공서의 개념을 구분한다.

104) Hausmann, S. 607 참조. 공서위반은 제한적으로 볼 것이라는 이유로 저자는 일응 후자를 지지하는데, 그것이 외국판결의 승인 및 집행의 맥락에서 석광현, "詐欺에 의한 外國判決承認의 公序違反與否와 相互保證," 국제사법과 국제소송 제4권(2007), 246면 이하에서 취한 견해와도 일관성이 있다. 다만 이 점은 다른 기회에 좀더 체계적으로 검토하고자 한다.

105) Dieter Martiny, Handbuch des Internationalen Zivilverfahrensrecht; Band III/1 Kap. I(1984), Rn. 1027-1029. 서울지방법원동부지원 1995. 2. 10. 선고 93가합19069 판결도 외국판결의 승인 및 집행에 관하여 이 점을 명확히 판시하였다.

제중재의 개념에 관하여는 논란이 있으나[106] 그 중 어느 견해를 취하든 공서위반 여부는 내국관련성의 정도에 따라 좌우된다.

나. 실체적 공서위반

실체적 공서위반을 이유로 한 중재판정의 취소의 사례로는 예컨대 첫째, 중재판정이 법률상 금지된 행위를 명하는 경우(예컨대 금제품의 인도를 명하는 경우), 둘째, 중재판정이 명하는 행위가 법률상 금지된 것은 아니나 그 근거가 법률상 금지된 경우(예컨대 도박계약상의 도금의 지급을 명하는 경우)와 셋째, 중재판정이 명하는 행위는 적법하나 이를 명하는 것이 공서에 반하는 경우(예컨대 주주총회에서 특정 내용의 투표를 명하는 경우) 등을 든다.[107]

다. 절차적 공서위반

위에서 본 것처럼 중재법은 중재절차의 하자를 독립한 승인거부사유로 규정하므로 절차적 공서위반은 보충적인 의미를 가진다. 공서위반에 해당하면 법원이 직권으로 취소사유를 판단할 수 있다는 데 실익이 있다.

우리 법상의 절차적인 기본원칙이 중재절차에서 침해된 경우 절차적 공서에 반한다. 여기에서 절차적 기본원칙은 법치국가의 기본적인 원칙으로, 예컨대 중재인의 독립과 공정의 원칙, 법적인 심문(rechtliches Gehör) 보장의 원칙 및 당사자평등의 원칙(중재법 제19조) 등이 그에 해당하는데, 그러한 원칙에 반하는 경우와, 기판력 또는 기타 구속력이 있는 재판을 무시한 경우 등을 절차적 공서위반에 해당하는 사례로 들 수 있다.[108] 또한 중재인의 기

---

106) 즉 국제성의 판단기준으로 분쟁의 성질에 착안하는 견해, 당사자에 착안하는 견해와 양자를 결합한 혼합형이 있다. Redfern/Hunter, para. 1-24 이하; 목영준, 19면 이하 참조.

107) 이는 주석중재법/손용근 · 이호원, 212면에 소개된 일본의 학설을 따른 것이다. 다만 외국중재판정의 승인과 관련하여서는 징벌배상을 명한 미국중재판정의 승인과 집행이 문제되나 이는 중재판정의 취소의 맥락에서는 문제되지 않는다. 왜냐하면 중재지가 한국 안인 경우 비록 분쟁의 실체의 준거법이 미국의 어느 주법이더라도 중재인은 징벌배상을 명할 수 없다고 보기 때문이다. 그 이유는 우리 중재법에는 징벌배상의 지급을 명하는 범위 내에서는 외국법의 적용을 배제하는 우리 국제사법 제32조 제4항과 같은 조항이 없지만, 동 조항은 특별공서로서 국제사법(제10조)의 일반공서를 구체화한 것인데, 우리 중재법의 해석상으로도 분쟁의 실체의 준거법을 적용한 결과가 국제적 공서에 반하는 때에는 적용될 수 없기 때문이다. 목영준, 87면 참조.

108) Stein/Jonas/Schlosser, Anhang § 1061 Rn. 151, Rn. 154.

피사유가 존재하였고 당사자가 이를 주장하였음에도 불구하고 기피가 허용되지 않았다면 그러한 중재인에 의한 중재판정 또는 그의 승인은 절차적 공서에 반한다.[109] 중재판정에 이유를 기재하지 않은 경우는 위에서 논의하였다.

(1) 절차적 공서위반과 재심사유

중재판정의 취소사유인 절차적 공서위반과 민사소송법(제451조 제1항)의 재심사유의 관계를 살펴볼 필요가 있다. 사견으로는, 재심사유가 있다면 일응 중재판정에 중요한 절차적 하자가 있으므로 그의 승인은 대체로 우리의 절차적 공서에 반한다고 볼 수 있지만 항상 그렇다고 단정할 수는 없다.[110] 예컨대 판정에 영향을 미칠 중요한 사항에 관하여 판단을 누락한 경우(제9호)는 재심사유에 해당하지만, 그 중재판정의 승인이 당연히 절차적 공서위반이 되는 것은 아니라고 본다. 중재법이 구 중재법과 달리 재심사유를 언급하지 않고 취소사유를 승인거부사유에 동조시킨 것을 그렇게 이해하여야 할 것이다.

이와 관련하여 사기에 의하여 획득된 중재판정이 문제되는데, 외국판결의 승인 및 집행에 관한 대법원 2004. 10. 28. 선고 2002다74213 판결을 참조하면, 사기(fraud. 또는 기망)에 의하여 중재판정이 획득된 경우 원칙적으로 공서위반이 될 수 없지만, 패한 자가 중재절차에서 사기적인 사유를 주장할 수 없었고 또한 처벌받을 사기적인 행위에 대하여 유죄의 판결과 같은 고도의 증명이 있는 경우에는 그 중재판정은 우리나라의 절차적 공서에 반한다고 볼 여지가 있다.[111] 하지만 이 경우 절차적 공서가 아니라 중재절차의 하자를 주장할 수도 있음은 위에서 보았는데, 이 점은 좀더 체계적으로 검토할

---

109) Schwab/Walter, Kapitel 50 Rn. 5. 다만 당사자가 기피할 수 있었음에도 불구하고 적시에 하지 않은 결과 이의권을 포기한 것으로 간주되는 때에는 그러하지 않다. Stein/Jonas/Schlosser, Anhang § 1061 Rn. 151. 그러나 대법원 2005. 4. 29. 선고 2004다47901 판결에서, 원고는 기피사유의 존재를 알면서도 기피신청을 하지 않았다가 중재판정 취소의 소를 제기하였는데, 대법원은 당해 사안의 기피사유는 중대하지 않은 사유인데 당사자가 기피신청을 해태하였으므로 중재판정 취소의 소나 승인거부사유로 주장할 수 없다고 보았지만, 추상적인 법률론으로 중재인의 기피사유가 민사소송법(제41조)의 법관의 제척사유와 같이 중대한 사유인 때에는 기피신청을 해태하였더라도 중재판정 취소의 소나 승인거부사유로 주장할 수 있다고 판시하였다. 평석은 오창석, "상사중재에 있어서의 중재인에 대한 기피사유와 중재인의 고지의무—대법원 2005. 4. 29. 선고 2004다47901 판결을 중심으로—," 상사판례연구 제19집 제1권(2006), 353면 이하 참조.

110) 독일에서는 재심사유가 있으면 모두 공서위반이 된다고 한다. Schwab/Walter, Kapitel 24, Rz. 51. 하지만 독일 민사소송법의 재심사유는 우리의 그것과 다소 차이가 있음을 고려할 필요가 있다.

111) 안병희(註 76), 93면은 중재판정의 승인 및 집행의 맥락에서 이러한 요건 없이 사기에 의한 중재판정은 공서위반이 된다고 본다.

필요가 있다.

(2) 명백한 법 또는 계약조건의 무시

중재인이 중재판정을 함에 있어서 준거법을 명백히 무시한 경우, 즉 '명백한 법의 무시'가 있더라도 그것만으로 공서위반이 되는 것은 아니다. 위에서 언급한 바와 같이 중재인의 명백한 법의 무시는 미국의 보통법상 중재판정의 취소사유지만, 국내중재의 소산이고 적어도 외국중재판정의 승인 및 집행에 관한 뉴욕협약이 적용되는 범위 내에서는 공서위반이 되지 않는다는 것이 미국 판례의 주류적인 입장이다. 다만 그것이 우리나라의 강행법규의 위반인 때에는 사안에 따라 공서위반이 될 수 있다. 특히 국내중재의 경우 그러하고, 국제중재의 경우도 국제적 공서위반이 될 수도 있다.

나아가 중재인이 계약조건을 노골적으로(blatantly) 무시한 경우 그러한 중재판정의 승인은 공서위반에 해당한다는 견해도 있는데,[112] 그것이 중재인의 권한유월이 될 수 있음은 위에서 본 바와 같다.

7. 중재판정의 구속력의 결여 또는 취소 또는 정지는 취소사유인가

뉴욕협약(제5조 제1항 e호)에 따르면 중재판정의 구속력의 결여 또는 취소 또는 정지는 승인거부사유의 하나이다. 모델법(제36조 제1항 제1호 v)의 경우도 같다. 그러나 이는 모델법과 우리 중재법상 중재판정의 취소사유는 아니다. 이처럼 승인거부사유와 취소사유가 다르게 된 것은, 위 조항이 사실상 사문화되었다는 이유로 취소사유에서 제외한 때문이라는 견해가 있다.[113] 그러나 이에는 동의할 수 없다. 승인 및 집행의 경우와 달리 중재판정의 취소를 이유로 중재판정을 취소하는 것은 논리적으로 불가능하고, 중재판정의 구속력이 발생하지 않은 경우나 정지된 경우 굳이 중재판정을 취소할 필요가 없기 때문에 취소사유에서는 제외한 것이 아닌가 생각된다.

112) van den Berg(註 58), p. 63 이하 특히 p. 70.
113) 안병희(註 76), 79-80면, 주 154.

Ⅳ. 중재판정 취소의 소 또는 취소사유를 배제하거나 제한하는 합의의 허용 여부

1. 문제의 소재

위에서 본 바와 같이 중재판정에 관하여 중대한 하자가 있는 경우 중재절차 내에서 또는 중재판정의 취소의 소와 같은 법원에 의한 '司法的 再審査'(judicial review)가 허용된다. 그런데 중재합의시 또는 중재판정 전에 당사자들이 합의로써 중재판정의 취소의 소를 전면 배제하거나 취소사유를 일부 배제할 수 있는지가 문제된다. 그런 합의를 '배제합의'(exclusion agreement)라 부른다. 배제합의의 개념에 관하여는 다소 논란이 있지만, 여기에서는 중재합의시 또는 중재판정 전에 중재판정 취소의 소 기타 중재판정에 대하여 중재절차 내든 또는 법원에서든 어떠한 형태의 이의 또는 불복(recourse)을 제기하는 권리(right to challenge awards)를 포기하는 합의라고 이해한다.[114)]

중재의 장점으로 단심제를 강조하거나, 특히 중재조항에서 분쟁을 finally(최종적으로 또는 종국적으로) 해결한다고 명시할 경우, 당사자들은 그럼에도 불구하고 중재판정 취소의 소가 가능하다는 점을 의아하게 생각하는 경향이 있다.[115)] 그러나 재판에 관하여 중대한 하자가 있으면 재심이 가능한 것처럼 중재의 경우 중재판정 취소의 소가 가능하다. 법원의 판결이 비록 재심에 의하여 취소될 가능성이 *尙存*하더라도 재심은 통상의 불복방법이 아니므로 그것은 확정된 종국판결이다. 그렇다면 중재판정에 비록 취소사유가 있더라도 이는 통상의 불복방법이 아니므로 중재판정이 분쟁을 최종적으로 또는 종국적으로 해결하는 것이라고 해서 틀린 말은 아니다.

---

114) Andreas Bucher/Pierre-Yves Tschanz, International Arbitration in Switzerland (1989), para. 144는 중재에 대해 이의를 제기하는 권리(the right to challenge awards)를 포기하는 것이라고 설명한다.

115) 예컨대 임영철, "국제중재규칙 제정 및 시행에 대한 전망: 중재이용 고객의 입장에서," 중재 제323호(2007년 봄), 18면은 "'중재가 종국적'[finally resolved]임이 중재합의문에 존재하였음에도 5년의 중재 후 중재판정 취소소송으로 2년(3심)을 추가적으로 진행하여야 했다"고 적고 있다.

무국적중재판정의 경우 중재지가 없고 그 결과 중재판정에 대한 취소의 소가 허용하지 않으므로 배제합의와 유사한 면이 있다. 그러나 배제합의의 효력을 인정하더라도 취소의 소가 허용되지 않거나(취소사유의 전면배제를 허용할 경우) 또는 취소사유가 제한될 뿐이고(취소사유의 일부배제를 허용할 경우) 중재판정의 국적까지 부인하는 것은 아니므로 배제합의의 결과 그에 따른 중재판정이 무국적중재판정이 되는 것은 아니다.

2. 입 법 례

입법례로는 배제합의를 불허하거나(오스트리아 민사소송법 제595조), 배제합의를 허용하면서도 일정한 경우 배제합의에도 불구하고 취소의 소를 일부 허용하거나(프랑스 신 민사소송법 1484조,[116] 영국 중재법 제69조 제3항 d호[117]) 일정한 요건 하에 배제합의를 명시적으로 허용하는 입법례(스위스 국제사법)[118]와, 아무런 규정을 두지 않는 입법례(한국, 독일)가 있는데,[119] 아래에서는 그 중 일부 입법례를 살펴본다.

가. 스 위 스

배제합의를 허용하는 스위스 국제사법(제192조 제1항)은 "쌍방당사자가 모두 스위스에 주소, 상거소 또는 영업소를 가지고 있지 아니한 때에는, 당사자들은 중재합의 또는 후의 서면에 의한 합의에 포함된 명시적 선언(ausdrückliche Erklärung, *déclaration expresse*)에 의하여 중재판정의 취소사유의 전부 또는 일부의 적용을 배제할 수 있다"고 규정한다. 이 규정의 취지는 가능한 한 중재판정의 실효성을 제고하고, 스위스와 실제적인 관련이 없는 사건에서 절차를 지연시킬 목적으로 스위스 법원에 취소소송을 제기하는 것을 막기 위한 것이다.[120]

---

116) 제1484조에 따르면, 당사자가 중재판정에 대한 항소권을 포기한 경우에도 일정한 요건이 구비되면 당사자는 중재판정의 취소를 위한 소를 제기할 수 있다.

117) 이에 따르면, 당해 사항을 중재로 해결하기로 하는 당사자의 합의에도 불구하고 모든 정황에 비추어 법원이 그 문제를 결정하는 것이 적정하고 적절한 경우(just and proper) 법원은 항소를 허가해야 한다.

118) 그 밖에도 벨기에 사법법(제1717조) 참조.

119) Zürcher Kommentar zum IPRG/Siehr, 2. Auflage (2004), Art. 192 Rz. 2 참조.

120) Zürcher Kommentar(註 119) Art. 192 Rz. 1.

당사자들이 취소의 소를 전면적으로 배제한 경우 중재판정이 스위스에서 집행되어야 하는 것인 때에는 중재지가 스위스임에도 불구하고 뉴욕협약이 준용된다(제192조 제2항). 따라서 뉴욕협약상의 승인거부사유가 있는 경우 그러한 중재판정은 스위스에서 집행될 수 없다. 취소의 소를 부분적으로 배제한 경우 문면상 위 조문이 적용되지 않으나 배제된 취소사유에 상응하는 범위 내에서 뉴욕협약을 준용할 것이라는 견해가 유력하다.[121)]

나. 영 국

영국 중재법(제67조 이하)은 일정한 경우 중재판정에 대한 불복과 취소를 허용한다. 다만 위에서 본 것처럼 당사자들은 법원에 항소할 권리를 계약에 의해 포기할 수 있는데, 중재판정이 최종적이고 구속력이 있다는(final and binding) 취지의 표준중재조항은 서면으로 이루어진 경우 그러한 권리를 포기하는 유효한 합의이다.[122)] 영국에서는 전통적으로 중재판정에 대하여 법률문제에 관하여 법원에 항소할 수 있고(제69조 제1항), 중재절차에서 법률문제에 관하여 법원의 판단을 받을 수 있는데(제45조 제1항), 배제합의는 그러한 권리를 포기하는 것이라고 이해하는 것으로 보인다.[123)] 그러나 여기에서는 그에 한정하지 않고 넓은 의미로 사용한다.

다. 독 일

독일에서는 취소사유의 주장을 사전에 포기하는 것은 허용되지 않는다는 것이 구 민사소송법 하에서부터 다수설이었고[124)] 현재도 마찬가지인데, 중재법원에 대한 국가법원의 감독을 요구하는 공익에 반하기 때문에 사전포기는 무효이고, 포기는 중재판정의 송부 후에 취소사유의 존재를 인식하고서 하는

---

121) Zürcher Kommentar(註 119) Art. 192 Rz. 26.

122) Redfern/Hunter, para. 9-39; Robert Merkin, Arbitration Act 1996 (1996), p. 103. 영국에서는 과거 국내사건과 국제사건이 달리 취급되었으나 이제는 차이가 없다고 한다. David St. John Sutton/Judith Gill, Russell on Arbitration 22nd edition (2003), para. 2-116.

123) Russell on Arbitration(註 122), para. 2-116 참조. 이런 이유로 그곳에서 제시하는 배제합의의 문언도 제한적이다. 영국의 1979년 중재법은 'exclusion agreement'라는 용어를 사용하였으나 이는 삭제되었다.

124) Zöller, Zivilprozessordnung, Kommentar, 22. Auflage (2001), § 1059 Rn. 79; Gerhard Walter, Neure Probleme der privaten Schiedsgerichtsbarkeit in Europa, in Wege zum europäischen Zivilprozeßrecht (1992), S. 130; Schwab/Walter, Schiedsgerichtsbarkeit 5. Auflage (2000), Kapitel, 24 Rz. 53.

경우에만 유효하다고 본다.[125] 그러나 소수설은 국가적 이익과 관계없이 당사자의 이익의 보호를 목적으로 하는 취소사유는 당사자가 처분할 수 있으므로 사전에 포기할 수 있다고 본다.[126]

3. ICC 중재규칙에 관한 종래의 논의

배제사유와 관련하여 흥미로운 것은 ICC 중재규칙(Rules of Arbitration of the International Chamber of Commerce)이다. 즉 1998년 개정된 ICC 중재규칙(제28조 제6항)은 다음과 같이 규정한다.

> "모든 판정은 당사자들을 구속한다. 당사자들은 동 규칙에 따라 분쟁을 중재에 회부함으로써 모든 판정을 지체없이 이행할 것을 확약하고, 또한 그러한 권리포기가 유효하게 이루어질 수 있는 한도 내에서 모든 방식의 구제수단을 포기한 것으로 본다(Every Award shall be binding on the parties. By submitting the dispute to arbitration under these Rules, the parties undertake to carry out any Award without delay and shall be deemed to have waived their right to any form of recourse insofar as such waiver can validly be made)."

제2문에서 "모든 방식의 구제수단을 포기한 것으로 본다"는 것은 바로 배제합의를 의미하는데, 그것의 허용 여부가 국가에 따라 다르기 때문에 "그러한 권리포기가 유효하게 이루어질 수 있는 한도 내에서"임을 명시하는 것이다.

1998년 개정 전 ICC 중재규칙[127]에 따르기로 한 경우 동 규칙 제24조에

---

125) Hausmann, S. 595; Schwab/Walter, Kapitel, 24 Rz. 53.

126) Zöller Zivilprozessordnung, Kommentar, 25. Auflage (2004), § 1059 Rn. 79ff.

127) 1998년 개정되기 전의 ICC 구 중재규칙(제24조)은 다음과 같이 규정하였다.

"1. 판정은 최종적이다(The arbitral award shall be final).

2. 당사자들은 분쟁을 국제상업회의소에 의한 중재에 회부함으로써 모든 판정을 지체없이 이행할 것을 확약하고, 또한 그러한 권리포기가 유효하게 이루어질 수 있는 한도 내에서 모든 방식의 항소를 포기한 것으로 본다(By submitting the dispute to arbitration by the International Chamber of Commerce, the parties shall be deemed to have undertaken to carry out the resulting award without delay and to have waived their right to any form of appeal insofar as such waiver can validly be made)."

최종적이라는 문언을 구속력이 있다고 수정한 것은 첫째, 임시판정과 같이 구속력은 있으나 최종적이지 않은 중재판정이 있고, 둘째, 최종성이 항소불가능을 의미하는 것이라면 이는 이미 제2문에 포함되어 있다는 것이다. Derains/Schwartz(註 4), p. 320.

의하여 종래 유효한 배제합의가 있는 것으로 해석되었고, 1996년 영국의 개정 중재법 하에서도 마찬가지이다.128) 그러나 위에서 본 것처럼 스위스 국제사법(제192조 제1항)은 명시적 선언을 요구하기 때문에 ICC 중재규칙에 의하기로 합의하는 것만으로는 유효한 배제합의가 아니라고 보았다.129) 따라서 ICC 중재규칙을 따른다고 하여 동일한 결론에 이르는 것이 아니라 중재지가 어디인지에 따라 위 조항의 효력을 검토할 필요가 있다. 문제는 중재지가 한국 안인 경우 ICC 중재규칙에 따르기로 합의한 경우인데, 이는 항을 바꾸어 아래(4.)에서 논의한다.

4. 우리 중재법상의 해석론

종래 우리 중재법상 취소의 소를 제기할 수 있는 권리를 포기하거나 취소의 사유를 일부 포기하는 것이 가능한지에 관하여는 별로 논의가 없는 것으로 보인다. 다만 중재판정 취소의 소와 유사성이 있는 재심에 관한 논의가 있으므로 이를 살펴본다.

민사소송법 제455조에 따르면 재심의 소송절차에는 각 심급의 소송절차에 관한 규정을 준용하는데, 민사소송법 제394조는 “항소권은 포기할 수 있다”고 규정하고, 제425조는 이를 상고에 관하여 준용한다. 따라서 재심의 소권은 상소권과 마찬가지로 포기할 수 있는 것으로 해석된다. 그런데 민사소송법 제394조의 해석상 제1심판결 선고 전에 항소권을 포기할 수 있는가에 관하여는 학설이 나뉘는데 통설은 항소권은 제1심판결에 의하여 비로소 성립하고, 사전 포기를 허용할 경우 항소권을 부당하게 해칠 염려가 있다는 이유로 이를 부정한다.130) 이에 따르면 재심의 소권은 구체적인 재심소권이 발생한 후에, 즉 판결이 선고되어 확정된 후에 비로소 포기할 수 있다고 본다.131)

재심의 소에 관한 논의를 참조하면, 우리 중재법의 해석으로는 중재판정

128) Derains/Schwartz(註 4), p. 320; Merkin(註 122), p. 103; W. Laurence Craig/William W. Park/Jan Pulsson, International Chamber of Commerce Arbitration Third edition (2000), para. 8.12. *Arab African Energy Corp. Ltd. v. Olieprodukten Nederland B.V.* [1983] 2 Lloyd's Rep. 419도 이런 취지라고 한다. Alan Redfernn/Martin Hunter, Law and Practice of International Commercial Arbitration 2nd edition (1991), p. 422 참조.

129) Bucher/Tschanz(註 114), para. 293; Derains/Schwartz(註 4), p. 321.

130) 註釋 新民事訴訟法/이인복(Ⅶ)(2004), 110면.

131) 註釋 新民事訴訟法/이동흡(Ⅵ)(2004), 104면.

전에 취소의 소를 배제하는 합의의 효력은 부정해야 할 것이다. 재심의 소에 관한 논의를 원용하지 않더라도, 중재판정 취소의 소는 중재판정에 절차적 또는 실체적으로 중대한 하자가 있어서 법원의 통제가 필요하다고 판단하는 경우이므로 사전 포기를 허용할 것은 아니다. 다만 입법론적으로는, 장차 우리나라가 예컨대 일본기업과 중국기업이 선호하는 중재지가 되는 데 도움이 된다면, 한국과 별로 관련이 없는 분쟁에 관한 한, 배제합의 특히 제36조 제2항 제1호의 취소사유의 배제를 허용하는 것도 고려할 수 있을 것이다.

다만 제36조 제2항 제1호에 열거한 취소사유의 경우 중재판정의 취소를 구하는 당사자가 그 사유를 증명하는 경우에 비로소 법원이 중재판정을 취소할 수 있으므로 당사자는 이를 주장하지 않음으로써 사후적으로 사실상 포기하는 것은 가능하다. 이와 관련하여 예컨대 한국 안이 중재지인 경우 당사자들이 중재절차의 준거법을 스위스법으로 합의하면 스위스 국제사법에 따라 취소사유를 배제할 수 있는가라는 의문이 있을 수 있으나, 당사자는 중재법의 강행규정을 배제할 수는 없으므로 이는 허용되지 않는다고 본다.

한편 반대의 경우, 즉 당사자들이 취소사유를 추가 또는 확대하는 합의 또는 우리 중재법이 상정하지 않는 법원에 의한 재심사를 허용하는 합의는 우리 중재법상 무효라고 본다.[132] 참고로 국제적으로는 다소 논란이 있으나 프랑스에서는 무효라고 본 판례가 있다고 한다.[133] 미국에서는 이 쟁점이 *LaPine Technology Corporation v. Kyocera Corporation* 사건 판결[134]을 통하여 부각되었는데, 제9순회구 연방항소법원은 당초 위 판결에서 그런 합의를 유효라고 보았으나 재항소심 판결[135]에서는 무효라고 보았다.[136]

5. 대한상사중재원의 표준중재조항의 해석

배제합의와 관련하여 흥미로운 것은 대한상사중재원의 표준중재조항이다. 즉 기존 중재규칙의 표준중재조항은 "All disputes, controversies, or differences … shall be finally settled by arbitration in Seoul, … The award

132) 주석중재법/손용근 · 이호원, 204면.
133) Derains/Schwartz(註 4), p. 322 Fn. 62에 파리 항소법원의 2004년 판결이 소개되어 있다.
134) 130 F.3d 884 (9th Cir. 1997).
135) *Kyocera Corp. v. Prudential-Bache Trade Services, Inc.,* 341 F.3d 9787 (9th Cir. 2003).
136) 소개는 Redfern/Hunter, paras. paras. 9-42, 9-43 참조.

rendered by the arbitrator(s) shall be final and binding upon both parties concerned (… 중재인(들)에 의하여 내려지는 판정은, 최종적인 것으로 당사자 쌍방에 대하여 구속력을 가진다)"는 문언을 포함하고 있고, 2007년 시행된 새로운 국제중재규칙의 표준중재조항은 "Any dispute, controversy or claim … shall be referred to and finally resolved by arbitration under KCAB International Arbitration Rules …(… 모든 분쟁, 논쟁 또는 청구 … 는 대한상사중재원 국제중재규칙에 회부하여 중재에 의하여 종국적으로 해결하여야 한다)"라고 규정한다. 2007년 국제중재규칙은 전반적으로 ICC 중재규칙의 영향을 많이 받았으나 이 점에 관한 한 ICC 중재규칙을 다소 변형하였음을 알 수 있다.

여기에서 우리의 관심사는, 분쟁을 최종적으로 또는 종국적으로 해결한다는 문언, 특히 기존중재규칙의 최종적이고 구속력을 가진다는 문언이 배제합의인가가, 만일 그렇다면 우리 중재법상 그러한 합의가 유효한가이다. 후자는 위에서 논의하였다.

생각건대 표준중재조항의 문언은 배제합의를 의도한 것은 아니라고 본다. 우리나라에서 과거부터 이에 관한 논의가 별로 없었지만, 구 중재법상으로도 배제합의는 허용되지 않는 것으로 보아야 하고, 또한 대한상사중재원이 배제합의를 의도한 근거도 없으며, 표준중재조항에 따른 중재판정을 우리 법원이 취소한 사례도 있기 때문이다. 하지만 이러한 표준중재조항에 대하여 외국, 특히 영국계 법률가들이 이의를 제기할 가능성이 있다.[137)]

6. 배제합의의 문언

배제합의의 문언을 예로 들면 다음과 같다. 물론 이는 배제합의의 효력을 긍정하는 중재법 하에서 허용된다.

> "The arbitrators' award will be final and binding. Neither party shall seek recourse to a court of law or other authorities to appeal or otherwise set aside the arbitrators' award(중재인들의 판정은 최종적이고 구속력이 있다. 어느 당사자

137) 저자는 과거 호주 변호사로부터 그런 코멘트를 받아 중재조항의 문언을 수정한 경험이 있다.

도 중재인들의 판정에 대해 상소하거나 기타 이를 취소하기 위하여 법원 또는 기타 당국에 호소하지 아니한다)."[138]

V. 중재판정 취소의 소의 소송절차

1. 취소의 소의 성질

중재판정 취소의 소는 중재판정을 취소하여 소급적으로 무효로 하는 형성판결을 목적으로 한다.[139] 따라서 취소사유의 존재를 주장하여 중재판정 무효확인의 소를 제기하는 것은 확인의 이익이 없어 허용되지 않는데, 이 점은 취소의 소를 제기할 수 있는 제소기간 내는 물론이고 그 기간이 경과한 뒤에도 마찬가지이다.

취소의 소의 대상이 되는 것은 법률이 정하는 형식적인 요건을 구비하고 그 본안에 대하여 종국적인 판단을 내린 중재판정에 한정된다는 견해가 유력한데,[140] 대법원 2004. 10. 14. 선고 2003다70249, 70256 판결은 중재인이 스스로 그 신청 대상인 분쟁에 대하여 판정을 할 권한이 없다는 이유로 신청을 각하한 중재판정은 취소의 소의 대상이 될 수 없다고 판시하였다.

중재판정에서 이긴 당사자가 중재판정을 전제로 하는 실체법상이 권리를 주장하는 소를 제기한 경우[141] 피고가 항변으로서 취소사유를 주장하는 것은 허용되지 않는다. 취소의 소는 형성판결이기 때문이다. 이에 대하여는, 중재판정에 기한 집행판결청구의 소에서 취소사유를 주장할 수 있으므로 위의 경우도 항변이나 재항변으로서 취소사유를 주장할 수 있다는 견해도 있는데, 이는 중재판정에 기한 집행판결 청구의 소에서 취소사유를 항변으로서 주장할 수 있다는 점을 근거로 들고, 취소의 소가 형성의 소라는 성질은 그 범위

138) 이는 Gary B. Born, International Arbitration and Forum Selection Agreements: Planning, Drafting and Enforcing (1999), p. 82에 제시된 문언이다.

139) 대법원 2004. 10. 14. 선고 2003다70249, 70256 판결.

140) 목영준, 박사논문, 175면; 주석중재법/손용근 · 이호원, 217면. 이견은 후자, 217면, 주 61 참조.

141) 예컨대 원고가 건물명도 청구의 소의 청구원인으로서 원고의 소유권을 인정한 중재판정을 원용하는 데 대하여 피고가 취소사유를 항변으로 제출하는 경우를 들 수 있다. 주석중재법/손용근 · 이호원, 218면.

내에서 후퇴한다고 한다.[142] 하지만 그렇게 보기는 어렵다. 왜냐하면 중재법상 내국중재판정에 기한 집행판결 청구의 소에서 취소사유를 주장할 수 있도록 한 것은 사실이나, 이는 취소사유와 승인거부사유를 동조시키기 위한 것이므로 그 범위를 확대할 것은 아니기 때문이다.

2. 취소의 소의 소송물

취소의 소의 소송물에 관하여는 견해의 대립이 있다. 대체로 구소송물이론을 따를 경우 소송물은 중재판정의 취소권이고 취소사유 별로 별개의 소송물이 된다고 보는 데 반하여, 신소송물이론을 따를 경우 취소의 대상이 된 중재판정이 동일한 한, 취소사유에 관계없이 하나의 소송물이라고 한다.[143] 이는 재심의 소의 소송물에 관한 논의와 유사하다.[144] 그러나 신소송물이론을 취하더라도 반드시 후자를 취하여야 하는 것은 아니며, 실제로 신소송물이론을 취하는 독일에도 취소사유 별로 별개의 소송물이라고 보는 견해도 있다.[145]

3. 취소의 소의 제기

가. 당사자적격

중재판정 취소의 소의 당사자는 제소시 중재판정의 효력이 미치는 자인데, 원고는 중재판정에서 전부 또는 일부 진 자이고, 피고는 중재판정에서 이긴 자이다. 또한 중재절차의 당사자가 아니었더라도 중재판정의 효력이 제3자에게 미치는 경우 그 제3자도 당사자가 될 수 있다.[146]

법원의 판결에서 패소한 자가 그에 대하여 항소를 제기한 경우 원심에서 승소한 당사자는 부대항소를 제기할 수 있는데, 가사 원심에서 전부 승소하

---

142) 주석중재법/손용근 · 이호원, 218면.

143) 주석중재법/손용근 · 이호원, 219면.

144) 물론 우리 통설에 따르면 재심의 소의 소송물은 확정판결의 취소요구와 구 소송물의 두 가지로 구성된다고 보는 점에서 단순히 전자만으로 구성된 중재판정 취소와는 차이가 있으나, 재심사유가 소송물의 동일성을 정하는 기준인가에 관하여 소송물이론에 따른 견해의 대립이 있다. 이시윤(註 52), 809면. 대법원 1970. 1. 27. 선고 69다1888 판결은 재심사유가 다르면 별개의 소송물이라고 본다.

145) 예컨대 Stein/Jonas/Schlosser, § 1059 Rn. 4.

146) 주석중재법/손용근 · 이호원, 220면.

였더라도 부대항소를 제기함으로써 청구를 확장할 수도 있다. 모델법과 우리 중재법에는 이에 상응하는 규정이 없으므로 중재판정에서 진 자가 취소의 소를 제기한 경우 중재판정에서 이긴 자는 부대항소의 방법에 의하여 이의를 제기할 수 없다. 이 점에서 모델법과 우리 중재법은 중재판정의 최종성을 지향하는 현대적인 동향을 반영하고 있다.[147)]

독일 민사소송법(제1059조 제3항 1문)에 따르면 취소절차는 우리 중재법의 경우처럼 소의 제기에 의하는 것이 아니라 결정절차로서 취소신청에 의하여 개시된다.[148)] 이 점은 일본 중재법(제44조)도 마찬가지다.[149)] 독일의 경우 법원은 반드시 구술변론을 열어야 하고(제1063조 제2항), 일본의 경우 법원은 구술변론 또는 당사자 쌍방이 입회할 수 있는 심문의 기일을 거치지 않으면 취소신청에 대하여 결정할 수 없다(제44조 제5항). 이는 취소결정은 중재판정의 취소라는 중대한 효과를 초래하기 때문이다.

중재판정부의 비용에 관한 판정부분만을 취소할 수 있는지에 관하여는 독일에서는 논란이 있는데, 연방대법원은 판결에 관한 민사소송법 제99조 제1항[150)]을 참조하여 이를 부인하였으나 학설은 비판적이다.[151)]

나. 관할법원

우리 중재법(제7조 제3항 제2호)은 중재판정 취소의 소에 대한 관할법원을 명시하는데 이는 토지관할이다. 중재판정 취소의 소에 대하여는 중재지국 또는 중재절차의 준거법 소속국이 專屬的 國際裁判管轄을 가지는 것으로 이해되고 있다.[152)] 따라서 우리 법원에 제기하는 중재판정 취소의 소는 중재지가 한국 안인 중재판정에 대하여만 가능하다.[153)]

---

147) Redfern/Hunter, para. 9-34.

148) Hausmann, S. 611.

149) 제44조는 “당사자는 다음에서 드는 사유가 있을 때는 법원에 대해 중재판정의 취소신청을 할 수 있다”고 규정한다.

150) 이는 소송비용의 재판에 대하여는 독립하여 상소할 수 없다는 우리 민사소송법 제391조와 제425조에 상응하는 조항이다.

151) Hausmann, S. 611.

152) 뉴욕협약(제5조 제1항 e호). van den Berg, p. 350; Redfern/Hunter, para. 9-18.

153) Hausmann, S. 593ff. 참조.

다. 제소기간 및 제소기간 도과의 효과

(1) 제소기간의 단축

중재법상으로 중재판정 취소의 소는, 취소를 구하는 당사자가 중재판정의 정본을 받은 날부터, 또는 제34조에 의한 정정·해석 또는 추가판정의 정본을 받은 날부터, 3월 이내에 제기하여야 한다(제36조 제3항). 구 중재법(제16조 제1항)에 따르면 원칙적으로 취소사유를 안 날로부터 30일 내에 소를 제기하여야 하였으나 중재법은 이를 단축하였는데, 그 이유는 단기간의 경과로 중재판정의 효력을 다툴 수 없도록 함으로써 법률관계를 조기에 확정하기 위한 것이다. 이러한 제소기간의 단축은 실무적으로 매우 중요한 변화이다. 중재법은 명시하지 않지만 계약자유의 원칙을 존중하여 당사자들은 합의에 의하여 위 기간을 연장할 수는 있으나 반대로 위 기간을 단축할 수는 없다고 본다. 중재에 진 당사자를 보호할 필요가 있기 때문이다.[154] 독일 민사소송법(제1059조 제3항)은 당사자들이 달리 합의하지 않은 경우 30일이라고 규정하므로 달리 합의할 수 있음을 명시하는데, 이를 단축할 수 있는지에 관하여 논란이 있다.[155]

구 중재법상 취소사유였던 민사소송법상의 재심사유는 중재법상은 취소사유는 아니고 다만 공서위반에 해당할 수 있다. 그러나 그 경우에도 위에서 본 3개월의 제소기간의 제한이 적용되므로 취소의 소가 배제되는 경우가 많을 것이다.[156] 다만 중재판정이 무효인 매우 예외적인 경우에는 제소기간의 제한이 배제된다고 본다.[157]

(2) 제소기간의 도과와 중재판정무효확인의 소

한편 제소기간의 경과로 인하여 중재판정 취소의 소가 불가능하게 된 경우 중재판정무효확인의 소는 허용되어야 한다는 견해도 있으나[158] 다음의 이유로 저자는 찬성하지 않는다.[159]

---

154) 석광현, "仲裁節次에서의 法院의 역할," 서울지방변호사회, 변호사 —회원연구논문집— 제37집(2007), 100면에서 당사자들은 제소기간을 변경할 수 없다고 하였으나 저자의 견해를 바꾼다.

155) 단축할 수 없다는 견해가 타당하다고 본다. Hausmann, S. 612.

156) 독일에는 공서위반의 경우 제소기간의 제한이 적용되지 않는다는 소수설도 있다. Schütze(註 80), Rn. 87.

157) Hausmann, S. 612 Fn. 756; Schlosser(註 61), Rn. 756.

158) 주석중재법/손용근·이호원, 218면 주 64에 소개된 谷口安平의 일본 구 중재법상의 견해.

159) 주석중재법/손용근·이호원, 218면도 동지.

첫째, 중재법 제6조는 법원이 중재법에 관한 사항에 개입할 수 있는 범위를 중재법이 정한 경우로 한정하므로, 그 밖의 경우 법원은 중재절차에 대한 사법적 통제를 할 수 없는데, 중재판정무효확인의 소는 중재절차에 대한 사법적 통제의 일종이어서 허용되지 않는다.160) 가사 이를 허용하더라도 법원이 직권으로 판단할 사항에 한정하지 않고 모든 취소사유에 대하여 허용하는 데는 찬성할 수 없다.161) 물론 그 경우에도 집행판결청구의 소에서 항변으로 주장할 수는 있다. 둘째, 중재판정 취소의 판결은 형성판결이므로, 취소사유가 있더라도 중재판정이 취소되지 않는 한 중재판정은 여전히 유효하다. 제소기간 경과 후 중재판정무효확인의 소를 제기할 수 있다는 견해는 취소사유가 있는 중재판정을 무효라고 보는 것인데, 이러한 태도는 중재판정 취소의 판결을 형성판결로 보는 것과 일관성이 없다.162) 당사자가 제소기간 도과 전에 중재판정무효확인의 소를 제기한 경우 법원은 이를 중재판정 취소의 소로 이해하고 청구취지를 변경하도록 석명권을 행사하여야 한다.163)

(3) 제소기간의 도과 후 집행판결청구의 소에서의 취소사유의 주장

중재판정 취소의 사유가 있음에도 불구하고 제소기간 내에 취소의 소를 제기하지 않은 당사자는, 상대방이 제기한 집행판결청구의 소에서 중재판정의 당연무효사유와 청구이의사유를 제외한 중재판정 취소사유를 주장할 수 없다는 견해164)도 있으나, 우리나라에서는 중재판정 취소의 소와 집행판결청구의 소는 별개의 목적을 가지는 제도라는 이유로 그렇게 볼 것은 아니라는 견해가 유력하다.165) 독일 민사소송법상 취소사유가 있으면 내국중재판정의

---

160) 중재절차 진행중 법원에 중재합의가 존재하지 않는다는 이유로 중재절차는 위법하다는 확인을 구하는 소를 부적법하다고 판시한 대법원 2004. 6. 25. 선고 2003다5634 판결 참조.

161) 다만 독일에는 소극적 확인의 소를 허용하는 유력한 견해가 있는데, 논자에 따라 중재가능성의 결여와 공서위반의 경우에 한하여, 또는 공서위반의 경우에 한하여 이를 허용한다. 예컨대 전자는 Hausmann, S. 616, 후자는 Georg Borges, "Die Anerkennung und Vollstreckung von Schiedssprüchen nach dem neuen Schiedsverfahrensrecht," ZZP 111 (1998), S. 487, 500f.(후자는 전자에서 재인용).

162) 반대설은 "한국 내에서 내려진 중재판정은 제36조 제2항의 사유가 없는 한 승인 … 되어야 한다"는 중재법 제38조를 근거로 제시할 여지도 있다. 취소의 소를 제기하지 않더라도 취소사유가 있으면 승인되지 않기 때문이다. 그러나 저자는 중재법 제35조는 내국중재판정에 법원의 확정판결과 동일한 효력을 부여하므로 제38조가 승인을 언급하는 것은 잘못이라고 본다.

163) 주석중재법/손용근 · 이호원, 218면. 전자는 Hausmann, S. 616도 동지.

164) 김상수(註 78), 111면.

165) 주석중재법/손용근 · 이호원, 221면. 독일의 경우 구 민사소송법 하에서는 전자가 확립된 판례였는데, 신 민사소송법 하에서는 논란이 있다. Reinhold Geimer, Internationales Zivil-

승인은 거부되는 것이 원칙이나, 취소의 소를 제기함이 없이 제소기간이 도과한 경우에는 제2항 제1호의 취소사유(즉 당사자가 주장, 입증하여야 하는 취소사유)는 집행거부사유가 되지 않는다는 취지를 명시한다(제1060조 제2항 3문). 이러한 규정이 없는 우리 중재법의 해석으로는 후자의 견해가 설득력이 있다고 본다. 다만 전자처럼 제한하더라도 중재판정의 당연무효사유[166]와 제2항 제2호의 취소사유(즉 법원이 직권으로 판단하는 취소사유)는 주장할 수 있다고 보는 것이 설득력이 있다. 물론 그 경우 청구이의사유의 주장은 허용된다.

한편 중재판정에서 진 당사자가 제소기간 내에 취소의 소를 제기하지 않았더라도, 승인판결을 구하는 소송에서도 취소사유를 주장할 수 있는가도 문제된다. 통상은 승인판결청구소송을 제기할 이유는 없지만 만일 승인요건의 구비를 확인할 이익이 있어 그렇게 하는 예외적인 경우 이것이 가능하다는 듯한 견해도 있으나,[167] 사견으로는 내국판정은 이미 확정판결과 같은 효력이 있으므로, 집행력의 획득을 목적으로 하는 집행판결청구소송의 경우와 달리 승인판결청구소송에서는 제소기간이 도과된 이상 취소사유를 주장할 수 없다고 본다.

중재판정의 취소사유가 있더라도 중재판정이 취소되지 않는 한 중재판정은 여전히 효력이 있으므로 당사자의 일방이 중재판정의 기초인 실체법상의 청구에 기하여 소를 제기하는 경우 기판력에 의하여 구속된다.

라. 집행판결 후의 중재판정 취소의 소의 제한

중재판정에 관하여 우리 법원의 집행판결이 확정된 후에는 중재판정 취소의 소를 제기할 수 없다(제36조 제4항). 독일 민사소송법(제1059조 제3항 4문)과 일본 중재법(제44조 제2항)도 유사하다. 외국중재판정에 대하여는 우리

---

prozeßrecht 5. Auflage (2005), Rz. 3908은 주장할 수 있다고 한다. Wolfgang Gruber, "Zur Präklusion von Anerkennungsverweigerungsgründen im Rahmen der Vollstreckbarkeitserklärung ausländischer Schiedsspruche," SchiedsVZ, Heft 5 (2006), S. 281ff. 참조. 이는 외국중재판정에 관한 것이다.

166) 당연무효사유는 주석중재법/손용근 · 이호원, 192면 이하 참조. 중재판정의 취소와 당연무효의 관계는 서세원, "중재판정의 기판력에 관한 고찰," 중재연구 제17권 제2호(2007. 8.), 15면 참조.

167) 주석중재법/손용근 · 이호원, 221면; 목영준, 박사논문, 177면은 물론 승인만을 분리하여 논의하는 것은 아니고 승인과 집행을 묶어서 함께 논의한다.

나라에서 취소의 소를 제기할 수는 없으므로 이는 내국중재판정의 경우에만 제기되는 문제이다.[168] 중재법상 취소사유는 국내중재판정의 승인거부사유와 동일하고, 뉴욕협약의 승인거부사유와도 거의 유사하므로, 중재에서 진 당사자로 하여금 집행판결절차에서 승인거부사유를 모두 주장하게 함으로써 소송경제를 도모하고 법원판결의 상충을 막기 위함이다.[169] 중재법은 승인판결도 언급하나 이는 별로 실익이 없다. 구 중재법(제15조)도 유사한 규정을 두면서 다만 구 민사소송법(제422조 제4호—제9호)의 재심사유가 있고 당사자가 과실 없이 집행판결절차에서 그 사유를 주장할 수 없었음을 소명한 때에는 예외적으로 집행판결 후에도 중재판정 취소의 소를 제기할 수 있도록 허용하였으나, 중재법은 이런 예외를 허용하지 않는다.

4. 취소의 소의 심판

가. 심리의 내용

법원은 취소사유가 존재하면 중재판정을 취소하는 판결을 할 것이나, 이를 넘어 중재판정의 내용을 변경하는 판결을 할 수는 없다. 재심의 경우 재심사유인 중대한 하자가 있으면 법원은 우리나라의 확정판결을 취소하고 그에 갈음하는 판결을 하는 것과 차이가 있다. 반면에 취소사유가 존재하지 않으면 법원은 청구를 기각하는 판결을 한다. 취소사유의 존부를 판단하는 기준시기는 변론종결시이다.

나. 중재판정 취소소송절차의 중지와 중재절차의 재개

모델법(제34조 제4항)은 "중재판정 취소의 소가 제기된 법원은 당사자의 신청이 있고 또한 그것이 적절하다고 판단하는 때에는 중재판정부로 하여금 중재절차를 재개하거나 또는 스스로 취소사유를 제거할 다른 조치를 취할 수

---

168) 왜냐하면 우리 중재법상으로는 중재지가 한국 안이면 중재절차의 준거법이 외국법이거나 당해 사건이 한국과 아무런 관련이 없더라도 국내중재판정이 되고(석광현, "改正仲裁法의 몇 가지 문제점 —國際商事仲裁를 중심으로—," 국제사법과 국제소송 제2권(2001), 494면 이하; 이 책 제2장(Ⅲ. 12. 다.), 제6장(Ⅳ. 1.) 참조), 2차적 척도에 의하여 비내국판정(non-domestic award)으로서 뉴욕협약이 적용될 여지는 없으므로 하나의 중재판정에 대하여 우리나라에서 집행판결 청구의 소를 제기하고 또한 중재판정 취소의 소를 제기할 수는 없기 때문이다.

169) 목영준, 234면; 주석중재법/손용근 · 이호원, 221면.

있는 기회를 주기 위하여 일정기간 소송절차를 중지할 수 있다"고 규정한다. 이는 중재판정의 취소 또는 유지라는 모델법의 'all or nothing' 방식을 일부 완화하는 기능을 하는데, 취소의 소가 계속중 중재판정부에게 하자를 스스로 치유할 기회를 부여하는 일종의 '환송'(remission)을 규정한 것으로서 주로 영미법계 국가에서 인정되는바, 법원이 중재판정을 취소하고 환송하는 것이 아니라 중재판정을 취소하는 대신 환송할 수 있게 하는 데 특색이 있다.[170]

독일 민사소송법(제1059조 제4항)은, 중재판정 취소의 소가 제기된 경우 법원은 취소사유가 있고 적절하다고 판단하는 경우 중재판정을 취소하고 사건을 중재판정부로 환송할 수 있다고 규정함으로써 이를 다소 수정하여 (즉 취소 후 환송이라는 점에서) 채택하였으나, 우리 중재법과 일본 중재법은 이를 채택하지 않았다. 그 이유는 우리 법체계상 소송정지의 제도는 낯설기 때문에[171] 또는 실무상 큰 실익이 없다고 판단하였기 때문이라고 설명하기도 한다.[172] 그러나 법원과 중재판정부 간에 법적인 관계가 없고, 법원이 취소절차를 정지하여도 중재판정부가 취소사유를 제거하는 것을 기대하기 어려우며, 또 기대할 수 있더라도 법원이 중재판정부가 고려할 사항을 전달하는 것이 적절한지 및 방법도 문제될 수 있으며, 취소판결을 한 뒤의 대응을 당사자나 중재판정부에게 위임하는 것이 간명하기 때문이라는 견해[173]가 더 설득력이 있다. 우리 중재법의 해석론으로서 취소판결을 한 법원은 사건을 중재판정부로 환송할 것이라고 하는 견해도 있으나[174] 근거가 없다고 본다.

5. 중재판정 취소의 효력

가. 중재판정 취소의 확정판결의 효력

중재판정을 취소하는 확정판결의 결과 중재판정은 소급하여 효력을 상실한다. 또한 취소권의 존재의 판단에 기판력이 발생한다. 즉 취소의 확정판결은 형성력과 기판력을 가진다. 전소에서 제출되지 않은 취소사유도 기판력에

170) Holtzmann/Neuhaus, p. 920; Redfern/Hunter, para. 9-19.
171) 장문철(註 78), 65면.
172) 하용득(註 67), 23면.
173) 近藤昌昭 외 4인(註 6), 255면; 주석중재법/손용근 · 이호원, 224면도 동지.
174) 조무제(註 78), 74면.

의하여 차단되는가, 즉 기판력이 미치는 범위는 취소소송의 소송물을 어떻게 보는가에 따라 좌우된다.[175] 중재판정 취소의 판결은 중재판정을 취소하여 소급적으로 무효로 하는 형성판결이므로, 패소한 당사자는 통상의 경우처럼 관할법원에 상소할 수 있다.

나. 중재판정 취소와 중재합의의 효력

중재판정이 취소되면 중재판정은 소급적으로 효력을 상실하는데 그 경우 중재합의의 효력이 문제된다. 이 경우 중재판정의 취소사유에 의하여 중재합의 자체가 무효가 되는 경우를 제외하면, 중재가 실패하였다고 보고 당사자들을 소송에 회부하는 방안과, 원래의 중재합의를 다시 활성화하는 방안이 있다.[176] 독일 민사소송법(제1059조 제5항)은 중재합의의 효력이 부활한다고 명시하나, 중재법은 모델법과 마찬가지로 규정을 두지 않으므로 논란이 있다.

구 중재법 하에서부터 종래 우리 학설은 취소사유에 따라 중재합의의 효력을 구분한다. 즉 당사자의 무능력, 중재합의의 부존재, 무효, 이행불능, 중재가능성의 결여, 공서위반, 또는 중재판정이 법률상 금지된 행위를 할 것을 내용으로 한 때에는 중재합의의 효력이 없으므로 중재판정이 취소됨과 동시에 중재절차는 종료되고 이후에는 법원에 제소할 수밖에 없지만, 그 밖의 사유(예컨대 중재절차 위반, 중재판정상의 과오, 당사자가 적법하게 대리되지 않은 때, 중재인이 적법하게 선정되지 않은 때, 중재인의 권한을 넘은 중재판정 등)로 인하여 중재판정이 취소된 경우에는 중재합의의 효력이 여전히 존속하므로 중재인으로 하여금 다시 심리케 해야 한다는 견해가 다수설이다.[177] 중재법 하에서도 다수설이 타당하다고 본다.

다만 이 경우에도 우리 중재법은 독일과 달리 중재판정부에의 환송제도를 인정하지 않으므로 우리 법원이 사건을 중재판정부로 환송할 수 없고 당사자들이 필요한 조치를 취하여야 한다. 중재합의의 효력이 존속하더라도 당연히 종전의 중재판정부가 직무를 수행하는 것은 아니며 새로운 중재판정부가 구성되거나, 아니면 당사자의 명시적 의사표시가 있는 경우에 한하여 종전 중재판정부가 업무를 수행할 수 있을 것이다.[178]

---

175) 상세는 주석중재법/손용근 · 이호원, 223면 참조.

176) Holtzmann/Neuhaus, p. 921.

177) 목영준, 235면; 주석중재법/손용근 · 이호원, 223면 이하.

178) 정선주, "당사자의 무자력과 중재합의관계의 해소," 중재연구 제12권 1호(2002. 8.),

다. 취소된 외국중재판정의 승인 및 집행

뉴욕협약(제5조)은 승인거부사유가 존재하더라도 법원이 재량에 의해 승인 또는 집행을 거부하지 않을 수 있음을 분명히 규정하므로, 중재지에서 취소된 중재판정이더라도 다른 국가에서 집행될 수 있다. 또한 뉴욕협약(제7조 제1항)은 뉴욕협약보다 판정의 승인과 집행에 좀더 우호적인 조항(more favourable provisions)의 존재를 인정한다. 따라서 중재판정이 중재판정지에서 취소 또는 정지되었더라도 외국법원은 중재판정을 승인하고 집행할 수 있다.[179] 이에 해당하는 유명한 사례로는, 스위스 법원에 의하여 중재판정이 취소되었음에도 불구하고 프랑스 법원이 스위스의 중재판정을 승인한 Hilmarton 사건 판결과, 중재판정부가 당사자들이 합의한 실체의 준거법을 적용하지 않았다는 이유로 이집트의 항소법원에 의하여 중재판정이 취소되었음에도 불구하고 콜럼비아지구 미국연방법원이 이집트의 중재판정의 집행을 인용한 Chromalloy 사건 판결[180]이 있다.

Ⅵ. 맺 음 말

지금까지 우리 중재법을 중심으로 중재판정의 취소, 특히 중재판정 취소사유와 취소의 소에 관한 절차적 측면을 살펴보았다. 중재법은 구 중재법과 달리 대체로 모델법을 충실하게 받아들임으로써 취소사유를 뉴욕협약상의 외국중재판정의 승인거부사유와 동조시킨 데 커다란 특색이 있는데, 이는 중재판정의 국제적 통용을 위하여 바람직한 조치이다. 다만 취소사유에 관하여 아직 남아 있는 논란은 앞으로 판례와 학설에 의하여 정리할 필요가 있다. 그리고 앞으로는 중재판정의 취소의 맥락에서는 물론이고 그 밖에도 국제중재와 국내중재의 차이에 관하여도 좀더 관심을 기울임으로써 해석론을 정립하고, 혹시 입법적으로 개선할 사항은 없는지 검토할 필요가 있다. 또한 장래

255-256면.

179) 따라서 중재지국의 중재판정 취소소송과 집행국의 집행판결청구소송이 병행할 수도 있다.

180) *Hilmarton Ltd. v. Omnium de traitement et de valorisation (OTV)*(1994); *Chromalloy Aeroservices Inc. v. Arab Republic of Egypt,* 939 F.Supp. 907 (D.D.C. 1996). 위 판결들의 소개는 Redfern/Hunter, paras. 10-48, 10-72 참조.

의 과제로서 독일 신 민사소송법과 일본 중재법에서 보듯이 중재판정 취소의 소를 좀더 신속하게 처리할 수 있도록 개선할 필요가 있다. 마지막으로 중재에 관하여 좀더 전문성을 가진 법관을 양성하고 사건을 집중시킴으로써 중재에 대한 법원의 감독과 지원을 좀더 효율적으로 하는 방안을 모색할 필요도 있다고 본다.

제6장 뉴욕협약에 따른 外國仲裁判定의 承認 및 執行

前 記
이 글은 새로 쓴 것이다. 물론 일부 논점에 관한 글을 발표한 바 있으나, 뉴욕협약에 따른 외국중재판정의 승인 및 집행에 관한 저자의 포괄적인 글은 처음이다. 뉴욕협약에 따른 중재합의의 방식과, 우리나라에서의 집행판결청구소송에서 청구이의사유의 주장의 가부는 제7장과 제8장에서 별도로 논의하므로 여기에서는 간단히 다루었다.

Ⅰ. 머 리 말

1. 논점의 정리

중재라 함은 당사자 간의 합의로 분쟁을 법원의 재판에 의하지 아니하고 중재인의 판정에 의하여 해결하는 절차이다(중재법 제3조 제1호). 중재판정은 중재인이 당사자의 중재합의에 의하여 부여받은 권한에 기하여 중재의 대상, 즉 당사자 간의 법률관계에 관한 분쟁의 해결을 위하여 하는 판단행위를 의미한다.[1] 외국중재판정은 “외국중재판정의 승인 및 집행에 관한 1958년 국제연합협약”(United Nations Convention on the Recognition and Enforcement of Foreign Arbitral Awards)(이하 “뉴욕협약”이라 한다)에 의하여 승인 및 집행이 국제적으로 널리 보장되는데, 이는 종래 통일된 국제규범이 없어 승인 및 집행이 보장되지 않고, 그것이 가능하더라도 그 요건이 국가에 따라 구구한 국제소송[2]과 비교할 때 크게 다르다. 최근까지 142개

1) 이호원, “외국중재판정의 승인과 집행: 뉴욕협약을 중심으로,” 재판자료 제34집(1986), 658면 참조. 이하 “이호원”이라고 인용한다.

2) 2005년 6월 개최된 헤이그국제사법회의의 제20차 회기에서 “전속적 관할합의에 관한 협약”이 채택되었음을 주목할 필요가 있다. 만일 발효된다면 이는 국제소송에서 뉴욕협약에 상응하는 기능을 할 것이다. 상세는 2007년 간행된 Trevor Hartley & Masato Dogauchi, Explanatory Report on the Hague Convention on Choice of Court Agreements; 석광현, “2005

국[3])이 뉴욕협약에 가입하였다는 점이 국제상거래의 분쟁해결수단으로 중재가 선호되는 큰 이유 중의 하나이다.[4])

1999년 12월 말 전문개정된 우리 중재법은 국제연합 국제무역법위원회(UNCITRAL)의 1985년 "국제상사중재에 관한 모델법"(Model Law on International Commercial Arbitration)(이하 "모델법"이라 한다)을 전면 수용하되, 국제중재뿐만 아니라 국내중재를 함께 규율한다.[5]) 중재법의 개정에 의하여 우리나라도 국제적으로 검증된 중재규범을 가지게 되었다. 독일은 1998년 1월 1일 신 민사소송법에 의하여, 일본은 2004년 3월 1일 시행된 중재법에 의하여 각각 모델법을 받아들였고 양국도 우리처럼 국제중재와 국내중재를 함께 규율하므로 독일이 민사소송법의 일부로 다루는 점을 제외하면 3국의 중재법은 매우 유사하다.[6])

구 중재법은 외국중재판정의 승인 및 집행에 관하여 규정하지 않았으나, 중재법은 별도의 장(제7장)을 두어, 국내중재판정과 외국중재판정을 구별하고, 후자를 다시 뉴욕협약이 적용되는 것과 아닌 것으로 구분한다. 뉴욕협약의 적용범위 내에서는 외국중재판정의 승인 및 집행은 동 협약에 의하므로

년 헤이그 재판관할합의협약의 소개," 국제사법연구 제11호(2005. 12.), 192면 이하 참조.

3) 우리나라는 1973년 가입하였다. 최근까지 가입하지 않았던 브라질은 2002년에 가입하였으나 대만은 미가입 상태인데, 2007년 6월 말 현재 142개국이 가입하였다. 가입국 현황은 http://www.uncitral.org/uncitral/en/uncitral_texts/arbitration/NYConvention_status.html 참조. 뉴욕협약의 영문본과 국문본은 이 책자의 말미에 부록으로 첨부하였다. 본문에서 뉴욕협약의 제5조 제1항의 각 호를 가리킬 때 영문을 따라 'a호'라고 하거나 국문에 따라 '가호'라고 한다.

4) Alan Redfern and Martin Hunter with Nigel Balckaby and Constantine Partasides, Law and Practice of International Commercial Arbitration, Fourth Edition (2004), para. 10-17(이하 이 책을 "Redfern/Hunter"라고 인용한다). Andrew Tweeddale/Keren Tweeddale, Arbitration of Commercial Disputes: International and English Law and Practice (2005), para. 13.06.(이하 이 책을 "Tweeddale/Tweeddale"이라고 인용한다).

5) 국제상사중재의 관점에서 중재법을 다룬 글로는 석광현, 국제사법과 국제소송 제2권(2001), 471면 이하 참조. 중재법의 개관은 장문철, "改正仲裁法 해설," 인권과 정의 제284호(2000. 4.), 99면 이하; 하용득, "仲裁法의 改正經過 및 主要內容," 중재 통권 제295호(2000년 봄), 6면 이하; 이호원, "개정 중재법에 관한 소고," 중재 302호(2001. 12.), 5면 이하; 이호원, "改正仲裁法에 관한 小考," 二十一世紀 韓國民事法學의 課題와 展望: 心堂宋相現敎授華甲紀念論文集(2002), 442면 이하 참조.

6) 독일은 '중재절차의 신규율을 위한 법률'(Gesetz zur Neuregelung des Schiedsverfahrensrechts—SchiedsVfG)에 의해 독일 민사소송법(ZPO) 중 중재편(제10편 제1025조—제1066조)을 개정하였다. 일본 중재법에 관하여는 우선 渡辺惺之, "일본 중재법의 현상과 과제," 중재연구 제13권 제2호(2004. 2.), 13면 이하 참조. 상세는 近藤昌昭 외 4인, 仲裁法コンメンタール(2003); 三木浩一/山本和彦 編, 新仲裁法の理論と實務(2006) 참조.

중재법의 개정에 의하여 달라진 것이 없으나 법적 근거가 명시된 데 의의가 있다.[7] 이하 뉴욕협약에 따른 외국중재판정의 승인 및 집행의 제논점을 아래의 순서로 논의한다.[8]

첫째, 뉴욕협약의 배경 —제네바의정서와 제네바협약(Ⅱ.)

둘째, 뉴욕협약의 특징(Ⅲ.)

셋째, 뉴욕협약의 적용범위(Ⅳ.)

넷째, 승인 및 집행의 대상인 外國仲裁判定(Ⅴ.)

다섯째, 승인 및 집행을 위하여 제출할 서류들 —적극적 요건(Ⅵ.)

여섯째, 뉴욕협약상 外國仲裁判定의 승인 또는 집행의 거부사유 —소극적 요건(Ⅶ.)

일곱째, 외국중재판정의 승인의 절차와 효력(Ⅷ.)

여덟째, 外國仲裁判定의 집행(Ⅸ.)

아홉째, 뉴욕협약과 우리 중재법의 관계(Ⅹ.)

열째, 2006년에 채택된 뉴욕협약의 일부 조항의 해석에 관한 권고(Ⅺ.)

위 논의에 앞서 외국중재판정의 승인과 집행의 개념과 양자의 관계를 간단히 살펴본다(2.). 우리나라에도 뉴욕협약을 다룬 포괄적인 문헌이 있지만 주로 구 중재법 하의 것이다. 따라서 중재법의 개정에 따른 변경,[9] 최근의 대법원판결,[10] 외국의 최근 문헌들과 2006년에 채택된 뉴욕협약의 해석에 관한 권고 등을 반영하거나 소개하기 위하여 포괄적인 글을 쓰기로 하였다.

---

7) 뉴욕협약을 적용한다고만 하고 중재법에 조문화하지 않은 것은, 뉴욕협약은 헌법(제6조)상 국내법과 같은 효력이 있고 이미 국문화되어 있으므로 조문화할 경우 해석상 혼동을 일으킬 우려가 있기 때문이었다. 목영준, 상사중재법론(2000), 249면(이하 "목영준"이라고 인용한다); 하용득(註 5), 24면. 과거에는 관련 규정이 없었기 때문에 외국중재판정을 한국중재판정과 같이 볼 근거가 없다는 견해가 있었고, 입법론적 비판이 강력하였으나 이제는 문제가 해소되었다. 구 중재법의 해석론은 양병회 외, 주석중재법(이호원 집필부분)(2005), 251면 참조. 이 책은 이하 "주석중재법/집필자"로 인용한다.

8) 뉴욕협약이 적용되지 않는 외국중재판정의 승인 및 집행은 이 책 제2장(Ⅲ. 12. 라.) 참조.

9) 상세는 아래에서 논의하나, 중재법이 영토주의를 취한 결과 중재판정의 국적 판단 기준이 달라져야 하고, 중재지가 한국 안인 경우 당사자는 외국법을 중재절차의 준거법으로 지정할 수 없으며, 중재법이 승인판결의 개념을 도입함으로써 체계상의 혼란을 초래한 점 등을 우선 지적할 수 있다.

10) 이는 외국중재판정의 집행을 위한 적극적 요건에 관한 대법원 2004. 12. 10. 선고 2004다20180 판결과 집행판결청구소송에서 청구이의사유를 주장할 수 있다고 한 대법원 2003. 4. 11. 선고 2001다20134 판결을 말한다.

2. 외국중재판정의 승인과 집행의 개념 및 양자의 관계

일정한 요건이 구비되면 외국중재판정은 우리나라에서 자동적으로 효력을 가진다. 이 점은 외국판결과 같다. 즉 외국중재판정의 '승인'(recognition)이란 우리 법원이 외국중재판정에 대하여 적법하게 내려진 것으로서 그 효력을 인정하는 것인데, 뉴욕협약상 외국중재판정의 효력은 승인 및 집행의 거부사유(이하 "승인거부사유"라 한다)가 없으면 우리나라에서 자동적으로 인정된다.

그런데 중재판정에서 진 자가 중재판정을 자발적으로 이행하지 않으면, 이긴 자는 우선 상업적 또는 기타 압력을 행사할 수 있고,[11] 그럼에도 불구하고 이행하지 않으면 상대방의 재산소재지에서 중재판정을 집행할 필요가 있는데, 우리나라에서는 우리 법원의 집행판결이 있는 때에 한하여 집행할 수 있다. 이 점도 외국판결과 같다. 즉 외국중재판정의 '집행'(enforcement)이란 중재판정에서 이긴 자가 중재판정의 내용을 법적으로 실현시키는 행위를 말한다.[12]

중재에서 이긴 자는 통상 집행판결(또는 상응하는 재판)을 구하는데, 중재판정의 집행은 논리적으로 승인을 전제로 한다. 그러나 승인과 집행이 항상 함께 문제되는 것은 아니고 승인만이 문제될 수 있다.[13] 예컨대 외국중재판정에서 패한 자가 한국에서 다시 중재신청을 하는 경우, 상대방은 중재판정의 승인, 즉 기판력의 확장을 통하여 중재절차의 진행을 막을 수 있다.[14] 이런 이유로 집행은 '검'의 기능을 하는 데 반하여 승인은 '방패'의 기능을 한다고 비유한다.[15] 모델법도 승인과 집행을 유용하게 구분하는데, 모델법(제

---

11) 예컨대 영국의 곡물사료무역협회(Grain and Feed Trade Association. GAFTA)의 규칙은 어느 회원이 동 규칙에 따른 중재판정을 이행하지 않는 경우, 이를 회람하게 함으로써 다른 회원들과의 거래를 사실상 불가능한다. Refern/Hunter, para. 10-04.

12) 목영준, 241면.

13) Emmanuel Gaillard and John Savage (eds.), Fouchard, Gaillard, Goldman, On International Commercial Arbitration (1999), paras. 1667. 이하 "Fouchard/Gaillard/Goldman"이라 인용한다. 이런 의미에서 '승인'과 '집행'을 구별할 것이 아니라, '승인'과 '승인 및 집행'을 구별할 필요가 있다고 설명하기도 한다. Redfern/Hunter, para. 10-10.

14) 소송에 관한 것이나, 중국의 인민법원에서 패소한 한국의 원고가 한국에서 다시 소를 제기한 사건에서 서울지방법원 1999. 11. 5. 선고 99가합26523 판결은 인민법원 판결의 효력을 인정하여 청구를 기각하였던바 그 경우 승인만이 문제되었다.

15) Redfern/Hunter, para. 10-13.

35조 제1항)은 승인은 집행과 독립하여 행해질 수 있고 집행의 경우에만 서면신청이 요구됨을 명시한다.[16] 따라서 외국중재판정을 집행하고가 하는 자는 우선 상대방의 재산을 찾아 재산소재지에서 집행을 구하지만, 승인을 구하는 자는 상대방이 선택한 법원에서 승인을 구하는 점에서 집행의 장소와 승인의 장소는 다르다.[17] 물론 중재판정에서 이긴 자가 스스로 법정을 찾아 승인을 구하는 것도, 이례적이기는 하지만 불가능한 것은 아니다.

아래에서는 '승인 및 집행' 또는 '승인 또는 집행'이라고 하는 대신 '집행'만을 언급하기도 하는데, 이는 문맥에 반하지 않으면 '승인 및 집행' 또는 '승인 또는 집행'을 의미한다. '집행국'도 마찬가지다. '승인 또는 집행'도 문맥에 따라 '승인 및 집행'을 의미하고, 반대의 경우도 마찬가지다.

Ⅱ. 뉴욕협약의 배경 ―제네바의정서와 제네바협약

뉴욕협약에 앞선 국제규범은 국제연합의 전신인 국제연맹의 후원 하에 채택된 1923년 "중재조항에 관한 제네바의정서"(Geneva Protocol on Arbitration Clauses)(이하 "제네바의정서"라 한다)[18]와 1927년의 "외국중재판정의 집행에 관한 제네바협약"(Geneva Convention on the Execution of Foreign Arbitral Award)(이하 "제네바협약"이라 한다)[19]이다. 양자는 현재 뉴욕협약에 의하여 대체되었지만,[20] 국제무역의 발전을 위한 국제상사중재의 중요성을 인식한 첫걸음으로서 큰 의의가 있다.[21]

---

16) Howard M. Holtzmann and Joseph E. Neuhaus, A Guide To The UNCITRAL Model Law On International Commercial Arbitration: Legislative History and Commentary (1989), p. 1011 이하. 이 책은 이하 "Holtzmann/Neuhas"라고 인용한다.

17) Redfern/Hunter, para. 10-14.

18) 제네바의정서의 영문조문은 Bülow/Böckstiegel/Geimer/Schütze/Bredow, Internationaler Rechtsverkehr in Zivil- und Handelssachen (1991), 710·5 이하; 이 책의 부록 [14] 참조.

19) 제네바협약의 영문조문은 Bülow/Böckstiegel/Geimer/Schütze/Bredow(註 18), 712·3 이하; 이 책의 부록 [14] 참조.

20) 뉴욕협약은 제네바협약 및 뉴욕협약의 회원국들 간에서는 제네바협약을 대체하고, 뉴욕협약 및 제네바의정서에 구속되는 국가들 간에서는 제네바의정서를 대체한다. 뉴욕협약 제7조 제2항.

21) Redfern/Hunter, para. 10-20 이하.

1. 제네바의정서

제네바의정서는 첫째, 중재절차의 개시 단계에서 당사자들이 법원에 호소하는 대신 중재에 의하여 분쟁을 해결하도록 함으로써 중재합의(특히 중재조항)를 국제적으로 집행가능하도록 하고, 둘째, 중재절차의 종료 후 중재판정이 중재판정지국의 영토 내에서 승인되고 집행되도록 보장하려는 두 개의 목적을 가졌다.[22] 다만 제네바의정서는 그의 범위와 효력이 제한적이다. 즉 제네바의정서는 각각 상이한 체약국의 관할권에 복종하는 당사자들 간에 체결된 중재합의에만 적용되었고, 각 체약국에게 상사유보를 허용하였으며, 중재판정의 집행에 관하여도 각 체약국은 제네바의정서가 적용되는 중재합의에 따라 자국 내에서 내려진 중재판정만을 집행할 것을 확약하였다.

2. 제네바협약

제네바의정서는 동 의정서에 따른 중재판정의 국내적 집행만을 규정하였으나, 제네바협약은 더 나아가 제1조가 정한 요건이 구비되는 것을 전제로 중재판정이 국제적으로, 즉 다른 체약국의 영토 내에서도 승인 및 집행될 것을 규정하였다. 요건 중 문제된 것은 첫째, 중재판정이 판정지국에서 최종적일(final) 것과(제1조 제2항 d호), 둘째, 중재판정의 승인 또는 집행이 그것을 구하는 국가의 공서 또는 법의 원칙(principles of the law)에 반하지 않을 것이었다(제1조 제2항 e호).

첫째의 요건을 보면, 제네바협약(제1조 제2항 d호)은, 중재판정에 대하여 이의, 항소, 또는 취소의 가능성이 열려 있거나, 중재판정의 유효성을 다투는 것을 목적으로 하는 다른 절차가 계속중인 것이 증명된 때에는 중재판정은 최종적이지 않다고 규정하였다. 그 결과 실무상으로는 중재판정의 집행을 구하는 당사자는 중재판정이 최종적임을 증명하기 위하여 중재판정지국에서 집행판결(*exequatur*)을 받고, 또한 집행지국 법원의 집행판결을 받아야 하는 '이중집행판결'(double *exequatur*)[23]의 문제를 초래하였다.[24] 둘째, 즉 중재판정

---

22) Redfern/Hunter, para. 10-21.

23) '이중집행허가'라고 번역할 수도 있다. '*exequatur*'의 의미는 다양한데 여기에서는 집행판결 또는 집행가능선언의 의미이다.

24) Albert Jan van den Berg, The New York Arbitration Convention of 1958 (1981), p. 266

의 집행이 요구되는 국가의 법의 원칙에 반하지 않을 것이라는 요건은 불합리하다는 비판을 받았고, 그 결과 뉴욕협약에서는 삭제되었으며 모델법에도 포함되지 않았다.[25] 또한 제네바협약은 승인요건을 적극적으로 규정하였으므로 동 협약 하에서는 외국중재판정의 집행을 구하는 당사자가 그 요건을 주장 및 입증해야 하였고, 상대방은 중재절차의 준거법상 인정되는 사유를 주장하여 다툴 수 있었다.

Ⅲ. 뉴욕협약의 특징

뉴욕협약은 국제중재라는 건물의 기초를 이루는 가장 중요한 하나의 지주라거나, 또는 아마도 모든 상사법의 역사에서 가장 효과적인 국제입법의 사례라고 주장할 수 있는 협약이라는 찬사를 받았다.[26] 뉴욕협약은 다음과 같은 특징을 가진다.

1. 소극적 규정방식

뉴욕협약(제5조)은 승인거부사유를 열거하는데, 이를 피고(또는 피신청인)가 주장·입증하여야 하는 사유(제1항)와, 집행국 법원이 직권으로 판단할 사유(제2항)로 구분하여 규정한다. 전자는 ① 당사자의 무능력 또는 중재합의의 무효, ② 피신청인의 방어권 침해, ③ 중재인의 권한유월, ④ 중재판정부의 구성 또는 중재절차의 하자, ⑤ 중재판정의 구속력 결여 또는 취소·정지이고, 후자는 ① 중재가능성의 결여와 ② 공서위반이다. 그러나 승인거부사유가 있더라도 법원은 재량으로 중재판정을 집행할 수 있다(제5조 제1항, 제2항).

제네바협약과 우리 민사소송법 및 민사집행법은 집행의 적극적 요건을 규정하는 데 반하여, 뉴욕협약은 승인거부사유를 열거하는 소극적 규정방식

(이하 이 책을 "van den Berg"라고 인용한다.); 이호원, 670면; Fouchard/Gaillard/Goldman, para. 1677. 이 조항의 입법역사는 van den Berg, p. 333 이하 참조.

25) Redfern/Hunter, para. 10-22.

26) Redfern/Hunter, para. 10-23, Fn. 48에 인용된 Mustill과 Schwebel의 견해. 우리나라처럼 뉴욕협약이 그 자체로써 법률과 동일한 효력을 가지는 국가가 아니라 국내입법을 필요로 하는 국가의 경우 당해 입법을 검토할 필요가 있는데, 영국과 호주는 뉴욕협약의 문언을 다소 중요한 점에서 수정하였다고 한다. Tweeddale/Tweeddale, para. 13.13.

을 취하는데, 이는 입증책임을 전환하여 집행을 용이하게 하려는 것이므로, 승인거부사유에 대하여는 이를 주장하는 자가 입증책임을 지나, 법원이 직권으로 판단할 사항은 그렇지 않다.[27] 제네바협약 하에서는 외국중재판정의 집행을 구하는 당사자가 집행의 요건을 주장 및 입증해야 하였고, 상대방은 중재절차의 준거법상 인정되는 사유를 주장하여 다툴 수 있었던 점에서 외국중재판정의 집행에 대하여 많은 법률적 장애가 있었는데, 뉴욕협약은 이 점에서 중요한 진전을 이룩한 것이다.[28]

2. 제한적인 승인거부사유

뉴욕협약이 열거하지 않은 사유로 외국중재판정의 집행을 거부할 수 있는지가 문제되나, 제5조의 승인거부사유는 제한적(또는 망라적)이므로 이는 허용되지 않는다.[29] 제5조 제1항이 "… 다음의 증거를 제출하는 경우에 한하여" 거부될 수 있다고 하여 이를 명시한다. 제네바협약(제3조)에서는 중재절차의 준거법에 따라 그 밖의 사유를 들어 중재판정의 효력을 다툴 수 있었다.

3. 승인거부사유의 심사와 實質再審査 금지의 원칙

외국판결의 집행에 관하여 민사집행법(제27조 제1항)은 "집행판결은 재판의 옳고 그름을 조사하지 아니하고 하여야 한다"고 규정하는데 이는 외국판결의 승인에도 타당하다. 이것이 '實質再審査(*révision au fond,* review of the merits) 禁止의 원칙'인데, 이는 원칙적으로 증거의 평가를 포함하여 외국법원이 행한 사실인정과 그에 기초한 법률의 적용을 우리 법원이 재심사하여 그의 옳고 그름을 판단할 수 없다는 것이다. 뉴욕협약은 명시하지 않지만 實

---

27) 이호원, 669면; 손경한, "外國判決 및 仲裁判定의 承認과 執行 —判例를 중심으로—," 무역분쟁의 해결, 국제거래법연구 창간호(1992), 138-139면(이하 "손경한"이라 인용한다); Fouchard/Gaillard/Goldman, para. 1673; Tweeddale/Tweeddale, para. 13.14. 법원이 직권으로 판단한다는 것이 항변사항과 대비되는 직권조사사항이라는 것이다.

28) van den Berg, p. 9; 이호원, 668면.

29) van den Berg, p. 265; Fouchard/Gaillard/Goldman, para. 1693. 그러나 Tweeddale/Tweeddale, para. 13.66은 위 승인거부사유는 실체적(substantive) 항변이고, 그 밖에 절차적 항변들이 있다고 하면서, 절차적 항변의 예로 상호주의유보, 상사유보와 적극적 요건의 미비 등을 든다. 그러나 위 승인거부사유를 모두 실체적인 것으로 분류하는 것은 부적절하다.

質再審査 금지의 원칙은 뉴욕협약에 따른 외국중재판정의 집행에서도 타당하다.[30] 즉 뉴욕협약은 승인거부사유를 제한적으로 규정하는데, 중재인의 사실인정 또는 법률적용상의 잘못은 승인거부사유가 아니고 집행국 법원의 과제는 승인거부사유의 존부를 확인하는 데 한정된다.[31] 그러나 아래에서 보듯이 집행국 법원은 승인거부사유의 유무를 판단하기 위하여 필요한 범위 내에서는 중재판정의 실질을 심사할 수 있다.[32] 대법원 1988. 2. 9. 선고 84다카1003 판결도 이를 분명히 하고, 중재판정부의 판단과 달리 중재합의의 존재를 부정한 바 있다. 그렇더라도 實質再審査는 가능한 한 제한되어야 한다.[33] 이렇게 보면, 승인거부사유의 심사와 實質再審査 금지의 원칙 간에 긴장관계가 있다. 서면에 의한 유효한 중재합의의 존재에 관하여는 집행국 법원이 개입할 여지가 크지만, 공서위반의 경우는 특히 제한적으로 해석하여야 한다는 식으로 공서위반과 기타 승인거부사유를 달리 취급할지와 또한 중재와 소송 간에 實質再審査 금지의 원칙의 내용에 차이를 둘지 등의 의문이 있는데, 이 점은 좀더 체계적인 검토를 필요로 한다고 생각된다.[34]

4. 이중집행판결의 배제

뉴욕협약은 외국중재판정을 집행하기 위한 요건으로 판정국의 집행판결(또는 상응하는 재판)을 받을 필요성을 제거함으로써 이중집행판결(double *exequatur*)을 배제하였다. 위에서 본 것처럼, 제네바협약(제1조 d항) 하에서는

30) Fouchard/Gaillard/Goldman, para. 1693.

31) van den Berg, p. 265, p. 269 이하; Redfern/Hunter, para. 10-33 참조.

32) van den Berg, p. 270 이하.

33) 법원의 재심사는 중재판정이 뉴욕협약 제5조의 승인거부사유를 포함하는지를 확인하는 데 엄격히 제한되어야 하고, 법원이 중재인의 사실인정을 평가하는 것을 수반하지는 않는다는 van den Berg, p. 271의 설명도 이런 취지로 이해된다.

34) 대법원 2004. 10. 28. 선고 2002다74213 판결은, 사기적인 방법으로 외국판결을 얻었다는 사유는 원칙적으로 집행의 거부사유가 될 수 없으나, 다만 재심사유에 관한 민사소송법 제451조 제1항 제6호, 제7호, 제2항의 내용에 비추어 볼 때 피고가 판결국 법정에서 사기적인 사유를 주장할 수 없었고 또한 처벌받을 사기적인 행위에 대하여 유죄의 판결과 같은 고도의 증명이 있는 경우에 한하여 집행을 거부할 수 있다고 판시하였다. 대법원이 같은 법리를 중재판정에 적용할지 궁금하다. 저자는 석광현, 국제사법과 국제소송 제4권(2007), 239면 이하에 평석을 썼으나 본문의 의문을 해소하지 못하였다. 그것이 사기의 특수성에 기인하는지도 궁금하다. 또한 재판관할합의협약(제9조 제2항)에 따르면, 결석재판이 아닌 한 집행국 법원은 재판국 법원이 인정한 관할의 근거 사실에 구속되는데, 뉴욕협약에는 이런 조항이 없다는 점도 흥미롭다.

외국중재판정의 집행을 구하는 자는 실무상 중재판정지 국가와 집행을 구하는 국가에서 이중으로 집행판결을 받아야 하였다. 그러나 중재판정지 국가에서 집행할 것이 아닌데도 그 국가의 집행판결을 요구하는 것은 불필요한 장애이고, 집행을 당하는 자로서는 중재판정지 국가에서 중재판정의 취소를 구하는 절차를 개시하는 것만으로 중재판정의 확정을 저지할 수 있게 되어 집행을 지연하는 책략으로 악용될 수 있었다.[35] 뉴욕협약은 이를 개선하고자 첫째, 중재판정이 확정되었음(final, *définitive*)을 요구하는 대신 단순히 '구속력이 있을 것'(binding, *obligatoire*)만을 요구함으로써(제5조 제1항 e호) 중재판정지 국가에서 집행판결(또는 상응하는 재판)을 받을 필요성을 제거하고, 둘째, 중재판정의 집행을 구하는 자가 중재판정이 구속력이 있음을 입증하는 것이 아니라 그 상대방에게 중재판정이 구속력이 없음을 입증하도록 하였다.[36]

5. 항변단계에의 적용

뉴욕협약은 그 명칭에서 보듯이 외국중재판정의 집행을 주된 규율대상으로 하며 대부분 조항도 이에 관련되므로 마치 외국중재판정의 집행만을 규율하는 것처럼 종종 오해되나, 제2조는 중재합의에도 불구하고 당사자의 일방이 법원에 소를 제기하고 상대방이 항변으로써 중재합의를 주장하는 경우, 즉 항변단계(이하 "항변단계"[37]라 한다)에 적용됨을 명확히 한다.[38] 뉴욕협약의 체계상 어울리지 않는 듯한 제2조는 뉴욕협약의 채택을 위한 협상의 마지막 단계에서 추가되었기 때문에 협약의 체계적인 재구성이 이루어지지 않은 결과이다.[39] 이 점에서 뉴욕협약의 명칭은 적절한 것은 아니다.[40]

---

35) van den Berg, p. 267; 이호원, 670면.

36) van den Berg, p. 267; 이호원, 670면.

37) 이를 '중재합의의 승인'이라고 하거나(뉴욕협약 제2조 제1항), '중재합의의 승인단계'(목영준, 61면), '중재합의의 승인과 집행'이라고 하거나(목영준, 51면), '중재합의의 집행'이라고도 부른다. van den Berg, p. 121.

38) van den Berg, p. 185 이하.

39) van den Berg, p. 86.

40) Redfern/Hunter, para. 3-04.

Ⅳ. 뉴욕협약의 적용범위

뉴욕협약은 외국중재판정에만 적용되므로 외국중재판정과 내국중재판정을 구별할 필요가 있는데, 이는 중재판정의 국적의 문제이다.[41] 또한 우리나라는 뉴욕협약에 가입하면서 상호주의유보와 상사유보를 하였는데, 이러한 유보는 뉴욕협약의 적용범위를 제한한다. 나아가 뉴욕협약이 이른바 무국적 중재판정에 적용되는지도 문제된다. 뉴욕협약의 적용대상인 외국중재판정의 상세는 아래(Ⅴ.)에서 논의한다.

1. 외국중재판정일 것

뉴욕협약(제1조 제1항)은 ① 집행국 이외의 국가의 영토 내에서 내려진 중재판정과 ② 집행국이 내국판정으로 인정하지 않는 중재판정에 대해 동 협약이 적용됨을 명시한다. 즉 뉴욕협약(제1조 제1항)은 외국중재판정 여부를 판단하는 두 가지 기준을 열거하고 있다. 제1차적 기준(또는 척도)(the first or territorial criterion)으로서 집행국 이외의 체약국의 영토 내에서 내려진 판정과, 제2차적 기준(또는 척도)(the second or additional criterion)으로서 집행국에서 내국판정이라고 인정하지 않는 판정을 외국중재판정이라고 정의한다.[42] 그러나 논자에 따라서는 전자를 '외국판정'(foreign award), 후자를 '비국내판정'(non-domestic award)이라고 부르기도 한다.[43] 따라서 한국 안에서 내려진 중재판정이라도 한국이 내국판정이라고 인정하지 않는 경우 뉴욕협약이 적용될 수 있다. ②의 기준에 관하여 구 중재법은 침묵하였는데, 한국에서 내려진 중재판정이더라도 중재절차의 준거법이 외국법인 중재판정, 또는 당해 분쟁이 한국과 무관한 외국적 요소만을 가지는 경우에는 외국중재판정으로 보아야 한다는 견해가 유력하였다.[44]

---

41) 그 밖에도 중재판정의 국적은 상호주의의 적용 여부와, 중재판정 취소의 소를 제기할 수 있는 국가의 결정에 있어 의미가 있다.

42) 목영준, 201면; van den Berg, pp. 28-29.

43) Tweeddale/Tweeddale, para. 13.62; 장문철, 현대중재법의 이해(2000), 67면; 강병근, "仲裁判定의 取消, 承認 및 執行을 둘러싼 몇가지 論爭," 통상법률 통권 제40호(2001. 8.), 23면. 뉴욕협약의 번역에 충실하자면 '비내국판정'이 적절하다.

44) 이호원, 661-662면; 사법연수원, 국제상사중재(1999), 141면 주 6. 전자는 van den Berg,

그런데 중재법 제38조는 한국 안에서 내려진 중재판정은 취소사유가 없는 한 승인 또는 집행되어야 한다는 취지로 규정하므로 위 견해가 중재법 하에서 유지될 수 있는지가 문제된다. 이에 관하여 구 중재법의 해석을 따르는 견해와[45] 구 중재법 하의 해석을 유지하면서 제38조에 의미를 부여하여 제38조를 선택적으로 적용하는 견해가 있는데 후자는, 한국에서 내려진 중재판정이지만 위의 기준에 해당하는 중재판정은 외국중재판정이므로 그에 대해서는 뉴욕협약이 여전히 적용된다고 본다. 따라서 집행을 구하는 당사자는 중재법 제38조에 따라 내국중재판정으로서 집행을 구하든가, 또는 뉴욕협약에 따라 외국중재판정으로서 집행을 구할 수 있다고 본다.[46]

그러나 사견으로는 구 중재법 하에서의 해석은 중재법상으로는 유지될 수 없다. 즉 제38조는 영토주의에 입각하여 국내중재판정을 정의한 것으로 볼 수 있으므로, 중재법 하에서는 한국에서 내려진 중재판정이라면, 가사 중재절차의 준거법이 외국법이거나, 당해 분쟁이 한국과 아무런 관련이 없더라도 내국중재판정이므로 뉴욕협약의 적용대상이 아니고,[47] 그에 대하여는 뉴욕협약(제7조 제1항)은 적용되지 않는다. 즉 뉴욕협약에서 말하는 비국내판정(non-domestic award)은 우리 중재법 하에서는 인정되지 않는다. 저자는 중재

---

p. 29도 동지. 외국중재판정의 개념에 관한 과거 학설은 조재연, "외국중재판정에 대한 집행판결: 뉴욕협약을 중심으로," 사법연구자료 11집(1984), 166면 이하 참조(이는 이하 "조재연"이라 인용한다). 손경한, 143면은 중재절차의 준거법만을 기준으로 언급한다. 뉴욕협약은 중재지법을 기준으로 하면서 준거법설을 가미한 것인데, 이는 준거법설을 선호하는 대륙법계 국가와 중재지설을 선호하는 영미법계 국가의 타협의 산물이라고 한다. 양병회, "外國仲裁判定의 承認과 執行에 관하여," 채권법에 있어서 자유와 책임, 김형배교수 화갑기념논문집(1994), 799면. 흥미로운 것은 과거에는 더 나아가 이 문제를 중재판정의 법적 성질과 관련지어 논의한 점이다. 즉 중재판정을 판결과 같은 성질의 것으로 보면, 중재절차 및 중재판정이 내려진 국가를 기준으로 그것이 외국이면 외국판정이라고 보나, 중재합의를 사법상의 채권계약의 일종으로 보면 중재판정을 중재합의로부터 발생한 당사자 간의 실체법상의 법률행위로 보는데, 이는 외국법을 준거법으로 삼은 중재판정이 외국판정이라고 한다. 국제적인 타협의 산물인 뉴욕협약의 해석론으로서는 위의 논의는 별로 의미가 없다고 본다. 이호원, 661면도 동지.

45) 주석중재법/조대연, 127면; 장문철(註 43), 67면은 한국 내에서 내려진 판정도 비국내판정(non- domestic award)이면 뉴욕협약의 적용을 받을 수 있다고 한다.

46) 목영준, 249면; 22면 주 64.

47) Rolf A. Schütze, Schiedsgericht und Schiedverfahren 3. Auflage (1999), Rn. 255 참조. 독일에서는 과거 중재판정의 국적 결정에 있어 절차법설에 따랐으나, 영토주의를 따르는 신민사소송법하에서는 절차법설은 허용될 수 없다. Klaus Peter Berger, International Economic Arbitration (1993), S. 17; Karl Heinz Schwab/Gerhard Walter, Schiedsgerichtsbarkeit 7. Auflage (2005), Kapitel 30 Rn. 7도 동지. 이 책을 이하 "Schwab/Walter"라고 인용한다. 우리 중재법상 중재절차의 준거법이 외국법이 될 수 없음은 아래에서 설명한다.

법의 해석론으로 이런 견해를 피력하였는데 지금은 이 견해가 유력하다.[48)]

뉴욕협약은 이처럼 외국중재판정에 적용되고, 국제중재에 관한 판정인지 국내중재에 관한 판정인지는 묻지 않으므로 예컨대 우리나라의 당사자들이 외국에서 받은 중재판정에도 적용된다.[49)]

2. 체약국에서 내려진 외국중재판정일 것—상호주의유보와 관련하여

그러나 뉴욕협약은 모든 외국중재판정에 대해 적용되는 것은 아니다. 왜냐하면 뉴욕협약은 체약국에게 상호주의유보를 허용하기 때문이다. 즉 뉴욕협약 제1조 제3항 전단은, 어떠한 국가든지 상호주의의 기초 하에서 다른 체약국의 영토 내에서 내려진 중재판정의 승인 및 집행에 한하여 뉴욕협약을 적용한다고 선언할 수 있다고 규정하여 각 체약국에게 상호주의유보(reciprocity reservation. '속지주의유보'라고도 한다)를 허용하는데, 우리나라는 1973년 뉴욕협약에 가입하면서 상호주의유보를 하였다.[50)] 세계의 주요 국가들이 뉴욕협약에 가입하였으므로 실무상 상호주의유보의 의미가 퇴색하였지만,[51)] 해석론으로는 외국중재판정을 우리나라에서 집행하기 위하여는 중재지가 체약국인지가 중요하다.

3. 상사의 외국중재판정일 것—상사유보와 관련하여

뉴욕협약(제1조 제3항 후단)은, 어떠한 국가든지 유보선언을 한 국가의 국내법상 상사(commercial)상의 것이라고 인정되는 법률관계로부터 발생하는 분쟁에 한하여 뉴욕협약을 적용할 것을 선언할 수 있다고 규정하여 상사유보(commercial reservation)를 허용하는데, 우리나라는 상사유보를 하였

48) 상세는 석광현, 국제사법과 국제소송 제2권(2001), 494면 참조. 당초 이는 중재 제298호(2000년 겨울), 30면에서 제시한 견해이다. 강병근(註 43), 27면 이하; 주석중재법/이호원, 248면도 동지이다.

49) van den Berg, p. 17 이하; Fouchard/Gaillard/Goldman, para. 1668.

50) 우리나라의 선언은 다음과 같다.

"이 협약 제1조 제3항에 따라 대한민국 정부는 타 체약국의 영토 내에서 내려진 중재 판정의 승인과 집행에 한하여 이 협약을 적용할 것이라고 선언한다."

51) 모델법 제35조와 제36조는 외국중재판정의 집행에 있어 중재판정지국을 불문한다.

다.[52] 상사유보를 허용한 이유는, 제네바의정서(제1조 제2항)에 유사한 규정이 있었고, 국내중재법상 상사와 비상사(또는 민사)를 구별하는 일부 대륙법계 국가들이 상사에 한하여 뉴욕협약을 적용하겠다고 주장하였기 때문에 가능한 많은 국가의 가입을 유도하기 위한 것이다.[53] 제네바의정서(제1조 제2항)도 상사유보를 허용하였으나 실무상 별 어려움을 초래하지 않았다.[54] 뉴욕협약은 '상사법률관계'의 범위를 체약국의 국내법에 일임하였기 때문에 상사법률관계인지의 여부를 예측하기는 어렵고, 상사의 개념에 관하여 상이한 이해를 가지고 있는 국가들 간에는 그의 성질결정이 용이하지 않지만, 종래 대부분의 국가들이 '상사'의 개념을 넓게 해석하고 있으므로 실제로 큰 문제는 없을 것이다.[55] 특히 마치 국내공서에는 반하더라도 국제공서에는 반하지 않는다고 보는 것과 유사하게, 집행국의 국내법상으로는 상사에 해당하지 않더라도 뉴욕협약상으로는 상사로 볼 수 있을 것이라고 지적하는 견해도 있다.[56]

상사에 해당하지 않는 것으로는 우선 가사상의 법률관계를 들 수 있고, 다음으로 논란의 여지가 전혀 없는 것은 아니지만 근로관계와 통상적인 소비자계약관계를 생각할 수 있다.[57] 그 중에서 가사상의 법률관계는 대부분 중재가능성이 없을 것이다. 국가 또는 지방자치단체가 당사자가 되는 경우 그 행위가 '비주권적 행위'(*acta jure gestionis*)에 해당하면 상사로 인정하는 데 어려움이 없으나 '주권적 행위'(*acta jure imperii*)의 경우 상사적 성격이 부정될 수 있으므로 양자의 구별이 문제된다.[58]

참고로 모델법은 당초 '상사'중재에 적용되는 규범으로서 성안된 것인데,

---

52) 우리나라는 다음과 같이 선언하였다.
"또한 대한민국 정부는 계약적 성질의 것이거나 아니거나를 불문하고 국내법상 상사상의 것이라고 인정되는 법률관계로부터 발생하는 분쟁에 한하여 이 협약을 적용할 것이라고 선언한다."

53) van den Berg, p. 51; 목영준, 253면.

54) van den Berg, p. 51.

55) van den Berg, p. 51 이하; 목영준, 19면, 253면 이하. 그러나 Redfern/Hunter, para. 10-30. Fn. 60에 소개된 튀니지 법원판결은 상사를 좁게 해석하여 전문가용역계약상의 채무에 관한 중재판정의 집행을 거부한 데서 보듯이 문제가 전혀 없지는 않다.

56) van den Berg, p. 54.

57) Holtzmann/Neuhaus, p. 34. 모델법에 관한 논의이나 뉴욕협약에 관하여도 타당하다고 본다.

58) 양자의 구별기준으로 행위의 성질에 착안하는 견해와 목적에 착안하는 견해가 유력하다. 최태현, "外國과 私人間의 紛爭에 대한 國內法院의 管轄權에 관한 研究—國家免除의 制限을 중심으로—," 서울대학교 대학원 법학박사학위논문(1991), 58면 이하 참조.

여기에서 상사의 개념도 넓게 해석할 것이라는 점이 강조되고 있다.59)

4. 무국적중재판정과 뉴욕협약의 적용 여부

가. 무국적중재판정의 개념

(1) 중재의 탈지역화와 무국적중재판정

無國籍仲裁判定(a-national award)60)이라 함은, 당사자들의 합의에 의하여 특정국가(특히 중재판정지)의 중재법으로부터 절연된 중재로부터 내려지는 중재판정을 말한다.61) 달리 표현하면 절차적인 측면에서 특정국가의 법에 따르지 않고 오로지 당사자들이 합의한 절차규칙에 따라 내려진 중재판정, 또는 집행국의 법에 의한 심사를 제외하고는 어떤 국가의 법에 의한 심사도 받지 않는 중재판정을 말한다.62) 후자는 국제상사중재에 대한 통제는 중재지와 집행지의 법에 따라 이중적으로가 아니라 집행지법만에 따르면 충분하므로 중재지가 무의미하다는 것이다. 이처럼 국제상사중재를 특정국가의 법으로부터 절연하는 현상을 脫地域化(delocalization)(또는 탈국가화)라고 부르는데,63) 그 경우 당사자들이 스스로 중재를 자유롭게 구성하고 특정국가의 중재법에

---

59) 모델법의 각주는 이를 명시한다.

60) 이를 '초국가적 중재판정'(transnational award, supranational award), 'expatriate award' 또는 '浮動的 仲裁判定'(floating award)이라고도 한다. van den Berg, p. 29.

61) van den Berg, p. 29.

62) 목영준, 202면; Redfern/Hunter, para. 2-25(문헌은 para. 2-25 Fn. 67 참조). 이는 Fouchard, Lalive, Paulsson 등 주로 프랑스와 스위스의 법률가들에 의하여 주장되었다. 주목할 것은 *General National Maritime Transport Company Libya v. Götaverken* 사건이다. 중재판정부는 1977년 파리에서 1975년 ICC 중재규칙에 따라 중재를 진행한 결과, 리비아회사인 GNMTC은 Götaverken에게 계약에 따라 선박인수대금 등 미화 3,000만 달러를 지급하고 유조선을 인수하라는 중재판정을 내렸다. 스웨덴 법원들은 뉴욕협약을 적용하여 집행을 허용하였다. 반면에 GNMTC로부터 중재판정 취소의 신청을 받은 파리항소법원은 중재판정은 프랑스법 이외의 절차에 따라 내려졌으며 양당사자가 외국인이므로 프랑스 법체계와 아무런 관련이 없고, 또한 당사자들이 선택한 중재지는 별로 중요하지 않고 프랑스의 절차법에 따르겠다는 의사로 볼 수도 없으므로 프랑스의 중재판정이 아니라고 보아 취소신청을 기각하였다. 즉 프랑스 법원은 파리에서 내려진 중재판정을 프랑스 중재판정이 아니라고 보았는데, 무국적중재판정을 긍정하는 논자들은 이를 국제상사중재의 탈지역화를 지지한 판결로 평가한다. 장문철, "GNMTC v. AB Götaverken 사건과 SEEE v. Federal Republic of Yugoslavia 사건 등에 나타난 국제중재판정의 "脫地域化"(delocalized arbitral award) 이론에 관한 고찰 —국제중재판정은 중재지의 국내법의 영향을 받지 않는가?," 고려대학교 법학연구소, 판례연구 제5집(1991), 220면; 장문철(註 43), 279면 이하 참조(이하 전자를 인용한다); van den Berg, p. 30도 참조.

63) van den Berg, p. 28; Redfern/Hunter, para. 2-26.

의한 제약과 그 국가의 법원의 감독 및 간섭을 벗어날 수 있다는 장점이 있다. 반면에 중재인의 선정과 중재절차에 관한 당사자들의 합의가 불충분한 경우 특정국가의 중재법에 의하여 보충할 수 없는 단점이 있으므로 무국적중재의 지위는 불안정하고, 또한 중재판정을 취소할 수 있는 법원이 없으며 중재판정을 집행할 국가도 제한되는 문제가 있다.

생각건대 국제적 중재라도 법적 진공상태에서 내려지는 것이 아니고 당사자들의 자율규제만으로는 부족하며 이를 뒷받침하는 법질서가 필요한데, 현재로서는 이는 국가의 司法權일 수밖에 없다.[64] 즉 중재절차의 공백을 보충하고 중재판정부의 명령에 법적 효력을 주며, 중재판정에 국적을 부여하는 중재의 준거법이 필요하다. 무국적중재판정이 가능하려면 중재판정지국이 실제로 이를 허용할 것이 요구되나 현실은 그렇지 않으며,[65] 뉴욕협약(제5조 제1항 a호와 e호)과 모델법(제36조 제1항 a호 i과 v)은 중재지와 중재지법이 중재에서 여전히 의미를 가지고 있음을 보여준다.[66]

요컨대 장래 국제중재법제가 좀더 발전하여 국제적으로 통용되는 仲裁節次規範[67]이 형성될 가능성이 없는 것은 아니지만, 현재 뉴욕협약의 체제하에서는 당사자들의 합의에만 기초하고, 모든 국가의 중재법으로부터 절연된 무국적중재판정은 허용되지 않는다.[68] 즉 특정국가의 관점에서 볼 때 중재판정에는 내국판정과 외국판정이 있을 뿐이지 무국적중재판정은 없다는 것이다.

(2) ICSID 중재와 무국적중재판정

다만 우리나라도 가입한 1965년 "국가와 타방국가 국민 간의 투자분쟁의

---

64) van den Berg, p. 30.

65) 벨기에 사법법(제1717조)에 따르면 국제중재의 당사자들은 벨기에 법원의 통제(즉 중재판정의 취소)를 배제할 수 있다. 과거 1985년부터 1998년까지에는 벨기에와 관련이 없으면 벨기에 법원의 통제는 강행적으로 배제되었으나 이제는 선택적이다. Redfern/Hunter, para. 2-28.

66) Redfern/Hunter, para. 2-27 참조.

67) 이를 '*lex mercatoria arbitralis*'라고 부르기도 한다. Hans Smit, A-national Arbitration, 63 Tul. L. Rev. 629, 632 (1989) 참조. Hans-Patrick Schroeder, Die lex mercatoria Arbitralis (2007), S. 4ff., 특히 S. 401ff.는 분쟁의 실체에 적용되는 '*lex mercatoria materialis*'와 구별하여 절차규범을 '*lex mercatoria arbitralis*'라고 한다.

68) Schwab/Walter, Kapitel 53 Rn. 1, Kapitel 50 Rn. 2f.; Peter Schlosser, Das Recht der Internationalen Privaten Schiedsgerichtsbarkeit 2. Auflage (1989), Rn. 197ff.; Smit(註 67), p. 629 이하 참조. 상세는 Smit(註 67), p. 629 Fn. 1의 문헌 참조. Fouchard/Gaillard/Goldman, para. 1687도 뉴욕협약이 무국적중재판정의 개념을 승인하지 않는다고 한다.

해결에 관한 협약"(Convention on the Settlement of Investment Disputes between States and Nationals of Other States)(ICSID 협약 또는 워싱턴협약)에 따른 투자분쟁에 관한 중재판정은 국제조약인 워싱턴협약에 기초한 것으로 특정국가, 특히 중재지의 중재법으로부터 거의 절연된 것이라는 점에서 특수하다. 예컨대 임시적 처분은 원칙적으로 오직 중재판정부만이 내릴 수 있고, 중재판정의 취소도 중재지의 법원이 아니라 새로이 구성되는 임시위원회(*ad hoc* Committee)가 전속적으로 관할한다.[69] 2007년 4월 타결된 한미자유무역협정(FTA)은 동 협정에 따른 투자분쟁의 해결수단으로 ICSID 협약에 따른 국제중재를 도입한 결과 이는 우리나라에서도 비상한 관심을 끌고 있다.[70]

(3) 분쟁의 실체의 준거법과 무국적중재판정

논자에 따라서는 분쟁의 실체에 특정국가의 법이 아니라 상인법 또는 국제법상의 일반원칙과 같은 국제관습법을 적용하여 내린 중재판정도 무국적중재판정이라고 부르기도 한다.[71] 그러나 이는 부적절하다. 특히 무국적중재판정에서 큰 논점의 하나가 뉴욕협약의 적용 여부인데, 분쟁의 실체에 특정국가법이 아닌 규범 또는 원칙(예컨대 *lex mercatoria* 또는 UNIDROIT의 2004년 국제상사계약원칙(Principles of International Commercial Contract))을 적용하는 것은 널리 인정되고, 그 경우 중재지가 있고 중재절차의 준거법이 명확하다면 그 국가의 중재판정이고, 따라서 당해 국가가 체약국이라면 그에 대하여는 뉴욕협약이 적용됨은 별 의문이 없다. 쟁점을 달리하는 양자를 함께 논의할 경우 혼란을 초래할 위험이 있다.[72] 만일 이것도 무국적중재판정이라고 부른다면 의미와 논의의 실익을 분명히 해야 한다.

(4) 무국적중재판정과 국제적 중재판정

무국적중재판정은 국제적 중재판정과는 구별해야 한다. 후자는 통상 국제상사중재라고 일컫는 경우의 중재절차, 특히 ICC 국제중재법원(The Inter-

69) Redfern/Hunter, para. 2-13.

70) ICSID 중재에 관하여는 법무부에서 간행한 강병근, ICSID 중재제도 연구(2006)를 참조.

71) 목영준, 202면.

72) Redfern/Hunter, para. 2-26 Fn. 68. van den Berg, p. 33도 이를 명확히 하고, 송상현, "國際商事仲裁에 적용될 節次法에 관한 一考—UNCITRAL Model Law의 규정과 관련하여—," 공우 윤일영 선생·죽당 김상원 선생 화갑기념 민사재판의 제문제 제7권(1993), 448면 이하도 국제상사중재를 내국절차법의 멍에로부터 해방시키려는 논의를 '脫地域化理論' 또는 '脫國家化理論'이라고 한다.

national Court of Arbitration of the International Chamber of Commerce)처럼 국제상사중재를 전문으로 취급하는 기관의 중재규칙에 따라 행해지는 중재에서 내려지는 중재판정을 가리킨다. 이는 모든 국가의 중재법으로부터 절연된 중재가 아니라 당해 사건에 적용되는 중재법이 허용하는 범위 내에서 국제화된 중재일 뿐이다.[73] 실무상 예컨대 당사자들이 ICC 중재규칙을 적용하기로 합의한 경우 이를 무국적중재판정이라고 부르기도 하나,[74] 그 경우 당사자들이 중재지 중재법의 적용을 배제하고 오로지 ICC 중재규칙만을 적용하기로 합의한 경우가 아니라면, 당사자가 모든 국가의 중재법질서로부터 절연된 중재를 합의한 것은 아니므로 이는 부적절하다.[75] 따라서 예컨대 당사자가 중재지를 서울로 하고 ICC 중재규칙을 적용하기로 한 경우 그 중재판정은 무국적중재판정이 아니며 우리 법이 중재지법으로서 적용된다. 당사자자치가 허용되는 사항에 관하여 ICC 중재규칙이 적용되고, 그 범위 내에서 당사자가 정하지 않은 사항은 우리 중재지법에 의하여 보충된다. 당사자자치가 허용되지 않는 범위 내에서는 우리 중재법이 적용되는데, 중재지법에 의한 제한을 상정하고 있는 대표적인 예가 ICC 중재규칙 제28조 제6항이다.[76]

나. 무국적중재판정에 대한 뉴욕협약의 적용 여부

무국적중재판정에서 제기되는 다른 문제는 뉴욕협약의 적용 여부이다. 무국적중재판정의 개념을 인정하면 중재지가 없어 1차적 기준에 따른 외국판정이 될 수 없으므로, 문제는 2차적 기준에 따른, 즉 집행국에서 내국판정이라고 인정되지 않는 판정(비국내판정)인가인데 견해가 나뉜다. 중재의 독자성

73) van den Berg, p. 31.

74) 목영준, 80면; 주석중재법/조대연, 127면.

75) 장문철(註 62), 227면도 동지로 보인다. UNCITRAL 중재규칙(제1조 제2항)은, 동 규칙이 중재에 적용되는 강행법에 반하는 경우에는 적용되지 않는다고 규정함으로써 이 점을 명확히 한다. van den Berg, pp. 32-33 참조. 대한상사중재원의 국제중재규칙(제3조 제3항)도 동일한 취지의 규정을 둔다. ICC 규칙에는 명문의 규정은 없지만 그러한 취지로 해석된다. Yves Derains and Eric A. Schwartz, A Guide to the ICC Rules of Arbitration Second Edition (2005), p. 228 참조.

76) 제6항은 "… 관련 당사자는 동 규칙에 따라 분쟁을 중재에 위탁함으로써 어떠한 판정에 대해서도 지체없이 이행하겠다고 확약하고, 또한 그러한 권리포기가 유효하게 이루어질 수 있는 한도 내에서 어떠한 형식의 구제수단도 포기한 것으로 본다"고 규정함으로써 배제합의(exclusion agreement)를 한 것이나 우리 법상 이는 허용되지 않는다. 제6항은 이런 가능성을 미리 고려한 것이다.

을 강조하는 견해는 긍정설을 취하는데,[77] 이들은 중재판정은 자율적인 분쟁해결임을 강조하고, 중재판정에 대한 심사 내지 통제는 중재판정지국과 집행지국에서 이중으로 할 것이 아니라 집행지국에서만 함으로써 족하며, 중재지란 단순히 중립성과 편의를 위하여 선택된 것이므로 중재지의 지역적 특수성으로부터 자유로워야 하고, 뉴욕협약(제5조 제1항 d호)이 중재판정부의 구성과 중재절차가 당사자들의 합의에 기초하면 된다고 하므로 반드시 어떤 중재지법에 기초할 필요는 없다고 한다.[78] 한편 부정설은, 뉴욕협약의 적용범위를 정한 제1조는 비록 중재판정이 특정국가의 중재법에 의하여 규율될 것을 명시적으로 요구하지는 않지만, 제1조와 제5조 제1항 a호와 e호를 묶어 보면 이를 묵시적으로 요구하고 있으며, 특히 e호는 중재절차의 준거법 소속국이 중재판정 취소에 대해 전속관할을 가지는 점을 명시하므로, 뉴욕협약은 중재판정이 특정국가의 중재법에 따른다는 전제에 기초한 것이라고 본다.[79] 또한 무국적중재판정에 뉴욕협약이 적용되는 근거로 2차적 기준을 제시하지만(위 긍정설), 그의 입법취지는 무국적중재판정이 아니라 다른 국가의 절차법에 따라 내려진 중재판정을 포함하기 위한 것이다.[80] 따라서 무국적중재판정에 대하여는 뉴욕협약이 적용되지 않으므로 그에 따라 집행될 수 없고, 이것이 뉴욕협약의 입법역사, 체제와 문언에 부합한다고 본다.[81]

장차 국제상사중재가 더욱 발전하면 언젠가 모든 국가의 중재법으로부터 절연된 무국적중재판정이 가능할 여지도 있겠지만 현재 뉴욕협약의 체제 하에서는 인정하기 어렵다. 따라서 진정한 의미의 무국적중재판정에는 뉴욕협약이 적용되지 않는다는 부정설을 지지한다. 상설중재기관의 중재규칙에 따르는 국제화된 중재의 경우 넓은 범위 내에서 특정국가의 중재절차로부터 자유롭지만, 중재절차의 준거법의 강행규정을 배제할 수는 없다.

다. 무국적중재판정에 대해 뉴욕협약을 적용한 사례

그러나 무국적중재판정에 뉴욕협약을 적용한 판결도 있는데, 대표적인

---

77) 목영준, 206면도 국제중재의 활성화를 위하여 이를 긍정하는데 2차적 기준을 근거로 한다. 다만 당사자가 합의로 절차법을 선택한 경우에만 이를 허용하고 중재인이 결정한 경우에는 부정한다.

78) van den Berg, p. 38, Fn. 73에 인용된 문헌들과 목영준, 203면 이하 참조.

79) van den Berg, p. 37.

80) van den Berg, pp. 37-38; 목영준, 204면.

81) van den Berg, p. 34, p. 39.

것이 *Société Européenne D'Etudes et d'Entrepreises (SEEE) v. Yugoslavia* (1985) 사건이다.[82] 1956년 2인의 중재인으로 구성된 중재판정부는 Vaud 칸톤의 로잔느에서 SEEE에게 유리한 판정을 내렸다. SEEE는 스위스에서 중재판정을 집행하고자 하였으나 1957년 스위스 법원은 스위스의 판정이 아니라는 이유로 집행을 거부하였다. SEEE는 네덜란드 법원에 중재판정의 집행을 신청하였는데 1심인 헤이그법원은 체약국의 영토 내에서 내려진 판정이 아니라는 이유로 집행을 거부하였으나, 파기환송 후 다시 상고된 사건에서 네덜란드 대법원(Hoge Raad)은 중재판정이 스위스의 국내판정으로 인정되지 않더라도 뉴욕협약이 적용될 수 있다고 판시함으로써 무국적중재판정을 승인할 수 있다고 하였다.[83]

그러나 뉴욕협약이 적용되지 않는다고 보더라도 집행이 반드시 불가능한 것은 아니다. 외국에서 무국적중재판정이라고 주장하는 중재판정을 받은 경우 그에 대해 뉴욕협약이 적용되지 않는다면 그의 집행은 우리 중재법에 의한다. 물론 그 경우 우리 법원은 특정국가를 중재지로 보고 그 국가의 절차법에 따른 통제를 인정할 것이다.

V. 승인 및 집행의 대상인 外國仲裁判定

1. 구속력 있는 중재판정

집행의 대상이 되기 위하여는 외국중재판정은 구속력이 있어야 한다. 뉴욕협약은 제1조 제2항에서 "중재판정이라 함은 개개의 사건을 위하여 선정된 중재인이 내린 판정뿐만 아니라 당사자들이 부탁한 상설중재기관이 내린 판정도 포함한다"고 규정할 뿐이고 중재판정을 정의하지 않는다.[84] 현재 국제적으로 승인된 중재판정의 보편타당한 정의는 없으나,[85] 뉴욕협약상 중재판

82) 소개는 목영준, 205면; 장문철(註 62), 207면 이하 참조.

83) 사건의 경위와 편력은 Paulsson in Lew (ed.), Contemporary Problems in International Arbitration (1987), p. 141 이하 참조(Stein/Jonas/Schlosser, Anhang § 1061 Rn. 8, Fn. 27에서 재인용).

84) Fouchard/Gaillard/Goldman, para. 1668은 뉴욕협약이 중재판정의 개념을 각 체약국법에 맡긴 것이라고 한다.

85) 모델법의 성안과정에서 중재판정의 개념을 정의하려는 시도가 있었으나 채택되지 않았다.

정은, 중재인이 중재의 대상, 즉 당사자 간의 법률관계에 관한 분쟁을 해결하기 위하여 내리는 판단이라고 보고, 중재의 대상인 본안이 아니라 중재의 진행에 관한 중재판정부의 절차적 명령은 그것이 기능적으로 중재판정이라고 성질결정될 수 있는 것이 아닌 한 중재판정이 아니라는 견해가 유력하므로, 중재판정과 절차적 명령의 구별이 중요하다.86) 그리고 이에 따르면 더 나아가 마치 중재인의 임무를 종료시키는 종국판정87)만이 중재판정이고, 임시판정과 중간판정도 제외되는 것처럼 보이나, 여기에서는 이도 중재판정의 개념에 포함되는 것으로 보고 논의한다.88)

위에서 본 바와 같이 뉴욕협약은 '구속력이 있는 중재판정'이라는 적극적 요건으로 규정하는 대신, 구속력이 없는 것을 승인거부사유로 규정하는 소극적 규정방식을 취한다(제5조 제1항 e호). 구속력의 의미는 승인거부사유에 관한 부분(아래 Ⅶ. 5. 가.)에서 논의한다.

2. 임시판정 또는 중간판정

중재판정의 분류는 논자에 따라 다양하나, 유력설은 중재판정을 판정의 시기를 기준으로 종국판정과 중간판정(임시판정)으로 구분하고,89) 종국판정을 당해 사건을 완결시키는 범위에 따라 다시 전부판정, 일부판정과 추가판정으로 구분한다.90) 그러나 일부판정이라고 해서 모두 종국판정은 아니므로 '전

그 제안은 중재판정을 "중재판정부에 회부된 모든 쟁점을 결정하는 최종중재판정과, 실체에 관한 문제, 중재판정부의 권한에 관한 문제, 기타 절차에 관한 문제 등을 최종적으로 결정하는 중재판정부의 기타 결정을 의미하나, 후자의 경우는 중재판정부가 자신의 결정이 중재판정이라고 칭하는 경우에 한한다"고 정의하자고 하였다. Refern/Hutner, para. 8-06 참조.

86) Julian D. M. Lew/Loukas A. Mistelis/Stefan M. Kröll, Comparative International Commercial Arbitration (2003), para. 26-38; Refern/Hutner, para. 8-06. Schwab/Walter, Kapitel 18 Rn. 9도 중재판정을 절차상 청구(prozessualer Anspruch)에 관하여 결정하는 중재법원의 판단이라고 보므로 중간판정이나 임시판정은 중재판정이 아닌 것처럼 보인다. Tweeddale/Tweeddale, para. 10.22는 중재판정의 정의는 그에 대한 불복방법과 뉴욕협약의 적용 여부를 결정하는 데 의미가 있다고 한다. 우리 중재법(제18조 제1항)은, 중재판정부는 … 결정으로 … 필요한 임시적 처분을 내릴 수 있다고 함으로써 중재판정과 결정을 구별하므로 결정은 중재판정이 아니다. 목영준, 160면도 동지.

87) Redfern/Hunter, para. 8-40. 종국판정이 있으면 중재판정부의 임무는 원칙적으로 종료되는데, 이 경우 "The arbitral tribunal is *functus officio*."라고 표현한다.

88) 주석중재법/조대연, 128면도 동지.

89) 사견으로는 분쟁을 종국적으로 해결하는가의 여부에 따라 종국판정과 중간판정(또는 임시판정)으로 구분하는 편이 낫다.

90) 주석중재법/조대연, 128면. 이런 구분은 종국판결을 전부판결, 일부판결과 추가판결로 구

부종국판정', '일부종국판정'이라는 용어가 낫고, 일부판정은 국제적으로는 오히려 중간판정과 같은 의미로 사용되는 것으로 보인다.[91] 중간판정(Zwischen-schiedsspruch)은 중간판결에 대응하는 것으로 독일식 용어인데, 국제적으로는 임시판정이라는 의미의 'interim or interlocutory award'가 널리 사용되므로 여기에서는 '임시판정'과 '중간판정'을 호환적으로 사용한다.

종국판정이 집행의 대상임은 명백하다. 중재판정부가 명령이라는 표현을 사용하였더라도 그것이 결정적인 것은 아니다. 최근 파리항소법원과 미국의 연방항소법원은 표제가 명령이더라도, 일정한 중재판정부의 결정을 중재판정으로 보아 집행의 대상이 될 수 있다고 판단하였다.[92] 문제는 중간판정 또는 임시판정이 집행의 대상인가인데 이는 아래(Ⅶ. 5. 가. (3))에서 논의한다.

3. 중재판정의 확인명령과 승인대상

미국에서 중재판정을 집행하기 위하여는 내국중재판정이든 외국중재판정이든 '중재판정의 확인'(confirmation of arbitral award) 또는 '확인명령'(order of confirmation 또는 order confirming the award)이라는 법원의 재판을 받아야 한다.[93] 확인명령은 집행력을 가지는 점에서 우리의 집행판결에 상응하는 기능을 하지만, 집행판결은 집행력을 부여하는 판결임에 반하여 확인명령이 있으면 'merger'의 법리에 의해 중재판정은 법원의 판결로 변형된다.[94] 중재

분하는 민사소송법 이론을 따른 것으로 보인다. 이시윤, 신민사소송법 제3판(2006), 540면 이하 참조.

91) Tweeddale/Tweeddale, para. 10.34는 영국에서는 final award와 대비되는 개념으로 partial, interlocutory, preliminary or interim award를 사용하는데 후 4자는 동일하다고 한다. UNCITRAL 중재규칙(제32조 제1항)은 중재판정부는 final award에 추가하여 "interim, interlocutory or partial award"를 할 수 있다는 식으로 3자를 열거하고, 대한상사중재원의 2007년 국제중재규칙(제32조 제1항)도 같다. ICC 중재규칙(제2조)은 "'Award' includes, *inter alia*, an interim, partial or final Award"라고 한다.

92) 판결은 Redfern/Hunter, paras. 8-07과 8-08 참조.

93) 미국 연방중재법 제207조.

94) 그러나 Tibor Varády/John T. Barceló, Ⅲ/Arthur T. von Mehren, International Commercial Arbitration (1999), p. 606 이하는 중재판정과 확인명령(또는 집행판결)의 관계에는 다양한 견해가 있다고 한다. 첫째, 확인명령은 중재판정과 동일한 내용의 주문을 가지고, 확인명령이 있으면 중재판정은 그에 흡수되어(merger의 법리) 확인명령만이 존재하므로 그것만이 집행될 수 있다는 견해, 둘째 양자의 병존을 인정하는 견해, 셋째 확인명령은 중재판정을 집행할 수 있다고만 할 뿐이라는 견해가 그것이다. 대륙법계의 집행판결은 셋째 유형에 속하고, 미국의 확인명령은 일응 첫째 유형에 속하나, 위 책은 둘째 견해를 취한 미국의 하급심 판결들이 있다고 한다.

판정에서 이긴 자가 미국 법원에 의하여 확인된 미국 중재판정의 집행을 우리나라에서 구하는 경우, 집행의 대상이 중재판정인지 확인명령인지가 문제된다. 확인명령에 의하여 중재판정이 판결로 변형된다면, 논리적으로는 후자만이 집행판결의 대상이 될 수 있지만, 집행판결에 대한 집행판결은 가능하지 않으므로 여전히 중재판정이 대상이라고 본다.[95] 그 경우 중재판정의 확인과 그에 따른 merger의 효과는 당해 국가에서 중재판정을 집행하기 위한 기술적 성질의 것으로 그 효력은 당해 국가에 한정되고 대외적 효력은 없다고 설명할 수 있다.[96] 반면에 만일 집행의 대상이 법원의 확인명령이라고 보면, 우리 법원으로서는 승인요건의 하나로서 당해 미국 법원이 국제재판관할(즉 간접관할)이 있는지를 판단해야 한다. 그런데 간접관할의 규칙은 직접관할의 규칙과 동일한데(민사소송법 제217조 제1호) 우리나라에는 확인명령제도가 없으므로 직접관할의 규칙이 없어 그의 판단이 어렵다는 문제가 있다.[97]

이를 다룬 서울고등법원 1995. 3. 14. 선고 94나11868 판결이 있었으나 중재판정이 집행의 대상으로 취급되었을 뿐이고 'merger'의 법리는 고려되지 않았던 것 같다.[98]

Ⅵ. 승인 및 집행을 위하여 제출할 서류들—적극적 요건[99]

뉴욕협약(제4조)은 외국중재판정의 집행을 구하는 당사자가 제출할 서류

95) Reinhold Geimer, Anerkennung ausländischer Entscheidungen in Deutchland (1995), S. 171. 독일 연방대법원의 판결에는, 확인명령만이 집행될 수 있다는 것(1984. 3. 27. 판결)과, 양자가 모두 집행될 수 있다고 하여 집행판결을 구하는 원고에게 선택권을 인정한 것(1984. 5. 10. 판결)이 있다고 한다. Heinrich Nagel/Peter Gottwald, Internationales Zivilprozeßrecht 5. Auflage (2002), § 16 Rn. 143-144; 위 Geimer, S. 200.

96) van den Berg, p. 346 이하.

97) 독일에는 중재지 법원에 관할합의를 한 것으로 보는 견해가 있다. Martin Fricke, Anerkennungszuständigkeit zwischen Spiegelbildgrundsatz und Genralklausel (1990), S. 113.

98) 이에 대하여는 "장문철, "외국중재판정과 외국판결에 대한 집행청구소송에 관한 평석," 국제사법연구 제2호(1997), 653면 이하가 있으나 위 논점을 논의하지 않는다. 당해 사건에서는 캘리포니아주의 중재판정과 법원 판결의 집행이 모두 문제되었는데, 판결의 집행이 문제된 이유는 당초 중재판정이 명시하지 않았던 지연이자의 지급을 판결이 추가로 명했기 때문이다.

99) 상세는 이 책 제7장(Ⅱ.와 Ⅲ.)에서 논의하므로 여기에서는 본문과 주를 간단히 정리하였다.

를 열거한다. 이것이 승인 및 집행의 적극적 요건인데, 집행을 구하는 당사자가 그 입증책임을 부담한다. 그는 위 서류를 제출함으로써 외국중재판정의 집행을 받은 자격을 있다는 일응의 증거(*prima facie* evidence)를 제출한 것이 된다.

1. 승인 및 집행을 위하여 제출할 서류들

가. 제출할 서류와 제출시기

외국중재판정의 집행을 구하는 당사자는 신청시에[100)] ① 정당하게 인증된 중재판정의 원본(또는 정당하게 증명된 그 등본)과 ② 중재합의의 원본(또는 정당하게 증명된 그 등본)을 제출하여야 한다(제4조 제1항).[101)] '인증'(authentication)은 문서의 서명(signature)이 진정한 것임을 증명하는 것이고, '증명'(certification)은 등본(원본 전부의 사본)이 원본의 진정한 사본임을 증명하는 것이므로, 인증은 서명에 관한 것이고 증명은 전체로서의 문서에 관한 것이다.[102)] 위 서류의 제출은 외국중재판정에 관한 집행판결청구의 소의 소송요건이 아니라 법원이 집행판결을 하기 위한 요건이다.[103)] 위 서류는 제소 후 소송절차에서 제출하여도 된다.

제4조의 요건은 상대방을 보호하려는 것이므로, 상대방이 소장에 첨부된 중재판정과 중재합의의 사본을 받은 뒤 진정성을 다투지 않으면 이를 고집할 필요가 없다. 위 대법원 2004년 판결도 같은 취지이다.

나. 인증 또는 증명의 준거법과 주체

뉴욕협약은 서류의 인증 또는 증명인지의 여부를 결정하는 준거법을 명시하지 않는데, 입법역사와 뉴욕협약(제4조)의 목적에 비추어 중재지 또는 집

100) 뉴욕협약의 표현을 따른 것이다. 우리 법만을 생각하면 청구시가 될 것이나 법제가 다양하므로 이런 표현을 사용한다. 다만 우리 국문번역은 '신청서'라고 잘못 번역되어 있다.

101) 모델법(제35조 제2항)도 중재합의서의 제출을 요구하나 2006년 개정된 모델법은 이 요건을 폐지하였다. 독일 민사소송법(제1064조)과 일본 중재법(제46조)은 중재합의서의 제출요건을 이미 폐지하였다.

102) van den Berg, p. 251. 김상호, "외국상사중재 판정에 관한 연구," 중앙대학교 대학원 무역학 박사학위논문(1988), 44면과, 서철원, "외국중재판정의 승인과 집행에 관한 1958년 뉴욕협약: 한국법원에서의 적용사례를 중심으로," 서울국제법연구 제3권 1호(1996), 128면의 인증과 증명의 관계에 관한 설명은 다소 부적절하다.

103) 대법원 2004. 12. 10. 선고 2004다20180 판결도 동지.

행신청을 받은 국가 중 어느 국가의 법에 따라 권한 있는 기관이 인증 또는 증명을 하면 된다.

인증 또는 증명의 주체는 국가에 따라 상이하나 대체로 법원공무원, 공증인 또는 외교관(또는 영사관)이다. 다만 외국법인 중재판정지법에 따라 정당하게 인증 또는 증명되었음을 판단하기 어려우므로, 실무상으로는 중재판정지국에 있는 집행신청을 받은 국가의 외교관(또는 영사관)에 의한 인증 또는 증명을 받는 것이 안전하다. 중재판정부가 중재판정의 원본을 인증하거나, 중재판정의 등본을 증명하거나, 의장중재인 또는 상설중재기관의 사무국이 증명한 중재판정의 등본을 허용하는 경우 외국에 있는 우리 외교관(또는 영사관)으로부터 등본을 받을 필요가 없다.

한편 중재합의의 경우, 당사자들이 대부분 계약서원본을 보유하므로 증명된 등본을 제출할 실제적인 필요는 작으나, 당사자들이 원본의 제출을 원치 않는 경우 증명된 등본을 제출할 필요가 있다. 중재판정의 등본을 증명할 수 있는 자는 중재합의의 등본을 증명할 수 있지만, 중재합의의 등본은 공증인이 증명할 수 있는데, 공증인은 중재판정지든 우리나라 공증인이든 관계없다.[104)]

2. 승인 및 집행을 위하여 제출할 서류의 번역문

가. 번역문의 증명 주체와 증명 대상

뉴욕협약(제4조 제2항)에 따르면, 중재판정이나 중재합의가 원용된 국가의 공용어로 작성되지 않은 경우 중재판정의 집행을 구하는 당사자는 공용어 번역문을 제출하여야 한다. 제2항은, 번역문은 공적인 또는 선서한 번역관 또는 외교관(또는 영사관)에 의하여 증명되어야 한다[105)]고 함으로써 신청 당사자의 의무를 경감하나, 공증인은 번역문을 증명할 수 있는 자가 아니다. 뉴욕협약은 번역관 또는 외교관(또는 영사관)의 국적을 규정하지 않는데, 가능한 한 이 요건을 유연하게 해석할 것이므로 중재판정지국 또는 집행신청을 받은 국가의 법 중 어느 하나에 따라 가능하다. 우리나라에는 공적인 번역관(official translator) 또는 선서한 번역관(sworn translator)제도가 없는데, 종래

---

104) 서동희, "外國仲裁判定의 한국내 집행과 관련된 몇가지 문제," 중재 제298호(2000년 겨울호), 66면.

105) 정부가 공포한 제4조 제2항의 국문번역 중 "공증인 또는 선서한 번역관"은 잘못이다.

실무상 중재판정지국에 있는 우리 외교관(또는 영사관)에 의한 확인 또는 우리 공증인의 번역공증의 방법을 취하는 것으로 보인다.

제4조 제2항은 번역문의 증명을 요구하는데, 이는 번역문의 정확성을 증명하라는 것이다. 그러나 대법원 1995. 2. 14. 선고 93다53054 판결은 "제4조 제2항의 취지는 번역관 또는 외교관들에 의해서 중재판정 등이 직접 번역되어야 한다는 것은 아니고, 그들에 의해서 당해 중재판정의 번역문임이 증명되면 족하고, 위 규정에서 증명이란 당해 중재판정을 번역한 번역문이라는 사실확인일 뿐 외교관(또는 영사관)의 서명이 반드시 필요한 것은 아니고, 또한 <u>그 번역의 정확성까지 증명하여야 하는 것은 아니라</u>"(밑줄은 저자가 추가)는 취지로 판시하였다. 위 대법원판결은 뉴욕협약의 요건을 완화한 것으로 번역에 관한 한국의 특수한 문제를 해결한 긍정적인 면이 크다.[106] 하지만 뉴욕협약의 취지에는 반하는데, 궁극적으로 이는 번역문의 정확성을 확인하는 제도를 도입함으로써 해결해야 한다.

나. 중재법 제37조와의 관계

외국중재판정의 집행을 구하는 당사자가 우리 법원에 제출할 서류의 요건은 뉴욕협약에 따르는데, 중재법은 서류요건을 다소 달리 규정하므로 의문이 제기된다. 첫째, 중재법(제37조 제2항)은 중재판정과 중재합의의 정본 또는 정당하게 인증된 그 등본의 제출을 요구하나, "정당하게 인증된"을 "정당하게 증명된"으로 수정하는 편이 옳다. 둘째, 중재법은 중재판정의 정본을 요구하는 점과, 번역문의 번역 주체를 제한하지 않는 점에서 뉴욕협약보다 완화된 것이나, 이는 번역상의 문제로 보이므로 뉴욕협약이 적용되는 경우에는 동 협약에 따라야 한다. 1999년 중재법 개정시 뉴욕협약이 우선함을 명확히 했더라면 좋았을 것이다.

독일 민사소송법(제1064조 제1항)도 중재판정의 집행을 구하는 당사자가 제출할 서류(즉 중재판정 또는 그의 증명된 등본)를 열거하는 점은 중재법(제37조 제2항)과 유사하나, 소송대리인인 변호사가 증명할 수 있음을 명시한다. 나아가 제1064조 제3항은 국제협약이 우선하여 적용됨을 명시하는데 다만 그 취지에 관하여는 논란이 있다.[107]

---

106) 서동희(註 104), 66면, 주 9도 동지.

107) Stein/Jonas/Schlosser, § 1065 Rn. 4 Fn. 3.

다. 요건이 미비된 번역문을 제출한 경우의 처리

중재판정에서 진 당사자는 법원이 중재판정을 이해할 수 있는 한, 번역문의 요건을 포기할 수도 있다. 위 2004년 대법원 판결도 같은 취지이다.

Ⅶ. 뉴욕협약상 外國仲裁判定의 승인거부사유—소극적 요건

뉴욕협약은 승인거부사유를 피고가 주장·입증하여야 하는 사유(제5조 제1항)와 요청을 받은 국가의 법원이 직권으로 판단할 사유(제5조 제2항)로 구분하여 규정한다. 이것이 승인의 소극적 요건이다. 전자는 ① 당사자의 무능력 또는 중재합의의 무효, ② 피신청인의 방어권의 침해, ③ 중재인의 권한 유월, ④ 중재판정부의 구성 또는 중재절차의 하자, ⑤ 중재판정의 구속력의 결여 또는 취소·정지이고, 후자는 ① 중재가능성의 결여와 ② 공서위반이다. 전자는 주로 중재판정에서 진 당사자의 이익을 보호하기 위한 것인 데 반하여, 후자는 법정지국(즉 집행국)의 중요한 이익 또는 근본적인 가치를 보호하는 것이므로[108] 뉴욕협약은 후자를 법원이 직권으로 조사하도록 한다. 승인거부사유는 실체적 공서위반을 제외하면 대체로 중재 과정에서의, 또는 중재판정 자체의 절차적 흠결에 관한 것이다.[109] 나아가 제5조 제1항과 제2항은 승인거부사유가 존재하더라도 법원이 재량으로 집행할 수 있음을 분명히 한다. 아래에서는 승인거부사유를 차례로 검토한다.

1. 당사자의 무능력 또는 중재합의의 무효(제1항 a호)

제5조 제1항 a호가 규정하는 승인거부사유는 당사자의 무능력과, 중재합의의 무효 두 가지이다. 즉, 중재합의의 당사자가 관련 준거법에 따라 무능력자이었거나, 또는 중재합의가 당사자들이 준거법으로 지정한 법령에 의하여

---

108) W. Laurence Craig/William W. Park/Jan Paulsson, International Chamber of Commerce Arbitration Third edition (2000), para. 37.04; Fouchard/Gaillard/Goldman, para. 1674.

109) 모델법(제34조)의 중재판정의 취소사유는 뉴욕협약 제5조의 승인거부사유를 가져온 것이다. 다만 제5조 제1항 e호가 정한 '중재판정의 구속력의 미발생 또는 중재판정의 취소 또는 정지'는 취소사유에는 포함되지 않는다.

또는 지정이 없는 경우에는 중재판정을 내린 국가의 법령에 의하여 무효인 것은 승인거부사유이다. 실제로는 이는 주로 중재절차의 초기에 주장되며, 만일 주장하지 않는 경우 후에 주장하는 것은 배제되므로 실무상 중요성은 크지 않다.[110)]

가. 당사자의 무능력

a호의 영문은 당사자가 무능력(the parties … were … under some incapacity)이라고 하나, 이는 당사자의 '권리능력' 또는 '행위능력'이 없음을 말한다.[111)] 자연인의 경우 통상 행위능력만이 문제되나, 법인의 경우 권리능력과 행위능력이 모두 문제될 수 있다. 당사자의 무능력의 결과 중재합의가 무효가 될 수도 있다.

뉴욕협약은 당사자의 능력의 준거법을 명시하지 않고 단순히 "관련 준거법에 따라"라고 하는데 이를 "half-way conflict rule"(불완전한 저촉규칙)이라고 부른다.[112)] 그 결과 당자자의 능력의 준거법이 구구하게 될 수 있다.[113)] 능력은, 영미법계 국가에서는 대체로 계약의 준거법의 문제이다.[114)] 그러나 대륙법계 국가에서는 신분의 문제로 이해되므로[115)] 능력은 당사자의 屬人法(personal law)에 따르는데, 집행단계에서 屬人法은 집행국의 국제사법에 의하여 결정되는 준거법에 의한다.[116)] 그러나 엄밀하게는 견해가 나뉠 수 있다. 즉 중재합의의 법적 성질을 私法上의 契約으로 보면 그렇지만, 소송법상의 계약으로 보면 당사자능력과 소송능력에 관한 민사소송법의 규정을 유추적용

---

110) Tweeddale/Tweeddale, para. 13.15.

111) Stein/Jonas/Schlosser, Anhang § 1061 Rn. 79, 44. 그러나 목영준, 256면은 행위능력만을 쓴다. 민사소송법의 용어를 빌린다면 당사자능력과 소송능력에 상응하는 것이다.

112) van den Berg, p. 277. 그러나 중재판정의 집행에 관한 모델법 조항(제36조)은 뉴욕협약을 기초로 한 것임에도 불구하고 너무 단순하고 모든 법체계에서 승인되는 것도 아니라는 이유로 "관련 준거법에 따라"라는 문언을 삭제하였다. Holtzmann/Neuhaus, p. 1058.

113) Fouchard/Gaillard/Goldman, para. 465 이하는 이를 방지하기 위하여 실질법적 접근방법을 주장하면서 그 기준을 제시한다.

114) 예컨대 미국의 경우 계약 체결을 위한 능력에 관한 속인법의 개념이 없고 계약의 준거법에 따른다. American Law Institute, Restatement of the Law Second—Conflict of Laws 2d (1971), 제198조, 제187조, 제188조. 그런 국가의 경우 당해 국가의 국제사법원칙에 따라 준거법을 정하면 된다. van den Berg, p. 277.

115) Peter North/James J. Fawcett, Cheshire and North's Private International Law, Thirteenth Edition (1999), p. 546.

116) 목영준, 256-257면도 동지. 그러나 반드시 우리 국제사법을 적용해야 하는 것은 아니라는 이견도 있을 수 있다.

할 여지가 있기 때문이다. 다만 민사소송법상의 당사자능력은 권리능력을, 소송능력은 행위능력을 기초로 하므로 양자는 대체로 유사한 결론이 된다.[117)]

나. 중재합의의 무효

집행단계에서 중재합의의 준거법에 관하여는 뉴욕협약이 명시적으로 규정한다. 즉 뉴욕협약(제5조 제1항 a호)은 외국중재판정의 승인거부사유의 하나로서 "중재합의가 당사자들이 준거법으로서 지정한 법령에 의하여 또는 지정이 없는 경우에는 판정을 내린 국가의 법령에 의하여 무효인 경우"를 규정한다. 중재합의의 무효는 좁은 의미의 원시적 무효만이 아니라 의사표시의 하자로 인하여 중재합의가 취소되거나 철회된 경우도 포함하고, 중재합의의 부존재도 포함한다.[118)] 따라서 중재합의, 정확히는 중재합의의 성립과 (실질적) 유효성의 준거법은 당사자들이 중재합의의 준거법으로 지정한 법에 의하고, 지정이 없는 경우에는 중재판정지국법에 의한다.[119)] 다만 보충적인 연결원칙으로 중재판정지국법에 의하도록 규정한 데 대하여는, 중재지는 항상 당사자가 선정하는 것도 아니고, 중재합의의 유효성과 관련이 없는 사항들을 고려하여 선정될 수 있으므로 부적절하다는 비판이 있다.[120)]

주의할 것은, 준거법의 지정은 명시적 지정만이 아니라 묵시적 지정을 포함한다는 점이다.[121)] 이 경우 준거법의 지정은 실질법을 지정하는 것을 의미하고 反定(*renvoi*)은 허용되지 않는다.[122)] 실무상의 문제는, 중재합의의 준

117) 우리 민사소송법상 당사자능력과 소송능력의 준거법에 관하여는 견해가 나뉜다. 석광현, 국제사법과 국제소송 제4권(2007), 125면 이하 참조. 국내중재의 경우 민사소송법의 당사자능력과 소송능력에 관한 규정을 유추적용할 여지가 있으나, 국제중재의 경우 권리능력과 행위능력에 관한 국제사법원칙을 따를 것이다.

118) 주석중재법/이호원, 385면; 이호권, 676면; 서철원, "외국중재판정의 승인과 집행에 관한 1958년 뉴욕협약에 대한 국내법원 판례분석," 국제판례연구 제1집(1999), 207면도 동지.

119) 대법원 1990. 4. 10. 선고 89다카20252 판결(법원공보 1990, 1043)은 이를 확인한 바 있다. 이는 GKN 사건인데, 평석은 목영준, "外國仲裁判定의 執行拒否事由인 公共秩序: 우리나라와 미국의 判例을 中心으로," 상사판례연구 V권(2000), 413면 이하 참조. 중재합의의 준거법은 이 책 제5장; 석광현, "國際商事仲裁에서 仲裁合意의 準據法," 한양대 법학논총 제24집 제1호(2007. 4.), 119면 이하 참조.

120) Fouchard/Gaillard/Goldman, para. 1695.

121) Reithmann/Martiny/Hausmann, Rz. 3305; Stein/Jonas/Schlosser, Anhang § 1061 Rn. 77. 그러나 명시적일 것을 요구하는 견해도 있다. Manja Epping, Die Schiedsvereinbarung im internationalen privaten Rechtsverkehr nach der Reform des deutschen Schiedsverfahrensrechts (1999), S. 50, Fn. 59에 인용된 문헌 참조.

122) Epping(註 121), S. 47f.

거법의 명시적 지정은 없으나 당사자들이 주된 계약의 준거법을 명시적으로 또는 묵시적으로 지정한 경우 이를 중재합의의 묵시적인 준거법지정으로 볼 수 있는가이다. 부정설은 중재합의의 독립성과, 중재합의의 절차적 성격에 비추어 이를 부정하면서 중재지법을 중재합의의 묵시적 준거법으로 본다.[123)] 사견은 다음과 같다. '중재조항'의 경우에는 중재합의가 주된 계약의 일부를 구성하는 형식을 취하므로, 명시적이든 묵시적이든 당사자들이 주된 계약의 준거법을 지정한 때에는 그 법을 중재조항의 준거법으로 묵시적으로 지정하였다고 추정하는 것이 통상 당사자의 의사에 부합할 것이다.[124)] 반면에 주된 계약의 준거법이 객관적 연결에 의하여 결정되는 경우는 중재지법이 중재조항의 준거법이 된다. 그런데 우리 국제사법(제26조)에 의하면 객관적 연결의 경우 주된 계약의 준거법은 가장 밀접한 관련이 있는 국가의 법이 되므로 주된 계약과 중재조항의 준거법이 다를 수 있다. 실제로 문제되는 것은, 당사자가 주된 계약의 준거법을 A국법으로 선택하면서 중재지는 B국으로 합의하는 경우이고, 양자가 동일한 경우 어느 견해를 따르든 차이가 없다.

중재합의에서 문제되는 것의 하나는 중재조항이 약관에 포함되어 있는 경우이다. 즉 우리 약관의 규제에 관한 법률(이하 "약관규제법"이라 한다) 제14조는 고객에 대하여 부당하게 불리한 소제기의 금지조항을 무효로 규정하므로, 첫째 중재조항이 당사자 간의 합의의 일부를 이루는가라는 편입통제와, 둘째 중재조항의 내용에 대한 내용통제가 문제된다. 편입통제에 관하여는, 뉴욕협약이 적용되는 범위 내에서는 통일규범인 뉴욕협약에 따라야 하고 우리 약관규제법을 적용할 것은 아니라고 본다. 반면에 뉴욕협약은 내용통제에 관하여 규정하지 않으므로, 만일 한국법이 준거법이면 약관규제법의 내용통제에 관한 조항은 여전히 적용된다. 문제는 그 준거법인데 이는 중재합의의 허용요건의 문제이므로 법정지법에 따른다는 견해가 설득력이 있는 것으로 보이나, 주된 계약의 준거법에 따른다는 견해도 가능하다.[125)] 다만 약관규제법의 규정이 막연하므로 이를 구체화할 필요가 있는데, 약관에 포함되었다는 이유만으로 중재조항이 무효가 되는 것이 아님은 의문이 없을 것이다.

---

123) van den Berg, p. 293; 이호원, 675면; 김상호(註 102), 46면. 다른 학설은 강수미, "중재합의의 성립 내지 효력에 관한 준거법," 중재연구 제16권 제2호(2006), 110-111면 참조.

124) Redfern/Hunter, para. 2-93.

125) 상세는 석광현(註 119), 136-137면 참조.

우리나라에서는 선택적 중재합의의 효력에 관하여 대법원판결(예컨대 대법원 2003. 8. 22. 선고 2003다318 판결과 대법원 2004. 11. 11. 선고 2004다42166 판결 등)도 있고 많은 논란이 있는데, 이는 중재합의의 성립 및 (실질적) 유효성의 준거법이 우리 법인 경우에 의미를 가진다.

중재합의는 뉴욕협약 제2조가 정한 방식요건을 구비하지 못하는 경우 무효인데, 제2조와 제5조의 관계는 아래(마.)에서 논의한다.

다. 중재합의의 무효와 중재가능성의 결여와의 관계

분쟁의 대상이 중재가능성이 없는 경우 중재합의는 무효가 될 수 있다.[126] 여기에서 중재가능성의 판단기준이 되는 준거법이 문제된다. 뉴욕협약(제5조 제2항 a호)은 집행단계의 경우 집행국법이 중재가능성의 준거법임을 명시하지만, 항변단계 또는 중재단계에서는 중재가능성의 준거법을 명시하지 않기 때문이다. 이 경우 중재합의의 준거법설, 법정지법설과 중첩설 등이 있으나 우리나라에서는 법정지법설과 중첩설이 유력하다.[127]

라. 국제적 강행법규의 적용을 피하기 위한 중재합의의 효력

입법례에 따라서는 해상운송에 관한 국제조약인 헤이그규칙 또는 헤이그-비스비규칙을 입법화한 법을 국제적 강행법규로 규정하는데, 중재판정부는 동법을 적용하지 않을 가능성이 있다. 따라서 국제적 강행법규인 동 법의 적용을 관철하기 위하여 중재합의의 효력을 부인해야 한다는 견해가 가능하다. 그러나 미국 연방대법원은 1995년 *Vimar Seguros Y Reaseguros S.A. v. MV Sky Reefer* 사건에서 전원합의체 판결[128]로, Indussa 기준[129]을 중재합의에 적용하

126) Schwab/Walter, Kapitel 57 Rn. 1; Kapitel 44 Rn. 1ff.

127) 상세는 이 책 제1장(Ⅶ. 5.) 참조.

128) 115 S. Ct. 2322 (1995). 소개는 김선국, "미국 해상물건운송법의 적용을 받는 船荷證券상의 외국중재지조항과 외국법정지조항의 유효성," 상사법연구 제20권 제3호(통권 제31호)(2001), 143면 이하; 이재후 · 서동희, "船荷證券上의 管轄合意," 企業과 法 도암김교창변호사화갑기념논문집(1997), 932면 이하; 한철, "선하증권상의 외국중재조항과 관련한 판례 및 입법동향," 중재학회지 제8권(1998), 157면 이하 참조.

129) 위 법리를 적용하여 노르웨이 법원에 관할을 부여하는 선하증권상의 관할합의의 효력을 부정하고 미국 법원의 관할을 긍정한 대표적인 판결이 미국 제2연방항소법원의 1967년 *Indussa Corporation v. S. S. Ranborg* 사건 판결(377 F.2d 200 (2d Cir. 1967))이다. 이재후 · 서동희(註 128), 931면 이하; 김선국(註 128), 136면 이하 참조. 독일에서도 유사한 입장이 유력하다. Reinhold Geimer, Internationales Zivilprozeßrecht 5. Auflage (2005), Rz. 1762, 1770 참조.

는 것을 거부하고 선하증권상의 중재조항을 유효하다고 보았다.

우리나라에서도 우리 상법[130]의 적용을 배제하고 헤이그규칙 또는 헤이그-비스비규칙을 입법화하지 않은 국가의 법을 적용할 목적으로 중재합의를 할 경우 그의 유효성이 문제될 수 있다. 이를 판단하기 위해서는 첫째 우리나라의 국제적 강행법규의 적용을 배제하고자 중재합의를 하는 것이 유효한가와, 둘째 상법(제790조 제1항)이 국제적 강행법규인가라가 두 가지 논점을 검토하여야 하는데 저자는 모두 부정적인 견해를 취한다. 특히 전자에 관하여 당해 사안이 우리나라와 밀접한 관련이 있다면 중재인은 준거법이 외국법이더라도 우리나라의 국제적 강행법규를 적용하거나 고려하여야 하므로 중재합의의 결과 우리 법이 반드시 배제되는 것은 아니다.[131]

나아가 중재판정부가 우리 상법을 적용하지 않고 중재판정을 내린 경우 이를 우리나라에서 집행할 수 있는지도 문제되는데, 저자는 집행할 수 있다고 본다.[132] 국제적 강행법규에 관한 것은 아니나 대법원판결들도 공서요건을 설시하면서, "외국중재판정에 적용된 외국법이 우리나라의 실정법상 강행법규에 위반된다고 하여 바로 승인거부사유가 되는 것은 아니고, 해당 중재판정을 인정할 경우 그 구체적 결과가 우리나라의 선량한 풍속 기타 사회질서에 반할 때에 한하여 승인 및 집행을 거부할 수 있다고 할 것"이라는 취지로 판시하였다.[133]

마. 중재합의의 무효와 중재합의의 방식—뉴욕협약 제5조와 제2조의 관계[134]

(1) 뉴욕협약 제5조와 제2조의 관계

중재합의의 방식요건의 결여가 승인거부사유인가가 문제된다. 중재합의가

---

130) 우리나라는 헤이그규칙 또는 헤이그-비스비규칙에 가입하지는 않고 그의 주요조항을 상법에 받아들였다.

131) 중재에서의 국제적 강행법규의 적용에 관하여는 석광현, "國際商事仲裁에서 紛爭의 實體에 적용할 準據法—우리 仲裁法의 해석론을 중심으로," 한양대 법학논총 제23집 제1호(2006. 6.), 344면 이하; 이 책 제4장(Ⅶ. 2.) 참조.

132) 석광현(註 131), 349면 참조.

133) 대법원 2000. 12. 8. 선고 2000다35795 판결(공보 미수록으로 보임)과 대법원 1995. 2. 14. 선고 93다53054 판결(공1995. 3. 15.(988), 1321) 참조.

134) 본문 아래 (5)를 제외한 나머지 부분의 상세는 석광현, 국제사법과 국제소송 제4권(2007), 444면 이하 참조. 이는 본문에서 논의하는 대법원 2004. 12. 10. 선고 2004다20180 판결에 대한 평석이다.

방식요건을 구비하지 못하면 무효이므로 이는 제5조 제1항 a호에 해당하겠지만, 엄밀하게는 이는 중재합의의 방식요건을 정한 뉴욕협약 제2조의 결과이지 제5조 제1항 a호가 정한 중재합의의 준거법에 따른 결과는 아니다. 그러나 제2조가 집행단계에는 적용되지 않는다는 견해는 뉴욕협약의 입법역사와 내적인 일관성에도 반한다.[135] 요컨대 중재합의의 방식요건 결여는 승인거부사유가 되며, 실무상 가장 빈번하게 주장된다. 그 근거는 뉴욕협약 제2조로부터 직접 도출하거나,[136] 제5조 제1항 a호, 즉 중재합의의 무효로 설명하거나[137] 또는 제2조와 제5조의 체계적인 관계—특히 제5조 제1항 a호가 "제2조에 규정된 합의"를 언급하는 점— 의 합리적 해석으로부터[138] 도출할 수 있다.

(2) 뉴욕협약상의 서면요건

뉴욕협약(제2조 제1항)은 우리 중재법(제8조 제2항)과 같이 중재합의의 서면성을 요구한다. 그 이유는 중재합의는 私人에게 분쟁해결을 맡기는 것이므로, 계약의 진정성을 담보하고, 또한 당사자들에게 계약 내용의 중요성을 일깨워줌으로써 의사결정을 신중하게 하도록 하려는 것이다.[139] 서면에 의한 합의는, 당사자들에 의하여 서명되었거나 서신 또는 전보 교환 속에 담긴, 주된 계약 속의 중재조항 또는 중재합의를 포함한다(뉴욕협약 제2조 제2항). 중재합의를 서면으로 한다는 의미는, 중재합의에 관한 서면증거가 있어야 한다는 것이 아니라 합의 자체가 서면으로 이루어져야 한다는 것이므로, 양당사자가 서명한 계약서, 또는 양당사자가 각각 작성한 문서가 서로 교환된 경우 서면요건이 구비되지만, 서면청약을 구두로 승낙하거나 구두청약을 서면으로 승낙하는 것과, 당사자 간의 구두합의를 사후에 서면으로 확인하는 것은 국제거래에서 널리 사용되고 있으나 서면요건을 구비하지 못한다.[140] 독일에서는 이를 '완전한 서면방식'(volle Schriftform) 또는 '이중서면성'(doppelte Schriftlichkeit)이라고 설명한다.[141] 모델법의 서면요건도 동일하다.[142] 그러나 이를 완화하여 해석하는 국가도 있고 요즈음에는 이런 경향이 점차 확산되고

135) van den Berg, p. 285, p. 296; 이호원, 677면.
136) Schütze(註 47), Rn. 258.
137) van den Berg, 284 이하; Schwab/Walter, Kapitel 57 Rn. 1.
138) Stein/Jonas/Schlosser, Anhang § 1061 Rn. 76은 이런 취지로 보인다.
139) 목영준, 37면; van den Berg, p. 171.
140) van den Berg, p. 196.
141) Reithmann/Martiny/Hausmann, Rz. 3269; Epping(註 121), S. 65.
142) Holtzmann/Neuhaus, pp. 260-261; Berger(註 47), p. 142 이하.

있으며[143] 아래에서 보듯이 결국 2006년 말에는 모델법의 개정을 가져왔다.

국내법이 더 완화된 중재합의의 방식을 정한 경우 뉴욕협약(제7조)에 따라 그 조항이 적용될 수 있다. 왜냐하면 제7조는 문면상으로는 중재판정의 집행의 맥락에서만 최혜권리조항을 규정하나 이는 중재합의의 맥락에서도 타당하기 때문이다. 뉴욕협약 제2조 제2항과 제7조 제1항의 해석에 관하여, UNCITRAL이 2006년 7월 7일 제39차회기에서 채택한 권고안(제2항)은 이 점을 명확히 한다.[144]

(3) 피고가 중재신청에 응한 경우 중재합의의 서면요건의 구비

서면 중재합의가 없더라도, 일방이 중재신청을 하고 당사자들이 중재인을 지명하여 중재절차를 거쳐 중재판정이 내려진 경우, 또는 원고가 중재신청서에서 중재합의의 존재를 주장하고 피고가 답변서에서 다투지 않은 경우 뉴욕협약상 서면요건의 구비 여부가 문제된다. 특히 모델법(제7조 제2항)은 "신청서와 답변서의 교환에 의하여 일방당사자가 중재합의가 있는 것을 주장하고 상대방이 이를 다투지 아니하는 경우" 서면요건이 구비된다고 명시하는데, 우리 중재법(제8조 제3항 제3호)은 이를 당사자 간에 교환된 문서로 확대하였다.[145] 이 경우 과연 뉴욕협약이 말하는 서신의 교환 속에 담긴 중재합의라고 볼 수 있는가가 문제인데 견해가 나뉜다.[146] 엄격히 해석하면 긍정하기 어렵지만 반드시 부정할 것만은 아니다. 위 대법원 2004. 12. 10. 선고 2004다20180 판결은 이를 논의하지 않았지만 결론적으로 이를 부정하였다.

(4) 피고가 중재신청에 응한 경우 금반언의 법리의 적용 여부

중재신청 전까지 서면 중재합의가 없더라도, 일방당사자가 중재신청을 하고 상대방이 답변서 등에 의하여 본안에 대하여 변론함으로써[147] 유효한 중재합의의 존재를 묵시적으로 긍정한 경우, '금반언(estoppel)의 법리'에 의

---

143) Fouchard/Gaillard/Goldman, para. 620은 완화된 태도를 취한다.

144) 제2항은 다음과 같다.
"2. 뉴욕협약 제7조 제1항을 적용함에 있어서, 중재합의가 유효함을 승인받기 위하여, 모든 이해관계인이 그곳에서 중재합의를 원용하려는 국가의 법률 또는 조약에 기하여 가지는 모든 권리를 이용할 수 있도록 허용할 것을 권고한다." 텍스트는 이 책 부록 [13] 참조.

145) 이의 부당성은 이미 지적하였다. 석광현, 국제사법과 국제소송 제2권(2001), 480면 이하 참조.

146) 예컨대 긍정설(Holtzmann/Neuhaus, p. 263 참조)과 부정설(목영준, 40면)이 있다.

147) 그 밖에도 예컨대 상대방 당사자가 중재인 선임절차에 협력하거나, 소를 제기한 경우에 대해 법원의 관할을 다투기 위한 수단으로써 중재합의를 원용한 경우를 들 수 있다. van den Berg, p. 182.

하여 상대방은 그 후 유효한 중재합의의 존재를 부정할 수 없는가라는 의문이 제기된다. 이에 관하여는 첫째, 뉴욕협약의 방식요건이 구비되지 않았다고 보는 견해, 둘째, 금반언의 법리를 긍정하면서 이는 국내법에 따른다는 견해와 셋째, 금반언의 법리를 긍정하면서 뉴욕협약상 금반언의 법리가 포함되어 있다는 견해가 보인다.148) 사견으로는 셋째가 현대 중재법의 경향에 부합하는 것으로서 타당하다.149) 따라서 신의칙의 근본원칙인 금반언의 법리는 뉴욕협약에 내재하는 법리로서 동 협약 자체로부터 도출되며 이는 방식요건에 우선한다고 본다. 그 근거는 '금반언의 법리' 또는 '선행행위와 모순되는 거동 금지의 원칙'150) 또는 방식요건의 기능 내지는 규범목적 등으로 설명할 수 있다. 이처럼 상대방 당사자가 중재절차에 참가한 경우 방식요건의 흠결을 주장할 수 없다는 견해가 다수설로 보인다.151)

대법원 2004. 12. 10. 선고 2004다20180 판결은 첫째 견해를 따라 방식요건의 구비를 부정하였다. 하지만 사견으로는 대법원은, 신청서와 답변서의 교환에 의하여 서면요건이 구비된 것으로 보거나, 그것이 아니면, 피고가 중재합의의 서면성을 다투지 않고 중재에 응하였으므로 집행판결청구의 소에서 서면요건의 결여를 주장하는 것은 금반언의 법리에 반하여 허용되지 않는다고 보았어야 한다.

(5) 모델법의 개정과 뉴욕협약상의 서면요건을 완화하여 해석하기 위한 권고

2006년 6월—7월에 개최된 UNCITRAL 제39차 본회의에서는 모델법 제7조를 개정하여 서면요건을 완화하는 개정안과, 더 나아가 아예 서면성을 폐지하는 대안을 채택하였다.152) 이러한 작업과 병행하여 중재합의의 서면요건을 정한 뉴욕협약 제2조 제2항과의 정합성이 문제가 되었다. 이를 해결하는 방안으로 의정서(protocol)을 채택하는 방안, 뉴욕협약(제7조 제1항)에 최혜권

148) van den Berg, p. 184 참조.

149) van den Berg, pp. 184-185; Schwab/Walter, Kapitel 44 Rn. 10도 동지.

150) Reithmann/Martiny/Hausmann, Rz. 3293.

151) Epping(註 121), S. 82.

152) 문언은 http://www.uncitral.org/uncitral/en/uncitral_texts/arbitration/1985Model_arbitration.html 참조. 노태악 · 구자헌, "최근 UNCITRAL 모델 仲裁法의 개정논의 결과와 國內法에의 示唆—仲裁合意의 書面性과 仲裁判定部의 臨時的 處分을 중심으로," 국제규범의 현황과 전망—2006년 국제규범연구반 연구보고—(2006), 473면 이하; 강병근, "UNCITRAL 모델중재법의 개정—제39차 유엔국제 무역법위원회 본 회의를 중심으로—," 한림법학 FORUM 제17권 (2006), 23면 이하 참조.

리조항이 있으므로 뉴욕협약보다 서면요건을 완화한 모델법을 추진함으로써 사실상 뉴욕협약을 개정하는 방안이 논의되었으나 결국 뉴욕협약의 방식요건에 관한 해석이나 적용상의 지침을 제공하여 각 체약국의 법원으로 하여금 뉴욕협약 제2조 제2항에 대한 해석의 기준으로 모델법 제7조를 사용하도록 하는 방안을 따르기로 한 결과 뉴욕협약 제2조 제2항 및 제7조 제1항의 해석에 관한 권고안이 채택되었다. 권고안 제1항은 "뉴욕협약 제2조 제2항을 적용함에 있어서, 동 항에 기술된 상황이 망라적인 것은 아니라는 점을 인정할 것을 권고한다."[153] 이는 권고이므로 법적 구속력은 없지만 존중하는 것이 바람직하다.

바. 중재합의의 실효

제5조 제1항 a호는 중재합의의 무효만을 승인거부사유로 규정하고 중재합의의 실효(inoperative)는 언급하지 않으므로 중재합의의 실효가 승인거부사유인가라는 의문이 제기된다. 이에 대하여 제1항의 취지는 당사자 간에 유효한 중재합의가 존재하지 않는 경우 집행국의 법원이 외국중재판정의 집행을 거절할 수 있다는 것이므로 중재합의가 처음부터 무효이거나, 나중에 효력이 없어졌거나, 중재약정이 부존재하거나 어떠한 경우이든 당사자 간의 중재합의가 그 규정된 대로의 효력을 인정받을 수 없는 상황이 있다면, 당사자 간에는 유효한 중재합의가 존재하지 않는 것이므로 집행국의 법원은 제1항 a호에 따라 집행을 거절할 수 있다는 견해가 있다.[154] 이는 대체로 타당하나 항상 그렇지는 않다. 즉 중재합의의 실효라 함은 중재합의가 효력을 가지기를 중지한 것을 말하는데, 중재합의가 취소된 경우와, 이미 중재판정이나 법원에서 당해 분쟁이 결정된 경우 등을 포함한다.[155] 중재합의의 취소는 승인거부사유이나, 중재판정이 내려진 경우 중재합의는 실효되지만 승인거부사유는 아니므로, 중재합의의 실효를 일률적으로 취급할 것이 아니라 실효의 원인별로 판단하여야 한다.

---

153) 이에 관하여는 우선 노태악 · 구자헌(註 152), 480면 이하; 이강빈, "국제상사중재에 관한 UNCITRAL 모델법의 개정동향," 중재연구 제16권 제3호(2006. 12.), 58면, 73면 이하 참조.

154) 김갑유, "외국중재판정의 집행과 중재약정의 실효," 서울지방변호사회 판례연구 제20집 (1)(2006), 194-195면.

155) van den Berg, p. 158. 부산고등법원 1995. 7. 21. 선고 95나368 판결은 종국적 중재판정이 있으면 중재합의는 실효된다고 판시하였다.

중재합의의 실효 여부는 중재합의의 준거법에 의하여 판단할 사항이고, 뉴욕협약으로부터 통일적인 규칙을 도출하기는 어렵다.[156)]

2. 피신청인의 방어권의 침해(제1항 b호)

중재판정에서 진 당사자가 중재인의 선정이나 중재절차에 관하여 적절한 통고를 받지 아니하였거나 또는 기타 이유에 의하여 방어할 수 없었던 것은 승인거부사유가 된다(제1항 b호). 이는 중재가 최소한의 절차적 기준을 준수하여 행해질 것을 요구하는 것으로 당사자들, 특히 중재에 패한 당사자의 방어권(*droit de la défense*) 또는 공정한 심리(fair hearing)를 받을 권리를 보장하기 위한 것이다.[157)] 영미에서는 이를 '適法節次'(due process)를 보장하기 위한 것, 독일에서는 '법적인 심문'(rechtliches Gehör)[158)]을 받을 권리를 보장하기 위한 것이라고 설명한다. 중재판정에서 진 당사자가 중재인의 선정이나 중재절차에 관하여 적절한 통고를 받지 아니한 것은 그가 방어할 수 없었던 경우의 하나의 사례이므로 이를 별도로 명시할 필요는 없으나, 제네바협약(제2조 b항)에 포함되어 있던 문언이라는 연혁적 이유에서 존치되었다.[159)]

가. 방어권의 침해를 판단하는 준거법

뉴욕협약은 방어권의 침해 여부를 결정하는 준거법을 명시하지 않는다. 방어권의 보장은 각국에서 사법적 분쟁해결이라는 절차적 정의실현과 직결된 문제로서 공공의 질서의 일부를 구성하므로, 이는 중재판정의 집행을 요구받은 국가의 적법절차의 기준에 따라서 판단할 사항이다.[160)] 대법원 1990. 4.

---

156) Stein/Jonas/Schlosser, Anhang § 1061 Rn. 38. 그러나 미국 법원은 통일적인 기준을 뉴욕협약으로부터 도출하고자 노력하면서 사기, 착오, 강박과 포기만이 그에 포섭될 수 있다고 보는 경향이 있다. *Podar Bros. v. ITAD Ass. Inc.,* 636 F.2d 75, 77 (1981) 사건 판결; *Ledee v. Ragno*, 684 F.2d 184 (1982) 사건 판결 등. Stein/Jonas/Schlosser, Anhang § 1061 Rn. 38 참조.

157) Redfern/Hunter, paras. 9-21, 10-39. '적법절차'의 개념은 유럽인권협약(ECHR)에도 명시되었는데, 동 협약 제6조 제1항은 "시민적 권리와 의무 또는 공소사실에 관하여 결정함에 있어 모든 사람은 법률에 의해 설립된 독립적이고, 공평한 법원에 의해 합리적인 기간 내에 공정하고 공개된 심리를 받을 권리가 있다"고 규정한다. 중재시 제6조가 직접 적용되지는 않지만, 중재판정부는 적법절차의 근본원칙을 존중하여야 한다. 이처럼 적법절차의 보장은 인권법 차원의 문제로 격상되고 있다.

158) Stein/Jonas/Schlosser, Anhang § 1061 Rn. 81f.

159) Fouchard/Gaillard/Goldman, para. 1696.

160) 이호원, 678면; 손경한, 157면; Redfern/Hunter, para. 10-40. 미국의 지도적 판결인 제2순회

10. 선고 89다카20252 판결도, 당사자의 방어권보장은 절차적 정의실현과 직결되어 공공의 질서의 일부를 이루는 것이므로 이는 집행국 법령의 기준에 의하여 판단할 것이라고 판시하였다. 다만 우리 법상의 기준에 따라 중재판정에 패한 당사자의 방어권의 침해가 있더라도 그것이 반드시 제1항 b호에 해당하는 것은 아닌데 왜냐하면 제1항 b호의 국제적 성격을 고려할 필요가 있기 때문이다.[161] 더 나아가 뉴욕협약이 통일적인 실질법규칙을 두고 있는 것으로 해석하는 견해도 있다.[162]

나. 방어권의 침해가 되는 경우

뉴욕협약(제1항 b호)은 포괄적으로 "당사자가 기타 이유에 의하여 방어할 수 없었던 경우"라고 규정하여, 마치 기술적인 위반을 포함하여 당사자의 방어권이 침해된 모든 경우를 포함하는 것처럼 보인다. 그러나 승인거부사유를 좁게 해석하여야 한다는 원칙[163]에 비추어 집행을 요청받은 국가의 법체계 전체의 절차적 정의의 관점에서 판단하여 당사자에게 적절한 심리의 기회가 주어졌는지 여부, 즉 당사자가 주장 및 입증을 하고, 상대방의 주장 및 입증에 대하여 답변하고 의견을 표시할 수 있었는지를 판단하여 방어권의 침해가 심하여 공정한 심리라고 보기 어려운 경우에만 승인거부사유로 인정할 수 있고, 반면에 우리 중재법상 당사자의 방어권과 관련된 조항의 위반이 모두 승인거부사유가 되는 것은 아니다.[164]

위 대법원 1990. 4. 10. 선고 89다카20252 판결도 "… 뉴욕협약 제5조 제1항 나호의 취지는 … 당사자의 방어권이 침해된 모든 경우를 말하는 것이 아니라 그 방어권침해의 정도가 현저하게 용인할 수 없는 경우만으로 한정되는 것"이라고 판시하였다. 이는 위 학설과 유사하거나 또는 그보다도 b호를 좀더 제한하는 취지로 보이는데 이는 타당하다.[165] 이러한 태도를 '집행에 호

구 연방항소법원의 *Parsons & Whittemore Overseas Co. Inc. v Société Générale de l'Industrie de Papier (RAKTA),* 508 F.2d 969, 975 (2nd Cir. 1974)도 동지. 기타 영국, 미국 등의 판례는 Tweeddale/Tweeddale, paras. 13.17, 13.46. 참조.

161) van den Berg, p. 298은 이런 취지로 보인다.

162) Fouchard/Gaillard/Goldman, para. 1696.

163) van den Berg, pp. 267-268.

164) 이호원, 678면.

165) Tweeddale/Tweeddale, para. 13.18도 동지. 위 대법원판결의 사안에서 중재인이 중재합의에 따라 피고 런던사무소에 중재절차에 관한 통지를 등기우편으로 보냈으나 런던사무소가 사실상 폐쇄되어 피고가 직접 송달을 받지 못했다. 중재인은 피고가 출석하지 않고 서면도

의적인 편향'(pro-enforcement bias)이라고 부를 수 있다.[166)]

이에 해당하는 사례로는 당사자들이 심문이나 증거조사절차에 참석할 권리를 배제당하였거나 그들이 선택한 대리인에 의해 대리되거나 조력을 받도록 허가되지 않은 경우 등이 있다.[167)] 나아가 독일 법원은 당사자와 중재판정부가 제기한 적이 없는 주장, 따라서 당사자가 그에 대하여 의견을 진술할 기회를 가지지 않는 주장에 근거하여 내려진 중재판정은 적법절차를 위반하고 심문받을 기회를 박탈하는 것이라고 판시하였다.[168)] 그러나 중재신청이 외국어로 작성된 경우, 또는 당해 사건의 법적 기초를 변경하지 않는 주장을 제기한 뒤 심리재개 요청을 하였으나 중재판정부가 이를 거부한 경우나 중재인이 일부 기한의 연장을 거부한 경우는 이에 해당하지 않는다.[169)]

방어권이 위의 정도로 침해되면 그 자체로서 여기의 승인거부사유가 되는 것이고 그러한 방어권의 침해로 인하여 피신청인이 실제로 손해를 입었을 것, 즉 중재판정의 결과가 달라졌을 필요는 없으나, 방어권이 침해되지 않았더라고 결과가 달라지지 않았을 것이 명백한 경우에는 승인거부사유라고 볼 것은 아니다.[170)] 반면에 피신청인이 중재절차에 관하여 적절한 통고를 받았음에도 불구하고 절차에 참여하여 방어하지 않은 경우 방어권의 침해는 없으므로 b호의 승인거부사유에 해당하지 않는다.[171)]

다. 중재인의 공정성이 결여된 경우

피신청인의 방어권이 침해된 경우로는 그 밖에도 중재인의 독립성 또는

제출하지 아니하므로 심리를 종결하고 중재판정을 내렸다. 대법원판결은 런던사무소가 폐쇄되었지만 같은 장소에 피고의 100퍼센트 자회사가 현지법인으로 설립되었고 파견온 피고의 직원이 근무하였으며 발송우편물이 반송되지 않은 점 등 제반사정을 종합하여, 중재절차에 관하여 적절한 통고를 받지 않아 피고의 방어권이 부당하게 박탈되었다고 볼 수 없다고 하였다.

166) Redfern/Hunter, para. 10-35.

167) Redfern/Hunter, para. 9-21; Stein/Jonas/Schlosser, Anhang § 1061 Rn. 87, Rn. 89. 적법한 대리인에 의해 대리되거나 조력을 받지 못한 경우를 당사자의 무능력이나 절차적 공서의 문제로 설명하기도 한다. Stein/Jonas/Schlosser, Anhang § 1061 Rn. 84-112는 방어권 보장에 관하여 상세히 설명한다.

168) Redfern/Hunter, para. 10-40 Fn. 89에 인용된 2001. 10. 6. Stuttgart 항소법원 판결.

169) 이는 Fouchard/Gaillard/Goldman, para. 1698에 소개된 사례들이다.

170) van den Berg, p. 301. 그러나 Fouchard/Gaillard/Goldman, para. 1699는 반대한다.

171) 이호원, 679면; Fouchard/Gaillard/Goldman, para. 1698.

공정성이 결여된 경우를 들기도 한다.[172] 중재인이 중재절차상 실제로 불공정한 행동을 한 경우 방어권을 침해한 것이므로 승인거부사유가 되지만, 중재인의 단지 불공정하다는 인상을 줄 정황이 있는 데 불과한 경우에는 승인거부사유는 아니다.[173] 중재인의 공정성에 관하여 미국에서는 중재판정취소와 관련하여 판례가 축적되어 있다.[174] 그러나 논자에 따라서는 중재인의 독립성과 공정성이 결여된 경우를 절차적 공서로 설명하기도 하는데,[175] 유력한 견해는 중재인의 독립성과 공정성이 결여는 제1항 b호에 의하여 주장될 수 있으나 거의 항상 제2항 b호에 의해 주장된다고 한다.[176]

라. 공서위반과의 관계

당사자의 방어권의 보장은 절차적 정의의 실현이라는 공공의 질서의 일부이므로, 방어권을 침해하는 중재절차에 기한 중재판정의 집행은 공서위반에 해당하게 되어 어느 조항이나 적용될 수 있다.[177] 따라서 양자를 구별할 실익이 큰 것은 아니며, 실무적으로는 집행에 저항하는 당사자는 양자를 모두 주장할 것이다. 다만 제5조 제1항 b호와 d호가 별도로 취소사유를 규정하므로 절차적 공서위반은 보충적인 의미를 가진다.[178] 반면에 만일 제2항 b호는 공서 일반에 관한 조항인 데 반하여 제1항 b호는 피신청인의 방어권에 관한 특별조항이므로 후자가 우선 적용되고 전자는 배제된다는 견해를 취하면, 법원은 중재판정의 집행에 반대하는 당사자가 입증하는 경우에 한하여 이를 판단할 수 있을 뿐이고 제2항 b호에 따라 직권으로 집행을 거부할 수는 없다.

3. 중재인의 권한유월(제1항 c호)

중재에 회부되는 경우 중재인의 권한의 결여를 최초의 항변으로 제기하

---

172) Tweeddale/Tweeddale, paras. 13.17-13.18, 13.27, 13.54는 이는 제1항 b호와 d호 및 제2항 b호에 모두 해당한다고 한다.

173) 이호원, 680면.

174) 개관은 우선 목영준, 106면 이하 참조.

175) Stein/Jonas/Schlosser, Anhang § 1061 Rn. 151.

176) van den Berg, p. 377.

177) van den Berg, pp. 299-300; Fouchard/Gaillard/Goldman, para. 1697; 이호원, 680면.

178) Stein/Jonas/Schlosser, Anhang § 1061 Rn. 150.

는 사례가 점차 증가하고 있다.[179] 중재합의가 무효이면 제5조 제1항 a호가 적용되고 c호는 적용되지 않는다. 중재인의 권한유월이 있는 때에는 제1항 d호의 중재절차의 위반도 존재한다.[180]

가. 권한유월

예컨대 일방당사자가 중재합의의 당사자가 아니었거나, 중재합의가 있었으나 불법을 이유로 무효인 경우처럼 중재인이 아무런 권한이 없는 경우 제1항 a호가 적용된다. 그러나 중재판정이, 중재부탁조항에 규정되어 있지 않거나, 그 조항의 범위에 속하지 않는 분쟁에 관한 것이거나, 또는 중재판정이 중재부탁의 범위를 벗어나는 사항에 관한 결정을 포함하는 경우, 중재인의 권한유월로서 승인거부사유가 되는데, 다만 중재에 부탁한 사항에 관한 결정이 부탁하지 아니한 사항과 분리될 수 있는 경우 중재부탁사항에 관한 중재판정의 부분은 집행될 수 있다(제1항 c호).

예컨대 우리 중재법(제29조 제3항)과 모델법(제28조 제2항)에 따르면, 중재판정부는 당사자들의 명시적 수권이 있는 경우에 한하여 형평과 선에 따라 판정할 수 있는데, 그런 수권이 없음에도 불구하고 중재인이 형평과 선에 따라 중재판정을 내린 경우 권한유월이 된다.[181]

그러나 당사자가 중재절차에서 권한유월에 대하여 이의하지 않았다면 그를 이유로 집행을 배제하는 데 제약이 있다. 예컨대 우리 중재법(제17조 제2항, 제3항)에 따르면 중재판정부의 권한에 관한 이의는 답변서 제출시까지, 그리고 중재판정부가 중재절차 진행중 권한의 범위를 벗어났다는 이의는 그 사유가 중재절차에서 다루어지는 즉시 제기하여야 한다. 이는 중재절차의 하자에 관한 아래(4.)의 논의에서 보듯이 적시에 이의를 제기하지 않음으로써 발생하는 차단효(preclusive effect)의 문제이다.[182]

중재합의의 유·무효가 다투어지는 경우 중재인의 권한은 중재합의의 준거법에 따를 사항이나, 중재인의 권한유월의 문제는 사실상의 문제인 경우가

179) Redfern/Hunter, para. 10-41.

180) Stein/Jonas/Schlosser, Anhang § 1061 Rn. 115.

181) Rainer Hausmann, "Die Aufhebung von Schiedssrpüchen nach neuem deutschen Schiedsverfahrensrecht," Hohloch/Frank/Schlechtriem (Hrsg.), Festschrift für Hans Stoll zum 75. Geburtstag (2001), S. 599-600.

182) Holzmann/Neuhaus, p. 482 이하(중재판정의 취소의 맥락에서).

많을 것이므로 권한유월의 준거법은 별로 문제되지 않을 것이다.[183)]

나. 중재부탁계약과 중재합의

제1항 c호의 문언은 중재판정이 "중재부탁조항(terms of the submission to arbitration)에 규정되어 있지 아니하거나 또는 그 조항의 범위에 속하지 아니하는" 것만을 규정하나, 이는 중재합의의 두 가지 유형, 즉 중재부탁계약과 중재조항을 포함한다.[184)] 뉴욕협약의 프랑스어본은 "중재부탁에 규정되어 있지 아니하거나, 또는 중재조항의 범위에 속하지 아니하는"이라고 하여 이를 명확히 한다.[185)] 즉 중재부탁계약은 현존하는 분쟁을 중재에 따르도록 하는 독립된 합의(submission to arbitration agreement, submission agreement. *compromis,* Schiedsabrede)이고, 중재조항은 장래의 분쟁을 중재에 의하여 처리하도록 하는 주된 계약에 포함된 조항(arbitration clause. *clause compromissoire,* Schiedklausel)이다.[186)] 중재부탁계약의 경우 중재부탁의 범위와 중재합의의 범위가 일치하나, 중재조항의 경우에는 양자에 차이가 있을 수 있다. 중재조항의 경우, '중재인의 권한유월'은 첫째 중재조항(arbitration clause)의 범위를 넘은 경우와, 둘째 중재조항의 범위를 넘은 것은 아니나 당사자들의 중재부탁(mandate)의 범위를 넘은 경우(이른바 award *ultra* (또는 *extra*) *petita*)를 포함한다.[187)] 그 밖에도 중재인이 신청인의 신청 범위를 넘어 중재판정을 한 경우도 권한유월에 해당한다. 이는 민사소송법의 용어를 빌리면 중재인이 처분권주의에 반하여 중재판정을 내린 경우인데, 중재인이 어느 범위 내에서 신청인의 신청에 구속되는지 그리고 신청이 얼마나 특정되어야

---

183) van den Berg, p. 312.

184) van den Berg, pp. 314-316; 이호원, 682면; 서철원(註 102), 134면.

185) 프랑스어본은 "*que la sentence porte sur un différend non visé dans le compromis ou n'entrant pas dans les prévisions de la clause compromissoire, ou qu'elle contient des décision qui dépassent les termes du compromis ou de la clause compromissoire*"라고 규정한다. 스페인어본도 유사하다고 한다. van den Berg, pp. 314-316. 모델법의 제36조를 논의하는 과정에서 그 취지를 분명히 하려는 시도가 있었으나 결국 뉴욕협약의 문언을 충실히 따랐다. Holzmann/Neuhaus, pp. 1059-1060.

186) Redfern/Hunter, para. 3-02; 목영준, 34-35면.

187) 본문처럼 *ultra petita*와 *extra petita*를 호환적으로 사용하기도 하나, 중재인이 권한 외의 또는 권한 없이 판정한 경우(*extra petita*)와, 중재인이 권한을 넘어서 판정한 경우(*ultra petita*)를 구별하기도 한다. Lew/Mistelis/Kröll(註 86), para. 26-91 이하 참조. Hausmann(註 181), S. 599는 전자를 중재인이 관할(Zuständigkeit)을 넘은 경우, 후자를 판정권한(Entscheidungsbefugnis)을 넘은 경우로 구분한다.

하는지는 중재절차의 준거법에 따를 사항이다.[188]

다. 권한유월과 부분집행

이러한 원칙에 대한 예외로, 중재판정이 중재에 부탁한 사항과 부탁하지 않은 사항의 양자를 포함하고 있고 양자가 서로 분리될 수 있는 경우에는 중재부탁한 사항에 대한 판정부분은 승인되고 집행될 수 있다(제1항 c호 단서). 즉 부분집행의 허용 여부에 관하여 집행국 법원은 재량을 가진다. 다만 어느 경우에 부분집행을 허용할지에 관하여는 다소 논란이 있다.

즉 유력한 견해는, 부분집행은 중재인의 사소한 권한유월을 이유로 중재판정 전부의 집행을 거부하는 것을 방지하기 위한 것인데, 중재판정의 일부가 중재인의 권한 내인지 여부를 판정하는 것은 중재판정의 실질심사가 되므로, 중재인의 권한을 넘은 사항이 부수적 성질의 것이어서 중재판정 전부의 집행을 거부하는 것이 집행을 구하는 당사자에게 부당한 곤란을 주는 경우에만 허용하여야 한다거나, 권한유월 부분이 사소하고 명백한 경우에만 부분집행을 허용할 것이라고 한다.[189] 예컨대 중재인이 권한을 넘어 이자 또는 비용에 관하여 판정한 경우를 예로 든다.[190]

그러나 중재인의 권한유월의 경우 그 권한 내에 속하는 부분과 아닌 부분이 가분적인 때에는 권한 내에 속하는 부분만을 집행할 수 있고 권한유월 부분이 사소한지는 문제삼을 필요가 없다. 그 경우 실질심사가 이루어진다고 하나, 승인거부사유의 유무를 판단하기 위하여 필요한 범위 내에서는 실질재심사를 할 수 있으므로 문제될 것이 없다. 예컨대 중재판정부가 신청인이 신청한 배상액을 심히 초과하는 배상액을 신청인에게 인용한 경우 중재인의 권한유월이 될 텐데[191] 그 경우 초과부분이 사소하지 않다는 이유로 부분집행을 불허할 것이 아니라 이를 허용하여야 할 것이다.

대법원 2003. 4. 11. 선고 2001다20134 판결[192]의 원심판결인 서울고등법원 2001. 2. 27. 선고 2000나23725 판결도 "… 뉴욕협약 제5조 제1항 ㈐호 단서는 중재인이 권한을 벗어나 내린 판정도 그 권한 내에 속하는 부분만을

188) Stein/Jonas/Schlosser, Anhang § 1061 Rn. 115.
189) 이호원, 682면; van den Berg, p. 319 참조.
190) 이호원, 682면.
191) Redfern/Hunter, para. 9-26 참조.
192) [공2003. 6. 1.(179), 1148].

승인하여 주거나 집행을 해 줄 수 있음을 규정하고 있고 … 다만 위 (다)호의 경우에는 더 제한적으로 해석하여 한 개의 집행주문 중에서도 나누어 집행을 허가할 수 있다"는 취지로 판시하였다.

어쨌든 여기에서의 논의는 중재인의 권한유월에 따른 부분집행이므로 아래에서 보듯이 권한유월이 아니라 실체적 공서위반을 이유로 하는 중재판정의 부분집행과는 구별된다.

라. 부탁사항의 일부를 판단하지 않은 경우 ―판정누락의 경우

제1항 c호는 중재인의 권한유월을 규정하나, 중재인이 중재에 회부된 모든 '쟁점'을 판단하지 않은 경우는 규정하지 않으므로 후자가 승인거부사유인지가 문제된다. 이는 중재에 회부된 당사자의 수개의 청구(claim)[193] 중 일부를 판단하지 않거나 반대신청을 판단하지 않은 경우, 즉 '판정누락'을 말하고,[194] 당사자가 주장한 공격방어방법 중 판정의 결론에 영향을 미칠 사항에 대하여 판단하지 않은 경우, 즉 '판단누락'과는 구별해야 한다. 대체로 판정누락을 '*infra petita*'의 문제로 이해하고 그 경우 중재판정을 '*award infra petita*'라고 하는 듯하나, 양자를 모두 *infra petita*로 다루기도 하므로[195] 여기에서는 *infra petita* 대신 '판정누락'과 '판단누락'이라는 용어를 사용한다. 판정누락의 경우 우리 중재법(제34조 제1항 제3호)에서 보듯이 추가중재판정이 가능하므로 대체로 문제가 없고,[196] 문제는 판단누락의 경우인데 이는 아래

193) 엄밀하게는 중재에 회부된 모든 '청구'(claim)와 중재에 회부된 모든 '쟁점 또는 문제'(questions or issues)를 구분할 수 있는데, c호는 '분쟁'(difference) 및 '사항에 관한 결정'이라고 하여 청구만을 의미하는 것처럼 보이나, 청구(claims)가 아니라 사항(matters)이라는 용어를 사용하므로 청구보다는 넓게 해석할 것이라고 한다. Albert Jan van den Berg, "Failure by Arbitrators to Apply contract Terms from the Perspective of the New York Convention," Gerald Aksen *et al.* (eds.), Global Reflections on International Law, Commerce and Dispute Resolution, *Liber Amicorum* in honour of Robert Briner (2005), p. 63 이하. 특히 p. 70.

194) Stein/Jonas/Schlosser, Anhang § 1061 Rn. 115 참조; 목영준, 231면. 이는 우리 민사소송법의 재심사유의 하나인 '판결에 영향을 미칠 중요한 사항에 관하여 판단을 누락한 때'와 관련하여 종래 전자를 '재판누락', 후자를 '판단누락'이라고 하는 데 상응하는 표현이다. 구 민사소송법(제422조 제1항 제9호 참조) 하에서는 '판단유탈'이라고 하였으나 신 민사소송법(제451조 제1항 제9호) 하에서는 '판단누락'이라고 한다.

195) 예컨대 Fouchard/Gaillard/Goldman, para. 1627 이하 특히 para. 1630. 이호원, 682면은, *infra petita*를 "중재인이 중재인에게 제시된 모든 문제점을 판단하지 아니한 경우"라고 하면서 이를 판단유탈이라고 부른다.

196) 목영준, 231면; 주석중재법, 217면; Stein/Jonas/Schlosser, Anhang § 1061 Rn. 115. 우리 민

(4. 다.)에서 논의한다.

마. 명백한 법 또는 계약조건의 무시

중재인의 명백한 법의 무시는 법에 관한 중재인의 단순한 착오(또는 잘못)가 아니라 중재인이 법을 정확히 인식하였음에도 불구하고 이를 무시한 경우를 말한다.[197] 이는 미국 보통법상 중재판정의 취소사유지만,[198] 국내중재의 소산이고 적어도 뉴욕협약이 적용되는 범위 내에서는 공서위반이 되지 않는다는 것이 미국 판례의 주류적인 입장이라고 한다.[199] 아래에서 보듯이 우리 법상 중재인이 준거법을 명백히 무시한 경우 그것만으로 공서위반은 아니지만, 그것이 우리 강행법규 위반인 때에는 공서위반이 될 여지도 있을 것이다. 그와는 별도로 중재인의 명백한 법의 무시는 중재인의 권한유월에 해당되어 취소사유가 될 수 있다.[200] 독일에서도 중재인이 준거법을 의식적으로(bewußt) 무시한 경우 준거법을 잘못 판단한 경우와 달리 중재인의 권한유월이 된다는 견해가 유력하다.[201]

나아가 중재인이 계약조건을 노골적으로(blatantly) 무시한 경우 그러한 중재판정의 승인은 공서위반에 해당한다는 견해도 있는데,[202] 중재인이 恣意

사소송법상으로도 재판누락은 추가판결(민사소송법 제212조)의 대상이지 재심사유는 아니다. 이시윤(註 90), 819면, 542면. 그러나 추가중재판정은 정본을 받은 후 30일 내에 신청해야 하므로 이미 기간이 경과되어 추가중재판정이 불가능한 경우 문제가 전혀 없는 것은 아니다.

197) *Fairchild & Co. v. Richmond, F. & P.R.R.*, 516 F.Supp. 1303, 1315 (D.C.D.C. 1981) 사건 판결은 그렇게 정의하였다.

198) *Wilko v. Swan,* 346 U.S. 427, 436 (1953) 사건 판결은, 중재인들에 의한 법률해석의 오류는 명백한 법의 무시가 아닌 한 법원에 의한 재심사의 대상이 되지 않는다고 판시하였다. 그러나 미국 연방중재법은 이를 취소사유로 명시하지 않으며 미국 법원들도 취소사유로 인정하지 않는다. Redfern/Hunter, para. 9-41 참조.

199) 목영준, 290면의 본문과 주 80에 인용된 미국 하급심 판결들 참조. 미국 연방중재법은 법률의 착오에 근거한 중재판정의 사법적 심사에 관하여 명확히 규정하지 않으며, 미국 법원은 판정이 그러한 사유로 취소될 수 없다고 본다. Redfern/Hunter, para. 9-41. 하급심 판결들이 제시하는 기준은 다양한데 이는 우선 Gary B. Born, International Commercial Arbitration in the United States (1994), p. 505 이하 참조.

200) *Baravati v. Josephthal, Lyon & Ross, Inc.*, 28 F.3d 704, 706 (7th Cir. 1994) 사건 판결에서 Posner 판사는 중재인의 명백한 법의 무시를 별도의 취소사유로 볼 것은 아니라고 하였으나 연방중재법상의 취소사유인 권한유월과 유사하다는 점을 부정하지는 않은 것으로 보인다.

201) Stein/Jonas/Schlosser, Anhang § 1061 Rn. 119; Hausmann(註 181), S. 601.

202) Albert Jan van den Berg, "Failure by Arbitrators to Apply contract Terms from the Perspective of the New York Convention," Gerald Aksen et al. (editors), Global Reflections

的 판단을 한 경우로서 권한유월이 될 수 있으나, 그 범위를 너무 확대할 것은 아니다. 실제로 중재인이 그렇게 하였음을 인정할 수 있는 사안은 많지 않을 것이다.

4. 중재판정부의 구성 또는 중재절차의 하자(제1항 d호)[203)]

중재판정부의 구성이나 중재절차가 당사자 간의 합의와 합치하지 아니하거나, 또는 합의가 없는 경우 중재지의 법령에 합치하지 않는다면 승인거부사유가 된다(제1항 d호). 이는 절차적 공서위반에 해당될 수도 있다. 여기의 중재절차라 함은 중재인 앞에서의 절차만이 아니라 중재신청 및 그의 통지와 같은 중재절차의 개시와 중재판정부의 구성을 포함한다.[204)] 제1항 d호가 뉴욕협약상 아마도 가장 많이 다투어지는 조항의 하나라고 한다.[205)]

가. 중재절차의 합의와 중재절차의 준거법의 합의

(1) 중재절차의 준거법에 관한 당사자자치와 당사자의 형성의 자유

제네바협약(제1조 c)에 따르면 중재판정부의 구성이[206)] "당사자 간의 합의와 중재절차의 준거법" 양자에 모두 합치하는 경우 승인될 수 있었기 때문에, 중재절차에 관한 당사자의 합의가 있더라도 그것이 중재절차의 준거법에 합치해야 했다. 그러나 뉴욕협약의 해석으로는 중재절차의 준거법에 반하더라도 당사자 간의 합의를 따르면 그것으로 족하고, 합의가 없는 경우에만 중재절차의 준거법이 고려되므로, 뉴욕협약은 제네바협약보다 승인거부사유의 범위를 축소한 점에서 진보한 것이다.[207)] 즉 뉴욕협약은 당사자의 합의에 '절대적 우위'(absolute priority)를 인정하는데,[208)] 이를 부연하면 다음과 같다.

d호의 문언은 당사자가 '중재절차의 준거법'을 자유롭게 선택할 수 있다

---

on International Law, Commerce and Dispute Resolution, *Liber Amicorum* in honour of Robert Briner (2005), p. 63 이하 특히 p. 70.

203) 이를 중재판정부의 구성 또는 중재절차의 'irregularities'라고 부르기도 한다.

204) Schlosser(註 68), Rn. 448.

205) Schwab/Walter, Kapitel 50 Rn. 2.

206) 제네바협약은 뉴욕협약과 달리 중재판정부의 구성만을 언급하나, 제네바협약의 해석상 중재절차도 동일하게 설명한다. van den Berg, p. 323; Redfern/Hunter, para. 10-43.

207) van den Berg, p. 323; Fouchard/Gaillard/Goldman, para. 1701.

208) van den Berg, p. 331; Holtzmann/Neuhaus, p. 917; Fouchard/Gaillard/Goldman, para. 1702.

고 규정하는 것이 아니라 당사자가 직접 '중재절차'를 합의할 수 있음, 즉 중재절차의 형성에 관한 당사자의 자유, 즉 계약자유를 명시하는데, 이는 의도적인 것이다.[209] 그러나 당사자들이 중재절차의 준거법을 자유로이 정할 수 있음, 즉 당사자자치가 허용됨은 d호의 해석상 다툼이 없다.[210] 그런데 d호가 더 나아가 당사자들이 특정국가의 중재법, 특히 그의 국제적 강행규정의 제약으로부터 벗어나 중재절차를 자유로이 형성할 수 있다는 취지인지에 관하여는 견해가 나뉘는데 유력설은 이를 긍정한다.[211] 다만 그 경우에도 적법절차요건은 충족시켜야 한다.[212] 긍정설에 따르면 중재판정부의 구성 또는 중재절차가 당사자 간의 합의에는 일치하나 중재절차의 준거법의 강행규정에 반하는 경우에도 다른 체약국에서의 집행은 거절되지 않는다.[213] 이는 중재지가 집행단계에서 가지는 역할을 약화시키기 위한 것이다.[214] 주의할 것은, d호가 중재절차의 준거법에 관한 당사자자치를 허용하더라도 이는 뉴욕협약의 해석의 문제이고, 우리 중재법에서 보듯이 국내법상 제한은 별개인데, 이는 아래((3))에서 논의한다.

(2) 중재판정부의 딜레마

다만 위의 해석에 따르면 집행가능한 중재판정을 하려는 중재판정부는 딜레마에 빠질 우려가 있다. 만일 중재판정부가 당사자의 합의에 따르면 중재판정은 뉴욕협약에 따라 외국에서 집행될 수는 있으나 중재판정지 국가의 법원에 의하여 취소될 수 있고, 반대로 강행규정에 따르면 중재판정은 외국에서 집행이 거부될 수 있기 때문이다.[215]

---

209) van den Berg, p. 327.

210) Schwab/Walter, Kapitel 50 Rn. 2; Geimer(註 129), Rz. 3831.

211) 견해의 대립은 Schwab/Walter, Kapitel 50 Rn. 2 참조.

212) van den Berg, p. 324.

213) Holtzmann/Neuhaus, p. 917. 독일의 다수설은 당사자들은 특정국가의 중재법의 제약으로부터 벗어나 중재절차를 자유로이 형성할 수 있다고 본다. Schwab/Walter, Kapitel 50 Rn. 2 참조. 그러한 예로 당사자가 국제중재기관의 중재규칙을 선정한 경우를 들기도 하나 이는 부적절하다. 왜냐하면 위에서 본 바와 같이 그 경우 중재절차의 준거법이 없는 것이 아니라 중재절차의 준거법이 중재규칙과 함께 적용되기 때문이다. Redfern/Hunter, para. 2-13도 동지. 다만 ICSID 협약이 적용되는 투자자와 국가 간의 중재의 경우는 예외적으로 특정 국가의 중재법과 절연된다.

214) van den Berg, p. 326.

215) Holzmann/Neuhaus, p. 1060 이하, p. 916 이하; Fouchard/Gaillard/Goldman, para. 1702. 이 점은 모델법 제36조 제1항 a호 iv 및 제34조 제2항 a호 iv와 관련해서도 논의된다. 모델법 제36조 제1항 a호 iv의 성안과정에서, "다만 당사자 간의 합의는 당사자들이 배제할 수 없는 본 법의 규정에 저촉되어서는 아니 된다"라는 문구(이는 중재판정취소의 소에 관한 모

(3) 당사자자치에 대한 국내법에 의한 제한—우리 중재법의 경우

국가에 따라서는 당사자자치를 허용하지 않는 경우도 있으므로 뉴욕협약의 해석과 각국 중재법의 해석은 구별하여야 한다. 우리 중재법의 해석상 중재절차에 관한 당사자자치의 허용 여부에 관하여는 논란이 있다. 우리나라에서도 종래 중재절차의 준거법에 관하여 당사자자치를 허용하는 견해가 통설이다.[216] 그러나 중재법상 이러한 해석론은 허용되지 않는다고 본다. 즉 중재법(제2조 제1항)은 영토주의(또는 속지주의)를 취하므로 중재지가 한국 안에 있는 한 중재법이 적용되는데 동 항은 강행규정이고, 중재법(제20조 제1항)은 당사자들이 합의에 의하여 중재법의 강행규정을 배제하는 것을 허용하지 않기 때문이다.[217] 당사자의 합의가 준거법의 합의이든 중재절차의 내용에 관한 합의이든 마찬가지다.[218] 다만 중재법은 당사자의 자유, 즉 계약자유를 널리 인정하므로 당사자가 우리 중재법이 허용하는 범위 내에서 외국 중재법을 반영하여 중재절차를 자유로이 형성할 수 있어 실제는 별 차이가 없다. 하지만 논리적으로는 이는 당사자가 외국법을 중재절차의 내용으로 편입한 것(incorporation by reference)이지 중재절차의 준거법을 외국법으로 지정한 것은 아니다.[219]

나. 이유의 미비

법계에 따라서는 중재판정에 이유기재를 요구하는 국가와, 일부 영미법

델법 제34조 제2항 a호 iv에 포함되었고, 우리 중재법 제36조 제2항 라호도 유사하다)를 추가할 것을 검토하였으나 결국 포함시키지 않고 뉴욕협약(제5조 제1항 d호)과 동일하게 규정하였다. 다만 Schlosser(註 68), Rn. 449는 강행규정에 의한 제한을 인정하지 않지만 그렇다고 하여 당사자자치가 무제한적인 것은 아니고, 뉴욕협약에 포함된 강행법과 집행국의 공서에 의한 제한 등을 허용한다.

216) 예컨대 목영준, 81면 주 135.

217) Reithmann/Martiny/Hausmann, Rz. 3332; Bericht der Kommission zur Neuordnung des Schiedsverfahrens (1994), S. 75 참조.

218) 목영준, 81면 이하는 당사자의 합의가 없는 경우 중재절차법의 결정에 관한 입법례를 중재지법주의(뉴욕협약), 중재인결정주의(ICC 중재규칙 제15조 제1항)와 보완형으로 구분하고 우리 중재법(제20조 제1항)과 모델법은 보완형을 취한다고 설명한다. 보완형은 당사자의 합의가 없는 경우 중재지법을 적용하면서도 중재지법에 규정이 없으면 중재인에게 결정권을 주는 입법이다.

219) 차이가 있는 사례로는, 예컨대 Kompetenz-Kompetenz와 관련하여 만일 우리 중재법상 당사자가 합의하여 중재판정부의 판정권한을 배제할 수 없다고 보면서, 이는 중재절차의 준거법에 따를 사항이라는 견해를 취한다면, 중재지가 한국 안임에도 불구하고 당사자가 이를 허용하는 영국법을 준거법으로 선택함으로써 중재인의 판정권한을 배제하는 것은 허용되지 않는 경우를 들 수 있을 것이다.

계 국가처럼 중재판정에 이유기재를 요구하지 않는 국가가 있다.[220] 따라서 중재판정지국이 이유기재를 요구하지 않는다면, 가사 집행지국의 중재법이 이유기재를 요구하고 이것이 강행적이더라도 이유기재의 결여는 승인거부사유가 되지 않는다고 본다.[221] 이런 법계의 차이는 알려져 있고 우리 중재법(제32조 제2항)상으로도 당사자의 합의로 이유기재를 면제할 수 있으므로, 당사자가 실제로 이를 인식하였는지는 불문한다.[222] 반면에 중재판정지국에서 또는 중재절차의 준거법상 이유기재가 법률상 요구되거나 관행적임에도 불구하고 전혀 기재하지 않은 경우 제1항 d호의 승인거부사유, 즉 중재절차의 하자가 된다.[223] 이 경우 이유기재의 결여는 공서위반이 될 수 있다는 견해도 있다.[224]

문제는 이유가 기재되기는 하였으나 불완전한 경우도 이에 해당하는가이다. 당사자가 주장한 일부 공격방어방법에 대하여 이유를 기재하지 않았거나, 기재하였더라도 불명확하여 판정주문과 이유 간에 논리적 연결을 찾을 수 없는 경우, 또는 이유 자체로 모순되는 경우 중재절차의 하자가 있다는 견해[225]가 있다. 반면에 중재판정의 이유에 대해 법원판결의 이유에 대하여 요구하는 것과 동일한 척도를 적용할 것은 아니고, 이유기재가 전혀 없으면 d호의 사유가 되지만, 비록 이유에 결함이 있거나 잘못된 것이더라도 이유가 있으면 그렇지 않다는 견해도 있다.[226] 사견으로는 양자의 절충설을 취한다. 즉 이유가 있기만 하면 족하다고 보기는 어렵지만, 중재판정의 이유에 대해 법원판결의 이유에 대하여 요구하는 것과 동일한 엄격한 척도를 적용할 것은 아니므로 이유기재가 다소 미비하더라도 중대한 모순이 없다면 d호의 사유에 해당하는 것은 아니다.[227]

---

220) 그러나 영국도 1979년 개정된 중재법은 이유기재를 요구하고, 미국의 경우도 일부 주는 국제중재에서 이유기재를 요구한다. 목영준, 178면 이하 참조.

221) van den Berg, p. 381.

222) 그러나 중재판정지국에서 이유를 기재하지 아니한 중재판정을 인정하고, 그에 추가하여 당사자가 이를 알고 있을 경우 이유기재가 없는 판결의 집행이 공서위반이 되지 않지만 그렇지 않으면 공서위반이 된다는 견해도 있다. 김홍규, "외국중재판정의 승인·집행의 요건 및 절차," 상사중재연구총서 제22집(대한상사중재원, 1980) 10면; 이호원, 695면.

223) 목영준, 229면도 동지(중재판정의 취소의 맥락에서).

224) Stein/Jonas/Schlosser, Anhang § 1061 Rn. 155 참조.

225) 목영준, 229면은 중재판정의 취소사유의 맥락에서 이를 중재절차의 하자로 본다.

226) Schwab/Walter, Kapitel 24 Rn. 25.

227) Stein/Jonas/Schlosser, Anhang § 1061 Rn. 155는 절차적 공서의 맥락에서 이유기재가 공허한 상투적인 문구이거나 중대한 모순이 있어서는 아니 된다고 한다. 다만 이유미비의 경우

다. 판단누락(판단유탈)

판정누락에 관하여는 위(3.라.)에서 보았고 여기에서는 판단누락을 논의하는데, 이는 당사자가 제출한 공격방어방법으로서 중재판정의 주문에 영향을 미칠 사항에 대하여 중재판정의 이유 중에서 판단을 표시하지 아니한 경우를 말한다.[228] 판단누락이 당연히 승인거부사유가 되는 것은 아니고, 판단누락이 없었더라면 판정의 결과가 달라졌을 경우 승인거부사유가 되는지가 문제인데, 이 점은 아래(라.)에서 논의한다.

뉴욕협약은 제네바협약(제2조 제2항)[229]과 달리 판단누락을 승인거부사유로 명시하지 않고, 또한 뉴욕협약(제5조)의 승인거부사유는 제한적이므로 열거되지 않은 사유로 집행을 거부할 수는 없다는 부정설도 유력하나,[230] 판단유탈의 경우 중재절차에 하자가 있다거나 또는 공서위반으로 보아 긍정하는 견해도 유력하다.[231] 우리나라에서는, 중재판정 취소의 맥락에서 판단누락 자체가 취소사유는 아니지만, 중재법(제36조 제2항 제1호 라목)의 중재절차의 하자에 해당하여 취소사유가 된다는 견해가 유력한데,[232] 이는 승인거부사유의 맥락에서도 동일하게 볼 것이다. 생각건대 판단누락은 원칙적으로 승인거부사유는 아니라고 보는 것이 뉴욕협약의 문언에 충실하지만, 판단누락이 판정문상 명백한 때에는 승인거부사유로 볼 수 있을 것이다.

그것만으로, 아래에서 논의하는 중재판정의 결과에 영향을 미치거나 미칠 수 있을 것이라는 요건이 구비되는지는 의문이다.

228) 이시윤(註 90), 819면; 목영준, 231면.

229) 제네바협약(제2조 제2항)은, 제출된 모든 '쟁점'(questions)에 대하여 판단하지 않은 불완전한 중재판정의 집행을 구하는 경우, 집행국 법원은 결정을 연기하거나 담보의 제출을 조건으로 집행을 허가할 수 있다고 규정한다.

230) van den Berg, p. 318 이하 특히 p. 321; 이호원, 683면; 김상호(註 102), 55면. 안병희, "중재법원과 국가법원과의 상관관계에 관한 연구," 연세대학교 대학원 법학박사학위논문 (2000), 118면. Fouchard/Gaillard/Goldman, para. 1630도 프랑스법의 맥락에서 동지인데 이는 'claim'과 'issue'를 명확히 구분한다.

231) Stein/Jonas/Schlosser, Anhang § 1061 Rn. 115; Schlosser(註 68), Rn. 860; Redfern/Hunter, para. 9-27. 목영준, 231-232면은 중재판정 취소의 맥락에서 판단누락과 이유기재의 흠결을 동일시하고 판단누락을 취소사유로 본다.

232) 목영준, 232면; 강병근(註 43), 15면; 김상수, "중재판정취소의 소의 적법성," 중재 299호 (2000), 109면; 주석중재법/손용근 · 이호원, 216면. 특히 주석중재법/손용근 · 이호원, 390면 (특히 주 74)을 보면 이호원 원장의 종전 견해와는 좀 다른 것으로 보인다. 즉 원칙적으로는 승인거부사유가 되지 않는다고 하면서도 판단누락이 이유불기재에 상응할 정도에 해당한다면 중재절차에 하자가 있는 경우로서 뉴욕협약 제5조 제1항 d호에 해당할 수 있다고 한다. 장문철(註 43), 65면은 제1항 c호 또는 d호의 문제로 해결할 것이라고 한다.

판단누락이 중재판정지법에 따라 중재판정 취소사유라면 중재판정에서 진 당사자는 당해 국가에서 중재판정을 먼저 취소시키고 뉴욕협약 제5조 제1항 e호를 근거로 집행국에서 집행을 저지할 수 있다.[233)]

라. 중재판정부의 구성(또는 중재절차의 하자)이 중재판정의 결과에 영향이 없는 경우

중재판정부의 구성이나 중재절차에 하자가 있었지만 그것이 중재판정의 결과에 영향을 미치지 않을 정도로 사소한 것인 경우, 또는 그러한 하자와 중재판정 간에 인과관계가 없는 경우 승인거부사유인지가 문제된다. 승인거부사유는 제한적으로 해석할 것이고, 제5조 제1항은 집행 거부에 관하여 집행국 법원에 재량을 부여하므로 부정설이 유력하다.[234)] 그러나 이를 너무 엄격히 요구할 것은 아니고 중재판정의 결과에 영향을 미칠 수 있었던 합리적인 개연성이 있으면 승인거부사유를 인정해야 할 것이다.[235)] 방어권의 침해와 비교할 때 중재절차의 하자가 승인거부사유가 되기 위하여는 상대적으로 엄격한 요건이 필요하다고 본다.

마. 외국의 중재절차에서 하자에 대하여 이의하지 않은 경우

외국중재판정에서 패한 피신청인이 외국의 중재절차에서 하자에 대하여 이의할 수 있었음에도 불구하고 이의하지 않았다면 우리나라의 집행단계에서 중재판정부의 구성이나 중재절차의 하자를 이유로 제5조 제1항 d호를 주장하여 집행을 저지할 수 있는가가 문제된다.[236)] 이는 세 가지 경우를 나누어 볼 필요가 있다.

첫째, 예컨대 하자를 주장하는 당사자가 중재판정 후에 비로소 하자의 존재를 알게 된 경우와 같이 중재절차에서 하자를 주장할 수 없었거나 주장하는 것을 기대할 수 없었던 경우. 이 경우 피신청인이 우리나라의 집행단계에서 비로소 d호를 주장하여 집행을 저지할 수 있음은 별 의문이 없

---

233) van den Berg, p. 321.

234) 이호원, 684면; 목영준, 258면; 손경한, 158면; 김홍규(註 222), 12면; 조재연, 183면; 서철원(註 102), 136면; Fouchard/Gaillard/Goldman, para. 1703; Tweeddale/Tweeddale, para. 13.25.

235) Stein/Jonas/Schlosser, Anhang § 1061 Rn. 122. 그러나 손경한, 158면은 중재절차의 하자와 중재판정의 결과 간에 인과관계가 있을 것을 요구한다.

236) 이는 사기에 의하여 획득한 외국판결의 집행에서도 문제된다. 석광현, 국제사법과 국제소송 제4권(2007), 252면 이하 참조.

다.[237] 이는 위에서 언급한 대법원 2004. 10. 28. 선고 2002다74213 판결로부터도 알 수 있다.

둘째, 피고가 중재절차에서 하자를 이미 알았거나 알 수 있었고 따라서 주장할 수 있었음에도 불구하고 주장하지 않았다가 우리나라의 집행단계에서 비로소 주장하는 경우. 이 경우 중재절차의 안정성 보장, 금반언의 법리와 절차법상의 책문권의 상실 등에 비추어 집행단계에서 주장할 수 없다는 견해가 유력하다.[238] 이는 중재절차에서 하자를 주장하지 않음으로써 차단효(preclusive effect)가 발생한다는 것인데 저자도 이를 지지한다. 우리 중재법(제5조)에 따르면, 당사자가 중재법의 임의규정 또는 중재절차에 관한 당사자 간의 합의에 위반한 사실을 알고도 지체없이 또는 정해진 기간 내에 이의를 제기하지 않으면 이의신청권을 상실한다는 점도 고려할 필요가 있다. 다만 그에 대한 예외로서 중재법(제36조와 제37조)이 정한, 법원이 직권으로 판단할 사항의 경우, 즉 중재가능성의 결여와 공서위반의 경우에는 중재판정부나 법원은 제기시기에 관계없이 이의에 대하여 판단할 수 있다고 보아야 할 것이다.[239]

셋째, 피고가 중재절차에서 하자를 이미 알고 있어 이를 주장하였음에도 불구하고 중재판정부가 배척한 경우. 이 경우 실질재심사금지의 원칙을 존중한다면, 그리고 사기에 의하여 획득한 판결의 집행이 공서위반인가에 관한 위 대법원 2004. 10. 28. 선고 2002다74213 판결[240]을 고려하면 이를 부정할 여지가 있다. 그러나 외국판결의 집행의 경우 우리 법상 매우 엄격한 공서위반의 틀 안에서 논의되므로 실질재심사금지의 범위를 너무 확대할 것은 아닌 데 반하여, 중재절차의 하자는 뉴욕협약상 공서위반과는 별도의 승인거부사유로 상대적으로 넓게 규정되어 있으므로 외국판결에 관한 대법원판결과 달리 외국중재판정의 경우 이 때에도 승인거부사유를 주장할 수

---

237) Nagel/Gottwald(註 95), § 16 Rz. 121.

238) 이호원, 684면; 목영준, 259면; 손경한, 158면; 조재연, 179면; 서철원(註 102), 136면. 실제로 이의하지 않았어도 이의할 권리를 유보하였다면 주장할 수 있다. Tweeddale/Tweeddale, para. 13.82.

239) Holtzmann/Neuhaus, p. 483. Tweeddale/Tweeddale, para. 13.81도 참조. 그러나 아래에서 언급하는 국제법협회(ILA) 국제상사중재위원회의 공서에 관한 보고서(Report on Public Policy as a Bar to Enforcement of International Arbitral Awards)의 권고 2는 그 경우에도 중재절차에서 이의하였을 것을 요구한다.

240) 저자는 위 판결의 결론을 대체로 지지하였다. 석광현, 국제사법과 국제소송 제3권(2004), 254면.

있다고 본다.[241]

바. 외국에서 중재판정 취소 등 사후적 구제절차를 소진해야 하는지

외국중재판정에서 패한 피신청인이 당해 외국에서 중재판정 취소의 소 등의 법적 구제수단을 통하여 절차상의 하자를 시정하기 위한 노력을 하지 않았더라도 우리나라에서 중재판정의 집행단계에서 d호를 주장하여 집행을 저지할 수 있는가가 문제된다. 외국판결의 집행과 관련하여서는 견해가 나뉘지만,[242] 중재의 경우 가능하다는 데 별 의문이 없다. 즉 중재판정지에서 중재판정취소의 소를 제기하는 공격적인 태도를 취할지, 아니면 기다렸다가 중재판정의 집행단계에서 소극적으로 저항하는 태도를 취할지는 중재판정에서 패한 당사자의 선택에 달려 있다.[243]

5. 중재판정의 구속력의 결여 또는 취소 · 정지(제1항 e호)

중재판정이 당사자에 대한 구속력을 아직 발생하지 아니하였거나, 또는 중재판정지국, 또는 중재판정의 기초가 된 법령이 속하는 국가의 권한 있는 기관에 의하여 취소 또는 정지된 것은 중재판정의 승인거부사유가 된다(제5조 제1항 e호). 전단은 중재판정의 구속력이 아직 발생하지 않은 경우에, 후단은 중재판정이 이미 구속력을 발생하였으나 그 후 취소 · 정지된 경우에 적용된다. 요컨대 제1항 e호는 ① 구속력의 결여와 ② 중재판정의 취소 · 정지라는 두 가지 승인거부사유를 규정한다.[244]

---

241) 그러나 영국에는 외국 소송절차에서 사기가 이미 주장되었으나 기각되었더라도 영국에서 사기를 이유로 외국판결의 승인을 거부할 수 있고 그 경우 실질재심사를 할 수 있다고 한다. Cheshire/North(註 115), p. 442. 반면에 중재인들이 사기의 주장에 대하여 이미 판단한 때에는 외국중재판정의 집행단계에서 영국 법원은 재심사할 수는 없다는 견해가 있다. Cheshire/North(註 115), p. 529. 다만 위에서 밝힌 바와 같이 이 점은 좀더 체계적인 검토가 필요하다.

242) 상세는 석광현, 국제사법과 국제소송 제4권(2007), 257면 참조.

243) Redfern/Hunter, para. 10-02, para. 10-76 이하; Tweeddale/Tweeddale, para. 13.77 이하 참조.

244) 뉴욕협약상 중재판정의 취소는 승인거부사유지만, 1961년 4월 21일 제네바에서 서명된 "국제상사중재에 관한 유럽협약"(European Convention on International Commercial Arbitration)("유럽중재협약")은 더 나아가 뉴욕협약상 승인거부사유 중 처음 네 가지 사유에 상응하는 사유로 인하여 체약국에서 중재판정이 취소된 경우에만 다른 체약국이 중재판정의 집행을 거부할 수 있도록 한다(제9조 제1항). 유럽중재협약은 유럽 국가들, 특히 동유럽과 서유럽 간의 무역으로부터 발생하는 분쟁을 위한 절차를 확립하고 운영하기 위한 것이었는

가. 중재판정의 구속력이 발생하지 아니한 경우

(1) 구속력의 의미와 구속력 판단의 준거법

외국중재판정이 "구속력이 있다는 것"은 영문의 "binding"의 번역이다. 이는 제네바협약이 외국중재판정이 최종적일(final)[245] 것을 요구하였던 것과 비교하여 중요한 진전이다.[246] 즉 위에서 본 것처럼 제네바협약(제1조 제2항 d호)에 따르면 실무상 중재판정의 집행을 구하는 당사자는 중재판정이 최종적임을 증명하기 위하여는 중재판정지국에서 집행판결(*exequatur*)을 받아야 했다. 그러나 뉴욕협약은 단순히 구속력이 있을 것만을 요구하므로 중재판정지국의 집행판결, 집행가능성언 또는 집행허가는 불필요한데, 이에 관하여는 이견이 없다.[247]

다만 뉴욕협약은 중재판정의 구속력의 개념을 정의하지 않고, 또한 그 발생시기에 관하여도 규칙을 두지 않으므로 구속력의 개념과 발생시기의 결정이 문제된다.[248] 종래 우리나라에서는 중재판정의 구속력의 개념을 뉴욕협약 자체로부터 도출하여 통상의 불복방법으로 다툴 수 없게 된 상태로 이해하면서, 다만 구속력이 발생하는 시기의 준거법에 관하여 논의하는 경향이 있다.[249] 그 경우 구속력의 발생시기는 중재절차의 준거법에 따른다고 본

데, 중재판정의 집행은 다루지 않고 뉴욕협약에 맡긴다. Redfern/Hunter, para. 10-56; Fouchard/Gaillard/Goldman, para. 1714.

245) 목영준, 259면은 이를 '확정'이라고 번역한다. 법원판결의 경우 영미법상으로는 1심판결이 선고되어 'final and conclusive'(최종적이고 종국적인)하여 당해 법원을 구속하더라도 항소가 제기되어 아직 우리 법상의 형식적 확정력에 상응하는 효력이 발생하기 전이라면 한국에서는 승인될 수 없다. 따라서 영미에서 말하는 'final and conclusive'를 '확정'으로 이해하는 것은 정확하지 않고, '종국적'으로 보아야 할 것이다. 석광현, 국제사법과 국제소송 제1권(2001), 265면 참조. 다만 영국에서는 이렇게 보기도 하나 finality를 우리나라에서 말하는 중재판정부에 대한 기속력을 의미하는 것으로 보면서 종국판정이든 아니든 모든 중재판정은 final하다는 견해도 있다. Tweeddale/ Tweeddale, paras. 10.32, 10.33.

246) van den Berg, p. 332. 뜻밖에도 목영준, 260면은 final과 binding은 실제상 차이가 없다고 한다.

247) van den Berg, p. 337.

248) Schwab/Walter, Kapitel 57 Rn. 20; van den Berg, p. 341; Fouchard/Gaillard/Goldman, para. 1678 이하를 모아보면 그러하다. 예컨대 구속력이 있다는 의미가, 중재절차상의 이의(arbitral appeal)가 가능하지 않다는 것인지, 모든 이의가 가능하지 않다는 것인지, 아니면 특히 절차적인 이유에 기한 특별한 불복절차(extraordinary recourse)가 가능하지 않다는 것인지 논란이 있다. van den Berg, p. 342 참조. 그 밖에 준거법에 관하여 1998년 벨기에 파기원은 중재합의의 준거법에 따른다는 견해를 취하였다고 한다. Tweeddale/Tweeddale, para. 13.33.

249) van den Berg, p. 345, p. 357; 목영준, 260면; 단적으로 손경한, 144면. 그러나 Fouchard/

다.[250] 논자에 따라서는 중재판정의 준거법,[251] 또는 중재지법에 의할 것이라고 하는데,[252] 중재판정지법과 중재절차의 준거법은 통상 동일하므로[253] 이는 모두 같은 취지라고 본다. 가장 큰 논거는, 뉴욕협약(제5조 제1항 마호)이, 중재판정이 중재판정지 국가 또는 중재절차의 준거법 소속국의 권한 있는 기관에 의하여 취소 또는 정지된 경우라고 규정함으로써 중재판정의 취소와 정지의 준거법을 명시하므로, 구속력에 관하여도 동일한 준거법에 따른다는 것이다.[254]

(2) 중재법에 따른 우리나라 중재판정의 구속력의 발생 시기

우리나라가 중재지인 경우 구속력의 발생시기에 관하여 명시적인 규정이 없지만 통상의 불복절차와 특별한 불복절차를 구별하는 견해가 유력한데, 양자의 구별은 우리 법상 소송절차 일반의 상소 및 재심제도 등과 대비하면서, 불복기한의 장단, 집행정지 효력의 유무, 판정의 내용 즉 본안에 대하여 불복할 수 있는지 또는 법정의 특별한 사유가 있는 경우에만 불복할 수 있는지 여부를 종합적으로 고려하여야 판단할 사항이다.[255] 우리 중재법상 중재판정

Gaillard/Goldman, para. 1678 이하는 구속력의 발생시기뿐만 아니라 개념 자체의 준거법에 관한 견해의 대립도 다음과 같이 비교적 상세히 논의한다.

1설은 뉴욕협약의 독자적인 개념을 긍정하는 견해인데, 이도 다시 나뉘나 다수설은 통상의 불복방법과 특별한 불복방법을 구분하여, 통상의 불복방법에 의해 중재판정에 대해 다툴 수 없게 된 상태를 구속력이 있는 것으로 이해한다(이는 위에서 본 우리의 주류적인 견해이다). 2설은 중재판정의 기초가 되는 절차, 즉 중재절차의 준거법에 따라 중재판정이 구속력이 있으면 뉴욕협약상 구속력이 있다고 본다. Fouchard/Gaillard/Goldman, para. 1682는 다음의 이유로 2설을 지지한다. 첫째, 뉴욕협약(제5조 제1항 e호)이, 중재판정의 취소와 정지의 준거법을 명시하므로 구속력에 관하여도 동일한 준거법에 따른다. 둘째, 중재판정은 고립적으로 존재할 수 없으므로 구속력은 어떤 법체계로부터 도출되어야 하는데 뉴욕협약 자체는 이를 명시하지 않으므로 그로부터 도출할 수는 없고 특정국가의 법체계로부터 도출되어야 한다. 만일 뉴욕협약이 스스로 그러한 법체계가 되기를 의도하였더라면 명시적인 규정을 두었을 것이다. 셋째, 지금과 달리 뉴욕협약의 채택시에는 중재지가 중요한 의미를 가지고 있었는데, 외국중재판정의 구속력을 뉴욕협약 자체로부터 도출하는 것은 탈지역화를 허용하는 결과가 되는데, 그는 이를 허용하지 않는 뉴욕협약과는 배치된다.

250) Schwab/Walter, Kapitel 57 Rn. 20; 목영준, 260면; 이호원, 686면; 손경한, 144면; 오창석, "관할법원에 송부 · 보관되지 않은 중재판정의 효력," 중재연구 제15권 제3호(2005. 12.), 78면.

251) 양병회(註 44), 801면. Holzmann/Neuhaus, pp. 1010-1011은 모델법상 중재판정의 구속력의 발생 시기는 중재판정의 준거법에 따른다고 한다. Tweeddale/Tweeddale, para. 13.34에 인용된 나폴리 항소법원과 미국 법원의 판결들.

252) Fouchard/Gaillard/Goldman, para. 1682 참조.

253) Schwab/Walter, Kapitel 53 Rn. 1. 물론 위에서 본 것처럼 우리 중재법의 해석상 중재절차의 준거법은 항상 중재지법이라면 양자는 동일하다.

254) 김홍규(註 222), 11면; 이호원, 686면; Schwab/Walter, Kapitel 53 Rn. 1.

255) 이호원, 687면.

에 대하여는 통상의 불복방법, 즉 전면적인 진정한 불복(genuine appeal in full)이 없고, 중재판정취소의 소는 특별한 불복방법이므로 중재판정은 통상 선고와 동시에 구속력을 가지고, 중재판정취소의 소가 가능하다는 사실은 구속력의 발생을 방해하지 않는다.[256]

또한 중재법(제32조 제4항)이 요구하는 중재판정 원본의 법원에의 송부·보관은 중재판정의 구속력의 발생요건은 아니다.[257]

(3) 임시판정(또는 중간판정)도 집행의 대상인가

승인 및 집행의 대상이 되는 중재판정이 종국판정만을 의미하는지 아니면 임시판정(또는 중간판정)도 포함하는지가 문제된다. 분쟁을 종국적으로 해결하는 종국판정이 있으면 중재판정부의 임무는 원칙적으로 종료되나,[258] 임시판정(또는 중간판정)의 경우에는 그렇지 않다. 우리 중재법에는 중간판정과 임시판정에 관한 조항이 없는데—그럼에도 불구하고 중재판정부는 중간판정 또는 임시판정을 할 수 있다—, 뉴욕협약도 규정을 두지 않으므로 논란이 있으나, 뉴욕협약의 해석상 종국판정만이 집행의 대상이 되는 중재판정이라고 본다.[259] 이는 외국판결의 집행의 맥락에서 종국판결만이 집행의 대상이 된다는 결론과 유사하다.[260] 그러나 뉴욕협약이 중재판정의 종국성을 요구하지 않으므로 임시판정(중간판정)도 집행의 대상이 된다는 견해도 있다.[261]

임시판정(또는 중간판정)은 우리 법원의 중간판결에 상응하는 중재판정인데, 종국판정을 하기에 앞서 당사자 간에 쟁점이 된 사항에 대하여 미리 정리·판단을 하여 모든 관계자들의 시간과 비용을 절약하고, 종국판정을 용

---

256) 목영준, 260-261면; Schwab/Walter, Kapitel 57 Rn. 20; van den Berg, p. 345. 그러나 일부 국가에서는 중재판정은 등록시 비로소 구속력을 가진다. Tweeddale/Tweeddale, para. 13.35 이하 참조.

257) 오창석(註 250), 66면, 73면도 동지.

258) Redfern/Hunter, para. 8-40.

259) Lew/Mistelis/Kröll(註 86), 26-40. 독일에서도 이 견해가 유력하다. Stein/Jonas/Schlosser, Anhang § 1061 Rn. 11; Schwab/Walter, Kapitel 18 Rn. 9.

260) 석광현, 국제사법과 국제소송 제1권(2001), 266면.

261) 손경한, 143면. Derains/Schwartz(註 75), p. 320, Fn. 52 참조. 미국에는 이런 경향이 다소 강한 것이 아닌가 생각된다. 서울지방법원 1997. 4. 10. 선고 96가합64616 판결은 당해 사건에서 문제된 중간판정도 중재지국인 영국에서는 최종적인 판정의 성질을 가지는 점을 지적하고 집행판결을 허용할 수 있다고 판시하였다고 한다. 서울지방법원, 국제거래·상사소송의 실무(1997), 487면 이하 참조. 다만 위 책자만으로는 그것이 중간판정인지, 일부종국판정인지는 불분명하다. 손경한, 143면은 서울민사지방법원 1982. 12. 30. 선고 82가합5372, 7489 판결도 같은 취지로 소개한다.

이하게 하며 이를 준비하는 판정이다.[262] 예컨대 중재판정부의 권한(또는 관할권) 또는 분쟁의 실체의 준거법에 관한 중간판정이나, 손해배상의 책임과 배상액을 분리하여(separation of liability and quantum) 책임의 유무에 대하여만 하는 중간판정을 들 수 있다.[263] 이는 중재의 대상의 전부 또는 가분적 일부에 대한 종국적인 판단인 전부종국판정 또는 일부종국판정과는 구별되는데, 일부종국판정은 중간판정과 달리 집행의 대상이 된다.[264]

한편 잠정적으로 채무의 일부를 지급할 것을 명하는 임시판정이 중간판정인지 아니면 일부종국판정인지가 문제된다. 이는 자금의 흐름이 중요한 의미를 가지는 건설 또는 해상분야에서 유용한데, 중재인이 최종적인 금액은 아직 미정이지만 적어도 그 금액만큼은 지급할 의무가 있다고 판단하는 경우 그 범위 내에서 일종의 할부지급을 명하는, 본안의 예비적 판단이라고 할 수 있는 잠정적 판정이므로 종국판정은 아니다.[265]

우리나라에도 임시판정(또는 중간판정)은 예컨대 손해액의 결정을 뒤로 미루고 우선 손해배상책임의 유무를 결정하는 것처럼 중재판정에의 단계적 접근일 수 있고, 품질하자로 인한 손해배상액의 판정을 뒤로 미루고 수량부족으로 인한 손해배상액에 대해서만 판정을 내리되 그 부분에 한하여 다른 부분과 분리하여 최종적인 판정의 성질을 가질 수도 있는데, 전자는 집행의 대상이 아니지만, 후자는 중재지국법상 구속력이 있다면 집행할 수 있다는 견해가 유력하다.[266] 또한 대여원금(또는 배상액 원본)에 대해서는 판정하였으나 이자에 대해서는 미결인 판정의 경우 기결부분과 미결부분이 분리가능하므로 기결부분의 집행을 인정한 하급심판결[267]이 있고 이를 지지하는 견해

262) 이는 중간판결의 개념(이시윤(註 90), 537면)을 따라 정의해본 것이다.

263) 이는 실제로 국제거래로부터 발생하는 많은 분쟁, 특히 건설 프로젝트 또는 지적재산권 분쟁에서 책임의 유무에 관한 판단과 청구권의 계량을 분리하여 전자에 대해 먼저 판단하고 후자를 뒤에 판단하는 경우에 행해진다. Redfern/Hunter, para. 6-35 이하 참조.

264) Stein/Jonas/Schlosser, Anhang § 1061 Rn. 11. 외국에도 뉴욕협약이 적용되는 경우 중간판정의 집행에는 아무런 문제가 없다고 소개하기는 견해도 있으나(조재연, 181면) 이는 너무 나간 것이다. 이러한 중간판정은 판정의 내용상 집행의 대상이 아니라고 볼 여지도 있으나, 아래에서 보는 잠정판정은 지급을 명하는 것이므로 그렇지 않다.

265) Stein/Jonas/Schlosser, Anhang § 1061 Rn. 11. 목영준, 161면은, 영국 중재법(제39조)은 당사자 간에 합의가 있는 경우에 한하여 잠정적 판정(provisional award, interim injunction)을 허용하나, 우리 법상 허용되지 않는다고 한다. 영국의 1996년 중재법에서는 'interim award' 라는 용어는 삭제되었다. Robert Merkin, Arbitration Act 1996 (1996), p. 77.

266) 조재연, 181면; 이호원, "仲裁判定의 執行判決節次," 민사소송 제9권 제1호(2005), 274면.

267) 서울민사지방법원 1982. 12. 30. 선고 82가합5372 판결.

가 있다.[268] 그러나 이는 중간판정이 아니라 일부종국판정으로 보인다. 다만 손해액의 결정을 미루고 우선 손해배상책임의 유무를 결정하는 중재판정은 만일 후에 손해액의 결정이 예정되어 있다면 임시판정(또는 중간판정)일 것이다.

(4) 중재판정부의 임시적 처분의 승인 및 집행

중재판정만이 집행의 대상이 되므로 예컨대 우리 중재법(제18조)에 따라 중재인이 결정의 형식으로 명하는 임시적 처분은 집행의 대상이 되지 않는다.[269] 그런데 UNCITRAL은 임시적 보호처분(interim measures of protection)에 관한 규칙을 모델법에 추가하기 위한 작업을 추진한 결과 2006년 6월—7월에 개최된 제39차 본회의에서 모델법의 개정안을 채택하였다. 개정안 제4장의2(Chapter IV bis)는 '임시적 처분과 사전명령'이라는 장을 신설하여 그에 관하여 규정한다.[270] 임시적 처분(interim measures)은 상대방에 대한 통지 후에 내려지는 것으로, 관할법원에 집행을 신청할 수 있고 법원은 승인거부사유가 없는 한 이를 집행해야 한다. 반면에 사전명령(preliminary orders)은 임시적 처분의 집행을 확보하기 위하여 일방당사자의 신청에 의하여 내려질 수 있으나 20일 동안만 효력이 있으며 집행의 대상이 되지 않는다. 개정안(제17조 제2항)은 현상유지를 위한 임시적 처분과 訴訟留止命令(anti-suit injunction)도 내릴 수 있음을 명시한다(다만 법원의 訴訟留止命令이 가능하다면 그것이 더 실효적일 것이다). 우리도 모델법의 개정내용을 중재법에 적절히 반영할 필요가 있다. 만일 이러한 견해가 확산된다면 임시적 처분의 집행에 관한 뉴욕협약의 해석론도 달라질 수 있고, 그 전이라도 최혜권리조항에 따라 외국에서 집행될 수 있을 것이다.

나. 중재판정이 취소 또는 정지된 경우

제5조 제1항 e호 후단은 이미 구속력이 발생한 중재판정이 권한 있는 기

268) 서철원(註 102), 137면.

269) 조재연, 181면도 동지. 중재법상 내국중재에서 중재인이 임시적 처분으로 하는 결정은 법원의 집행의 대상이 되지 않는다. 왜냐하면 중재법(제37조 이하)상 법원의 집행판결을 받을 수 있는 것은 중재판정에 한정되기 때문이다. 중재법은 중재인이 절차에 관하여 하는 판단은 결정의 형식으로, 본안에 관하여 하는 판단은 판정의 형식으로 하도록 이원화하고 있다. 반면에 독일 민사소송법(제1041조 제2항)은 법원은 중재인의 결정을 집행할 수 있다는 취지의 조항을 두고 있다.

270) 이는 2006년 말 유엔총회에서 채택된 것으로 보인다. 노태악 · 구자헌(註 152), 18면 이하; 강병근, "UNCITRAL 모델중재법의 개정 —제39차 유엔국제 무역법위원회 본 회의를 중심으로—," 한림법학 FORUM 제17권(2006), 8면 이하 참조.

관에 의하여 특별한 불복절차에 따라 취소 또는 정지된 경우 적용된다. 중재판정에 대한 통상의 불복절차는 그 절차가 진행중이거나 진행될 가능성이 있다는 이유만으로 승인거부사유가 되나, 특별한 불복절차의 경우 그 절차에 의해 실효적으로 중재판정이 취소 또는 정지된 경우에만 승인거부사유가 된다. 권한 있는 기관은 통상은 법원이다.

제1항 e호 후단은 한편으로는 중재지국에서 단순히 중재판정 취소 또는 정지의 소를 제기함으로써 집행을 좌절시킬 수 있어서는 아니 된다는 요청과, 다른 한편으로는 중재지국에서 중재판정의 취소 또는 정지를 구하는 소가 계속중임에도 불구하고 중재판정이 집행국에서 신속하게 집행됨으로써 후에 중재판정이 취소 또는 정지된 경우 집행을 막을 수 있는 장치가 무력화되는 것은 막아야 한다는 요청을 고려한 타협의 산물이다.[271] 뉴욕협약은 그 판단을 집행국의 법원의 재량에 맡긴다. 아직 중재판정이 취소 또는 정지되지는 않았으나 이를 구하는 소가 계속중인 경우, 중재판정의 집행의 신청을 받은 기관은 재량으로 판결을 연기할 수 있고, 적당한 담보의 제공을 조건으로 집행을 허가할 수도 있다(뉴욕협약 제6조). 이처럼 중재판정 취소의 소를 제기한 경우 이는 집행국의 집행절차에서 영향을 미칠 수 있는데, 이를 양 절차의 상호작용의 문제로 논의하기도 한다.[272]

(1) 국문번역의 잘못

제1항 d호의 영문은 "the award has not yet become binding on the parties, or has been set aside or suspended by a competent authority of the country in which, or under the law of which, that award was made."인데, 정부가 공포한 번역문은 "판정이 당사자에 대한 구속력을 아직 발생하지 아니하였거나 또는 판정이 내려진 국가의 권한 있는 기관이나 또는 그 국가의 법령에 의거하여 취소 또는 정지된 경우"이다(밑줄은 저자가 추가함). 그러나 밑줄 부분은 "판정이 중재판정의 기초가 된 법령이 속하는 국가의 권한 있는 기관에 의하여"라고 수정해야 한다. 즉, 중재판정을 취소할 수 있는 국가는 중재판정지국만이 아니라 중재절차의 준거법 소속국이라는 의미이다.[273] 대법원 2003. 2. 26. 선고 2001다77840 판결도 이 점을 정확히 지적하였다. 물

271) Fouchard/Gaillard/Goldman, para. 1691.

272) Fouchard/Gaillard/Goldman, para. 1676 이하 참조.

273) 이 점은 이호원, 685면 주 68; 강병근, 국제중재의 기본 문제(2000), 332면도 이미 지적하였다. 외교통상부는 마땅히 잘못을 바로잡고 관보에 고시하여야 한다.

론 당사자가 중재지가 아닌 다른 국가의 절차법을 적용하기로 합의하는 사례는 별로 없고, 따라서 그 다른 국가의 절차법에 따라 판정이 취소되는 사례가 일어날 가능성은 별로 없다.[274)]

(2) 중재판정의 취소 또는 정지

중재판정의 취소는, 권한 있는 기관이 중재판정의 효력을 소급적으로 소멸시키는 것이다.[275)] 중재판정의 정지는 그 취지가 다소 애매하나, 중재판정국의 법원이 중재판정의 유효성에 영향을 미칠 결함이 있는 것으로 의심하여, 관할 법원이 중재판정의 취소에 관하여 결정을 할 때까지 중재판정의 집행을 정지하는 경우를 말하는 것으로 보인다.[276)] 예컨대 중재판정에 기한 강제집행이 우리 민사집행법(제49조)에 의하여 정지된 경우가 이에 해당한다.[277)] 중재판정의 정지를 이유로 중재판정의 집행을 거부하기 위하여는, 중재절차에서 패한 당사자가 중재판정국의 법원이 중재판정의 정지를 명하였어야 하고, 법률의 규정에 의한 중재판정의 자동정지만으로는 부족한데, 왜냐하면 제1항 e호가 권한 있는 기관에 의하여 정지된 경우라고 명시하기 때문이다.[278)]

이와 관련하여 중재판정지국이 중재판정의 취소 또는 정지를 아예 허용하지 않거나, 또는 당사자의 배제합의를 허용하는데 당사자가 실제로 배제합의를 한 경우,[279)] 그러한 중재판정에는 뉴욕협약이 적용되지 않는다는 견해도 있다. 왜냐하면 뉴욕협약이 승인거부사유를 제한적으로 열거하는 것은 중재지국이 최소한의 사법적 통제를 하는 것을 전제로 하기 때문이라는 것이다. 그러나 뉴욕협약을 이처럼 제한적으로 해석할 근거는 없다.[280)] 그러한 중

---

274) Redfern/Hunter, para. 10-49, para. 2-20 이하.

275) 대법원 2004. 10. 14. 선고 2003다70249, 70256 판결.

276) van den Berg, p. 351; Fouchard/Gaillard/Goldman, para. 1690. 반면에 자동적으로 행해지는 승인을 정지하는 것은 논리적으로 어려울 것으로 생각된다. 그러나 헤이그 재판관할합의협약(제8조 제4항)은 통상의 불복이 가능한 때에는 승인 또는 집행을 연기하거나 거부할 수 있다고 하는데, 여기에서 '승인'이 거부할 수 있다에만 걸리는지 아니면 연기하거나에도 걸리는지는 애매하다.

277) 조재연, 185면.

278) van den Berg, p. 351; Fouchard/Gaillard/Goldman, para. 1690. 1979년 스웨덴 대법원은 그러한 취지로 판결하였다고 한다. 프랑스법상은 중재판정 취소의 소를 개시하면 그러한 효력이 발생한다. Fouchard/Gaillard/Goldman, paras. 1690, 1591 참조.

279) 전자는 1985년부터 1998년까지의 벨기에 사법법의 경우이고, 후자는 1989년 개정된 현행 스위스 국제사법인데, 벨기에와 스웨덴의 경우도 후자와 같다. Fouchard/Gaillard/Goldman, para. 1688.

280) Fouchard/Gaillard/Goldman, para. 1689.

재판정도 뉴욕협약에 따라 집행될 수 있다.

(3) 중재판정의 취소 또는 정지를 할 수 있는 법원과 그의 준거법

여기에서 중재판정지나 중재절차의 준거법 소속국은 한정적인 열거이므로, 이들 국가의 권한 있는 기관(통상은 법원)이 중재판정의 취소 또는 정지의 소에 대하여 專屬的 國際裁判管轄을 가지고, 기타 국가의 기관에 의하여 중재절차가 취소 또는 정지되더라도 승인거부사유가 되지 않는다.[281] 제1항 e호에 따라 관할을 가지는 국가에서 중재판정이 취소 또는 정지되면 족하고, 그 근거가 뉴욕협약상의 승인거부사유인지는 불문한다. 즉 뉴욕협약 자체는 중재판정의 취소에는 적용되지 않지만, 제1항 e호는 중재판정의 취소 또는 정지의 사유를 직접 규정하지 않고 이를 제한하지 않으므로, 중재지 또는 중재절차의 준거법 소속국법에 따른 중재판정의 취소 또는 정지사유에 의하여 승인거부사유가 사실상 확장된다.[282] 중재지법에 의한 통제를 인정하는 점과 어떤 절차의 위반이 승인거부사유가 되는지에 관하여 명확한 기준을 제시하지 않는 점에 대하여는 중재의 진정한 국제화에 장애가 되는 것으로 부당하다는 비판이 있다.[283]

(4) 집행에 관한 판결[284]의 연기

아직 중재판정이 취소 또는 정지되지 않았으나 이를 요구하는 신청이 1항 e호에 규정된 권한 있는 기관에 제기되었을 때에는, 중재판정의 집행의 신청을 받은 기관은 적절하다고 인정될 경우 그에 관한 판결을 연기할 수 있고, 또한 중재판정의 집행을 요구하는 당사자의 신청에 의하여 타방당사자에게 적당한 보장(또는 담보)을 제공할 것을 명할 수 있다(뉴욕협약 제6조). 즉 이 경우 집행에 관한 판결의 연기 여부는 집행국 법원의 재량에 따른다. 구속력의 유무가 다투어지고 있는 중재판정에 대해 집행을 허용하면서 법원의 재량으로 연기할 수 있도록 규정하는 태도는 우리에게는 생소하다. 외국판결의 경우도 우리나라에서는 확정판결만이 집행의 대상이나, 영미에서는 확정되지 않은 판결도 집행의 대상으로 하되 집행국 법원이 재량으로 소송절차를 중지할 수 있도록 하는데, 국제적으로는 영미의 접근방법이 선호되고 있

281) van den Berg, p. 350; Fouchard/Gaillard/Goldman, para. 1687; 이호원, 688면; 서철원(註102), 138면.

282) van den Berg, p. 22; 이호원, 688면.

283) Fouchard/Gaillard/Goldman, para. 1701; Redfern/Hunter, para. 10-46.

284) 이는 뉴욕협약의 용어이다. 집행지가 우리나라면 이는 집행판결이 된다.

다.[285] 뉴욕협약도 이의 연장선상에 있다.

(5) 중재판정의 취소 또는 정지시의 중재판정의 집행

뉴욕협약(제5조)상 승인거부사유가 존재하더라도 집행국 법원이 재량으로 집행을 허가할 수 있으므로, 중재판정지에서 취소된 중재판정이더라도 다른 국가에서 집행될 수 있다. 또한 아래에서 보듯이 뉴욕협약(제7조 제1항)상 집행국법원은 뉴욕협약보다 좀더 우호적인 조항(more favourable right provisions)에 기하여 중재판정지에서 취소 또는 정지된 외국중재판정을 집행할 수도 있다. 논리적으로는 중재판정이 취소되면 소급적으로 효력을 상실하므로 집행할 대상이 없다고 볼 수도 있지만, 중재판정이 국제적으로 승인되지 않는 사유로 취소된 때에는 그럼에도 불구하고 집행할 수 있다는 것이다. 특히 무국적중재판정을 인정하는 견해는 후자를 취하면서 그 경우 집행국은 중재지국 법원의 취소를 무시하여야 한다고 한다.[286] 따라서 경우에 따라 중재지국의 중재판정 취소소송과 집행국의 집행판결청구소송이 병행할 수도 있고 양자가 상충되는 결론에 이를 수도 있는데, 이는 중재지국과 집행국의 사법적 통제를 모두 허용하는 뉴욕협약에 내재하는 위험이다.[287]

어쨌든 뉴욕협약은 이를 허용하는데, 실제로 이에 해당하는 유명한 사례로는, 스위스 법원에 의하여 중재판정이 취소되었음에도 불구하고 프랑스 법원이 스위스의 중재판정을 승인한 Hilmarton 사건 판결[288]과, 중재판정부가 당사자들이 합의한 실체의 준거법을 적용하지 않았다는 이유로 이집트의 항소법원이 중재판정을 취소하였음에도 불구하고 콜럼비아지구 미국연방법원이 이집트의 중재판정의 집행을 허용한 Chromalloy 사건 판결[289]이 있다. 이러

285) 예컨대 민사 및 상사사건의 재판관할과 재판의 집행에 관한 유럽연합규정(브뤼셀규정)(제37조 제1항), 헤이그국제사법회의의 민사 및 상사사건의 국제재판관할과 외국재판에 관한 협약 1999년 초안 및 2001년 초안(각 제25조 제4항)과 재판관할합의협약(제8조 제4항) 참조.

286) Tweeddale/Tweeddale, para. 13.85.

287) Fouchard/Gaillard/Goldman, para. 1692.

288) 소개는 Redfern/Hunter, paras. 10-48, 10-72; Lew/Mistelis/Kröll(註 86), para. 17-31 참조. 준거법은 스위스법이었는데 중재인은 중개를 금지한 알제리법에 반한다는 이유로 계약이 무효라고 보았으나, 제네바 법원은 스위스법상 유효하다고 판단하여 중재판정을 취소하였다. 하지만 프랑스 법원은 스위스에서 취소된 중재판정을 집행하였다. 뉴욕협약과는 달리 프랑스 신 민사소송법은 원칙적으로 중재지 법원에 의하여 취소되었거나 정지된 외국판정의 집행을 거부하지 않는다.

289) *Chromalloy Aeroservices Inc. v. Arab Republic of Egypt,* 939 F.Supp. 907 (D.D.C. 1996). 소개는 Joseph E. Neuhaus, Current Issues in the Enforcement of International Arbitration Awards, 36 U. Miami Inter-Am. L. Rev. 23, 35 (2004); Redfern/Hunter, para. 10-48, 10-72 참조.

한 판정이 제기한 문제를 '*Chromalloy* Problem'이라고도 부르는데, 그 후 미국 법원이 이를 따르지는 않는 것으로 보인다.[290)]

위 두 가지 극단적인 견해와 달리 근자에는 국제예양을 중시하는 견해도 주장되고 있다. 이는 집행국 법원이 중재판정을 취소한 중재판정지국 법원의 재판을 존중할 법적인 의무는 없지만 국제예양의 원칙상 이를 존중하는 것이 바람직하다고 본다.[291)]

(6) 집행에 관한 판결을 연기할 경우 우리 법원의 주문

뉴욕협약에 따라 집행에 관한 판결을 연기할 경우, 만일 집행국이 우리나라라면 법원은 주문을 어떻게 내야 하는지가 문제된다. 논리적으로는 집행판결청구의 소의 소송절차를 중지할 수 있을 것으로 본다. 그러나 이 경우 민사소송법상 소송절차의 중지가 불가능하다는 견해에 따르면 실무적으로는 집행판결 절차에서 기일을 추정하거나 먼 장래의 일자로 잡을 수 있을 것이다. 이처럼 소송절차를 연기 또는 중지할 필요성이 점차 커지고 있는데,[292)] 뉴욕협약 가입시 위의 경우 소송절차를 중지할 수 있도록 민사소송법에 명시하였더라면 하는 아쉬움이 있다.

(7) 집행에 관한 판결 후의 중재판정의 취소 또는 정지

외국중재판정의 집행에 관한 판결이 있은 뒤에 중재판정지국에서 중재판정이 취소 또는 정지된 경우의 처리가 문제된다. 이 경우 집행지국은 집행에 관한 판결을 취소할 수 있어야 합리적일 것이나,[293)] 그 구체적인 방법은 집행국법에 따를 사항이다.[294)] 뉴욕협약(제3조)도 "각 체약국은 중재판정을 다음 조항에 규정한 조건하에서 구속력 있는 것으로 승인하고 그 판정이 원용될 영토의 절차 규칙에 따라서 그것을 집행하여야 한다"고 규정하므로 그렇게 해석할 것이다. 우리 법상 집행판결 청구소송의 변론종결 후에 그러한 사

---

290) Neuhaus(註 289), p. 36 이하 참조.

291) Tweeddale/Tweeddale, para. 13.92는 이런 태도를 취한 미국 법원의 판결들을 소개한다. 이와 관련하여 중재판정을 취소하는 중재판정지국 재판의 승인 및 집행이 민사소송법과 민사집행법이 정한 외국재판의 집행의 문제로 해결될 수 있는가라는 의문이 제기된다. 물론 뉴욕협약이 규율하는 범위 내에서는 그것이 우선한다.

292) 헤이그 재판관할합의협약(제8조 제4항)은 통상의 불복이 가능한 때에는 승인 또는 집행을 연기하거나 거부할 수 있다고 규정하므로 유사한 문제가 제기된다. 모델법(제34조 제4항)은 중재판정 취소의 신청을 받은 법원은 일정기간 취소절차를 중지할 수 있다고 규정하나, 우리 중재법은 이를 채택하지 않았다.

293) van den Berg, p. 351.

294) Fouchard/Gaillard/Goldman, para. 1692.

유가 발생한 때에는 이를 기초로 집행판결에 대한 청구이의의 소를 제기할 수 있을 것이다.

6. 중재가능성의 결여(제2항 a호)

분쟁의 대상이 집행국의 법상 중재가능성이 없는 것은 중재판정의 승인거부사유가 된다(제5조 제2항 a호). 분쟁의 중재가능성은 국가에 따라 상이한데, 승인거부사유인 중재불가능성의 판단기준은 집행국법이다.[295)]

가. 중재가능성

어떤 분쟁을 중재로 해결하기 위하여는 당해 분쟁이 중재로 해결할 수 있는 성질의 것이어야 한다. 예컨대 이혼사건과 같은 가족법상의 분쟁은 중재가능성이 없기 때문에 처음부터 중재에 의해 해결될 수 없다. 이것이 중재가능성(arbitrability, *arbitrabilité*)의 문제이다.[296)] 우리나라에서는 이를 '중재적격' 또는 '중재적격성'이라고도 하는데, 그 기준은 국가에 따라 상이하다. 개괄적으로는, 어떠한 분쟁이 순전히 당사자 간의 이해관계에만 관련된 경우 중재가능성을 긍정하지만, 당사자 간의 이해관계를 넘어 공익에 관련되는 경우 중재가능성은 부정되는데,[297)] 예컨대 국가가 특정유형의 분쟁의 해결을 통상의 법원에 맡기는 대신 특별한 기구를 설치하여 그 기구가 전담하도록 하는 경우 그 취지에 따라 중재가능성이 부정될 수 있다. 그 이유는 국가가 그러한 분쟁의 해결에 대하여 특별한 국가적 이익(special national interest)을 가지기 때문이다.[298)] 다만 단순히 특정 법원의 전속적 토지관할에 속하는 것

---

295) 이를 제한하기 위하여 미국의 법원처럼 국제적 중재가능성과 국내적 중재가능성을 구분하는 것도 하나의 방법이라고 한다. Fouchard/Gaillard/Goldman, para. 1707. 장래 뉴욕협약을 개정하는 기회에 각 국가별로 중재가능성이 없다고 판단하는 사건의 목록을 부록으로 첨부하자는 제안도 있었으나 별로 현실적이지 않다. 논의는 van den Berg, p. 375 참조.

296) 목영준, 46면. 독일 민사소송법(제1030조)은 이를 'objektive Schiedsfähigkeit'라고 하는데 직역하면 '객관적 중재능력'이다. 독일에서는 중재합의를 체결할 수 있는 당사자의 능력을 'subjektive Schiedsfähigkeit'(주관적 중재능력)라고 한다. Fouchard/Gaillard/Goldman, para. 533 이하는 주관적 중재가능성과 객관적 중재가능성을 구분하는데, 여기의 중재가능성은 후자이고, 전자는 개인(또는 기업)이 그의 특수한 지위로 인하여 분쟁을 중재에 회부할 수 있는가의 문제이다.

297) Steward E. Sterk, Enforceability of Agreements to Arbitrate: An Examination of the Public Policy Defense, 2 Cardozo L. Rev. 481, 483 (1981) 참조.

298) van den Berg. p. 369 참조.

만으로는 중재가능성을 부정할 수는 없다. 또한 국가에 따라서는 당사자, 특히 사회·경제적 약자인 소비자, 투자자와 임차인의 이익을 보호하기 위하여 중재를 불허하기도 한다.[299)]

나. 중재가능성의 결여와 중재합의의 무효

뉴욕협약 제2조 제1항과 제5조 제1항 a호를 묶어보면 분쟁의 대상이 중재가능성이 없는 경우에는 중재합의는 무효이므로, 가사 제2항 a호가 없더라도 중재가능성의 결여가 승인거부사유가 될 것임은 위에서 본 바와 같다. 그러나 이를 별도로 명시함으로써 중재가능성의 결여는 법원이 직권으로 판단할 승인거부사유가 된다.[300)]

다. 중재가능성과 공서의 관계

제2항 a호는 중재가능성의 유무를 집행국의 법에 따라 판단하도록 하는데, 중재가능성의 결여와 공서위반의 관계에 관하여는 논란이 있다. 다수설은 각 국가는 국가적 목적 또는 정책을 달성하기 위하여 중재에 의한 특정한 분쟁의 해결을 제한할 수 있는데, 이러한 중재가능성의 개념은 공서의 범주에 포함되므로 중재가능성이 없으면 공서에 반한다고 본다. 즉 뉴욕협약 제5조 제2항 a호와 b호를 별도로 규정할 필요가 없었는데, 이를 별도로 규정한 것은 제네바협약 등에서 그렇게 하였던 연혁적 이유에 기인하는 것이라고 한다.[301)]

라. 우리 법상의 중재가능성[302)]

(1) 우리 중재법의 규정과 해석론

구 중재법 제2조는 "중재계약은 사법상의 법률관계에 관하여 당사자 간에 발생하고 있거나 장래에 발생할 분쟁의 전부 또는 일부를 중재에 의하여

---

299) 손경한, "强行法規上 請求의 仲裁適格性 ―美國의 경우를 중심으로― (上)," 중재(1986. 5.), 20-21면에 소개된 일본 학설은 중재가능성을 부정하는 경우를 당사자의 이익을 보호하기 위한 경우와, 공익을 위한 경우로 분류한다.

300) Schwab/Walter, Kapitel 57 Rn. 32.

301) 목영준, 275면. van den Berg, p. 368. 그러나 Fouchard/Gaillard/Goldman, para. 1706은 중재가능성이 없다고 반드시 공서, 특히 국제적 공서위반이 되는 것은 아니라고 보아 양자를 구별한다. 예컨대 이혼 자체를 중재에 의할 수는 없지만, 이혼시 재산상 다툼의 해결은 중재에 의할 수 있을 것이라고 하고, 뉴욕협약의 협상과정에서 프랑스 대표단은 제2항 a호의 삭제를 주장하였으나 수용되지 않았다고 한다.

302) 상세는 이 책 제1장(Ⅴ. 3.과 Ⅵ.) 참조.

해결하도록 합의함으로써 효력이 생긴다. 다만, 당사자가 처분할 수 없는 법률관계에 관하여는 그러하지 아니하다"고 규정하였다. 학설은 이를 화해가능성을 요구하는 것으로 해석하였다.[303] 그런데 중재법은 제3조 제2호에서 "'중재합의'라 함은 계약상의 분쟁인지의 여부에 관계없이 일정한 법률관계에 관하여 당사자 간에 이미 발생하였거나 장래 발생할 수 있는 분쟁의 전부 또는 일부를 중재에 의하여 해결하도록 하는 당사자 간의 합의를 말한다"고 하여 당사자의 처분가능성을 삭제하였고, 다만 제1조에서 私法상의 분쟁일 것을 요구할 뿐이다.[304]

중재법은 제2조 제2항에서, "중재법은 중재절차를 인정하지 아니하거나 중재법의 중재절차와는 다른 절차에 의하여 중재에 회부할 수 있도록 정한 법률과 한국에서 발효중인 조약에 대하여는 영향을 미치지 아니한다"는 소극적 규정만을 두고 있는데, 이는 모델법을 따랐기 때문인 것으로 짐작된다. 그러나 중재가능성에 관한 일응의 기준을 제시할 필요가 있고, 구 중재법에 규정이 있었던 점과, 특히 중재법은 국내중재를 함께 규율하는 점을 고려하면 중재법이 중재가능성에 관한 기준을 제시하였어야 하고, 그 경우 중재가능성을 확대하는 국제적인 경향을 고려하여, 보다 전향적인 입장을 취하는 것이 바람직하였다고 본다. 예컨대 재산권상의 분쟁일 것만을 요구하고, 굳이 사법상의 분쟁일 것과 화해가능성을 요구하지 않는 것이 하나의 방안이다.

참고로 독일의 구 민사소송법(제1025조 제1항)은 화해가능성을 기준으로 중재가능성을 판단하였으나,[305] 신 민사소송법(제1030조 제1항)은 "모든 재산권에 관한 청구는 중재합의의 대상이 될 수 있다. 비재산권에 관한 청구에 대한 중재합의는 당사자가 그 분쟁에 대해 화해를 체결할 수 있는 때에 한하여 법적인 효력을 가진다"고 규정함으로써 중재가능성을 확대하였다. 독일법상으로는 재산권에 관한 청구면 족하므로 공법상의 청구도 중재가능성이 있다.[306] 모든 재산권에 관한 청구에 대해 중재가능성을 인정하는 점은 1989년 개정된 스위스 국제사법(제177조 제1항)도 같다.

---

303) 이태희, 國際契約法 理論과 實務, 증보판(1990), 111면(이태희, 국제계약법(2001), 145면은 이 견해를 유지한다); 사법연수원(註 44), 78면.

304) 중재법(제36조 제2항 제2호 가목)은 중재판정의 취소사유의 하나로 "중재판정의 대상이 된 분쟁이 대한민국 법에 따라 중재로 해결할 수 없는 때"를 규정할 뿐이다.

305) 여전히 일본 중재법(제13조 제1항)은 법령에 특별한 정함이 있는 경우를 제외하고는, 화해가능성이 있는 민사상의 분쟁일 것을 요구하나, 이혼 또는 파양의 분쟁을 제외한다.

306) BTDruckS. 13/5274, S. 35. Schütze(註 47), Rn. 95.

어쨌든 중재법이 명시적인 규정을 두지 않은 이상 이는 해석에 맡겨진 것이다. 일응 순수하게 공법상의 분쟁과 가족법상의 분쟁과 같이 당사자가 처분할 수 없는 분쟁의 중재가능성이 없음은 크게 의문이 없지만, 해석론으로는 사법상의 분쟁일 것에 추가하여 ① 구 중재법에서와 마찬가지로 여전히 재산권에 관한 법률관계로서 화해가능성이 있을 것을 요구하는 견해와, ② 보다 완화된 견해가 주장될 수 있는데, ②의 경우 다양한 가능성이 있다.[307)]

주의할 것은, 공법상의 분쟁과 가족법상의 분쟁이 중재가능성이 없다고 할 때 이는 공법상의 분쟁과 가족법상의 분쟁이 본문제인 경우를 말하지 선결문제(incidental question)로서 주장되는 경우를 말하는 것은 아니라는 점이다. 이 점은 지적재산권 분쟁에 관한 아래의 논의에서 선명하게 드러난다.[308)]

구체적으로 중재가능성이 논의되는 분야로는 다음을 들 수 있다.

(2) 독점금지법 관련 분쟁

㈎ 미국에서의 논의 독점금지법 관련 분쟁의 중재가능성은 미국 연방대법원 판결을 계기로 활발히 논의되었다. 1968년 *American Safety Equipment Corp. v. J. P. Maguire & Co.* 사건 판결에서 제2순회구 연방항소법원은 그러한 분쟁의 중재가능성을 부정하였다. 즉 연방항소법원은 "독점금지법상의 청구는 단순히 사적인 문제가 아니다. 셔먼법은 경쟁적인 경제 내에서 국가이익을 조장하기 위한 것이고, 동 법에 따라 권리를 주장하는 원고는 공익을 보호하는 *私的* 법무장관(attorney-general)에 비견되어 왔다. … 독점금지법 위반은 수십만, 아마도 수백만의 사람들에게 영향을 줄 수 있고, 엄청난 경제적 손해를 끼치는 점에서 중재에 의한 실현에 부적절하며, 그러한 청구가 법원 외의 곳에서 해결되도록 의회가 의도했다고 믿을 수 없다"고 보고, 관련 계약의 부합계약적 성질, 독점금지법위반 사건의 복잡성과 증거조사의 어려움 및 중재인이 관련 업계의 전문가들로부터 선정되는 점을 고려할 때 중재인은 커다란 공적 이익에 관한 분쟁을 해결하기에 부적합하다고 지적하였다.

그러나 연방대법원은 1985년 *Mitsubishi Motors Corp. v. Soler Chrysler-*

---

307) 이는 당초 석광현, "개정중재법의 몇 가지 문제점 —국제상사중재를 중심으로—," 중재 제298호(2000년 겨울호), 20면에서 제시한 견해이다.

308) 참고로 헤이그관할합의협약(제2조 제2항, 제3항)은 가족법사건과 반독점사건 등을 그의 적용범위로부터 제한하면서도 다만 그것이 선결문제로 제기되는 경우에는 제외하지 않는다. 석광현(註 2), 196면 이하 참조.

Plymouth, Inc. 사건 판결에서 중재가능성을 긍정하고 항소법원 판결을 파기하였는데 다수의견과 소수의견으로 나뉘었다. Blackmun 등 5명의 대법관이 지지한 다수의견은 1925년 연방중재법의 제정과 1970년 뉴욕협약의 비준을 통하여 중재를 소송과 동등한 분쟁해결장치로 인정한 입법자의 결정을 강조하고 법원은 이런 중재선호 정책을 존중하여야 한다고 판시하고, 국제재판관할합의에 관한 1972년 Bremen 사건 판결과 1974년 Scherk 사건 판결이 당사자들이 자유롭게 협상한 계약상의 법정지 선택조항을 가능한 유효한 것으로 추정하는 원칙을 확립하였음을 확인하였다. 다만 위 판결은 독점금지법 관련 분쟁의 중재가능성을 일반적으로 긍정한 것은 아니고 국제거래와 관련된 분쟁에 한정하였다.

(나) 우리 법상의 논의 미국은 독점금지법 위반 사건에 대하여 셔먼법과 클레이튼법에 기하여 손해배상 등의 私的 救濟(즉 司法的 救濟)를 중시하나, 우리나라는 종래 行政的 救濟를 중시하였으므로 우리나라에서는 독점규제 및 공정거래에 관한 법률("독점규제법") 위반 사건의 중재가능성은 별로 문제되지 않았다. 특히 구 독점규제법(제57조 제1항)은 손해배상청구를 위한 시정조치 선확정제도를 두고 있었다. 그러나 현행 독점규제법은 이를 폐지하고, 손해액 인정제도를 도입함으로써 손해배상청구제도의 활성화를 위한 전기를 마련한 결과 앞으로는 손해배상청구가 늘어날 것이므로 중재가능성이 문제될 수 있다. 우리 법체계상 독점규제법 관련 분쟁이 과연 私法상의 분쟁인지에 관하여는 논란의 여지가 있으나, 적어도 통상의 법원이 판단할 수 있는 사항 예컨대 독점규제법 위반을 이유로 하는 손해배상청구 등 私法的 救濟手段에 관하여는 중재가능성을 긍정할 수 있을 것이다.

(3) 지적재산권의 유효성에 관한 분쟁

우리 중재법상 지적재산권에 관한 분쟁의 중재가능성은 권리 및 분쟁의 종류에 따라 구분하여야 한다. 예컨대 특허권과 같이 권리의 발생을 위하여 등록을 필요로 하는 지적재산권과 그렇지 않은 저작권의 경우를 구분하고, 또한 특허권의 침해에 관한 분쟁과 특허권의 유효성(validity)에 관한 분쟁을 구별할 필요가 있다. 특허권의 침해에 관한 중재의 경우는 통상의 불법행위와 마찬가지로 중재가능성을 인정할 수 있으나, 특허권의 유효성에 관한 분쟁의 경우 중재가능성을 부정해야 할 것이다. 한편 특허권의 침해에 관한 중재절차에서 특허권의 유효성이 선결문제로 다투어지는 경우에는 중재인은 선결문제에 대해 판단할 수 있다. 다만 한국의 특허권에 관한 국내중재의 경우에는 부정적인 견해가 설득력이 있다. 그러나 후자의 경우에도 침해소송의 법원이 특허권의 유효성에 대해 판단할 수 있는 범위 내에서는 중재인도 판단할 수 있다. 주목할 것은 최근 대법원 2004. 10. 28. 선고 2000다69194 판결이 권리남용이론을 도입하여 사실상 특허무효의 항변을 인정한 점이나, 대법원이 위 판결로써 종전의 견해를 변경한 것인가에 관하여는 논란이 있다.

(4) 증권거래에 관한 분쟁[309)]

미국에서는 과거 증권거래에 관한 분쟁의 중재가능성에 관하여 논란이 있었다. 이는 증권 투자자로 하여금 증권법의 조항이 정하는 바의 준수를 포기하게 하는 모든 약정은 무효라는 연방증권법(제14조)과 관련된다. 실제로 1953년 *Wilko v. Swan* 사건 판결에서 미국 연방대법원은 증권거래에 관한 분쟁의 중재가능성을 부정하였다. 그러나 미국이 1970년에 뉴욕협약에 가입한 후 1974년 Scherk 사건 판결에서 증권거래소법(제10조 b)에 기초한 국제적 소송에서는 위 판결의 구속력이 부정되었고, 마침내 증권법(제12조 제2항)에 기한 손해배상을 청구한 *Rodriguez de Quijas et al. v. Shearson/American Express, Inc.* 사건 판결을 계기로 변경된 것으로 평가된다. 따라서 국제거래상의 계약은 증권법이 적용되는 경우에도 중재의 대상이 될 수 있다.

미국 연방증권법(제14조)과 같은 조항이 없는 우리나라에서는 증권거래에 관한 분쟁이 중재가능성이 있음은 의문이 없다.

(5) 사회 · 경제적 약자의 보호에 관한 분쟁

2001년 7월 개정된 우리 국제사법은 사회 · 경제적 약자인 소비자와 근로자를 보호하기 위하여 소비자계약과 근로계약의 경우 소비자의 상거소 소재지와, 근로자의 상거소 소재지 국가 또는 일상적 노무제공지 국가에 관할을 긍정하고 그 밖에 소비자에게 불리한 관할합의를 제한한다. 국제상사중재에 국제사법 제27조를 유추적용하면 중재조항은 중재지가 소비자의 상거소 소재지인 경우에만 허용된다고 볼 여지가 있으나, 위 조항으로부터 소비자계약과 근로계약으로부터 발생하는 분쟁의 중재가능성을 부정할 수는 없다.

(6) 노동법상의 분쟁

노동법상의 분쟁의 중재가능성은 분쟁의 유형에 따라 검토할 필요가 있

309) 상세는 석광현, 국제사법과 국제소송 제2권(2001), 565면 이하 참조.

다. 예컨대 어떤 근로자가 사용자에 대해 임금 또는 퇴직금을 청구하거나 해고를 다투는 것과 같은 개별분쟁은 중재에 의하여 해결할 수 있다. 그러나 단체적 노사관계에서 발생하는 분쟁, 즉 노동쟁의, 그 중에서도 집단적 이익분쟁에 대하여는 노동조합 및 노동관계조정법(이하 "노동조합법"이라 한다)이 특별한 중재절차를 규정하고 있으므로 그 범위 내에서는 중재법에 우선하여 노동조합법이 적용된다. '노동쟁의'라 함은 노동조합과 사용자 또는 사용자단체 간에 임금·근로시간·복지·해고 기타 대우 등 근로조건의 결정에 관한 주장의 불일치로 인하여 발생한 분쟁상태를 말하는데(노동조합법 제2조), 이는 노동조합법이 정한 강제적인 중재 또는 私的 仲裁의 대상이 된다. 요컨대 노동쟁의도 중재에 의하여 해결될 수 있으나, 노동조합법이 별도의 중재제도를 두고 있으므로 그러한 특별한 중재의 대상이 되거나, 아니면 私的 仲裁에 의하여 중재가 이루어지는 경우에도 노동조합법이 정한 특칙에 의하여 규율되는 특별한 중재의 대상이 된다.

(7) 도산에 관한 사건

도산사건을 중재인이 처리할 수 없음은 별 의문이 없다. 도산절차는 다수인이 관여하는 절차이므로 당사자 간의 중재합의를 전제로 하는 중재에 의하여 해결하는 것은 적절하지도 않고 가능하지도 않다. 우리의 관심은 우선 중재합의를 한 당사자의 일방 또는 쌍방에 대하여 파산선고(또는 도산절차의 개시)가 있는 경우 중재합의의 효력이 어떻게 되는가와, 중재절차에서 내려진 외국중재판정의 승인 및 집행이 채무자에 대한 파산선고(또는 도산절차의 개시)를 이유로 거부될 수 있는가 등에 있는데, 이는 중재절차의 진행중 어느 단계에서 파산선고(또는 도산절차의 개시)가 있는지를 구분하여 검토할 필요가 있다. 하지만 이는 중재가능성의 문제는 아니다. 다만 채무자의 파산선고 전에 채권을 가지고 있던 채권자가 파산선고 후에 파산채권을 신고한데 대하여 파산관재인 또는 파산채권자가 이의를 한 경우 채권자가 채권조사확정재판에 의하지 아니하고 파산채권을 확정하는 중재판정을 받을 수 있는지가 중재가능성과 관련하여 문제된다.

7. 공서위반(제2항 b호)

중재판정의 승인 또는 집행이 집행국의 공서에 반하는 것은 중재판정의 승인거부사유가 된다(제5조 제2항 b호).

가. 공서의 개념 ―국제적 공서

선량한 풍속 기타 사회질서, 즉 공서는 집행국의 본질적인 법원칙, 즉 기본적인 도덕적 신념 또는 근본적인 가치관념과 정의관념[310]에 반하는 외국중재판정의 승인을 거부함으로써 국내법질서를 보존하는 방어적 기능을 가지므로 이를 좁게 제한적으로 해석하여야 한다. 이는 우리 민사소송법(제217조 제3호)상 공서위반이 외국판결의 승인 및 집행의 거부사유가 되는 것과 마찬가지이나, 여기의 '선량한 풍속 기타 사회질서'란 민법(제103조)이 정한 국내적 공서(internal 또는 domestic public policy)와 구별되는 '국제적 공서'(international public policy)를 말한다.[311] 프랑스의 신 민사소송법 제1502조[312]는 명시적으로 '국제적 공서'(*ordre public international*)라는 개념을 사용한다. 또한 국제법협회(ILA)의 국제상사중재위원회는 승인거부사유인 공서에 관한 보고서(Report on Public Policy as a Bar to Enforcement of International Arbitral Awards)를 최근에 채택하였는데, 이는 승인거부사유인 공서가 국제적 공서임을 분명히 하였다.[313] 이처럼 승인거부사유가 되는 것은 국제적 공서위반에 한정되므로 그 공서위반을 이유로 외국중재판정의 승인이

---

310) 위에 언급한 미국 제2순회구 연방항소법원의 *Parsons & Whittemore* 사건 판결은 이를 "the forum state's most basic notions of morality and justice"라고 표현하였다.

311) van den Berg, p. 361; Redfern/Hunter, paras. 9-33, 9-38; Fouchard/Gaillard/Goldman, para. 1710 이하 참조. 다만 국제적 공서는 다양한 의미로 사용되는데, 예컨대 '국가적 공서'(national public policy)에 대응하는 개념, 즉 다수 국가의 법에 의하여 공통적으로 인정되는 공서(transnational public policy)를 의미하는 개념으로, 또는 기본적인 인권 또는 최소한의 자연적 정의와 같은 보편적 공서(*ordre public universel*)의 의미로 사용되기도 한다.

312) 이는 1981. 5. 12. 법률(Decree Law) No. 81-500에 의하여 도입된 것이다.

313) 보고서는 4개의 권고를 담고 있다. 첫째, 중재판정의 종국성(finality)을 존중하여야 하나, 다만 국제적 공서위반이 있는 경우 예외를 인정하는데 이는 좁게 정의되어야 한다. 둘째, 국제적 공서위반 여부는 집행국의 법에 달려 있다. 셋째, 집행국의 국제적 공서를 구성하지 않는 강행규정의 위반은 승인거부사유가 아니다. 넷째 중재판정의 집행의 결과 법정지국이 국제조약상의 의무를 위반하게 되는 경우 승인을 거부할 수 있다. 2000년 중간보고서는 A Sheppard, "Interim ILA Report on Public Policy as a Bar to Enforcement of International Arbitral Awards," 19 Arbitration International No. 2 (2003), pp. 217-248 참조. 개관은 Redfern/Hunter, para. 9-33; 박영길, "국제중재판정의 집행을 거부하기 위한 사유로서의 공서," 중재연구 제12권 제1호(2002. 8.), 3면 이하 참조. 최종보고서는 P. Mayer and A. Sheppard, "Final ILA Report on Public Policy as a Bar to Enforcement of International Arbitral Award" 19 Arbitration International No 2 (2003), pp. 249-263 참조. 국제사법의 맥락에서의 국제적 공서는 이병화, "국제적 공서문제에 관한 연구," 비교사법 제12권 2호(2005), 412면 이하 참조.

거부되는 사례는 실제로는 드물다.[314)]

다만 국제적 공서는 각 국가의 국제적 공서를 말하는 것이지,[315)] 국가공동체에 뿌리내린 '진실로 국제적 공서'(genuinely international public policy)를 말하는 것은 아니다.[316)]

위에 언급한 대법원 1990. 4. 10. 선고 89다카20252 판결은 "… 뉴욕협약 제5조 제2항 나호는 중재판정이나 승인이 집행국의 기본적인 도덕적 신념과 사회질서를 보호하려는 데 그 취지가 있으므로 그 판단에 있어서는 국내적인 사정뿐만 아니라 국제적 거래질서의 안정이라는 측면도 함께 고려하여 제한적으로 해석하여야 한다. … 준거법인 영국의 법정이율로 하지 아니하고 고율인 미국의 우대금리를 적용하여(그 최고이율도 연 2할 5리로서 우리 이자제한법의 제한범위 내이다) 지연손해금의 지급을 명한 외국중재판정의 승인이 우리나라의 공서에 반하는 것은 아니"라는 취지로 판시하였고, 그 후 대법원 2000. 12. 8. 선고 2000다35795 판결은 이를 확인하고, 나아가 외국중재판정에 적용된 외국법이 한국의 실정법상 강행법규에 위반된다고 하여 바로 승인거부사유가 되는 것은 아니고, 해당 중재판정을 인정할 경우 그 구체적 결과가 한국의 선량한 풍속 기타 사회질서에 반할 때에 한하여 승인 및 집행을 거부할 수 있다고 판시하였다.[317)] 이러한 대법원의 태도는 승인거부사유인 공서가 국제적 공서라는 점을 판시한 것으로 타당하다.[318)]

또한 위에서 언급한 대법원 1995. 2. 14. 선고 93다53054 판결은, 준거법인 외국법상 소멸시효기간이 30년으로서 우리 법상의 그것보다 길고 또한 우리 소멸시효규정이 강행규정이라고 하더라도 그것만으로 외국중재판정을 집행하는 것이 공서에 반한다고 할 수 없다고 판시하였는데 이는 정당하다. 다만 예외적으로 우리 법상 시효에 걸리는 권리에 대해 외국법이 아예 시효소멸을 인정하지 않는 경우에는 공서위반으로 볼 여지가 있다.

---

314) Tweeddale/Tweeddale, para. 13.43. 흥미로운 것은 1983년 오스트리아 대법원은 뉴욕협약의 문언을 충실하게 해석하여 승인거부사유인 공서를 국제적 공서가 아니라 국내적 공서로 해석하였다는 점이다. Tweeddale/Tweeddale, para. 13.53, Fn. 102 참조.

315) 국제사법에서는 이를 '공서개념의 국가성'이라고 표현한다.

316) Fouchard/Gaillard/Goldman, para. 1712. 이는 위(註 311)에서 말한 transnational public policy를 의미하는 것으로 보인다.

317) 후자의 판결은 이호원, "한국에서의 외국중재판정의 승인 및 집행," 중재연구 제13권 제1호(2003), 113면 이하에서 재인용.

318) 이호원(註 317), 115-116면도 동지.

법원은 원칙적으로 중재판정의 내용 또는 실질을 재심사할 수는 없으나, 승인거부사유의 존부를 판단하기 위하여 필요한 범위 내에서 실질을 재심사할 수 있다. 다만 공서위반 여부를 판단함에 있어 법원이 중재인의 사실인정에 구속되는지, 아니면 필요한 경우 사실을 재심사할 수 있는지에 관하여는 논란이 있는데, 제한 없이 허용하는 견해와, 절차의 하자가 없고 직접적으로 국가이익이 관련되지 않는 한 재심사를 불허하는 견해가 보인다.[319] 공서위반은 제한적으로 볼 것이므로 실질재심사가 가능하더라도 이를 지나치게 확대할 것은 아니고 가능한 한 제한하여야 한다는 점에서 저자는 양자를 절충한 견해를 취한다.[320]

주의할 것은, 국제중재에 있어 공서위반의 정도는 사안의 내국관련성(Inlandsbeziehung)과의 관계에서 상대적으로 이해해야 한다는 점이다. 내국관련의 정도가 낮으면 우리의 공서가 개입할 가능성이 낮으므로 우리 법의 '본질적인 원칙'(wesentliche Grundsätze)과 다소 괴리가 있더라도 집행될 가능성이 상대적으로 크다.[321] 다만 기본적인 인권 또는 최소한의 자연법적 정의와 같은 보편적 공서(*ordre public universel*) 위반의 경우에는 내국관련이 불필요하다.

외국판결의 승인 및 집행과 관련한 공서에는 '실체적 공서'와 '절차적 공서'의 포함되는데, 중재판정의 승인 및 집행의 경우도 마찬가지이다. 다만 제5조 제1항 b호와 d호가 절차상의 하자로 인한 승인거부사유를 별도로 두고 있으므로 절차적 공서는 보충적인 의미를 가진다.[322] 절차적 공서와 실체적 공서를 구별함으로써 공서를 좀더 체계적으로 이해할 수 있는 장점이 있는데, 위에서 언급한 국제법협회의 보고서도 실체적 공서와 절차적 공서를 구별한다.[323]

---

319) Hausmann(註 181), S. 607 참조(중재판정 취소의 소의 맥락에서). 외국판결의 승인에 관하여 김동윤, "외국판결의 승인 및 집행요건으로서의 공서—대법원 2004. 10. 28. 선고 2002다74213 판결—," 인권과 정의 통권 제353호(2006. 1.), 163면은 전자를 취한다.

320) 이는 외국판결의 집행에 관하여 저자가 국제사법과 국제소송 제4권(2007), 246면 이하에서 취한 견해와 일관성이 있다. 다만 위에서 언급한 바와 같이 이 점은 좀더 체계적인 검토가 필요하다.

321) Dieter Martiny, Handbuch des Internationalen Zivilverfahrensrecht; Band III/1 Kap. I (1984), Rn. 1027-1029; 서울지방법원동부지원 1995. 2. 10. 선고 93가합19069 판결.

322) Stein/Jonas/Schlosser, Anhang § 1061 Rn. 150.

323) van den Berg, p. 300과 Tweeddale/Tweeddale, para. 13.44도 실체적 공서와 절차적 공서를 구분한다. 그러나 Peter Berger, Internationale Wirtschaftsschiedsgerichtsbarkeit (1992), S. 477

나. 실체적 공서위반

실체적 공서위반이 승인거부사유가 되는 경우로는 예컨대 첫째, 중재판정이 법률상 금지된 행위를 명하는 경우(예컨대 금제품의 인도를 명하는 경우), 둘째, 중재판정이 명하는 행위가 법률상 금지된 것은 아니나 그 근거가 법률상 금지된 경우(예컨대 도박계약상의 도금의 지급을 명하는 경우)와 셋째, 중재판정이 명하는 행위는 적법하나 이를 명하는 것이 공서에 반하는 경우(예컨대 주주총회에서 특정 내용의 투표를 명하는 경우) 등을 든다.[324] 여기에서는 실체적 공서위반과 관련된 논점을 검토하는데, 이는 외국판결의 집행과 관련하여 논의되는 내용을 외국중재판정의 집행의 맥락에 적절히 대입한 것이다.[325]

(1) 지나치게 과도한 손해배상을 명한 외국중재판정과 부분승인

외국판결에 관한 것이나, 피고의 성폭행 등을 이유로 50만불의 손해배상의 지급을 명한 미국 미네소타주 법원 판결의 집행에 관하여 서울지방법원동부지원 1995. 2. 10. 선고 93가합19069 판결[326]은, 우리 손해배상법의 기준에 비추어 우리나라에서 인정될 만한 상당한 금액을 현저히 초과하는 부분에 한하여는 공서양속에 반한다고 보아 미국 법원이 명한 손해배상액의 50%만의 집행을 허가하였다.[327] 이에 대하여는, 한국에서 집행할 수 있는 손해배상액이, 만일 한국법을 적용했더라면 인용했을 금액인지 아니면 그보다 완화된 기준을 적용할지와, 만일 후자를 따른다면 구체적으로 그 범위를 어떻게 결정할지 등에 대하여는 명확히 하지 않았다는 비판이 있다.[328]

은 실체적 공서의 개념만을 인정한다고 한다(Stein/Jonas/Schlosser, Anhang § 1061 Rn. 150, Fn. 701에서 재인용). 보고서의 권고 1은 'procedural international public policy'와 'substantive international public policy'로 구분한다. 상세는 Maye/Sheppard(註 313), pp. 249-263 참조.

324) 중재판정의 취소에 관한 주석중재법/손용근 · 이호원, 212면에 소개된 일본 학설 참조.

325) 상세는 석광현, 국제사법과 국제소송(2001), 307면 이하 참조.

326) 법원행정처, 하급심판결집 1995-1, 368면. 이 판결은 대법원 1997. 9. 9. 선고 96다47517 판결에 의하여 확정되었다.

327) 또한 우리나라 회사인 피고가 미국 회사인 원고의 디자인에 대한 저작권을 침해하였음을 이유로 미화 442,300.19달러의 지급을 명한 미국 뉴욕주 남부지방법원판결에 기한 집행판결청구소송에서 서울지방법원남부지원 2000. 10. 20. 선고 99가합14496 판결도 유사한 논리에 기하여 그의 50%만의 집행을 허가하였다.

328) 이 점은 석광현, 국제사법과 국제소송 제1권(2001), 381면 이하에서 지적하였다. 김민규,

부분집행에 대하여는 實質再審査를 한다는 비판이 가능하나, 공서위반 여부를 판단하기 위한 범위 내에서는 실질재심사가 불가피하고 이는 허용된다. 외국중재판정에 관한 대법원 1988. 2. 9. 선고 84다카1003 판결도 승인거부사유의 유무를 판단하기 위하여 필요한 범위 내에서는 본안에서 판단된 사항에 대하여도 집행국법원이 독자적으로 심리판단할 수 있다고 보았다. 다만 재심사의 범위에 관하여 논란이 있음은 위에서 언급하였다.

흥미로운 것은, 프랑스법을 적용하여 중재판정 후 2개월마다 5%씩 인상되는 이자율로 산정한 이자의 지급을 명한 중재판정의 집행은 15.5%를 초과하는 범위 내에서는 공서에 반한다고 하여 집행을 거부한 미국의 연방지방법원판결이 있다는 점인데[329] 이는 매우 뜻밖이다.

이와 관련하여 위 서울고등법원 2001. 2. 27. 선고 2000나23725 판결[330]이, 한 개의 주문 항에 기이행 부분과 미이행 부분이 함께 기재된 경우(예컨대 원금과 지연손해금의 지급을 함께 명하는 주문의 1개 항 중 원금의 지급만이 이행이 된 경우) 집행의 명료성을 위하여 일부분에 대한 집행판결을 할 수 없다는 취지로 판시한 점은 흥미롭다.[331] 그러나 주문이 몇 개의 항으로 구성되는가는 기술적인 문제이므로 그에 구속될 것은 아니다. 주문이 하나의 항이더라도 집행을 허가하는 부분과 나머지 부분을 명백히 구분할 수 있다면 부분집행이 허용된다. 이는 부분집행을 허가한 위 서울지방법원동부지원 판결과 서울지방법원남부지원 판결에서 보는 바이다.

(2) 징벌배상을 명한 외국중재판정의 집행

미국법상 징벌배상(punitive damages 또는 exemplary damages)은, 가해자에게 고의, 중과실 또는 악의 등 특별히 비난가능한 사정이 있는 경우 보상적 손해배상(compensatory damages)에 추가하여 위법행위에 대한 징벌과 동종행위의 억지를 주목적으로 하여 과하여지는 손해배상으로서 보통법상 인정되는 구제방법의 일종이다.[332] 외국판결의 경우와 달리, 주로 국제계약에 관

위자료배상법론(2005), 337면 이하도 동지.

329) Tweeddale/Tweeddale, para. 13.50에 소개된 *Laminoirs-Trefilieries-Cableries de Lens v. Southwire Co.,* 484 F.Supp. 1063 (ND Ga 1980).

330) 이는 대법원 2003. 4. 11. 선고 2001다20134 판결의 원심판결이다.

331) 위 판결의 사안과 그에 대한 평가는 석광현, "外國仲裁判定에 기초한 執行判決과 청구이의사유의 주장," 서울지방변호사회 판례연구 제20집(1)(2006. 10.), 385면 이하; 이 책 제8장 참조.

332) 위 서울지방법원동부지원 1995. 2. 10. 선고 93가합19069 판결 참조. 징벌배상의 개관은

한 분쟁을 대상으로 하는 중재에서는 징벌배상은 통상 문제되지는 않지만 전혀 없지는 않다. 문제는 첫째, 중재인이 징벌배상을 명할 수 있는 권한을 가지는지와, 둘째, 징벌배상을 명한 중재판정이 외국에서 집행될 수 있는가인데,[333] 이는 중재지가 미국인 경우에 주로 제기된다.[334]

전자를 보면, 중재인이 징벌배상을 명할 수 있는지는 당사자들이 중재인에게 그러한 권한을 부여하였는지와, 중재의 대상인 분쟁의 실체(substance)에 적용될 준거법상 그것이 가능한지에 달려 있다.[335] 미국 연방대법원은 1995년 *Matrobuono v. Shearson Lehman Hutton* 사건 판결[336]에서 중재합의에 근거가 있는 경우 중재판정부도 징벌배상을 명할 수 있다고 판시하였다.[337] 그러므로 미국에서 중재를 하기로 하는 당사자는 징벌배상을 명하는 판정을 받을 것을 우려한다면, 실무상 중재판정부가 징벌배상을 할 수 있는 권한이 없음을 명시적으로 규정할 필요가 있다.

한편 후자에 관하여는, 피해자가 입은 손해의 정도와 관계없이 가해자의

윤정한, "징벌적 손해배상에 관한 연구," 민사법학 제17호(1999. 4.), 64면 이하; 이점인, "징벌적 배상판결과 국내에서의 承認, 執行에 관한 고찰," 釜山法曹 15호(1997. 12), 177면 이하 참조. 과도한 징벌배상을 제한하기 위한 조치로서 미국 연방대법원의 *State Farm Mutual Auto Ins. Co. v. Campbell,* 538 U.S. 408 (2003) 사건 판결은 당해 사건에서 징벌배상의 상한을 보상적 손해배상의 9배로 제한한 바 있다. 정영수, "미국 징벌적손해배상의 최근 동향—Campbell판결을 중심으로—," 법조 통권 제590호(2005. 11.), 290면 이하 참조. 그러나 이것이 확립된 연방대법원의 태도는 아닌 것으로 보인다.

333) Redfern/Hunter, para. 8-12.

334) 영국법상 징벌배상은 계약소송의 경우 허용되지 않고, 불법행위소송에서 세 가지 경우, 즉 정부공무원이 강압적, 자의적 내지 위헌적 행위를 한 경우, 가해자가 불법행위로부터 얻을 이익이 피해자에게 지급할 보상적 손해배상을 공제하고도 이득이 된다는 계산 하에 과감하게 불법행위를 한 경우와, 제정법이 명시적으로 징벌배상을 부과한 경우에만 가능하다. Redfern/Hunter, para. 8-11; 윤정한(註 332), 65-66면.

335) 목영준, 174면. Redfern/Hunter, paras. 8-11, 8-13은 중재의 준거법(*lex arbitri*)도 함께 볼 것이라고 한다. 위의 설명은, 당사자들이 명시적으로 배제하지 않으면 징벌적 손해배상의 중재판단을 금지하는 주법을 준거법으로 규정하더라도 징벌배상을 명할 수 있다는 것과는 다소 차이가 있다. 이점인, "懲罰的 損害賠償과 仲裁—미연방대법원 Mastrobuono 사건 판결을 중심으로—," 부산법조 16호(1998. 12.), 174면 참조(이 글은 동아법학 제24호(1998), 237면 이하에도 개재되었다).

336) 514 U.S. 52 (1995).

337) 이 사건에서 중재판정부는 증권회사가 그의 계좌를 잘못 처리하였음을 주장한 고객에게 보상적 손해와 징벌적 손해의 지급을 명하였다. 증권회사는 징벌배상을 명한 부분의 취소를 구하는 신청을 법원에 제출하였고 1심법원과 2심법원은 이를 인용하였으나, 연방대법원은 증권회사와 고객 간의 계약은 중재판정부에게 징벌배상을 명하는 권한을 부여하였다고 보고 이를 파기하였다. 우리 문헌은 이점인(註 335), 168면 이하; 한 철, "증권중재와 징벌적 손해배상책임: 미국 판례의 변화를 중심으로," 중재연구 14권 2호(2004), 107면 이하 참조.

제재와 일반예방을 목적으로 부과되는 징벌배상의 집행은, 징벌배상제도를 인정하고 있지 않은 현재로서는 우리의 공서에 반한다. 이는 손해의 보상(내지 전보)을 목적으로 하는 것이 아니라는 징벌배상 자체의 성질에 기인하는 것이므로 금액의 다과는 불문한다. 다만 징벌배상이라고 하여 일률적으로 집행을 거절할 것은 아니고 그 중 일부가 손해의 보상(내지 전보)의 기능을 하는 때에는 그 범위 내에서는 집행할 수 있다.[338] 따라서 실무상 징벌배상을 명하는 중재인으로서는 이러한 가능성에 대비하여 징벌배상의 지급을 명하는 청구를 다른 청구와 구분하는 것이 현명하다.[339]

위 서울지방법원동부지원 판결은 "… 징벌배상이란 … 불법행위의 효과로서 손해의 전보만을 인정하는 우리의 민사법 체계에서 인정되지 아니하는 형벌적 성질을 갖는 배상형태로서 우리나라의 실체적 공서에 반할 수가 있"다고 하였다. 만일 징벌배상을 명한 판결을 형사로 이해하면 중재가능성이 부정될 수 있고,[340] 상사유보에 걸려 우리나라에서 집행될 수 없다. 그러나 저자는 징벌배상도 대등한 私人 간의 사적 권리 및 법률관계의 확정을 목적으로 하므로 민사로 본다.[341] 다만 피해자가 아니라 국가 또는 州에게 징벌배상의 지급을 명하는 미국 법원의 재판은 민사 및 상사판결이 아니라고 볼 수 있을 것이다.[342]

(3) 강행법규 위반행위—외국환거래법 위반을 포함하여—

우리의 외국환거래법(과거 외국환관리법)에 위반한 계약에 기한 외국중재판정을 우리나라에서 집행하는 것이 공서에 반하는가라는 문제가 있다. 대법원판결[343]은 과거 외국환관리법을 단속법규로 보아 그에 위반한 행위도 私法的 效力에는 영향이 없다고 하였으므로 그런 외국중재판정을 승인하더라도 우리의 공서에 반하는 것으로 볼 수 없다. 다만 외국중재판정이 승인되더라도 집행은 별개의 문제인데, 대법원 1975. 4. 22. 선고 72다2161 판결이 외국

338) 헤이그국제사법회의의 재판관할합의협약(제11조)도 유사하다. 석광현(註 2), 192면 이하 참조.

339) Redfern/Hunter, para. 8-13.

340) 독일에서는 중재가능성의 유무에 관하여 견해가 나뉜다. Stein/Jonas/Schlosser, Anhang § 1061 Rn. 133, Rn. 142와 달리 Schwab/Walter, Kapitel 57 Rn. 34는 의문을 표시한다.

341) 외국판결의 집행에 관하여 독일 연방대법원(BGH)의 1992. 6. 4.의 기념비적인 판결(BGHZ 118, 312 = IPRax 1993, S. 310-321)도 이러한 입장을 취하였다.

342) Haimo Schack, Internationales Zivilverfahrensrecht, 4. Auflage (2006), Rn. 818 참조.

343) 대법원 1975. 4. 22. 선고 72다2161 판결 등.

환관리법에 따른 외환인증을 '執行의 條件'이라고 하였으므로, 중재에서 이긴 당사자가 외국중재판정에 기하여 우리 법원의 집행판결을 받더라도 집행의 조건이 성취되지 않은 이상 실제로 집행할 수는 없다.

보다 일반적으로 말하자면, 이는 국제적 강행법규(international zwingende Bestimmungen, *lois de police*, internationally mandatory rules)에 위반한 계약의 문제이다. 생각건대 공서위반 여부는 모든 국제적 강행법규에 대해 일률적으로가 아니라, 문제된 당해 국제적 강행법규의 성질 및 취지, 위반의 정도와 효력 등을 종합적으로 고려해서 판단할 사항이므로, 국제적 강행법규에 위반한 외국중재판정도 그 집행이 우리의 근본적인 정의관념과 기초적인 국가적 이익에 반하지 않는 한 수인해야 한다. 구체적인 경계의 획정은 좀더 체계적으로 연구할 사항이다.

위에 언급한 대법원 2000. 12. 8. 선고 2000다35795 판결은 외국중재판정에 적용된 외국법이 한국의 실정법상 강행법규에 위반된다고 하여 바로 승인거부사유가 되는 것은 아니고, 해당 중재판정을 인정할 경우 그 구체적 결과가 한국의 선량한 풍속 기타 사회질서에 반할 때에 한하여 승인 및 집행을 거부할 수 있다고 판시한 바 있다. 또한 위에 언급한 서울고등법원 1995. 3. 14. 선고 94나11868 판결은, 독점규제법에 위반한 라이센스계약에 따른 의무의 이행을 명한 외국중재판정의 집행은 우리의 공서에 반하지 않는다는 판시하였다.

다. 절차적 공서위반

위에서 본 것처럼 뉴욕협약은 절차상의 하자를 승인거부사유로 규정하므로 절차적 공서위반은 보충적인 의미를 가진다. 공서위반이 되면 법원이 직권으로 판단할 수 있다는 데 실익이 있다.

(1) 절차적 공서위반의 사례

우리 법의 절차적 기본원칙이 외국의 중재절차에서 침해된 경우 외국중재판정의 승인은 절차적 공서에 위반된다. 즉 절차적 공서위반 여부는 집행국의 기준에 따라 판단한다. 절차적 기본원칙은 법치국가의 기본원칙으로 중재인의 독립과 공정의 원칙, 법적인 심문(rechtliches Gehör) 보장의 원칙 및 당사자평등의 원칙 등을 포함한다. 이러한 기본원칙에 반하는 경우와, 기판력 또는 기타 구속력이 있는 재판을 무시한 경우 등이 절차적 공서위반이 된다.[344] 또한 중재인의 기피사유가 존재하였고 당사자가 이를 주장하였음에도 불구하고 기피가 허용되지 않았다면 그 중재인에 의한 중재판정의 승인은 절차적 공서에 반한다.[345] 그러나 단순한 절차상의 상위는 공서위반이 아니다. 중재판정의 이유불기재가 공서위반이 되는가는 위에서 논의하였다.

(2) 절차적 공서위반과 재심사유

외국중재판정에 관하여 민사소송법(제451조 제1항)의 재심사유에 해당하는 사유가 있으면 그의 집행이 절차적 공서위반인가라는 문제가 제기된다. 이는 외국판결의 경우와 마찬가지다. 사견으로는, 재심사유가 있다면 외국중재판정에 중대한 하자가 있다는 것이므로 그의 집행은 절차적 공서위반이 될 가능성이 크지만 항상 그렇다고 단정할 수는 없다. 예컨대 재심사유 중 중재판정에 영향을 미칠 중요한 사항에 관하여 판단을 누락한 경우(제9호) 그의 승인이 당연히 절차적 공서위반이 되는 것은 아니라고 본다. 승인 여부는 외국중재판정에 대해 재심을 하는 것은 아니기 때문이다.

이와 관련하여 사기에 의하여 획득된 중재판정의 승인이 문제된다. 외국판결에 관한 대법원 2004. 10. 28. 선고 2002다74213 판결을 중재판정에 원용하면, 사기(fraud)에 의하여 중재판정이 획득된 경우 그의 집행은 원칙적으로 공서위반이 될 수 없지만, 중재판정에서 패한 자가 중재절차에서 사기적인 사유를 주장할 수 없었고 또한 처벌받을 사기적인 행위에 대하여 유죄의 판결과 같은 고도의 증명이 있는 경우 그의 승인은 우리나라의 절차적 공서에 반한다고 볼 여지가 있다.[346] 이 경우 공서위반이 아니라 중재절차의 하

---

344) Stein/Jonas/Schlosser, Anhang § 1061 Rn. 151, Rn. 154. 중재인의 공정성의 결여는 절차적 공서위반과 동시에 방어권침해가 될 수 있다. 중재절차의 하자에 해당된다고 보는 견해도 있음은 위에서 언급하였다.

345) Schwab/Walter, Kapitel 50 Rn. 5. 당사자가 기피할 수 있었음에도 불구하고 적시에 하지 않은 결과 이의권을 포기한 것으로 간주되는 때에는 그러하지 않다. Stein/Jonas/Schlosser, Anhang § 1061 Rn. 151. 그러나 대법원 2005. 4. 29. 선고 2004다47901 판결에서, 원고는 기피사유의 존재를 알면서도 기피신청을 하지 않았다가 중재판정 취소의 소를 제기하였는데, 대법원은 당해 사안의 기피사유는 중대하지 않은 사유인데 당사자가 기피신청을 해태하였으므로 중재판정 취소의 소나 승인거부사유로 주장할 수 없다고 보았지만, 추상적인 법률론으로는 중재인의 기피사유가 민사소송법(제41조)의 법관의 제척사유와 같이 중대한 사유인 때에는 기피신청을 해태하였더라도 중재판정 취소의 소나 승인거부사유로 주장할 수 있다고 판시하였다. 이 점은 논란의 여지가 있다. 평석은 오창석, "상사중재에 있어서의 중재인에 대한 기피사유와 중재인의 고지의무 —대법원 2005. 4. 29. 선고 2004다47901 판결을 중심으로—," 상사판례연구 제19집 제1권(2006), 353면 이하 참조.

346) 안병희(註 230), 93면은 위와 같은 요건을 요구하지 않고, 사기에 의한 중재판정의 승인은

자를 주장하면 달리 취급할지, 공서위반을 주장하는 경우도 소송과 중재를 구별하여야 하는지 등 까다로운 문제가 있는데 이 점은 좀더 체계적으로 검토할 필요가 있다.

(3) 명백한 법 또는 계약조건의 무시

중재인이 중재판정을 함에 있어서 준거법을 명백히 무시한 경우, 즉 '명백한 법의 무시'가 있더라도 그것만으로 공서위반이 되는 것은 아니다. 위에서 본 것처럼 중재인의 명백한 법의 무시는 미국의 보통법상 중재판정의 취소사유지만, 국내중재의 소산이고 적어도 외국중재판정의 집행에 관한 뉴욕협약이 적용되는 범위 내에서는 공서위반이 되지 않는다고 보는 것이 미국 판례의 주류적인 입장이다. 다만 그것이 우리나라의 강행법규의 위반인 때에는 사안에 따라 공서위반이 될 수 있다. 특히 국내중재의 경우 그러하고, 국제중재의 경우도 국제적 공서위반이 될 수도 있다.

나아가 중재인이 계약조건을 노골적으로(blatantly) 무시한 경우 그러한 중재판정의 승인은 공서위반에 해당한다는 견해도 있는데,[347] 그것이 중재인의 권한유월이 될 수 있음은 위에서 본 바와 같다.

8. 주권면제와 승인 또는 집행의 거부

전통적으로 국가는 다른 국가의 裁判權(즉 司法權. Gerichtsbarkeit 또는 *facultas jurisdictionis*)에 복종하지 않는데, 그 근거는 다른 국가의 명예의 존중과 주권평등 및 독립의 원칙에 있다. 외국이 소송의 피고가 되는 모든 경우에 주권면제를 인정하는 절대적 주권면제론과, 국가의 주권적 행위(*acta jure imperii*)와 국가의 私法的 行爲(*acta jure gestionis*)를 구별하여 전자에 대하여만 주권면제를 인정하는 제한적 주권면제론이 있다. 과거 대법원 1975. 5. 23. 자 74마281 결정은 절대적 주권면제론을 취하였으나, 대법원 1998. 12. 17. 선고 97다39216 전원합의체 판결[348]은 이를 폐기하고 제한적 주권면

공서위반이 된다고 한다. 이는 중재절차의 하자와 관련하여 위(Ⅶ. 4. 마.)에서 논의하였다.

347) Albert Jan van den Berg, "Failure by Arbitrators to Apply contract Terms from the Perspective of the New York Convention," Gerald Aksen *et al.* (editors), Global Reflections on International Law, Commerce and Dispute Resolution, *Liber Amicorum* in honour of Robert Briner (2005), p. 63 이하 특히 p. 70 참조.

348) 평석은 석광현, 국제사법과 국제소송 제3권(2004), 217면 이하 참조.

제론을 취하였다.

외국판결의 승인 및 집행의 맥락에서는 주권면제를 향유하는 따라서 특정 국가의 재판권으로부터 면제되는 외국 국가에 대하여 주권면제를 무시하고 판결을 선고한 경우 그것이 승인될 수 있는지가 문제된다. 우리 민사소송법상 주권면제에 관한 규정은 없지만 그러한 판결은 승인되지 않는 것으로 해석되는데, 그 근거는 재판권의 결여 또는 공서위반을 든다.[349] 반면에 중재판정의 경우 통상 이런 문제가 제기되지 않는다. 왜냐하면 외국중재판정의 승인의 경우 중재합의가 존재하여야 하는데, 주권면제는 국가 또는 국가의 기관으로 하여금 중재판정부의 권한에 복종하기로 동의하는 것까지 금지하지는 않으며, 주권국가가 계약적 분쟁을 중재에 의하여 해결하기로 하는 합의에 구속됨은 확립된 국제법 원칙이고, 그렇게 복종할 수 있는 능력 자체가 주권에 부수하는 것 또는 속성이기 때문이다.[350] 실제로 국가와 계약을 체결하면서 중재합의를 하는 것은 통상적인 국내법원에 의한 재판을 할 경우 제기될 수 있는 주권면제의 문제를 회피하기 위한 것이고, 중재합의는 주권면제를 묵시적으로 포기하는 것으로 볼 수 있다.[351] 따라서 어떤 국가가 중재합의를 하고 그에 기초하여 중재판정이 내려지면 그러한 중재합의는, 다른 문제가 없다면 유효할 것이다.

그러나 어떤 국가가 중재합의에 의하여 주권면제를 묵시적으로 포기한 것이 되더라도 그것이 강제집행절차에까지 미치는지는 논란이 있고 부정설도 유력하다. 이를 부정한다면 중재판정을 받을 수는 있지만 그 외국이 자발적으로 이행하지 않으면 강제집행을 할 수 없다.[352] 따라서 국가와 중재합의를 하는 당사자는 상대방 국가로 하여금 중재판정의 승인은 물론 집행에 관하여도 주권면제를 포기하도록 계약서에 명시할 필요가 있다.[353]

최근의 입법과 관행은 외국재산을 상업적 목적에 사용되는 것과 비상업적, 주권적 또는 공적 목적에 사용되는 재산으로 구분하여, 전자에 대해서는

349) 석광현, 국제사법과 국제소송 제1권(2001), 271면 참조

350) Redfern/Hunter, para. 10-62 이하.

351) 최태현(註 58), 143면 이하.

352) 이 경우 집행판결이 가능한지에 관하여는 논란의 여지가 있다.

353) Redfern/Hunter, para. 10-67. 서철원, "國家와 私人間의 國際仲裁에 主權免除가 미치는 影響," 서울국제법연구 제1권 제1호(1994. 11.), 225면은 강제집행의 대상이 될 재산을 찾아 상업적 목적을 위한 재산임을 명시하고 처분하지 않기로 하며, 보전처분 등에 의하여 처분을 제한하는 방안을 소개한다.

강제집행을 허용하는 경향을 보이는데, 후자에 속하는 재산으로는 외교공관 및 영사관과 기타 외교적 목적에 직접 사용되는 재산이 있다.[354] 따라서 상대방 국가가 중재합의를 하고 강제집행에 관하여 주권면제를 포기한 예외적인 경우 모든 재산에 대하여 강제집행할 수 있지만, 단순히 중재합의만을 하였다면 강제집행에 관하여도 주권면제를 포기한 것으로 해석되지 않는 한 당해 청구와 관련된 국가재산, 또는 좀더 넓게 본다면 상업적 목적에 사용되는 국가재산에 대하여 강제집행을 할 여지가 있으나 논란의 여지가 있다. 이에 관한 상세한 논의는 다른 기회로 미룬다.[355]

9. 기간의 경과와 집행의 거부

국가에 따라서는 중재판정 후 일정 기간이 경과한 뒤에는 중재판정의 집행을 허용하지 않는데, 그 기간은 국가에 따라 예컨대 6개월부터 10년까지 상이하다.[356] 그 기간이 실체인지 절차인지도 논란이 있으나 대체로 절차로 보아 집행을 구하는 국가, 즉 법정지법을 적용하는 것이 주류로 보인다.[357] 우리 법상은 이런 제소기간의 제한은 없고, 다만 중재판정의 기초인 채권이 기간의 경과로 인하여 시효소멸하였다면(물론 그 기간을 정함에 있어 중재판정의 존재를 고려해야 한다) 이러한 청구이의사유를 집행판결청구의 소에서 주장할 수 있다.

---

354) 최태현(註 58), 226면 이하.

355) 우리 문헌은 우선 서철원(註 353), 209면 이하; 장복희, "국가와 개인간의 중재판정의 집행," 仲裁 제294호(1999. 12), 32면 이하 참조. 주목할 것은, 국제연합이 2004년 12월 "국가와 그 재산의 재판권면제에 관한 협약"(United Nations Convention on Jurisdictional Immunities of States and Their Property)을 채택한 점인데, 우리나라도 가입을 적극 검토할 필요가 있다. 협약에 관하여는 우선 http://www.un.org/law/ilc/ 참조.

356) 미국의 경우 뉴욕협약이 적용되는 외국중재판정은 3년이고, 영국의 경우 6년인데, 기산점에 차이가 있다. Tweeddale/Tweeddale, para. 13.07.

357) Tweeddale/Tweeddale, para. 13.08.

Ⅷ. 外國仲裁判定의 승인의 절차와 효력

1. 승인의 절차

가. 자동적 승인

중재판정의 승인의 효력발생 시기를 포함한 승인의 절차적 문제는 법정지법에 따른다.[358] 승인요건을 구비한 외국중재판정은 우리나라에서 법원의 확인절차 없이 승인되는데, 이를 '自動的 承認'(automatische Anerkennung)이라고 한다. 따라서 외국중재판정은 당해 외국에서 효력을 발생한 시점에서 한국 내에서도 효력을 발생한다고 보는 것이 논리적이다. 우리 법원 또는 행정관청이 승인요건의 구비 여부를 확인하더라도 이는 단지 선언적인 의미를 가질 뿐이고 그 때에 비로소 국내에서 효력을 발생하는 것은 아니다.

나. 승인판결을 요구하는 중재법 제37조의 문제점

중재법(제37조 제1항)은 "중재판정의 승인 또는 집행은 법원의 승인 또는 집행판결에 의한다"고 규정하는데, 중재판정의 집행이 집행판결에 의한다는 것은 문제가 없다. 중재판정의 승인에 관하여는, 위 조항은 '승인'과 '승인판결' 중 어느 것을 요한다는 취지인지가 애매하나, 전체적인 취지로 볼 때 중재판정의 승인은 법원의 승인판결에 의한다는 취지로 보인다. 그러나 이러한 규정은 잘못이다.

내국중재판정은 우리 법원의 확정판결과 같은 효력을 가지는데(중재법 제35조), 외국중재판정은 승인요건을 구비하면 당연히 효력을 발생하는 것이지, 법원의 승인을 요하는 것이 아니고 법원의 승인판결을 요하는 것은 더더욱 아니다.[359] 우리나라에서도 종래 이렇게 이해하였고 그 점은 외국판결과 같다. 물론 확인의 이익이 있으면 당사자가 중재판정의 승인을 구하기 위하여 확인의 소를 제기할 수 있으나(그 경우 법원은 '승인판결'을 할

---

358) van den Berg, p. 244.

359) 구 중재법에는 중재판정의 집행에 관한 규정(제14조)만이 있었고 승인에 관한 규정은 없었다. 집행에 관한 제14조가 승인의 경우에도 유추적용된다는 견해가 있었으나(사법연수원(註 44), 143면), 제14조는 집행의 요건이 아니라 집행판결에 관한 규정이므로 승인에 유추적용할 것은 아니었다.

것이다),[360] 외국중재판정의 효력을 인정받기 위해 승인판결을 받아야 하는 것은 아니다. 구 중재법(제14조 제1항)과 독일 민사소송법(제1060조 제1항)이 승인에 관하여 침묵한 채 집행만을 규정하는 것은 그 때문이다. 일본의 중재법도 같다.[361]

예컨대 중재판정에 의하여 기판력이 발생한 후에 소송절차(또는 다른 중재절차)에서 동일한 분쟁의 대상이 다투어지는 경우, 승인요건이 구비된다면, 법원(또는 중재판정부)은 선행 중재판정의 기판력을 인정하지 않을 수 없는데, 이것이 바로 중재판정의 승인이다. 그런데 중재법을 문면대로 해석하면, 이 경우 선행 중재판정의 기판력을 인정하기 위해서는 먼저 중재법 제7조 제4항에 따른 관할법원의 승인판결을 받아야 한다는 것이 된다. 그러나 이는 중재판정의 효력을 부당하게 제한하는 것으로서 법적 근거 없이 불필요한 승인판결을 요구하는 것이다. 이는 입법의 잘못이며, 제37조 제1항은 “중재판정의 집행은 법원의 집행판결에 의한다”고 수정해야 한다. 승인판결은 규정할 필요가 없으나, 규정한다면 “확인의 이익이 있는 경우, 법원은 판결로써 외국중재판정이 승인요건을 구비함을 확인할 수 있다” 또는 “확인의 이익이 있는 경우, 법원은 외국중재판정에 대하여 승인판결을 할 수 있다”고 규정할 일이지, 제37조 제1항에서 보듯이 마치 승인을 위해서는 반드시 법원의 승인판결을 받아야 하는 것처럼 규정할 것은 아니다. 요컨대 저자가 비판하는 것은 승인판결을 받을 수 있다는 점이 아니라, 제37조 제1항이 승인되기 위하여는 반드시 우리 법원의 승인판결을 받아야 하는 것처럼 규정하는 점이다.[362]

---

360) 독립된 판결에 의하여 중재판정을 승인하게 할지는 입법론의 문제인데, 우리 중재법은 항변으로서 중재판정의 승인을 주장하는 것과 함께 법원에 중재판정의 승인판결을 구할 수 있게 한 것이라고 한다. 목영준, 240면; 이호원(註 266), 265면.

361) 중재판정의 승인에 관한 일본 중재법 제45조와 집행결정에 관한 제46조를 보더라도 확인은 아무런 절차를 요하지 않는다.

362) 이 점은 석광현, 국제사법과 국제소송 제2권(2001), 492면에서 지적하였다. 이호원(註 266), 266면은 중재판정의 승인이 집행을 위한 필수 요건일 뿐만 아니라 중재판정을 다른 절차에서 원용하는 경우 승인에 독자적 존재가치가 있음에 비추어 저자의 비판은 부당하다고 한다. 그러나 저자는 승인의 독자적 존재가치를 부정하는 것이 아니라, 중재법 제37조가, 외국중재판정의 집행을 위하여 집행판결이 필요하듯이, 마치 외국중재판정의 승인도 승인판결을 받아야 하는 것처럼 규정하는 것이 잘못임을 비판하는 것이므로, 위의 지적은 저자의 주장을 오해한 것이다.

2. 승인의 효력

중재판정의 승인은 개념적으로는 판결의 승인과 유사하다. 旣判力(*res judicata, l'autorité de chose jugée*)이 인정되는 것이 그의 효력 또는 효과이다.[363] 즉 승인요건을 구비한 외국중재판정은 당해 외국에서 가지는 기판력 등을 한국 내에서도 가지게 된다. 다만 외국재판의 집행력은 국내에서 집행판결을 받아야 비로소 발생한다. 문제는 기판력의 판단기준이다.

중재법 제35조는 "중재판정의 효력"이라는 표제 하에 "중재판정은 당사자 간에 있어서 법원의 확정판결과 동일한 효력을 가진다"고 규정하는데 이는 모델법에는 없는 조문이다. 주의할 것은, 제35조는 내국중재판정에 관한 조항이라는 점인데, 이는 중재법 제2조 제1항으로부터 명백하다. 반면에 외국중재판정의 효력은 제37조 이하에 따른다. 일부 견해는, 승인은 "법원이 중재판정에 대해 우리 법원의 확정판결과 같은 효력을 인정하여 주는 것"이라고 하나[364] 이는 적절하지 않다. 외국중재판정을 승인함으로써 그 효력(특히 기판력)이 인정되지만 그 효력이 우리 확정판결과 동일한 것인지는 불분명하다. 외국(예컨대 독일)이 자국의 중재판정에 대해 자국의 확정판결과 동일한 효력을 인정할 경우 우리나라에서 승인되는 중재판정의 효력은 외국 법원의 확정판결과 동일하여야 할 것이다. 우리나라에서 승인된 외국중재판정의 기판력의 범위에 관하여는, 외국판결의 경우처럼 중재지국법에 의할 것이라는 견해, 승인국법에 의할 것이라는 견해와 중재지국법을 원칙으로 하되 승인국법에 의한 제한을 인정하는 견해 등이 가능하다.[365]

일본 중재법(제45조 제1항 본문)은 중재지가 일본 내에 있는지 여부를 묻지 않고 중재판정은 확정판결과 동일한 효력을 가진다고 함으로써 외국중재판정에 대하여도 확정판결과 동일한 효력을 부여하는데, 그것이 일본의 확정판결인지 외국의 확정판결인지는 문면상으로는 분명하지 않다.

---

363) van den Berg, p. 244.
364) 목영준, 240면; 주석중재법/이호원, 229면.
365) Schlosser(註 68), Rn. 903. 외국판결의 승인의 경우는 석광현, 국제사법과 국제소송 제1권 (2001), 338면 이하 참조.

Ⅸ. 外國仲裁判定의 執行

뉴욕협약(제3조)은 “각 체약국은 중재판정을 다음 조항에 규정한 조건 하에서 구속력 있는 것으로 승인하고 그 판정이 원용될 영토의 절차 규칙에 따라서 그것을 집행하여야 한다”고 규정한다. 그런데 외국중재판정의 집행은 논리적으로 두 단계로 구분된다. 하나는 집행국에서 외국중재판정을 집행할 수 있다고 선언 또는 확인하는(예컨대 집행허가) 절차이고, 다른 하나는 그에 기해서 실제로 강제집행을 하는 절차이다.[366)]

前者에 관하여, 중재법(제37조 제1항)은 “중재판정의 … 집행은 법원의 … 집행판결에 의한다”고 규정하므로, 외국중재판정을 집행하기 위해서는 우리 법원의 집행판결을 받아야 한다. 집행판결(*exequatur*)은 대륙법계의 제도로 외국판결의 집행의 경우에도 필요하다.[367)] 이는 중재판정부는 강제력이 없기 때문인데, 어느 국가도 이러한 권한을 私人인 중재인에게 위임하지 않는다.[368)] 더욱이 집행력은 기판력이나 형성력처럼 관념적인 데 그치지 않고 중재판정의 내용을 실제로 실현하므로 이를 집행기관의 판단에 맡기는 대신 신중을 기하여 미리 소로써 주장하게 하고, 법원이 요건의 구비 여부를 심사한 뒤 판결로써 집행을 허가하는 선언을 한 때에 집행할 수 있도록 하는 것이다. 한편 後者, 즉 실제의 강제집행절차는 민사집행법이 정한 바에 따르므로 국내판결 또는 국내중재판정에 기한 강제집행과 다를 바 없다.

1. 집행판결[369)]

집행판결에 관하여는 아래와 같은 다양한 절차법적 문제가 제기되는데

366) Mauro Rubino-Smmartano, International Arbitration Law and Practice, Second revised edition (2001), para. 34.6. 서철원(註 353), 226면은 전자를 “중재판정의 승인”(*exequatur*)이라고 한다.

367) 외국판결의 집행에 관하여 영미법계는 상대적으로 완화된 ‘등록제도’(registration system)를 취하나, 대륙법계는 보다 엄격한 ‘집행판결제도’(*exequatur* system)를 취한다. 그 밖에도 법원의 허가에 따라 바로 집행하거나, 중재판정에 기하여 새로운 소를 제기하도록 하는 등 다양한 제도가 존재하므로 유능한 현지변호사의 조언이 필요하다.

368) Redfern/Hunter, para. 10-20.

369) 상세는 석광현, 국제사법과 국제소송 제1권(2001), 346면 이하 참조.

이는 민사집행법에 의하여 규율된다. 물론 중재법이 특칙을 두는 범위 내에서는 그것이 우선한다.

가. 집행판결을 구하는 소의 법적 성질

집행판결 청구의 소의 법적 성질에 관하여는 종래 이행소송설, 확인소송설과 형성소송설 등이 있는데,[370] 사견으로는 외국에서 집행력을 가지는 외국중재판정이 한국에서 승인되더라도 그 집행력은 기판력과 달리 한국 내에까지 당연히 확장되는 것이 아니라, 우리 법원의 집행판결에 의해 비로소 부여된다는 의미에서 이를 형성판결이라고 본다.[371] 집행력이 있는 외국판결과 달리 외국중재판정은 집행력이 없으므로, 외국중재판정의 경우 우리 법원의 집행판결에 의하여 비로소 집행력이 부여된다는 점이 좀더 명확하다. 이와 관련하여 대법원 2003. 4. 11. 선고 2001다20134 판결[372]은 "… 집행판결은 외국중재판정에 대하여 <u>집행력을 부여하여</u> 우리나라 법률상의 강제집행절차로 나아갈 수 있도록 허용하는 것으로서 그 <u>변론종결시를 기준으로 하여 집행력의 유무를 판단하는 재판</u>이므로"라고 판시하였다(밑줄은 저자가 추가함). 앞의 밑줄 부분은 집행판결에 의하여 새로이 집행력을 부여하는 것처럼 설시하여 형성판결설을 취한 것으로 보이나, 뒤의 밑줄 부분은 이미 존재하는 집행력의 유무를 판단하는 재판이라고 함으로써 확인판결설을 취한 듯한 인상을 준다. 대법원판결이 후자를 "… 그 <u>변론종결시를 기준으로 하여 집행력을 부여할지를 판단하는 재판</u>이므로"라고 설시했더라면 좋았을 것이다.

민사집행법상 강제집행을 하기 위해서는 근거가 되는 권리의 존재와 범위를 밝힌 공적인 증서인 집행권원(Volstreckungstitle, Schuldtitel)[373]이 필요한데, 집행판결을 형성판결로 보면 집행판결만이 집행권원이라고 보는 것이 논리적이나, 다수설은 집행판결 청구의 소의 법적 성질에 관계없이, 집행판결은 집행의 기본인 청구권의 존부와 범위를 확정하는 것은 아니므로 집행판결과 그 근거인 외국중재판정이 일체로서 집행권원이 된다고 본

370) 그 밖에 확인기능과 형성기능을 함께 갖는 판결을 구하는 것이라는 구제소송설도 있다. 이시윤, 신민사집행법(2004), 103면.

371) 이시윤(註 370), 103면; 김봉석, "仲裁判定에 의한 執行判決의 節次와 그 問題點," 중재연구 제13권 제1호(2003), 185면도 동지.

372) 평석은 이 책 제8장에 수록되어 있다.

373) 과거에는 채무명의라 하였으나 민사집행법은 독일의 원문에 충실하게 집행권원이라 한다. 이시윤(註 370), 89면.

다.[374] 집행판결은 가집행선고가 있거나, 확정되어야 집행권원이 되고, 집행을 하기 위하여는 집행문을 받아야 한다.

나. 집행판결의 요건과 절차

집행판결절차는 강제집행절차가 아니고 특별한 종류의 판결절차이므로 그에 의해 강제집행이 개시되지는 않는다. 외국중재판정에 기한 집행판결청구의 소의 토지관할에 관하여는 중재법이 특칙을 두므로 그에 따른다. 중재법(제7조 제4항)에 따르면 중재판정의 집행청구의 소는 ① 중재합의에서 지정한 법원,[375] ② 중재지를 관할하는 법원, ③ 피고 소유의 재산소재지를 관할하는 법원, ④ 피고의 주소 또는 영업소,[376] 이를 알 수 없는 경우에는 거소, 거소도 알 수 없는 경우에는 최후로 알려진 주소 또는 영업소를 관할하는 법원이 관할한다. 따라서 원고는 위 관할법원 중 하나를 선택하여 제소할 수 있다.[377] ①과 ②는 내국중재판정의 경우 의미가 있고, 외국중재판정의 경우에는 ③과 ④가 주로 적용될 것이다.

위 조항에 따라 우리나라의 어느 법원이 토지관할을 가지면 우리나라가 국제재판관할을 가지는 점은 별 의문이 없고(국제사법 제2조 참조), 이는 국제적으로도 널리 인정된다. 따라서 중재판정에서 진 피신청인의 재산이 수개국에 있으면 신청인은 외국중재판정을 집행하기 위하여 forum shopping을 할 수 있는데, 신청인은 그곳에서 뉴욕협약에 따른 집행이 가능한지와 그곳의 법원이 국제주의적인 태도를 취하는지를 고려하여야 한다.[378] 근자에 미국에서는 재산소재지라는 이유만으로 집행을 구하는 소에 대하여 對人管轄權(personal jurisdiction)이 없다고 각하한 판결[379]과, 對人管轄權이 있음에도

---

374) 김상원 외(편집대표), 주석 민사집행법(Ⅱ)(2004)(서기석 집필부분), 135면(이는 외국판결에 관한 설명이다). 다만 실제로는 집행판결의 주문에 집행할 청구권이 표시되어 있으면 집행판결만이 집행권원이 된다고 봐도 무방하다.

375) 제7조에서 말하는 법원이라 함은 지방법원과 지원을 말한다(제7조 제1항).

376) ④항은 보통재판적 소재지의 법원이 관할을 가지도록 하려는 것이다. 그렇다면 '영업소'보다 '주된 영업소'가 적절하다. 독일 민사소송법(제1062조 제2항)은 '본거 또는 상거소'라고 한다. 중재법상 영업소를 주된 영업소로 제한하여 해석하기는 어렵다.

377) 목영준, 267면. 외국재판에 기한 집행판결 청구의 소는 원칙상 채무자의 보통재판적이 있는 곳의 지방법원이 관할하고, 보통재판적이 없는 때에는 재산소재지의 법원이 관할하는데 이는 전속관할이다(민사집행법 제26조 제2항, 제21조).

378) Redfern/Hunter, paras. 10-15, 10-16.

379) 이는 *Base Metal Trading, Ltd. v. OJSC "Novokuznetsky Aluminum Factory,"* 283 F.3d 208 (4th Cir. 2002) 사건 판결이다.

불구하고 부적절한 법정지의 법리를 적용하여 관할권의 행사를 거부한 판결이 선고되어 전세계 중재계에 파문을 일으킨 바 있다.[380] 그러나 전자는 부당한 판결로서 이와 달리 올바로 판단한 항소심판결들도 있고, 후자는 당해 사건의 특수성으로 인하여 특이한 결론이 도출된 사건이라는 평가를 받고 있다.[381]

다. 집행판결청구의 소송에서 청구이의사유의 주장의 가부

외국중재판정에 기하여 집행판결을 구하는 소송에서 피고가 승인거부사유로 그 외국중재판정의 기판력의 기준시 이후에 행해진 채무자의 변제 등 민사집행법상의 청구이의사유를 항변으로 주장할 수 있는가가 문제된다. 부정설은, 민사집행법이 청구이의의 소와 집행판결을 구하는 소를 별도로 두는 점과, 집행법원은 중재판정의 실질을 재심사할 수 없다는 점을 근거로 든다.[382] 이에 따르면 별도로 청구이의의 소를 제기해야 한다. 그러나 집행판결은 현재를 기준으로 집행력의 부여 여부를 결정하는 것이고, 집행판결청구 소송에서 법원은 외국중재판정의 실질의 재심사할 수 없지만, 외국중재판정의 기판력의 기준시 이후 발생한 사유까지 주장할 수 없는 것은 아니며, 이를 허용하는 것이 판결의 모순저촉을 막고, 분쟁의 일회적 해결이라는 소송경제적인 측면에서 보더라도 바람직하므로 중재판정 이후의 사유를 주장하여 집행력의 배제를 구할 수 있다고 본다.[383] 대법원 2003. 4. 11. 선고 2001다20134 판결도 긍정설을 취하는데, 다만 청구이의사유를 승인거부사유 중 공서위반에 해당하는 것으로 보았다. 위 대법원판결의 결론은 타당하지만, 그 근거를 공서위반에서 구할 것이 아니라 청구이의사유에서 구하는 것이 옳다.[384]

---

380) 이는 *Monegasque de Reassurances S.A.M. v. NAK Naftogaz of Ukraine*, 311 F.3d 488 (2d Cir. 2002) 사건 판결이다.

381) Neuhaus(註 289), p. 39는 결국 외국중재판정의 집행메커니즘에 관한 미국의 법제가 손상된 것은 아니고, 보통법이 늘 그렇듯이 다소 삐걱거릴 뿐이라고 한다. 후자에 관하여, 재산소재지의 準對物管轄權(*quasi in rem* jurisdiction)을 인정할 수 있는데, 이 경우 당해 물건의 가액으로 한정된다. 석광현, 國際裁判管轄에 관한 硏究(서울대학교출판부, 2001), 257면.

382) 조연호, "뉴욕협약하의 外國仲裁判定의 승인과 집행 —미국과 한국에의 적용사례를 중심으로—," 외국사법연수논집[7], 재판자료 제47집(1989), 428면.

383) 조재연, 188면. 이시윤(註 370), 107-108면도 동지. 외국판결의 승인 및 집행에서도 동일한 문제가 제기되는데, 그에 관하여는 석광현, 국제사법과 국제소송 제1권(2001), 350면 참조.

384) 평석은 석광현, 국제사법과 국제소송 제4권(2007), 385면 이하; 이 책 제8장 참조.

2. 집행권원의 보충

집행판결절차에서 우리 법원은 승인요건이 구비되면 외국중재판정에 대해 집행을 허가하는 임무만을 담당하므로 우리 법원은 원칙적으로 외국중재판정을 보충하거나 변경할 수 없지만, 이에는 예외가 있다.[385)]

외국중재판정의 주문에 지연이자에 대한 언급이 없더라도, 만일 외국중재판정의 효력의 준거법상 지연이자가 발생한다면 채권자는 지연이자를 받을 수 있어야 한다. 다만 기술적으로 이를 집행의 대상에 포함시켜 강제집행을 허가할지, 아니면 외국중재판정의 주문에 대해서만 강제집행을 허가하고 그에 추가하여 지연이자의 지급을 명할지는 견해가 나뉜다.[386)] 서울지방법원 1997. 4. 10. 선고 96가합64616 판결은 영국 중재판정에 대해 영국 중재법(Arbitration Act 1950)(제20조)과 재판법(Judgement Act 1838)(제17조)[387)]을 적용하여 중재판정에 대한 강제집행의 허가 외에 중재판정금에 대한 중재판정일 다음날부터 영국중재법 및 재판법 소정의 연 8푼의 비율에 의한 이자의 지급을 명하였다.[388)] 일본에서는, 외국판결에 관하여 이런 입장을 취한 最高裁判所 판결들이 있으나 학설은 나뉜다.[389)] 일본 最高裁判所 1998. 4. 28. 판결의 사안에서, 홍콩법원의 판결에 대해서는 지연이자가 일률적인 이율로 발생하지 않고 재판 후 법원직원의 계산에 따라 약 6% 내지 13%의 이율로 발생하는 점에서 더 의문이 있고, 만일 이를 인정한다면 당사자는 방어의 기회를 가지지 못한다는 점에서 주저를 표시한다.

또한 외국판결의 주문의 내용과 범위가 명확하지 않은 경우 승인국 법원은 해석에 의해 이를 보충할 수 있다고 본 하급심판결들도 있는데,[390)] 이는 아마도 외국중재판정의 경우에도 유사한 태도를 취할 것이다.

---

385) Geimer(註 95), S. 167f. 참조.

386) 김수형, "外國判決의 執行," 국제사법연구 제4호(1999), 507면; 김상원 외(편집대표), 주석 민사집행법(Ⅱ)(2004)(서기석 집필부분), 134-135면.

387) 동 조는 "재판이 선고된 모든 부채에 대하여는 재판의 등록 시점으로부터 법정이율로 이자가 발생하고 동 이자는 執行令狀에 의하여 부과될 수 있다"라고 규정한다.

388) 서울지방법원(註 261), 487면 이하 참조.

389) 예컨대 일본 최고재판소 1997. 7. 11. 제2소법정판결, 民集51권6호, 2530면. 渡辺惺之, "香港高等法院でなされた第3當事者訴訟を含む一連の訴訟にかかる訴訟費用の負擔命令について執行判決を認めた事例," 判例時報 1670号 209面9(判例評論 484号, 47面 이하 참조).

390) 渡辺惺之(註 389), 209면(47면) 참조. Geimer(註 129), Rz. 3160도 외국의 집행권원을 구체화할 필요가 있음을 인정한다.

3. 집행 거부의 결과

집행이 거부된 경우 중재판정에서 이긴 당사자가 취할 조치는 집행거부 사유에 따라 다르다. 예컨대 집행지의 공서위반을 이유로 집행이 거부되었다면 그런 사유가 존재하지 않는 곳에서 다시 집행을 구하면 될 것이나, 예컨대 중재절차에서 피신청인에게 변론기회를 주지 않았기 때문에 집행이 거부되었다면 다른 곳에서 집행을 구하더라도 같은 결과가 될 것이다. 따라서 그 경우 아직 시효가 완성되지 않았다면 다시 중재신청을 해야 할 것이다.[391)]

X. 뉴욕협약과 우리 중재법의 관계

1. 중재법의 규정

모델법(제35조 제1항)은 내국중재판정인가 외국중재판정인가에 관계없이 동일한 요건과 절차에 따라 중재판정을 집행하도록 규정한다. 모델법의 성안 과정에서, 성공적인 뉴욕협약의 존재에도 불구하고 중재판정, 특히 외국중재판정의 집행에 관한 규정을 둘 필요가 있는지는 논란이 있었으나 결국 규정을 두었는데, 가장 큰 이유는 국제상사중재에서 중재지의 중요성을 약화하려는 것이었다.[392)] 또한 뉴욕협약이 적용되지 않는 외국중재판정에 관하여 규정하지 않으면 모델법이 불완전하고,[393)] 뉴욕협약의 비체약국들로서는 뉴욕협약에 가입하는 것보다 모델법의 채택이 더 용이할 것이라는 점도 고려되었다. 일본 중재법(제45조)은 모델법을 따르고 있다.

하지만 중재법은 모델법을 따르는 대신 독일 민사소송법처럼 ① 내국중재판정과 ② 외국중재판정을 구분하여, 전자는 중재판정 취소사유가 없는 한 집행하고(제38조), 후자는 경우를 나누어 ②—A 뉴욕협약이 적용되는 외국중재판정에 대하여는 동 협약을 적용하고, ②—B 뉴욕협약이 적용되지 않는 외국중재판정에 대하여는 외국판결의 승인 및 집행에 관한 민사소송법과 민사

391) Redfern/Hunter, para. 10-19.

392) Holtzmann/Neuhaus, p. 1007.

393) Holtzmann/Neuhaus, p. 1007.

집행법을 준용한다(제39조). 내국중재판정의 경우 승인거부사유를 취소사유와 동조시킨 것은 구 중재법(제14조 제2항)과 동일하다. 그러나 모델법과 중재법의 취소사유는 뉴욕협약(제5조)의 승인거부사유를 가져온 것이므로, 뉴욕협약이 적용되는 외국중재판정에 관한 한 모델법과 중재법 간에 별 차이는 없으나, 다만 뉴욕협약 제5조 제1항 마호는 내국중재판정의 승인거부사유에서 제외되었으므로 차이가 있다.[394] 제1항 마호는 "판정이 구속력을 아직 발생하지 아니하였거나 또는 중재판정지 국가 또는 중재판정의 준거법 소속국의 권한 있는 기관에 의하여 취소 또는 정지된 경우"인데, 내국중재판정의 경우 중재지가 한국이므로 우리나라에서 중재판정이 아직 구속력을 발생하지 않았거나 취소 또는 정지된 경우 법원은 중재판정을 집행하지 않을 것이므로 문제는 없을 것이다.[395] 다만 입법기술상으로는 모델법이 이해하기 쉽다.

2. 더 유리한 권리조항(more favorable right provision)[396]

뉴욕협약의 규정들은 체약국이 체결한 중재판정의 집행에 관한 다른 다자 또는 양자협정의 효력에 영향을 미치지 않으며, 또한 어떠한 관계당사자가 집행국의 법령이나 조약에 의하여 허용된 방법과 범위 내에서 그 판정을 원용할 수 있는 권리를 박탈하지 아니한다(제7조 제1항). 이는 뉴욕협약의 조건이 미비되더라도 보다 유리한 국내법령이나 조약에 따른 집행을 가능하게 하는 것으로, 외국중재판정의 집행을 촉진하려는 뉴욕협약의 목적의 당연한 결과이다.[397]

조문상으로는 "어떠한 관계당사자"가 보다 유리한 법령이나 조약의 적용을 주장할 수 있으나 이는 집행을 구하는 당사자에 한정되는데, 그렇지 않으면 중재판정에 진 당사자가 자기에게 유리한 국내법의 적용을 주장함으로써

394) 이 점은 독일 민사소송법의 경우도 같다.

395) 강병근(註 43), 25면은 제1항 마호의 국문번역이 잘못이라 이를 삭제함으로써 외국판정은 아닌 비국내판정으로서 뉴욕협약이 적용되는 중재판정의 승인거부사유를 제한한 것인지, 아니면 오역된 뉴욕협약의 번역문과 달리 중재법에 규정할 경우 발생할 오해와 혼란을 피하기 위하여 의도적으로 제외한 것인지는 두고 볼 일이라 한다. 그러나 중재법에 올바른 번역문을 넣는 것을 계기로 뉴욕협약의 오역을 시정할 수 있으므로 오역이 입법에 영향을 미쳤다는 것은 수긍하기 어렵다.

396) 이를 '최혜권리조항'이라고 번역하나(이호원, 667면) '최혜'는 통상 'most favored'의 번역이다. 이 글에서는 편의상 최혜권리조항이라는 표현도 사용한다.

397) van den Berg, p. 82.

외국중재판정의 집행을 좌절시킬 수 있기 때문이다.[398] 그러나 뉴욕협약과 국내법(또는 다른 국제조약)을 비교하여 그 중 유리한 것을 적용할 수 있을 뿐이지, 일부에 관하여는 뉴욕협약을, 다른 부분에 관하여는 국내법(또는 다른 국제조약)을 취하여 합성된 규범을 적용하는 것은 허용되지 않는다.[399]

다만 제7조가 집행을 구하는 당사자에게 보다 유리한 법령이나 조약에 따라 집행을 신청할 수 있도록 선택권을 부여하는지, 아니면 법원이 당사자에게 유리한 법령 등을 적용할 의무를 지는지에 관하여는 견해가 나뉠 수 있으나, 선택권을 가진다는 견해가 문면상 타당하다고 본다.[400]

실제로 우리나라의 경우 이에 해당하는 국제조약으로는 워싱턴협약을 들 수 있다. 즉 ICSID 협약에 따른 투자분쟁의 중재판정에도 뉴욕협약이 적용되는데, ICSID 협약은 뉴욕협약보다 간편한 집행을 규정하므로 뉴욕협약을 적용할 실제적 이유는 별로 없다.[401]

3. 外國仲裁判定의 집행에 관한 중재법의 규정에 대한 입법론적 비판

가. 집행판결 제도의 완화

외국중재판정의 집행을 허가하는 재판의 형식은 입법정책의 문제이다. 중재법은 구 중재법과 같이, 내국중재판정과 외국중재판정의 집행은 우리 법원의 집행판결, 즉 변론을 거친 판결의 형식에 의하도록 요구한다. 그러나 종래부터 이를 완화하자는 주장이 있다. 실제로 1992년 작성된 중재법개정시안(제27조)[402]은 중재판정의 집행을 용이하게 하고자 원칙적으로 법원의 집행

398) van den Berg, pp. 84-85.

399) van den Berg, pp. 85-86; Schwab/Walter, Kapitel 42 Rn. 25. 독일에서는 이를 'Rosinen-Picken'이라고 한다.

400) 목영준, 254면; 주석중재법/이호원, 404면도 동지.

401) 서철원(註 102), 120면; 장승화, 양자간 투자협정 연구(법무부, 2001), 219면. van den Berg, p. 99는 ICSID 협약이 뉴욕협약에 대한 특별법이자 신법이라고 한다. 또한 한미 우호통상항해조약(제5조)은 "양국의 국민이나 회사 사이에 분쟁이 생긴 경우 중재합의가 있으면 그 유효성을 인정하고 그 집행을 상호보증한다"고 규정하나 매우 일반적이어서 뉴욕협약에 우선 적용될 가능성은 없다. 서철원(註 102), 120면.

402) 조문은 아래와 같다.

"제27조 (중재판정의 집행) ① 중재판정에 의하여 하는 강제집행은 법원의 집행결정으로 그 적법함을 선고한 때에 한하여 할 수 있다. 이 경우에 재판 전에 상대방을 심문하여야

결정에 의하도록 하고, 법원이 특히 필요하다고 인정하거나 또는 집행결정에 대하여 이의가 제기된 경우 예외적으로 판결절차에 의하도록 하였는데, 이는 채택되지 않았다. 또한 1999년 중재법의 개정과정에서 집행판결절차를 단순화하고자 결정의 형식으로 하자는 견해도 있었지만, '결정의 집행력'의 처리에 어려움이 있고, 또한 결정에는 기판력이 없으므로 또 다른 문제를 야기할 소지가 있고 판결로 하더라도 실무상 결정으로 하는 경우와 별다른 차이가 없다는 점을 고려하여 판결의 형식을 취하였다고 한다.[403)]

그러나 집행판결을 받기 위하여 변론절차가 필수적이고 1심판결 전에는 집행절차로 나아갈 수 없는데, 중재절차와 집행판결절차를 이중으로 요구하는 것은 당사자의 부담을 가중시키고 중재판정만은 무용하다는 좌절감을 줄 수 있다는 비판은 설득력이 있다.[404)] 이 견해는 집행력을 부여하는 단계에서는 독일처럼 서면심리에 의한 간이한 절차에 의하여 집행명령을 하고, 다만 집행명령 신청 자체에서 집행취소사유가 발견되거나, 상대방이 집행취소의 소를 제기하는 경우에만 변론절차를 거쳐 판결의 형식으로 집행력을 부여하며, 집행취소사유가 사후에 발견되어 상대방이 회복할 수 없는 손해를 입을 것에 대비하여 담보를 제공받는 방안을 검토하자고 제안한다.[405)]

독일 민사소송법(제1063조)과 일본의 중재법(제45조 제1항, 제46조)은 집행결정에 의하도록 한다.[406)] 독일에서는, 중재판정 취소사유가 고려되는 때(in Betracht kommen), 즉 근거 있게 주장되는 때 법원은 구술변론을 열어야 하고(제1063조 제2항), 일본에서는, 법원은 구술변론 또는 당사자 쌍방이 입회할 수 있는 심문[407)]의 기일을 거쳐야만 집행신청에 대하여 결정할 수 있다(제44조 제5항, 제46조 제10항). 따라서 위 제안처럼 하거나, 아니면 법원이

한다. 다만 법원이 특히 필요하다고 인정하여 구술변론을 경유한 경우에는 집행판결에 의하여야 한다." 해설은 김홍규, "仲裁法 改正試案 및 解說," 중재학회지 2권(1992), 1면 이하 참조.

403) 하용득(註 5), 23면.

404) 이태희, "중재판정의 효율적 집행과 취소사유에 대한 고찰," 중재 제314호(2004 겨울), 8면.

405) 이태희(註 404), 8면. 집행취소사유는 민사집행법 제49조의 집행취소사유를 말하는 것으로 보인다.

406) 그러나 독일 민사소송법과 일본 민사집행법(제24조)은 외국판결의 집행을 위하여는 집행판결을 요구한다. 프랑스 신 민사소송법(제1498조, 제1500조, 제1477조)은 중재판정의 집행을 위하여는 법원에서 '*décision d'exequatur*'(집행재판)을 받을 것을 요구한다.

407) 일본어 조문은 '審尋'이다.

서면심리를 기초로 집행결정을 하되 그 재량에 따라 필요시 구술변론을 열거나 審問을 거치도록 하는 편이 적절하다(민사소송법 제134조 제2항 참조). 이런 심문은 서면심리를 보충하기 위하여 당사자 기타 이해관계인에게 특별히 방식 없이 의견진술의 기회를 제공하는 절차이다.[408] 또한 집행결정에 대하여 기판력과 집행력을 긍정하는 것이 논리적으로 불가능하지는 않다. 민사소송법상으로도 실체관계를 종국적으로 해결하는 결정에 대하여는 기판력을 인정할 수 있기 때문이다.[409]

집행결정제도의 도입은 외국중재판정만이 아니라 내국중재판정의 집행, 나아가 외국판결의 집행과도 관련되는 문제이나, 외국판결과 비교할 때 중재판정의 집행을 용이하게 할 필요성이 크므로, 가사 외국판결에 대하여는 집행결정제도를 채택하지 않더라도[410] 중재판정에 관하여는, 그것이 내국중재판정이든 외국중재판정이든 간에 원칙적으로 집행결정에 의하는 방안이 바람직하다고 본다.[411]

나. 기술적인 사항

위에서 지적한 사상을 토대로 뉴욕협약이 적용되는 외국중재판정의 승인 및 집행과 관련된 중재법의 개정사항을 정리하면 다음과 같다.

첫째, 제37조 제1항은 "중재판정의 승인 또는 집행은 법원의 승인 또는 집행판결에 의한다"고 하나, '승인'을 삭제하고 "중재판정의 집행은 법원의 집행판결에 의한다"고 수정하는 것이 옳다.

둘째, 제37조 제2항은 "… 정당하게 인증된 한국어의 번역문"을 첨부하여야 한다고 하나, 이는 "… 정당하게 증명된 한국어 번역문"으로 수정하여야 한다.

셋째, 제37조 제1항과 제2항의 "정당하게 인증된 그 등본"은 "정당하게

---

408) 이시윤(註 370), 392면.

409) 이시윤(註 90), 561면.

410) 다만 저자는 외국판결의 경우도 동일한 원칙을 취하는 것이 바람직하다고 본다.

411) 이태희(註 404), 8면도 동지(다만 이 글은 국내중재판정에 관한 글로 보인다). 중재판정 자체를 집행권원으로 인정하지 않고 집행판결과 집행문을 받도록 하는 것은 논리적으로 모순이고 중재제도의 활성화를 저해하므로, 중재법을 개정하여 집행판결 없이 집행문을 받을 수 있게 하자는 견해도 있으나(김봉석(註 371), 171면), 私人인 중재인의 중재판정 그 자체에 집행력을 인정하는 것은 너무 나간 것이며, 외국의 입법례에서 보지 못하였다. 이태희(註 404), 8면도 동지.

증명된 등본"으로 수정하여야 한다.

넷째, 중재법 제37조 제2항과의 관계에서 뉴욕협약이 우선함을 명시할 필요가 있다. 만일 뉴욕협약의 요건을 완화하자면 그 취지를 명시할 필요가 있다.

그 밖에도 중재합의의 방식과 중재판정부의 임시적 처분에 관한 모델법 개정안의 내용을 어느 범위 내에서 우리 중재법에 반영할지를 검토할 필요가 있다.[412)]

XI. 뉴욕협약의 일부 조항의 해석에 관한 권고

2006년 중재합의의 서면요건을 완화 내지 폐지하는 방향으로 모델법을 개정하는 작업과 관련하여, 중재합의의 서면요건을 정한 뉴욕협약의 정합성이 문제되었다. 이를 해결하기 위하여 의정서(protocol)를 채택하는 방안, 뉴욕협약(제7조 제1항)에 최혜권리조항이 있으므로 뉴욕협약보다 서면요건을 완화한 모델법을 추진함으로써 사실상 뉴욕협약을 개정하는 방안이 논의되었으나, UNCITRAL은 결국 뉴욕협약의 방식요건에 관한 해석이나 적용상의 지침을 제공하여 각 체약국 법원으로 하여금 뉴욕협약(제2조 제2항)에 대한 해석의 기준으로 모델법(제7조)을 사용하도록 하는 방안을 따르기로 하고 뉴욕협약 제2조 제2항 및 제7조 제1항의 해석에 관한 권고안을 채택하였다. 권고안은 2개의 항으로 구성되는데, 그 내용은 위 관련되는 곳에서 언급한 바와 같다.[413)]

XII. 맺 음 말

지금까지 뉴욕협약에 따른 외국중재판정의 집행의 제문제를 포괄적으로 논의하였다. 국제거래에서 발생하는 분쟁해결수단으로서 국제상사중재의 중요성이 점차 커지고 있는 현실에서 뉴욕협약에 대한 체계적인 이해는 매우

412) 기타 중재법의 문제점과 개정방향은 이 책 제2장(III.) 참조.
413) 권고의 텍스트는 이 책 부록 [13] 참조.

중요하다. 특히 뉴욕협약은 외국중재판정의 승인 및 집행만이 아니라 국제상사중재법의 거의 모든 논점과 관련되므로, 뉴욕협약을 제대로 이해하면 국제상사중재법 전반을 이해하였다고 해도 과언이 아니다. 또한 뉴욕협약을 이해함으로써 우리 법상의 외국판결의 승인 및 집행과의 異同도 파악할 수 있다.[414] 뉴욕협약을 과거에 만들어진 박제품으로서가 아니라, 국제상사중재의 실무와 법적 환경의 변화 속에서 살아 있는 규범으로 이해할 필요가 있다. 우리 중재법의 개정과, 모델법의 개정안이 뉴욕협약의 해석에 영향을 미치고 있고 그 결과 뉴욕협약의 해석에 관한 권고안이 채택된 것도 이런 맥락에서 제대로 파악할 수 있다. 이제 우리 법학계와 실무가들도 國際商事仲裁法을 포함한 國際民事節次法에 대해 좀더 큰 관심을 가져야 하고, 이 분야에 대한 체계적인 교육을 강화하기 위하여 노력해야 한다. 나아가 국제상사중재와는 다소 차이가 있지만, 최근 한미 자유무역협정(FTA)의 타결을 계기로 국민적 관심사가 된 '국가-투자자분쟁(ISD)'의 해결을 위한 국제중재, 즉 투자(조약) 중재에 대하여도 물론 마찬가지다.

별첨 — 뉴욕협약에 따른 외국중재판정과 한국법에 따른 외국재판의 승인 및 집행요건의 대비

414) 손경한, 129면 이하도 양자의 異同을 보여준다.

[뉴욕협약에 따른 외국중재판정과 한국법에 따른 외국재판의 승인 및 집행요건의 대비]

		외국재판	외국중재판정
승인	① 법적 근거	민사소송법 제217조	- 외국중재판정의 승인 및 집행에 관한 협약(뉴욕협약) - 중재법 제37조, 제39조
	② 대상	- 확정재판일 것 - 종국재판일 것[학설]	- 구속력 없는 중재판정 또는 취소·정지된 중재판정이 아닐 것(제1항 e호) - 종국판정일 것[학설]
	③ 대상의 범위	민사, 상사, 가사, 비송사건도 포함	협약 자체에는 없으나 상사유보의 결과 상사에 한정됨
	④ 판단주체의 권한	재판국이 국제재판관할을 가질 것	- 능력의 부존재 또는 기타 사유로 중재합의가 무효가 아닐 것(제1항 a호) - 분쟁 대상의 중재가능성이 부정되지 않을 것(제2항 a호)[공서요건일 수도 있다] - 중재판정이 중재합의의 범위를 넘지 않을 것(제1항 c호)
	⑤ 패소자의 방어권 보장	패소한 피고가 송달을 받았을 것	피신청인의 방어권의 침해가 없을 것(제1항 b호)
	⑥ 공서요건	승인이 한국의 공서에 반하지 않을 것	- 피신청인의 방어권의 침해가 없을 것(제1항 b호) - 중재판정부의 구성이나 중재절차의 하자가 없을 것(제1항 d호) - 공서에 반하지 않을 것(제2항 b호)
	⑦ 상호보증의 존재	상호보증이 있을 것	뉴욕협약 자체에는 없으나 상호주의유보에 의하여 필요
	⑧ 요건의 규정방식	- 적극적 규정방식 - 승인요건 열거	- 소극적 규정방식(제한적 열거) - 승인거부사유 열거 + 두 가지 유보 허용
집행	① 법적 근거	민사집행법 제26조, 제27조	중재법 제37조, 제39조
	② 요건	승인요건 + 집행판결	승인요건 + 집행판결

제 7 장 뉴욕협약상 仲裁合意의 몇 가지 문제점
— 대법원 2004. 12. 10. 선고 2004다20180 판결*이 제기한 제출서류 및 중재합의의 방식요건을 중심으로 —

> 이 글은 국제사법과 국제소송 제4권(2007), 425면 이하에 게재한 것을 대체로 전재한 것이나, 제목과 문헌 및 일부 오타를 수정하고 제2차 환송 후 대법원판결을 소개하였다. 저자는 서면요건을 구비한 중재합의의 존재를 부정한 대상판결과 제2차 환송 후 대법원판결에 대해 비판적인 견해를 피력하였다.

[사안의 개요]

가. 당사자 간의 관계

(1) Kexim Vietnam Leasing Co., Ltd.(이하 "켁심"이라 한다)는 1997. 5. 3. 한국 회사인 피고(썬스타 특수정밀 주식회사)가 생산하는 자수기 2대(이하 "이 사건 자수기들"이라 한다)를 베트남 회사인 원고(K&V International Emb. Co., Ltd.)에게 리스하기 위한 목적의 수입임을 분명히 하고 수입대행업자인 GENERAL IM-EXPORT AND SERVICE CORP.(이하 "제트라니멕스"라 한다)와 이 사건 자수기들에 관한 수입위탁계약을 체결하였다.

(2) 제트라니멕스는 1997. 5. 3. 피고로부터 이 사건 자수기들을 매수하였고, 켁심은 1997. 5. 30. 원고에게 이 사건 자수기들을 리스하였다. 매매계약에서 당사자들은 매매계약과 관련하여 발생하는 모든 분쟁은 양자가 우호적으로 해결하되, 우호적 해결이 어려울 경우에는 베트남 상공회의소 내의 베트남 국제중재원(이하 "베트남 상사중재원"이라 한다)의 중재판정에 의하며, 그 중재판정은 최종적이며 당사자에게 구속력을 갖는다고 약정하였다.[1)]

---

* 공2005. 1. 15.(218), 103.

1) 중재합의의 내용은 환송 전 원심판결인 서울고등법원 2001. 2. 27. 선고 2000나23725 판결에서 보완한 것이다.

나. 이 사건 자수기들에 대한 분쟁발생과 베트남 상사중재원의 중재판정

(1) 피고는 1997. 5. 16. 원고에게 이 사건 자수기들을 인도하였으나 원고가 이 사건 자수기를 사용하는 동안 이 사건 자수기들이 작동하지 않는 문제가 발생하였고, 그 후 피고는 원고에게 1998. 1. 4.까지 수리를 완료하고 40일 간의 기계 미작동에 대한 보상으로 미화 29,202.14달러를 배상하기로 약속하였음에도 미화 4,302.85달러만을 배상하고 기계수리를 중지하였다.

(2) 그 후 제트라니멕스는 트라니멕스코로 상호를 바꾸었고, 위 회사가 피고에 대하여 갖는 이 사건 자수기들에 관한 손해배상 등 분쟁해결의 모든 권리를 켁심에게 위임하고 베트남 상사중재원의 중재판정은 피고와 켁심 사이에 효력이 있다는 위임장을 작성하여 베트남 상사중재원에 제출하였고, 켁심은 원고에게 위 권리를 재위임한다는 위임장을 작성하여 베트남 상사중재원에 제출하였다.

(3) 원고는 1998. 8. 4. 베트남 상사중재원에 중재판정을 신청하였고, 원고측에서는 베트남 변호사 보 낫 탕(Vo Nhat Thang)을, 피고측에서는 베트남 변호사 누옌 충(Nguyen Chung)을 각 중재인으로 지명하였고, 이들에 의해 베트남 상사중재원 중재인인 베트남 변호사 부 후 투(Vu Huu Tuu)가 중재위원장이 되어 중재판정부를 구성하였다.

(4) 중재판정부는 1998. 11. 7. 중재판정부의 구성을 당사자에게 통지하였고 원고와 피고는 이에 대하여 어떠한 이의도 제기하지 아니하였으며, 중재판정부는 1999. 2. 6. 원고가 신청한 중재사건에 관하여 새로운 자수기계의 제공과 미화 17,010달러 88센트의 변상 등을 명하는 중재판정(이하 "이 사건 중재판정"이라 한다)을 하였다.

다. 집행판결청구의 소 제기와 피고의 본안전항변

원고는 피고가 이 사건 중재판정에 따른 이행을 하지 아니하였다고 주장하면서 우리나라가 1973년 가입한 외국중재판정의 승인 및 집행에 관한 UN 협약(United Nations Convention on the Recognition and Enforcement of Foreign Arbitral Awards)(이하 "뉴욕협약"이라 한다)에 따라 인천지방법원에 이 사건 중재판정의 승인과 집행을 구하였다. 그러나 원고는 정당하게 인증된 이 사건 중재판정의 원본(베트남어)만을 제출하였을 뿐 그에 관한 번역문이나 중재합의의 원본 또는 등본 및 그의 번역문을 전혀 제출하지 않았다.[2)]

피고는 원고가 뉴욕협약 제4조에서 정한 서류들을 제출하지 아니하였으므로 이 사건 소는 소송요건을 갖추지 못하여 부적법하다고 항변하였다.

[소송의 경과]

1. 제1심판결[3)]

제1심판결은 원고의 청구를 전부 인용하고 이 사건 중재판정을 집행할 수 있다고 하였다. 제1심판결은 여기에서 다루는 쟁점에 관하여는 아무런 설시를 하지 않았는데 아마도 다투어지지 않은 것으로 보인다.

2. 원심판결[4)5)]

원심판결은 다음과 같이 판시하면서 제1심판결을 취소하고 원고의 청구를 기각하였다.

---

2) 보다 정확히는, 이 사건에서 원고는 ① 중재판정에 관하여는, 정당하게 인증된 중재판정의 원본은 제출하였지만, 그의 번역문에 관하여는 한글 번역문을 제출하였는데 이는 베트남 번역사가 영문으로 번역한 중재판정문의 번역문을 원고의 대표이사의 아버지가 한글로 번역하고 이를 우리 공증인이 인증한 것이고, 달리 우리나라의 외교관 또는 영사관이 확인한 한글 번역문을 제출하지 않았으며, ② 중재합의에 관하여는, 중재조항을 포함하는 계약서의 사본만을 제출하고 번역인이 누구인지 알 수 없는 번역문 사본만을 제출하였던 것으로 보인다.

3) 인천지방법원 2000. 4. 25. 선고 99가합6964 판결.

4) 이는 환송 후 원심판결인 서울고등법원 2004. 3. 26. 선고 2003나29311 판결을 말한다. 환송 전 원심판결인 서울고등법원 2001. 2. 27. 선고 2000나23725 판결은 청구이의사유가 있다고 보아 공서위반을 이유로 중재판정의 일부만 집행을 허가하였던바, 대법원 2003. 4. 11. 선고 2001다20134 판결이 이를 파기한 결과 환송 후 원심판결이 선고되었다. 이 대법원 판결에 대한 평석은 석광현, “외국중재판정에 기한 집행판결과 청구이의사유의 주장,” 서울지방변호사회 판례연구 제20집(1)(2006. 10.), 385면 이하 참조.

5) 이 사건의 판결의 경위는 아래와 같다.
제1심판결 인천지방법원 2000. 4. 25. 선고 99가합6964 판결
제1차 환송 전 원심판결 서울고등법원 2001. 2. 27. 선고 2000나23725 판결
제1차 환송판결 대법원 2003. 4. 11. 선고 2001다20134 판결
제2차 환송 전 원심판결 서울고등법원 2004. 3. 26. 선고 2003나29311 판결
제2차 환송판결 대법원 2004. 12. 10. 선고 2004다20180 판결(이 글은 이에 대한 평석이다)

[1] 서류의 제출은 소의 적법요건인가와 서류의 원본이나 등본 제출의 의미 — 원심판결은 뉴욕협약 제4조가 외국중재판정의 승인과 집행을 신청하는 당사자는 일정한 서류를 제출하여야 한다고 규정하고 있으나, 위 각 서류들의 제출이 외국중재판정에 관한 집행판결 청구사건의 소송요건이 아니라 단순히 집행판결을 구하기 위한 청구요건이라는 이유로 이에 관한 피고의 본안전항변을 배척하였다.

[2] 번역문의 미제출과 집행판결 청구의 배척의 가부 — 원심판결은 뉴욕협약 제4조가 정한 서류들은 국내에서 외국중재판정의 집행판결을 얻기 위하여 반드시 제출하여야 하는데, 원고는 정당하게 인증된 이 사건 중재판정의 원본(베트남어로 작성된 것)만을 제출하였을 뿐이고, 그에 관한 뉴욕협약상의 번역문과, 중재합의의 원본 또는 등본 및 그에 관한 뉴욕협약상의 번역문 등을 전혀 제출하지 못하였다는 이유로 원고의 집행판결 청구를 기각하였다.

[3] 중재합의의 서면성을 다투지 않고 중재에 응한 경우 중재합의의 서면성의 충족 가부 — 원심판결은, 원고가 베트남 상사중재원에 중재판정을 신청하고 이에 대하여 피고가 아무런 이의를 제기하지 않은 점에 비추어 볼 때, 적어도 중재판정시에는 원고와 피고 간에는 이 사건 분쟁을 중재판정부의 중재에 따라 해결하기로 하는 중재합의가 있었다고 보아야 한다고 판단하였다.

3. 대법원판결의 요지

위 대법원판결(이하 "대상판결"이라 한다)은 원심으로서는 먼저, 당사자 사이에 유효한 서면중재합의가 있었는지 여부를 심리하고, 나아가 중재합의와 중재판정의 존재 및 그 내용이 적법하게 인정된다면, 그에 관하여 제출된 번역문이 뉴욕협약 제4조 제2항의 취지에 부합하는 번역문에 해당하는지, 아니면 이를 보완할 방법이 있는지 여부 등을 심리하였어야 하는데도 하지 않았다는 이유로 원심판결을 파기하고 사건을 서울고등법원에 환송하였는데, 그 요지는 다음과 같다.

[1] 서류의 제출은 소의 적법요건인가와 서류의 원본이나 등본 제출의

제2차 환송 후 원심판결은 서울고등법원 2005. 10. 26. 선고 2004나94480 판결. 제2차 환송 후 원심판결도 원고와 독립당사자참가인이 상고하였으나 대법원 2006. 10. 13. 선고 2005다69342, 69359 판결에 의하여 모두 기각되었다. 즉 동 판결은 대상판결의 결론을 유지하였다.

의미 — 뉴욕협약 제4조 제1항은 외국중재판정의 승인과 집행을 신청하는 당사자가 제출할 서류들을 규정하는바, 위 서류들의 제출을 집행판결사건의 소의 적법요건으로서 법원이 직권으로 판단하여 할 사항이라고 해석할 수 없다. 또한 제4조 제1항은 당사자들 간에 중재판정이나 중재합의의 존재 및 내용에 관한 다툼이 있는 경우에 증거방법을 제한한 규정이고, 원고가 문서의 원본 또는 등본 대신 사본을 제출하더라도 상대방이 이의하지 않고 성립을 인정하면 적법한 원본이나 등본의 제출에 해당한다.

[2] 번역문의 미제출과 집행판결 청구의 배척의 가부 — 뉴욕협약 제4조 제2항은 중재판정과 중재합의의 엄격한 형식의 번역문을 요구하나 이는 그에 한정하는 것은 아니며, 만약 당사자가 형식을 불비한 부실한 번역문을 제출한 경우 제출자의 비용부담으로 전문번역인에게 번역을 의뢰함으로써 이를 보완시킬 수도 있으므로 엄격한 형식에 따른 번역문이 제출되지 않았다는 이유만으로 집행판결청구를 배척할 수는 없다.

[3] 중재합의의 서면성을 다투지 않고 중재에 응한 경우 중재합의의 서면성의 충족 가부 — 뉴욕협약은 서면에 의한 중재합의(agreement in writing)를 요구하고 있고, 제2조 제2항은 서면에 의한 중재합의란 "당사자들에 의하여 서명되었거나 서신(letter) 또는 전보(telegram) 교환 속에 담긴, 주된 계약 속의 중재조항 또는 중재합의를 포함한다"고 규정하므로, 중재신청을 전후하여 원고와 피고 사이에 교환된 업무연락서류, 중재관련서류 등에 의하여 중재합의가 확인된다는 특별한 사정이 없는 한, 원고가 베트남 상사중재원에 중재판정을 신청하고 이에 대하여 피고가 중재 당시 아무런 이의를 제기하지 아니함으로써 일종의 묵시적인 중재합의가 이루어졌다 한들 뉴욕협약 제2조에 정한 유효한 중재합의가 있었다고 볼 수는 없다.[6]

---

6) 그러면서도 대상판결은, "원심으로서는 먼저, 원고와 피고 사이에 뉴욕협약 제2조에 정한 유효한 서면중재합의가 있었는지 여부를 심리하여 보았어야 할 것이고 나아가 뉴욕협약 제4조 제1항에 정한 중재합의와 중재판정의 존재 및 그 내용이 적법하게 인정된다면, 그에 관하여 제출된 번역문이 뉴욕협약 제4조 제2항의 취지에 부합하는 번역문에 해당하는지, 아니면 이를 보완할 방법이 있는지 여부 등을 심리하여 보았어야 할 것인데도, 원심은 … 원고의 이 사건 청구를 기각하고 말았으니, 원심판결에는 … 필요한 심리를 다하지 아니한 위법이 있다고 할 것이고, 이러한 위법은 판결에 영향을 미쳤음이 분명하다"는 이유로 원심판결을 파기하였다.

[연 구]

Ⅰ. 문제의 제기

국제거래에 참가하는 당사자들은 그들 간에 발생하는 분쟁을 소송이 아니라 중재에 의해 해결하고자 하는 경우가 많은데, 이를 위하여 당사자들은 중재합의를 하게 된다. 중재합의라 함은, 계약상의 분쟁인지의 여부에 관계없이 일정한 법률관계에 관하여 당사자 간에 이미 발생하였거나 장래 발생할 수 있는 분쟁의 전부 또는 일부를 중재에 의하여 해결하도록 하는 당사자 간의 합의를 말한다.[7] 중재합의에는 '중재부탁계약'과 '중재조항'의 두 가지 유형이 있는데,[8] 전자는 현존하는 분쟁을 중재에 따르도록 하는 독립된 합의(submission to arbitration agreement, submission agreement. *compromis*)이고, 후자는 장래의 분쟁을 중재에 의하여 처리하도록 하는 통상 주된 계약에 포함된 중재조항(arbitration clause. *clause compromissoire*)을 말한다.[9]

국제거래의 당사자들이 중재를 선호하는 것은 소송과 비교하여 중재가 여러 가지 장점을 가지고 있기 때문인데, 그 중의 하나가 2005년 현재 135개국[10]이 뉴욕협약에 가입한 결과 그에 의하여 외국중재판정의 승인 및 집행이 상당히 보장되어 있기 때문이다.[11] 베트남은 뉴욕협약에 가입하였으므로[12] 이 사건 중재판정은 뉴욕협약의 적용을 받는 외국중재판정이고 따라서 그의 집행은 중재법 제37조 제1항, 제39조 제1항과 뉴욕협약에 따라 우리 법원의

7) 중재법 제3조 제2호 참조.

8) 중재법 제8조 제1항 참조.

9) Alan Redfern and Martin Hunter with Nigel Balckaby and Constantine Partasides, Law and Practice of International Commercial Arbitration, Fourth Edition (2004), para. 3-02; 목영준, 상사중재법론(2000), 34면 이하.

10) 가입국의 현황은 http://www.uncitral.org/uncitral/en/uncitral_texts/arbitration/NYConvention_status.html 참조.

11) Redfern/Hunter(註 9), para. 10-17. 참고로 최근 2005. 6. 14. — 6. 20. 사이에 개최된 헤이그국제사법회의의 제20차 회기에서 채택된 법원선택합의협약(Convention on Choice of Court Agreements)이 장차 발효되면 동 협약은 국제소송에서, 현재 뉴욕협약이 국제상사중재에서 수행하는 기능을 하게 될 것이다. 다만 동 협약은 전속적 국제재판관할합의에만 적용된다.

12) 베트남에 대해서는 1995년 12월 11일 뉴욕협약이 발효되었다.

집행판결에 의하여야 한다. 뉴욕협약 하에서는 외국중재판정의 승인 또는 집행을 구하는 당사자는 제4조가 정한 일정한 서류(즉 중재판정과 중재합의 및 그의 번역문)를 집행국 법원에 제출함으로써 그가 외국중재판정의 승인 및 집행을 받은 자격을 가진다는 일응의 증거(*prima facie* evidence)를 제출한 것이 되는데,[13] 이를 '승인 및 집행의 적극적 요건'이라고 하며, 중재판정의 승인 및 집행을 구하는 당사자가 그 입증책임을 부담한다.[14] 또한 뉴욕협약 제5조는 승인 또는 집행의 거부사유(이하 편의상 "승인거부사유"라고 한다)가 존재하는 경우에 한하여 외국중재판정의 승인 및 집행을 거부할 수 있음을 명시하는데, 이는 외국중재판정의 '승인 및 집행의 소극적 요건'이다. 승인거부사유에 대하여는 이를 주장하는 자가 그 입증책임을 진다.

대상판결은 외국중재판정의 승인 및 집행을 구하는 당사자가 집행국 법원에 제출할 서류를 규정한 뉴욕협약 제4조 제1항과, 번역문 제출요건을 규정한 제4조 제2항의 취지를 분명히 함으로써 실무상의 부담을 덜고, 뉴욕협약 제2조에 따른 중재합의의 방식, 즉 서면요건에 관하여 판단한 판결로서 의의가 크다.[15] 대상판결을 분석하기 위하여 아래에서는 다음의 순서로 논의한다.

첫째, 당사자가 승인 및 집행을 위하여 제출할 서류(뉴욕협약 제4조 제1항)(아래 Ⅱ.)

둘째, 승인 및 집행을 위하여 제출할 서류의 번역문(뉴욕협약 제4조 제2항)(아래 Ⅲ.)

셋째, 외국중재판정의 승인 및 집행과 중재합의의 방식(뉴욕협약 제5조 및 제2조)(아래 Ⅳ.)

넷째, 승인거부사유의 심사와 실질재심사 금지의 원칙(아래 Ⅴ.)

---

13) Albert Jan van den Berg, The New York Arbitration Convention of 1958 (1981), p. 264; 최공웅, 국제소송(1994), 411면, 주 35; 이호원, "외국중재판정의 승인과 집행," 재판자료 제34집(1986), 669면. 여기에서는 이 논문을 인용한다. 양병회 외, 주석중재법(2005), 369-406면에 좀더 이호원 원장의 update된 글이 수록되어 있다.

14) van den Berg(註 13), p. 260; 이호원(註 13), 672면; 목영준(註 9), 255면; 대법원 1990. 4. 10. 선고 89다카20252 판결.

15) 원고가 중재신청을 하게 된 이유는 제트라니멕스가 손해배상 등 분쟁해결의 모든 권리를 켁심에게 위임하고 켁심은 이를 다시 원고에게 재위임하였기 때문인데 위임과 재위임의 성격은 다소 애매하다. 이 사건에서 원고가 집행판결 청구의 소를 제기할 당사자적격이 있는지도 다투어졌으나 원고가 피고를 상대로 중재신청을 하여 중재판정을 받은 것은 사실이므로 이에 대한 논의는 생략한다.

Ⅱ. 승인 및 집행을 위하여 제출할 서류(뉴욕협약 제4조 제1항)

1. 승인 및 집행을 위하여 제출할 서류

외국중재판정의 승인 및 집행을 구하는 신청인이 제출할 서류를 규정하는 뉴욕협약 제4조 제1항에 따르면, 신청인은 그 신청을 할 때에 ① 정당하게 인증된 중재판정의 원본 또는 정당하게 증명된 그 등본, ② 제2조에 정한 중재합의의 원본 또는 정당하게 증명된 그 등본을 제출하여야 한다.[16) 중재합의가 주된 계약의 일부를 이루는 중재조항의 형식을 취하는 경우 중재합의라 함은 결국 중재조항이 포함된 주된 계약서(예컨대 매매계약서)를 말한다.

여기에서 '인증'(authentication)은 문서의 서명(signature)이 진정한 것임을 증명하는 데 반하여[17) '증명'(certification)은 등본, 즉 원본 전부의 사본이 원본의 진정한 사본임을 증명하는 것이므로, 인증은 서명에 관한 것인 데 반하여 증명은 전체로서의 문서에 관한 것이라는 점에서 구별된다.[18)

16) 영문은 다음과 같다.
"1. To obtain the recognition and enforcement mentioned in the preceding article, the party applying for recognition and enforcement shall, at the time of the application, supply:
(a) the duly authenticated original awards or a duly certified copy thereof;
(b) the original agreement referred to in article II or a duly certified copy thereof."

17) 대체로 'legalization'도 인증과 동일한 의미이나, 헤이그국제사법회의의 "외국 공문서의 인증요건 폐지에 관한 협약"(Convention Abolishing the Requirement of Legalisation for Foreign Public Documents)상의 인증은 문서가 제출되어야 하는 국가의 외교관 또는 영사관이 서명의 진정성, 동 문서에 서명한 사람이 행위하는 자격 및 적절한 경우에는 동 문서에 찍힌 인영 또는 스탬프의 동일성을 증명하는 절차(formality)만을 의미한다(제2조 제2문). 즉 동 협약상의 인증은 외교관 또는 영사관의 절차만을 의미한다. 위 협약에 관하여는 석광현, "헤이그국제사법회의의 「외국 공문서의 인증요건 폐지에 관한 협약」," 국제사법과 국제소송 제3권(2004), 500면 이하 참조. 외교통상부는 최근 위 협약에의 가입을 추진하고 있다고 한다.

18) van den Berg(註 13), p. 251. 흥미로운 것은 다른 분들의 설명이다. 예컨대 김상호, "외국상사중재 판정에 관한 연구," 중앙대학교 대학원 무역학 박사학위논문(1988), 44면은 van den Berg를 인용하면서 "인증은 인증대상인 서류가 진정한 것이라는 서명(signature)이 있는 데 반하여, 증명은 증명의 대상인 등본이 원본과 틀림없다는 사실의 확인일 뿐 서명이 필요한 것은 아니"라고 설명하고, 서철원, "외국중재판정의 승인과 집행에 관한 1958년 뉴욕협약: 한국법원에서의 적용사례를 중심으로," 서울국제법연구 제3권 1호(1996), 128면, 조연호, "뉴욕협약하의 外國仲裁判定의 승인과 집행—미국과 한국에의 적용사례를 중심으로—," 외국사법연수논집[7], 재판자료 제47집(1989), 411면; 양병회 외, 주석중재법(2005)

중재판정의 원본은 인증되어야 하는 데 반하여 중재합의의 원본은 인증을 요하지 않는데, 이는 중재합의는 문서의 교환에 의하여 당사자의 서명 없이 이루어질 수 있고, 중재인과 달리 중재합의의 당사자들은 중재판정의 집행절차에서 당사자가 되기 때문이다.[19] 인증이 필요한 중재판정의 원본과 달리, 중재판정의 등본은 정당하게 증명되면 족하고 등본의 인증은 불필요하다. 문제는 중재판정의 등본의 경우 인증된 원본의 등본이어야 하는가인데 이를 부정하는 견해[20]가 유력하지만, 그 경우 서명의 진정성이 증명되지 않으므로 서명의 진정성이 증명된, 즉 인증된 원본의 등본이어야 한다는 견해[21]도 경청할 만하다.

2. 서류의 제출은 소송요건인가와 서류의 제출시기

위 서류들의 제출이 외국중재판정에 관한 집행판결청구의 소의 소송요건인가에 관하여 의문이 제기될 수 있으나, 그렇게 볼 이유가 없고 법원이 집행판결을 하기 위한 요건이라고 본다. 이 점에서 동일한 결론을 취한 원심판결과 대상판결은 타당하다. 그러나 독일의 유력한 견해[22]는, 필요한 문서를 제출하였지만 정해진 요건을 구비하지 못한 경우(예컨대 증명되지 않은 사본을 제출한 경우), 사후 제출에 의해 하자가 치유되지 않는 한 법원은 소를 각하할 것이고, 반면에 중재합의의 존재를 증명하지 못한 경우에는 법원은 청구를 기각할 것이라고 한다. 이는 만일 이 사건에서 원고가 제출한 중재판정과 중재합의의 존재와 내용에 관하여 당사자들 간에 다툼이 있었다면 우리 법원이 어떻게 판단했을까와 관련된다. 이 견해를 따르면 그 경우 소를 각하해야 한다는 것이다.

뉴욕협약 제4조는 '신청을 할 때에' 위 서류를 제출할 것을 요구하고 있

(이호원 집필부분), 381면도 유사하나 이는 마치 인증(또는 증명)을 하는 주체의 서명이 필요한지를 의미하는 것처럼 보이므로 부적절하다.

19) van den Berg(註 13), pp. 251-252; 이호원(註 13), 672면.

20) van den Berg(註 13), pp. 256-257.

21) Peter Schlosser, Das Recht der Internationalen Privaten Schiedsgerichtsbarkeit 2. Auflage (1989), Rn. 928; Stein/Jonas/Schlosser, Kommentar zur Zivilprozessordnung 22. Auflage Band 9 (Ⅱ/2002) Anhang § 1061 Rn. 67.

22) Karl Heinz Schwab/Gerhard Walter, Schiedsgerichtsbarkeit 6. Auflage (2000), Kapitel 58 Rn. 2.

으나 반드시 신청시에 제출하여야 하는 것은 아니고 그 후 소송절차에서 제출되어도 족하다고 본다.[23)]

3. 인증 또는 증명의 준거법과 주체

뉴욕협약은 서류의 정당한 인증 또는 증명인지의 여부를 결정하는 준거법(이른바 '*lex validitatis*')을 명시하지 않는다. 뉴욕협약의 입법역사[24)]와 중재판정의 승인 및 집행을 용이하게 하려는 뉴욕협약 제4조의 목적에 비추어 볼 때 중재판정지의 법 또는 집행신청을 받은 국가의 법을 선택적으로 적용할 것이라는 견해가 유력하다.[25)] 따라서 양국 중 어느 국가의 법에 따라 권한 있는 기관이 정당한 인증 또는 증명을 하면 된다.

인증 또는 증명의 주체는 개별국가에 따라 상이할 것이나 대체로 법원공무원, 공증인 또는 외교관 또는 영사관이 그에 해당한다.[26)] 다만 중재판정 또는 중재합의가 외국법인 중재판정지의 법에 따라 정당하게 인증 또는 증명되었음을 판단하기가 용이하지 않으므로, 실무상으로는 중재판정이 내려진 국가에 있는 집행신청을 받은 국가의 외교관 또는 영사관에 의한 인증 또는 증명을 받는 것이 안전한 방법이라고 한다.[27)] 중재판정부 또는 중재기관은 흔히 중재판정의 원본을 기록에 보관하고 당사자들에게 사본을 교부하므로[28)]

---

23) van den Berg(註 13), p. 249; Schlosser(註 21), Rn. 928; 이호원(註 13), 672면.

24) 1927년의 "외국중재판정의 집행에 관한 제네바협약"(Geneva Convention on the Execution of Foreign Arbitral Award)(제4조 제1항 제1호)은 중재판정이 내려진 국가의 법이 정한 요건에 따라 인증 또는 증명이 행해질 것을 요구하였으나, 뉴욕협약은 집행신청을 받은 국가의 법원에 더 큰 판단의 자유(greater latitude)를 주기 위하여 의도적으로 이를 규정하지 않았다. van den Berg(註 13), p. 252.

25) van den Berg(註 13), p. 252; 이호원(註 13), 672면; 김상호(註 18), 44면. 그러나 Schwab/Walter(註 22), Kapitel 58 Rn. 2; Schlosser(註 21), Rn. 928; Stein/Jonas/Schlosser(註 21), Anhang § 1061 Rn. 66은 집행국법에 따를 것이라고 한다.

26) van den Berg(註 13), p. 256 참조.

27) van den Berg(註 13), p. 253; Schlosser(註 21), Rn. 928; 이호원(註 13), 672-673면; 김상호(註 18), 44면; 서철원(註 18), 128면. 독일법상으로는 인증은 당해 외국에 있는 독일 영사가, 증명은 그러한 영사 또는 독일에서는 공증인이 할 수 있다고 한다. Schwab/Walter(註 22), Kapitel 58 Rn. 2. 실무상 우리 외교관 등이 재외공관공증법에 따라 하는 것으로 보이는 문서의 확인의 문제점은 아래에서 언급한다.

28) 우리 중재법(제32조 제4항)은 "제1항 내지 제3항의 규정에 의하여 작성·서명된 중재판정의 정본은 제4조 제1항 내지 제3항의 규정에 의하여 각 당사자에게 송부하고, 중재판정의 원본은 그 송부사실을 증명하는 서면을 첨부하여 관할법원에 송부·보관한다"고 규정한다. 모델중재법은 법원에 의한 중재판정 원본의 보관을 요구하지 않는다. 1998년 개정된

중재판정의 등본을 증명할 필요가 상대적으로 크다. 그러나 중재판정을 한 중재판정부(또는 중재인. 이하 단순히 중재판정부라 한다)가 중재판정의 원본을 인증할 수 있고, 나아가 중재판정의 등본을 증명할 수도 있다.[29] 그 밖에도 의장중재인 또는 상설중재기관의 사무국이 증명한 중재판정의 등본을 허용하기도 하므로[30] 굳이 외국에 있는 우리나라의 외교관 또는 영사관으로부터 등본을 받을 필요가 없다. 실무상으로도 중재판정부 또는 중재기관이 인증한 중재판정의 원본 또는 증명한 등본을 제출하는 것으로 보인다. 흥미로운 것은 우리 중재법의 태도이다. 즉 중재법(제32조 제4항)은, 중재판정의 정본을 각 당사자에게 송부하도록 하고 나아가 중재판정의 원본을 관할법원에 송부·보관하도록 한다. 임시중재의 경우 사인인 중재인에게 중재판정의 원본을 장기간 보관하도록 요구하는 것은 무리이므로 법원에 보관하게 하는 것인데, 이는 법원으로부터 중재판정에 대한 공적 인증을 받고, 중재판정의 존재에 관한 입증을 용이하게 함으로써 중재판정의 지속적인 사용을 보장하기 위한 것이다.

한편 중재합의에 관하여 보면, 중재합의의 경우는 당사자들이 대부분 계약서원본을 가지고 있으므로 증명된 등본을 제출할 현실적인 필요는 적다. 그러나 당사자들이 원본의 제출을 원하지 않는 경우 증명된 등본을 제출할 필요가 있다. 원칙적으로 중재판정의 등본을 정당하게 증명할 수 있는 자는 중재합의의 등본을 정당하게 증명할 수 있지만,[31] 중재합의의 등본은 공증인이 정당하게 증명할 수 있는데, 여기의 공증인은 중재판정지의 공증인이든 우리나라의 공증인이든 관계없다고 본다.[32]

국제상업회의소의 중재규칙(제28조)에 따르면 중재판정의 원본은 국제상업회의소 국제중재법원의 사무국에 기탁된다.

29) van den Berg(註 13), p. 256.

30) Schlosser(註 21), Rn. 928. 1998년 개정된 국제상업회의소 중재규칙(제28조 제2항)에 따르면, 당사자의 신청이 있는 경우 국제상업회의소 국제중재법원의 사무총장이 증명한 중재판정의 사본, 즉 등본을 제공함을 명시한다. 이는 바로 집행을 위한 것이다.

31) van den Berg(註 13), p. 256.

32) 서동희, "外國仲裁判定의 한국내 집행과 관련된 몇가지 문제," 仲裁 제298호(2000년 겨울호), 66면. 외국 공증인의 증명을 받은 경우 현재는 그에 추가하여 외국 소재 우리 외교관 또는 영사관으로부터 확인을 받을 것이나, 만일 우리나라가 헤이그국제사법회의의 "외국공문서의 인증요건 폐지에 관한 협약"에 가입하면 이는 불필요하게 된다. 서동희 변호사는 공증인은 중재판정의 등본을 증명할 수 없는 것처럼 쓰고 있으나, 등본의 증명은 단순히 원본의 진정한 사본임을 증명하는 것에 그치므로 당사자들이 중재판정의 원본(또는 정본)을 가지고 있다면 공증인도 중재판정의 등본을 정당하게 증명할 수 있을 것이다. 다만 그

실무상 제출할 필요가 있는 서류는 아래(Ⅲ. 2.)에서 정리한다.

4. 중재판정이나 중재합의의 존재 및 내용에 관한 다툼이 없는 경우의 처리

당사자들 간에 중재판정이나 중재합의의 존재 및 내용에 관한 다툼이 없는 경우에도 제4호의 요건을 고집할지가 문제된다. 이는 당사자들 간의 합의에 의하여 제4조의 요건을 완화할 수 있는가와 관련된다. 이에 대하여 제4조는 외국중재판정의 집행을 구하는 당사자가 이행할 최소의 요건이므로 당사자 간의 합의에 의하여 그 중 일부를 줄일 수는 없다는 견해가 있다.[33] 그러나 제4조의 요건은 피신청인의 보호, 특히 신청인의 일방적인 신청에 의하여 집행판결이 내려질 수 있는 법질서를 가진 국가에서 피신청인을 보호하기 위한 것이므로, 변론을 거쳐 집행판결을 하는 우리 법하에서는 피신청인이 신청서에 첨부된 중재판정과 중재합의의 사본을 받은 뒤에 그의 진정성을 다투지 않는 경우에는 이 요건을 고집할 필요가 없다고 본다.[34] 즉 중재판정과 중재합의가 제출되는 한 제4조의 요건은 완화될 수 있다.

5. 대상판결에 대한 평가

원심판결은 뉴욕협약 제4조의 서류는 국내에서 외국중재판정의 집행판결을 얻기 위하여 반드시 제출하여야 하는데, 원고는 정당하게 인증된 이 사건 중재판정의 원본(베트남어)만을 제출하였고, 번역문이나 중재합의의 원본 또는 등본 및 번역문을 전혀 제출하지 못하였다는 이유로 원고의 집행판결 청구를 배척하였다. 그러나 대상판결은, 뉴욕협약은 외국중재판정에 대한 집행을 용이하게 하려는 취지에서 출발한 협약이고, 국제적으로도 뉴욕협약 제4

경우 원본의 인증이 필요한지에 관하여 논란이 있다.

33) 이호원(註 13), 672면. 다만 그 취지가 중재판정과 중재합의는 반드시 제출해야 한다는 의미인지는 다소 불분명하다. van den Berg(註 13), p. 250에도 동일한 취지의 설명이 있으나 이는 그에 인용된 1976년 쾰른 고등법원 판결의 취지를 풀이한 것으로 보인다.

34) Schlosser(註 21), Rn. 928; Stein/Jonas/Schlosser(註 21), Anhang § 1061 Rn. 65. van den Berg(註 13), p. 250도 중재판정과 중재합의가 제출되는 한 인증요건과 증명요건은 엄격하게 해석할 것은 아니라고 한다.

조의 요건을 완화하여 해석하는 경향이 강한 점을 감안할 때, 당사자들 간에 중재판정이나 중재합의의 존재 및 내용에 관한 다툼이 없는 경우에까지 제4조 제1항 서류들의 제출이 반드시 요구된다고 해석할 수 없고, 이는 당사자들 간에 그에 관한 다툼이 있는 경우에 그에 대한 증명은 오로지 그 서류로써만 해야 한다는 증거방법에 관한 규정[35]이라고 보았다. 나아가 대상판결은, 원본이나 등본을 제출하여야 한다는 것은 반드시 실물을 신청서 등에 첨부하여 제출하여야 한다는 의미가 아니고, 원본이나 등본의 제출에 갈음하여 사본을 제출하고 상대방이 아무런 이의를 제기하지 않으면서 그에 대하여 '성립인정'으로 인부하였다면, 이는 뉴욕협약의 해석상으로도 적법한 원본이나 등본의 제출에 해당한다고 판시하였다.

위(4.)에서 논의한 바와 같이 제4조는 피신청인을 보호하기 위한 것이므로 대상판결의 판단은 타당하다. 대상판결의 쟁점은 뉴욕협약의 해석과 우리 민사집행법 내지 민사소송법의 해석이 교착하는 영역에 속하는 것인데, 대상판결은 뉴욕협약의 취지와 국제적인 경향을 고려하여 가능한 한 서류요건을 완화하여 해석한 판결로서 커다란 의의가 있다.

Ⅲ. 승인 및 집행을 위하여 제출할 서류의 번역문(뉴욕협약 제4조 제2항)

뉴욕협약 제4조 제2항에 따르면, 중재판정이나 중재합의가 원용된 국가의 공용어로 작성되어 있지 아니한 경우에는 중재판정의 승인과 집행을 구하는 당사자는 그 서류의 공용어 번역문을 제출하여야 한다. 이와 관련하여 다음과 같은 사항을 검토할 필요가 있다.

1. 번역문의 증명의 주체

뉴욕협약 제4조 제2항은 다음과 같이 규정한다.

35) Stein/Jonas/Schlosser(註 21), 1nhang § 1061 Rn. 70도 유사한 취지로 설명한다.

> If the said award or agreement is not made in an official language of the country in which the award is relied upon, the party applying for recognition and enforcement of the award shall produce a translation of these documents into such language. The translation shall be certified by an official or sworn translator or by a diplomatic or consular agent(전기 판정이나 합의가 원용될 국가의 공용어로 작성되어 있지 아니한 경우에는, 판정의 승인과 집행을 신청하는 당사자는 그 문서의 공용어 번역문을 제출하여야 한다. 번역문은 공적인 또는 선서한 번역관 또는 외교관 또는 영사관에 의하여 증명되어야 한다).

그러나 정부가 공포한 제4조 제2항의 국문번역은 다음과 같다.

> 전기 판정이나 합의가 원용될 국가의 공용어로 작성되어 있지 아니한 경우에는, 판정의 승인과 집행을 신청하는 당사자는 그 문서의 공용어 번역문을 제출하여야 한다. 번역문은 공증인, 또는 선서한 번역관, 외교관 또는 영사관에 의하여 증명되어야 한다(밑줄은 저자가 추가함).

즉 "공적인(또는 공적 기관인) 또는 선서한 번역관[36)]"으로 되어야 할 번역문이 "공증인 또는 선서한 번역관"으로 되어 있는데 이는 부정확한 번역이다.[37)] 그렇다면 정부가 공포한 국문번역과는 달리 공증인은 뉴욕협약상 번역문을 증명할 수 있는 자에 포함되지 않는다. 이 점에서 번역문의 증명의 주체는 위에서 본 중재판정 또는 중재합의의 인증 또는 증명의 주체와는 차이가 있다. 결국 뉴욕협약은 중재판정 또는 중재합의의 번역문이 공적인 또는 선서한 번역관 또는 외교관 또는 영사관에 의하여 증명될 것을 요구하는 것인데, 이는 신청당사자의 의무를 경감한 것이다.

뉴욕협약은 번역관, 외교관 또는 영사관의 국적을 규정하지 않는데, 위에서 본 바와 같이 가능한 한 이 요건을 유연하게 해석하는 것이 바람직하므로 중재판정지의 법 또는 집행신청을 받은 국가의 법의 어느 하나에 따라 가능하다고 본다.[38)] 다만 우리나라에는 공적인 번역관(official translator) 또는 선

---

36) 목영준(註 9), 256면은 위 본문의 공적인 번역관을 '번역인'이라 하고, 대법원 1995. 2. 14. 선고 93다53054 판결(판례공보 1995, 1321)은 대상판결과 마찬가지로 '공적 기관인 번역관'이라고 번역한다.

37) 홍정식, 외국중재판정의 승인 및 집행에 관한 국제연합 협약 해설, 상사중재연구총서 Ⅳ (1972), 33면; 이호원(註 13), 673면 주 37도 이를 지적한 바 있다.

38) van den Berg(註 13), p. 260; 이호원(註 13), 673면. 그러나 독일에서는 집행국의 외교관 또는 영사관이라는 견해가 유력하다. Schwab/Walter(註 22), Kapitel 58 Rn. 2; Schlosser(註

서한 번역관(sworn translator)제도가 없으므로, 종래 실무상으로는 중재판정이 내려진 곳에 있는 우리나라의 외교관 또는 영사관에 의한 확인[39] 또는 우리 공증인의 번역공증의 방법을 취하는 것으로 보인다.

그러나 공증인은 공적인 번역관이 아니므로 우리 공증인의 번역공증은 뉴욕협약에 반한다. 정부가 공포한 뉴욕협약의 국문번역은 실무상의 혼란을 초래하고 있으므로 마땅히 시정되어야 한다. 국제조약의 잘못된 국문본을 시정한 선례가 없다는 이유로 잘못을 알면서도 방치하는 것은 심각한 문제이다. 위에서 본 바와 같이 이 사건의 경우 우리나라의 공증인이 인증한 중재판정의 국문번역이 제출되었다.

2. 번역문의 증명의 대상

제4조 제2항은 "번역문은 증명되어야 한다"고 규정하는데 이는 번역문이 정확한 것임을 증명하는 것을 의미한다.[40] 그러나 대법원 1995. 2. 14. 선고 93다53054 판결은 "외국중재판정의 승인 및 집행에 관한 협약 제4조 제2항에서 '번역문은 공적 기관인 번역관, 선서한 번역관, 외교관 또는 영사관에 의하여 증명(certified)되어야 한다'는 규정의 취지는 번역관 또는 외교관들에 의해서 중재판정 등이 직접 번역되어야 한다는 것은 아니고, 그들에 의해서 직접 번역되지 않았더라도 그들에 의해서 당해 중재판정을 번역한 번역문임이 증명되면 족하다는 취지로 볼 것이고, 위 규정에서 증명이란 당해 중재판정을 번역한 번역문이라는 사실확인일 뿐 외교관 또는 영사관의 서명이 반드시 필요한 것은 아니고, 또한 <u>그 번역의 정확성까지 증명하여야 하는 것은 아니라 할 것</u>"(밑줄은 저자가 추가)이라고 판시한 바 있다. 이 점에 관한 한 대상판결은 위 1995년 판결을 따른 것이므로 특별한 의미는 없다.

위 1995년 대법원판결은 당해 중재판정의 번역문이라는 사실이 확인되면

21), Rn. 928; Stein/Jonas/Schlosser(註 21), Anhang § 1061 Rn. 70.

39) 이호원(註 13), 673면. 이러한 실무는 아마도 '문서의 확인 등'을 정한 재외공관공증법 제30조에 근거한 것으로 보인다. 다만 동조는 외국공문서 또는 외국공증인이 작성한 문서에만 적용되는 것이지만, 실제로는 (동법시행령 제35조 제3항) 사문서도 영사확인필요문서의 목록에 포함되어 있다. 외국의 공증인이 공증한 경우가 아니라면, 외교관 등이 외국의 중재판정 또는 중재합의에 확인을 할 수 있는 법적 근거를 좀더 명확히 할 필요가 있을 것이다.

40) van den Berg(註 13), p. 258; Schlosser(註 21), Rn. 928.

족하다고 본 점에서 뉴욕협약의 요건을 완화한 판결이다. 이에 대하여는, 국내에 선서한 번역인이 있는지 의문이고, 선서한 번역인 제도를 두고 있는 외국에도 외국어를 한국어로 번역할 수 있는 선서한 번역인을 찾기도 어려우므로 위 대법원판결은 한국이 가지고 있는 번역에 관한 특수한 문제를 해결하였다는 긍정적인 면이 크다는 의견이 있고,[41] 실제로 동 판결이 실무상의 부담을 크게 덜어준 것은 사실이다. 하지만 이는 뉴욕협약에는 반하는 것이다. 실무상 대부분의 외국중재판정이 영문으로 작성되므로 집행판결청구의 소를 심리하는 우리 법관들이 이를 해독할 수 있어 문제되지 않지만, 중재판정 또는 중재합의가 영어 이외의 외국어로 작성된 경우 번역의 정확성에 관한 증명을 포기할 수는 없으므로 그 경우에는 전문번역인의 번역문을 받아야 할 것이다. 현재 우리나라에서 행해지고 있는 형태의 이른바 '번역공증'도 번역의 정확성을 증명하는 것은 아닌데, 외교관 또는 영사관의 증명을 위와 같이 완화해서 본다면 뉴욕협약상 공증인의 번역문의 증명의 주체로 열거되지 않았다는 이유로 공증인의 번역공증은 안 된다고 배척할 근거가 약하게 된다. 궁극적으로 이는 번역문의 정확성을 확인하는 제도를 도입함으로써 해결해야 할 것이다.

어쨌든 중재판정의 등본을 제출하는 경우 이는 등본, 즉 중재인의 서명을 포함한 원본 전체에 대한 것이어야 하고 일부만을 발췌한 초본이어서는 아니 된다.[42]

요컨대 우리나라에서 외국중재판정의 승인 및 집행을 구하는 당사자는 다음과 같은 서류를 제출하면 된다.

첫째, 중재판정. 이는 중재판정부(또는 중재기관)의 인증된 원본 또는 중재판정부(또는 중재기관)로부터 받은 중재판정의 증명된 등본 또는 중재판정이 내려진 외국에 있는 우리나라의 외교관 또는 영사관으로부터 받은 중재판정의 증명된 등본이면 된다.

둘째, 중재합의(중재조항을 포함하는 계약서). 이는 원본 또는 중재판정이 내려진 외국에 있는 우리나라의 외교관 또는 영사관으로부터 받은 중재합의의 증명된 등본 또는 현지 또는 우리나라의 공증인으로부터 받은 중재합의의 증명된 등본이면 된다.

---

41) 서동희(註 32), 66면 주 9.

42) van den Berg(註 13), p. 250; 이호원(註 13), 672면.

셋째, 중재판정과 중재합의의 한글번역문. 이는 번역문을 적절히 작성하여 중재판정이 내려진 외국에 있는 우리나라의 외교관 또는 영사관에게 제출하여 확인을 받으면 된다. 실무상으로는 우리나라 공증인의 번역공증도 받아들여지고 있는 것으로 보인다.

3. 중재법 제37조와의 관계

우리나라에서 외국중재판정의 승인 및 집행을 구하는 당사자가 제출할 위 서류의 요건은 뉴욕협약에 따른 것인데, 중재법 제37조 제2항도 중재판정의 승인 또는 집행을 신청하는 당사자가 제출할 위 서류를 규정하고 있다. 따라서 첫째 중재법 제37조 제2항의 문언이 적절한지와, 둘째 뉴욕협약과 제37조 제2항과의 관계를 검토할 필요가 있다.

가. 중재법 제37조 제2항의 문언의 적절성

중재법 제37조 제2항은 다음과 같이 규정한다.

중재판정의 승인 또는 집행을 신청하는 당사자는 다음 각호의 서류를 제출하여야 한다. 다만, 중재판정 또는 중재합의가 외국어로 작성되어 있는 경우에는 정당하게 인증된 한국어의 번역문을 첨부하여야 한다. 1. 중재판정의 정본 또는 정당하게 인증된 그 등본 2. 중재합의의 원본 또는 정당하게 인증된 그 등본

중재법 제37조 제2항의 기초가 된 국제연합국제무역법위원회(UNCITRAL)의 1985년 "국제상사중재에 관한 모델법"(Model Law on International Commercial Arbitration)(이하 "모델중재법"이라 한다) 제35조 제2항은 "the duly authenticated original award or a duly certified copy thereof, and the original arbitration agreement referred to in article 7 or a duly certified copy thereof"라고 하여 뉴욕협약 제4조 제1항과 거의 동일한 표현을 사용한다. 중재법 제37조 제2항의 문언을 뉴욕협약의 국문본과 비교하면 다음과 같은 차이가 있다.

뉴욕협약(제4조)	중재법(제37조 제2항)
정당하게 인증된 중재판정 원본	중재판정의 정본
(중재판정 또는 중재합의의) 정당하게 증명된 등본	(중재판정 또는 중재합의의) 정당하게 인증된 등본
(중재판정 또는 중재합의의) 정당하게 증명된 번역문	(중재판정 또는 중재합의의) 정당하게 인증된 번역문

그런데 '정본'이라 함은 특히 정본이라 표시한 문서의 등본으로서 원본과 같은 효력이 인정되는 것을 말하므로[43] 그 자체는 원본은 아니다. 사견으로는 중재법 제37조 제2항의 "정당하게 인증된 그 등본"이라는 용어를 "정당하게 증명된 그 등본"이라고 수정하는 편이 뉴욕협약의 국문번역과도 일관성이 있고, 위에서 본 인증과 증명의 개념에도 부합한다.[44] "정당하게 인증된 한국어 번역문"도 마찬가지로 "정당하게 증명된 한국어 번역문"이 더 적절하다. 아래에서는 그런 의미로 이해하는 것을 전제로 논의한다.

나. 뉴욕협약과 중재법 제37조 제2항과의 관계

중재법은 뉴욕협약과 비교하여 첫째 정당하게 인증된 중재판정의 원본이 아니라 중재판정의 정본을 요구하는 점과, 번역문의 경우 정당하게 인증되면 족하고 번역의 주체를 뉴욕협약처럼 제한하지 않는 점에서 뉴욕협약보다 요건을 완화한 것이다. 중재법의 문언상으로는 외국중재판정의 승인 및 집행의 경우에도 제37조가 적용됨은 명백하다. 다만 중재법 제39조 제1항이 "외국중재판정의 승인 및 집행에 관한 협약의 적용을 받는 외국중재판정의 승인 또는 집행은 동 협약에 의한다"고 규정하므로 과연 뉴욕협약이 적용되는 외국중재판정의 승인 및 집행의 경우에도 중재법 제37조 제2항이 적용되는지가 문제된다.

저자로서는, 뉴욕협약과 거의 동일한 내용을 정한 모델법에 기초한 중재법의 문언이 왜 뉴욕협약의 국문본과 다르게 되었는지 의문이지만, 제39조 제1항의 문언을 고려할 때 아마도 입법자들이 뉴욕협약의 요건을 완화할 의도를 가진 것은 아니고, 이러한 차이는 단순히 번역상의 문제가 아닐까 생각

43) 이시윤, 新民事訴訟法(2003), 420면.
44) 이호원, "仲裁判定의 執行判決節次," 민사소송 제9권 제1호(2005), 269면 주 17도 그렇게 해석한다. 이 부분은 주석중재법(註 18), 236면 주 19과 동일하다.

된다. 만일 그렇다면 뉴욕협약이 적용되는 외국중재판정의 승인 및 집행의 경우에는 제39조 제1항의 결과 뉴욕협약에 따라야 하고 중재법 제37조 제2항을 적용할 것은 아니다.[45] 뉴욕협약만을 언급한 대상판결도 이러한 태도를 취한 것으로 생각된다. 따라서 1999년 12월 중재법의 개정시 뉴욕협약이 우선 적용됨을 명확히 했었더라면 좋았을 것이다.[46] 만일 이러한 차이가 의도적인 것이라면 뉴욕협약 제7조 제1항[47]에 따라 보다 완화된 요건을 정한 중재법 제37조 제2항이 적용될 수 있으므로 그 취지를 명확히 할 필요가 있었다고 본다.

4. 요건이 미비된 번역문을 제출하는 경우의 처리

중재판정이 불리하게 원용되는 당사자는 법원이 중재판정을 이해할 수 있는 한 번역문의 요건을 포기할 수도 있다.[48] 나아가 중재판정과 중재합의에 관하여 위에서 본 바와 같이 제4조의 요건은 신청인의 일방적인 신청에 의하여 집행판결이 내려질 수 있는 법질서를 가진 국가에서 피신청인을 보호하기 위한 것이므로, 변론을 거쳐 집행판결을 하는 우리 민사집행법하에서는 피신청인이 신청서에 첨부된 중재판정과 중재합의의 사본을 받은 뒤 그의 진정성을 다투지 않는 경우 이 요건을 고집할 필요가 없다고 본다.[49]

---

45) 이호원(註 44), 268면; 장용범, "중재판정의 승인과 집행," 29면은 제37조 제2항의 요건은 국내중재판정과, 뉴욕협약이 적용되지 않는 외국중재판정에 적용된다고 단정한다. 후자는 위 이호원에서 재인용. 이 부분은 주석중재법(註 18), 235-236면과 동일하다.

46) 참고로 독일 민사소송법(제1064조 제1항)도 중재판정의 승인 및 집행을 구하는 당사자가 제출할 서류를 열거하는 점은 중재법 제37조 제2항과 유사하나, 소송대리인인 변호사가 증명할 수 있음을 명시한다. 나아가 제1064조 제3항은 국제협약이 우선하여 적용됨을 명시하는데 그 취지에 관하여는 논란이 있다. Stein/Jonas/Schlosser(註 21), § 1065 Rn. 4 Fn. 3.

47) 조문은 다음과 같다.
"이 협약의 규정은 … , 또한 어떠한 관계당사자가 중재판정의 원용이 요구된 국가의 법령이나 조약에서 인정한 방법과 한도 내에서 그 판정을 원용할 수 있는 권리를 박탈하지도 아니한다."
이것이 이른바 'more favorable right provision'인데 이를 '최혜권리조항'이라고 번역하기도 한다. 이호원(註 13), 667면.

48) Schlosser(註 21), Rn. 928.

49) Schlosser(註 21), Rn. 928; Stein/Jonas/Schlosser(註 21), Anhang § 1061 Rn. 70. van den Berg(註 13), p. 250도 논란의 여지가 있지만 중재판정과 중재합의가 제출되는 한 번역문요건은 불가결한 것은 아니라고 하여, 인증요건과 증명요건보다 더욱 완화된 태도를 취한다.

5. 대상판결에 대한 평가

대상판결은, 뉴욕협약의 제정경위 등에 비추어 볼 때, 외국중재판정의 승인과 집행을 신청하는 당사자가 제출하여야 하는 번역문 역시 반드시 뉴욕협약 제4조 제2항에서 정한 엄격한 형식을 갖춘 것만으로 한정할 것은 아니고, 만약 당사자가 그러한 형식에 따르지 않은 번역문을 제출하였는데 그 내용이 부실하다고 인정되는 경우에는 그 서증제출자의 비용부담으로 전문번역인에게 번역을 의뢰하는 등의 방법에 의하여 이를 보완시킬 수도 있으며, 따라서 제4조 제2항에 정한 형식에 따른 번역문이 제출되지 않았다는 이유만으로 집행판결청구를 배척할 수는 없다고 판시하였다.

위(4.)에서 설명한 바에 비추어 대상판결의 결론은 타당하다고 본다. 대상판결은 뉴욕협약의 취지와 국제적인 경향을 고려하여 번역문요건을 완화하여 해석한 판결로서 의의가 있다. 대상판결의 사안에서는 번역문에 대해 다툼이 없었던 것은 아니지만, 대상판결의 결론은 번역문의 정확성을 담보하기 위한 제도가 미비한 현실을 감안한 것으로서 타당하다고 본다.

Ⅳ. 외국중재판정의 승인 및 집행과 중재합의의 방식(뉴욕협약 제5조 및 제2조)

1. 쟁 점

중재합의의 방식에 관한 쟁점은, 원고가 베트남 상사중재원의 중재판정의 승인 및 집행을 구하는 이 사건에서 과연 당사자들 간에 뉴욕협약 제2조 제2항이 정한 서면에 의한 중재합의가 존재하는지이다. 만일 유효한 중재합의가 존재하지 않는다면 이는 승인거부사유가 되기 때문이다. 보다 구체적으로 말하자면, 원고가 베트남 상사중재원에 중재판정을 신청하고 이에 대하여 피고가 중재 당시 아무런 이의를 제기하지 아니함으로써 일종의 묵시적인 중재합의가 이루어졌다고 볼 수 있는 상황에서 과연 서면에 의한 중재합의가 존재하는가인데, 대상판결은 이를 부정하였다.

아래에서는 중재합의의 서면요건을 검토하는데 그에 앞서 승인거부사유를 정한 제5조와 방식요건을 정한 제2조의 관계를 살펴본다.

2. 뉴욕협약 제5조와 제2조의 관계

뉴욕협약(제5조)은 승인거부사유를 피신청인이 주장·입증하여야 하는 사유(제1항)와 요청을 받은 국가의 법원이 직권으로 판단할 사유(제2항)로 구분하여 규정한다. 전자는 ① 당사자의 무능력 또는 중재합의의 무효, ② 피신청인의 방어권의 침해, ③ 중재인의 권한유월, ④ 중재판정부의 구성 또는 중재절차의 하자, ⑤ 중재판정이 구속력이 없거나 또는 취소·정지된 경우이고, 후자는 ① 중재가능성(arbitrability)의 결여와 ② 공서위반이다. 나아가 제5조 제1항과 제2항은 모두 "요청을 받은 국가의 법원은 … 승인과 집행을 거부할 수 있다"고 규정하여, 거부사유가 존재하더라도 법원이 반드시 승인 및 집행을 거부해야 하는 것은 아니고 재량에 의해 거부하지 않을 수 있음을 분명히 하고 있다. 뉴욕협약은 민사소송법 및 민사집행법처럼 승인 및 집행의 적극적 요건을 규정하는 방식이 아니라, 승인거부사유를 열거하는 소극적인 규정방식을 취하면서 승인거부사유를 망라적으로 규정한다. 집행국 법원의 법관의 과제는 승인거부사유의 유무를 확인하는 데 한정된다.[50)]

여기에서 문제되는 것은 중재합의가 방식요건을 구비하지 못하는 것이 승인거부사유에 해당되는가인데, 이런 의문이 제기되는 이유는 승인거부사유를 정한 a호의 문언과 관련이 있다. 즉 동 호는 다음과 같다.

> the parties to the agreement referred to in article II were, under the law applicable to them, under some incapacity, or the said agreement is not valid under the law to which the parties have subjected it or, failing any indication thereon, under the law of the country where the award was made(제2조에 규정된 합의의 당사자가 그들에게 적용될 법률에 의하여 무능력자이었던가 또는 당사자들이 준거법으로서 지정한 법령에 의하여 또는 지정이 없는 경우에는 판정을 내린 국가의 법령에 의하여 전기 합의가 무효인 경우)

중재합의가 방식요건을 구비하지 못한 경우 중재합의는 무효일 것이므로

---

50) van den Berg(註 13), p. 269.

이는 a호에 해당한다고 볼 수 있지만, 엄밀하게 말하자면 이는 중재합의의 방식요건을 정한 준거법, 이 사건에서는 뉴욕협약(제2조)에 따른 결과이지 a호가 규정하는 바와 같이 당사자들이 지정하였거나 또는 판정지국가의 법은 아니다. 따라서 뉴욕협약의 문언이 다소 부정확한 것은 사실이나, 중재합의의 방식을 정한 제2조가 중재판정의 승인 및 집행단계에는 적용되지 않는다고 보는 것은 뉴욕협약의 입법역사와 내적인 일관성에도 반한다.[51] 요컨대 중재합의가 뉴욕협약 제2조가 정한 방식요건을 구비하지 못하는 경우 이는 승인거부사유가 되며, 실무상 가장 빈번하게 주장되는 승인거부사유이다. 다만 그 근거는 뉴욕협약 제2조로부터 직접 도출하거나,[52] 제5조 제1항 a호(위 ①), 즉 중재합의의 무효로 설명하거나[53] 또는 제2조와 제5조의 체계적인 관계 — 특히 제5조 제1항 a호가 '제2조에 규정된 합의'를 언급하는 점— 를 합리적으로 해석함으로써[54] 도출할 수 있을 것이다.

3. 뉴욕협약상의 서면요건

뉴욕협약(제2조 제1항)은 중재법(제8조 제2항)과 마찬가지로 중재합의가 서면에 의할 것을 요구한다. 그 이유는 중재합의는 법원이 아닌 사인에게 분쟁해결을 맡기는 것이므로, 계약의 진정성을 담보하는 한편, 당사자들로 하여금 계약의 내용이 가지는 중요성을 일깨워 줌으로써 신중한 의사결정을 하도록 할 필요가 있기 때문이다.[55] 서면에 의한 합의라 함은, 당사자들에 의하여 서명되었거나 서신 또는 전보 교환 속에 담긴, 주된 계약 속의 중재조항 또는 중재합의를 포함한다(뉴욕협약 제2조 제2항).[56]

중재합의를 서면으로 해야 한다는 의미는, 중재합의에 관한 서면증거가

---

51) van den Berg(註 13), p. 285, p. 296; 이호원(註 13), 677면. 이탈리아대법원은 뉴욕협약 제2조는 중재판정의 집행단계에는 적용되지 않는다는 견해를 취하였으나 그 후 견해를 변경하였다. Stein/Jonas/Schlosser(註 21), Anhang § 1061 Rn. 76.

52) Rolf A. Schütze, Schiedsgericht und Schiedverfahren 3. Auflage (1999) Rn. 258.

53) van den Berg(註 13), 284 *et seq.*; Schwab/Walter(註 22), Kapitel 57 Rn. 1.

54) Stein/Jonas/Schlosser(註 21), Anhang § 1061 Rn. 76은 이런 취지로 보이고, 위 van den Berg의 견해도 이렇게 이해할 수 있다.

55) 목영준(註 9), 37면; van den Berg(註 13), p. 171.

56) 본문은 대상판결에 나오는 번역이고, 정부에서 공포한 국문번역은 "서면에 의한 합의라 함은 계약문 중의 중재조항 또는 당사자 간에 서명되었거나 교환된 서신이나 전보에 포함되어 있는 중재의 합의를 포함한다"라고 한다.

있어야 한다는 의미가 아니라 합의 자체가 서면으로 이루어져야 한다는 것이므로, 양당사자가 서명한 계약서, 또는 양당사자가 각각 작성한 문서가 서로 교환된 경우에는 이 요건이 구비되지만, 서면청약을 구두로 승낙하거나 구두청약을 서면으로 승낙하는 것과, 당사자 간의 구두합의를 사후에 서면으로 확인하는 것은 비록 국제거래에서는 실제로 널리 사용되고 있지만 서면요건을 구비하지 못한다.[57] 독일에서는 이를 '완전한 서면방식'(volle Schriftform) 또는 '이중서면성'(doppelte Schriftlichkeit)이라고 설명한다.[58] 모델중재법의 서면요건에 관하여도 이와 같이 설명한다.[59]

4. 피고가 중재신청에 응한 경우 중재합의의 서면요건의 구비

이 사건의 경우 중재신청 전까지 서면에 의한 중재합의가 존재하지 않았더라도, 원고가 중재신청을 하였고, 원고와 피고가 중재인을 지명하였으며 나아가 중재절차를 거쳐 중재판정이 선고되었으므로, 원고가 중재신청서에서 중재합의의 존재를 주장하고 피고가 답변서에서 이를 다투지 않은 것으로 보인다. 그렇다면 이 사건에서 뉴욕협약상의 중재합의의 서면요건이 구비된 것으로 볼 수 없는가라는 의문이 제기된다.

특히 모델중재법 제7조 제2항은 "신청서와 답변서의 교환에 의하여 일방당사자가 중재합의가 있는 것을 주장하고 상대방 당사자가 이를 다투지 아니하는 경우" 서면요건이 구비된 것으로 명시하는데, 중재법 제8조 제3항 제3호는 신청서와 답변서에 한정하지 않고 이를 더 확대하여 "일방 당사자가 당사자 간에 교환된 문서의 내용에 중재합의가 있는 것을 주장하고 상대방 당사자가 이를 다투지 아니하는 경우" 서면에 의한 중재합의로 본다는 취지로 규정한다.[60]

---

57) van den Berg(註 13), p. 196. 그러나 Fouchard/Gaillard/Goldman, On International Commercial Arbitration (1999), N. 620은 완화된 태도를 취한다.

58) Christoph Reithmann/Dieter Martiny/Rainer Hausmann, Internationales Vertragsrecht 6. Auflage (2004) Rz. 3269; Manja Epping, Die Schiedsvereinbarung im internationalen privaten Rechtsverkehr nach der Reform des deutschen Schiedsverfahrensrechts (1999), S. 65.

59) Holtzmann and Neuhaus, A Guide To The UNCITRAL Model Law On International Commercial Arbitration: Legislative History and Commentary (1989), pp. 260-261; Klaus Peter Berger, International Economic Arbitration (1993), p. 142 *et seq*.

60) 그러나 이는 범위를 지나치게 확대한 것이어서 서면요건의 구비 여부에 관하여 법적 불안정을 초래할 우려가 있다. 석광현, "改正仲裁法의 몇 가지 문제점 ―國際商事仲裁를 중심

문제는 모델중재법이 정한 바와 같이 신청서와 답변서의 교환에 의하여 일방 당사자가 중재합의가 있는 것을 주장하고 상대방 당사자가 이를 다투지 아니하는 경우가, 과연 '뉴욕협약'이 말하는 서신의 교환 속에 담긴 중재합의라고 볼 수 있는가에 있다. 이에 관하여는 견해가 나뉠 수 있으며, 실제로 이를 긍정하는 견해[61]와 부정하는 견해[62]가 있는 것으로 보인다. 엄격히 해석하면 이를 긍정하기 어려울 것이나, 완화해서 해석한다면 반드시 부정할 것만은 아니다. 대상판결은 이 점을 논의하지 않았지만 결론적으로는 이를 부정한 것이다.

5. 피고가 중재신청에 응한 경우 금반언의 법리의 적용 여부

이 사건에서처럼 중재신청 전까지 서면요건에 의한 중재합의가 존재하지 않았더라도, 일방당사자가 중재신청을 하고 상대방 당사자가 그에 응하여 답변서 기타 서면에 의하여 본안에 대하여 변론함으로써[63] 유효한 중재합의의 존재를 묵시적으로 긍정한 경우, 가사 위(4.)에서 본 바와 같이 서면에 의한 중재합의의 존재가 부정되더라도 이른바 '금반언(estoppel)의 법리'에 의하여 상대방 당사자는 그 후 유효한 중재합의의 존재를 부정할 수 없는 것은 아닌가라는 의문이 제기된다. 이에 관하여는 다음과 같은 세 가지 견해가 제시되고 있다.[64]

첫째, 여전히 뉴욕협약의 방식요건이 구비되지 않은 것으로 보는 견해. 이는 원칙에 충실한 견해로 어떤 경우에도 중재합의는 제2조 제2항의 요건을 구비해야 한다는 것으로서 비록 상대방 당사자가 위와 같은 행위를 하더라도 서면요건의 결여를 치유할 수 없다고 본다. 대상판결은 이를 따른 것이다. 이에 의하면 이 경우 뉴욕협약은 적용되지 않고 단지 위에서 본 제7조 제1항이 적용될 여지가 있다.

둘째, 금반언은 국내법에 따른다고 보는 견해. 이 견해에 따르면 중재판

으로—," 국제사법과 국제소송 제2권(2001), 480면 이하 참조.

61) Holtzmann and Neuhaus(註 59), p. 263 참조.

62) 목영준(註 9), 40면.

63) 그 밖에도 예컨대 상대방 당사자가 중재인 선임절차에 협력하거나, 소를 제기한 경우에 대해 법원의 관할을 다투기 위한 수단으로써 중재합의를 원용한 경우를 들 수 있다. van den Berg(註 13), p. 182.

64) 세 가지 견해는 van den Berg(註 13), p. 184에 소개된 것이다.

정의 집행에는 여전히 뉴욕협약이 적용되는데, 다만 금반언의 법리에 의하여 상대방 당사자가 서면요건의 결여를 주장할 수 없게 되는지는 법정지의 법에 의해 결정된다고 본다. 각국의 국내법은 이 점에 관하여 나뉘고 있다고 한다.

셋째, 뉴욕협약상 금반언의 법리가 포함되어 있다고 보는 견해. 이 견해에 따르면 둘째 견해와 마찬가지로 중재판정의 집행에는 뉴욕협약이 적용되는데, 신의칙의 근본원칙인 금반언의 법리는 상이한 내용을 가지는 국내법이 아니라 뉴욕협약에 내재하는 법리로서 뉴욕협약 자체로부터 도출된다고 보며, 나아가 이러한 원칙은 방식요건에 우선한다고 본다.

사견으로도 셋째의 견해가 현대적인 중재법의 경향과 일치하는 것으로서 타당하다고 보는데,[65] 다만 그 근거에 관하여는 '금반언의 법리' 또는 '선행행위와 모순되는 거동 금지의 원칙'[66] 또는 방식요건의 기능 내지는 규범목적에서 구하는 등 다양한 견해가 주장될 수 있을 것이다.[67] 이처럼 상대방 당사자가 중재절차에 참가한 경우 방식요건의 흠결을 주장할 수 없다는 견해가 다수설로 보인다.[68]

6. 대상판결에 대한 평가

대상판결에 대하여는 다음 두 가지 점에서 비판을 할 수 있다.

첫째, 신청서와 답변서의 교환에 의하여 서면요건이 구비된 것으로 볼 수는 없는지.

대상판결은 원고가 베트남 상사중재원에 중재판정을 신청하고 이에 대하여 피고가 중재 당시 아무런 이의를 제기하지 아니함으로써 일종의 묵시적인 중재합의가 이루어졌다 한들 유효한 중재합의가 있었다고 볼 수는 없다고 판시하였는데, 이는 위(5.)에서 논의한 견해 중 첫째의 견해를 따른 것이다. 그러나 위(4.)에서 본 바와 같이 베트남 상사중재원의 중재절차에서 중재신청서

---

65) van den Berg(註 13), pp. 184-185; Schwab/Walter(註 22), Kapitel 44 Rn. 10도 동지.

66) Reithmann/Martiny/Hausmann(註 58), Rz. 3293. 우리 민사소송법상의 논의는 이시윤(註 43), 28면 이하 참조.

67) Schlosser(註 21), Rn. 374는 피신청인이 본안에 대해 서면으로 변론하는 경우 서면요건의 기능이 준수된 것으로 보나, 금반언의 법리에 기한 견해보다 제한적으로만 이를 허용한다. Epping(註 58), S. 81f.에 따르면 독일에는 위 첫째와 셋째의 견해 및 Schlosser와 같은 중도적인 견해가 있다고 한다.

68) Epping(註 58), S. 82. UNCITRAL의 문서로는 A/CN.9/WGII/WP.139, paras. 16-17을 참조.

와 답변서의 교환에 의하여 원고가 중재합의가 있는 것을 주장하였고 피고가 이를 다투지 아니하였다면 뉴욕협약상이 말하는 서신의 교환 속에 담긴 중재합의라고 볼 여지가 있다. 물론 대상판결은 이를 부정하였지만, 대상판결이 이 점을 명시적으로 판단하지 않은 것은 유감이다. 특히 가능한 한 서면성을 완화하려는 요즈음의 추세에 비추어 이렇게 엄격하게 해석하는 것이 타당한지는 의문이다.[69] 더욱이 대상판결이 뉴욕협약 제4조를 완화하면서도, 중재합의의 서면요건에 관한 제2조에 관하여는 엄격한 태도를 취하는 것은 균형이 맞지 않는다. 반면에 원심판결은, 원고가 베트남 중재판정을 신청하고 이에 대하여 피고가 아무런 이의를 제기하지 않은 점에 비추어 볼 때 원고와 피고 사이에는 이 사건 분쟁을 중재판정에 따라 해결하기로 하는 중재합의가 있었다고 보았다.

저자가 지적하는 것은, 대상판결의 결론이 틀렸다는 것보다는 대상판결이 이를 판단하지 않았다는 점이다.

둘째, 가사 중재합의의 서면요건이 구비되지 않았다고 보더라도, 중재합의의 서면요건의 결여를 주장하는 피고의 행위는 금반언의 법리에 반하는 것으로서 허용되지 않는다고 보아야 한다. 대상판결이 금반언의 법리를 전혀 논의하지 않고, 유효한 중재합의의 존재를 부정함으로써 결국 동 법리의 적용을 거부한 것은 유감이다. 그 이유는 위(5.)에서 설명한 바와 같다. 중재합의의 서면성을 요구하는 근거에 비추어 보더라도 대상판결의 결론의 타당성

---

69) 물론 뉴욕협약의 해석상 어느 정도까지 서면성을 완화할 수 있을지는 좀더 검토할 필요가 있다. 이에 관하여는 석광현, "용선계약상 중재조항의 선하증권에의 편입 —대법원 2003. 1. 10. 선고 2000다70064 판결에 대한 평석—," 한양대학교 법학논총 제22집(2005) 참조. 최근에는 UNCITRAL 차원에서 전자문서의 서면성을 긍정하는 것을 포함하여 기타 중재합의의 서면성을 완화하기 위한 논의가 진행되어 2006년 6월—7월에 개최된 UNCITRAL 제39차 본회의에서는 모델중재법 제7조를 개정하여 서면요건을 완화하는 개정안과, 더 나아가 아예 서면성을 폐지하는 대안을 채택하였고, 나아가 뉴욕협약상의 서면요건을 완화하여 해석하기 위한 해석선언을 채택하였다. 상세는 노태악·구자헌, "최근 UNCITRAL 모델 仲裁法의 개정논의 결과와 國內法에의 示唆 —仲裁合意의 書面性과 仲裁判定部의 臨時的 處分을 중심으로," 국제규범의 현황과 전망 —2006년 국제규범연구반 연구보고— (2006), 488면 이하; 강병근, "UNCITRAL 모델중재법의 개정 —제39차 유엔국제무역법위원회 본 회의를 중심으로—," 한림법학 FORUM 제17권(2006), 8면 이하; 이강빈, "국제상사중재에 관한 UNCITRAL 모델법의 개정동향," 중재연구 제16권 제3호(2006. 12.), 53면 이하 참조. UNCITRAL의 문서로는 우선 A/CN.9/WGII/WP.139, para. 11 이하 참조. 전자문서에 관하여는 우선 이강빈, "국제계약에서 전자통신의 이용에 관한 협약의 채택과 중재합의에의 적용에 관한 연구," 중재연구 제16권 제1호(2006. 3.), 45면 이하, 70면 이하 참조.

은 의문이다. 가사 금반언의 법리가 뉴욕협약에 내재하는 법리가 아니라고 하더라도, 우리 민사소송법 제1조의 신의성실의 원칙에 비추어도 이 사건에서 소송상의 금반언의 법리를 인정해야 할 것이다.

V. 승인거부사유의 심사와 實質再審査 禁止의 원칙

1. 승인거부사유의 심사와 實質再審査 禁止의 원칙

외국판결의 집행에 관하여 民事執行法 제27조 제1항은 "집행판결은 재판의 옳고 그름을 조사하지 아니하고 하여야 한다"고 규정하는데, 이는 외국판결의 승인의 경우에도 타당하다. 이것이 이른바 '실질재심사(*révision au fond*, review of the merits) 금지의 원칙'인데, 이는 증거의 평가를 포함하여 외국법원이 행한 사실인정과 그에 기초한 법률의 적용을 우리 법원이 재심사하여 그의 옳고 그름을 판단할 수 없다는 것이다. 뉴욕협약은 실질재심사 금지의 원칙을 명시하지는 않는다. 뉴욕협약은 승인거부사유를 망라적으로 규정하는데, 중재인의 사실인정 또는 법률적용상의 잘못을 승인거부사유로 규정하지 않기 때문에 실질재심사 금지의 원칙을 규정할 필요가 없기 때문이고, 뉴욕협약상으로도 실질재심사는 금지된다.[70] 따라서 가사 중재인이 행한 사실인정과 그에 기초한 법률의 적용이 잘못된 것이더라도 우리 법원은 원칙적으로 이를 재심사할 수 없다.

그러나 집행국 법원은 승인거부사유의 유무를 판단하기 위하여 필요한 범위 내에서는 실질을 심사할 수 있다.[71] 우리 대법원 1988. 2. 9. 선고 84다카1003 판결도 "집행국 법원에 중재판정의 내용에 대한 당부를 심판할 권한은 없지만 … 집행조건의 충족 여부 및 집행거부사유의 유무를 판단하기 위하여 필요한 범위 내에서는 본안에서 판단된 사항에 대하여도 집행국법원이 독자적으로 심리판단할 수 있다"고 판시하고, 중재판정부의 판단과 달리 당사자 간의 중재합의의 존재를 부정하였다.

결국 중재인이 행한 사실인정과 그에 기초한 법률의 적용이 잘못된 것이

70) van den Berg(註 13), p. 265, p. 269 *et seq.*; Redfern/Hunter(註 9), para. 10-33.

71) van den Berg(註 13), p. 270 *et seq.*

더라도 우리 법원은 원칙적으로 이를 재심사할 수 없지만, 그러한 사실인정과 법률의 적용이 승인거부사유와 관련되는 때에는 재심사할 수 있다는 것이다. 그러나 그 경우에도 가능한 한 예외적으로 이를 허용하는 것이 타당하다고 본다. "법원의 재심사는 중재판정이 뉴욕협약 제5조의 어느 근거에 기하여 그의 집행의 거부를 초래할 사유를 포함하는지를 확인하는 데 엄격히 제한되어야 하고, 법원이 중재인의 사실인정을 평가하는 것을 수반하지는 않는다"는 설명[72]도 이러한 취지로 이해된다.

2. 대상판결에 대한 평가

이 사건의 쟁점은 서면에 의한 유효한 중재합의의 존재 여부인데, 이는 승인거부사유에 해당하므로 우리 법원이 심사할 수 있음은 명백하다. 이 사건의 경우 중재절차에서 중재합의의 방식요건이 다투어지지 않았던 것으로 보이는데, 어쨌든 중재판정부는 서면에 의한 유효한 중재합의의 존재를 긍정하였다. 그럼에도 불구하고 우리 법원은 중재판정부의 판단에 구속됨이 없이 서면에 의한 유효한 중재합의의 존재 여부를 심사할 수 있다. 따라서, 서면에 의한 유효한 중재합의 존재를 부정한 대상판결의 결론은 부당하지만, 대상판결이 이를 심사한 것은 타당하다. 이는 위에서 언급한 대법원 1988. 2. 9. 선고 84다카1003 판결과 같은 취지이다.

다만 승인거부사유의 심사와 실질재심사 금지의 원칙 간에 긴장관계가 있는 것은 사실이고, 이는 공서위반에서 특히 문제될 것인데 양자를 어떻게 합리적으로 조정할 것인지가 문제된다. 공서위반과 달리 서면에 의한 유효한 중재합의의 존재에 관하여는 집행국 법원이 항상 개입할 수 있지만,[73] 양자

---

72) van den Berg(註 13), p. 271.

73) 이와 관련하여 주목할 것은, 대법원 2004. 10. 28. 선고 2002다74213 판결은 민사집행법 제27조 제1항이 "집행판결은 재판의 옳고 그름을 조사하지 아니하고 하여야 한다"고 규정할 뿐만 아니라 사기적인 방법으로 편취한 판결인지 여부를 심리한다는 명목으로 실질적으로 외국판결의 옳고 그름을 전면적으로 재심사하는 것은 외국판결에 대하여 별도의 집행판결제도를 둔 취지에도 반하므로, 위조·변조 내지는 폐기된 서류를 사용하였다거나 위증을 이용하는 것과 같은 사기적인 방법으로 외국판결을 얻었다는 사유는 원칙적으로 승인 및 집행의 거부사유가 될 수 없고, 다만 재심사유에 관한 민사소송법 제451조 제1항 제6호·제7호, 제2항의 내용에 비추어 볼 때 피고가 판결국 법정에서 위와 같은 사기적인 사유를 주장할 수 없었고 또한 처벌받을 사기적인 행위에 대하여 유죄의 판결과 같은 고도의 증명이 있는 경우에 한하여 우리나라에서 승인 내지 집행을 거부할 수는 있다고 판시함

간에 어떤 차이를 인정할지, 그 차이가 중재합의와 공서위반에서 비롯되는 것인지는 좀더 검토할 필요가 있고, 또한 중재와 소송 간에 차이가 있는지도 검토할 사항이다.[74)]

Ⅵ. 맺 음 말

대상판결은 외국중재판정의 승인 및 집행을 구하는 당사자가 집행국 법원에 제출할 서류와 번역문 요건을 규정한 뉴욕협약 제4조의 의미를 명확히 함으로써 실무상의 지침을 제시한 판결로서 의의가 크다. 그러나 당사자들이 이미 베트남의 중재절차에 참가하여 중재합의의 서면성을 다투지 아니하고 중재판정을 받은 것으로 보이는 이 사건에서 대상판결이 뉴욕협약 제2조의 서면요건을 구비한 중재합의의 존재를 부정한 결론의 타당성은 의문이다. 대상판결이 중재합의의 서면요건을 완화하거나, 또는 금반언의 법리에 의하여 유효한 중재합의의 존재를 긍정하는 전향적인 견해를 취하였더라면 하는 아쉬움이 있다. 또한 뉴욕협약의 국문번역의 부정확성과 모델중재법을 채택한 중재법의 미비점도 확인할 수 있었는데 앞으로 이를 시정해야 할 것이다.

종래 우리나라에서는 國際商事仲裁를 포함한 廣義의 國際私法 및 國際民事節次法 분야가 학문적으로 매우 소홀히 다루어지고 있는데, 우리 기업들이 엄청난 규모의 국제거래에 참가하고 있는 상황에서 이런 잘못된 현실을 계속 방치해도 좋은지 이제는 안타까움을 넘어 두려움마저 느끼게 된다.

으로써 실질재심사 금지의 원칙을 존중해야 함을 선언하였다는 점이다. 이에 관하여는 석광현, "詐欺에 의한 外國判決承認의 公序違反與否와 相互保證," 민사판례연구 [XXVIII](2006), 687면 이하; 석광현, 국제사법과 국제소송 제4권(2007), 제2장 [7] 참조.

74) 이런 의문을 가지는 이유 중의 하나는, 위에서 언급한 헤이그국제사법회의 법원선택합의협약(제9조 제2항)에 따르면, 결석재판이 아닌 한 집행국 법원은 재판국 법원이 인정한 관할의 근거가 되는 사실에 구속된다고 규정하는데, 뉴욕협약은 이런 조항을 두지 않기 때문이다.

제 8 장　外國仲裁判定에 기초한 執行判決과 청구이의사유의 주장
— 대법원 2003. 4. 11. 선고 2001다20134 판결*에 대한 평석[1] —

> 前　記
> 이 글은 서울지방변호사회, 판례연구 제20집(1)(2006. 10.), 385면 이하에 게재된 글을 수정·보완한 것이다. 저자는 대법원판결의 결론은 지지하였지만 그 이론구성에 대하여는 비판적인 견해를 취하였다.

[사안의 개요][2]

가. 당사자 간의 관계

(1) 소외 Kexim Vietnam Leasing Co., Ltd.(이하 "켁심"이라 한다)는 1997년 5월 3일 한국의 자수기 제조회사인 피고(썬스타 특수정밀 주식회사)가 생산하는 자수기 2대(이하 "이 사건 자수기들"이라 한다)를 베트남의 직물회사인 원고(K&V International Emb. Co., Ltd.)에게 리스하기 위한 목적의 수입임을 분명히 하고 수입대행업자인 GENERAL IM-EXPORT AND SERVICE CORP.(이하 "제트라니멕스"라 한다)와 이 사건 자수기들에 관한 수입위탁계약을 체결하였다.

(2) 소외 제트라니멕스는 1997년 5월 3일 피고와 이 사건 자수기들을 대

---

* [공2003. 6. 1.(179), 1148].

1) 저자는 2003 분야별 중요판례 분석[국제거래분야], 법률신문 2004. 7. 8(제3281호). 8-9면에서 대상판결을 간단히 소개한 바 있다.

2) 사안의 개요는 대체로 아래 원심판결에서 가져온 것이다. 원심판결에 대하여는 채동헌, "청구이의 사유와 외국중재판정에 대한 집행판결 거부," 중재 제300호(2001 여름), 111면 이하의 평석이 있다. 사안의 개요와 하급심판결들을 정리하는 데는 장상균, "외국중재판정에 대한 집행재판과정에서의 청구이의사유의 주장," 대법원판례해설 제44호(2003 상반기)(2004), 107면 이하가 도움이 되었다. 저자가 평석을 쓰는 이유는 대상판결과 이를 지지하는 평석들에 찬성하지 않기 때문이다.

당 단가 미화 68,000달러 합계 미화 136,000달러에 매수하면서 매매계약에 관련하여 발생하는 모든 분쟁은 우호적으로 해결하되, 그것이 어려울 경우 베트남 상공회의소 내의 베트남 국제중재원(이하 "베트남 상사중재원"이라 한다)의 중재판정에 의하며, 이 중재판정은 최종적이며 당사자에게 구속력을 갖는다고 약정하였다.

(3) 켁심은 1997년 5월 30일 원고에게 이 사건 자수기들에 관하여 기간은 1997년 5월 30일부터 2002년 5월 30일까지, 리스사용료는 미화 3,227.14달러로 하는 내용의 리스계약을 체결하였다.

나. 이 사건 자수기들에 대한 분쟁발생과 베트남 상사중재원의 중재판정

(1) 피고는 1997년 5월 16일 원고에게 이 사건 자수기들을 인도하였으나 작동하지 않는 문제가 발생하였고, 그 후 피고는 원고에게 1998년 1월 4일까지 수리를 완료하고 40일간의 기계 미작동에 대한 보상으로 미화 29,202.14달러를 배상하기로 약속하였음에도 미화 4,302.85달러만을 배상하고 기계수리를 중지하였다.

(2) 그 후 제트라니멕스는 트라니멕스코로 상호를 바꾸었고, 위 회사가 피고에 대하여 갖는 손해배상 등 분쟁해결의 모든 권리를 켁심에게 위임하고 베트남 상사중재원의 중재판정은 피고와 켁심 사이에 효력이 있다는 위임장을 작성하여 베트남 상사중재원에 제출하였고, 켁심은 원고에게 위 권리를 재위임한다는 위임장을 작성하여 베트남 상사중재원에 제출하였다.

(3) 원고는 피고를 상대로 1998년 8월 4일 베트남 상사중재원에 중재판정을 신청하였고, 원고측과 피고측은 각각 중재인을 지명하였으며, 이들에 의해 베트남 상사중재원 중재인인 베트남 변호사가 중재위원장이 되어 중재판정부를 구성하였다.

(4) 중재판정부는 1998년 11월 7일 중재판정부의 구성을 당사자에게 통지하였고 원고와 피고는 이에 대하여 어떠한 이의도 제기하지 아니하였으며, 중재판정부는 1999년 2월 6일 아래와 같은 중재판정(이하 "이 사건 중재판정"이라 한다)을 하였다.

1. 피신청인(이 사건 피고)은 신청인(이 사건 원고)에게 이 판정일로부터 30일 이내에 다음과 같이 이행하여야 한다.
   1.1 1997년 5월 3일 계약서(No.014/GI/97)에서 체결한 것과 같은 충분한 성능을 가진 새로운 자수기계 2대를 제공하고 설치장소까지의 운송비와 조립을 부담하여야 하며 위 계약서에서의 규정에 따라서 기계를 보증하여야 한다.
   1.2 미화 17,010달러 88센트를 변상하여야 한다. 만일 위와 같은 책임(새로운 기계의 제공, 금전 보상)을 기한 내에 이행하지 못할 경우 피신청인은 베트남 은행의 대출이율에 따라 지체된 기간 동안의 이자를 지급하여야 한다.
2. 피신청인은 중재판정비 미화 5,336 달러 전부를 지급하여야 한다. 신청인이 이미 베트남 상사중재원에 지불한 것도 피신청인은 신청인에게 반환하여야 한다.
3. 이 판정은 최종판정이고, 신청인 및 피신청인에게 구속력을 가지며 판정한 날로부터 효력을 지닌다.

다. 이 사건 중재판정 이후의 이행

(1) 이 사건 중재판정에 따라 피고는 1999년 3월 13일 원고에게 손해배상금(미화 17,010.88 달러) 및 중재판정비용(미화 5,336 달러) 합계 미화 22,346.88 달러를 송금하였고, 이어 교체용 자수기를 생산하여 같은 달 26일 베트남으로 수송한 다음 수입통관 절차를 밟고 나서 1999년 5월 17일 자수기를 교체 · 설치하고자 교체용 자수기 및 소유권이전에 필요한 수입서류 등을 가지고 원고의 공장으로 찾아갔으나, 원고가 수입절차상의 하자 등을 문제삼아 기계의 교체 · 설치를 거절하였다.

(2) 그 후로부터 원심판결 변론종결시까지 교체용 자수기는 소유권이전용 서류와 함께 피고가 지정한 베트남의 수입대행사가 보관중이었다.

라. 집행판결청구의 소 제기와 피고의 항변

원고는 피고가 이 사건 중재판정에 따른 이행을 하지 아니하였다고 주장하면서 1958년 외국중재판정의 승인 및 집행에 관한 국제연합협약(United Nations Convention on the Recognition and Enforcement of Foreign Arbitral Awards)(이하 "뉴욕협약"이라 한다)에 따라 인천지방법원에 이 사건 중재판정의 집행을 구하는 소를 제기하였다. 피고는 이 사건 중재판정에 따라 금전의 지급 및 새로운 기계의 인도 등 모든 의무를 이행하였으나, 원고측의 비협조로 새로운 자수기가 인도되지 아니하였을 뿐이므로 원고가 구하는 집행판결은 거부되어야 한다고 주장하였다.

[소송의 경과]

1. 제1심판결[3)]

제1심판결은 원고의 청구를 전부 인용하여 이 사건 중재판정의 집행을 허가하였다. 제1심판결은, 뉴욕협약 제5조가 열거하고 있는 외국중재판정의 승인 및 집행의 거부사유는 한정적인 것이라고 해석된다고 보고, 피고가 주장하는 사유, 즉 원고가 피고가 이 사건 중재판정 이후 이행제공한 물건의 인수를 거절하였으므로 원고의 집행판결 청구가 인용되어서는 아니 된다는 것은 뉴욕협약이 정한 외국중재판정의 승인이나 집행을 거부할 수 있는 경우 중 어느 경우에도 해당하지 않으므로 원고의 청구를 거부하는 사유는 될 수 없다고 판단하였다. 나아가 제1심판결은 가사 피고의 위 주장과 같은 사유가 중재판정의 집행을 거부할 수 있는 사유가 된다 하더라도, 피고가 채무의 내용에 좇은 이행의 제공을 하여 원고를 채권자지체의 상태에 빠지게 함으로써 위 매매계약을 해제하였다는 주장입증이 없는 이상 피고의 주장은 이유 없다고 판단하였다.

2. 원심판결[4)]

원심판결은 이 사건 중재판정을 분리하여, 이행제공 내지 이행이 되지 아니한 부분이 포함된 중재판정 제1.2항에 대하여만 집행을 허가하고, 나머지 부분(중재판정 제1.1항과 제2항)에 관한 집행판결의 청구는 기각하였다. 원심판결은 아래 세 개의 논점을 검토한 뒤 다음과 같은 취지로 판시하였다.

가. 청구이의사유가 뉴욕협약상 집행거부사유가 되는지 여부

비록 확정된 외국중재판정이더라도 그 권리의 행사는 신의에 좇아 성실

3) 인천지방법원 2000. 4. 25. 선고 99가합6964 판결.

4) 서울고등법원 2001. 2. 27. 선고 2000나23725 판결.

히 행사되어야 하고 그 판정에 기한 집행이 권리남용이 되는 경우에는 허용되지 않는데, 중재판정 이후 피신청인이 성실하게 그 내용을 이행하여 결과적으로 집행을 구하는 내용이 실체적 권리관계에 배치되는 경우 중재판정에 의하여 집행할 수 있는 것으로 확정된 권리의 성질과 내용, 판정의 성립 경위 및 판정 성립 후 집행에 이르기까지의 사정, 집행이 당사자에게 미치는 영향 등 제반사정을 종합하여 볼 때, 확정된 중재판정에 기한 집행이 현저히 부당하고 상대방으로 하여금 집행을 수인하도록 하는 것이 정의에 반함이 명백하여 사회생활상 용인할 수 없다고 인정되는 경우에는 그 집행은 권리남용으로서 허용되지 않고(확정판결에 기한 권리행사의 경우에 대한 대법원 1997. 9. 12. 선고 96다4862 판결[공1997하, 3073], 대법원 1984. 7. 24. 선고 84다카572 판결[집32(3)민207, 공1984 1479] 각 참조), 따라서 위와 같은 제한적인 경우에 한하여 청구이의사유는 뉴욕협약상의 집행거부사유에 해당한다(이러한 청구이의사유를 집행판결을 구하는 소송과정에서 상대방 당사자가 제한적으로나마 항변으로 주장할 수 있도록 하는 것이 이미 구속력 있는 판결·중재판정의 강제집행절차의 한 과정인 집행판결절차에서 집행판결 후 청구이의의 소 등으로써만 다투게 하는 것보다는 당사자에게 편리하고 경제적인 측면도 있다).

나. 뉴욕협약상 중재판정의 일부에 대한 집행판결이 가능한지 여부

원칙적으로 집행판결의 경우 집행법원은 중재판정의 형식적 요건만을 심사하여야 하고, 집행판결은 외국중재판정의 전부에 대하여 집행력을 부여하는 형성판결이므로 판정 주문 중 일부분에 대해서만 집행판결을 할 수는 없지만, 뉴욕협약 제5조 제1항 (c) 단서는 중재인이 권한을 벗어나 내린 판정도 그 권한 내에 속하는 부분만을 승인하여 주거나 집행을 해 줄 수 있음을 규정하고 있고, 이는 집행판결을 하는 법원의 재량에 맡겨진 것인데, 뉴욕협약은 단지 제5조 제1항 (c)의 경우에 한하여 부분집행의 가능성을 열어둔 것이 아니라 제5조 제1, 2항 모두에 대하여 부분집행의 가능성을 열어둔 것이고, 다만 위 (c)의 경우에는 더 제한적으로 해석하여 한 개의 집행주문 중에서도 나누어 집행을 허가할 수 있도록 하였다. 따라서 판정 주문이 여러 개의 항으로 나뉘어 있고, 그 중 이행이 완료된 부분에 관한 주문의 항과 이행되지 아니한 주문의 항이 명백하게 나뉘어 있는 경우 그 중 이행이 완료된 주문의 항에 한하여 집행을 거부할 사유가 있는 경우에는 그 부분에 한하여 집행판결을 하지 않을 수 있고, 나머지 이행이 되지 아니한 부분의 주문 항에 한하여 집행을 허가할 수도 있고, 다만 한 개의 주문 항에 이행이 된 부분과 이행이 되지 아니한 부분이 함께 기재되어 있는 경우(예를 들면 원금과 지연손해금의 지급을 함께 명하는 주문의 1개 항 중 원금의 지급만이 이행된 경우)에는 집행의 명료성을 위하여 그 부분 항 전체에 대하여 집행판결을 하는 것이 타당하다.

다. 피고가 이 사건 중재판정에 따른 의무를 이행하였는지 여부

피고는 1999년 3월 13일 중재판정문 제1.2항 및 제2항에서 정한 배상금 원금 및 중재판정비를 원고에게 송금하였으므로 피고는 배상금 원금에 대한 1999년 3월 9일부터 1999년 3월 13일까지의 지연손해금을 제외하고, 금전배상 부분은 모두 이행하였다. 한편 기계인도 부분에 관하여는, 동산의 인도에 관하여 이 사건 중재판정의 준거법[5]인 베트남법에 의하면 적법한 동산인도 채무의 이행제공이 어느 정도인지는 분명하지 않은데 … 베트남국 민법은 동산의 소유권이전시기에 관하여 동산이 실질적으로 인도된 때로 규정하고 있는 것으로 보이고, 이러한 소유권이전을 위한 모든 절차가 마쳐진 경우에는 동산인도의 이행제공이 있었다고 보는 것이 조리상 상당하다. 따라서 피고가 1999년 5월 17일 이 사건 교체용 자수기들에 대한 통관절차를 모두 마친 후 원고 공장에 소유권을 양도받을 수 있는 관련 서류와 함께 인도하려 하였고, 원고측이 이를 거부하여 해당기계를 원고의 공장에 설치하지 못하였고, 수입대행사가 그 자수기 및 소유권관련 서류를 보관하고 있는 이상 피고는 이 사건 중재판정과 베트남법에 따른 기계인도 및 설치의무를 이행하였다고 봄이 상당하다. 따라서 기계의 인도와 관련하여 피고는 원고에게 1999년 5월 17일 이 사건 중재판정에 따른 의무의 이행제공을 하였고, 그 이후 이행의 제공이 계속되고 있다고 보이는 이상 중재판정문 제1.1항은 피고에 의하여 모두 이행이 되었고, 다만 중재판정문 제1.2항에서 명한 기계의 지연인도시 지연손해금(1999년 3월 9일부터 1999년 5월 17일까지) 부분은 이행되지 않았다.

---

5) 정확히 말하자면 이는 중재판정 자체의 준거법이 아니라 분쟁의 실체인 매매계약의 준거법을 말한다.

3. 상고이유의 요지

원고는 패소 부분(주문 제1.1항, 제2항 부분)에 대하여 상고하였는데, 상고이유의 요지는 다음과 같다.[6)]

제1점. 적법한 이행제공 여부에 대한 사실오인의 점.

이 사건 중재판정에 따른 교체용으로 자수기를 이행제공하기 위하여는 선적서류상의 구입자를 당초의 수입대행사(제트라니멕스 또는 변경된 회사명인 트라니멕스코)로 지정하여 선하증권을 재교부하고 베트남 상무성의 허가를 얻은 다음 통관절차를 거치도록 하였어야 함에도 불구하고, 피고는 임의로 제3의 수입대행사와 별도의 허위 매매계약을 체결하고 그 수입대행사에 대금도 결제하지 않은 상태에서 일반수입절차에 따라 자수기를 반입하였으므로, 이 기계는 원고가 합법적으로 인수할 수 없고 인수하더라도 베트남법상 몰수 대상에 불과하다. 피고는 1999년 5월 17일 원고 공장에 대체용 자수기를 가지고 오지 아니하였다. 결국 피고는 아직까지 자수기 공급의무와 관련하여 중재판정에 따른 적법한 이행제공을 하지 않은 것임에도, 원심은 적법한 이행제공이 있었다고 오인하였다.

제2점. 베트남법상 수입 자수기의 물권변동요건에 대한 심리미진의 점.

베트남 상사중재원 또는 상무성에 수입 자수기의 소유권이전방법('인도'가 필요하다면, 적법한 인도방법은 어떠한지)에 대하여 확인하는 등의 증거조사를 하지 않았으므로 심리미진의 위법이 있다. 원고는 상고이유서 제출기한이 도과한 이후에 제출된 상고이유보충서에서 "집행판결시 법원은 중재판결의 형식적 요건만 심사할 수 있으므로 중재판정의 이행에 관한 사항을 들어 집행판결을 거부할 수 없다는 점" 및 "수입 자수기는 소유권이전을 위해 등록이 필요하다는 점" 등을 새로 주장하였다.

4. 대법원 판결의 요지

대법원 2003. 4. 11. 선고 2001다20134 판결(이하 "대상판결"이라 한다)은 추상적 법률론으로서는 청구이의사유가 있으면 이 사건 중재판정의 집행

6) 저자는 상고이유서를 보지 못하였으므로 이 부분은 장상균(註 2), 111-112면에 의존하였다.

은 허용되지 않는다는 원심의 결론을 지지하였다. 다만 원심은 이 사건 중재판정의 일부(주문 제1.1항)에 관하여 청구이의사유가 발생한 것으로 판단하고 청구를 일부 기각하였으나 대상판결은 청구이의사유가 발생하지 않았다고 보아, 원심판결이 뉴욕협약 제5조 제2항 ㈏호[7]의 '공공질서위반'에 관한 법리를 오해하여 판결에 영향을 미친 잘못이 있다는 이유로 원심판결 중 이 사건 중재판정의 주문 제1.1항에 관한 원고 패소 부분을 파기하고, 그 부분 사건을 원심법원에 환송하며, 원고의 나머지 상고는 상고이유서 제출기간 내에 불복 사유를 적어 내지 않았다는 이유로 기각하였다.[8] 그 결과 이 사건 중재판정의 주문 제1.2항에 관한 부분은 원고 승소로, 주문 제2항에 관한 부분은 원고 패소로 확정되었다.

대상판결의 요지는 다음과 같은데 이 글은 아래 둘째의 요지에 관한 것이다.

[1] 외국중재판정의 승인 및 집행에 관한 협약(뉴욕협약) 제5조에서는 집행의 거부사유를 제한적으로 열거하고 있는데, 그 중 제2항 ㈏호에 의하면 중재판정의 승인이나 집행이 그 국가의 공공의 질서에 반하는 경우에는 집행국 법원은 중재판정의 승인이나 집행을 거부할 수 있는바, 이는 중재판정의 승인이나 집행이 집행국의 기본적인 도덕적 신념과 사회질서를 해하는 것을 방지하여 이를 보호하려는 데 그 취지가 있다 할 것이므로, 그 판단에 있어

---

7) 이는 영문의 b호를 말한다. 이하 같다.

8) 이 사건에 대하여는 다수의 판결이 있었는데 그 경위는 아래와 같다.

제1심판결 인천지방법원 2000. 4. 25. 선고 99가합6964 판결(청구 전부 인용)

제1 환송 전 원심판결. 서울고등법원 2001. 2. 27. 선고 2000나23725 판결(청구이의사유 존재를 긍정하고 청구 일부 기각)

제1 환송판결. 대법원 2003. 4. 11. 선고 2001다20134 판결(원심 일부 파기 · 환송. 이 글은 이에 대한 평석이다)

제2 환송 전 원심판결. 서울고등법원 2004. 3. 26. 선고 2003나29311 판결(중재합의 방식은 긍정. 그러나 제출 서류요건 미비를 이유로 청구기각)

제2 환송판결. 대법원 2004. 12. 10. 선고 2004다20180 판결(유효한 서면중재합의의 존재 여부와, 중재합의와 중재판정의 번역문이 뉴욕협약(제4조 제2항)에 부합하는 번역문인지, 아니면 보완방법의 유무 등을 심리하지 않았다는 이유로 원심 파기 · 환송)(석광현, "國際商事仲裁에서의 仲裁合意에 관한 법적 문제점 —대법원 2004. 12. 10. 선고 2004다20180 판결이 제기한 뉴욕협약상의 쟁점들을 중심으로—," 중재연구 제15권 제2호(2005. 8.), 225면 이하(이 책 제7장)는 이에 대한 평석이다)

제2 환송 후 원심판결. 서울고등법원 2005. 10. 26. 선고 2004나94480 판결(중재합의 방식요건을 부정하여 제1심판결을 취소하고 청구기각). 제2 환송 후 원심판결에 대해 원고와 독립당사자참가인이 상고하였으나 대법원 2006. 10. 13. 선고 2005다69342, 69359 판결에 의하여 모두 기각되었다.

서는 국내적인 사정뿐만 아니라 국제적 거래질서의 안정이라는 측면도 함께 고려하여 제한적으로 해석하여야 할 것이고, 해당 중재판정을 인정할 경우 그 구체적 결과가 집행국의 선량한 풍속 기타 사회질서에 반할 때에 승인이나 집행을 거부할 수 있다.[9)]

[2] 집행판결은 외국중재판정에 대하여 집행력을 부여하여 우리나라 법률상의 강제집행절차로 나아갈 수 있도록 허용하는 것으로서 그 변론종결시를 기준으로 하여 집행력의 유무를 판단하는 재판이므로, 중재판정의 성립 이후 채무의 소멸과 같은 집행법상 청구이의의 사유가 발생하여 중재판정문에 터잡아 강제집행절차를 밟아 나가도록 허용하는 것이 우리 법의 기본적 원리에 반한다는 사정이 집행재판의 변론과정에서 드러난 경우에는, 법원은 외국중재판정의 승인 및 집행에 관한 협약(뉴욕협약) 제5조 제2항 ㈏호의 공공질서 위반에 해당하는 것으로 보아 그 중재판정의 집행을 거부할 수 있다.

[연　　구]

Ⅰ. 문제의 제기

중재라 함은 당사자 간의 합의, 즉 중재합의로 당사자 간의 분쟁을 법원의 재판에 의하지 아니하고 중재인의 판정, 즉 중재판정에 의하여 해결하는 절차이다.[10)] 중재는 私的 紛爭解決手段(private method of dispute resolution)으로서 대표적인 대체적 또는 대안적 분쟁해결(alternative dispute resolution)의 수단이다. 중재판정은 중재인이 중재합의에 의하여 부여받은 권한에 기하여 중재절차에서 당사자 간의 분쟁을 해결하기 위하여 내리는 판정을 말한다.[11)] 한편 우리 중재법상 외국중재판정은 외국에서 내려진 중재판정을 말한

---

9) 이는 외국중재판정의 승인거부사유인 공서가 우리 민법 제103조가 규정하는 국내적 공서(internal 또는 domestic public policy)와 구별되는 이른바 “국제적 공서”(international public policy)임을 밝힌 것이다. 프랑스의 1981. 5. 12. 법률(Decree Law) No. 81-500에 의하여 도입된 신 민사소송법 제1502조는 정면으로 “국제적 공서”(*ordre public international*)라는 개념을 사용한다.

10) 우리 중재법(제3조 제1호)에 따르면 여기의 분쟁은 私法上의 紛爭이다.

11) 이호원, “외국중재판정의 승인과 집행: 뉴욕협약을 중심으로,” 재판자료 34집, 658면 참조.

다.[12] 중재판정은 "외국중재판정의 승인 및 집행에 관한 1958년 유엔협약" (이하 "뉴욕협약"이라 한다)에 의하여 승인 및 집행이 국제적으로 널리 보장되고 있는데, 이는 종래 외국판결의 승인 및 집행의 경우 통일적인 국제규범이 없고, 승인 또는 집행의 여부와 승인 및 집행을 허용하는 경우에도 그 요건이 국가에 따라 구구한 것과 비교하여 커다란 차이점이다. 바로 뉴욕협약의 존재와, 최근까지 우리나라를 포함한 142개국[13]이 뉴욕협약에 가입하였다는 점이, 국제상거래상의 분쟁해결수단으로서 소송 대신 중재가 선호되는 이유의 하나이다.[14] 따라서 뉴욕협약은 국제중재라는 건물의 기초를 이루는 가장 중요한 하나의 지주라거나, 또는 아마도 모든 상사법의 역사에서 가장 효과적인 국제입법의 사례라고 주장될 수 있는 협약이라는 찬사를 받고 있다.[15]

한편 1999년 전문개정된 우리 중재법[16]은 국제연합국제무역법위원회(UNCITRAL)의 1985년 "국제상사중재에 관한 모델법"(Model Law on International Commercial Arbitration)(이하 "모델중재법"이라 한다)을 전면적으로 수용하되, 국제중재뿐만 아니라 국내중재를 함께 규율하는 방법을 취하였는데, 그 결과 우리나라도 국제적으로 검증된 중재규범을 가지게 되었다.

---

12) 우리 중재법(제38조)은 영토주의(또는 속지주의) 원칙에 입각하고 있으므로 구 중재법하에서와 달리 대한민국 내에서 내려진 중재판정은, 가사 중재절차의 준거법이 외국법이거나 (물론 이것이 가능한지는 논란이 있다), 당해 분쟁이 한국과 아무런 관련이 없더라도 내국중재판정이다. 석광현, "改正仲裁法의 몇 가지 문제점 —國際商事仲裁를 중심으로—," 국제사법과 국제소송 제2권(2001), 494면. 양병회 외, 주석중재법(2005)(이호원 집필부분), 248면도 동지(이하 "주석중재법/집필자"로 인용한다). 그러나 김상원 외(편집대표), 주석 민사집행법(Ⅱ)(2004)(서기석 집필부분), 110면 이하는 여전히 구 중재법하의 견해를 따르는데, 이는 중재법의 개정에도 불구하고 그렇게 해석하는 것이라기보다는 중재법의 개정에 무관심한 결과라고 짐작된다. 이하 위 책은 "주석 민사집행법(Ⅱ)"라고 인용한다. 이 사건 중재판정에는 구 중재법이 적용되나 그것이 뉴욕협약이 적용되는 외국중재판정임은 의문이 없다.

13) 가입국의 현황은 http://www.uncitral.org/uncitral/en/uncitral_texts/arbitration/NYConvention_status.html 참조. 2007년 8월 21일 방문. 우리나라는 1973년 가입하였다.

14) Alan Redfern and Martin Hunter, Law and Practice of International Commercial Arbitration Fourth Edition (2004), para. 10-107. 이하 "Redfern/Hunter"라 인용한다. 그러나 2005년 6월 개최된 헤이그국제사법회의의 제20차 회기에서 채택된 재판관할합의협약 (Convention on Choice of Court Agreements)이 장차 발효되면 동 협약은 국제소송에서, 현재 뉴욕협약이 국제상사중재에서 수행하는 기능을 하게 될 것이다. 다만 동 협약은 원칙적으로 전속적 국제재판관할합의에만 적용된다. 상세는 석광현, "2005년 헤이그 재판관할합의협약의 소개," 국제사법연구 제11호(2005), 192면 이하 참조.

15) Redfern/Hunter, 10-23, Fn. 48에 인용된 Mustill과 Schwebel의 견해이다.

16) 1999년 12월 31일 법률 제6083호로 전문개정되고, 그 후 일부개정된 중재법을 말한다.

독일은 우리나라에 앞서 1998년 1월 1일 개정된 독일 민사소송법에 의하여,[17] 일본은 우리보다 늦게 2004년 3월 1일 시행된 중재법에 의하여 각각 모델중재법을 받아들였으므로[18] 위 3국의 중재법은 매우 유사하게 되었다. 우리 중재법(제37조 제1항)은 "중재판정의 승인 또는 집행은 법원의 승인 또는 집행판결에 의한다"고 규정하고, 나아가 제39조는 뉴욕협약이 적용되는 외국중재판정과 동 협약이 적용되지 않는 외국중재판정을 구분하여, 전자의 승인 및 집행은 뉴욕협약에 의함을 명시하므로(제1항)[19] 과거와 별로 달라진 것이 없으나 법적 근거가 명시된 점에서 커다란 의의가 있다.

대상판결의 쟁점들은 다음과 같이 정리할 수 있다.

첫째, 우리나라에서 뉴욕협약이 적용되는 외국중재판정에 기초한 집행판결청구의 소에서 피고가 청구이의사유를 주장할 수 있는지. 대상판결은 이를 정면에서 허용한 최초의 판결로서 의의가 큰데, 이러한 결론은 외국판결에 기초한 집행판결청구의 소에서도 타당할 것이다. 이와 관련하여 우리 민사집행법상 집행판결청구의 소와 청구이의의 소와의 관계, 집행판결청구의 소에서 피고가 주장할 수 있는 청구이의사유의 시적 제한 및 공서위반이 되는 사유와의 관계, 청구이의사유의 주장과 실질재심사 금지의 원칙과의 관계와 청구이의사유의 주장과 외국중재판정의 기판력과의 관계 등의 문제가 제기된다(아래 Ⅲ.).

둘째, 뉴욕협약상 외국중재판정의 일부만의 승인 및 집행(즉 부분승인 및 부분집행)이 가능한지(아래 Ⅳ.).

위 쟁점들을 제대로 검토하기 위하여는 우리 중재법과 뉴욕협약상 외국중재판정의 승인 및 집행을 이해할 필요가 있으므로 우선 그에 관하여 살펴

---

17) 독일은 '중재절차의 신규율을 위한 법률'(Gesetz zur Neuregelung des Schiedsverfahrensrechts—SchiedsVfG)에 의해 1998년 1월 1일자로 독일 민사소송법(ZPO) 중 중재편(제10편 제1025조—제1066조)을 개정하였는데, 독일 민사소송법도 우리 중재법처럼 모델중재법을 전면적으로 수용하고, 국제중재와 국내중재를 일원적으로 규율한다.

18) 일본의 개정 중재법에 관하여는 우선 渡辺惺之, "일본 중재법의 현상과 과제," 중재연구 제13권 제2호(2004. 2.), 13면 이하 참조. 상세는 近藤昌昭/後藤 健/内堀宏達/前田 洋/片岡智美, 仲裁法コンメンタール(2003) 참조. 개정된 일본 중재법도 우리 중재법처럼 모델중재법을 전면적으로 수용하고, 국제중재와 국내중재를 일원적으로 규율한다.

19) 제39조 제1항은 "외국중재판정의 승인 및 집행에 관한 협약의 적용을 받는 外國仲裁判定의 승인 또는 執行은 同 協約에 의한다"고 규정한다. 한편 제39조 제2항은 뉴욕협약이 적용되지 않는 외국중재판정의 승인 및 집행에 관하여는 외국판결의 승인 및 집행에 관한 민사소송법 제217조, 민사집행법 제26조 제1항 및 제27조의 규정을 준용한다.

본 뒤(아래 Ⅱ.) 위의 쟁점들을 검토한다.

Ⅱ. 외국중재판정의 승인 및 집행

1. 외국중재판정의 승인과 집행의 구별

일정한 요건이 구비되면 외국중재판정은 우리나라에서 자동적으로 효력을 가진다. 이 점은 외국판결의 경우와 마찬가지이다. 이와 같이 외국중재판정의 효력이 우리나라에 확장되는 것을 외국중재판정의 승인(recognition)이라고 한다. 중재판정에서 진 피신청인이 중재판정을 자발적으로 이행하지 않는 경우 이긴 신청인은 피신청인에 대하여 우선 상업적 또는 기타 압력을 행사할 수 있고,[20] 그럼에도 불구하고 피신청인이 이행하지 않을 경우 중재판정을 집행할 필요가 있는데, 우리나라에서는 외국중재판정의 집행(enforcement)은 우리 법원의 집행판결이 있는 때에 한하여 할 수 있다. 이 점은 외국판결의 경우와 마찬가지이다. 우리 중재법(제37조 제1항)은 "중재판정의 … 집행은 법원의 … 집행판결에 의한다"고 규정함으로써 이를 명시한다. 이는 당사자의 중재합의에 기하여 권한을 가지는 중재판정부는 강제력을 가지지 않기 때문인데, 어느 국가도 이러한 권한을 사인에게 위임하지는 않는다.[21] 더욱이 외국중재판정의 효력 중 집행력은 기판력이나 형성력과 같이 관념적인 것에 그치지 않고 중재판정의 내용을 실제로 실현하는 것이어서 이를 집행기관의 판단에 맡기는 것은 부적절하므로 특히 신중을 기하며 미리 소에 의하여 그 효력을 주장하게 하고, 법원이 요건의 구비 여부를 심사한 다음 판결로써 그에 의한 집행을 허가한다는 취지의 선언을 한 때에 비로소 집행할 수 있도록 하기 위한 것이다.

우리 중재법상 중재판정의 집행은 승인을 논리적인 전제로 하지만, 위에서 본 것처럼 양자는 개념적으로 구별되고, 승인과 집행이 항상 함께 문제되

---

20) 예컨대 곡물사료무역협회(Grain and Feed Trade Association. GAFTA)의 규칙은 어느 회원이 동 규칙에 따른 중재판정을 이행하지 않는 경우 이 사실을 다른 회원들에게 회람하게 함으로써 그가 다른 회원들과의 거래하는 것을 사실상 불가능하게 하는 방법으로 중재판정의 이행을 실현한다. Refern/Hunter, 10-04.

21) Redfern/Hunter, para. 10-20.

는 것은 아니며 승인만이 문제될 수 있음은 물론이다.[22] 대표적인 예는, 외국의 중재판정에서 패한 신청인이 한국에서 다시 중재신청을 하거나 소를 제기하는 경우 피신청인이 외국중재판정을 기초로 기판력의 항변을 하는 때를 들 수 있다. 즉 외국중재절차에서 이긴 신청인이 한국에서 중재판정을 집행하고자 집행판결을 신청하는 경우에는 중재판정의 승인이 집행의 전제가 되지만, 외국중재절차에서 패한 신청인이 한국에서 다시 중재신청을 하거나 소를 제기하는 경우 피신청인으로서는 중재판정의 승인에 따른 효력을 주장할 수 있다. 이런 이유로 집행은 '검'의 기능을 하는 데 반하여 승인은 '방패'의 기능을 한다고 설명하기도 한다.[23] 모델중재법(제35조)도 승인과 집행을 구분한다.[24]

따라서 외국중재판정을 집행하고가 하는 신청인은 우선 피신청인의 재산을 찾아 재산소재지에서 집행을 구하는 데 반하여, 승인을 구하는 당사자는 스스로 법정을 선택하는 것이 아니라 상대방이 선택한 법원에서 중재판정의 승인을 구하는 점에서 집행의 장소와 승인의 장소는 차이가 있다.[25] 중재판정에서 진 피신청인의 재산이 여러 곳에 소재하는 경우 신청인은 집행을 구하는 장소를 선정함에 있어서 forum shopping을 할 수 있는데, 그곳이 뉴욕협약에 의하여 외국중재판정을 승인 및 집행하는지와 그곳의 법원이 국제주의적인지 아니면 편협한 태도를 가지고 있는지를 고려하여야 한다.[26]

22) 이런 의미에서 '승인'과 '집행'을 구별할 것이 아니라, '승인'과 '승인 및 집행'을 구별할 필요가 있다고 설명하기도 한다. Redfern/Hunter, para. 10-10.

23) Redfern/Hunter, para. 10-13. 소송에 관한 것이지만, 중국의 인민법원에서 패소한 한국수출보험공사가 한국에서 다시 소를 제기한 사건에서 서울지방법원 1999. 11. 5. 선고 99가합26523 판결은 인민법원 판결의 효력을 인정하여 청구를 기각하였던바 여기에서는 승인만이 문제되었다. 이는 우리나라와 중국 간에 상호보증의 존재를 긍정한 최초의 판결이다.

24) Howard M. Holtzmann and Joseph E. Neuhaus, A Guide To The UNCITRAL Model Law On International Commercial Arbitration: Legislative History and Commentary (1989), p. 1011은 모델중재법은 승인과 집행의 구분이라는 '유용한 구분'(useful distinction)을 하는데, 모델중재법(제35조 제1항)은 승인은 집행과 독립하여 행해질 수 있고 집행의 경우에만 서면신청이 요구됨을 명시한다고 설명한다.

25) Redfern/Hunter, para. 10-14.

26) Redfern/Hunter, paras. 10-15, 10-16.

2. 외국중재판정의 승인[27)]

여기에서는 뉴욕협약상의 외국중재판정의 승인을 살펴본다.

가. 제한적인 승인거부사유

뉴욕협약 제5조는 외국중재판정의 승인 또는 집행의 거부사유(이하 "승인거부사유"라 한다)를 열거하는데, 이를 피신청인이 주장·입증하여야 하는 사유(제1항)와, 승인 및/또는 집행의 요청을 받은 국가(이를 편의상 "승인국" 또는 "집행국"이라 한다)의 법원이 직권으로 판단할 사유(제2항)로 구분하여 규정한다. 전자는 ① 당사자의 무능력 또는 중재합의의 무효, ② 피신청인의 방어권의 침해, ③ 중재인의 권한유월, ④ 중재판정부의 구성 또는 중재절차의 하자 및 ⑤ 중재판정이 구속력이 없거나 또는 취소·정지된 경우이고, 후자는 ① 중재가능성(arbitrability)의 결여와 ② 공서위반이다. 나아가 제5조 제1항과 제2항은 모두 "요청을 받은 국가의 법원은 … 승인과 집행을 거부할 수 있다"고 규정함으로써, 승인거부사유가 존재하더라도 법원이 반드시 승인 및 집행을 거부해야 하는 것은 아니고 재량에 의해 거부하지 않을 수 있음을 분명히 한다.

즉 뉴욕협약은 우리 민사소송법과 민사집행법처럼 승인 및 집행의 적극적 요건을 규정하는 대신 승인거부사유를 열거하는 소극적인 규정방식을 취하는데, 이는 입증책임을 전환하여 승인 및 집행을 용이하게 하기 위한 것이다. 집행국 법원의 법관의 과제는 승인거부사유의 유무를 확인하는 데 한정된다.[28)] 즉 법원이 그 밖의 사유를 근거로 승인 또는 집행을 거부할 수 있는지가 문제되나,[29)] 동 조에 열거된 사유는 제한적인(또는 망라적인) 것으로 이해된다.[30)] 제5조 제1항이 "… 다음의 증거를 제출하는 경우에 한하여" 거부될 수 있다고 하는 것은 바로 이를 명시한 것이다. 따라서 제5조에 열거되지

---

27) 상세는 이 책 제6장 참조.

28) Albert Jan van den Berg, The New York Arbitration Convention of 1958 (1981), p. 269. 이하 "van den Berg"라 인용한다.

29) 구 중재법 하에서는 특히 중재판정의 취소사유가 있는 경우 법원이 승인 및 집행을 거부할 수 있는지가 문제되었다. 그러나 중재법이 개정되면서 중재판정의 취소사유가 승인거부사유와 사실상 동일하게 된 결과 이제는 이는 문제되지 않으며, 승인거부사유 외의 사유로 승인 및 집행을 거부할 수 있는지가 문제된다.

30) van den Berg, p. 265.

않은 사유를 들어 뉴욕협약이 적용되는 외국중재판정의 승인 또는 집행을 거부하는 것은 허용되지 않는다. 대상판결도 "외국중재판정의 승인 및 집행에 관한 협약(뉴욕협약) 제5조에서는 집행의 거부사유를 제한적으로 열거하고 있는데"라고 판시하여 이 점을 확인하고 있다.

나. 승인거부사유의 심사와 실질재심사 금지의 원칙

법원은 외국중재판정이 승인요건을 구비하는가의 여부를 판단함에 있어서 실질재심사를 할 수 없다. 외국판결의 집행에 관하여 민사집행법 제27조 제1항은 "집행판결은 재판의 옳고 그름을 조사하지 아니하고 하여야 한다"고 하여 이를 명시하는바, 이것이 '實質再審査(*révision au fond,* review of the merits) 禁止의 원칙'인데, 이는 증거의 평가를 포함하여 중재인이 행한 사실인정과 그에 기초한 법률의 적용을 우리 법원이 재심사하여 그의 옳고 그름을 판단할 수 없음을 의미한다.[31] 뉴욕협약은 실질재심사 금지의 원칙을 별도로 명시하지 않지만, 뉴욕협약상 실질재심사 금지의 원칙이 타당함은 의문이 없다. 뉴욕협약이 이를 명시하지 않는 이유는, 뉴욕협약은 승인거부사유를 제한적으로 규정하는데, 중재인의 사실인정 또는 법률적용상의 잘못을 승인거부사유로 규정하지 않기 때문에 실질재심사 금지의 원칙을 규정할 필요가 없고,[32] 또한 집행국 법원의 판사의 과제는 승인거부사유의 존부를 확인하는 데 한정되기 때문이다.[33] 그러나 집행국 법원은 승인거부사유의 유무를 판단하기 위하여 필요한 범위 내에서는 중재판정의 실질을 재심사할 수 있다.[34] 우리 대법원 1988. 2. 9. 선고 84다카1003 판결도 "집행국 법원에 중재판정의 내용에 대한 당부를 심판할 권한은 없지만 집행조건의 충족 여부 및 집행거부사유의 유무를 판단하기 위하여 필요한 범위 내에서는 본안에서 판단된 사항에 대하여도 집행국법원이 독자적으로 심리판단할 수 있다"고 판시하고, 중재판정부의 판단과 달리 당사자 간의 중재합의의 존재를 부정한 바 있다. 요컨대 중재인이 행한 사실인정과 그에 기초한 법률의 적용이 잘못된 것이더라도 우리 법원은 원칙적으로 이를 재심사할 수 없지만, 그러한 사실인정과

---

31) 외국판결의 승인 및 집행의 맥락에서 Reinhold Geimer, Internationales Zivilprozeßrecht, 5. Aufl. (2005), Rz. 2910. 주석 민사집행법(II), 121면은 이를 '實體審理禁止'라고 부른다.

32) van den Berg, p. 265, p. 269 이하; Redfern/Hunter, para. 10-33 참조.

33) van den Berg, p. 269.

34) van den Berg, p. 270 이하.

법률의 적용이 승인거부사유의 존부에 관한 것인 때에는 재심사할 수 있다는 것이다.

다. 자동적 승인 —승인절차(또는 승인판결) 불요

외국중재판정의 승인의 효력이 언제 발생하는가를 포함한 승인의 절차적 문제는 승인국인 법정지법에 따를 사항이다.[35] 우리 법상은, 승인요건을 구비한 외국중재판정은 사법적인 확인절차 없이 자동적으로 승인된다. 이를 '자동적 승인'(automatische Anerkennung)이라고 한다. 따라서 외국중재판정은 당해 외국에서 효력을 발생한 시점에서 한국 내에서도 효력을 발생한다고 보는 것이 논리적이다. 우리 법원 또는 행정관청이 승인요건의 구비 여부를 확인하더라도 이는 단지 확인적인 의미를 가질 뿐이고 그때에 비로소 국내에서 효력을 발생하는 것은 아니다.

그런데 위에서 본 우리 중재법 제37조 제1항은 "중재판정의 승인 또는 집행은 법원의 승인 또는 집행판결에 의한다"고 규정한다. 중재판정의 집행이 집행판결에 의한다는 것은 문제가 없다. 반면에 중재판정의 승인에 관하여는, 제37조 제1항은 '승인'과 '승인판결' 중 어느 것을 요한다는 취지인지가 불분명하나, 전체적인 취지로 볼 때 후자, 즉 중재판정의 승인은 법원의 승인판결에 의한다는 취지로 보인다. 그러나 이러한 규정은 잘못이다.

내국중재판정은 승인요건을 구비하면 우리 법원의 확정판결과 같은 효력을 가지는데(중재법 제35조),[36] 외국중재판정도 승인요건이 구비되면 당연히 효력을 발생하고, 그 점에서 외국판결의 승인과 마찬가지로 법원의 승인을 요하는 것이 아니고, 법원의 승인판결을 요하는 것은 더더욱 아니다.[37] 물론 확인의 이익이 있는 경우 당사자가 중재판정의 승인을 구하기 위하여 확인의 소를 제기할 수는 있으나—그 경우의 판결을 '승인판결'이라고 부를 수 있다—,[38] 중재판정의 효력을 인정받기 위해 승인판결을 받아야 하는 것

---

35) van den Berg, p. 244.

36) 조문의 체제상 이는 대한민국에서 내려진 중재판정에만 적용된다.

37) 구 중재법에는 중재판정의 집행에 관한 규정(제14조)만이 있었을 뿐이고 승인에 관한 규정은 없었다. 이에 대해 집행에 관한 제14조가 승인의 경우에도 유추적용된다는 견해가 있었다. 사법연수원, 국제상사중재(1999), 143면. 그러나 제14조는 집행의 요건을 정한 것이 아니라 집행판결에 관한 규정이므로 동 조를 승인에도 유추적용할 것은 아니다. 위 견해는 중재판정의 승인과 집행의 차이를 무시한 것으로서 적절하지 않다.

38) 독립된 판결에 의하여 중재판정을 승인하게 할지는 입법론의 문제인데, 우리 중재법은

은 아니다. 구 중재법(제14조 제1항)이나 독일 개정 민사소송법(제1060조 제1항)이 승인에 관하여 침묵한 채 집행에 관하여만 규정을 두고 있는 것은 바로 이러한 이유 때문이다. 일본의 개정 중재법도 마찬가지이다.[39)]

예컨대 중재판정에 의하여 기판력이 발생한 후에 소송절차 또는 다른 중재절차에서 동일한 분쟁의 대상(또는 소송물)에 대하여 분쟁이 발생하는 때에는, 중재판정의 승인요건이 구비된다면, 법원 또는 중재판정부는 선행 중재판정의 기판력을 인정하지 않을 수 없는바 이것이 바로 중재판정의 승인이다.[40)] 그런데 중재법을 문언대로 해석한다면, 이 경우 법원 또는 중재판정부가 선행 중재판정의 기판력을 인정하기 위해서는 우선 관할 법원의 승인판결을 받아야 하는데, 이는 중재판정의 효력을 부당하게 제한하는 것이 되어 부당하고, 입법자들도 이를 의도한 것으로 보이지는 않는다. 물론 외국중재판정의 경우는 제39조에 의하여 승인판결을 요하지 않는다고 볼 여지도 있으나, 가사 그렇다고 하더라도 내국중재판정의 경우를 달리 취급할 이유가 없다. 이는 입법상의 잘못이며 제37조 제1항은 "중재판정의 집행은 법원의 집행판결에 의한다"는 취지로 수정되어야 할 것이다. 승인판결에 대하여는 규정을 둘 필요가 없으나, 만일 필요하다면, "확인의 이익이 있는 경우, 법원은 판결로써(또는 승인판결로써) 외국중재판정이 승인요건을 구비함을 확인할 수 있다"고 규정하면 족하지, 중재법의 문언과 같이 마치 승인을 위해서는 반드시 법원의 승인판결을 받아야 하는 것처럼 규정할 것은 아니다.

저자는 다른 기회에 이런 견해를 피력한 바 있는데,[41)] 이에 대하여 중재판정의 승인은 집행을 위한 필수요건이 될 뿐만 아니라, 중재판정을 다른 절차에서 원용하는 경우 승인에 독자적 존재가치를 인정할 수 있으므로 저자의

항변으로서 중재판정의 승인을 주장하는 것과 함께 법원에 중재판정의 승인판결을 구할 수 있게 한 것이라고 한다. 목영준, 상사중재법론(2000), 240면; 이호원, "仲裁判定의 執行判決節次," 민사소송 제9권 제1호(2005), 265면. 저자도 그에 반대하는 것은 아니나 그 경우 승인판결은 통상의 확인판결일 뿐이지 그 이상은 아니다. 이하 전자를 "목영준"이라 인용한다.

39) 중재판정의 승인에 관한 일본의 개정 중재법 제45조와 집행결정에 관한 제46조를 보더라도 승인에 대하여는 아무런 절차가 필요하지 않다. 다만 중재판정에 근거하여 민사집행을 하려면 집행결정이 필요하다.

40) 외국판결의 집행판결을 구하는 경우에서 보는 바와 같이, 외국판결의 승인은 통상 집행과 독립하여 문제되지 않는다. 그러나, 위에서 언급한 서울지방법원 1999. 11. 5. 선고 99가합26523 판결에서는 중국인민법원 판결의 집행이 아니라 승인만이 문제되었다.

41) 석광현(註 12), 492면.

견해는 타당하지 않다는 비판이 제기되었다.[42] 그러나 저자는 승인의 독자적 존재가치가 있음을 부정하는 것이 아니라, 우리 중재법 제37조 제1항이 마치 외국중재판정의 승인도 우리 법원의 승인판결을 받아야 하는 것처럼 규정하는 것은 잘못임을 지적하는 것이므로, 위의 비판은 저자의 주장을 오해한 것이다. 다시 말하거니와, 중재법 제37조 제1항에 대하여 저자가 비판하는 것은 우리 법원의 승인판결을 받을 수 있다는 점이 아니고, 제37조 제1항이 외국중재판정을 승인하기 위하여는 반드시 우리 법원의 승인판결을 받아야 하는 것처럼 규정하는 점이다. 승인판결을 받더라도 이는 통상의 확인판결에 그칠 뿐이다.

라. 승인의 효력

외국중재판정의 승인은 개념적으로는 외국판결의 승인과 유사하다. 즉 외국중재판정의 효력, 특히 기판력(*res judicata, l'autorité de chose jugée*)이 우리나라에서 인정되는 것이 승인의 효력 또는 효과이다.[43] 즉 승인요건을 구비한 외국중재판정의 기판력이 한국 내에도 확장된다. 다만 외국판결의 집행력은 국내에서 집행판결을 받아야 비로소 발생한다.

문제는 기판력의 판단기준이다. 우리 중재법 제35조는 "중재판정의 효력"이라는 표제 하에 "중재판정은 당사자 간에 있어서 법원의 확정판결과 동일한 효력을 가진다"고 규정하는데, 이는 모델중재법에는 없는 조항이다. 제35조는 내국중재판정에 관한 조항이므로[44] 내국중재판정의 기판력의 범위는 우리 법원판결의 그것과 동일하다.[45] 반면에 외국중재판정에 대하여는 제35

---

42) 이호원(註 38), 266면. 하용득, "仲裁法의 改正經過 및 主要內容," 중재 제295호(2000 봄), 23면을 인용한다. 목영준, 240면 주 3은 중재법 제37조 제1항은 중재당사자로 하여금 독립된 승인판결을 받을 수 있게 한 것이라고 하나, 문제는 위에서 지적한 바와 같이 문면상으로는 항상 승인판결을 받도록 되어 있다는 점이다. 만일 제37조 제1항이 승인판결을 받을 수 있게 한 것이라면, 집행의 경우도 반드시 집행판결을 받아야 하는 것이 아니라 집행판결을 받을 수 있게 한 것이라는 말인지 되묻고 싶다.

43) van den Berg, p. 244. 우리나라에서는 중재판정의 기판력에 관한 논의는 매우 부족한데, 주석중재법/손용근 · 이호원, 179면 이하가 비교적 상세하다. 목영준, 196면 이하도 참조. 중재판정의 경우 판결의 기판력에 관한 논의가 대체로 타당하지만 동일한 것은 아니다(특히 주관적 범위의 경우). 독일의 논의는 우선 Stein/Jonas/Schlosser, Kommentar zur Zivilprozessordnung 22. Auflage Band 9 (Ⅱ/2002), § 1055 Rn. 10ff. 참조. 일본 문헌은 위 주석중재법/손용근 · 이호원, 175면 이하 참조.

44) 이는 중재법의 적용범위를 정한 중재법 제2조 제1항으로부터 명백하다.

45) 목영준, 196면; 조대연, "중재합의와 중재판정에 관한 소고," 중재연구 제14권 제1호

조가 적용되지 않으며, 외국중재판정의 효력은 제37조 이하에 의해 규율된다. 우리 중재법의 해석상 외국중재판정의 기판력의 범위에 관하여는, 외국판결의 경우처럼 중재판정지국의 법에 의할 것이라는 견해, 승인국의 법에 의할 것이라는 견해와, 판정지국의 법을 원칙으로 하되 승인국의 법에 의한 제한을 인정할 것이라는 견해 등이 주장될 수 있다.[46)]

3. 외국중재판정의 집행

위에서 본 바와 같이 우리 중재법(제37조 제1항)은 중재판정의 집행은 법원의 집행판결에 의한다고 규정할 뿐이고 더 이상 상세히 규정하지 않는다. 여기에서 집행판결청구의 소의 법적 성질, 집행판결의 요건과 절차 등이 문제되는데, 이는 외국판결에 기초한 집행판결청구의 소와 마찬가지로 민사집행법에 의하여 규율되지만, 중재법이 특칙을 두고 있는 범위 내에서는 그것이 민사집행법에 우선하여 적용된다. 또한 집행판결에 기초한 강제집행절차에 대하여는 민사집행법에 따른 통상의 강제집행에 관한 원칙이 적용된다.

가. 집행판결을 구하는 소의 법적 성질[47)]

집행판결청구의 소의 법적 성질에 관하여는 종래 이행소송설, 확인소송

(2004. 8.), 292면. 목영준, 196면은 나아가 기판력의 본질 내지는 효과에 관하여도 우리 법원의 확정판결의 경우와 동일하게 본다. 따라서 외국중재판정에서 진 당사자가 소를 제기하는 경우 모순금지의 원칙에 따라 청구가 기각되고, 반면에 이긴 당사자가 소를 제기하는 경우 소의 이익이 없다는 이유로 각하할 것이라고 한다. 하지만 이는 내국중재판정을 염두에 둔 것으로 보이고, 외국중재판정도 동일하게 보는 것은 아닐 것이다.

46) Peter Schlosser, Das Recht der Internationalen Privaten Schiedsgerichtsbarkeit 2. Auflage (1989), Rn. 903. 이는 외국판결의 승인의 경우에도 동일하게 제기되는 문제이다. 석광현, "民事 및 商事事件에서의 外國裁判의 承認 및 執行," 국제사법과 국제소송 제1권(2001), 338면 이하 참조. 이호원(註 38), 265면은 중재판정의 승인은 법원이 중재판정(외국중재판정을 말하는 것으로 보인다)에 우리 법원의 확정판결과 같은 효력을 확인하여 주는 것이라고 하여 마치 승인국법을 따르는 것처럼 보인다. 참고로 일본 중재법(제45조 제1항 본문)은 중재지가 일본 내에 있는지 여부를 묻지 않고 중재판정은 확정판결과 동일한 효력을 가진다고 규정함으로써 외국 중재판정에 대하여도 일본의 확정판결과 동일한 효력을 부여하는 것처럼 보인다.

47) 집행판결에 관한 논의는 석광현(註 46), 346면 이하; 이호원(註 38), 263면 이하; 주석중재법/이호원, 234면 이하; 주석 민사집행법(II), 108면 이하 참조. 특히 주석 민사집행법(Ⅱ)은 일본의 짧은 글들까지 인용하는 정성을 보여주고 있으나, 저자가 여러 곳에 발표하였고 국제사법과 국제소송 제1권(2001), 259-433면에 수록한 외국판결의 승인 및 집행에 관한 논문들은 그 존재도 알지 못하는 것 같아 유감이다.

설과 형성소송설이 나뉘고 있다.[48] 독일에서는 형성소송이 통설이지만 우리나라에서는 확인소송설과 형성소송설이 유력하다. 확인소송설은 외국중재판정(또는 외국판결)이 본래 가지는 집행력의 존재를 확인하는 것이라고 보나, 형성소송설은 본래 집행력을 가지지 아니하는 외국중재판정(또는 외국판결)에 대해 국내에서 새로이 집행력을 부여하는 소송상 형성소송이라고 본다.[49] 사견으로는 외국에서 집행력을 가지는 외국중재판정(또는 외국판결)이 한국에서 승인되더라도 그 집행력은 기판력과 달리 한국 내에까지 당연히 확장되는 것이 아니라 우리 법원의 집행판결에 의해 비로소 부여된다고 보므로 형성소송설이 타당하다. 만일 집행판결이 확인판결이라면 외국중재판정(또는 외국판결)에서 이긴 신청인은 굳이 집행판결을 받을 필요 없이 집행기관에 외국중재판정(또는 외국판결)을 제출하고 집행을 요구할 수 있어야 할 것이다. 그러나 입법자가 승인과 집행을 준별하고, 외국중재판정을 집행하기 위하여는 반드시 별도의 소를 제기하고 집행판결을 받도록 한 것은 바로 형성소송설의 근거라고 할 수 있다.

민사집행법상 강제집행을 하기 위해서는 근거가 되는 권리의 존재와 범위를 밝힌 공적인 증서인 집행권원(Volstreckungstitle, Schuldtitel)[50]이 필요한데, 집행판결을 형성판결로 본다면 집행판결의 주문에 집행할 청구권이 표시되어 있는 한 우리 법원의 집행판결만이 집행권원이라고 보는 것이 논리적이다. 따라서 그에 기초한 강제집행은 우리 법상의 집행권원에 인정되는 강제집행방법에 의해서만 가능하다. 그러나 우리 다수설은 집행판결청구의 소의 법적 성질에 관계없이 외국중재판정(또는 외국판결)만으로는 집행력이 현재화되지 않고, 집행판결은 집행의 기본인 청구권의 존부와 범위를 확정하는 것은 아니므로 집행판결과 그 근거인 외국중재판정(또는 외국판결)이 일체로서 집행권원이 된다고 본다.[51] 이러한 논리에 따르면 외국판결(외국중재판정)과 집행판결이 결합된 것이 집행권원이 된다. 집행판결은 가집행선고가 있거나, 확정되어야 집행권원이 되고, 실무상 집행문이 부여되어야 집행을 할 수

48) 이시윤, 신민사집행법(2004), 103면과 이호원(註 38), 266면은 그 밖에도 확인기능과 형성기능을 함께 갖는 판결을 구하는 것이라는 일본의 구제소송설도 소개한다. 확인소송설을 취하는 견해로는 예컨대 박상조 · 주기종 · 윤종진, 국제상사중재법론(1997), 535면.

49) 이시윤(註 48), 103면.

50) 과거에는 '채무명의'라 하였으나 민사집행법에서는 독일의 원문에 충실하게 '집행권원'으로 수정하였다고 한다. 이시윤(註 48), 89면.

51) 주석 민사집행법(Ⅱ), 135면; 이호원(註 38), 277-278면.

있다.[52)]

나. 집행판결의 요건과 절차

집행판결절차는 강제집행절차가 아니고 특별한 종류의 판결절차이다. 따라서 그에 의해 아직 강제집행이 개시되는 것이 아니다. 그러나 외국중재판정에 기초한 집행판결청구의 소의 토지관할에 관하여는 중재법이 특칙을 두고 있으므로 민사집행법이 아니라 중재법에 따른다. 즉 중재법(제7조 제4항)에 따르면 중재판정의 승인과 집행청구의 소는 ① 중재합의에서 지정한 법원,[53)] ② 중재지를 관할하는 법원, ③ 피고 소유의 재산소재지를 관할하는 법원과 ④ 피고의 주소 또는 영업소,[54)] 이를 알 수 없는 경우에는 거소, 거소도 알 수 없는 경우에는 최후로 알려진 주소 또는 영업소를 관할하는 법원이 관할한다. 중재인의 선정과 중재인의 기피신청에 대한 법원의 기피결정 등에 관한 관할을 정한 제7조 제1항의 관할은 단계적(또는 보충적)인 데 반하여, 제7조 제4항에 규정된 중재판정의 승인과 집행청구의 소에 관한 관할은 선택적이므로 원고는 소송의 편의 등 여러 가지 사정을 고려하여 위 4가지 관할법원 중 하나를 선택하여 소를 제기할 수 있다.[55)]

외국판결에 기초한 집행판결청구의 소는 원칙적으로 채무자의 보통재판적 소재지의 지방법원이 관할하고, 보통재판적이 없는 때에 보충적으로 재산소재지의 법원이 관할하며 이는 전속관할인 데 반하여,[56)] 외국중재판정에 대한 집행판결청구의 소의 경우 위 4가지 관할법원이 선택적이라는 점에 차이가 있다. 4가지 관할법원 중 ①과 ②는 내국중재판정의 경우 의미가 있고, 외국중재판정의 경우에는 ③과 ④가 주로 적용될 것이다.

외국중재판정의 집행을 어떠한 형식의 재판으로 할지는 입법정책의 문제

---

52) 그러나 이론적으로 집행문은 불필요하다는 견해도 있다. 목영준, 250면.

53) 여기에서 말하는 법원이라 함은 지방법원과 지원을 말한다(제7조 제1항).

54) ④항의 취지는 보통재판적 소재지의 법원이 관할을 가지도록 하려는 것으로 생각된다. 그렇다면, '영업소'가 아니라 '주된 영업소'라고 하는 편이 적절했을 것이다. 독일 민사소송법은 '본거 또는 상거소'라고 규정한다. 제1062조 제2항. 중재법이 명문으로 영업소라고 하므로 이를 주된 영업소로 제한하여 해석하기는 어려울 것이다. 영업소는 대개 재산소재지일 것이다.

55) 목영준, 267면.

56) 외국판결에 기초한 집행판결청구의 소는 원칙상 채무자의 보통재판적이 있는 곳의 지방법원이 관할하고, 보통재판적이 없는 때에는 민사소송법 제11조의 규정에 따라 재산소재지의 법원이 관할하며, 이는 전속관할이다(민사집행법 제26조 제2항, 제21조).

인데 우리 중재법은 구 중재법과 마찬가지로 집행판결에 의할 것을 규정하므로 법원은 변론을 거친 판결의 형식을 취하여야 한다. 중재법의 개정과정에서 절차를 좀더 단순하게 하고자 결정의 형식으로 하자는 견해도 있었지만 결정으로 하면 '결정의 집행력' 문제를 어떻게 처리할지의 문제가 발생하고, 또한 결정에는 기판력이 없으므로 또 다른 문제를 야기할 소지가 있으며, 판결로 하더라도 실무상 결정으로 하는 경우와 별다른 차이가 없다는 점을 고려하여 판결의 형식을 취하였다고 한다.[57] 참고로 일본의 개정 중재법(제46조)은 집행결정의 형식을 취한다.

다. 집행판결을 구하는 소의 법적 성질에 관한 대상판결의 판단과 그에 대한 평가

대상판결은 집행판결의 법적 성질, 나아가 집행판결청구의 소의 법적 성질에 관하여 대법원의 태도를 엿볼 수 있는 판단을 하였다. 즉 대상판결은 "… 집행판결은 외국중재판정에 대하여 집행력을 부여하여 우리나라 법률상의 강제집행절차로 나아갈 수 있도록 허용하는 것으로서 그 변론종결시를 기준으로 하여 집행력의 유무를 판단하는 재판이므로"라고 판시하였다(밑줄은 저자가 추가함). 문제는 앞의 밑줄 친 부분은 집행판결에 의하여 새로이 집행력을 부여하는 것처럼 본 점에서 형성판결설을 취한 것으로 보이나, 뒤의 밑줄 친 부분은 이미 존재하는 집행력의 유무를 판단하는 재판이라고 함으로써 마치 확인판결을 취한 듯한 인상을 준다. 대상판결이 이처럼 상충되는 듯한 설시를 한 것이 집행판결의 법적 성질에 대한 무관심에서 비롯된 것인지, 아니면 다른 뜻을 담고 있는 것인지는 짐작하기 어렵다. 어쨌든 형성판결설을 취하는 저자는, 대상판결이 후자를 "… 그 변론종결시를 기준으로 하여 집행력을 부여할지를 판단하는 재판이므로"라고 설시했더라면 좋았을 것으로 생각한다.

원심판결은 "집행판결은 외국중재판정의 전부에 대하여 집행력을 부여하는 형성판결이므로"라고 판시하여 집행판결이 형성판결임을 명확히 판시하였다.

---

57) 하용득(註 42), 23면.

Ⅲ. 외국중재판정의 승인 및 집행과 청구이의사유

1. 논점의 정리

청구이의의 소(Vollstreckungsgegenklage, Vollstreckungsabwehrklage)라 함은, 강제집행에서 집행권원에 표시되어 있는 청구권의 존부 및 내용 등에 관한 실체법상의 원인을 이유로 하여 판결기관에 대하여 그 집행권원의 집행력을 배제하는 선언을 구하는 소를 말한다(민사집행법 제44조).[58] 청구이의의 소의 성질에 관하여는 견해가 나뉘나 집행법상의 집행력의 배제를 구하는 소송상의 형성소송설이 종래의 통설이다.[59] 아래에서는 외국중재판정의 승인 및 집행과 청구이의의 소의 관계에서 제기되는 다음의 논점들을 차례로 검토한다.

첫째, 우리나라에서 뉴욕협약이 적용되는 외국중재판정에 기초한 집행판결을 구하는 소송에서 피고가 청구이의사유를 주장할 수 있는지. 이는 집행판결청구의 소와 청구이의의 소의 관계의 문제이다(아래 2.).

둘째, 집행판결청구의 소에서 피고가 주장할 수 있는 청구이의사유. 이에는 청구이의사유의 시적 제한과 공서위반이 되는 사유와의 관계가 문제된다(아래 3.).

셋째, 청구이의사유의 주장과 실질재심사 금지의 원칙의 관계(아래 4.)

넷째, 청구이의사유의 주장과 외국중재판정의 기판력의 관계(아래 5.)

마지막으로 위 논점에 대한 대상판결의 판단을 살펴보고 그에 대한 평가를 한다(아래 6.).

2. 집행판결청구의 소와 청구이의의 소의 관계

우리 민사집행법상 청구이의사유는 특정의 집행권원에 있어서 그 집행력의 배제를 구할 이유가 될 사실, 또는 집행권원에 표시된 청구권의 전부 또

58) 이시윤(註 48), 158면; 주석 민사집행법(Ⅱ), 222면.

59) 이시윤(註 48), 158면; 주석 민사집행법(Ⅱ), 224면. 일본에는 그 밖에도 구제소송설, 신형성소송설과 명령소송설이 있다고 한다. 주석 민사집행법(Ⅱ), 226-227면.

는 일부를 소멸하게 하고 영구적으로 또는 일시적으로 이를 실효하게 하는 사유이다.[60] 그런데 이 사건에서처럼 원고가 외국중재판정에 기하여 집행판결을 구하는 소송에서 피고가 집행을 배제하기 위하여 그 외국중재판정의 선고 후에, 보다 엄밀하게는 외국중재판정의 효력의 표준시 후에 행해진 채무자의 변제, 상계 등과 같은 청구이의사유를 항변으로 주장할 수 있는가가 문제된다. 외국중재판정이 내려진 후에 채무자가 채무를 일부 변제하였다면, 중재판정이 지급을 명한 금액 전부에 대하여 강제집행을 허용하는 것은 부당한데, 뉴욕협약은 승인거부사유를 제한적으로 열거하고 있고, 또한 우리 민사집행법은 집행판결청구의 소와 청구이의의 소를 별개의 제도로 규정하고 있으므로, 청구이의사유를 항변으로 주장할 수 없다는 견해(부정설, 소극설 또는 청구이의설)와 주장할 수 있다는 견해(긍정설, 적극설 또는 항변설)가 나뉜다. 이는 집행판결청구의 소와 청구이의의 소의 관계에 관한 문제이다.

부정설은 집행판결의 경우 집행법원은 중재판정의 형식적 요건만을 심사한다는 점에서 또한 집행판결은 중재판정의 전부에 대하여 집행력을 부여하는 형성판결이므로 그 일부분에 대해서만 집행판결을 허가할 수는 없으므로 청구이의사유를 주장할 수 없다거나,[61] 민사집행법이 청구이의의 소와 집행판결을 구하는 소를 별도로 규정하고 있으므로 집행판결을 구하는 소에서는 이를 주장할 수 없고 기판력의 표준시 이후의 사유를 주장하기 위해서는 별도로 청구이의의 소를 제기해야 하고, 나아가 집행법원은 중재판정의 실질을 재심사할 수 없으므로 집행판결청구의 소에서는 청구이의사유를 주장할 수 없다고 본다. 또한 위에서 본 바와 같이 집행판결의 성질을 우리 법원이 외국의 집행권원에 대하여 집행력을 부여하는 형성판결로 본다면 아직 집행력이 부여되지 않은 외국중재판정에 대하여 집행력을 배제하는 것은 논리적으로 불가능하다고 주장할 여지도 있다. 부정설에 따르면 결국 집행판결청구의 소의 단계에서는 일단 원고 승소판결을 하고 피고는 별도로 청구이의의 소를 제기하여 집행력의 배제를 구해야 한다는 것이 된다.

그러나 집행판결은 집행판결청구의 소를 재판하는 법원이 현재를 기준으로 집행력의 부여 여부를 판단할 것이지 과거의 중재판정 당시를 기준으로

60) 이시윤(註 48), 162면; 주석 민사집행법(Ⅱ), 234면. 상세는 주석 민사집행법(Ⅱ), 234면 이하 참조.

61) 조연호, "뉴욕협약하의 外國仲裁判定의 승인과 집행 —미국과 한국에의 적용사례를 중심으로—," 외국사법연수논집[7], 재판자료 제47집(1989), 428면.

집행력을 부여할 것이 아니고, 집행판결을 구하는 소송에서 법원은 외국중재판정의 당부를 조사할 수 없지만, 외국중재판정의 기판력의 표준시 후에 발생한 사유까지 조사할 수 없는 것은 아니며, 또한 이를 허용하는 것이 분쟁의 일회적 해결이라는 소송경제적인 측면에서 보더라도 바람직하므로 중재판정 이후의 채무의 변제 또는 상계 등을 주장하여 집행력의 배제를 구할 수 있다고 보는 긍정설이 다수설[62]이고 또한 타당하다.

이처럼 집행판결청구의 소에서 피고가 청구이의사유를 주장할 수 있다고 볼 경우, 피고가 청구이의사유를 주장할 수 있었음에도 불구하고 주장하지 않았다면 집행판결의 기판력에 의하여 차단되는 결과 그 후에는 그러한 청구이의사유를 소송상 주장할 수 없고, 다만 집행판결이 있은 뒤에 집행판결청구의 소의 사실심 변론종결 후에 발생한 청구이의사유가 있으면 이를 기초로 청구이의의 소를 제기할 수 있다고 보는 것이 논리적이다.[63] 또한 청구이의의 소는 집행권원의 존재를 전제로 하므로 집행판결청구의 소가 제기되지 않은 상태에서 외국중재판정에서 진 피신청인이 우리나라에서 집행력의 배제를 목적으로 하는 청구이의의 소를 제기하는 것은 허용되지 않고,[64] 또한 집행판결청구의 소가 계속중 피신청인이 별개의 소로 청구이의의 소를 제기하는 것도 허용되지 않는다.[65]

이와 관련하여 여러 가지 의문이 제기되는데 그에 대한 해답은 위와 같은 기본적인 인식으로부터 도출된다. 이를 차례로 논의한다.

---

62) 조재연, "외국중재판정에 대한 집행판결: 뉴욕협약을 중심으로," 사법연구자료 11집 (1984), 188면; 이호원(註 11), 705면; 주석중재법/이호원, 240면; 손경한, "외국판결 및 중재판정의 승인과 집행," 국제거래법연구, 170-171면; 이시윤(註 48), 107-108면도 동지. 외국판결의 승인 및 집행에서도 동일한 문제가 있는데 그 경우에도 긍정설이 다수설이다. 석광현(註 46), 350면; 주석 민사집행법(Ⅱ), 122면; Martin Wolff, Handbuch des Internationalen Zivilverfahrensrecht IZVR Band III/2 Kap. Ⅳ(1984), Rz. 90도 동지. 외국판결에 대한 집행판결사건에서 청구이의사유를 항변으로 주장할 수 있다고 한 일본 하급심의 판결도 있다. 장상균(註 2), 120면.

63) 이호원(註 38), 273면; 주석중재법/이호원, 240면. 주석 민사집행법(Ⅱ), 122면. 그러나 주석중재법/손용근 · 이호원, 187면은 논란의 여지가 있다고 한다. 외국판결의 집행의 경우도 동일하다. 석광현(註 46), 350-351면. 다만 피신청인의 자동채권에 대하여 외국중재판정의 중재인의 권한이 미치지 않아 상계에 대해 판단할 수 없었던 경우 상계의 항변은 그런 표준시에 의하여 차단되지 않는다. Geimer(註 31), Rz. 3906. 그 밖에도 판결의 기판력의 실권효(차단효)의 예외에 관한 논의가 여기에서도 가능하다.

64) 주석 민사집행법(Ⅱ), 233면도 동지.

65) 주석 민사집행법(Ⅱ), 122면도 동지.

3. 집행판결청구의 소에서 피고가 주장할 수 있는 청구이의사유

가. 시적 제한

우리 민사집행법상 청구이의사유에 대하여는 시적 제한이 있다. 즉 청구이의사유는 사실심의 변론이 종결된 뒤(변론 없이 한 판결의 경우에는 판결이 선고된 뒤)에 생긴 것이어야 한다(민사집행법 제44조 제2항). 이처럼 피고가 주장할 수 있는 청구이의사유는 사실심의 변론종결 후에 발생한 사유에 한정되는데 이는 외국판결에 기초한 집행판결절차에서 청구이의사유를 주장하는 경우에도 적용된다.66) 다만 이 사건은 외국법원의 판결이 아니라 외국중재판정에 기초한 집행판결절차이므로 우리 민사소송법의 원칙을 적용할 것이 아니라 베트남의 중재법을 검토하여 이 사건 중재판정의 기판력의 표준시를 확인하여야 할 것이다.67) 그 이전에 발생한 사유는 청구이의사유로 주장할 수 없고 승인거부사유에 해당하는지만이 문제될 수 있다.

나. 공서위반이 되는 사유와의 관계

이처럼 집행판결청구의 소에서 청구이의사유를 주장할 수 있다고 본다면 결국 집행판결청구의 소와 청구이의의 소를 묶어서 처리하는 셈이므로 여기에서도 통상의 청구이의의 소에서와 마찬가지로 외국중재판정 이후에 발생한 민사집행법상의 모든 청구이의사유를 주장할 수 있어야 하며, 이를 뉴욕협약상의 승인거부사유에 한정할 이유가 없다.68) 만일 이를 승인거부사유에 한정한다면 채무가 이미 소멸하였음에도 불구하고, 공서위반이 되지 않는 경우에는 집행판결을 해줘야 한다는 부당한 결론이 된다. 즉 청구이의사유가 있음을 이유로 집행판결청구의 소를 기각하는 것은 외국중재판정의 승인거부사유가 있기 때문이 아니라 기판력의 표준시 후에 발생한 청구이의사유로 인하여 집행력을 부여하지 않는 것이며, 또한 청구이의의 소를 인용하는 판결처럼

---

66) Wolff(註 62), Rz. 96도 동지.

67) 외국판결에 관한 것이기는 하나 독일에는 독일 민사소송법의 원칙을 적용할 것이 아니라 좀더 유연할 필요가 있다는 견해가 있다. 예컨대 외국법상 이의사유의 주장이 사후의 절차에 유보된 경우 또는 외국법원이 관할이 없다고 판단하는 사유에 대해서는 독일에서 주장할 수 있다고 한다. Wolff(註 62), Rz. 97.

68) 그러나 채동헌(註 2), 119면은 원심판결이 청구이의사유를 일반적으로 뉴욕협약상 집행판결의 거부사유로 인정한 것은 아니라는 점을 주의해야 한다고 지적한다.

이미 존재하는 집행력을 배제하는 것은 아니다.[69]

만일 공서위반이 되는 사유에 한정한다면, 집행판결청구의 소에서 청구이의사유를 주장할 수 있는지를 논의할 필요가 없이 공서위반의 문제로 해결하면 족하고 또한 그렇게 해야만 하므로, 청구이의사유를 주장할 수 있는가라는 문제 제기 자체가 불필요하고, 오히려 청구이의사유는 주장할 수 없다는 결론이 된다. 물론 청구이의사유는 외국중재판정의 효력의 표준시 후의 사유에 한정된다. 그 전의 사유를 근거로 집행을 배제하는 것은 원칙적으로 허용되지 않는다. 위에서 본 바와 같이 우리나라에서도 외국판결에 기초한 집행판결절차에서는 공서위반인가에 관계없이 청구이의사유를 주장할 수 있다고 보는데, 외국중재판정에 기초한 집행판결절차라고 하여 그와 달리 볼 이유가 없다. 실질재심사금지의 원칙은 양자에 공히 적용되기 때문이다.[70]

집행판결청구의 소의 경우 뉴욕협약이 적용되는 외국중재판정이 승인요건을 갖추지 아니한 때는 우리 법원은 소를 각하하여야 하는지 아니면 청구기각을 하여야 하는지에 관하여는 견해가 나뉜다.[71] 그러나 집행판결청구의 소에서 청구이의사유가 존재하는 때에는 청구를 기각하는 것이 타당하다.[72] 이 사건에서 원심판결도 원고의 청구를 일부 기각하였다.

4. 청구이의사유의 주장과 실질재심사 금지의 원칙의 관계

위에서 언급한 바와 같이 우리 법원은 원칙적으로 외국중재판정에 기초

69) 우리 법원이 청구이의사유의 존재를 이유로 집행판결청구의 소에서 청구를 기각할 경우 외국중재판정의 기판력은 어떻게 되는가. 청구이의의 소는 기판력에는 영향을 미치지 아니하는데, 기판력은 시적 범위에 의하여 제한되므로 표준시 후의 사유를 들어 채무가 소멸하였음을 주장하는 것은 기판력에 저촉되지 않는다. 이 사건에서 만일 원고가 승인요건의 구비의 확인을 구하는 소를 제기하였거나, 다른 사건에서 기판력의 존부가 선결문제로 다투어졌다면 우리 법원은 이 사건 중재판정 후의 사유를 들어 기판력에 저촉됨이 없이 채무의 소멸 여부를 판단할 수 있다. 그러나 대상판결의 논리를 따른다면 공서위반에 되는 경우에만 기판력에 저촉되지 않는다고 볼 것이다.

70) Geimer(註 31), Rz. 3906은 이 점을 분명히 지적한다. 나아가 Geimer(註 31), Rz. 3909 이하에서는 공서위반을 별개의 승인거부사유로 논의한다. 장상균(註 2), 119-120면도 외국중재판정에 대한 집행판결에서 청구이의사유를 항변으로 주장할 수 있다고 보는 우리의 다수설이 공서위반의 개념에 포섭시켜 그 적용 문제를 논의한 것은 아님을 인정하고 있다.

71) 이호원(註 38), 276면; 주석중재법/이호원, 242면은 뉴욕협약상 승인거부사유가 있는 때에는 청구를 기각할 것이라고 한다. 외국판결에 기초한 집행판결청구의 경우에 관한 일본 학설은 주석 민사집행법(Ⅱ), 123면 주 53 참조.

72) Wolff(註 62), Rz. 99도 동지.

한 집행판결을 함에 있어서 실질재심사를 할 수 없지만, 승인거부사유의 유무를 판단하기 위하여 필요한 범위 내에서는 실질재심사를 할 수 있다. 따라서 원심판결이 "… 집행판결의 경우 집행법원은 중재판정의 형식적 요건만을 심사한다"[73]고 판시한 것은 적절하지 않다. 우선 형식적 요건이 무엇을 말하는지도 애매하거니와, 집행법원은 승인거부사유의 유무를 판단하기 위하여 필요한 범위 내에서는 중재판정의 내용 또는 실질적 요건도 심사할 수 있기 때문이다. 예컨대 중재판정의 승인이 실체적 공서위반이 되는지를 판단하는 경우 그러하다.

그런데 이 사건에서 피고는 청구이의사유의 존재를 주장하는데 청구이의사유의 존부를 심사하는 것은 실질재심사 금지의 원칙에 저촉되지 아니한다. 즉 통상적인 집행판결을 구하는 소송에서 실질재심사 금지의 원칙이 적용되는 범위는 외국중재판정의 효력이 미치는 범위에 한정된다. 따라서 외국중재판정의 효력의 표준시 후에 발생한 사유, 즉 청구이의사유를 주장하는 경우 그에 관한 실질재심사는 제한되지 않는다. 그러한 청구이의사유는 외국중재판정에 의하여도 차단되지 않기 때문이다.[74] 따라서 우리 법원은 청구이의사유가 근거가 있는지를 판단하기 위하여 사실관계를 조사할 수도 있다.

원심판결은 이를 위하여 매매계약의 준거법이 베트남법이라고 판단하고[75] 동 법상 피고가 채무를 이행하였는가를 판단하였으나, 대상판결은 원심판결의 결론을 배척하였다.

5. 청구이의사유의 주장과 외국중재판정의 기판력의 관계

위에서 본 바와 같이 뉴욕협약이 적용되는 외국중재판정은 승인거부사유가 없으면 우리나라에서 기판력 등의 효력을 가지지만, 다만 집행력은 우리 법원의 집행판결에 의하여 비로소 부여된다. 우리 법원이 집행판결청구의 소에서 청구이의사유를 판단하는 것은 외국중재판정의 기판력에 저촉되는가가 문제되나, 우리 중재판정의 기판력은 시적 범위가 제한되는데, 이는 외국중재

73) 조연호(註 61), 428면도 이런 견해를 취한다.

74) 외국판결에 관하여는 Geimer(註 31), Rz. 3146; Wolff(註 62), Rz. 98. 외국중재판정에 관하여 Geimer(註 31), Rz. 3906은 이 점을 명확히 지적한다.

75) 집행판결청구의 소에서 청구이의사유에 대해 판단하는 경우 그의 준거법은 법정지법인 한국의 국제사법에 따라야 할 것이다.

판정의 경우도 마찬가지이므로 기판력의 표준시 후에 발생한 청구이의사유를 심사하는 것은 문제가 없다. 이 경우 기판력의 표준시는 이 사건 중재판정을 내린 베트남법에 따를 사항이다. 반면에 만일 기판력의 표준시 전의 사유라면 기판력과의 관계가 문제된다. 그런데 위에서 본 바와 같이 우리 법원은 승인거부사유의 유무를 판단하기 위하여 필요한 범위 내에서는 실질재심사를 할 수 있는데, 그 결과 승인거부사유가 존재한다면 외국중재판정의 기판력은 부정되므로 기판력에 저촉되는가의 문제는 제기되지 않는다.

6. 대상판결의 판단과 그에 대한 평가

가. 대상판결의 판단과 그에 대한 비판

대상판결은 "…중재판정의 성립 이후 채무의 소멸과 같은 집행법상 청구이의의 사유가 발생하여 중재판정문에 터잡아 강제집행절차를 밟아 나가도록 허용하는 것이 우리 법의 기본적 원리에 반한다는 사정이 집행재판의 변론과정에서 드러난 경우에는, 법원은 뉴욕협약 제5조 제2항 (나)호의 공공질서 위반에 해당하는 것으로 보아 그 중재판정의 집행을 거부할 수 있다 할 것이다. 이와 같이 해석하는 것이 집행판결의 확정 이후에 별도의 청구이의 소송을 통하여 다투도록 하는 것보다 소송경제에 부합할 뿐만 아니라, 변론을 거친 판결의 형식에 의하여 집행판결을 하도록 정한 우리 법제에 비추어 타당하기 때문이다"라고 판시하여 청구이의사유를 뉴욕협약 제5조 제2항 (나)호의 공공질서 위반에 해당하는 것으로 보아 중재판정의 승인거부사유로 인정하였다.

대상판결이 소송경제와 집행판결 제도의 취지를 고려하여 집행판결청구의 소의 단계에서 피고가 청구이의사유를 주장하여 집행을 막을 수 있다고 판단한 결론은 위의 논의에 비추어 타당하다. 반면에 그 근거를 공서위반에서 구한 것에 대하여는 이를 지지하는 견해도 있지만[76] 저자는 이에 찬성하지 않는다. 대상판결이 그 근거를 공서위반에서 구한 것은 아마도, 위 사건에서 청구이의사유가 있음에도 불구하고 외국중재판정이 지급을 명한 금액 전액에 대해 집행판결을 허용하는 것은 명백히 부당한데, 한편 뉴욕협약의 승인거부사유는 제한적인 것이므로 공서위반이 되지 않는다면 달리 승인을 거

---

76) 장상균(註 2), 124면; 채동헌(註 2), 118면 이하; 이시윤(註 48), 109면도 대상판결을 따른다.

부할 근거가 없다고 생각했기 때문이 아닌가 짐작된다. 물론 이를 공서위반으로 설명하는 것도 전혀 불가능한 것은 아니겠지만 그 경우 과연 국제적 공서위반이 되는지를 판단해야 하는 까다로운 문제가 제기된다.

그러나 만일 청구이의사유를 주장할 수 없다면 우리 법원으로서는 일단 집행판결을 선고한 뒤에 피고가 청구이의의 소를 제기하는 것을 기다려 이를 인용해야 하는데, 그 경우 집행판결청구의 소의 단계에서는 승인거부사유가 제한됨은 물론이지만, 청구이의의 소의 단계에서는 그러한 제한을 받지 않는다. 그런데 집행판결청구의 소의 단계에서 청구이의사유를 주장할 수 있다면 결국 집행판결청구의 소와 청구이의의 소를 사실상 묶어서 처리하는 셈이므로, 논리적으로는 원래 청구이의사유로 주장할 수 있던 사유라면 집행판결청구의 소에서도 주장할 수 있어야 한다. 따라서 대상판결처럼 이를 공서위반으로 설명할 것이 아니라 청구이의사유를 근거로 설명하여야 할 것이다.

나. 대상판결의 판단과 저자의 견해의 차이

대상판결에 따르면 청구이의사유는 원칙적으로 집행판결을 거부할 사유가 되지 않고 다만 그것이 뉴욕협약상 공서위반이 되는 경우에 한하여 집행판결청구의 소에서 청구를 기각할 근거가 되나, 저자의 견해에 따르면 민사집행법상의 청구이의사유는 모두 원고의 청구를 기각할 근거가 된다. 즉 사견에 따르면 (만일 근거가 있다고 가정할 경우) 이 사건에서 원고의 청구를 기각하는 근거는 청구이의사유가 있기 때문이지 뉴욕협약상의 공서위반이 있기 때문이 아니다. 물론 사견에 따르더라도 청구이의사유가 있는 경우 예외적으로 공서위반이 될 가능성을 완전히 부인하는 것은 아니다.

대상판결에 따르면 과연 집행법상 청구이의사유가 발생한 경우 중재판정문에 터잡은 강제집행이 항상 우리 법의 공서에 반하는 것은 아니고 구체적인 사안에서 공서위반이 되는지를 사안별로 판단하여야 하지만,[77] 사견에 따

---

77) 이러한 판단의 기준으로 원심판결에 관여한 채동헌(註 2), 118면 이하는, 이미 소멸된 채권에 기하여 얻은 확정판결을 집행권원으로 하는 강제집행은 허용되지 않는다는 대법원 1984. 7. 24. 선고 84다카572 판결을 인용하면서, 확정판결의 내용이 실체적 권리관계에 배치되는 경우 그 판결에 의하여 확정된 권리의 성질과 내용, 판결의 성립 경위 및 판결 성립 후 집행에 이르기까지의 사정, 그 집행이 당사자에게 미치는 영향 등 제반 사정을 종합하여 볼 때, 그 확정판결에 기초한 집행이 현저히 부당하고 상대방으로 하여금 집행을 수인하도록 하는 것이 정의에 반함이 명백하여 사회생활상 용인할 수 없다고 인정되는 경우에는 그 집행은 권리남용으로서 허용되지 않고, 외국중재판정의 경우에도 그 내용에 따

르면 청구이의사유가 있으면 족하고, 그것이 공서위반이 되는지는 문제되지 않는다. 물론 사견에 따르면 청구이의사유는 외국중재판정의 효력의 기준 시점 이후의 사유에 한정된다. 이처럼 제한한다면 청구이의사유의 판단은 외국중재판정의 기판력에 저촉되지 않으며, 나아가 실질재심사 금지의 원칙에 저촉되지 아니한다. 요컨대 이렇게 보는 근거는 이는 집행판결청구의 소의 절차 내에서 청구이의사유를 주장할 수 있다고 보기 때문이다.[78] 즉 그 경우 법원으로서는 승인거부사유가 존재하는지와 청구이의사유가 존재하는지를 모두 심사하게 된다. 위에서 언급한 바와 같이 원심판결이 청구이의사유를 일반적으로 뉴욕협약상 집행판결의 거부사유로 인정한 것은 아니라는 점을 주의해야 한다고 견해도 있는데,[79] 물론 청구이의사유가 뉴욕협약상 승인거부사유가 되는 것이 아님은 당연한 것이지만, 청구이의사유는 그 자체로서 의미가 있다.

다. 대상판결의 이론구성은 틀린 것인가

다음으로 이 사건에서와 같이 외국중재판정의 성립 이후 채무의 소멸과 같은 청구이의사유가 발생하여 외국중재판정이 실체적 권리관계에 부합하지 않게 된 경우 중재판정에 기초한 강제집행을 허용하는 것이 공서위반이 되는가의 문제를 검토할 필요가 있다. 저자와 같이 청구이의사유를 근거로 집행판결을 거부할 수 있다고 본다면 굳이 공서위반을 따질 필요가 없지만, 그렇더라도 위 논점의 검토가 무의미한 것은 아닌데, 이는 공서위반을 근거로 집행판결을 거부한 대상판결의 이론구성은 틀린 것인가라는 문제이다. 이 점에 관하여 원심판결은 확정된 권리의 성질과 내용, 판정의 성립 경위 및 판정 후 집행에 이르기까지의 사정, 집행이 당사자에게 미치는 영향 등 제반사정을 종합하여 볼 때 권리남용이 되는 때에는 공서위반이 된다고 판시한 것으로 보이고, 대상판결도 아마도 이를 수용한 것으로 짐작된다. 그러나 외국중재판정이 그 성립 후의 사정에 의하여 실체적 권리관계에 부합하지 않게 되

라 이미 권리가 실현되어 다시 집행을 하는 것이 현저히 정의에 반하는 경우는 공서에 반하는 경우로 보아 집행판결을 거부할 수 있다고 한다. 장상균(註 2), 117면 이하도 이를 위하여 중재판정에 대한 집행판결과 관련하여 우리 판례에서 문제된 사례를 검토한다. 그러나 공서위반의 여부의 판단은 매우 까다로운 문제이다.

78) 즉 그 경우 집행판결청구의 소와 청구이의의 소를 사실상 병합한 결과가 된다.

79) 채동헌(註 2), 119면.

었다고 하여 그의 승인 및 집행이 당연히 뉴욕협약상의 공서위반이 되는 것은 아니나, 다만 제반사정에 비추어 예외적으로 공서위반이 될 수도 있을 것이다. 제한된 자료밖에 가지고 있지 않은 저자로서는 이 사건이 과연 후자에 해당하는지를 판단하기는 어려우나, 만일 이 사건에서 공서위반으로 볼 수 있다면 대상판결의 이론구성은 불필요하게 우회적인 방법을 통한 것이기지만 틀린 것이라고까지 평가할 것은 아니다. 만일 공서위반에 해당한다면 법원이 직권으로 판단할 사유이나(뉴욕협약 제5조 제2항),[80] 청구이의사유로 본다면 법원이 직권으로 판단할 사항은 아닌데, 이 사건에서 법원이 과연 이를 직권으로 판단해야 할 사유인지는 다소 의문이다.

그러나 만일 대상판결이 청구이의사유를 근거로 집행판결을 거부할 수는 없다는 견해를 취하는 것이라면—이를 명시하지는 않았지만 아마도 그럴 것으로 짐작되는데, 그 범위 내에서는 대상판결의 판단은 잘못이라고 본다.

라. 대상판결의 사안에서 청구이의사유의 존재 여부

원심판결은 매매계약의 준거법이 베트남법이라고 판단하고 동 법상 피고가 채무를 이행하였는가를 판단하였으나, 대상판결은 원심판결의 결론을 배척하였다. 즉 대상판결은 "…기계교체의무와 관련하여 살펴보면, 원심이 인정한 사실은 피고가 기계교체의무이행의 제공을 하였으나 원고의 수령거절로 이 사건 자수기가 교체·설치되지 못하였고 현재 수입대행사에 의해 보관되고 있다는 것인바, 이와 같은 사실만으로는 피고가 적법한 이행제공을 함으로써 원고를 수령지체에 빠뜨렸다고 볼 수 있을지는 별론으로 하고 이로써 기계교체의무의 이행이 완료되어 기계교체의무가 소멸하였다고 볼 수 없으니 청구이의 사유가 될 수 없고, 기록을 살펴보아도 달리 청구이의사유가 발생하였다는 사실이 인정되지도 아니한다"고 판시하였다.

이에 대하여 장상균 부장판사는 다음과 같이 설명한다.[81]

"이 사건의 경우 피고가 새 자수기를 조립·설치하지 않은 사실 자체에는 다툼이 없는 것으로 보여져, 오로지 적법한 이행제공으로 채권자가 수령지체에 빠졌는지가 문제될 수 있을 뿐인데, 채무를 이행한 경우와 단순히 유효한 이행제공으로 채권자를 수령지체에 빠뜨린 데 불과한 경우는 그 법률효

80) 장상균(註 2), 121면은 이를 지적한다.

81) 장상균(註 2), 122-123면.

과가 서로 다를 뿐만 아니라, 권리남용의 기초사실로서 평가함에 있어서도 당연히 차등을 두어야 할 것이다. 수령지체의 사실이 인정될 때, 그로 인한 손해를 채권자가 채무자에게 배상하여야 함은 별개의 문제이다. 따라서 중재판정의 주문 제1.1부분(기계인도의무 부분)에 관하여는 청구권의 소멸 기타 청구이의의 사유가 발생하였다고 할 수 없고, 공공질서 위반으로 보아 집행을 거부하는 사유로 삼을 수도 없다 할 것이므로, 이 부분의 집행을 거부한 원심의 판단이 잘못이라고 본 대법원의 판단은 타당하다 할 것이다."

대상판결의 판단은 우리 민법에 비추어 보면 대체로 수긍할 수 있으나, 그것이 매매계약의 준거법인 베트남법에 기초한 것인지는 분명하지 않다.

Ⅳ. 외국중재판정의 일부의 승인 및 집행

1. 외국중재판정의 일부의 승인 및 집행의 가부

외국중재판정의 일부만에 대하여 승인거부사유가 존재하는 경우에는 일부의 승인 및 집행을 거부하고 나머지 부분만을 승인 및 집행할 수 있다(이른바 부분승인 및 부분집행). 승인거부사유를 열거한 뉴욕협약도 중재인의 권한유월을 승인거부사유로 규정하면서 권한유월의 경우에도 중재판정이 중재에 부탁한 사항과 부탁하지 않은 사항의 양자를 포함하고 있고 양자가 서로 분리될 수 있는 경우에는 중재부탁한 사항에 대한 판정부분은 승인되고 집행될 수 있음을 명시한다(제5조 제1항 ㈐호 단서). 그러나 원심판결이 적절히 지적한 바와 같이, 이는 그 밖의 경우 중재판정의 일부만의 승인 또는 집행이 불가능하다는 것을 의미하지는 않는다. 그 밖에도 피고의 성폭행 등을 이유로 50만불의 손해배상의 지급을 명한 미국 미네소타주 법원 판결의 집행과 관련하여 서울지방법원동부지원 1995. 2. 10. 선고 93가합19069 판결[82]은, 우리 손해배상법의 기준에 비추어 우리나라에서 인정될 만한 상당한 금액을 현저히 초과하는 부분에 한하여는 공서양속에 반하므로 승인을 제한할 수 있다는 근거로 미국 법원이 명한 손해배상액의 50%만의 집행을 허가한 사례에

82) 법원행정처, 하급심판결집 1995-1, 368면. 이 판결은 대법원 1997. 9. 9. 선고 96다47517 판결에 의하여 확정되었다.

서 보듯이 외국판결의 경우에도 부분승인 및 부분집행이 가능하다.[83] 외국중재판정의 경우에도 마찬가지로 중재인의 권한유월이 아니더라도 중재판정의 일부만의 승인 및 집행이 가능하다고 본다.

이러한 부분승인 및 부분집행에 대하여는 그 경우 실질재심사가 이루어진다는 비판이 있을 수 있으나, 위에서 본 바와 같이 승인거부사유의 존재 여부를 판단하기 위한 범위 내에서는 실질재심사가 허용되므로 문제가 없다고 본다.

2. 청구이의사유를 주장하는 경우의 외국중재판정의 일부의 승인 및 집행

위에서 본 바와 같이 뉴욕협약상 외국중재판정의 일부의 승인 및 집행이 가능하므로, 더 나아가 청구이의사유를 주장하는 경우 외국중재판정의 일부의 승인 및 집행을 할 수 있음은 별 의문이 없다. 즉 가사 뉴욕협약상 외국중재판정의 일부의 승인 및 집행이 허용되지 않는다는 견해를 취하더라도(물론 그렇게 볼 근거가 없지만), 집행판결청구의 소에서 청구이의사유를 주장할 수 있다고 본다면 청구이의사유가 있는 경우 외국중재판정의 일부의 승인 및 집행을 허용하는 데는 별 어려움이 없을 것이다.

3. 원심판결의 판단과 그에 대한 평가

대상판결의 태도는 분명하지 않다. 흥미로운 것은 원심판결이 아래와 같은 취지로 판시한 점이다.

"원칙적으로 집행판결의 경우 집행법원은 중재판정의 형식적 요건만을 심사하여야 하고, 집행판결은 외국중재판정의 전부에 대하여 집행력을 부여하는 형성판결이므로 판정 주문 중 일부분에 대해서만 집행판결을 할 수는 없지만, 뉴욕협약 제5조 제1항 ㈐호 단서는 중재인이 권한을 벗어나 내린 판

---

83) 우리나라 회사인 피고가 미국 회사인 원고의 디자인에 대한 저작권을 침해하였음을 이유로 미화 442,300.19달러의 지급을 명한 미국 뉴욕주 남부지방법원판결의 집행판결청구의 소에서 서울지방법원남부지원 2000. 10. 20. 선고 99가합14496 판결도 유사한 논리에 기하여 그의 50%만의 집행을 허가하였다.

정도 그 권한 내에 속하는 부분만을 승인하여 주거나 집행을 해 줄 수 있음을 규정하고 있고, 이는 집행판결을 하는 법원의 재량에 맡겨진 것인데, 뉴욕협약의 규정은 단지 제5조 제1항 ㈐호의 경우에 한하여 부분집행의 가능성을 열어둔 것으로 해석할 것이 아니라 제5조 제1, 2항 모두에 대하여 부분집행의 가능성을 열어둔 것이라고 해석하는 것이 상당하고, 다만 위 ㈐호의 경우에는 더 제한적으로 해석하여 한 개의 집행주문 중에서도 나누어 집행을 허가할 수 있도록 하였다고 보는 것이 상당하다. 따라서, 판정 주문이 여러 개의 항으로 나누어져 있고, 그 중 이행이 완료된 부분에 관한 주문의 항과 이행이 되지 아니한 주문의 항이 명백하게 나누어져 있는 경우에 그 중재판정 중 이행이 완료된 주문의 항에 한하여 집행을 거부할 사유가 있는 경우에는 그 부분에 한하여 집행판결을 하지 않을 수 있고, 나머지 이행이 되지 아니한 부분의 주문 항에 한하여 집행을 허가할 수도 있다고 봄이 상당하고, 다만 한 개의 주문 항에 이행이 된 부분과 이행이 되지 아니한 부분이 함께 기재되어 있는 경우(예를 들면 원금과 지연손해금의 지급을 함께 명하는 주문의 1개 항 중 원금의 지급만이 이행이 된 경우) 중에는 집행의 명료성을 위하여 그 부분 항 전체에 대하여 집행판결을 하는 것이 타당하다고 할 것이다."

그러나 이러한 설시는 두 가지 점에서 찬성하기 어렵다.

첫째, "집행판결은 외국중재판정의 전부에 대하여 집행력을 부여하는 형성판결이므로 판정 주문 중 일부분에 대해서만 집행판결을 할 수는 없지만"이라는 부분이다. 집행판결이 형성판결이라고 하더라도 승인요건을 구비하는 부분에 대해서만 집행력을 부여할 수 있으므로 형성판결이라는 이유로 당연히 그런 결론이 나오는 것은 아니다.

둘째, "한 개의 주문 항에 이행이 된 부분과 이행이 되지 아니한 부분이 함께 기재되어 있는 경우(예를 들면 원금과 지연손해금의 지급을 함께 명하는 주문의 1개 항 중 원금의 지급만이 이행이 된 경우) 중에는 집행의 명료성을 위하여 그 부분 항 전체에 대하여 집행판결을 하는 것이 타당하다"는 부분이다. 이 또한 근거가 없다. 주문이 몇 개의 항으로 구성되는가는 기술적인 사항이므로, 부분승인 및 부분집행의 가부를 판단하는 우리 법원이 그에 구속될 것은 아니다. 주문이 하나의 항이더라도 집행을 허가하는 부분과 허가하지 않는 부분이 가분적이고 양자를 명확히 특정할 수 있다면 그 중 일부만의 승인 및 집행을 금지할 이유가 없다. 이는 외국판결의 일부만의 집행을 허가한 위 서울지방법원동부지원 1995. 2. 10. 선고 93가합19069 판결과 서울지방법원남부지원 2000. 10. 20. 선고 99가합14496 판결에서 이미 본 바와 같다.[84)]

V. 맺 음 말

요컨대 저자는 뉴욕협약이 적용되는 외국중재판정에 기초한 집행판결청구의 소의 단계에서 피고의 청구이의사유의 주장을 허용한 대상판결의 결론은 지지하나, 이 사건 중재판정의 집행을 거부하는 근거를 뉴욕협약의 공서위반으로 설명한 점은 지지하지 않는다.

이 사건에서와 같이 뉴욕협약이 적용되는 외국중재판정이 내려진 후 피신청인의 변제에 의하여 중재판정의 기초가 된 채무의 일부가 소멸한 경우, 원고가 우리 법원으로부터 집행판결을 받은 뒤 피고가 청구이의의 소를 제기하여 집행력을 배제하는 것이 민사집행법에 충실한 견해라고 주장할 여지도 있으나, 번거로운 절차의 반복을 피하고 소송절차의 경제를 위하여, 집행판결청구의 소의 단계에서 피고의 청구이의사유의 주장을 허용하는 것이 바람직하다. 대상판결은 이를 정면에서 허용한 최초의 대법원판결이라는 점에서 장상균 부장판사가 이미 지적한 바와 같이[85)] 의의가 크며 타당하다고 본다. 그리고 이러한 결론은 외국판결에 기초한 집행판결청구의 소에도 타당하다. 그러나 대상판결이 이 사건 중재판정의 집행을 거부하는 근거를 뉴욕협약 제5조 제2항 제2호의 공서에서 구한 것은 적절하지 않다. 이 사건 소송의 경우 집행판결청구의 소의 단계에서 청구이의사유를 주장할 수 있다고 보는 이상, 피고로서는 외국중재판정의 승인거부사유만이 아니라 청구이의사유도 주장할 수 있다고 보아야 하기 때문이다. 그렇지 않으면 집행판결청구의 소에서 피고가 청구이의사유를 주장할 수 있다는 것은 무의미하게 된다. 이 점에서 뉴욕협약이 적용되는 외국중재판정에 기초한 집행판결청구의 소를, 외국판결에 기초한 집행판결청구의 소와 달리 취급할 근거는 없다.

또한 대상판결이 집행판결의 법적 성질에 관하여 다소 혼란스러운 설시

84) 외국판결의 집행의 경우는 석광현(註 46), 345면 참조.

85) 장상균(註 2), 124면.

를 한 것은 아쉬운 점이다. 어쨌든 1998년에 내려진 이 사건 중재판정의 집행을 둘러싸고 당초 이 평석을 쓸 때까지 대법원판결이 두 차례 있었고 2006년 10월 세 번째의 대법원판결이 선고된 점에서 그것만으로도 이 사건은 특기할 만하다. 당사자들에게는 물론 고통스럽겠지만, 이 사건은 뉴욕협약에 따른 외국중재판정의 승인 및 집행에 관한 우리 판례와 학설의 발전에 크게 기여한 사건으로 기억될 것이다.

제 9 장 仲裁節次에서의 法院의 역할

前 記
이 글은 서울지방변호사회, 변호사—회원연구논문집—제37집(2007), 46면 이하에 게재한 글을 다소 수정·보완한 것이다. 중재판정의 취소(Ⅴ. 2.)와 승인 및 집행(Ⅴ. 3.)에 관하여는 이 책의 제5장과 제6장에서 별도로 논의하므로 여기에서는 좀 줄였다.

Ⅰ. 머 리 말

중재라 함은 당사자 간의 합의, 즉 중재합의로 당사자 간의 분쟁을 법원의 재판에 의하지 아니하고 중재인의 판정, 즉 중재판정에 의하여 해결하는 절차이다.[1] 중재는 私的 紛爭解決手段(private method of dispute resolution)으로서 대표적인 대체적(또는 대안적) 분쟁해결(alternative dispute resolution. ADR)의 수단이다. 중재의 이러한 私的 性質(private nature)의 결과 중재판정부는 강제력을 가지지 아니하므로, 중재절차를 원만히 진행하고 중재판정의 실효성을 보장하기 위하여는 법원의 지원이 필요하다. 또한 중재의 절차적 공정성과 적법성을 담보하기 위하여 법원의 감독과 통제가 필요하다. 그러나 법원의 지나친 관여는 중재의 사적 성질을 침해할 수 있고, 중재절차를 지연시키는 원인이 되거나 지연전략으로 남용될 수 있으므로 법원의 관여는 적절한 범위로 한정되어야 한다. 이는 거시적으로는 중재판정부와 법원, 또는 중재와 소송의 상호관계와 관련된 문제인데, 법원의 관여(또는 역할)의 범위는 입법례에 따라 상이하다.

1999년 전문개정된 우리 중재법(이하 단순히 "중재법" 또는 "개정중재법"이라 한다)[2]은 국제연합 국제무역법위원회(UNCITRAL)(이하 "위원회"라 한다)가 1985년 채택한 "국제상사중재에 관한 모델법"(Model Law on International Commercial Arbitration)(이하 "모델법"이라 한다)을 전면수용한 것으

1) 우리 중재법(제3조 제1호)에 따르면 여기의 분쟁은 私法上의 紛爭이다.
2) 1999년 12월 31일 법률 제6083호로 전문개정되고 그 후 일부개정된 중재법을 말한다.

로 국제중재와 국내중재를 함께 규율하며 민사를 포함한다. 모델법을 수용함으로써 우리나라도 선진적인 중재규범을 가지게 되었는데, 독일은 우리보다 앞서 1998년 1월 1일 개정된 독일 민사소송법에 의하여,[3] 일본은 우리보다 늦게 2004년 3월 1일 시행된 중재법에 의하여 각각 모델법을 받아들였고[4] 양국 모두 우리처럼 국제중재와 국내중재를 함께 규율하므로 결국 3국의 중재법은 매우 유사하게 되었다.

중재절차에서의 법원의 역할은 다양하게 분류할 수 있으나,[5] 여기에서는 중재절차의 진행단계에 상응하여 ① 중재절차 개시단계의 역할(Ⅲ.), ② 중재절차 진행중의 역할(Ⅳ.)과 ③ 중재절차 종료 후 또는 중재판정 후의 역할(Ⅴ.)로 구분하여[6] 우리 중재법에 따른 우리 법원의 관여를 중심으로 살펴본다. 다만 그에 앞서 법원의 관여의 범위에 관한 원칙을 선언한 중재법 제6조를 검토한다(Ⅱ.). 아래의 논의는 국내중재이든 국제중재이든 중재지가 우리나라인 경우에 타당하지만, 외국중재판정의 승인 및 집행은 중재지가 외국인 경우에 적용된다.

---

3) 독일은 '중재절차의 신규율을 위한 법률'(Gesetz zur Neuregelung des Schiedsverfahrensrechts —SchiedsVfG)에 의해 독일 민사소송법(ZPO) 중 중재편(제10편 제1025조—제1066조)을 개정하였다.

4) 일본의 개정중재법에 관하여는 우선 渡辺惺之, "일본 중재법의 현상과 과제," 중재연구 제13권 제2호(2004. 2.), 13면 이하 참조. 상세는 近藤昌昭 외 4인, 仲裁法コンメンタール(2003); 三木浩一/山本和彦 編, 新仲裁法の理論と實務(2006) 참조.

5) 목영준, "仲裁에 있어서 法院의 役割에 관한 硏究," 연세대학교대학원 법학박사학위논문(2005), 27면 이하는 법원의 역할을 중재합의의 실현단계에서의 역할과 중재판정의 실현단계에서의 역할로 구분하고, 각각의 단계에서 법원의 후견적 역할과 감독적 역할로 구분한다. 안병희, "중재법원과 국가법원과의 상관관계에 관한 연구," 연세대학교 대학원 법학박사학위논문(2000), 58면 이하는 법원의 협조와 감독으로 구분하고, 정선주, "중재절차에서 법원의 역할과 한계 —개정 중재법과 UNCITRAL 모델법 등을 중심으로—," 중재학회지 10권(2000), 65면 이하는 중재합의와 법원에의 직소, 중재절차에서 법원의 적극적 역할, 중재절차에서 법원의 소극적 역할과 중재절차에 대한 법원의 통제로 구분한다.

6) 예컨대 Alan Redfern and Martin Hunter with Nigel Balckaby and Constantine Partasides, Law and Practice of International Commercial Arbitration, Fourth Edition (2004), para. 7-06 이하. 이 책을 "Redfern/Hunter"라고 인용한다. 목영준, "중재에 대한 법원의 관여," 중재 295호(2000년 봄), 25면 이하는 중재절차 개시 전 또는 진행중의 관여와, 중재판정 후의 관여로 구분한다. 한 가지 유의할 것은, 중재절차를 좁게 보면 중재판정 후는 중재절차가 아니나, 넓게 보면 중재절차의 일부라고 할 수 있으므로 '중재판정 후'와 '중재절차 종료 후'가 반드시 동의어는 아니라는 것이다. 예컨대 Andrew Tweeddale/Keren Tweeddale, Arbitration of Commercial Disputes: International and English Law and Practice (2005), para. 13.04는 중재판정의 승인 및 집행은 '중재절차에서의 최종과정'(final process in the arbitration procedure)이라고 한다.

Ⅱ. 중재절차에 대한 법원의 관여의 범위

1. 중재법의 원칙

중재법 제6조는, 법원은 중재법이 정한 경우를 제외하고는 중재법에 관한 사항에 관여할 수 없다고 하여 간결하지만 매우 중요한 원칙을 명시한다. 이는 동일한 취지의 모델법 제5조를 따른 것이다. 이는 법원의 관여에 대한 적대감을 표시하는 것이 아니라 입법자로 하여금 법원의 관여를 상정하는 모든 경우를 열거함으로써, 언제 법원의 행위가 허용되는지를 확실하게 하여 당사자와 중재판정부의 안정성을 제고하고 통일성을 촉진하기 위한 것이며,[7] 모델법 이외의 입법국의 법령이 법원에 중재절차에 대한 일반적인 또는 보충적인 권한을 부여하는 것을 배제하기 위한 것이다.[8][9]

여기의 '관여하다'(intervene)는 중재에 대한 본래의 의미의 관여(intervention)뿐만 아니라 지원(assistance)으로 분류될 수 있는 법원의 행위를 포함한다.[10] 따라서 법원의 관여에는 중재판정부를 감독(supervision) 또는 통제

---

7) Howard M. Holtzmann and Joseph E. Neuhaus, A Guide To The UNCITRAL Model Law On International Commercial Arbitration: Legislative History and Commentary (1989), p. 216. 이하 위 책을 "Holtzmann/Neuhaus"라 인용한다.

8) Seventh Secretariat Note, A/CN.9/264, para. 2. 이것이 사무국의 Analytical commentary on draft text of a model law on international commercial arbitration: report of the Secretary-General이다. http://www.uncitral.org/pdf/english/yearbooks/yb-1985-e/vol16-p104-141-e.pdf 참조.

9) 중재법의 개정과정에서 제2항을 신설하여 "제1항의 사항에 관하여 이 법의 규정이 없는 경우에는 그 성질에 반하지 아니하는 한 民事訴訟法의 규정을 準用한다"는 취지의 규정을 두자는 견해가 있었고 이호원 당시 부장판사도 1999년 8월 28일 개최된 공청회에서 그러한 견해를 주장하였다. 공청회자료, 83면 참조. 그러나 중재과정에 예측하지 못한 법원의 개입으로 중재에 대한 신뢰성을 저하시킬 우려가 있어 규정하지 않았다고 한다. 양병회 외, 주석중재법(장문철 · 박영길 집필부분)(2005), 27면. 이 책은 이하 "주석중재법/집필자"로 인용한다. 석광현, "改正仲裁法의 몇 가지 문제점 —國際商事仲裁를 중심으로—," 국제사법과 국제소송 제2권(2001), 498면 참조. 이와 관련되지만 구별되는 문제로, 구 중재법 제9조는 "중재인이 중재판정에 필요하다고 인정하는 행위로서 중재인이 직접 할 수 없는 것은 중재인이나 당사자의 신청에 의하여 법원이 이에 관한 사무를 행한다. 이 경우에는 민사소송법을 준용한다"고 규정함으로써 법원의 지원근거에 관한 일반적인 규정을 두었으나, 개정중재법은 이를 삭제하였다. 독일 민사소송법(제1050조)은 그런 조항을 두는데, 중재법 제6조의 취지가 법원의 관여근거를 분명히 하는 데 있으므로 위 조항을 존치하는 편이 바람직했을 것으로 생각된다.

10) Summary Record, A/CN.9/309, para. 40. 전자의 관여는 오히려 '간섭'을 의미하는 것으로

(control)하기 위한 것과 중재판정부를 지원하기 위한 것이 포함된다.[11]

2. 중재법이 상정하는 법원의 관여

중재법 제7조는 법원의 관여를 상정하고 있는 조항을 구체적으로 열거하고 관할법원을 명시하는데, 이는 모델법 제6조를 따른 것이다. 위에 언급한 단계별로 법원의 역할을 구분하면 다음과 같다.

첫째, 중재절차 개시 단계의 역할

① 중재합의와 법원에의 제소(제9조)

② 중재합의와 법원의 보전처분(제10조)

③ 중재인의 선정과 중재판정부의 구성에 관한 법원의 권한(제12조)

④ 중재인의 기피신청에 대한 기피결정(제14조 제3항, 제4항)

둘째, 중재절차 진행중의 역할

⑤ 중재인의 권한종료신청에 대한 법원의 권한종료결정(제15조 제2항)

⑥ 중재판정부의 권한심사신청에 대한 법원의 권한심사(제17조 제6항)

⑦ 증거조사에 관한 법원의 협조(제28조)

⑧ 감정인의 기피신청에 대한 법원의 기피결정(제27조 제3항)

셋째, 중재절차 종료 후 또는 중재판정 후의 역할

⑨ 중재판정원본의 보관(제32조 제4항)

⑩ 중재판정의 취소(제36조)

⑪ 중재판정의 승인과 집행(제37조)

위원회는 당사자들에게 합의에 의하여 법원의 관여범위를 확대할 수 있도록 허용하는 방안을 검토하였다. 그러나 당사자들이 그런 복잡한 문제를 적절히 해결할 수 있는지 의문이 있었고, 또한 법원의 권한을 규율하는 것은 '사건의 관리'(docket control)라는 공적 쟁점(public issues)에 깊이 관계되므로 입법자나 법원의 결정에 맡기는 것이 적절하다고 판단하였기 때문에 규정을 두지 않았다고 한다.[12] 그렇다면 문제는 우리 중재법의 해석이다.

생각된다. 아래에서 언급하는 대법원 2004. 6. 25. 선고 2003다5634 판결이 "중재절차위법 확인의 소는 사법적 통제의 일종이라 할 것이어서 이는 중재법 제6조에 의하여 허용되지 아니한다"고 판시한 것은 흥미롭다.

11) 목영준(註 5), 27면 이하; 안병희(註 5), 58면 이하.

12) Holtzmann/Neuhaus, pp. 218-219.

원칙적으로 당사자들은 법원의 권한을 확대 또는 신설할 수 없다는 견해가 보이는데, 이는 중재법이 개별조문에서 법원의 관여범위를 명시하므로 중재법이 당사자들이 합의로써 이를 변경할 수 있음을 명시하지 않는 한 그에 대한 예외는 인정되지 않는다고 한다.[13] 법원의 간섭에 관하여는 이 견해가 타당한 것으로 생각되지만, 법원의 지원에 관하여도 엄격한 태도를 취할지는 의문이다. 예컨대 당사자들이 구 중재법 제9조와 같은 "중재판정에 필요한 행위로서 중재인이 직접 할 수 없는 것은 중재인이나 당사자의 신청에 의하여 법원이 이에 관한 사무를 행한다"는 식의 합의를 한다면, 그것이 민사소송법이론상 가능한 범위 내에서는 중재법이 이를 금지할 이유는 없기 때문이다. 반면에 위 견해는 언급하지 않지만, 법원의 권한을 제한하는 합의는 허용된다고 보는데 그 허용범위는 결국 개별조항의 해석의 문제이다.[14] 그 결과 법원의 관여범위가 애매하게 될 우려가 있다.[15]

한편 중재인의 권한은 중재합의에 기초한 것이므로 원칙적으로 당사자의 의사에 의하여 그 범위가 정해지지만, 아래 중재인의 권한판단권한의 예에서 보듯이 그에도 예외가 없는 것은 아니다. 앞으로 위 논점들을 좀더 체계적으로 검토할 필요가 있다.

---

13) 주석중재법/장문철 · 박영길, 29-30면은 近藤昌昭 외 4인(註 4), 14면을 따라 위와 같이 본다. 후자가 좀더 상세하다. Baumbach/Lauterbach/Albers/Hartmann, Zivilprozessordnung 62. Auflage (2004), § 1026, Rn. 4도 동지. 그러나 독일에서는 모델법(제5조)에 상응하는 독일 민사소송법(제1026조)을 해석원칙으로 보고, 이는 그런 합의를 소송계약의 문제의 일환으로 보면서 법원의 권한을 확대하는 당사자합의를 배제하는 것은 아니라는 견해도 있다. Stein/Jonas/Schlosser, Kommentar zur Zivilprozessordnung 22. Auflage Band 9 (Ⅱ/2002), § 1026 Rn. 4. 이하 "Stein/Jonas/Schlosser"라 인용한다.

14) 법원의 관여의 범위를 넘어 좀더 일반적으로 보면 중재법에는 강행규정과 임의규정이 있는데, 중재법 제5조도 "이 법의 임의규정"이라는 표현을 사용한다. 중재법 제18조 제1항에서 보듯이 "당사자 간에 다른 합의가 없는 경우에" 또는 유사한 문언이 포함된 경우 임의규정이고 그런 문언이 없는 경우 강행규정이다. 주석중재법/장문철 · 박영길, 21면. 대체로 그렇지만 그런 문언이 없다고 하여 반드시 강행규정이라고 단정할 수는 없다. Stein/Jonas/Schlosser, § 1027 Rn. 2도 동지. 참고로 영국 중재법은 Schedule 1에서 강행규정인 조문을 구체적으로 열거하고 당자사가 이를 배제할 수 없음을 명시한다. ICC 중재규칙 중에도 강행규정과 아닌 것이 있다. Robert H. Smit, "Mandatory ICC Arbitration Rules," *Liber Amicorum* in honour of Robert Briner (2005), p. 845 이하 참조.

15) 또한 당사자의 합의와 중재절차의 준거법에 속하는 강행규정 간의 우열의 취급에 있어서 중재판정 취소사유와 승인거부사유 간에 차이가 있으므로 어려운 문제가 발생한다.

3. 중재법이 규율하지 않는 사항

모델법(제5조)은 "이 법률에 의하여 규율되는 사항에 관하여 … 법원은 이 법률에 정한 경우 외에는 관여할 수 없다"고 규정한다. 모델법의 성안과정에서 밑줄 친 부분의 의미와 범위를 둘러싸고 논란이 있었고 특히 그의 불확실성에 대한 비판이 있었지만 결국 채택되었는데, 그 이유는 그의 범위를 정확히 획정하기가 어렵기는 하지만 이는 모델법에 특유한 문제는 아니고 대체로 문제가 없을 것이며, 오히려 그렇게 함으로써 중재판정부와 법원에게 재량을 부여할 수 있다는 것이었다.[16] 모델법이 국제상사중재에 관한 모든 사항들을 규율하지는 않으므로 이는 '모델법이 실제로 명시적 또는 묵시적으로 규율하는 국제상사중재에 관한 사항들'만을 의미한다.[17] 중재법(제6조)은 단순히 "중재법에 관한 사항"이라고 하나 위와 같이 해석하여야 할 것이다.

모델법의 성안과정에서 모델법에 의하여 규율되지 않는 사항들의 예로는, 중재합의를 체결할 수 있는 당사자의 능력, 주권면제의 영향, 당사자들과 중재인들 또는 중재기관 간의 관계, 보수 및 수수료의 확정과 예치금 또는 담보의 신청, 중재절차의 병합, 계약을 조정할 수 있는 중재판정부의 권한, 중재판정부의 임시적 처분의 법원에 의한 집행, 중재판정의 집행을 위한 기간 등이 거론되었고, 그 밖에도 중재지의 선정 전의 법원의 역할, 비행 또는 착오에 대한 중재인의 책임, 증거조사의 협조신청을 집행하기 위한 법원의 권한과 그 규칙 및 중재가능성의 판단기준도 이에 포함될 수 있다.[18] 이처럼 모델법이 규율하지 않는 사항에 대하여는 법원의 관여가 제한되지 아니한다.[19] 우리 중재법의 해석상으로도 위의 논의가 대체로 타당하나, 아래에서 보듯이 중재판정부의 임시적 처분의 법원에 의한 집행과, 증거조사의 협조신청을 집행하기 위한 법원의 권한과 규칙에 대하여는 우리 중재법은 모델법보다는 명확히 규정하는 점에 차이가 있다.

---

16) Holtzmann/Neuhaus, p. 217.

17) Fifth Working Group Report, A/CN.9/246, para. 188; Seventh Secretariat Note, A/CN.9/264, paras. 4-6. 상세는 Holtzmann/Neuhaus, pp. 217-218; Aron Broches, Commentary on the UNCITRAL Model Law on International Commercial Arbitration (1990), Article 5, para. 1 이하 참조. 후자는 이하 "Broches"라고 인용한다.

18) Holtzmann/Neuhaus, p. 218.

19) Fifth Working Group Report, A/CN.9/246, paras. 187-188.

Ⅲ. 중재절차 개시단계의 법원의 역할

1. 중재합의

중재합의라 함은 계약상의 분쟁인지의 여부에 관계없이 일정한 법률관계에 관하여 당사자 간에 이미 발생하였거나 장래 발생할 수 있는 분쟁의 전부 또는 일부를 중재에 의하여 해결하도록 하는 당사자 간의 합의를 말한다(중재법 제3조 제2호).

가. 중재합의와 법원에의 제소 —중재합의의 소극적 효력

모델법(제8조 제1항)은 "중재합의가 부존재·무효이거나 효력을 상실하였거나 그 이행이 불가능한 경우를 제외하고는, 중재합의의 대상인 분쟁에 관하여 소가 제기된 경우에 피고가 분쟁의 본안에 관한 최초의 변론을 하기 전에 중재합의 존재의 항변을 하는 때에는 법원은 당사자들을 중재에 회부하여야 한다"[20]는 취지로 규정한다. 모델법의 문언은 뉴욕협약 제2조 제3항을 기초로 한 것이다.[21] 다만 뉴욕협약은 단순히 '중재에 회부'하여야 한다고 할 뿐이고[22] 법원이 구체적으로 어떠한 조치를 취하여야 하는지는 명시하지 않는데, 이는 법원이 소송절차를 중지(stay)하고 중재판정을 기다리거나,[23] 또는 소를 각하하는 것일 수도 있다는 점에서 뉴욕협약은 이 문제를 각국의 입법에 일임한 것으로 해석된다.[24]

그런데 중재법(제9조 제1항)은 모델법을 따르면서도 중재합의의 존재를 소극적 소송요건(또는 소송장애)으로 보는 민사소송법 이론을 따라[25] 소를 각하하도록 한다. 이처럼 중재합의가 소송절차의 진행을 배제하고 법원으로

---

20) 정선주(註 5), 69면은 모델법 제8조는 "당사자에게 중재절차로의 移送을 명하도록 하고 있다"고 설명하나 본문의 해석이 적절한 것으로 생각된다.

21) 원칙은 물론이고, 법원이 중재합의의 유효성을 조사할 수 있는 예외사유도 뉴욕협약을 따른 것이다.

22) 협약의 국문번역문은 "… 일방당사자의 청구에 따라서 중재에 부탁할 것을 당사자에게 명하여야 한다"고 하나 "… shall, at the request of one of the parties, refer the parties to arbitration"이므로 위의 번역이 더 정확하다.

23) 예컨대 미국 연방중재법 제1장 제3조와 영국 중재법 제9조.

24) 목영준, 상사중재법론(2000), 64면. 이하 "목영준"이라고 인용한다.

25) 예컨대 이시윤, 신민사소송법 제3판(2006), 185면은 중재합의가 있을 때에는 부제소계약에 준하여 소의 이익이 없다고 한다.

하여금 중재절차에 회부하도록 하는 효력을 중재합의의 소극적 효력 또는 直訴禁止의 效力이라고 한다.[26] 다만 법원은 직권으로 판단할 것이 아니라 피고의 항변이 있어야 비로소 판단하는데, 피고는 본안에 관한 최초의 변론을 할 때까지 항변을 제출하여야 한다(중재법 제9조 제2항). 따라서 피고는 본안에 대한 최초의 변론 전에 또는 그와 동시에 항변을 할 수 있다. 이는 법원으로 하여금 중재합의에 효력을 부여하도록 함으로써, 중재합의의 대상인 분쟁의 실체에 대하여 중재판정부가 배타적인 권한을 가진다는 중재법의 핵심적인 요소를 명시한 것이다.[27]

그러나 중재합의가 부존재·무효이거나 효력을 상실하였거나 그 이행이 불가능한 경우에는 예외적으로 법원은 소를 각하할 수 없다. 주의할 것은, 이는 '주된 계약'이 아니라 '중재합의'에 관한 것이라는 점이다. 중재합의가 중재조항의 형식으로 되어 있는 때에는 중재조항은 독립성을 가진다. 중재판정부의 권한판단권한에 관한 중재법 제17조 제1항(모델법 제16조 제1항)은 중재조항의 독립성을 명시하나, 중재법 제9조 제1항(모델법 제8조 제1항)은 이를 명시하지 않는다. 그러나 중재판정부와 법원은 동일한 결론을 취해야 하므로 후자의 경우에도 중재조항의 독립성을 인정해야 한다.[28]

나. 중재합의의 강제—중재합의의 적극적 효력

한편 중재합의에 의하여 당사자는 분쟁을 중재절차에 회부할 수 있고, 중재인은 분쟁을 해결할 권한을 가지며 중재판정을 내릴 수 있다. 이는 중재합의의 절차법적 효력이며 적극적 효력이다. 또한 당사자는 중재합의의 내용에 따라 신속한 중재절차의 진행을 위하여 협력할 의무를 부담하는데 이것이 당사자의 협력의무이다.[29] 문제는 이러한 협력의무가 엄밀한 의미에서 실체법상의 의무인가, 따라서 일방당사자가 협력의무를 이행하지 않을 경우 법원이 이를 강제할 수 있는가이다.

---

26) 목영준, 63면. 구 중재법(제3조)은 '직소금지'라는 제목 하에 "중재계약의 당사자는 중재판정에 따라야 한다. 다만, 중재계약이 무효이거나 효력을 상실하였거나 이행이 불능일 때에 한하여 소를 제기할 수 있다"고 규정하였다.

27) Holtzmann/Neuhaus, p. 302.

28) Holtzmann/Neuhaus, p. 305.

29) 독일 연방대법원의 판결(BGH NJW 1988, 1215)도 협력의무를 긍정하였다. 정선주, "당사자의 무자력과 중재합의관계의 해소," 중재연구 제12권 1호(2002. 8.), 256면도 이를 긍정한다.

우리나라에는 논의가 많지는 않지만 독일에서처럼 견해가 나뉜다. 즉 긍정설[30]은 관할합의의 경우와 달리 중재합의의 당사자들은 중재합의를 이행할 의무, 즉 중재절차의 실행을 가능하게 하고 촉진하기 위하여 필요한 행위를 하고, 중재인의 판정 또는 기타 분쟁의 해결을 위태롭게 하는 행위를 하지 않을 실체법상의 의무를 부담하므로, 일방당사자가 중재합의의 이행을 거부하면 상대방은 법원에 강제이행 또는 의무위반에 대한 손해배상을 청구할 수 있다고 본다.[31] 그러나 부정설은 이러한 협력의무는 국가법원에 의해 이행이 강제될 수 없는 성질의 것이라는 점에서 엄밀하게는 의무가 아니라, 소송상 필요하기는 하지만 그 행위를 할 것인지의 여부는 당사자의 재량에 맡겨져 있는 이른바 '소송상의 부담'(prozessuale Last)일 뿐이라고 한다.[32] 다만 후자도 중재비용을 예납할 당사자의 의무는 진정한 의무라고 본다. 부정설은 당사자가 중재합의에 따른 협력의무를 위반하더라도 이를 굳이 강제할 필요는 없으며, 중재인으로서는 협력하지 않은 데 따른 효과를 부여하면 족하다고 한다.[33] 어느 견해를 취하는가에 따라 법원이 중재합의에 반하는 소의 제기 및 수행을 금지하는 訴訟留止命令(anti-suit injunction)을 할 수 있는가에 대한 태도가 달라진다.

법원을 통하여 중재합의를 강제할 수 있는가는 중재합의의 효력의 준거법인 법정지법에 따른다.

---

30) 목영준, 49면; 정선주(註 29), 256면, 264면; Stein/Jonas/Schlosser, § 1029 Rn. 30; Rolf A. Schütze, Schiedsgericht und Schiedverfahren 3. Auflage (1999), Rn. 126.

31) 소송법상의 의무를 부담한다는 견해도 있다. 미국에서는 침해를 받은 당사자는 중재를 강제하는 소를 법원에 제기할 수 있다. 미국 연방중재법(Federal Arbitration Act) 제2장 제206조(9. U.S.C. § 206). 연방중재법에는 1925년 제정 당시 제1장만 있었으나 1970년 뉴욕협약을 제2장에 추가하였고 1990년 '국제상사중재에 관한 미주간협약'(Inter-American Convention on International Commercial Arbitration)을 제3장에 추가하였다.

32) 오창석, "파산절차에 있어서의 중재합의의 효력과 중재절차," 중재연구 제12권 1호(2002. 8.), 131면. 독일은 Karl Heinz Schwab/Gerhard Walter, Schiedsgerichtsbarkeit 7. Auflage (2005), Kapitel 7 Rn. 20과 Fn. 85에 인용된 문헌들. 이하 "Schwab/Walter"라고 인용한다. 소송상의 부담은 실체법상의 간접의무(또는 책무)에 유사한 개념이다. Musielak, ZPO, 4. Auflage (2005), Einleitung, Rn. 56. 예컨대 당사자는 소송에서 사실을 주장하고 입증할 필요가 있지만 이를 하지 않고 그로 인한 불이익을 감수할 수 있다.

33) 주석중재법/장문철 · 박영길(2005), 30면은 강제중재를 명할 수 있는 미국의 제도는 다른 나라에는 없다고 한다.

다. 선택적 중재합의(optional arbitration agreement)

당사자들은 분쟁해결의 방식을 합의하는 경우 통상 소송 또는 중재의 어느 하나를 선택하지만 경우에 따라서는 계약과 관련된 분쟁을 '중재 또는 소송'에 의하여 해결하도록 합의하기도 한다. 이처럼 중재가 유일한 분쟁해결방법이 아니라 다른 분쟁해결방법과 동 순위의[34] 선택적인 분쟁해결방법으로 지정되는 경우도 있는데,[35] 그러한 선택적 중재합의의 유효성이 문제된다. 우리나라에서는 선택적 중재합의만큼 중재법 분야에서 많은 글이 발표된 주제가 없는데, 이는 국가나 지방자치단체가 사인에게 공사를 도급할 때에 적용하는 재정경제부 회계예규인 공사계약일반조건이 선택적 중재합의를 규정하였기에 그에 따라 많은 중재가 행해졌는데, 법원의 판결들이 그의 효력을 부정하였기 때문이다. 다만 대법원 2003. 8. 22. 선고 2003다318 판결과 대법원 2004. 11. 11. 선고 2004다42166 판결의 결과 실무적으로는 정리가 된 것으로 보인다.[36]

선택적 중재합의가 유효한지는 유효한 중재합의의 성립의 문제이므로 중재합의의 성립 및 유효성의 준거법에 따를 사항이다.[37]

라. 소송계속과 중재절차의 진행

위 (가.)에서 본 바와 같이 중재합의에도 불구하고 당사자가 소를 제기한 경우 상대방이 중재합의의 항변을 하는 때에는 중재법상 그 소는 각하되어야 하지만, 그 소가 아직 법원에 계속중인 경우에도 중재판정부는 중재절차를 개시 또는 진행하거나 중재판정을 내릴 수 있다(중재법 제9조 제3항). 따라서

---

34) 이 점에서 이는 예컨대 일차적으로 당사자의 원만한 합의에 의하여 해결하고, 이것이 실패하는 경우 조정에 의하고, 조정이 실패하는 경우 비로소 중재에 의하는 것과 같은 단계적 합의와는 구별된다.

35) 대법원 2005. 5. 13. 선고 2004다67264, 67271 판결은 전자를 '전속적 중재합의', 후자를 '선택적 중재합의'라고 부른다.

36) 당초 발표한 글에서는 여기에서 선택적 중재를 논의하였으나 이 책에서는 제3장에서 다루고 여기에서는 생략하였다.

37) Heinrich Nagel/Peter Gottwald, Internationales Zivilprozeßrecht 5. Auflage (2002), § 16 Rz. 8; Manja Epping, Die Schiedsvereinbarung im internationalen privaten Rechtsverkehr nach der Reform des deutschen Schiedsverfahrensrechts (1999), S. 39; Stein/Jonas/Schlosser, Anhang § 1061 Rn. 42; Reithmann/Martiny/Hausmann, Internationales Vertragsrecht 6. Auflage (2004), Rz. 3303f. 後 2자는 뉴욕협약이 적용되는 경우에 관한 것이다. 뉴욕협약이 적용되지 않는 경우 허용성의 문제이므로 법정지법에 따른다는 견해도 주장될 수 있다.

일시적이나마 소송절차와 중재절차가 병행할 수 있다. 모델법의 성안과정에서 법원이 중재절차를 중지시킬 권한을 가져야 한다는 견해도 있었지만, 결국 분쟁의 신속한 해결을 위하여 절차의 병행이 허용되어야 한다는 견해가 채택되었는데, 중재판정부가 구성된 이상 중재절차를 중지하는 것은 중재판정부가 판단할 사항이며, 법원은 중재절차의 중지를 명할 권한이 없다는 것이다.[38]

마. 중재합의와 법원의 보전처분

중재합의는 법원에 보전처분을 신청할 수 있는 당사자의 권리에 영향을 미치지 않는다. 중재법(제10조)도 이를 명시하는데 상세는 아래(Ⅳ. 1.)에서 논의한다.

2. 중재인의 선정과 중재판정부의 구성

중재법(제12조)은 중재인의 선정방법을 규정한다. 첫째, 중재인의 선정절차는 당사자 간의 합의에 의하고, 둘째, 합의가 없는 경우 중재법이 정한 선정절차에 따르며, 셋째, 그에 의하여도 중재인을 선정할 수 없는 경우 법원이 선정한다. 외국인이 중재인이 되는 것을 금지하는 국내법도 있으나 모델법(제11조 제1항)과 중재법(제12조 제1항)은 이러한 제한을 두지 않는다. 다만 당사자 간에 달리 합의하는 경우는 그에 따른다.

가. 당사자에 의한 중재인의 선정

중재인의 선정절차는 당사자 간의 합의로 정한다(제2항). 제2항은 당사자의 자유를 제한하지 않으나, 당사자의 자유는 중재인의 기피사유를 정한 중재법 제13조(모델법 제12조)와 중재판정의 취소를 정한 중재법 제35조(모델법 제35조)에 의하여 제한된다. 즉 당사자가 합의한 중재인 선정절차가 중재인의 공정성이나 독립성을 충족하지 못하는 경우 중재인의 기피사유가 되고, 선정과정에서 일방당사자가 중재인의 선정에 관하여 적절한 통지를 받지 못

38) Holtzmann/Neuhaus, p. 306. 소송절차와 중재의 병행에 관하여는 우선 ICC Institute of World Business Law, Parallel State and Arbitral Procedures in International Arbitration (2005), ICC publication no. 692 참조.

한 경우 중재판정취소의 사유가 되거나 승인 및/또는 집행의 거부사유(이하 단순히 "승인거부사유"라 한다)가 된다.

모델법의 성안과정에서 중재인의 선정절차가 일방당사자에게 우월적인 지위(또는 명백히 불공정한 우위)를 주는 경우 무효라고 규정하는 방안을 검토하였으나, 너무 막연하고, 잘 확립되고 승인된 선정관행을 잠재적으로 무효화할 우려가 있으며, 이 문제는 중재인의 기피와 중재판정의 취소 등에 관한 조항에 의하여 해결할 수 있을 것이라는 이유로 배제되었다.[39] 그러나 독일 민사소송법(제1034조 제2항)은 이러한 취지의 규정을 둔다.

나. 중재법에 정한 절차에 따른 중재인의 선정

당사자 간의 합의가 없는 경우 중재인의 선정방법은 다음과 같다(제3항). 첫째, 단독중재인에 의한 중재의 경우 일방당사자가 상대방에게 중재인의 선정을 요구하여 30일 이내에 당사자들이 합의하여 중재인을 선정한다. 둘째, 3인의 중재인에 의한 중재의 경우 각 당사자는 각 1인의 중재인을 선정하고, 그렇게 선정된 2인의 중재인들이 합의하여 나머지 1인의 중재인을 선정한다. 3인 중재인의 선정절차는 1976년의 국제연합 국제무역법위원회의 중재규칙(UNCITRAL Arbitration Rules)(이하 "UNCITRAL 중재규칙"이라 한다)(제7조)과 유사하다. 당사자들이 기간 내에 합의하지 못하고 법원에 중재인의 선임신청도 하지 않은 경우, 반드시 제4항에 따라 법원이 중재인을 선정해야만 하는지, 아니면 당사자는 중재인을 선임할 수 있는지가 문제되나, 기간을 묵시적으로 연장한 것으로 해석하여 선임할 수 있다고 본다.[40]

다. 법원에 의한 중재인의 선정

당사자 간의 합의가 있더라도 일방당사자가 합의된 절차에 따라 중재인을 선정하지 아니하는 때, 양당사자 또는 중재인들이 합의된 절차에 따라 중재인을 선정하지 못한 때와 중재인의 선정을 위임받은 기관 기타 제3자가 중재인을 선정할 수 없는 때에는 당사자의 신청에 의하여 법원이 중재인을 선정한다(중재법 제12조 제4항). 중재인의 선정에 관한 법원의 결정에 대하여는 항고할 수 없다(제5항). 모델법(제11조 제4항)은 단순히 법원은 적절한 조치

---

39) Third Working Group Report, A/CN.9/233, para. 90.

40) Holtzmann/Neuhaus, pp. 361-362.

를 취하여야 한다고 하나, 중재법(제12조 제4항)은 법원이 직접 중재인을 선정할 것을 명시한다.

라. 중재인의 기피

(1) 기피사유

중재법(제13조)은 중재인의 고지의무와 중재인에 대한 기피사유를 규정하는데, 이는 모델법(제12조)을 따른 것이고 모델법은 UNCITRAL 중재규칙(제9조, 제10조)에 기초한 것이다.

우선 고지의무를 보면, 중재인이 되어 달라고 요청받은 자 또는 선정된 중재인은 자기의 공정성이나 독립성에 관하여 의심을 야기할 수 있는 사유가 있는 때에는 지체없이 이를 당사자들에게 고지하여야 한다(제13조 제1항 1문).

한편 중재인의 기피사유에 관하여는 모델법은 일반적인 기준만을 두었다. 따라서 중재법(제13조)도 첫째, 중재인의 공정성이나 독립성에 관하여 의심을 야기할 수 있는 사유와, 둘째, 중재인이 당사자들이 합의한 중재인의 자격을 갖추지 못한 사유가 있는 때라는 두 가지 경우에 한하여(only) 기피신청을 허용한다. 둘째 사유는 별 어려움이 없으나, 첫째 사유의 판단은 어려울 수 있다. 모델법의 성안과정에서의 논의를 고려하면, 분쟁의 대상에 대하여 중재인이 재정적 이익이나 개인적인 관련을 가지거나, 또는 일방당사자와 밀접한 관련을 가지는 경우 이에 해당하고, 중재절차중 중재인의 편파적인 또는 불공평한 행태도 이에 포함될 수 있으며, 매우 예외적이겠지만 중재인의 국적도 그러한 사유가 될 수 있다고 한다.[41] 국제변호사협회가 1987년 공표한 "국제중재를 위한 IBA 윤리"(IBA Ethics For International Arbitration)와 2004년 공표한 "이익충돌에 관한 IBA 지침"(IBA Guidelines on Conflicts of Interest)은 첫째의 기피사유의 유무를 판단하는 데 도움이 될 것이다.[42]

당사자는 자신이 선정하였거나 선정절차에 참여하여 선정한 중재인에 대

41) Holtzmann/Neuhaus, p. 389. 주석중재법/양병회 · 정선주, 64면은 당사자와의 경제적, 직업적 또는 교제상의 관계의 존재, 중재 결과에 대한 이해관계의 존재와 중재인의 국적과 당사자의 국적의 일치를 공정성 · 독립성이 의심되는 사유로 열거한다. 오창석, "상사중재에 있어서의 중재인에 대한 기피사유와 중재인의 고지의무 —대법원 2005. 4. 29. 선고 2004다47901 판결을 중심으로—," 상사판례연구 제19집 제1권(2006), 367면 이하도 사례를 열거한다.

42) 지침의 소개는 Redfern/Hunter, para. 4-62 이하 참조.

하여는 선정 후에 알게 된 사유에 한하여 기피신청을 할 수 있다(제13조 제2항 2문).

(2) 기피절차

중재인의 기피절차는 당사자 간의 합의로 정하고,[43] 합의가 없는 경우 당사자는 중재판정부가 구성된 날 또는 기피사유를 안 날부터 15일 이내에 중재판정부에게 서면으로 기피신청을 할 수 있는데, 그 경우 기피된 중재인이 사임하지 않거나 상대방 당사자가 기피신청에 동의하지 않으면 기피된 중재인을 포함한 중재판정부는 기피신청에 대한 결정을 하여야 한다(중재법 제14조 제1항, 제2항).

모델법의 성안과정에서 크게 논란의 대상이 되었던 것은 중재판정부가 기피신청을 기각한 경우 법원의 관여를 정한 제13조 제3항이었다. 쟁점은, 한편으로는 중재절차의 지연책략으로 사용되는 것을 막으면서 동시에 불필요한 중재절차를 피하는 것 간의 균형을 유지하는 것이었는데, 이는 중재절차 진행중에 허용되는 법원의 관여의 범위와도 관계되는 중요한 쟁점이다.[44] 작업반(working group)은 일단 중재판정부에 기피신청을 하도록 하고, 중재판정부가 기피신청을 기각하는 경우 즉시 법원에 기피신청을 할 수 있도록 하되, 절차의 지연을 피하기 위한 장치로써 법원에 대한 기피신청기간을 제한하고, 법원의 기피결정에 대한 항고를 금지하며, 기피신청이 법원에 계속중인 때에도 중재판정부에게 중재절차를 진행하거나 중재판정을 내릴 수 있는 재량을 부여하는 타협안을 채택하였다.[45] 이 점은 우리 중재법(제14조 제3항, 제4항)도 동일하다.

중재법상 당사자가 기피신청을 하지 않고 기피신청기간을 도과한 뒤, 중재판정 취소의 소 또는 승인 및 집행단계에서 비로소 기피사유를 주장할 수 있는지에 관하여는 논란이 있는데 유력한 부정설[46]이 있다. 흥미로운 것은 대법원 2005. 4. 29. 선고 2004다47901 판결이다. 위 사건에서 원고는 기피사유의 존재를 알았음에도 불구하고 기피신청을 하지 않았다가 중재판정 취소

---

43) 따라서 당사자가 기관중재를 선택하고 그 기관의 중재규칙을 적용하기로 한 경우 그에 의하여 해결되는데, 그 경우 중재기관이 기피에 관하여 결정하도록 한다. 예컨대 ICC 중재규칙(제7조 제4항).

44) Holtzmann/Neuhaus, p. 406.

45) Fourth Working Group Report, A/CN.9/245, para. 212; Holtzmann/Neuhaus, p. 407.

46) Holtzmann/Neuhaus, p. 409 참조.

의 소를 제기하였는데, 대법원판결은 당해 사안의 기피사유는 중대하지 않은 사유인데 당사자가 기피신청을 해태하였으므로 중재판정 취소의 소나 중재판정의 승인거부사유로 주장할 수 없다고 판시하였다. 다만 대법원판결은 추상적인 법률론으로 중재인의 기피사유가 중대한 사유인 때에는 기피신청을 해태하였더라도 중재판정 취소의 소나 중재판정의 승인거부사유로 주장할 수 있다고 하였는데, 그 판단기준으로 민사소송법(제41조)이 정한 법관의 제척사유와 같이 볼 수 있을 정도면 중대한 사유라고 보았다.[47)]

중재인의 선정과 중재인에 대한 기피신청에 대한 법원의 기피결정 등에 관하여 중재법(제7조 제1항)은 단계적(또는 보충적)인 관할을 규정한다.

마. 중재인의 권한종료에 대한 결정

중재인의 권한(또는 임무)은 통상 중재절차의 종료와 함께 종료되는데(이를 '*functus officio*'라고 한다) 그 경우 법원이 관여할 필요가 없다. 한편 중재인이 법률상 또는 사실상의 사유로 직무를 수행할 수 없거나 정당한 사유 없이 직무수행을 지체하는 경우[48)] 그 중재인의 사임 또는 당사자 간의 합의에 의하여 중재인의 권한은 종료된다(제15조 제1항). 중재인의 권한종료 여부에 관하여 다툼이 있는 경우에 당사자는 법원에 권한종료결정을 신청할 수 있고, 권한종료신청에 대한 법원의 권한종료결정에 대하여는 항고할 수 없다(제15조 제3항).[49)] 중재법 제15조는 모델법 제14조를 따른 것이다.

위 조항은 특별한 절차를 규정하지 않으나, 권한종료를 주장하는 당사자는 적어도 그 사유서를 당해 중재인(그가 사임할 수 있도록)과 다른 중재인들 및 상대방에게(그들이 권한종료에 동의하거나 반대할 수 있도록) 송부하여야 할 것이다.

당사자들이 달리 합의할 수 있는 가능성을 명시하는 UNCITRAL 중재규칙과 달리 모델법과 중재법은 법원이 권한종료결정을 하도록 규정할 뿐이다.

---

47) 평석은 오창석(註 41), 353면 이하 참조.

48) 중재인의 권한종료사유는 UNCITRAL 중재규칙(제13조 제2항)의 그것과 유사하나, 모델법(제14조 제1항)은 '부당한 지체없이'(without undue delay)를 추가하였다. 그러나 이는 의미를 보다 명확히 하기 위한 것이라고 한다. Commission Report, A/40/17, para. 139. 이하 "위원회보고서"라 한다. 중재법은 이를 명시하지 않는다.

49) 영국 중재법(제24조)은 중재법상의 기피제도와 권한종료제도를 합하여 법원에 신청함으로써 중재인을 배제하는 해임제도(removal)를 규정한다. 목영준(註 6), 29면. 설명은 Robert Merkin, ARBITRATION ACT 1996 (1996), p. 44 참조.

따라서 당사자들이 중재인의 선정을 위임받은 기관에게 그러한 권한을 부여할 수 있는지가 문제되나, 당사자들이 합의함으로써 가능하다고 본다.[50)]

모델법(제14조 제2항)[51)]은 중재인이 사임하거나, 일방당사자가 중재인의 권한종료에 합의하더라도 그것이 동 조 또는 모델법 제12조 제2항에 언급된 기피사유가 타당함을 승인하는 것이 아님을 명시한다. 중재법은 그러한 조항을 두지 않으나 해석론으로서도 동일한 결론을 긍정해야 할 것이다.

중재인의 권한이 종료된 경우 보궐중재인의 선정절차는 대체되는 중재인의 선정에 적용된 절차에 의한다(중재법 제16조).

3. 중재판정부의 권한에 대한 이의

당사자가 중재판정부의 권한을 다툴 경우 중재판정부가 중재절차를 중지하고 자신의 권한에 관한 법원의 판단을 기다려야 하는지, 아니면 나중에 중재판정부의 권한이 부정될 위험이 있음에도 불구하고 그에 대하여 스스로 판단하고 중재절차를 진행할지는 어려운 문제이다. 이는 주로 중재절차의 개시단계에서 제기되므로 여기에서 다루나, 중재절차의 진행중에 법원에 중재절차의 진행을 금지하거나 중재절차의 위법확인을 구하는 보전처분이나 본안소송이 제기될 수도 있다.

중재법 제17조는 모델법 제16조를 받아들여[52)] 널리 알려진 Kompetenz-Kompetenz의 원칙, 즉 중재판정부가 자신의 권한에 관하여 판단할 수 있다는 원칙을 명시한다. 주의할 것은 이는 중재판정부가 자신의 권한에 관하여 판단할 수 있다는 의미이지, 법원을 구속하는 판단을 할 수 있다는 의미까지 내포하는 것은 아니다.[53)] 또한 당사자가 법원의 판단을 배제하는 합의를 할

---

50) 위원회보고서, A/40/17, para. 136; Holtzmann/Neuhaus, p. 440 이하.

51) 이는 UNCITRAL 중재규칙 제11조 제2항에 근거한 것이다. Holtzmann/Neuhaus, p. 441과 그 곳 주 16에 인용된 문서들 참조.

52) 안병희, "仲裁人의 權限確定權限(Kompetenz-Kompetenz)에 관한 연구," 중재학회지 11권(2001. 12.), 97면은 위 조항이 구 독일법에서 유래한다고 한다. 권한확정권한을 긍정하는 점은 그렇게 설명할 수 있지만 위 조항은 모델법을 받아들인 것이다. 구 중재법은 개정중재법과 달리 중재판정부의 판단에 대한 법원의 동시통제의 가능성을 규정하지는 않았다.

53) Redfern/Hunter, para. 5-39; Stein/Jonas/Schlosser, Kommentar zur Zivilprozessordnung 22. Auflage Band 9 (Ⅱ/2002), § 1032 Rn. 11, § 1040 Rn. 1. 후자를 구 스타일의 Kompetenz-Kompetenz라고 부르기도 한다. 이하 "Stein/Jonas/Schlosser"라 인용한다. 그러나 손경한, "중재계약에 관한 일반적 고찰," 중재 140조(1983. 9), 7면; 손경한, "중재계약," 사법연구

수 있는지는 아래에서 보는 'Kompetenz-Kompetenz 조항'의 문제로서 별도로 취급된다. 종래 우리나라에서는 다양한 표현이 사용되었으나[54] 여기에서는 '권한판단권한' 또는 '권한-권한'의 문제라고 부른다. 이러한 원칙은 구 중재법(제10조)[55]은 물론이고 프랑스 민사소송법(제1466조), 영국의 1996년 중재법(제30조), UNCITRAL 중재규칙(제21조 제1항), 1998년 1월 1일 개정된 국제상업회의소(ICC)의 중재규칙(Rules of Arbitration of the International Chamber of Commerce)(이하 "ICC 중재규칙"이라 한다)[56](제8조 제3항), 국제상사중재에 관한 유럽협약(제Ⅴ조 제3항)과 우리나라가 가입한 1965년 "국가와 타방국가 국민 간의 투자분쟁의 해결에 관한 협약"(Convention on the Settlement of Investment Disputes between States and Nationals of Other States)(이른바 "ICSID 협약" 또는 "워싱턴협약")(제41조 제1항) 등 근자의 국내입법과 국제규범에 의해 널리 승인되고 있다. 모델법을 채택한 독일 민사소송법(제1040조)과 일본 중재법(제23조)도 이를 명시한다.

중재판정부는 법원의 판단을 기다려야 한다는 견해는, 분쟁해결의 효율성과 중재판정부의 권한을 다투는 당사자의 지위의 보호를 그 근거로 제시한다.[57] 그러나 만일 중재판정부가 자신의 권한에 대해 판단할 수 없다면, 중재판정부는 그의 권한에 대한 법원의 판단이 있을 때까지 기다려야 하는데,

---

회(편), 사법연구 1: 계약법의 특수문제(1983), 126면은 중재인의 권한판단권한을 사법적 통제에 복종하지 않는 권한의 의미로 사용한다.

54) '자기권한심사' 또는 '재판권의 재판권' 문제(목영준, 119-120면) 또는 '권한확정권한'(안병희(註 52), 95면) 등 다양한 표현이 사용된다. 주석중재법/양병회 · 정선주, 73면, 주 1은 중재법에 따라 "중재판정부의 판정권한에 관한 결정"이라고 부르자고 제안한다.

55) 구 중재법 제10조(중재절차 위법의 주장과 중재인의 판정권)의 조문은 "중재인은 당사자가 법률상 유효한 중재계약이 성립하지 아니하였다는 것, 중재계약이 판정하여야 할 다툼에 관계가 없다는 것 또는 중재인이 그 직무를 수행할 권한이 없다는 것 기타 중재절차를 허용할 수 없는 것이라고 주장하는 경우에도 중재절차를 속행하여 중재판정을 할 수 있다"는 것이었다. 이를 근거로 학설은 중재인의 권한판단권한을 긍정하였다. 박상조 · 주기종 · 윤종진, 국제상사중재법론(1997), 297-298면; 목영준, "仲裁人의 權限, 責任 및 免責," 仲裁 294호(1999), 25면. 다만 손경한, "중재계약," 사법연구회(편), 사법연구 1: 계약법의 특수문제(1983), 126면은 중재인의 권한판단권한을 사법적 통제에 복종하지 않는 권한의 의미로 이해하면서 구 중재법은 중재인의 권한판단권한을 긍정한 것은 아니라고 보았다.

56) 개정된 ICC 중재규칙에 관한 개관은 안영광, "國際商業會議所의 1998 仲裁規則에 관한 硏究," 한양대학교 대학원 법학석사학위논문(2006) 참조.

57) 목영준, 120면은 만일 중재판정부의 무권한으로 인하여 중재판정이 후에 취소된다면 불필요한 중재절차를 진행하는 것이 되어 분쟁해결의 효율성에 반하고, 중재절차를 진행한다면 중재판정부의 권한을 다투는 당사자로서는 중재절차에 참가하면 중재판정부의 권한을 인정하는 것이 되고, 반면에 참가하지 않으면 불리한 판정을 받을 우려가 있어 매우 불안정한 처지에 놓인다고 한다.

법원의 소송절차는 장기간의 시간을 요할 것이므로 중재절차의 진행을 방해하게 된다. 즉 중재절차에 불만이 있는 당사자는 중재절차를 지연시키는 전략으로서 중재판정부의 권한에 대해 이의를 제기할 우려가 있다. 제17조는 이를 예방하기 위한 수단으로서 실무상 중요한 의미를 가진다.[58] 아래에서는 제17조를 좀더 논의한다.

가. Kompetenz-Kompetenz 원칙의 선언

중재법 제17조 제1항 1문은 Kompetenz-Kompetenz의 원칙을 선언한 것으로 UNCITRAL 중재규칙(제21조 제1항)을 다소 수정한 것이다. 이처럼 중재판정부는 권한판단권한을 가지지만, 이는 최종적인 것은 아니며 여러 가지 제한이 있음을 유념해야 한다. 즉 ① 법원의 직접적인 심사가 있고(중재법 제17조 제6항), ② 법원에 의한 사후 중재판정의 취소가 가능하고(중재법 제36조), ③ 중재판정의 승인 및 집행단계에서 법원의 심사가 가능하며(중재법 제37조 이하), 또한 ④ 당사자가 소를 제기할 경우 법원이 중재판정부의 권한에 대하여 심사할 수 있다(중재법 제9조).[59]

당사자가 합의하여 중재판정부의 판정권한을 배제할 수 있는가에 관하여 모델법과 중재법은 아무런 규정을 두지 않는다. 모델법의 성안과정에서 '당사자들이 달리 합의하지 않으면'이라는 문언을 넣자는 제안이 있었으나 모델법에는 규정을 두지 않고 그 문제의 해결을 각국의 입법자에게 맡기는 것으로 하였다.[60] 중재법은 명시하지 않지만 이는 상사중재의 기능을 위하여 중요하므로 강행적인 원칙이고 따라서 당사자들은 중재판정부의 권한판단권한을 제한할 수 없다는 견해가 설득력이 있다.[61]

이와 관련하여 Kompetenz-Kompetenz 조항의 효력이 문제된다. 즉 중재판정부의 권한판단권한을 긍정하더라도, 당사자가 명시적인 합의에 의하여 최종적인 판단권한을 중재판정부에게 주고 법원의 심사를 배제할 수 있는가라는 의문이 제기된다. 종래 독일에서는 이를 권한-권한조항(Kompetenz-

---

58) Holtzmann/Neuhaus, p. 479.

59) Homtzmann/Neuhaus, p. 479.

60) 위원회보고서, A/40/17, para. 151. Broches, Article 16 para. 12 이하. 영국 중재법상은 이것이 가능하다. Ragnar Harbst, Die Rolle der staatlichen Gerichte im Schiedsverfahren (2002), S. 36f.

61) Homtzmann/Neuhaus, p. 480. 위원회보고서, A/40/17, para. 151은 각국은 모델법을 채택하면서 입법으로써 그러한 중재판정부의 권한을 배제하거나 제한할 수 있을 것이라고 한다.

Kompetenz Klausel)의 효력의 문제로 논의하였는데, 독일의 구 민사소송법 하에서는 유효설이 연방대법원의 판결이고 다수설이었으나,[62] 개정 민사소송법은 최종적인 판단권한을 법원에 귀속시키므로 이제는 부정설이 다수설이다.[63] 우리 중재법의 해석론으로는 부정설이 유력한데[64] 저자도 이를 지지한다. 더욱이 중재인의 권한유월은 중재판정의 취소사유이고, 취소사유를 사전에 배제하는 합의는 효력이 없다고 보므로 그렇게 해석하여야 할 것이다.[65]

권한-권한조항이 유효한지 여부는 중재절차의 준거법에 따를 것이라는 견해와 중재합의의 준거법에 따를 사항이라는 견해가 있다.[66]

나. 중재조항의 독립성

중재법(제17조 제1항 2문)은 중재합의가 중재조항의 형식으로 되어 있는 때에는 계약 중 다른 조항의 효력은 중재조항의 효력에 영향을 미치지 아니함을 명시하는데, 이것이 국제상사중재에서 널리 인정되는 중재조항의 '독립성'(separability, independence, autonomy)의 원칙이다.[67] 중재합의에는 중재부탁계약과 중재조항의 두 가지 유형이 있는데,[68] 전자는 현존하는 분쟁을 중재에 따르도록 하는 독립된 합의(submission to arbitration agreement, submission agreement. *compromis*)이고, 후자는 장래의 분쟁을 중재에 의하여 처리하도록 하는 통상 주된 계약에 포함된 중재조항(arbitration clause. *clause compromissoire*)을 말한다.[69] 중재부탁계약이 독립성을 가지는 데는 의문이 없지만, 중재조항은 형식상 주된 계약의 일부로 되어 있어 논란의 여지가 있

---

62) BGHZ 68, 356 = NJW 1977, 1397. Peter Schlosser, Das Recht der Internationalen Privaten Schiedsgerichtsbarkeit 2. Auflage (1989), Rn. 556; 안병희(註 52), 113면 이하.

63) Reinhold Geimer, Internationales Zivilprozeßrecht 5. Auflage (2005), Rz. 3826; 안병희(註 52), 109면. 그러나 Walter J. Habschied, "Zur Kompetenz-Kompetenz nach dem neuen Schiedsrecht," Grenzüberschreitungen, Festschrift für Peter Schlosser zum 70.Geburtstag (2005), S. 247ff.는 여전히 허용된다고 본다.

64) 예컨대 안병희(註 52), 56면 이하; 정선주(註 5), 78면 참조.

65) 이는 배제합의의 효력의 문제이다. 그에 관하여는 이 책 제5장(Ⅳ.) 참조.

66) 전자는 Geimer(註 63), Rz. 3824, 후자는 Schlosser(註 62), Rz. 557. 당초 이 글에서는 후자를 지지하였으나 좀더 생각할 필요가 있어 여기에서는 일단 중립적인 태도를 취한다.

67) 비단 국제상사중재규범만이 아니라 국제상거래에 관한 국제규범에서도 널리 인정되고 있다. 예컨대 UNIDROIT의 국제상사계약원칙(Principles of International Commercial Contract)(제7.3.5조 제4항)와 국제물품매매계약에 관한 협약(United Nations Convention on Contracts for the International Sale of Goods) 제81조 제1항도 이를 명시한다.

68) 중재법 제8조 제1항 참조.

69) Redfern/Hunter, para. 3-02; 목영준, 34면 이하.

기 때문에 중재법(제17조 제1항 2문)은 모델법(제16조 제1항 2문)을 따라 중재조항의 독립성을 명시한다.

이 원칙의 일차적 중요성은, 주된 계약이 효력을 상실하더라도 그 사유가 중재조항 자체에도 영향을 미치는 것이 아닌 한 중재조항은 유효하므로 중재판정부는 그에 기초하여 본안에 관하여 중재판정을 내릴 수 있는 권한을 여전히 보유하는 데 있고,[70] 나아가 심사범위를 제한함으로써 중재조항의 유효성에 대한 이의의 심사를 촉진하는 데 있다.[71]

중재판정부의 권한판단권한과 중재조항의 독립성의 관계는 다소 논란이 있다. 양자는 동전의 앞·뒷면과 같은 관계에 있다는 견해[72]도 있고, 모델법(제17조 제1항)의 문면상으로는 권한-권한원칙이 마치 독립성의 원칙의 결과처럼 보이지만, 엄밀하게는 양자는 별개이다. 즉 독립성의 원칙은 실체법의 원칙인 데 반하여 권한-권한의 문제는 절차법의 원칙이고, 다만 독립성의 원칙이 권한-권한원칙의 효력이 미치는 범위를 확대하는 점에서 밀접하게 관련되어 있다고 본다.[73]

그러나 위에서 본 것처럼 주된 계약이 효력을 상실하게 된 사유가 중재조항 자체에도 영향을 미치는 경우에는 중재조항의 독립성의 원칙은 인정되지 않는다. 또한 주된 계약이 처음부터 부존재인 경우를 예외로 보는 견해가 유력하고,[74] 나아가 주된 계약이 처음부터 무효인 경우도 예외로 보는 견해도 있다.[75] 독립성의 원칙이 의미를 가지는 전형적인 예는 일단 유효하게 성립한 주된 계약이 사후적으로 취소되거나 해제되는 경우이다.

중재조항의 독립성 유무는 중재합의의 성립 및 유효성의 준거법에 따를 사항이다.[76] 모델법과 중재법은 중재합의의 성립 및 유효성의 준거법에 관하여는 규정하지 않는다. 그러나 모델법(제34조 제2항 a호 (i)목)과 중재법(제35조 제2항 제1호 가목)이 중재판정 취소사유의 맥락에서 중재합의의 준거법을

---

70) Seventh Secretariat Note, A/CN.9/264, Article 16, para. 2
71) Homtzmann/Neuhaus, p. 480.
72) 예컨대 목영준, 121면, 주 91.
73) Broches, Article 16 paras. 6, 9.
74) Sanders 교수는 이것이 유일한 예외라고 한다. Hommage à Frédéric Eisemann Liber Amicorum (1979), p. 34 (Broches, Article 16 para. 16, Fn. 16.18에서 재인용).
75) Redfern/Hunter, para. 3-63; Broches, Article 16 para. 14.
76) Reithmann/Martiny/Hausmann, Das internationale Vertragsrecht 6. Auflage (2003), Rz. 3310, Rz. 3416.

정하므로 동일한 원칙이 여기에도 적용된다고 볼 여지가 있다.[77] 즉 당사자들이 지정한 법, 지정이 없는 경우에는 입법국인 중재지법이 준거법이다.

다. 중재판정부의 권한에 관한 이의제기의 시기와 해태의 효과

중재법은 중재판정부의 권한에 관한 이의제기의 시기를 두 가지로 나누어 규정한다. 즉 ① 처음부터의 권한흠결의 경우 중재판정부의 권한에 관한 이의는 본안에 관한 답변서를 제출할 때까지 제기되어야 한다(제17조 제2항 1문). 자신이 중재인을 선정하였거나 선정절차에 참여한 당사자도 중재판정부의 권한흠결에 대한 이의를 제기할 수 있다(제17조 제2항 2문). ② 한편 사후적인 권한유월의 경우 이의는 그 사유가 중재절차에서 다루어지는 즉시 제기하여야 한다(제17조 제3항). 그러나 무경험한 당사자들은 중재절차의 초기단계에서 중재인의 권한흠결과 권한유월을 모를 수 있고, 특히 중재판정부의 권한의 준거법을 알지 못하는 경우도 있기 때문에 이러한 제한은 당사자들에게 엄격하다는 의견이 있었고, 이를 완화하기 위하여 위원회는 중재판정부는 비록 이의가 동 항에 규정된 시기보다 늦게 제기되었더라도 정당한 이유가 있다고 인정하는 경우에는 이의를 받아들일 수 있도록 하였다(제17조 제4항).

만일 당사자들이 정당한 이유 없이 이의제기의 시기를 도과하여 늦게 이의를 제기한 경우 중재판정부가 이의 제기를 고려할 수 있는가, 나아가 중재절차에서 아무런 이의를 제기한 바 없이 중재판정 취소 또는 중재판정의 집행을 위한 소송절차에서 비로소 이의를 제기하는 경우 법원이 이를 고려할 수 있는지는 논란이 있다.[78]

모델법은 이에 대하여 분명한 태도를 취하지 않은 것으로 보이나, 당사자들이 정당한 이유 없이 이의제기를 해태한 경우 그 후의 절차에서는 원칙적으로 중재판정부의 권한에 관한 이의제기를 할 수 없지만, 다만 그러한 차단효(preclusive effect)에 대한 예외로서 예컨대 사무국(secretariat)의 문서와[79] 작업반 보고서[80] 및 위원회보고서[81]가 지적한 바와 같이 제34조와 제36조가

77) Homtzmann/Neuhaus, p. 481도 동지.

78) 나아가 당사자가 중재판정부에게 이의제기를 하고 중재판정부가 그에 대해 판단한 경우 법원의 심사를 요청하지 않은 경우도 유사한 문제가 제기된다.

79) Seventh Secretariat Note, A/CN.9/264, paras. 8-10.

80) Fifth Working Group Report, A/CN.9/246, para. 51.

81) 위원회보고서, A/40/17, para. 289, para. 57 참조.

법원이 직권으로 판단할 사항으로 명시하는 경우, 즉 중재가능성의 결여 또는 공서위반의 경우에는 중재판정부나 법원은 그러한 이의가 언제 제기되었는가에 관계없이 이의를 판단할 수 있다는 견해가 유력하다.[82)]

라. 중재판정부의 권한에 대한 결정에 대한 법원의 심사

모델법 제16조에 관하여 가장 논쟁의 대상이 되었던 것은 바로 이 조항인데, 중재판정부의 권한에 대한 중재판정부의 결정이 어떤 방법으로든 사법적 통제의 대상이 되어야 한다는 데는 이견이 없었지만 통제의 종류와, 특히 그 통제가 중재절차 진행중에 —중재절차를 중지하거나 또는 중지하지 않든 간에— 행사되어야 하는지에 관하여는 많은 논란이 있었다.[83)]

불필요한 중재절차의 진행에 따른 시간과 비용의 낭비를 막기 위하여 법원이 조기에 심사할 수 있어야 한다는 견해와, 당사자가 중재절차를 지연하고 방해하기 위한 목적으로 법원에 의한 심사를 남용할 가능성이 있으므로 법원의 심사는 중재판정이 내려진 후로 미루어야 한다는 견해가 대립하였다.[84)] 작업반의 논의과정에서 다양한 초안들이 작성되었는데, 위원회는 그 중에서 다음과 같은 내용의 혁신적이고 합리적인 **타협안**을 채택하였다.[85)]

첫째, 법원은 중재법 제9조(모델법 제8조)에 따라 사건을 중재판정부에 회부할지를 결정함에 있어서 중재판정부의 권한을 심사할 수 있다. 사건이 법원에 계속중인 동안 중재판정부는 중재절차를 계속할 수 있는 재량을 가진다.

둘째, 중재판정부는 이의제기가 있으면 그의 선택에 따라 중재판정부의 권한에 대하여 선결문제로서 결정하거나 본안에 관한 중재판정에서 함께 판단할 수 있다(제17조 제5항). 중재판정부가 선결문제로서 결정한 경우 이는 법원의 즉각적인 심사의 대상이 된다. 중재판정부가 본안에 대한 종국적인 중재판정을 내리기 전에 국가법원이 판정부의 권한의 문제에 관여하는 체계를 "동시통제"(concurrent control)라고 부르는데, 모델법은 중재판정부가 선결

82) Holtzmann/Neuhaus, p. 483; Broches, Article 16 para. 26. 주석중재법/양병회 · 정선주, 76면은 이런 예외를 언급하지 않는다. 다만 주석중재법/장문철 · 박영길, 21면 주 7은 이의신청권의 상실에 관한 중재법 제5조의 설명에서 강행규정에 위반한다는 주장에는 제5조가 적용되지 않고 중재절차 중에는 물론 취소의 소 또는 집행판결 청구의 소에서 언제든지 주장할 수 있다고 한다.

83) Holtzmann/Neuhaus, p. 483 이하.

84) 위원회보고서, A/40/17, paras. 158-159. Broches, Article 16 para. 31.

85) 우선 Holtzmann/Neuhaus, p. 485 이하 참조.

문제로 자신의 권한을 긍정한 경우에 한하여 이를 채택한 것이다.[86] 즉 중재판정부가 선결문제로서 권한이 있다고 결정한 경우 이의당사자는 결정의 통지를 받은 날부터 30일 이내에 법원에 중재판정부의 권한에 대한 심사를 신청할 수 있다(제17조 제6항). 중재법은 명시하지 않지만 우리나라에서는 이 경우 중재인의 권한의 중요성에 비추어 구술변론을 거쳐 판단할 것이라는 견해가 유력하다.[87] 그러나 구체적인 사안의 모든 사정을 고려하여 구술변론을 거칠 것인지를 법원이 판단하도록 하는 것이 적절하지 않을까 생각된다.

본안에서 함께 판단한 경우에는 중재판정의 취소를 기다려야 한다. 중재판정부에게 선택권을 부여하는 방안의 장점은, 중재판정부가 개별사건에서 중재인의 권한에 대한 이의가 지연책략으로 이용될 위험과, 무용한 중재절차에서 비용과 시간을 낭비할 위험을 비교하여 적절히 대응할 수 있다는 데 있다.[88] 절차의 지연을 막기 위한 장치로서 중재법은 권한심사신청기간을 제한하고(제17조 제6항), 권한심사신청에 대한 법원의 권한심사에 대하여 항고할 수 없도록 하며(제17조 제8항),[89] 중재판정부는 권한심사신청에 대한 재판의 계속중에도 재량으로 중재절차를 진행하거나 중재판정을 내릴 수 있도록 허용한다(제17조 제7항).[90]

반면에 중재판정부가 본안에 대한 중재판정에서 비로소 자신의 권한을 긍정한 경우에 당사자는 별도의 불복을 할 수 없고, 결국 중재판정 취소의 소나 승인 및 집행의 단계에서 다툴 수 있을 뿐이다.[91]

모델법은 중재판정부가 선결문제로 판정하는 것을 장려하지만, 지연을 목적으로 하는 이의제기나 사안의 본안과 분리하기 어려운 이의제기가 있는 경우 중재판정부는 본안에서 함께 판단할 수 있다고 한다.[92] 이렇게 이해한

86) Redfern/Hunter, para. 5-47. 모델법의 성안과정에서도 한 때 'Concurrent court control'이라는 제목으로 별도의 조문이 제안된 바 있었다. Broches, Article 16 para. 34.

87) 주석중재법/양병회 · 정선주, 77면. 입법론적으로는 독일 민사소송법(제1063조)과 일본 중재법(제6조)처럼 명시적인 규정을 두는 것이 바람직하다고 본다.

88) Holtzmann/Neuhaus, p. 486; Broches, Article 16 para. 39.

89) 그러나 안병희(註 52), 105면은 중간판정에 대한 법원의 판단에 대해 항고할 수 없다는 중재법의 규정을 비판하고 독일처럼 상소를 허용할 필요성이 있다고 한다. 중간판정을 하지 않고 종국판정에서 판단한 경우 상소가 가능한 것과의 균형상 그렇게 보아야 한다고 한다.

90) 이는 위에서 본 중재인의 기피신청에 대한 규율방식과 유사하다.

91) 주석중재법/양병회 · 정선주, 77면도 동지.

92) Holtzmann/Neuhaus, p. 486. 주석중재법/양병회 · 정선주, 77면도 일반적으로 중재판정부는 권한판단권한을 인정하는 경우 선결문제로서 결정하고, 이의 제기가 큰 의미를 가지지 않

다면 중간판정과 종국판정을 선택적으로 규정하는 모델법이나 중재법보다는, 중간판정을 선호하는 UNCITRAL 중재규칙(제21조 제4항)과 원칙적으로 중간판정을 하도록 규정하는 독일 민사소송법(제1040조 제3항 1문)[93]이 더 적절하다고 보이기도 하지만 중재법의 태도가 문제될 것은 없다.

한편 중재판정부가 권한이 없다고 판단하는 경우 어떤 형태의 판정을 할지가 문제된다. 일본 중재법(제23조 제4항 ii호, 제40조 제2항)은 중재판정부는 중재절차 종료결정을 할 것을 명시한다. 반면에 중재법과 모델법은 명시하지 않는데, 중재법의 해석론으로는 법원의 소송판결에 상응하는 소송중재판정(Prozessschiedsspruch)으로써 중재신청을 각하할 것이다.[94] 소송중재판정에 대하여 중재판정 취소의 소를 제기할 수 있다는 견해[95]도 있으나, 중재법상으로는 본안에 대하여 종국적 판단을 내린 중재판정만이 중재판정 취소의 대상이 된다고 보므로 이는 중재판정 취소의 대상이 되지 않는다고 본다.[96] 중재판정부의 판단의 당부는 결국 중재법 제9조(모델법 제8조)에 따른 소송에서 다루어지게 된다.[97]

마. 중재절차의 진행을 막기 위한 법원의 가처분, 본안소송 또는 위법확인의 소

위의 논의는 피신청인이 중재절차에 참가하여 중재절차 내에서 중재판정부의 권한에 대해 이의를 제기하고 다투는 경우이다. 그러나 피신청인은 중재절차의 개시 전 또는 진행중에 법원에 가처분신청을 하거나 소를 제기하는

고 단지 절차 지연의 수단으로 이용되는 경우 본안에 관한 중재판정에서 권한을 인정하는 것이 바람직하다고 한다.

93) 그 근거는 중재판정부의 권한을 다투는 당사자로 하여금 비용과 정신적 부담을 주는 중재절차의 종료시까지 기다렸다가 중재판정취소의 소를 제기하도록 하는 것은 기대가능성이 없기 때문이라고 한다. Stein/Jonas/Schlosser, § 1040 Rn. 12. 물론 본안에 관한 판단을 할 정도로 성숙한 단계라면 함께 판단할 수 있다. 독일 민사소송법은 본안에 관한 판단이 아니라는 이유로 'Zwischenschiedsspruch'(중간판정)이라 하지 않고 'Zwischenentscheid'(중간판단)이라고 한다. 주석중재법/양병회 · 정선주, 77면 주 5.

94) 주석중재법/양병회 · 정선주, 77면. Harbst(註 60), S. 29도 동지. 이는 BT-Drucks. 13/5274, S. 44를 인용한다.

95) 주석중재법/양병회 · 정선주, 77면.

96) 대법원 2004. 10. 14. 선고 2003다70249, 70256 판결. 주석중재법/손용근 · 이호원, 222면; 조무제, "판례에서 보는 중재법," 중재 제319호(2006 봄), 65면.

97) 중재판정부에게 그의 의사에 반하여 중재를 계속하도록 강요할 수는 없으므로 중재판정부의 판단은 사실상 최종적이라는 견해가 있다. Holtzmann/Neuhaus, p. 487. 상세는 Broches, Article 16, para. 49 이하 참조.

등의 좀더 적극적인 조치를 취할 수 있는데,[98] 우리 법상으로는 우선 다음 네 가지 방안을 고려할 수 있다.

첫째, 중재절차의 진행을 막기 위하여 중재절차의 개시 전 또는 진행중에 법원에 중재절차를 금지하는 가처분을 신청하는 방안.

둘째, 중재절차의 진행을 막기 위하여 중재절차의 개시 전 또는 진행중에 법원에 중재절차를 금지하는 본안판결을 신청하는 방안.[99]

셋째, 중재절차의 개시 전 또는 진행중에 법원에 중재절차의 위법확인 또는 중재합의의 부존재(또는 무효)의 확인을 구하는 소를 제기하는 방안.

넷째, 중재절차와는 별도로 법원에 본안에 관한 소(예컨대 소극적 확인의 소)를 제기하여 그 절차 내에서 중재합의의 무효를 주장하는 방안.

아래에서는 위 네 가지 방안의 가능 여부를 차례대로 검토한다.

(1) 법원에 중재신청 또는 중재절차의 진행을 금지하는 가처분을 신청하는 방안

종래 우리나라에서는 중재절차의 진행을 막기 위한 법원의 가처분은 허용되지 않는 것으로 해석되었다. 즉 구 중재법 하에서 대법원 1996. 6. 11.자 96마149 결정[100]은, 당해 중재절차가 허용될 수 없는 경우이더라도 ① 법원에 중재절차의 위법확인을 구하는 본안소송을 제기하거나 ② 중재판정이 있은 후에 중재판정취소의 소를 제기하여 중재절차의 위법을 다투는 것은 별론으로 하고, 막바로 중재절차의 위법을 들어 법원에 중재절차정지의 가처분을 구할 수는 없다고 판시하였다(번호는 저자가 추가). 학설은 그 근거를 중재인에 의한 중재절차와 법원에 의한 재판절차는 상호 독립적인 것이므로 법원에 의한 중재절차에의 관여는 최소한에 그쳐야 한다거나,[101] 만일 법원의 가처분을 허용하면 고의(악의)에 의한 절차지연을 허용하는 것이 된다거나,[102] 중재판정부의 자기권한심사와 중재조항의 독립성을 사실상 무력화시

98) Redfern/Hunter, para. 5-54 참조.

99) 위의 가처분과 여기의 본안을 모두 anti-arbitration injunction이라고 부르는데, 영국에서는 전자를 'interlocutory injunction', 후자를 'final injunction'이라고 부르는 것으로 보인다. 영국법상의 anti-suit injunction에 관한 Peter Schlosser, "Anti-suit injunctions zur Unterstützung von internationalen Schiedsverfahren," RIW (2006), S. 492의 설명 참조.

100) 공1996하, 2129. 위 결정에 대하여는 김수형, "法院에 의한 仲裁節次停止의 假處分이 可能한지 여부," 대법원판례해설 제25호(1996), 264면 이하의 평석이 있다.

101) 김수형(註 100), 271면.

102) 안병회(註 52), 108면. 가처분을 불허하는 1996년 대법원결정은 중재법 제17조 제7항의 취지와 같다고 한다.

키는 것이 되기 때문이라고 설명하였다.[103)]

사견으로도 부정설이 타당하다. 중재법 제17조는 중재판정부의 권한판단 권한에 대하여 이의가 있는 경우 중재판정부에게 일차적 판정권한을 부여하고, 그에 불복하는 경우 종국적인 사법적 통제권한을 법원에 부여한다.[104)] 따라서 중재판정부가 구성된 이상 중재절차의 진행 여부는 중재인이 판단해야지, 중재판정부의 판단에 앞서 법원이 그것도 종국적이 아닌 가처분의 형태로 당사자에게 중재절차의 금지를 명할 수는 없다.[105)]

(2) 법원에 중재신청 또는 중재절차의 진행을 금지하는 본안소송을 제기하는 방안

이에 관하여는 종래 별로 논의가 없었으나 중재법의 해석론으로는 아래에서 보는 중재절차의 진행을 금지하는 법원의 위법확인에 관한 논의가 타당한 것으로 보인다. 위에서 본 바와 같이 가처분신청에서 피보전권리로서 부작위청구권이 있는지가 문제되는데, 본안판결을 하는 경우에도 동일한 문제가 제기된다. 중재절차의 중지 여부는 중재판정부가 결정할 사항이고 법원은 당사자에게 중재절차의 중지를 명할 수는 없다.[106)]

(3) 법원에 중재합의의 무효확인 또는 중재절차의 위법확인을 구하는 본안소송을 제기하는 방안

위에서 언급한 대법원 1996년 결정이 "… 법원에 그 중재절차의 위법확인을 구하는 본안소송을 제기하는 것은 별론으로 하고"라고 설시한 것을 근거로, 구 중재법 하에서 법원에 의한 중재절차의 위법확인은 가능한 것으로 이해되었다.[107)] 중재합의의 부존재확인청구와 무효확인청구도 마찬가지다. 개정중재법의 해석론으로는 학설이 나뉘었다.

---

103) 목영준, 154면.

104) Broches, Article 16 para. 35 참조.

105) Stein/Jonas/Schlosser, § 1032 Rn. 22, § 1026 Rn. 1도 동지.

106) Holtzmann/Neuhaus, p. 306. 그에 대한 예외로서 중재절차 진행중 일방당사자가 파산한 경우 중재절차가 중단되는지 나아가 파산법원이 중재절차의 진행을 중지시킬 수 있는지가 문제된다. 이에 관하여는 임치용, "파산절차의 개시가 중재절차에 미치는 영향," 사법논집 제41집(2005), 305면; 김경욱, "중재당사자의 파산이 중재절차에 미치는 영향—국내 중재·파산절차에 한정하여—," 민사소송 제10권 제2호(2006), 307면 이하 참조.

107) 목영준, 122면; 목영준(註 5), 96-97면. 서울지방법원 1989. 6. 9. 선고 89가합2514 판결(하급심판결집 1989-2권, 247면)도 확인의 소로서 중재절차불허를 구하는 청구가 인용될 수 있다고 판시하였다. 다만 당해 사건에서는 중재합의의 상대방이 아니라 중재기관을 피고로 하였음을 이유로 소를 각하하였다.

긍정설은, 물론 이론적으로는 중재절차에 참여하면서 중재판정부의 판정권한에 관하여 이의를 하고 그에 대한 중재판정부의 결정에 대하여 법원의 판단을 받는 것이 이상적이겠지만, 중재판정부는 그에 대한 법원의 재판이 계속 중이더라도 중재절차를 진행하여 중재판정을 내릴 수 있어 큰 실효성이 없기 때문에 피신청인이 중재합의가 부존재·무효, 효력상실, 이행불능이라는 이유에서 또는 중재판정부의 구성 기타 중재절차가 위법이라는 이유에서 중재절차의 위법확인 또는 정지를 구하는 본안소송이 허용되어야 한다고 본다.[108]

반면에 부정설은, 중재법 제17조는 중재판정부에게 일차적 판정권한을 부여하고 그에 불복하는 경우 법원에 종국적인 재판권한을 부여하고 있으므로, 실제적 필요성이 있다고 본안소송을 허용하는 것은 위 조문에 반하여 허용할 수 없다고 본다.[109] 이는 그 경우에도 피신청인은 중재법 제17조가 정한 절차에 따라야 한다고 보나, 다만 중재절차가 개시되기 전에는 국가법원에 소를 제기할 수 있다고 한다.[110]

그러던 중 개정중재법의 해석론으로서 대법원 2004. 6. 25. 선고 2003다5634 판결[111]은, 중재합의가 없었음에도 불구하고 중재절차를 진행시키는 것을 이유로 중재절차 위법확인의 소를 제기하는 것은 부적법하다고 판시하였다. 대법원판결은 다음과 같은 원심의 판단을 정당하다고 판단하였다. 즉 원심은, 중재합의 없이 중재절차가 진행되는 경우 중재법이 인정하는 사법적 통제는 ① 중재법(제17조)에 의하여 중재판정부가 당사자의 이의에 대하여 선결문제로서 권한이 있다고 결정한 경우 이의당사자는 30일 이내에 법원에 심사를 신청할 수 있는바, 법원이 이에 따라 중재판정부의 권한을 심사함으로써 하는 방법과, ② 중재판정에 불복하는 당사자가 중재법(제36조)에 의하여 제기한 중재판정취소의 소에서 심리하는 방법 및 ③ 중재법(제37조)에 따라 중재판정에 대한 승인 또는 집행판결을 신청하는 경우 그 소송절차에서

108) 목영준(註 6), 27면; 목영준(註 5), 96면. 일본 중재법의 해석론으로 近藤昌昭 외 4인(註 4), 110면도 동지.

109) 안병희(註 52), 108면. 독일에서는 중재판정부의 구성 후에는 불가능하다는 견해가 유력하다. Harbst(註 60), S. 34.

110) 안병희(註 52), 108면은 중재법 제6조를 논거로 들지는 않고 단지 Kompetenz-Kompetenz 만을 언급한다.

111) 원심판결은 서울고등법원 2002. 12. 20. 선고 2002나46685 판결이고, 제1심판결은 서울지방법원 2002. 7. 12. 선고 2002가합2671 판결이다. 사안은 원고(대림산업)가 국가를 상대로 대한상사중재원에 중재신청하여 중재절차가 진행중에 서울지방법원에 선택적 중재합의가 존재하지 않는다는 이유로 중재절차는 위법하다는 확인을 구하는 소를 제기한 것이다.

심리하는 방법 등 3가지가 있는데, … 중재법은 중재판정부에 자기의 관할권의 전제가 되는 중재계약의 유효성 및 범위에 대한 판정권을 우선적으로 부여하면서도, … 최종적인 판단권은 법원에 유보하고 있으나, 한편 중재법 제6조는 법원이 중재활동에 개입할 수 있는 범위를 중재법이 정한 경우로 한정하므로, 중재합의가 없는 경우에도, 위 3가지 경우를 제외하고는 법원은 중재절차에 대한 사법적 통제를 할 수 없는바, 중재절차 위법확인의 소는 중재절차에 대한 사법적 통제의 일종이어서 중재법 제6조에 의하여 허용되지 아니하고 따라서 원고의 중재절차 위법확인의 소는 부적법하다고 보고 이를 각하하였다.[112] 이에 따르면 우리나라에서는 일부 중재후진국에서 보는 바와 같은 법원과 중재판정부 간의 영역다툼(turf war)은 존재하지 않는다고 할 수 있다.

사견으로는 중재판정부의 권한에 대한 일차적인 판단을 중재판정부에 맡기고 최종적인 판단권한을 법원에 유보한 중재법의 취지를 고려할 때 부정설이 타당하지만, 적어도 중재판정부의 구성 전에는 법원이 판단할 수 있다고 본다.[113][114]

만일 위법확인의 소를 제기할 수 있다고 본다면, 법원이 중재절차의 위법을 확인하는 판결을 할 경우 소송당사자가 아닌 중재판정부는 비록 그 판결에 구속되지는 않지만 중재절차의 속행이 불가능한 경우로 보아 중재절차 종료의 결정을 하여야 한다(중재법 제33조).[115]

---

112) 나아가 원심판결인 서울고등법원 2002. 12. 20. 선고 2002나46685 판결은 구 중재법 제17조 제1항은 "중재인을 선정하거나, 기피하거나, 중재계약이 소멸하거나, 중재절차를 허용할 수 없는 것이거나, 중재판정 취소의 소 또는 집행판결에 관한 소에 대하여 중재계약에서 합의한 때에는 그 지방법원 또는 동 지원이 관할하고 그러하지 아니한 때에는 민사소송법 제1조 내지 제22조를 적용한다"고 규정하고 있어, 당해 중재절차가 허용될 수 없는 경우 당사자가 상대방에 대하여 법원에 중재절차의 위법확인을 구하는 소를 제기하는 것이 허용된다고 해석할 여지가 있었으나, 개정중재법은 구 중재법 제17조 제1항과 같은 규정을 두고 있지 아니할 뿐만 아니라, 중재법에서 정하고 있는 경우 이외에는 중재절차에 대한 사법적 통제를 금지하는 제6조를 따로이 두고 있으므로 개정중재법 하에서는 중재절차의 위법확인을 구하는 소는 허용되지 아니한다고 판시하였다.

113) 독일 민사소송법 제1032조는 중재법 제9조에 상응하는데, 독일 민사소송법은 중재법과 모델법에는 없는 제1032조 제2항을 둔다. 즉 동 항은 "중재판정부를 구성할 때까지는 법원에 중재절차의 허용성 또는 불허용성의 확인의 신청을 제출할 수 있다"는 것이다. 정선주(註 29), 266면도 제1032조 제2항의 태도를 지지한다.

114) 당사자가 법원에 본안으로써 판단을 신청하였으나 법원이 심리에 들어가기 전에 중재판정부가 구성된 경우에도 동일하다.

115) 近藤昌昭 외 4인(註 4), 110면도 동지.

(4) 법원에 본안에 관한 소송을 제기하고 선결문제로 중재합의의 무효 등을 주장하는 방안

위와 같이 보더라도, 중재판정부가 구성된 후에도 피신청인은 예컨대 본안에 관한 소극적 확인을 구하는 소송을 제기하고 거기에서 중재합의의 무효를 주장함으로써 중재판정부의 판단을 거치지 아니하고 중재합의의 유효성과 중재인의 권한에 관한 법원의 판단을 받을 수 있다.[116] 중재절차의 위법확인을 구하는 소와의 균형을 생각하면, 이 경우에도 이미 중재판정부가 구성되었다면 법원은 소송절차를 중지하고(또는 기일을 추정하고) 중재판정부의 일차적 판단을 기다려야 한다는 견해도 주장될 수 있으나, 절차의 신속을 위하여 중재합의의 유·무효가 선결문제로 다루어지는 경우에까지 그렇게 볼 것은 아니다.[117]

영국 중재법은 우리 중재법과 달리 법원이 중재인의 권한을 직접 심사할 수 있는 가능성을 열어두고 있다.[118]

Ⅳ. 중재절차 진행중의 법원의 역할

1. 중재판정부의 임시적 처분과 법원의 보전처분

중재합의의 당사자들도 긴급한 사정이 있으면 보전처분을 필요로 하는데 우선 누구에게 신청할지가 문제된다. 중재판정부에 신청할 경우 과연 그가 처분을 할 권한이 있는지가 문제되고, 법원에 신청할 경우 중재합의가 보전처분을 할 법원의 권한을 배제하는지가 문제된다. 또한 중재판정부와 법원에 모두 신청할 수 있다면 혹시 우선순위가 있는지가 문제된다. 법원의 보전처

116) Harbst(註 60), S. 35도 동지.

117) 위원회보고서, A/40/17, Art. 8, para. 92도 소송절차의 중지에 반대한다.

118) 다음의 경우 법원의 판단을 받을 수 있다. 첫째, 당사자의 합의로 법원에 권한을 부여할 수 있다(제30조 제1항). 즉 당사자들은 중재판정부의 권한을 배제할 수 있다. 둘째, 예외적인 상황하에서 가능하다(제32조). 즉 상대방의 동의가 있거나, 또는 중재판정부의 승인이 있고, 일정한 요건이 구비되는 경우 일방당사자의 신청만에 의해 가능하다. 셋째, 영국 중재법(제72조)은 중재절차에 참가하지 않은 당사자에게 가처분 또는 선언에 의하여 중재인의 권한을 다툴 수 있는 길을 열어둔다. Harbst(註 60), S. 38. 그 밖에도 피신청인은 분쟁의 대상에 관한 본안소송을 제기하여 중재합의가 무효임을 주장할 수 있다.

분은 중재절차 개시단계의 법원의 역할로 다룰 사항이나, 중재판정부의 임시적 처분과 함께 논의하므로 여기에서 다룬다. 우선 중재판정부의 임시적 처분을 살펴보고(가.), 법원의 보전처분을 논의한다(나.).[119)]

가. 중재판정부의 임시적 처분[120)]

모델법과 중재법의 해석론을 살펴보고, 2006년 UNCITRAL이 채택한 모델법의 개정안을 소개한다.

(1) 임시적 처분을 할 수 있는 중재판정부의 권한

법제에 따라서는 중재판정부에게 임시적 처분을 할 수 있는 권한을 부여하지 않는다.[121)] 이에 관하여 침묵하였던 구 중재법과 달리, 중재법(제18조 제1항 제1문)은 모델법(제17조 1문)을 따라 "당사자 간에 다른 합의가 없는 경우에 중재판정부는 일방당사자의 신청에 따라 결정으로 분쟁의 대상에 관하여 필요하다고 인정하는 임시적 처분을 내릴 수 있다"고 규정한다.[122)] 임시적 처분을 할 수 있는 중재판정부의 권한이 중재합의에 묵시적으로 포함된 것인지 아니면 명시적 수권이 필요한지에 관하여 논란이 있었지만 모델법은 전자로 보므로 이를 배제하려면 당사자들의 명시적 합의가 필요하다.[123)]

중재법의 문언상으로는 모델법과 마찬가지로 일방당사자의 신청에 의한 임시적 처분이 가능하나, 일방적 신청에 따른 임시적 처분은 부당하므로 대부분의 중재선진국들은 최근 법을 개정하면서 그러한 권리를 포함시키지 않았다고 한다.[124)] 아래에서 보듯이 모델법 개정안은 이 문제를 해결하였다.

(2) 중재판정부가 할 수 있는 임시적 처분의 종류

국제상사중재에서 내려지는 임시적 처분의 유형은 그 목적에 따라 첫째,

---

119) 중재법은 모델법 제18조의 중재판정부가 하는 "interim measure of protection"을 '임시적 처분'으로, 제10조의 법원이 하는 "interim measure of protection"은 '보전처분'으로 번역하는데, 이는 양자를 용어상 구별하기 위한 것으로 생각된다. 따라서 본문에서도 이처럼 용어를 구별한다.

120) 중재판정부의 임시적 처분에 관한 비교법적 논의는 강병근, "보전조치의 비교법적 검토," 중재 295호(2000년 봄), 106면 이하 참조.

121) 예컨대 중국 민사소송법상으로는 중재위원회는 직접 임시적 처분을 할 수는 없고 당사자의 신청을 인민법원에 이송할 수 있을 뿐이라고 한다. 윤진기, 중국중재제도(1998), 141면.

122) 모델법의 조문은 UNCITRAL 중재규칙(제26조 제1항, 제2항)을 따른 것이다.

123) Holtzmann/Neuhaus, p. 530.

124) 예컨대 Refern/Hunter, para. 7-17 참조.

손해를 회피하기 위하여 하는 처분(현상유지를 위한 임시적 처분도 이에 포함된다)과, 둘째, 장래의 중재판정의 집행을 촉진하기 위한 처분(자산동결처분도 이에 포함된다)으로 구분할 수 있다.[125] 그 밖에도 셋째, 중재절차의 진행을 촉진하기 위한 처분이 있다.[126]

주의할 것은, 중재법 제18조 제1항은 "중재판정부는 … 분쟁의 대상에 관하여 … 임시적 처분을 내릴 수 있다"고 규정하므로 중재판정부가 할 수 있는 임시적 처분은 분쟁의 대상에 관한 것에 한정된다. 따라서 예컨대 다툼의 대상(즉 계쟁물)에 관한 처분금지가처분이나 점유이전금지가처분 등을 할 수는 있으나, 중재의 대상이 아닌 피신청인의 다른 재산에 대한 가압류 기타의 처분을 할 수는 없다.[127] 모델법의 성안과정에서 중재판정부가 할 수 있는 임시적 처분을 구체적으로 "분쟁의 대상을 구성하는 물건의 가치를 보존 또는 유지하기 위한 조치"에 제한하자는 제안이 있었으나 현재와 같이 그보다는 상대적으로 넓은 권한이 채택되었는데, 그에 포함될 수 있는 예로는 물품을 제3자에게 보관시키거나 또는 부패할 수 있는 물건을 매도하는 것과 같이 물품을 보존하기 위한 조치, 은행신용장의 개설, 기계를 사용하거나 유지하는 것 또는 회복할 수 없는 손해를 방지하기 위하여 필요한 경우 건설단계를 완성하는 것, 중재 후의 단계까지 증거를 보존하는 것과 영업비밀 및 재산적 정보를 보호하기 위한 조치 등이 언급되었다.[128] 이처럼 중재판정부의 권한의 범위는 분쟁의 대상과 분쟁의 대상을 이루는 물품의 보전에 한정되므로 위 범위를 넘는 그 밖의 현상유지를 위한 임시적 처분은 허용되지 않는다고 본다.[129] 또한 중재법의 해석론상 금전의 지급 또는 재산의 처분을 명하는 임시적 처분이 가능한지에 관하여는, 영국 중재법(제39조)은 당사자 간에 합의가 있는 경우 이러한 임시적 처분을 허용하지만, 이는 본안의 예비적 판

125) A/CN.9/WG.II/WP.119, paras. 16-18.

126) A/CN.9/468, para. 81 참조. 노태악 · 구자헌, "최근 UNCITRAL 모델 仲裁法의 개정논의 결과와 國內法에의 示唆 —仲裁合意의 書面性과 仲裁判定部의 臨時的 處分을 중심으로—," 국제규범의 현황과 전망 —2006년 국제규범연구반 연구보고—(2006), 488면 이하 참조.

127) 목영준, 161면. Redfern/Hunter, paras. 7-26, 7-27. 그러나 독일 민사소송법(제1041조)도 모델법을 따랐음에도 불구하고 독일에서는 중재판정부가 할 수 있는 임시적 처분을 넓게 해석하여 가압류 또는 기타 우리 중재법상 불가능하다고 한 임시적 처분도 가능하다고 본다. 상세는 Stein/Jonas/Schlosser, § 1041 Rn. 2ff. 참조. 물론 그러한 해석이 독일 민사소송법의 조문과 일치하는지에 대해 의문을 제기하는 견해도 있다. Harbst(註 60), S. 102.

128) Holtzmann/Neuhaus, pp. 530-531. UNCITRAL 중재규칙은 임시적 처분을 예시한다.

129) Redfern/Hunter, para. 7-28.

단에 해당하므로 중재법상은 허용되지 않는다고 본다.[130)]

중재법상으로는 중재판정부는 위 셋째의 유형, 즉 訴訟留止命令(anti-suit injunction) 기타 중재절차의 진행을 촉진하기 위한 임시적 처분을 할 수는 없다. 다만 아래에서 보듯이 개정된 모델법은 이를 명시적으로 허용한다. 영국법상으로는 당사자의 일방이 중재합의에 반하여 제소하거나 소송을 수행하는 것을 금지하기 위한 법원의 訴訟留止命令이 허용된다.[131)]

다만 모델법과 중재법상 당사자는 합의에 의하여 중재판정부가 할 수 있는 임시적 처분의 범위를 제한하거나 확장할 수 있고, 이는 중재규칙의 지정에 의하여도 가능하다.[132)] 예컨대 ICC 중재규칙(제23조 제1항)은 당사자가 달리 합의하지 않는 한 중재판정부는 당사자의 신청에 따라 적절하다고 간주되는 임시적 처분을 취할 수 있다고 하여 모델법보다 광범위한 권한을 중재판정부에 부여하는데, 당사자가 ICC 중재규칙을 적용하기로 하였다면 중재판정부는 그에 따른 임시적 처분을 할 수 있다.[133)]

(3) 중재판정부의 임시적 처분의 집행

제18조는 중재판정부가 내린 임시적 처분의 집행방법은 규정하지 않는다.[134)] 사실 모델법의 성안과정에서 사무국은 중재판정부가 법원에게 임시적 처분의 집행에 조력을 요청할 수 있다는 문언을 두었으나, 논의과정에서 이는 각국의 절차법이 규율하는 사항과 법원의 권한에 관련되므로 다수 국가들이 수용할 수 없을 것이라는 이유로 삭제되었다.[135)]

그런데 중재법에 따르면 법원의 집행판결의 대상이 되는 것은 중재판정

---

130) 목영준, 161면.

131) 영국의 지도적 판결은 *Aggeliki Charis Compania Maritima SA v. Pagnan SpA (The Angelic Grace)*[1995] 1 Lloyd's Rep 87 (CA); aff'g [1994] 1 Lloyd's Rep 168 (Rix J)이다. Sir Peter Gross, "Anti-suit injunctions and arbitration," [2005] LMCLQ 1, p. 10 이하 참조. 독일의 논의는 우선 Schlosser(註 99), S. 486ff. 참조. Schlosser는 중재합의의 결과 당사자는 법원에 제소하지 않을 실체법상의 부작위의무를 부담한다고 보아 피보전권리를 인정하므로 독일법상으로도 법원의 anti-suit injunction이 가능하다고 본다. 중재합의의 이행을 강제할 수 있다면 그것이 더 확실한 방법일 것이다.

132) Stein/Jonas/Schlosser, § 1041 Rn. 8.

133) 예컨대 영국에서는 당사자들이 중재인에게 Mareva-injunction(또는 freezing-injunction)을 할 수 있는 권한을 부여할 수 있다. Harbst(註 60), S. 104, Fn. 404. 이를 핵폭탄이라고 부른다.

134) 증거조사에 관한 중재법 제28조는 중재판정부에게 법원에 증거조사를 촉탁할 수 있는 권한을 부여하는 데 반하여 제18조는 이러한 권한을 부여하지 않는다.

135) Holtzmann/Neuhaus, p. 531.

에 한정되므로(제37조 이하)[136] 중재판정부가 임시적 처분으로써 하는 결정은 집행판결의 대상이 되지 않는다.[137] 그러므로 독일 민사소송법(제1041조 제2항)과 같이 법원이 위 결정을 집행할 수 있도록 할 필요가 있다. 물론 그 경우 집행 여부는 법원의 재량에 따른다. 그러나 이러한 제안에 대하여는 이견이 있다. 즉 비록 중재판정부는 법원과 같은 정도의 강제력을 행사할 수 없고, 보전처분의 국제적 집행은 용이하지 않지만, 중재판정부의 모든 명령은 당사자 간에는 구속력이 있으므로 중재판정부의 보전처분이 무의미한 것은 아니고, 분쟁의 본안을 판단할 중재판정부가 내린 보전처분을 당사자들이 의도적으로 무시한다는 것은 용감한(또는 어리석은) 행동이라는 점에서 중재판정부의 임시적 처분은 사실상 상당한 구속력이 있다는 것이다.[138] 사무국의 의견도, 중재판정부는 당사자가 중재판정부의 임시적 처분을 따르지 않은 사실을 중재판정을 함에 있어 특히 손해배상을 산정함에 있어서 고려할 수 있다고 한다.[139]

결국 한편 극단에 있는 중국은 중재판정부에게 임시적 처분을 할 수 있는 권한을 아예 부여하지 않고, 반대편 극단에 있는 독일은 이러한 권한을 인정하고 중재판정부의 임시적 처분의 집행까지 허용하는 데 반하여 중재법은 양자의 중간에 있는 셈이다.

(4) 중재판정부의 임시적 처분의 효력이 미치는 범위

중재판정부의 임시적 처분은 중재절차의 당사자에게만 효력이 미친다. 모델법(제17조)은 이를 명시하는 데 반하여 중재법(제18조)은 이를 명시하지 않는다. 그 점에서 중재법은 UNCITRAL 중재규칙과 유사하다. 그러나 당사자 간의 합의에 기초한 사적 분쟁해결수단이라는 중재의 성질상 중재법상으로도 중재판정부는 달리 법률상 근거가 없는 한 제3자에게 임시적 처분을 명할 수는 없다.[140] 따라서 중재판정부가 은행과 같은 제3자에게 지급금지를 명하는 것은 불가능하다.[141]

---

136) 중재법은 중재인이 절차에 관하여 하는 판단을 결정의 형식으로, 본안에 관하여 하는 판단을 판정의 형식으로 하도록 이원화하고 있다. 목영준, 17면 주 83.

137) 이 점은 석광현(註 9), 483-484면에서 지적하였다. 주석중재법/양병회·정선주, 82면도 동지. 그러나 민병국, "중재인의 임시적 처분(臨時的 處分)," 중재 제319호(2006 봄), 88면은 결정이든 판정이든 모두 중재판정부의 판정의 일종이므로 달리 볼 이유가 없다고 한다.

138) Redfern/Hunter, para. 7-22. 민병국(註 137), 87면도 동지다.

139) Holtzmann/Neuhaus, p. 531.

140) Holtzmann/Neuhaus, p. 532도 UNCITRAL 중재규칙의 해석상 동지.

141) 민병국(註 137), 90면.

(5) 임시적 처분에 관한 담보

임시적 처분의 신청이 있는 경우 중재판정부는 피신청인에게 임시적 처분에 갈음하여 제공할 담보의 금액을 정할 수 있다(중재법 제18조 제1항 2문). 또한 중재판정부는 임시적 처분의 신청인에게 적절한 담보의 제공을 명할 수 있다(제18조 제2항). '적절한 담보'라 함은 조치를 부과하는 데 따른 직접적인 비용만이 아니라 중재판정에서 승소한 당사자에게 임시적 처분에 의하여 발생하는 결과적 손해에 대한 담보도 포함한다.[142)]

독일 민사소송법(제1041조 제4항)은 부당하게 임시적 처분을 받은 당사자는 그로 인한 손해를 배상할 의무가 있고, 진행중인 중재절차에서 그러한 손해배상청구권을 주장할 수 있음을 명시하는데, 중재법에는 조문은 없지만 동일하게 보는 견해가 있다.[143)]

(6) 모델법의 개정안

2006년 6월—7월에 개최된 UNCITRAL 제39차 본회의에서 채택된 모델법의 개정안은 제4장의2(Chapter IV bis)로 '임시적 처분과 사전명령'이라는 장을 신설하여 그에 관한 상세한 규정을 둔다.[144)] 임시적 처분(interim measures)은 상대방에 대한 통지 후에 내려지는 것으로, 관할법원에 집행을 신청할 수 있고 법원은 승인거부사유가 없는 한 이를 승인하고 집행해야 한다. 반면에 사전명령(preliminary orders)은 임시적 처분의 집행을 확보하기 위하여 일방당사자의 신청에 의하여 내려질 수 있으나 20일 동안만 효력이 있으며 집행의 대상이 되지 않는다. 개정안(제17조 제2항)은 현상유지를 위한 임시적 처분과 訴訟留止命令(anti-suit injunction)도 내릴 수 있음을 명시한다(다만 위에서 본 것처럼 법원의 訴訟留止命令이 가능하다면 그것이 더 실효적일 것이다). 우리도 모델법의 개정내용을 중재법에 적절히 반영할 필요가 있다.

---

142) 위원회보고서, A/40/17, paras. 165-166; Holtzmann/Neuhaus, p. 532. UNCITRAL 중재규칙(제26조 제2항)은 임시적 처분의 비용에 대한 담보라고만 규정하나 동 규칙의 해석상으로도 동일한 결론이 타당하다. 위원회보고서, A/40/17, para. 166.

143) 주석중재법/양병회 · 정선주, 83면.

144) 상세는 노태악 · 구자헌(註 126), 491면 이하; 강병근, "UNCITRAL 모델중재법의 개정 — 제39차 유엔국제 무역법위원회 본 회의를 중심으로—," 한림법학 FORUM 제17권(2006), 8면 이하 참조.

나. 법원의 보전처분

중재합의가 있으면 법원의 재판권(내지 재판관할권)이 배제되므로 법원은 중재의 대상인 법률관계에 관하여 재판할 수 없는데, 그의 연장선상에서 법원은 보전처분도 할 수 없고, 또한 당사자가 법원에 보전처분을 신청하는 것은 중재합의의 포기인가라는 의문이 제기된다.[145] 그러나 당사자의 법원에 대한 보전처분 신청은 중재합의에 반하는 것이 아니라 오히려 장래 유리한 중재판정을 받을 것을 예상하고 이를 집행하기 위한 것이다.[146] 모델법(제9조)은 중재절차 전 또는 중재절차중에 당사자가 법원에 보전처분을 신청하거나 보전처분을 받더라도 중재합의의 포기는 아니고, 또한 법원도 중재합의를 이유로 보전처분을 명하는 것이 금지되지 않는다는 두 가지 원칙을 명시한다.[147] 중재법(제10조)은 모델법을 따르면서도 “당사자는 … 법원에 보전처분을 신청할 수 있다”고만 하여 두 가지 원칙 중 전자만을 명시하나, 해석론상 법원이 보전처분을 명하는 것이 금지되지 않음은 명백하다. 입법론으로는 우리도 모델법을 따르는 편이 좋았을 것이다.[148] 중재법 제6조를 고려하면 더욱 그렇다.

중재법(제18조 제1항)에 따른 중재인의 임시적 처분이 분쟁의 대상에 관한 것에 한정되는 데 반하여, 법원의 보전처분에는 제한이 없으므로 그에는 우리 민사집행법이 정한 가압류, 다툼의 대상(즉 계쟁물)에 관한 가처분과 임시지위를 명하는 가처분도 포함되며 특별히 다를 것이 없다. 다만 우리 민사소송법이론상 증거보전절차는 보전처분절차와는 구별되는 별개의 부수절차이다.[149]

145) 당사자들이 전속적 국제재판관할합의를 한 경우 다른 국가의 법원에서 보전처분을 신청할 수 있는가라는 유사한 의문이 제기되는데, 이에 대하여는 논란이 있다. 한충수, “國際裁判管轄合意에 관한 硏究,” 연세대학교 대학원 박사학위 논문(1997), 161면은 전속관할합의에 의하여 보전처분에 대한 관할도 배제된다고 본다. 그러나 헤이그관할합의협약(제7조)은 보전처분에는 영향을 미치지 않는다고 본다. 저자는 후자를 지지한다.

146) Redfern/Hunter, para. 7-19.

147) Holtzmann/Neuhaus, p. 332. ICC 중재규칙(제23조 제2항)도 당사자는 권한 있는 사법기관에 임시적 처분을 신청할 수 있고, 그러한 신청은 중재합의에 대한 침해나 권리포기로 간주되지 않으며, 중재판정부에 부여된 권한에 영향을 미치지 아니함을 명시한다.

148) UNCTIRAL 중재규칙(제26조 제3항)도 중재법처럼 당사자가 보전처분을 신청할 수 있다는 점만을 명시하는데, 모델법의 성안과정에서도 처음에는 그를 따랐으나 UNCTIRAL 중재규칙과 달리 모델법(제9조)은 당사자와 중재판정부만이 아니라 법원을 향한 것이라는 이유로 법원이 보전처분을 명할 수 있음을 함께 명시한다. Holtzmann/Neuhaus, p. 332 참조.

149) 이시윤(註 25), 32면.

또한 중재법 제10조는 중재지가 어디인가를 묻지 않으므로(중재법 제2조 제1항 단서), 가사 중재지가 외국이더라도 당사자는 우리 법원에 보전처분을 신청할 수 있다. 모델법 개정안(제17조의11)은 중재지 이외의 법원도 보전처분을 명할 수 있음을 명시한다. 물론 우리 법원이 보전처분을 명하기 위하여는 국제재판관할을 가지고 있어야 한다.[150)]

중재합의의 당사자들이 법원에 대한 보전처분을 배제하는 합의를 할 수 있는지에 관하여 중재법(제10조)은 모델법과 마찬가지로 규정하지 않는데, 그러한 합의의 효력은 법정지법에 따라 판단할 사항이다. 우리 법상 일정한 요건 하에 부제소의 합의가 허용되는 것처럼,[151)] 당사자들이 계약서에 명시하거나 또는 이런 내용의 중재규칙을 선택함으로써 보전처분을 배제하는 합의를 할 수 있을 것이다.

다. 중재판정부의 임시적 처분과 법원의 보전처분의 관계

법원의 보전처분과 중재판정부의 임시적 처분은 ① 처분의 내용, ② 효력이 미치는 인적 범위, ③ 집행력의 유무와 ④ 처분의 시기의 점[152)]에서 차이가 있다. 그 밖에도 견해에 따라서는 ⑤ 합의에 의한 배제 가능 여부와 ⑥ 일방적(*ex parte*) 처분의 가능 여부에 관하여 차이가 있다.[153)]

중재합의의 당사자는 법원과 중재판정부 중 누구에게 보전처분을 신청할지를 결정해야 하는데, 중재지의 중재법이 양자의 선후를 정하고 있으

---

150) 민사집행법의 보전처분에 관한 토지관할규정을 참작하면 가압류와 가처분의 경우 본안관할을 가지는 국가의 법원에 국제재판관할을 긍정하고, 가압류의 경우 가압류 목적물 소재지에, 가처분의 경우 예외적으로 다툼의 대상(즉 계쟁물) 소재지의 국제재판관할을 긍정하는 견해가 유력하다. 민사집행법(제278조, 제303조). 한충수, “국제보전소송의 재판관할권,” 국제사법연구 제4호(1999), 74면 이하. 가압류의 경우 가압류목적물의 소재지에 재판관할을 인정하면 되므로 별 문제가 없다. 본안관할의 경우 중재합의가 없었더라면 본안에 대해 관할을 가졌을 법원이 보전처분에 대해 관할을 가진다. Geimer(註 63), Rz. 3823. 정선주, “仲裁節次에 있어서의 保全處分에 관하여,” 중재 18권 7호(269호)(1994), 13면은 토지관할의 맥락에서 이 점을 명확히 한다.

151) 예컨대 이시윤(註 25), 196면 이하.

152) 법원의 보전처분은 본안에 대한 판단전에만 가능하지만 중재판정부의 임시적 처분은 중재판정 후에도 가능하다고 한다. 주석중재법/양병회 · 정선주, 81면. Stein/Jonas/Schlosser, § 1041 Rn. 2.

153) 박은옥, “중재에 있어서 법원의 역할,” 무역상무연구 제30권(2006. 5.), 105면은 ①—③과 ⑤를 열거한다. 모델법의 문면상 일방적 처분이 가능한 것으로 보이지만 논란이 있는데, 아래에서 보듯이 모델법 개정안은 한시적 효력을 가지는 사전명령(preliminary order)만을 일방적으로 할 수 있다고 명시한다.

면[154] 그에 따르지만 모델법이나 중재법처럼 규정이 없는 경우 개별사건의 구체적인 사정을 고려하여 판단할 것이다. 예컨대 중재판정부의 구성 전에 긴급한 때에는 중재합의를 존중하고 있음을 보이기 위하여 중재절차의 진행에 필요한 조치들을 취하면서 법원에 보전처분을 신청할 수밖에 없으나, 중재판정부의 구성 후에는 중재판정부가 할 수 없는 처분이 아니라면 중재판정부에 임시적 처분을 신청하는 것이 적절하다는 견해가 유력하다.[155] 사견으로는 이는 결국 당사자가 양자의 차이를 고려하여 선택할 사항이지만, 우리 민사집행법상의 금전채권의 집행을 보전하기 위한 가압류는 매우 강력한 무기이므로[156] 중재판정부의 구성 후에도 가능하다면 법원의 보전처분을 활용할 필요가 있고, 때에 따라서는 양자를 모두 신청할 수도 있을 것이다.

2. 병행절차(parallel proceeding)에 관한 보전처분

병행절차에 대한 보전처분에는 중재절차의 진행을 막기 위한 법원의 가처분(anti-arbitration injunction)과, 중재판정부가 법원에 제소를 막기 위한 임시적 처분이 있다. 후자는 법원이 중재합의에 반하여 법원에 제소하는 것을 막기 위한 보전처분과 함께 anti-suit injunction의 문제로 다루어진다. 전자는 위(Ⅲ. 3. 마.)에서 후자는 위(Ⅳ. 1. 가.)에서 논의하였다.

3. 증거조사에 관한 법원의 협조

국가 주권의 일부인 사법권(또는 재판권)에 기초한 법원의 권한과 달리 중재판정부의 권한은 사인 간의 중재합의에 기초한 것이므로 중재판정부는 강제력을 가지지 않는다.[157] 중재법상 중재판정부는 구술심리기일에 출석한 증인을 신문할 수 있지만, 증인의 출석을 강제할 수 없고 증인에게 선서를 시킬 수도 없다.[158] 실무상으로는 당사자가 필요한 증인을 출석시켜 신문한

---

154) Redfern/Hunter, para. 7-21 이하는 그러한 예로 스위스, 영국 중재법(제44조), 오하이오주를 예시한다.

155) Redfern/Hunter, para. 7-22.

156) 김갑유, “중재판정의 승인과 집행,” 중재 제320호(2006 여름), 13면.

157) 목영준(註 6), 32면은 ‘당사자 이외의 제3자’에 대하여 강제력을 가지지 않는다고 하나, 당사자에 대하여도 그의 의사에 반하여 강제할 수 있는 강제력을 가지지 않는다.

158) 반면에 영미법계에서는 중재인의 명의로 증인을 소환할 수 있으나 증인이 출석을 거부하

다. 또한 중재판정부는 제3자에 대하여는 그가 응하지 않는 한 강제로 증거를 제출하게 하거나 검증에 협조하도록 할 수 없다. 이처럼 중재판정부가 효율적인 증거조사를 하는 데는 한계가 있으므로[159] 증거조사에 관한 법원의 협조가 요청된다.[160]

모델법(제27조)은 증거조사에 관한 법원의 협조를 규정하고,[161] 중재법(제28조)도 이를 받아들였다.[162] 독일 민사소송법(제1050조)은 증거조사뿐만 아니라 나아가 중재판정부가 권한이 없기 때문에 또는 강제력이 없기 때문에 할 수 없는 행위에 대하여도[163] 중재판정부가 법원의 지원을 신청할 수 있도록 하는데, 이는 개정중재법에서는 삭제된 구 중재법(제9조)과 유사하다. 모델법의 성안과정에서 논의된 논점들은 아래와 같다.

가. 절차적 사항의 명시 여부

사무국은 법원의 협조를 신청하는 데 필요한 절차적 사항으로서 ① 신청의 내용과 ② 법원이 강제력을 사용하여 증거를 직접 조사할지, 아니면 증거를 중재판정부에 제출하도록 단순히 명령할지에 관한 기본규정을 둘 것을 제안하였으나 거부되고 현재의 문언이 채택되었다.[164] 모델법은 신청서의 기재

는 경우 중재인은 법원에 신청함으로써 법원으로 하여금 소환하게 하여 출석을 강제할 수 있다. 만일 증인이 법원의 소환에 불응하면 법정모욕으로 처벌될 수 있다(미국 연방중재법(제7조), 영국 중재법(제43조, 제44조)). 목영준(註 6), 32면. 영국 중재법(제38조)상 중재인은 증인 또는 당사자로 하여금 선서를 받고 증언 또는 진술하게 할 수 있다.

159) 목영준, 149면.

160) 증거보전은 위에서 다룬 보전처분의 문제이다.

161) 조문은 아래와 같다.

"중재판정부나 중재판정부의 승인을 받은 당사자는 해당 국가의 관할법원에 증거조사에 필요한 협조를 요청할 수 있다. 법원은 그 권한 범위 내에서 그의 증거조사규칙에 따라 그러한 요청에 응할 수 있다."

162) 중재법 제28조는 아래와 같다.

"① 중재판정부는 직권으로 또는 당사자의 신청에 의하여 법원에 증거조사를 촉탁할 수 있다. ② 제1항의 경우에 중재판정부는 조서에 기재할 사항 기타 증거조사가 필요한 사항을 서면으로 지정할 수 있다. ③ 수탁법원은 증거조사를 마친 후 증인신문조서등본·검증조서등본 등 증거조사에 관한 기록을 지체없이 중재판정부에 송부하여야 한다. ④ 중재판정부는 증거조사에 필요한 비용을 수탁법원에 납부하여야 한다."

163) 그러한 행위의 예로는 공무원이 소지한 문서의 제출과 외국에서의 송달 등을 든다. 정선주(註 5), 74면 주 10. Stein/Jonas/Schlosser, § 1050 Rn. 4. 증거조사에 관하여는 논란이 있다. 유영일, "國際民事司法共助에 관한 研究," 서울대학교 대학원 법학박사학위논문(1995), 218면 이하 참조.

164) Holtzmann/Neuhaus, p. 734 이하. 이는 그 밖에도 법원의 신청기각요건을 언급하나 이는 남용가능성에서 논의한다. 사무국은 증거조사에 관한 법원의 협조가 기존 국내절차법에 가

사항을 언급하지 않지만, 중재법(제28조 제2항)은 중재판정부는 조서에 기재할 사항 기타 증거조사가 필요한 사항을 서면으로 지정할 수 있음을 명시한다. 중재법의 해석상 법원은 강제력을 사용하여 증거를 직접 조사하거나 증거를 중재판정부에 제출하도록 명령할 수도 있다.[165] 또한 중재법(제28조 제4항)은 중재판정부는 증거조사에 필요한 비용을 수탁법원에 납부하여야 함을 명시한다.

나. 남용가능성

증거조사에 관한 법원의 협조가 중재절차를 지연시키는 책략으로 남용될 것을 우려하여 작업반은 두 가지 방안을 검토하였다.

첫째는 신청주체를 중재판정부에 한정하는 방안인데, 중재판정부가 증거수집에 관여하는 것은 중재인의 조사권한을 시사하는 것이 되어 중재의 당사자주의(adversary system)에 반한다는 지적이 있어 모델법(제27조)은 타협안으로 중재판정부와 당사자를 신청주체로 하되, 당사자는 중재판정부의 허가를 받도록 하였다.[166] 중재법(제28조 제1항)은 중재판정부만을 신청주체로 하되, 중재판정부는 직권 또는 당사자의 신청에 의하여 법원에 증거조사를 촉탁할 수 있도록 한다.

둘째는 법원의 협조거부근거를 명시하는 방안인데, 국가의 이익이 침해되거나, 증거를 신청하는 이유가 부당하거나 또는 중재판정부 또는 당사자가 달리 증거를 획득할 수 있는 상당한 수단을 가지는 경우 법원이 협조를 거부할 수 있도록 하는 방안이다.[167] 모델법이나 중재법 모두 협조거부근거를 명시하지는 않는다. 모델법은 "법원은 그의 증거조사규칙에 따라 그러한 요청에 응할 수 있다"고 함으로써 증거조사에 관한 국내절차법을 편입하고, 법원의 협조의무를 규정하지 않는다. 반면에 중재법(제28조 제3항)은, 수탁법원은 증거조사를 마친 후 증인신문조서등본·검증조서등본 등 증거조사에 관한 기록을 지체없이 중재판정부에 송부하도록 함으로써[168] 국내절차법을 언급하는

능한 한 영향을 미치지 않는 것이 바람직하지만 그래도 위의 사항이 필요하다고 보았다.

165) Holtzmann/Neuhaus, p. 735.

166) A/CN.9/233, para. 34, A/CN.9/245, para. 40, A/CN.9/246, para. 98.

167) Holtzmann/Neuhaus, p. 736.

168) 정선주(註 5), 74면은 이처럼 법원의 조치내용을 명시하고, 위에서 보듯이 법원에 대한 협조신청의 구체적 내용을 명시하는 점에서 중재법이 모델법보다 진일보한 것이라고 한다.

대신, 법원이 취할 조치를 명시하고 법원의 협조의무를 명시한다. 중재법의 해석상 중재판정부의 촉탁이 있는 경우 법원은 협조하여야 하고, 요청된 증거조사의 필요성에 대하여 판단할 수 없다.[169]

다. 국제적인 법원의 협력

국제공조를 규정하는 방안도 검토되었으나 국제공조는 다자조약[170]과 같은 국제문서가 아닌 특정국가의 일방적인 국내법만에 의하여 해결할 수 없고, 또한 중재판정부로 하여금 법원 간에 존재하는 국제공조를 이용할 수 있게 하는 조항은 중재의 사적 성질에 반하고, 국제절차법에 간섭하는 것이 된다는 이유로 두지 않았다. 중재법 제28조는 중재판정부가 중재지 소재 법원에게 증거조사에 관한 협력을 신청하는 경우에만 적용되고 외국법원에는 미치지 아니한다.[171]

4. 중재비용에 대한 담보

중재절차에서의 비용은 중재의 비용(중재인의 보수 및 경비와 중재기관의 비용을 포함)과 당사자의 비용(변호사의 보수를 포함)으로 크게 구분할 수 있는데,[172] 비용에 관한 법제는 국가에 따라 상이하다.[173] 그러나 모델법과 중재법은 비용에 관하여 명시적인 규정을 두지 않는다.[174]

우리 민사소송법(제117조)상 원고가 한국에 주소·사무소와 영업소를 두

---

169) 정선주(註 5), 75면.

170) 법원 간의 국제적인 증거조사에 관하여는 1970년 3월 18일의 "민사 또는 상사의 해외증거조사에 관한 협약"(Convention on the Taking of Evidence Abroad in Civil or Commercial Matters)이 있으나 이는 중재에는 적용되지 않는다. 동 조약에 관하여는 석광현, 증거조사에 관한 국제민사사법공조연구(법무부, 2007) 참조.

171) Holtzmann/Neuhaus, p. 738.

172) Redfern/Hunter, para. 8-91.

173) 예컨대 독일과 오스트리아에서는, 합리적인 변호사보수를 중재에서 진 당사자에게 부담하도록 명령하는 것이 보통이나, 미국에서는 각 당사자가 자신의 변호사비용을 지불하며, 중재합의 또는 관련 중재규칙에 달리 규정되어 있지 않는 한, 변호사비용은 중재비용의 일부로 간주되지 않는다. 영국의 1996년 중재법은, 당사자의 비용의 취급에 관하여 중재판정부에 많은 재량권을 주고 있다. Redfern/Hunter, para. 8-91.

174) 저자는 이에 대해 중재법에 비용에 관한 규정을 두는 것이 바람직하다는 견해를 피력한 바 있다. 석광현(註 9), 497면. 독일 민사소송법(제1057조)과 일본 중재법(제9장. 제37조—제39조)은 중재비용을 명시적으로 규정한다.

지 아니한 경우 법원은 피고의 신청에 따라 원고에게 소송비용에 대한 담보(*cautio iudicatum solvi*)를 제공하도록 명하여야 한다. 반면에 중재법은 비용에 관한 담보(*cautio pro expensis*)를 규정하지 않는다. 중재의 관행은 비용담보를 부과하지 않는 것인데,[175] 중재법상 첫째, 중재판정부가 중재비용의 담보를 명할 수 있는지, 둘째, 예컨대 중재지가 우리나라인 경우 법원이 중재비용의 담보를 명할 수 있는지라는 의문이 제기된다.

가. 중재판정부의 담보제공명령

중재에서 이긴 당사자가 상대방으로부터 비용을 회수할 수 있다고 하더라도 상대방이 지급불능 상태에 있다면 무의미하므로 그 경우에 대비하여 비용에 대한 담보를 제공하도록 할 필요가 있다. 예컨대 영국 중재법(제38조 제3항)과 런던국제중재법원규칙(LCIA Rules)(제25조 제2항)은 이를 명시한다. 그러나 국제상사중재의 실무상 비용에 대한 담보제공신청을 하는 경우는 드문데, 그 이유는 첫째, 중재판정부가 담보제공을 명할 권한이 없거나, 둘째, 권한이 있더라도 중재판정부가 이를 행사하기를 꺼리기 때문인데, 후자는 중재인이 진 당사자가 비용을 지급하지 않을 실질적인 가능성이 있다는 점을 인정하기 어렵거나, 또는 일방당사자에게 불리한 결론을 내리기 전에는 중재판정부는 기다리면서 전체 사건을 심리하는 것을 선호하기 때문이라고 한다.[176] 독일 민사소송법에 따르면 비용청구권도 분쟁의 대상에 포함되므로 중재판정부는 필요하다고 판단하는 경우 임시적 처분의 일종으로 담보제공을 명할 수 있으나, 이는 일방당사자의 도산이 명백한 경우처럼 예외적인 경우에만 명하는 것이 바람직하다는 견해가 보인다.[177]

나. 법원의 담보제공명령

구 중재법의 해석론으로는, 중재사건의 경우에도 법원은 민사소송법(제117조)에 따라 원고가 한국에 주소·사무소와 영업소를 두지 아니한 경우에

175) Mauro Rubino-Sammartano, International Arbitration Law and Practice, Second revised edition (2001), p. 814.

176) Redfern/Hunter, para. 7-40.

177) Stein/Jonas/Schlosser, § 1057 Rn. 17. 독일에서는 중재판정부가 독일 민사소송법 제110조를 유추적용하여 담보제공을 명할 수 있는지에 관하여 견해가 나뉜다. Harbst(註 60), S. 98.

는 피신청인의 신청에 따라 신청인인 외국회사에게 중재비용의 담보를 명령해야 하고, 나아가 중재당사자가 모두 외국인이라고 할지라도 이를 유추적용할 수 있다는 견해가 있었는데,[178] 이는 위에서 본 구 중재법 제9조를 근거로 한 것이었다. 그러나 개정중재법에는 이러한 취지의 규정이 없으므로 법원이 중재비용의 담보의 제공을 명할 수는 없다고 본다.

Ⅴ. 중재절차 종료 후의 법원의 역할

여기에는 중재판정원본의 보관, 중재판정의 취소와 중재판정의 승인 및 집행이 포함되는데 후 2자가 중요하다. 중재판정의 취소와, 국내중재판정의 승인 및 집행의 경우 우리 법원이 중재지의 법원으로서 개입하는 데 반하여, 외국중재판정의 승인 및 집행의 경우는 우리 법원이 중재지의 법원이 아니라 승인 및 집행의 요청을 받는 국가의 법원으로 개입한다.

1. 중재판정 원본의 보관

중재판정을 당사자에게 교부할 것이라는 요건은 중재판정의 정정, 취소와 승인 및 집행과 같은 판정 후 절차(post-award proceedings)를 위하여 중요한 의미를 가진다.[179]

뉴욕협약의 중요한 업적의 하나는 이중집행판결(double *exequatur*)의 요건을 폐지한 것이었는데, 그 결과 중재판정은 판정지국에서의 기탁 또는 등록이 없이 외국에서 집행될 수 있었다. 사무국은 뉴욕협약의 태도를 모델법에 수용함으로써 모든 국제상사중재판정이 판정지국과 외국에서 기탁 또는 등록 없이 집행될 수 있도록 할 것을 제안하였고,[180] 모델법은 이에 따라 중재판정 정본의 당사자들에 대한 교부만을 규정하고, 법원에의 기탁 또는 등록은 요구하지 않는다.

그러나 중재법(제32조 제4항)은, 구 중재법(제11조 제4항)과 마찬가지로

---

178) 강병근, "국제중재에서의 중재비용의 담보," 국제법률경영(1995년 겨울호), 118-119면.
179) Holtzmann/Neuhaus, p. 840.
180) First Secretariat Note, A/CN.9/207, paras. 97-100.

중재판정의 정본을 각 당사자에게 송부하도록 하고, 모델법과 달리 중재판정의 원본을 송부사실을 증명하는 서면과 함께 관할법원에 송부·보관하도록 한다. 기관중재의 경우 중재기관이 중재판정의 원본 또는 정본을 보관하지만, 임시중재의 경우 사인인 중재인에게 중재판정의 원본을 장기간 보관하도록 요구하는 것은 무리이므로 법원에 보관하게 한 것이다.[181] 이는 법원으로부터 중재판정에 대한 공적 인증을 받고, 중재판정의 존재에 관한 입증을 용이하게 함으로써 중재판정의 지속적인 사용을 보장하기 위한 조치이다.[182]

중재법상 중재판정 원본의 법원에의 송부·보관은 중재판정의 구속력의 발생요건은 아니며, 단지 중재판정 후의 절차적인 사항에 관한 훈시규정이다.[183] 중재판정취소의 소는 통상의 불복방법이 아니므로 중재판정은 내려짐과 동시에 구속력을 가지며, 중재판정취소의 소의 제기기간의 경과 후에 비로소 구속력을 가지는 것은 아니다.[184] 중재법에 대하여는, 중재절차의 종료단계에서 국가기관이 개입하는 점에서 외국당사자들이 부정적으로 볼 것이라는 비판이 있으나,[185] 법원의 보관은 중재판정의 구속력과 관계없이 당사자의 편의를 위한 것이므로 부정적으로만 볼 것은 아니다. 다만 중재판정 원본의 법원에의 송부·보관은 중재판정의 구속력의 발생요건이 아니라는 점을 대외적으로 분명히 홍보할 필요가 있다.

2. 중재판정의 취소[186]

가. 개 관

중재법에 따르면 한국의 중재판정은 당사자 간에 있어서 법원의 확정판결과 동일한 효력을 가지는데(제35조), 중재판정에 대한 상소는 허용되지 않는다.[187] 그러나 중재판정에 중대한 하자가 있음에도 이 원칙을 관철하는 것

181) 목영준(註 6), 33면.
182) 목영준(註 6), 33면; First Working Group Report, A/CN.9./216, para. 102.
183) 오창석, "관할법원에 송부·보관되지 않은 중재판정의 효력," 중재연구 제15권 제3호 (2005. 12.), 66면, 73면도 동지.
184) 목영준, 261면. 그러나 오창석(註 183), 79면은 중재판정을 송부함으로써 구속력이 발생한다고 한다.
185) 오창석(註 183), 69면.
186) 상세는 이 책 제5장 참조.
187) 프랑스는 국내중재의 경우 중재절차에도 심급제도를 인정하나 당사자는 중재합의에서 항소를 포기할 수 있다. 프랑스 신 민사소송법(제1482조) 참조.

은 부당하므로 예외적으로 법원이 중재판정을 취소할 수 있도록 한다. 이는 확정판결에 관하여 중대한 하자가 있는 경우 법원의 재심을 허용하는 것과 유사하다. 그러나 중재판정의 취소를 너무 쉽게 허용하면 중재제도가 존재의의를 상실할 우려가 있다. 따라서 중재법(제36조)은 중재판정에 대한 불복은 법원에 제기하는 중재판정취소의 소에 의하여만 할 수 있도록 제한하고, 중재판정의 취소사유를 제한적으로 열거하며, 중재판정 취소소송의 제기기간을 제한한다. 취소사유를 어떻게 정하는가에 따라 중재판정에 대한 법원의 관여의 범위가 좌우되는데 그 범위는 국가에 따라 다르다.

나. 중재판정의 취소사유

중재법(제36조 제2항)은 뉴욕협약(제5조)의 승인거부사유를 차용하여, 보다 정확히는 모델법(제34조)을 따라 6가지 취소사유를 제한적으로 열거하는데, 이는 취소를 구하는 당사자가 주장 · 입증하여야 하는 사유(제1항)와, 법원이 직권으로 판단할 사유(제2항)로 구분된다. 전자는 ① 당사자의 무능력 또는 중재합의의 무효, ② 피신청인의 방어권의 침해, ③ 중재인의 권한유월 및 ④ 중재판정부의 구성 또는 중재절차의 하자이고, 후자는 ⑤ 우리 법상의 중재가능성(arbitrability)의 결여와 ⑥ 우리나라의 공서위반이다.

구 중재법(제13조 제1항)은 이유불기재(또는 이유불비)를 포함한 중재판정의 취소사유를 열거하고, 마지막 취소사유로서 판단누락을 포함하는 민사소송법이 정한 재심사유 중 일정한 사유를 열거하였다. 그러나 개정중재법은 모델법을 받아들임으로써 취소사유와 승인거부사유를 동조시키고 이유불기재와 판단누락(구 민사소송법하의 판단유탈)을 취소사유에서 제외하였는데, 개정중재법상 그것이 취소사유인지에 관하여는 논란이 있다.[188] 판단누락의 경우 만일 누락된 문제가 중요해서 만약 그것이 다루어졌다면 중재판정의 결과가 달라졌을 것이라면 취소사유가 된다는 것이 우리나라의 통설이다. 즉 판단누락 자체가 취소사유가 되지는 않지만, 제36조 제2항 제1호 라목이 정한 취소사유, 즉 '중재절차가 당사자 간의 합의에 따르지 아니하거나 그러한 합의가 없는 경우 중재법에 따르지 아니한 경우'에 해당한다고 본다.[189]

한편 이유불기재의 경우에 관하여는, 중재절차의 준거법상 중재판정에

188) 취소사유 중 가장 논란이 된 것은 이유불기재와 판단누락이었다.
189) 목영준, 232면; 주석중재법/손용근 · 이호원, 216면.

이유를 기재해야 함에도 불구하고 전혀 기재하지 않은 경우 중재절차에 하자가 있음은 명백하다. 문제는 이유가 기재되었으나 불완전한 경우인데, 당사자가 주장한 일부 공격방어방법에 대하여 이유의 기재가 없거나, 이유의 기재가 있으나 불명확하여 판정주문과 이유 간에 논리적 연결을 찾을 수 없는 경우, 또는 이유 자체로 모순되는 경우 중재절차에 하자가 있다는 견해[190]가 있다. 그러나 이유가 있기만 하면 족한 것은 아니지만, 중재판정의 이유에 대해 법원판결의 이유에 대하여 요구하는 것과 동일한 척도를 적용할 것은 아니므로 이유기재가 다소 미비하더라도 중대한 모순이 없다면 중재절차에 하자가 있는 것은 아니라고 보므로 위의 견해는 너무 엄격하다.[191] 사견은 구 중재법 하의 대법원판결의 태도[192]와 유사하나 그보다도 좀더 완화된 것이다.

당사자들이 합의하여 중재판정의 취소사유를 배제할 수 있는지가 문제되는데 그러한 합의가 '배제합의'(exclusion agreement)이다. 이를 명시적으로 허용하는 입법례도 있으나,[193] 독일에서는 사전포기는 허용되지 않는다는 것이 종래의 다수설이었고,[194] 중재법의 해석으로도 부정적으로 보아야 할 것이다. 반대로 당사자들이 취소사유를 추가 또는 확대하는 합의도 효력이 없고, 법원에 의한 재심사를 허용하는 합의도 무효이다.[195]

다. 중재판정취소의 소의 소송절차

(1) 관할법원

중재법(제7조 제3항 제2호)은 중재판정취소의 소에 대한 관할법원을 명시하는데 이는 토지관할이다. 중재판정취소의 소에 대하여는 중재지국 또는 중재절차의 준거법 소속국이 專屬的 國際裁判管轄을 가진다.[196] 따라서 우리 법원에 제기하는 중재판정취소의 소는 중재지가 한국인 중재판정에 대하여만 가능하다.

190) 목영준, 229면은 중재판정의 취소사유의 맥락에서 이를 중재절차의 하자로 본다.
191) Stein/Jonas/Schlosser, Anhang § 1061 Rn. 155도 동지로 보인다.
192) 예컨대 대법원 2001. 4. 10. 선고 99다13577, 13584 판결 참조.
193) 예컨대 벨기에 사법법(제1717조)과 스위스 국제사법(제192조 제1항) 참조.
194) Zöller/Geimer, Zivilprozessordnung, Kommentar, 22. Auflage (2001), § 1059 Rn. 79.
195) 주석중재법/손용근 · 이호원, 204면.
196) 뉴욕협약(제5조 제1항 e호). Albert Jan van den Berg, The New York Arbitration Convention of 1958 (1981), p. 350.

(2) 제소기간

중재법상으로 중재판정취소의 소는 취소를 구하는 당사자가 중재판정의 정본을 받은 날부터, 또는 제34조에 의한 정정·해석 또는 추가판정의 정본을 받은 날부터, 3월 이내에 제기하여야 한다(제36조 제3항). 구 중재법(제16조 제1항)에 따르면 원칙적으로 취소사유를 안 날로부터 30일 내에 소를 제기하여야 하였으나 위와 같이 기간이 단축되었다. 당사자자치의 원칙을 존중하여 당사자들은 합의에 의하여 위 기간을 연장할 수는 있다고 보되, 다만 중재에 진 당사자의 보호를 위하여 위 기간을 단축할 수는 없다고 본다.[197] 흥미로운 것은 독일 민사소송법(제1059조 제3항)은 당사자들이 달리 합의하지 않은 경우 30일이라고 규정하므로 달리 합의할 수 있는 것으로 보이는 점인데, 이를 단축할 수 있는지에 관하여 논란이 있다.

구 중재법상 취소사유였던 민사소송법의 재심사유는 중재법상은 취소사유는 아니고 다만 공서위반에 해당할 수 있다. 그러나 그 경우에도 위에서 본 3개월의 제소기간의 제한이 적용되므로 취소의 소가 배제되는 경우가 많을 것이다.[198]

제소기간의 경과로 인하여 중재판정취소의 소가 더 이상 허용되지 않더라도 중재판정무효 확인의 소가 허용되어야 한다는 견해도 있으나 저자는 다음의 이유로 찬성하지 않는다. 첫째, 중재법 제6조는 법원이 중재법에 관한 사항에 개입할 수 있는 범위를 중재법이 정한 경우로 한정하므로, 그 밖의 경우 법원은 중재절차에 대한 사법적 통제를 할 수 없는데, 중재판정무효확인의 소는 중재절차에 대한 사법적 통제의 일종이어서 허용되지 않는다고 본다.[199] 둘째, 중재판정취소의 판결은 중재판정을 취소하여 소급적으로 무효로 하는 것을 목적으로 하는 형성판결이므로,[200] 취소사유가 있더라도 중재판정이 취소되지 않는 한 중재판정은 여전히 유효하다. 제소기간 경과 후 중재판정 무효확인의 소를 제기할 수 있다는 견해는 취소사유가 있는 중재판정을 무효라고 보는 것인데, 이러한 태도는 중재판정취소의 판결을 형성판결로 보

---

197) 저자는 당초 발표한 이 글, 100면에서 당사자들은 위 기간을 변경할 수 없다고 하였으나 본문처럼 견해를 바꾼다.

198) 독일에는 공서위반의 경우 제소기간의 제한이 적용되지 않는다는 소수설도 있다. Schütze(註 30), Rn. 87.

199) 위에서 언급한 대법원 2004. 6. 25. 선고 2003다5634 판결 참조.

200) 대법원 2004. 10. 14. 선고 2003다70249, 70256 판결.

는 것과 일관성이 없다.

(3) 집행판결 후의 중재판정취소의 소의 제한

중재판정에 관하여 우리 법원의 집행판결이 확정된 후에는 중재판정취소의 소를 제기할 수 없다(제36조 제4항). 독일 민사소송법(제1059조 제3항 4문)과 일본 중재법(제44조 제2항)도 유사한 조문을 두고 있다. 중재법상 취소사유는 국내중재판정의 승인거부사유와 동일하고, 뉴욕협약의 승인거부사유와도 거의 유사하므로, 중재에서 진 당사자로 하여금 집행판결절차에서 승인거부사유를 모두 주장하게 함으로써 소송경제를 도모하고 법원판결의 상충을 막기 위함이다.[201] 중재법은 승인판결도 언급하나 이는 별로 실익이 없다. 구 중재법(제15조)도 유사한 규정을 두되 다만 구 민사소송법(제422조 제4호—제9호)의 재심사유가 있고 당사자가 과실 없이 집행판결절차에서 그 사유를 주장할 수 없었음을 소명한 때에는 예외적으로 집행판결 후에도 중재판정취소의 소를 제기할 수 있게 하였으나, 중재법은 이런 예외를 허용하지 않는다.

(4) 중재판정취소의 소에 관한 판결에 대한 불복

중재판정 취소의 판결은 중재판정을 취소하여 소급적으로 무효로 하는 것을 목적으로 하는 형성판결이므로,[202] 중재에서 진 당사자는 통상의 경우처럼 관할법원에 상소할 수 있다. 취소의 소의 소송물이 무엇인가에 관하여는 논란이 있을 수 있으나 취소사유 별로 별개의 소송물이 된다고 본다.[203]

(5) 중재판정 취소소송절차의 중지와 중재절차의 재개

모델법(제34조 제4항)은 "중재판정취소의 소가 제기된 법원은 당사자의 신청이 있고 또한 그것이 적절하다고 판단하는 때에는 중재판정부로 하여금 중재절차를 재개하거나 또는 스스로 취소사유를 제거할 다른 조치를 취할 수 있는 기회를 주기 위하여 일정기간 소송절차를 중지할 수 있다"고 규정한다. 이는 취소의 소가 계속중 중재판정부에게 하자를 스스로 치유할 기회를 부여하는 일종의 환송(remission)을 규정한 것으로 주로 영미법계 국가에서 인정되는데, 법원이 중재판정을 취소하고 환송하는 것이 아니라, 중재판정을 취소하는 대신 환송할 수 있게 하는 데 특색이 있다.[204]

독일 민사소송법(제1059조 제4항)은, 중재판정취소의 소가 제기된 경우

201) 목영준, 234면; 주석중재법/손용근 · 이호원, 221면.
202) 위에 언급한 대법원 2004. 10. 14. 선고 2003다70249, 70256 판결.
203) Stein/Jonas/Schlosser, § 1059 Rn. 4.
204) Holtzmann/Neuhaus, p. 920.

법원은 취소사유가 있고 적절하다고 판단하는 경우 중재판정을 취소하고 사건을 중재판정부로 환송할 수 있다고 규정하나, 우리 중재법과 일본 중재법은 이를 채택하지 않았다. 그 이유는 실무상 큰 실익이 없다고 판단하였기 때문이라고 하는데,[205] 그보다는 법원과 중재판정부 간에 법적인 관계가 없고, 법원이 취소절차를 정지하여도 중재판정부가 취소사유를 제거하는 것을 기대하기 어려우며, 또 기대할 수 있더라도 법원이 중재판정부가 고려할 사항을 전달하는 것이 적절한지 및 방법도 문제될 수 있으며, 취소결정을 한 뒤의 대응을 당사자나 중재판정부에게 위임하는 것이 간명하기 때문이라는 설명이 설득력이 있다.[206]

라. 중재판정 취소의 효력

중재판정이 취소되면 중재판정은 소급적으로 효력을 상실하는데 그 경우 중재합의의 효력이 문제된다. 그 경우 중재판정의 취소사유에 의하여 중재합의 자체가 무효가 되는 경우를 제외하면, 중재가 실패하였다고 보고 당사자들을 소송에 회부하는 방안과, 원래의 중재합의를 다시 활성화하는 방안이다.[207] 독일 민사소송법(제1059조 제5항)은 중재합의의 효력이 부활한다고 명시하나, 중재법은 모델법과 마찬가지로 규정을 두지 않으므로 논란이 있다.

종래 우리 학설은 취소사유에 따라 중재합의의 효력을 구분한다. 즉 당사자의 무능력, 중재합의의 부존재, 무효, 이행불능, 중재가능성의 결여, 공서위반, 또는 중재판정이 법률상 금지된 행위를 할 것을 내용으로 한 때에는 중재합의의 효력이 없으므로 중재판정이 취소됨과 동시에 중재절차는 종료되고 이후에는 법원에 제소할 수밖에 없지만, 그 밖의 사유(예컨대 중재절차위반, 중재판정상의 과오, 당사자가 적법하게 대리되지 않은 때, 중재인이 적법하게 선정되지 않은 때, 중재인의 권한을 넘은 중재판정 등)로 인하여 중재판정이 취소된 경우에는 중재합의의 효력이 여전히 존속하므로 중재인으로 하여금 다시 심리케 해야 한다는 견해가 다수설이다.[208] 중재법 하에서도 다수설이 타당하다.

다만 이 경우에도 중재법은 독일과 달리 중재판정부에의 환송제도를 인

---

205) 하용득, "仲裁法의 改正經過 및 主要內容," 중재 2000년 봄호(통권 제295호), 23면.
206) 近藤昌昭 외 4인(註 4), 255면. 주석중재법/손용근 · 이호원, 224면도 동지.
207) Holtzmann/Neuhaus, p. 921.
208) 목영준, 235면; 주석중재법/손용근 · 이호원, 223면 이하.

정하지 않으므로 법원이 사건을 중재판정부로 환송할 수는 없고 당사자들이 필요한 조치를 취하여야 한다.[209] 그 경우 중재합의의 효력이 존속하더라도 당연히 종전의 중재판정부가 직무를 수행하는 것은 아니며 새로운 중재판정부가 구성되거나, 아니면 당사자의 명시적 의사표시가 있는 경우에 한하여 종전 중재판정부가 업무를 수행할 수 있다고 본다.

3. 중재판정의 승인 및 집행[210]

가. 개 관

중재는 私的 紛爭解決手段이므로 중재판정은 그 자체로서는 집행력이 없다. 따라서 중재에서 진 당사자가 자발적으로 중재판정을 따르지 않으면 이를 집행하기 위하여 국가의 도움이 필요하다. 가사 국제상사중재를 특정국가의 법질서로부터 절연하여 중재의 독립성을 강조하는 脫地域化(또는 脫國家化. delocalization)를 지지하더라도 집행단계에서의 법원의 관여를 부정할 수는 없다.

모델법(제35조 제1항)은 중재판정의 국적에 관계없이 동일한 요건과 절차에 따라 승인 및 집행하도록 한다. 모델법의 성안과정에서, 매우 성공적인 뉴욕협약이 존재에도 불구하고 과연 중재판정, 특히 외국중재판정의 승인 및 집행에 관한 규정을 둘 필요가 있는지에 관하여 논란이 있었으나 결국 규정을 두었는데, 가장 중요한 이유는 그렇게 함으로써 국제상사중재에서 중재지가 가지는 중요성을 약화하기 위한 것이었다.[211] 또한 뉴욕협약에 의하여 규율되지 않는 외국중재판정에 관하여 규정을 두지 않으면 모델법이 불완전하고,[212] 뉴욕협약의 체약국이 아닌 국가들로서는 뉴욕협약에 가입하는 것보다 모델법을 채택하는 것이 더 용이할 것이라는 점도 고려되었다.[213] 하지만 중재법은 모델법을 따르지 않고 독일법처럼 ① 내국중재판정과 ② 외국중재판정을 구분하여, 전자는 중재판정의 취소사유가 없는 한 승인 및 집행하도록

209) 조무제(註 96), 74면은 우리 법의 해석론으로 취소판결을 한 법원은 사건을 중재판정부로 환송할 것이라고 하나 근거가 없다고 본다.
210) 상세는 이 책 제6장 참조.
211) Seventh Secretariat Note, A/CN.9/264, Art. 35, para. 3; Holtzmann/Neuhaus, p. 1007.
212) Holtzmann/Neuhaus, p. 1007.
213) 캐나다 대표는 이런 취지의 발언을 하였다. Summary Record, A/CN.9/SR. 320, para. 37.

하고(제38조),[214] 후자는 경우를 나누어 ②—A 뉴욕협약이 적용되는 외국중재판정에 대하여는 뉴욕협약을 적용하고,[215] ②—B 뉴욕협약이 적용되지 않는 외국중재판정에 대하여는 외국판결의 승인 및 집행에 관한 민사소송법과 민사집행법을 준용한다(제39조).[216]

우리나라와 마찬가지로 뉴욕협약에 가입하면서 상호주의유보를 한 국가들이 많으므로 모델법에도 상호주의요건을 명시하자는 제안이 많았으나 이는 국제상사중재를 영토에 연계하는 바람직하지 않은 결과를 조장함으로써 국제상사중재를 저해할 것이라는 이유로 채택되지 않았다.[217] 그럼에도 불가하고 위원회보고서는 각 입법국은 상호주의요건을 명시할 수 있다는 점을 명확히 밝히고 있다.[218] 우리나라의 경우 뉴욕협약이 적용되는 외국중재판정에 대하여는 상호주의유보가 적용되고, 뉴욕협약이 적용되지 않는 외국중재판정에 대하여는 민사소송법에 따른 상호보증, 즉 상호주의요건이 적용된다.

나. 승인거부사유

뉴욕협약(제5조)은 외국중재판정의 승인거부사유를 제한적으로 열거하는데, 이는 피신청인이 주장 · 입증하여야 하는 사유(제1항)와, 승인 및/또는 집행의 요청을 받은 국가의 법원이 직권으로 판단할 사유(제2항)로 구분된다. 전자는 ① 당사자의 무능력 또는 중재합의의 무효, ② 피신청인의 방어권의 침해, ③ 중재인의 권한유월, ④ 중재판정부의 구성 또는 중재절차의 하자 및 ⑤ 중재판정이 구속력이 없거나 또는 취소 · 정지된 경우이고, 후자는 ⑥ 중재가능성의 결여와 ⑦ 공서위반이다. 또한 제5조 제1항과 제2항은 승인거부사유가 존재하더라도 법원이 재량으로 승인 및 집행을 할 수 있음을 분명히 한다. 예컨대 중재판정이 중재판정지에서 취소 또는 정지되었더라도 외국법

---

214) 뉴욕협약은 중재판정의 국적을 판단하는 기준으로 제1차적 척도와 제2차적 척도를 두므로 특정국에서 내려진 중재판정이더라도 그 국가의 법상 내국중재판정이 아니라면 뉴욕협약이 적용되는 외국중재판정이 될 수 있다. 이것이 '비국내 판정'(non-domestic award)이다. 그러나 개정중재법(제38조)은 한국에서 내려진 모든 중재판정을 내국중재판정으로 보므로 한국에서 내려진 중재판정에는 제2차적 척도가 적용될 여지가 없다고 본다.

215) 우리나라는 1973년 뉴욕협약에 가입하면서 상사유보와 상호주의유보를 모두 선언하였다.

216) 이는 준용의 범위를 넘는다는 점은 이미 지적하였다. 석광현(註 9), 495면 이하. 독일 민사소송법(제1061조)은 모든 외국중재판정에 대하여는 뉴욕협약을 적용하고, 일본 중재법(제45조 이하)은 모델법의 태도를 따른다.

217) Holtzmann/Neuhaus, p. 1009.

218) 위원회보고서, A/40/17, para. 330.

원은 중재판정을 승인하고 집행할 수 있다.[219)]

뉴욕협약이 명시하지는 않지만, 승인 및 집행의 대상이 되는 것은 분쟁을 종국적으로 해결하는 종국판정만이고 중간판정은 그에 포함되지 않는다고 해석된다.[220)]

우리 법원은 종래 외국중재판정의 승인 및 집행에 대하여 매우 우호적인 태도를 취하는 것으로 평가되고 있다. 즉 대법원판결은 승인거부사유를 제한적으로 해석하는데, 예컨대 대법원 1990. 4. 10. 선고 89다카20252 판결은 "…공서위반의 경우 집행국 법원은 중재판정의 승인과 집행을 거부할 수 있는바, 이는 중재판정이나 승인이 집행국의 기본적인 도덕적 신념과 사회질서를 보호하려는 데 취지가 있으므로 그 판단에 있어서는 국내적인 사정뿐만 아니라 국제적 거래질서의 안정이라는 측면도 함께 고려하여 제한적으로 해석하여야 한다"는 취지로 판시함으로써 국제적 공서(*ordre public international*)의 개념을 받아들였다.

다. 승인 및 집행의 절차

일정한 요건이 구비되면 외국중재판정은 우리나라에서 자동적으로 효력을 가지는데, 이것이 외국중재판정의 승인(recognition)이다. 한편 중재에서 진 피신청인이 중재판정을 이행하지 않으면 이긴 신청인은 외국중재판정을 집행할 필요가 있는데, 집행(enforcement)은 우리 법원의 집행판결을 받아야 가능하다. 외국중재판정의 집행력은 관념적인 것에 그치지 않고 중재판정의 내용을 실제로 실현하는 것이어서 집행허가를 집행기관의 판단에 맡기는 것은 부적절하므로 특히 신중을 기하며 소로써 그 효력을 주장하게 하고, 법원이 요건의 구비 여부를 심사한 다음 판결로써 집행을 허가한 때에 한하여 집행할 수 있게 하는 것이다.

라. 개 선 점

첫째, 중재법은 뉴욕협약이 적용되는 외국중재판정과 그 밖의 외국중재판정을 구별하여 달리 취급하나, 상호주의유보를 철회함으로써 비체약국의

---

219) 이에 해당하는 사례로는, 프랑스 법원의 Hilmarton 사건 판결과, 콜럼비아지구 미국연방법원의 Chromalloy 사건 판결이 있다. Redfern/Hunter, paras. 10-48, 10-72 참조.

220) Stein/Jonas/Schlosser, Anhang § 1061 Rn. 11; Schwab/Walter, Kapitel 18 Rn. 9; Redfern/Hunter, para. 7-16.

외국중재판정에 대하여도 뉴욕협약을 적용하는 것이 바람직하다. 왜냐하면 상호주의를 요구할 경우, 외국중재판정에 승인거부사유가 없더라도 비체약국의 중재판정이라는 이유만으로 승인 및 집행을 거절하게 되므로 정당한 권리를 가지고 중재판정에서 이긴 당사자의 이익을 침해하는 것이 되어 불합리하다. 외국판결의 승인 및 집행에서 상호주의를 요구하는 것은 판결국에 대한 보복의 성격을 가지는데, 과연 비체약국인 중재지국에 그것이 의미가 있는지 의문이다. 특히 중재지는 중재판정에 중재지라고 기재된 장소로서 순전히 법적인 개념(purely legal concept)일 뿐이기 때문이다. 참고로 독일은 민사소송법의 개정을 계기로 상호주의유보를 철회하였고, 일본은 이를 철회하지는 않았지만 모델법을 따르므로 사실상 상호주의유보를 철회한 것으로 볼 수 있다.[221] 둘째, 중재법은 외국중재판정의 집행은 우리 법원의 집행판결에 의하도록 함으로써 변론을 거칠 것을 요구하나 이를 집행결정에 의하도록 함으로써 원칙적으로 변론을 요하지 않는 것으로 완화할 필요가 있다. 참고로 독일 민사소송법(제1063조)과 일본의 중재법(제45조 제1항, 제46조)은 모두 집행결정에 의하도록 한다.

Ⅵ. 맺 음 말

지금까지 중재법을 중심으로 중재절차에서의 법원의 역할을 세 단계로 구분하여 살펴보았다. 중재는 사적 분쟁해결수단이므로 당사자들이 중재합의에 정한 바에 따라 협조를 한다면 법원이 개입할 필요도 이유도 없다. 그러나 당사자의 일방 또는 쌍방이 협조를 거부하거나 당사자 간에 중재합의의 실현에 관하여 다툼이 발생하는 경우 법원의 관여가 필요한데, 중재절차의 원활한 진행을 위하여 법원에 대한 의존의 범위 내지는 중재절차에 대한 법원의 관여의 범위를 명확히 획정하는 것이 중요하다.[222] 중재지 법원의 관여를 최소화하는 것이 현대의 경향인데,[223] 중재법 제6조는 법원의 관여범위를 판단하는 데 있어 지침을 제시하는 것으로서 바람직하다. 그러나 중재법에

221) Shunichiro Nakano, “International Commercial Arbitration under the New Arbitration Law of Japan,” The Japanese Annual of International Law No. 47 (2004), p. 114.

222) Redfern/Hunter, para. 7-02.

223) Redfern/Hunter, para. 4-35; 주석중재법/장문철 · 박영길, 26-27면.

못지않게 중요한 것은 실제 사건을 담당하는 중재판정부와 법원의 실무이다. 특히 법원의 관여가 중재절차를 지연하는 수단으로 악용되지 않도록 유의하여야 한다. 중재절차의 진행을 금지하는 가처분과 본안판결을 허용하지 않는 대법원판결에서 보면 우리 법원의 태도는 매우 바람직하다.

요컨대 중재판정부와 법원의 행위는 '효율적인 국제상사중재'라고 하는 공통의 목적을 달성하기 위하여 각자의 역할을 수행하는 상호보완적인 관계에 있다.[224] 다만 법원의 관여범위는 당사자의 의사에 의하여 좌우되기도 하는데, 중재법이 규율하는 사항의 범위와, 당사자자치의 허용범위가 반드시 명확하지는 않다는 데 문제의 소지가 있다.[225] 앞으로 우리 법원과 중재인들도 중재법을 합리적으로 해석하고,[226] 올바른 방향으로 실무를 운용함으로써 공통의 목적을 달성할 수 있도록 노력하여야 할 것이다.

---

224) B. Goldman, *Rapport Général pour le 60e anniversaire de la Cour d'Arbitrage de la CCI* (General report for the 60th anniversary of the ICC Court of Arbitration), ICC Publishing SA (Paris, 1984), p. 271 (Rubino-Sammartano(註 175), p. 379에서 재인용).

225) 예컨대 위에서 당사자는 합의로써 법원의 보전처분을 미리 배제할 수 있으나 Kompetenz-Kompetenz 조항이나 배제합의로써 법원의 권한을 배제할 수는 없다고 하였다. 또한 중재인의 권한에 관하여는 예컨대 중재인의 권한판단권한을 배제할 수는 없다고 하였다.

226) 이를 위하여 모델법의 국제적인 성격과 적용상의 통일을 증진할 필요를 고려해야 한다. 이를 위해서는 UNCITRAL이 관리하는 데이타베이스인 CLOUT (Case Law on UNCITRAL Texts)가 도움이 된다.

제10장 용선계약상 중재조항의 선하증권에의 편입
—대법원 2003. 1. 10. 선고 2000다70064 판결*에 대한 평석—

前 記
이 글은 저자가 국제사법과 국제소송 제4권(2007), 457면 이하에 게재한 글을 문헌만 다소 보충하고 대체로 전재한 것이다.

[사안의 개요]

대법원 2003. 1. 10. 선고 2000다70064 판결(이하 "대상판결"이라 한다)[1] 이 인용한 원심의 인정사실을 기초로 이 글에서의 논의를 위하여 필요한 범위 내로 사안을 단순화하면 다음과 같다.

가. 제1차 해상운송계약(용선계약)의 체결

1993년 2월 포항종합제철 주식회사(이하 "포철"이라 한다)와 피고(주식회사 한진해운)는 포철이 미국 회사에 공급하는 화물의 해상운송을 위하여 장기해송계약"(이하 "제1차 용선계약"이라 한다)을 체결하였는데, 동 계약서(제22조)는 "위 계약의 이행에 관하여 포철과 피고 사이에 분쟁이 발생하였을 때에는 대한상사중재원의 규정과 대한민국의 법률에 따라 서울에서 중재하여 해결하고, 중재원의 판정은 최종적인 것이며 계약당사자 쌍방을 구속한다"고 규정하고 있다.

나. 제2차 해상운송계약(용선계약)의 체결

포철의 미국 내 자회사인 포항스틸아메리카(이하 "수출자"라고 한다)는 포철의 국내 자회사인 주식회사 포스트레이드(이하 "수입자"라고 한다)에게

* 판례공보 169, 588 [2003. 1. 1.].

1) 대상판결에 대하여는 채동헌, "용선계약상의 중재조항과 선하증권에의 편입," 대법원판례해설 통권 제44호(2003년 상반기), 244면 이하에 평석이 있다.

용융아연도금(이하 "이 사건 화물"이라 한다)을 판매하면서 피고에게 운송을 의뢰하였고, 피고는 1995년 11월경 수출자와 선적항을 캘리포니아주 스톡턴항, 양하항을 광양항으로 하여 이 사건 화물의 해상운송계약(이하 "제2차 용선계약"이라 한다)을 체결하면서, 위 계약에 규정되지 아니한 사항에 관하여는 제1차 용선계약의 내용을 준용하기로 약정하였고, 피고의 화물 선적 후 피고를 대리한 트랜스마린 내비게이션은 수출자를 송하인, 주식회사 조흥은행(이하 "조흥은행"이라 한다)을 수하인, 수입자를 통지처로 한 기명식 선하증권(이하 "이 사건 선하증권"이라 한다)을 미국에서 발행하였다.

다. 선하증권의 기재사항

이 사건 선하증권의 표면에는 '선하증권'(Bill Of Lading)이라는 표제 밑에 "용선계약과 함께 사용됨"(To be used with Charter-Parties)이라고 기재되어 있고, 이면약관 제1조 전단은 "용선계약의 모든 조건과 내용, 권리와 예외는 이 선하증권의 내용으로 편입된다"(All terms and conditions, liberties and exceptions of the Charter Party, dated as overleaf, are herewith incorporated)고 규정하고 있으며,[2] 적용법률에 대하여는 제2조에서 "일반지상약관"(一般至上約款, General Paramount Clause)이라는 제목 하에 "이 계약에는 선적국에서 입법화된 1924. 8. 25.자 '선하증권에 관한 약간의 규칙을 통일하기 위한 국제협약'에 담긴 '헤이그규칙'이 적용된다"(The Hague Rules contained in the International Convention for the Unification of certain rules relating to Bills of Lading, dated Brussels the 25th August 1924 as enacted in the country of shipment shall apply to this contract.)(이하 "헤이그규칙"이라 한다)고 하면서 「선하증권에 관한 약간의 규칙을 통일하기 위한 국제협약의 개

---

2) 이 사건에서는 개정 전의 선하증권 양식이 사용되었지만, 1994년 개정된 BIMCO의 표준항해용선계약(GENCON)은 제2부 제19조에 중재조항을 신설하였고, 그에 따른 용선계약선하증권(CONGENBILL)은 "법과 중재조항을 포함하여 이면에 기재한 일자의 용선계약의 모든 조건과 내용, 권리와 예외는 이 선하증권의 내용으로 편입된다"(All terms and conditions, liberties and exceptions of the Charter Party, dated as overleaf, including the Law and Arbitration Clause, are herewith incorporated)고 함으로써 중재조항을 특별히 언급하는 특정편입문구를 사용한다. BIMCO의 현재 명칭은 'The Baltic and International Maritime Council'이다. 과거에는 Conference라고 하여 '동맹'이라고 번역하였으나 요즈음에는 '평의회' 또는 '협의회'로 번역한다. 개정된 GENCON의 소개는 이시환, "항해용선계약과 중재: 1999년 1월 1일부터 전면적으로 사용하고 있는 1994년 Gencon 서식을 중심으로," 중재 제292호(1999 여름), 66면 이하 참조.

정을 위한 1968년 의정서(Protocol to Amend the International Convention for the Unification of Certain Rules of Law relating to Bills of Lading)(이하 “헤이그-비스비규칙”이라 한다)가 적용되는 거래에서는 해당 조항이 이 선하증권에 규정된 것으로 본다」고 명시하고 있다.

라. 해상적하보험계약의 체결

수입자는 해상운송의 위험을 담보할 목적으로 1995년 12월 원고(엘지화재해상보험 주식회사)를 포함한 3개 보험회사를 공동보험자로, 원고를 간사회사로 하여 이 사건 화물에 대해 해상적하보험계약을 체결하였다.

마. 선하증권의 양도

수입자는 이 사건 화물의 수입 후 1996년 1월 신용장개설은행이자 수하인인 조흥은행에게 신용장대금을 지급하고 이 사건 선하증권을 배서 없이 교부받아 소지하고 있다.

바. 화물의 운송과 양도

이 사건 선박은 1995. 12. 25. 광양항에 입항한 후 하역작업을 완료하였고, 이 사건 화물은 수입자로부터 이 사건 화물을 매입한 5개 최종구매인들(실수요자들)에게 내륙운송업자들에 의하여 운송되었다.

사. 화물에 대한 하자의 발견과 그 원인

최종구매인들 중 3인이 물건의 하자를 이유로 수입자에게 손해배상을 청구하자 수입자는 1996년 2월 검정인에게 조사를 의뢰하였고, 그 결과 피고와의 약정에 의하여 선적비용을 부담하는 송하인인 수출자 측이 선정한 하역업자가 이 사건 화물을 불완전하게 고박함으로써 하자가 발생하였음을 확인하였다.

아. 보험금의 지급

원고는 1996년 4월 수입자에게 사고로 인한 보험금을 지급하고, 수입자로부터 사고로 인한 모든 권리행사에 관하여 위임을 받았다.

이 사안을 시간 순서에 따라 정리하면 대체로 아래와 같다.

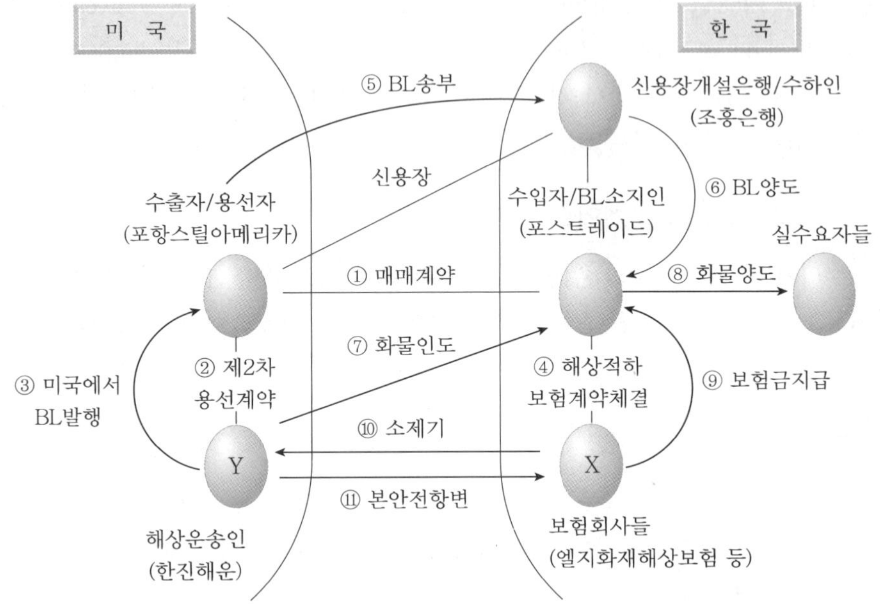

[소송의 경과]

1. 제1심판결[3)]

이 사건은 피보험자(수입자)에게 보험금을 지급한 원고(보험회사)가 운송인을 상대로 보험자대위에 의하여 구상권을 행사한 사건인데, 궁극적인 실체법상의 쟁점은 해상운송계약상 화물의 적부(積付)에 있어 운송인의 주의의무였다. 구체적으로 FIOST(free in and out, stow, trim) 약관[4)]에 따라 독립된 하역업자나 송하인의 지시에 의하여 적부가 이루어진 경우에도 운송인이 여전히 적부가 운송에 적합한지를 살펴보고, 운송을 위하여 인도받은 화물의 성질을 알고 화물의 성격이 요구하는 바에 따라 적부를 하는 등의 방법으로

3) 서울지방법원 1999. 4. 15. 선고 96가단299187 판결.

4) 이는 선적 및 양륙비용뿐만 아니라 적부 및 정돈비용까지 화주(송하인 또는 용선자)가 부담하기로 하는 운임조건이다. 한편 FIO(free in and out)는 선적 및 양륙비용을 화주가 부담하는 운임조건이다. 송상현 · 김현, 海商法原論 新訂版(1999), 216면; 오원석, 국제운송론 제3개정판(2004), 57면.

손해를 방지하기 위한 적절한 예방조치를 강구할 주의의무가 있는지의 여부였다.

그러나 그에 앞서 법원이 과연 이 사건을 재판할 권한이 있는지라는 절차법적 쟁점이 제기되었다. 이 사건 선하증권의 이면약관에는 수출자와 피고 간에 체결한 제2차 용선계약에 포함된 중재조항이 편입되어 있었는데 피고는 이를 근거로 본안전항변을 제출하였다.[5] 만일 제2차 용선계약이 준용하는 제1차 용선계약의 중재조항이 이 사건 선하증권에 유효하게 편입되어 수하인, 선하증권 소지인(수입자)과 이를 대위한 원고가 그에 구속된다면, 법원은 선하증권에 표창된 권리에 관한 분쟁인 이 사건 소를 각하해야 할 것이었다.

제1심판결은 "피고와 수출자 사이의 약정은 선박의 일부를 물건의 운송에 제공함을 목적으로 하는 항해용선계약이고, 이 사건 선하증권은 그 용선계약 하에서 발행된 것으로서 그 이면약관의 일반적인 편입문구에 따라 위 용선계약의 내용이 선하증권에 편입되었다고 할 것이지만, 선하증권의 유통성을 고려할 때 중재에 관한 특별한 편입문구가 있고 그것이 선하증권의 명시적인 내용과 모순되지 않는다거나, 용선계약상의 중재조항이나 다른 규정이 용선계약에 따른 분쟁은 물론 선하증권에 따른 분쟁까지도 다룬다는 점을 명백히 하지 않는 이상, 위의 일반적인 편입문구만으로는 선하증권과 직접적으로 밀접한 관련이 있다고 할 수도 없는 위 용선계약상의 중재조항까지 이 사건 선하증권에 편입되었다고 볼 수 없다고 해석함이 상당하다. 따라서 제1차 용선계약서의 중재조항이 이 사건 선하증권의 내용으로 편입되었음을 전제로 한 피고의 항변은 이유 없다"는 취지로 판시하고 피고의 본안전항변을 배척하였다.

즉, 제1심판결은 중재조항의 편입을 위하여는 일반적인 편입문구로는 부족하고 특정편입이어야 하며, 후자는 일정한 요건을 구비해야 하는데 이 사건의 경우 요건이 구비되지 않았다고 본 것이다.

5) 통상 이처럼 운송인이 본안전항변을 제출하는 것은 중재절차 자체가 자신에게 유리하기 때문이 아니라, 본안전항변을 제출하여 원고(수하인 또는 선하증권 소지인)의 소가 각하될 경우 원고가 다시 중재신청을 하더라도 이미 제소기간이 도과하여 원고의 손해배상청구를 원천적으로 봉쇄할 수 있기 때문이라고 한다. 송상현 · 김현(註 4), 266면.

2. 원심판결[6)]

여기에서 다루는 쟁점에 관하여 원심판결은 단순히 제1심판결을 인용하고 있다.

3. 대법원판결의 요지

여기에서 다루는 쟁점에 관한 대법원판결의 요지는 다음과 같다.[7)]

[1] 용선계약상 중재조항의 선하증권에의 편입의 준거법 — 용선계약상의 중재조항이 선하증권에 편입되어 선하증권의 소지인과 운송인 사이에서도 효력을 가지는지 여부는 선하증권의 준거법에 의하여 판단하여야 할 것이다.

[2] 선하증권의 준거법 — 구 섭외사법 제9조는 "법률행위의 성립 및 효력에 관하여는 당사자의 의사에 의하여 적용할 법을 정한다. 그러나 당사자의 의사가 분명하지 아니한 때에는 행위지법에 의한다"고 규정하고 있는바, 따라서 선하증권이 그 약관에서 명시적으로 적용할 나라의 법을 정하고 있는 경우에는 그 정한 법률에 의하여, 선하증권의 발행인이 선하증권에 적용될 법을 명시적 혹은 묵시적으로 지정하지 않은 경우에는 선하증권이 발행된 나라의 법에 의하여 이를 판단하여야 한다.

[3] 선하증권상 지상약관의 법적 성질 — 이 사건 선하증권은 이면약관에서 선적국에서 입법화한 헤이그규칙 및 일정한 경우 헤이그-비스비규칙이 적

---

6) 서울지방법원 2000. 11. 2. 선고 99나36005 판결.

7) 판례공보 169, 588 [2003. 1. 1.]이 들고 있는 판시사항은 다음 여섯 가지이다.
첫째, 용선계약상의 중재조항이 선하증권에 편입되어 선하증권의 소지인과 운송인 사이에서도 효력을 가지는지 여부에 대하여 적용될 準據法의 결정
둘째, 소송과정에서 적용될 외국법규에 흠결이 있거나 그 존재에 관한 자료가 제출되지 아니하여 그 내용의 확인이 불가능한 경우 보충적으로 적용할 법원(法源)
셋째, 용선계약상의 중재조항이 선하증권에 편입되기 위한 요건
넷째, 선하증권의 효력
다섯째, 기명식 선하증권상의 권리양도 방법 및 기명식 선하증권이 양도된 경우채무불이행으로 인한 손해배상청구권은 물론 불법행위로 인한 손해배상청구권도 선하증권에 화체되어 선하증권이 양도됨에 따라 선하증권 소지인에게 이전되는지 여부(적극)
여섯째, 해상운송계약상 화물의 적부(積付)에 있어서 운송인의 주의의무
여기에서는 첫째와 셋째 사항만을 다룬다. 그 밖의 논점의 소개는 2003 분야별 중요판례분석의 하나로 저자가 국제거래 분야에 대해 쓴 법률신문 제3281호(2004. 7. 8.), 8-9면 참조.

용된다는 지상약관(paramount clause)을 담고 있는 외 달리 명시적으로 선하증권의 준거법을 정하지는 않았는바, 따라서 이 사건 선하증권에 대하여는 위 약관에 따라 먼저 이 사건 화물의 선적국인 미국에서 입법화된 헤이그규칙 및 일정한 경우 헤이그-비스비규칙이 적용되고, 나머지 사항에 대하여는 선하증권이 발행된 장소인 미국의 법과 관습이 적용된다.

[4] 용선계약상 중재조항의 선하증권에의 편입요건 — 일반적으로 용선계약상의 중재조항이 선하증권에 편입되기 위하여는 우선, 용선계약상의 중재조항이 선하증권에 '편입'된다는 규정이 선하증권상에 기재되어 있어야 하고, 그 기재상에서 용선계약의 일자와 당사자 등으로 해당 용선계약이 특정되어야 하며(다만, 위와 같은 방법에 의하여 용선계약이 특정되지 않았더라도 선하증권의 소지인이 해당 용선계약의 존재와 중재조항의 내용을 알았던 경우는 별론으로 한다), 만약 그 편입문구의 기재가 중재조항을 특정하지 아니하고 용선계약상의 일반 조항 모두를 편입한다는 취지로 기재되어 있어 그 기재만으로는 용선계약상의 중재조항이 편입 대상에 포함되는지 여부가 분명하지 않을 경우는 선하증권의 양수인(소지인)이 그와 같이 편입의 대상이 되는 중재조항의 존재를 알았거나 알 수 있었어야 하고, 중재조항이 선하증권에 편입됨으로 인하여 해당 조항이 선하증권의 다른 규정과 모순이 되지 않아야 하며, 용선계약상의 중재조항은 그 중재약정에 구속되는 당사자의 범위가 선박 소유자와 용선자 사이의 분쟁뿐 아니라 제3자 즉 선하증권의 소지인에게도 적용됨을 전제로 광범위하게 규정되어 있어야 할 것이다.

즉 제1심판결(제2심판결도)과 대상판결은 이 사건에서 편입요건이 구비되지 않았다고 본 결론은 동일하지만, 제1심판결은(제2심판결도) 일반적인 편입문구로는 부족하고 특정한 편입문구여야 하며, 나아가 일정한 요건(즉 모순되지 않거나 포괄적이어야 한다)을 요구한 데 반하여, 대상판결은 특정한 편입문구만이 아니라 일반적인 편입문구도 유효할 수 있다고는 보되 후자의 경우 엄격한 요건을 요구한 점에서 차이가 있다.

[연 구]

Ⅰ. 문제의 제기

이 사건에서 제1심판결, 제2심판결과 대상판결은 모두 원고[8]와 피고 간에 유효한 중재합의의 존재를 부정하고 피고의 본안전항변을 배척하였다. 이 사건 선하증권과 같이 용선계약 하에서 발행된 선하증권—이를 '용선계약 선하증권'(charter party bill of lading)이라고도 부른다[9]—에는 용선계약의 내용을 선하증권에 편입('화체' 또는 '합체'라고도 한다)하는 문구—이른바 '편입문구'(incorporation clause, Inkorporationsklausel)—가 통상 삽입되는데, 특히 용선계약상의 중재조항이 선하증권에 편입되어 선하증권의 소지인과 해상운송인 간에 유효한 중재합의가 존재하는가가 문제된다.[10] 대상판결에서는

---

8) 정확히는 선하증권 소지인인 수입자와 운송인인 피고 간이다. 보험금을 지급한 원고는 수입자의 권리를 대위하므로 중재합의에 구속된다. 물론 대위 여부와 그의 효력도 보험계약의 준거법에 따를 사항이다.

9) 과거 용선계약 선하증권은 은행이 수리하지 않는 서류였으나 1993년 개정된 신용장통일규칙(제25조)은 신용장이 용선계약 선하증권을 요구하거나 허용한 경우 이를 수리하도록 하면서 그 요건을 정하고, 신용장이 용선계약서의 제시를 요구하더라도 은행은 이를 심사할 의무가 없음을 명시한다.

10) 위 註 8과도 관련되는 것이지만, 정확히는 선하증권 소지인과 운송인인 피고 간에 중재합의가 체결되는 것은 아니고 운송인과 송하인(또는 수하인) 간에 중재합의가 일단 성립하고, 선하증권 소지인은 승계인으로서 중재합의에 구속되므로 중재합의의 성립과 승계를 단계적으로 검토하는 것이 논리적이다. 국제재판관할의 경우도 동일하다. 석광현, "전속적 국제재판관할합의의 유효요건—지정된 법원과 당해 사건 간의 합리적인 관련성—," 國際私法과 國際訴訟 제3권(2004), 250면 참조. 승계가 부정될 경우 소지인이 중재조항에 동의하였는지를 검토할 필요가 있다. 대법원 1990. 2. 13. 선고 88다카23735 판결은, 船荷證券의 準據法이 영국법임을 전제로, 당시 영국법에 의하면 원고는, 당해 사건 선하증권상에 수하인으로 기재되어 있으나 오직 신용장 대금의 담보를 위하여 선하증권을 소지하게 되었고 또한 운송물이 이미 멸실되어 선하증권을 제시하여도 운송계약상의 당사자의 지위를 취득할 수 없으므로 피고와의 사이에 운송계약에 부수된 유효한 중재합의가 있었음을 주장할 수 없다고 판시하였다. 참고로 독일에서는 선하증권 교부계약(Begebungsvertrag)의 당사자는 송하인(엄밀하게는 선적인)과 운송인이고, 수하인은 제3자를 위한 계약의 수익자 또는 승계인의 지위에 있다고 보는 견해가 다수설이나, 수하인이 직접 당사자가 된다는 견해도 있고, 선하증권의 종류에 따라 구분하는 견해도 있다. Peter Mankowski, Seerechtliche Vertragsverhältnisse im Internationalen Privatrecht (1995), S. 248ff.; Manja Epping, Die Schiedsvereinbarung im internationalen privaten Rechtsverkehr nach der Reform des deutschen Schiedsverfahrensrechts (1999), SS. 67-68. 여기에서는 중재조항의 편입만을 다루

海商法, 즉 實質法的 爭點[11]으로는 용선계약의 중재조항이 편입문구에 의하여 선하증권에 편입되기 위한 요건이, 國際私法的 爭點으로는 편입요건의 準據法이 문제되었고, 후자와 관련하여 선하증권의 準據法의 결정 및 至上約款의 법적 성질이 쟁점이 되었다.

그러나 이 사건처럼 용선계약상 중재조항이 선하증권에 편입되는 경우[12] 유효한 중재합의가 존재하려면, 엄밀하게는 첫째 중재조항이 편입문구에 의하여 선하증권에 편입되고, 둘째 중재합의의 서면요건(방식요건 또는 형식적 유효요건. 이하 서면요건과 방식요건을 호환적으로 사용한다)을 구비해야 하며, 셋째 중재합의의 성립요건과 실질적 유효요건을 구비해야 한다(다만 셋째 요건은 통상은 문제되지 않을 것이다). 이 사건에서 쟁점이 된 것은 주로 편입요건인데 그것이 중재합의의 성립요건인지, 방식요건인지, 양자의 결합인지, 아니면 별도의 유효요건인지라는 성질결정이 문제된다.[13] 이의 판단이 어려운 것은 편입요건, 방식요건과 성립요건이 일부 중첩되기 때문이다.

아래에서는 이러한 海商法의 논점과 國際私法, 國際商事仲裁法 또는 國

고 승계는 다른 기회로 미룬다. 승계의 準據法에 관하여는 우선 Manksowski, 위 책, S. 255f. 참조. 대상판결은 이 사건 선하증권이 미국법이 準據法인 기명식 선하증권임에도 불구하고 상법(제820조, 제130조)을 근거로 이를 당연한 지시증권이라고 보았으나 미국법상 기명식 선하증권은 당연한 지시증권은 아니다. 김창준, "背書가 禁止된 記名式 船荷證券의 法的 性質," 한국해법학회지 제25권 제1호(2003), 278면. 이 논점에 관한 해설은 채동헌(註 1), 276면 이하 참조. 한편 선하증권이 지시증권(또는 기명증권)인지는 선하증권에 화체된 권리의 準據法에 의한다. 석광현, 2001년 개정 國際私法 해설 제2판(2003), 173면, 註 294에서는 船荷證券의 경우 선하증권의 準據法과 목적지법에 의한다는 견해 등이 있다고 썼으나, 정확히는 그것은 선하증권의 지시증권(또는 기명증권)성이 아니라 선하증권의 인도증권성의 문제이다. 즉 어떤 선하증권이 유가증권인지, 나아가 지시증권(또는 기명증권)인지는 선하증권에 화체된 권리의 準據法에 의하고, 선하증권의 양도를 물품이 인도와 동일시할 수 있는지는 목적지법에 의한다고 보아야 할 것이다. 따라서 이 사건 선하증권의 지시증권성은 미국법이 결정할 사항이다. 실무적으로는 어떤 선하증권이 지시증권(또는 기명증권)인지는 선하증권의 기재에 의해 결정되므로 통상 문제되지 않지만, 기명식이더라도 準據法에 따라 당연한 지시증권이 될 수 있다는 점에서 準據法 논의는 실익이 있다.

11) 실질법이라 함은 법적용규범(또는 간접규범)인 抵觸法(또는 國際私法)에 대비되는 개념으로, 우리 民·商法과 같이 저촉법(또는 국제사법)에 의하여 準據法으로 지정되어 특정 법률관계 또는 쟁점을 직접 규율하는 규범을 말한다.

12) 그러나 선하증권의 이면에 중재조항이 포함되기도 한다. 정병석, "해사계약에 있어서 중재합의와 관련한 문제점," 心堂宋相現先生 華甲紀念論文集, 이십일세기 한국민사법학의 과제와 전망(2002), 486면 이하.

13) 실제로 사용된 편입문구가 편입요건을 충족하는지의 여부는 구체적인 문언의 해석의 문제이지만, 편입요건이 무엇인가는 해석문제는 아니다. 그러나 서영화, "傭船契約의 船荷證券에의 編入," 한국해법회지 제14권 제1호(1992), 355면 이하는 편입요건을 편입규정의 해석원칙으로 설명한다.

際民事節次法의 논점을 먼저 검토하고 그 과정에서 제기되는 準據法에 관한 논점, 즉 협의의 國際私法的 論點을 검토하는데, 구체적으로는 다음과 같다.

첫째, 용선계약상 중재조항이 선하증권에 편입되기 위한 요건(Ⅲ.).

둘째, 중재합의의 방식과 성립(과 실질적 유효요건)(Ⅳ.). 실질적 유효요건은 실질적 유효성의 문제이다. 다만 이 사건은 구 중재법이 적용되는 사건이다.

셋째, 이 사건에서 제기되는 國際私法的 爭點. 즉 중재조항의 편입, 중재합의의 방식과 성립(과 실질적 유효요건)의 準據法(Ⅴ.).

넷째, 선하증권의 準據法과 至上約款(Ⅵ.).

다만 위의 쟁점에 대한 검토에 앞서 용선계약에 따라 발행되는 선하증권을 간단히 살펴본다(Ⅱ.). 법원이 법을 적용하는 순서에 따르면, 판결요지처럼 먼저 準據法을 결정하고 그 다음에 실질법상의 쟁점인 편입요건을 보아야 하나, 여기에서는 대상판결의 주된 쟁점인 實質法的 爭點을 보고 난 뒤에 國際私法的 爭點을 다룬다.

Ⅱ. 용선계약과 선하증권

해상물건운송계약이란 당사자의 일방이 상대방에 대하여 선박에 의한 물건의 해상운송을 인수하고, 상대방이 이에 대하여 보수를 지급할 것을 약정함으로써 성립하는 계약인데, 상법은 해상물건운송계약을 용선계약과 개품운송계약으로 구분하고(제780조) 용선계약을 중심으로 규정하고 있으며 개품운송계약에 관하여는 소수의 특별규정만을 두고 있다. 용선계약(charterparty, charter party, Chartervertrag)은 해상물건운송계약의 일종으로, 해상운송인인 선박소유자 등이 선박의 전부 또는 일부를 운송을 위하여 제공하여 여기에 적재된 물건을 운송할 것을 약속하고, 상대방인 용선자는 보수를 지급할 것을 약속하는 계약이다.[14] 대량화물을 운송할 때 용선계약을 주로 사용하는데 용선계약은 대체로 정기용선계약(time charter), 항해용선계약(voyage charter)과 나용선계약(demise charter, bareboat charter)으로 구분된다.[15] 용선계약은

14) 송상현 · 김현(註 4), 210면; 최기원, 해상법 제3판(2002), 129면.

15) 송상현 · 김현(註 4), 347면.

통상 표준약관에 의하여 체결되는데, 실무상 정기용선계약의 경우 발트국제해운동맹의 볼타임양식 또는 뉴욕산물거래소(New York Produce Exchange)의 NYPE 양식이, 항해용선계약의 경우 발트국제해운동맹의 젠콘(GENCON)양식이 사용되고 있다.[16]

한편 상법은 선하증권의 개념을 정의하지 않으나, 선하증권(bill of lading, Konnossement)은 해상운송인이 해상물건운송계약에 따른 운송물의 수령 또는 선적을 증명하고, 해상운송인에 대한 운송물의 인도청구권을 표창하는 유가증권이다.[17] 우리 법상으로는 선하증권은 이처럼 유가증권일 뿐이고, 선하증권 자체를 계약으로 파악하지는 않는다. 그러나 영국과 미국에서는 선하증권을 선하증권계약으로 부르는 경향이 있다.[18]

상법은 운송인은 운송물을 수령한 후 용선자 또는 송하인의 청구에 의하여 1통 또는 수통의 선하증권을 발행한다고 규정하나, 엄밀하게는 용선계약하에서 선하증권이 발행되는 경우에는, 첫째 예컨대 선박소유자가 체결한 항해용선계약에 따라 용선자에게 선박을 제공하고 용선자가 선적한 화물에 대하여 선하증권을 발행하는 경우와, 둘째 선박소유자가 체결한 용선계약에 따라 용선자에게 선박을 제공하고, 용선자가 선박을 자신의 해상운송영업에 투입하고 화물운송을 의뢰한 제3자인 송하인에게 선하증권을 발행하는 경우가 있다.[19] 즉 전자는 선박소유자가 운송인으로서 용선자에게 선하증권을 발행하는 경우이고, 후자는 용선자가 운송인으로서 제3자에게 선하증권을 발행하는 경우이다. 어느 경우이든 용선계약이 선하증권에 편입되므로 용선계약 선하증권이 된다. 이 사건 선하증권은 전자에 해당하는데, 이 경우 선하증권은 용선자가 물건을 타인에게 매도하는 수단으로써 사용된다.

---

16) 심재두, 海上運送法(1997), 43면; 송상현 · 김현(註 4), 350면.

17) 商法 제813조 참조. 최기원(註 14), 223면; 송상현 · 김현(註 4), 250면.

18) 예컨대 심재두(註 16), 231면은 영국법상 해상운송계약은 크게 용선계약과 선하증권계약으로 나뉜다고 한다. 그러나 영국에서도 선하증권 자체는 운송계약이 아니라는 점은 인정되고 있고, 선하증권계약(bill of lading contract)이라는 표현은 편의상의 표현일 뿐이고 정확히는 선하증권에 포함되어 있거나 이에 의하여 증명되는 운송계약(contract of carriage contained in or evidenced by the bill of lading)을 의미한다고 한다. 심재두(註 16), 232면.

19) 심재두(註 16), 486면 이하; 방희석 외, “용선계약 선하증권의 보통법상 적용사례에 관한 고찰,” 중재 제304호(2002 여름), 29면 이하 참조.

Ⅲ. 용선계약상 중재조항이 선하증권에 편입되기 위한 요건

위에서 본 바와 같이 용선계약과 (용선계약) 선하증권은 구별되는데,[20] 여기에서는 실질법상의 쟁점인 용선계약상 중재조항의 선하증권에의 편입요건을 살펴본다. 이 부분은 해상법 전문가들의 기존 연구를 주로 참조하였고, 이 글에서의 논의를 위하여 필요한 범위로 한정하였다.

1. 용선계약 내용의 선하증권에의 편입

용선계약 하에서 선하증권이 발행되는 경우 용선계약과 선하증권(또는 선하증권계약) 중 어느 것이 선박소유자(즉 해상운송인)와 선하증권 소지인의 관계를 규율하는지가 문제되는데, 용선자가 선하증권을 소지하는 경우에는 용선계약이 규율하지만, 제3자가 선하증권을 소지하는 경우에는 선하증권이 규율한다고 본다.[21] 문제는 후자의 경우 선하증권이 편입문구를 포함하는 때이다.[22] 용선계약 하에서 발행된 선하증권에는 용선계약의 내용의 전부 또는 일부를 선하증권의 내용으로 포함한다는 문구, 즉 편입문구를 삽입하는 것이 통상인데, 이는 선박소유자가 선하증권 소지인에 대하여 용선계약에서 정한 내용 이상의 책임을 부담하지 않기 위한 것이다.[23] 그런데 용선계약에는 통상 중재조항이 포함되는데,[24] 중재조항은 선하증권 소지인의 법원의 재판을 받을 권리를 박탈하는 점에서 중대한 결과를 초래하므로 중재조항의 편입이 특히 문제된다. 편입문구에는 그 범위에 따라 용선계약의 모든 조항을 편입하는 '일반편입문구'(general incorporation clause. 또는 일반편입조항 또는 일반적 지시문구)와 중재조항을 특정하여 편입하는 '특정편입문구'(specific incorporation clause. 특정편입조항 또는 특정적 지시문구)가 있다.[25)

---

20) 용선계약 선하증권과 용선계약의 관계는 주기동, "傭船契約內容의 船荷證券에의 編入," 司法論集 제18집(1987), 256면 참조.

21) 심재두(註 16), 490-494면; 송상현 · 김현(註 4), 265면.

22) 용선계약의 편입에 관하여는 Scrutton on Charterparties and Bills of Lading, 19th Edition, by Sir Alan Abraham Mocatta, Sir Michael J. Mustill and Stewart C. Boyd (1984), p. 62 *et seq.*; 심재두(註 16), 494면 이하; 주기동(註 20), 257면 이하 참조.

23) 심재두(註 16), 494면.

24) Gencon 양식에는 중재조항이 없으나 통상 Rider clause에 중재조항이 포함된다고 한다.

25) 편입문구의 다양한 사례는 서영화(註 13), 357면 이하 참조.

2. 용선계약상 중재조항이 선하증권에 편입되기 위한 외국법상의 요건

용선계약 하에서 발행된 선하증권의 경우 용선계약상 중재조항이 유효하게 선하증권에 편입되기 위한 요건은 국가에 따라 차이가 있는데, 여기에서는 우선 외국법의 태도를 간단히 소개한다.[26)]

가. 독 일

독일은 "仲裁節次의 新規律을 위한 법률"(Gesetz zur Neuregelung des Schiedsverfahrensrechts —SchiedsVfG)에 의해 1998. 1. 1.자로 민사소송법(ZPO) 중 중재편(제10편 제1025조—제1066조)을 개정하였는데, 중재편은 1999. 12. 31.자로 전문개정된 우리 중재법처럼 국제연합국제무역법위원회(UNCITRAL)가 1985년 채택한 "국제상사중재에 관한 모델법"(Model Law on International Commercial Arbitration)(이하 "모델중재법"이라 한다)을 전면수용하고, 국제중재와 국내중재를 일원적으로 규율한다.[27)]

과거 논란이 있었지만 독일 연방대법원 판결[28)]과 학설[29)]은 일반편입문구도 유효하다고 보았다. 그러나 이제는 특정편입문구만이 유효하고 일반편입문구는 무효이다. 왜냐하면 개정된 독일 민사소송법(제1031조 제3항)은 중재법(제8조 제4항)과 마찬가지로 중재합의를 포함하는 다른 문서를 인용하는 경우 일반에 관하여는 모델중재법(제7조 제2항 3문)을 따르면서도, 용선계약상의 중재조항을 편입하는 선하증권의 경우 중재조항을 특정하여 지시할 것을 요구하기 때문이다(제1031조 제4항[30)]). 즉 제4항은 제3항의 특칙으로서

26) 외국법에 대한 간단한 소개는 정병석(註 12), 489-493면; Prüßmann/Rabe, Seehandelsrecht 4. Auflage (2000) vor § 556 Rn. 181 이하 참조.

27) 독일 민사소송법 중재편의 국문번역은 장문철 · 정선주 · 강병근 · 서정일, UNCITRAL모델중재법의 수용론(1999), 105-122면을 참조.

28) BGH 18. 12. 1958, BGHZ 29, 120, 122f.

29) Prüßmann/Rabe, Seehandelsrecht 3. Auflage (1992) vor § 556 Ⅶ C 4(S. 330ff.), vor § 556 Ⅶ C 4a; Epping(註 10), S. 170; Reithmann/Martiny/Hausmann, Internationales Vertragsrecht 6. Auflage (2004) Rz. 1629 참조.

30) 조문은 다음과 같다.
"Eine Schiedsvereinbarung wird auch durch die Begebung eines Konnossements begründet, in dem ausdrücklich auf die in einem Chartervertrag enthaltene Schiedsklausel Bezug genommen wird"(중재합의는 용선계약에 포함되어 있는 중재조항을 명시적으로 언급하고

제3항을 배제한다.[31] 제4항은 모델중재법이나 우리 중재법이 알지 못하는 조문인데, 독일이 이 조항을 추가한 이유는 1978년의 "해상물건운송에 관한 국제연합협약"(United Nations Convention on the Carriage of Goods by Sea, 1978)(함부르그규칙)[32]에 접근하고 프랑스와 영국의 판례를 반영하기 위한 것이라고 한다.[33]

참고로 용선계약상의 중재조항을 편입하는 경우에는 제1031조 제4항이 적용되지만, 개품운송계약에 따라 발행되는 선하증권에서와 같이 선하증권의 이면에 포함된 중재조항을 적용하기로 하는 경우에는 제4항이 아니라 원칙으로 돌아가 제3항이 정한 중재합의의 요건을 구비하면 족하다고 한다.[34]

나. 영 국[35]

1969년의 *The Merak* 사건 판결[36]은 종전 판례와 다른 태도를 취하였다. 즉 이 사건의 용선계약에는 "이 용선에 의하여 또는 이 용선 하에서 발행된 선하증권으로부터 발생하는 모든 분쟁은 중재에 부탁되어야 한다"(any dispute arising out of this charter <u>or any bill of lading issued hereunder</u> shall be referred to arbitration)는 취지의 'all dispute type'의 조항이 있었고, 한편 선하증권에는 "all the terms, conditions and exceptions contained in the said charterparty apply to this bill of lading"이라고 기재되어 있었다. 항소법원은 이 용선계약 중의 중재조항에는, 밑줄 친 부분에서 보듯이 선하증권에 의하

있는 선하증권의 발행에 의하여도 성립한다).

31) Schwab/Walter, Schiedsgerichtsbarkeit 6. Aufl. (2000), Kapitel 5 Rn. 15.

32) 제22조 제1항과 제2항은 다음과 같다.

"1. Subject to the provisions of this article, parties may provide by agreement evidenced in writing that any dispute that may arise relating to carriage of goods under this Convention shall be referred to arbitration.

2. Where a charter-party contains a provision that disputes arising thereunder shall be referred to arbitration and <u>a bill of lading issued pursuant to the charter-party does not contain a special annotation providing that such provision shall be binding upon the holder of the bill of lading</u>, the carrier may not invoke such provision as against a holder having acquired the bill of lading in good faith"(밑줄은 저자가 추가함).

33) Epping(註 10), S. 170. 그러나 아래에서 보듯이 영국 판례의 태도에 관하여는 논란이 있다.

34) Epping(註 10), S. 170.

35) 영국 판례의 소개는 서영화(註 13), 362면 이하; 松浦 馨, "船荷證券中の, 仲裁合意を含する傭船契約の引用について," 現代仲裁法の論点, 松浦 馨・青山善充 編(1998), 159-161면; 강이수, "선하증권과 중재합의의 효력 —영・미의 판례를 중심으로—," 중재연구 제12권 제2호(2003), 308-313면; 주기동(註 20), 274면 이하 참조.

36) 2 Loyd's Report 527, 1969.

여 발생한 분쟁도 중재에 부탁한다는 뜻이 명확하게 규정되어 있으므로 선하증권에도 적용된다고 판시하였다.

그러나 중재조항의 편입문구에 관한 대표적인 영국의 판례는 1971년의 *The Annefield* 사건 판결[37]이다. 이 사건의 용선계약에는 "이 용선계약하에 모든 분쟁은 중재에 부탁되어야 한다"는 취지의 'all dispute type'의 조항이 있었고, 한편 선하증권에는 "all the terms, conditions and exceptions of which Charter Party, including the negligence clause, are incorporated here with"라고 기재되어 있었다. 항소법원은 용선계약의 조항을 선하증권의 실체(물품의 선적, 운송과 인도)에 직접 밀접하게 관련된 조항(clauses in the charter party which are directly germane to the carriage of goods under a bill of loading)과 그렇지 않은 조항으로 구분하고 전자는 선하증권에 적합하게 문언을 어느 정도 조작 또는 수정하여 편입할 수 있으나, 후자는 선하증권 중이나 용선계약 중에 명료한 용어로 명확하게 인용되지 않는 한 선하증권에 편입될 수 없고, 중재조항은 후자에 속하므로 일반적 지시문구에 의하여는 편입되지 않는다는 취지로 판시하였다.[38]

여기에서 주목할 것은 선하증권의 편입문구에 관하여 전개되어 온 영국의 법리인데, 그에 따르면 편입문구는 다음 세 가지 요건이 구비되어야 유효하다.[39] 그 중 일부는 직접 중재조항에 관한 것은 아니지만, 중재합의는 당사자들이 법원의 재판을 받을 권리를 박탈하는 점에서 다른 계약조건의 편입보다 좀더 엄격하게 해석할 필요가 있고, 특히 선하증권은 유가증권으로서 전전 유통되므로[40] —물론 이를 강조하면 특정편입문구만이 유효하게 될 것이나—, 중재조항을 편입하는 일반편입문구가 유효하려면 통상의 편입문구의 유효요건이 구비되어야 할 것이므로 중재조항의 편입의 경우에도 의미가 있다.

첫째, 편입문구는 선하증권에 기재되어 있어야 한다. 선하증권 소지인은

---

37) 1 Loyd's Report 1, 1971. 판례의 요약은 Russell, On the law of arbitration, 20th edition, 1982, p. 52 참조(강이수(註 35)에서 재인용).

38) 1978. 9. 18.의 Admiralty Court (Queen's Bench Division), The Rena K (U.K. no. 6)은 중재조항을 언급한 특정편입문구는 유효하다고 판시하였다. Albert Jan van den Berg, The New York Arbitration Convention of 1958 (1981), p. 220에 소개되어 있다.

39) 심재두(註 16), 494-496면; 서영화(註 13), 355면 이하; 방희석 외(註 19), 33-35면.

40) 정병석(註 12), 492-493면; 김갑유, "중재합의의 유효성판단과 그 準據法," 인권과 정의 331호(2004. 3.), 184면; 서동희, "외국중재판정의 한국내 집행과 관련된 몇 가지 문제," 중재 제298호(2000 겨울), 67면.

용선계약의 당사자가 아니므로 용선계약의 내용을 알지 못하기 때문이다. 선하증권이 단순히 용선계약을 언급하는 것으로는 부족하고 편입하는 취지가 기재되어야 한다.

둘째, 편입문구는 편입하고자 하는 용선계약의 내용을 제대로 적절하게 기술한 것이어야 한다. 이것이 'description issue'이다. 예컨대 "용선계약의 어떤 내용이든지 간에"(all terms whatsoever of the charterparty)라는 일반적인 편입문구는 용선계약의 모든 내용을 편입하는 것이 아니라 화물의 선적, 운송, 양륙 및 운임의 지급과 관련된 내용만을 포함한 것뿐이라고 판시한 판결[41]이 있고, "모든 조건 및 면책사유는 용선계약대로 함"(all conditions and exceptions as per charterparty)이라는 문구는 화물의 운송, 양륙 및 인도에 관한 것을 의미하고 중재조항과 같은 부수적인 내용까지 포함하는 것은 아니라고 판시한 판결[42]이 있다.

셋째, 편입문구에 의하여 편입되는 용선계약의 내용은 선하증권의 내용과 상충, 모순되지 않고 조화되어야 한다. 이것이 이른바 'consistency issue'이다. 만일 양자가 상충될 때에는 선하증권의 내용이 우선한다. 예컨대 "이 용선계약 하에서 발생하는 모든 분쟁은 중재에 부탁하여야 한다"(any dispute arising out of this charter shall be referred to arbitration)는 용선계약의 중재조항은 선하증권에서 발생하는 분쟁에는 적용할 수 없다고 판시한 1889년의 *Hamilton v. Mackie* 사건 판결[43]이 있다.

흥미로운 것은, 영국 판례의 태도에 관하여 견해가 나뉜다는 점이다. 즉 선하증권상에 "이 증권에 관하여 발생하는 모든 분쟁을 용선계약에 있는 중재에 부탁한다"는 취지의 특정편입문구가 없는 한, 용선계약상의 중재조항은 선하증권에 편입되지 않는다는 견해도 있으나,[44] 반드시 특정편입문구만이 유효한 것은 아니고 일반편입문구도 유효할 수 있으나 다만 그 경우 당사자 쌍방이 중재조항을 적용하고자 의도하는 것이 명료하지 않으면 아니 된다"고 하는 견해도 있다.[45] 그러나 대표적인 저서인 Scrutton은 영국판결의 태도를

41) The Garbis (1982) 2 L.I.R. 283(심재두(註 16), 495면 註 9에서 재인용).

42) The Varenna (1983) 2 L.I.R. 592(심재두(註 16), 495면 註 10에서 재인용).

43) 5 T.L.R. 677(심재두(註 16), 496면, 註 13에서 재인용).

44) 목영준, 상사중재법론(2000), 42면은 Sutton/Kendall/Grill, Russel On Arbitration, 21st ed. (1997), p. 49를 인용하여 이렇게 설명한다. 서동희(註 40), 67면도 동지.

45) 松浦 馨(註 35), 160면. 영국과 일본의 문헌은 松浦 馨(註 35), 161면 주 12를 참조.

다음과 같이 정리한다.[46] 즉 (a) 용선계약에 있는 중재조항은 선하증권에 특정편입문구가 있고, 용선계약에 있는 중재조항의 문언이 선하증권의 맥락에서 의미가 통하며, 그 조항이 선하증권의 명시적인 내용과 모순되지 않는 경우, 또는 (b) 선하증권에 일반편입문구가 있고, 용선계약에 있는 중재조항이나 다른 규정이 용선계약하의 분쟁뿐만 아니라 선하증권하의 분쟁을 규율한다는 점을 명백히 하는 경우에 선하증권에 편입되고, 그 밖의 모든 경우에는 선하증권에 편입되지 않는다는 것이다.

다. 미 국[47]

미국의 판례는 많지 않지만 널리 알려진 것으로는 1952년의 *Son Shipping Co. v. De Fosse & Tanghe* 사건 판결[48]인데, 이는 영국법과 대비한 미국법의 특징을 가장 단적으로 보여 주는 대표적 판례라고 알려져 있다.[49] 이 사건의 용선계약에는 "Any and all differences and disputes of whatsoever nature arising out of this charter shall be put to arbitration in the City of New York"라고 기재되어 있었고, 한편 선하증권에는 "This shipment is carried under and pursuant to the terms of Charter dated Antwerp, June 29th, 1948 between Son Shipping Company and De Fosse and Tanghe, charter, and all the terms whatsoever of the said charter except the rate and payment of freight specified therein apply to and govern the right of the parties concerned in this shipment"라고 기재되어 있었다.

제1심법원은 위 문언은 중재조항을 선하증권에 편입하였다고 보기에는 부족하다고 판단하였으나, 연방제2순회항소법원은 제1심법원의 판결을 파기하고 다음과 같이 판시하였다. 첫째 이 사건의 선하증권은 용선계약의 모든 조항을 일반적으로 지시한 것이 아니라 중재조항을 포함한 일정범위의 조항

46) Scrutton(註 22), p. 68. 주기동(註 20), 274면도 Scrutton의 18판을 이용하여 이를 소개한다.

47) 미국 판례의 소개는 채동헌(註 1), 면 이하; 서영화(註 13), 364면 이하; 松浦 馨(註 35), 161-163면; 주기동(註 20), 279면 이하; 강이수(註 35), 313-319면 참조. 최근의 미국 문헌으로는 Lisa Beth Chessin, "Applicability of an Arbitration Clause Contained in a Bill of Lading to Third Parties: Steel Warehouse Co. v. Abalone Shipping Ltd.," 23 The Maritime Lawyer, 575 (1999)가 있다.

48) 199 F.2d 687 (1952). 이는 서영화(註 13), 364면 註 34; 강이수(註 35), 313면 註 23에도 소개되어 있다.

49) 松浦 馨(註 35), 156면.

을 특정적이고 명시적으로 지시한 것이다. 특히 운임률과 운임의 지급에 관한 사항을 명시적으로 제외함으로써 그 밖의 모든 조항을 선하증권에 편입할 의사가 있는 것이 명백하고 오해의 여지가 없다. 둘째, 연방항소법원은 *Kulkundis Shipping Co. v. Amtorg Trading Co.* 사건 판결 이래 용선계약 중의 중재조항도 기타의 계약조항과 동일하게 다루고 있으므로 영국의 Portmouth 사건이나 Harmatris 사건과 같이 양자를 구별하는 견해는 배척되어야 한다는 것이다.

영국법과 미국법은 비슷하다는 평가도 있지만[50] 미국법은 영국법보다 좀 더 완화된 태도를 취한다는 평가도 있다. 후자는 물론 선하증권상의 일반편입문구에 의하여는 용선계약 중의 중재조항은 선하증권에 편입되지 않는다는 원칙 자체는 영국과 미국 간에 차이가 없지만,[51] 미국에서는 특정편입의 요건을 완화하여 해석하는 것이 일반이고 그 중에는 단순한 일반편입문구의 경우에도 중재합의의 편입을 인정한 예도 있을 정도이기 때문이라고 한다.[52] 더 나아가 영국의 판례는 매우 엄격한 데 반하여 미국의 판례는 중재조항의 편입을 쉽게 인정하고 있어 큰 차이가 있다는 견해도 있다.[53]

라. 일 본[54]

이에 관하여는 일본에서는 1959. 5. 11. 오사카지방재판소판결[55]이 있고,

---

50) Mankowski(註 10), S. 170-171.

51) 주기동(註 20), 282면도 동지.

52) 松浦 馨(註 35), 157면이 인용하는 豊岳信昭의 견해. 松浦 馨(註 35), 162-163면은 미국 판례의 태도를 다음과 같이 정리한다. "미국에서는 엄밀한 의미에서 특정적 지시문구라고는 할 수 없는 때는 물론 단순한 일반적 지시문구인 때에도 경우에 따라서는 중재조항의 합체를 인정하는 점에서 특징적이지만, 반면에 인용된 용선계약 중의 중재조항을 그의 문언에 의하여 일반적 중재조항(이 용선계약으로부터 발생하는 모든 분쟁(any dispute arising out of this charter)에 관하여 중재를 합의하는 조항)과 특정적 중재조항(선주와 용선자와의 사이에 발생하는 분쟁(dispute between owners/charterers)에 관하여 중재를 합의하는 조항)의 2종으로 분류하고, 전자의 경우 중재조항의 효력이 용선계약 당사자뿐만 아니라 그 후의 선하증권 양수인에게도 미치지만, 후자의 경우 그의 효력이 선하증권 양수인에게는 미치지 않는다는 판례도 확립되어 있다."

53) 서영화(註 13), 361면; 강이수(註 35), 313면. 강이수 교수의 글은 松浦 馨(註 35)의 글을 주로 참조한 것으로 보인다.

54) 일본의 판례와 학설은 松浦 馨(註 35), 154-159면을 따른 것이다. 다만 서면성의 문제는 2003년 공포된 일본 중재법(제13조 제2항)에 의하여 해결하는 것으로 보인다.

55) 下民集 10권 5호 970면. 이 판결은 주기동(註 20), 282면 이하와 정병석(註 12), 492면에도 소개되어 있다.

학설도 이 판결을 계기로 전개되었다. 동 사건에서 비료인광석의 수입·판매업자인 원고(X)는 수출업자인 소외 A와 인광석의 매매계약을 체결하였다. A는 운송인인 피고(Y)와 항해용선계약을 체결하였는데, 동 계약에는 모든 분쟁은 런던에서 중재에 의해 해결한다는 중재조항이 있었다. 한편 Y의 대리점은 선하증권을 발행하였고 원고(X)는 선하증권을 취득하였다. 선하증권상에는 용선계약중의 일체의 내용, 조건 및 면책약관은 모두 본 증권에 편입된다는 문구가 있었다. 원고(X)는 물건의 인도를 받았으나 그의 일부에 濡損이 발생하였다. 원고(X)는 선하증권의 소지인으로서 피고(Y)를 상대로 손해배상청구의 소를 제기하였고, 피고는 중재합의에 기한 본안전항변을 하였던바, 법원은 용선계약상의 "본 용선계약으로부터 발생하는 일체의 분쟁"(all disputes arising under this Charter)이라는 부분은 선하증권에 있어서 "본 선하증권으로 발생하는 일체의 분쟁"(all disputes arising under this bill of lading)이라고 생각해야 할 것이라고 하여 편입문구의 효력을 긍정하고 피고의 항변을 받아들였다. 일본의 학설로는 영국 판례를 따르는 견해, 미국 판례를 따르는 견해와 그 밖의 견해 등이 있다.

3. 용선계약상 중재조항이 선하증권에 편입되기 위한 우리 법상의 요건

여기에서는 우리나라의 종래의 학설, 대상판결의 취지와 그에 대한 평가를 살펴본다.

가. 우리나라의 종래의 학설

이 점에 관하여 종래 외국, 특히 영국의 판례를 소개하는 우리 글들은 있었지만 우리 법상의 요건을 제시한 견해는 많지 않았다. 몇 가지 눈에 띄는 것을 보면, 선하증권상의 일반적 편입문구에 의해서는 용선계약상 중재약정은 선하증권에 당연히 편입되는 것은 아니라는 견해가 있다.[56] 이 견해도 '당연히'라고 함으로써 구체적인 사안에 따라 일반편입문구가 유효하게 될 수 있음을 시사하는 것으로 생각된다. 또한 개정중재법 제8조 제4항에 의하

56) 정병석(註 12), 493면.

여 일반적인 인용으로도 중재합의의 존재를 인정할 가능성이 높아졌음을 지적하는 견해도 있다.[57] 그 밖에 일반적으로 용선계약이 선하증권에 유효하게 편입되기 위하여는 첫째 선하증권에 용선계약의 내용을 편입한다는 조항이 기재되어 있어야 하고, 둘째 선하증권 소지인이 이 같은 조항이 선하증권에 기재되어 있다는 것을 실제로 알고 있거나 알았어야 한다는 견해[58]가 있으나, 이는 중재조항의 편입에 관한 것은 아니다. 나아가 중재법 제8조 제4항의 해석상 특정적 지시문구에 의한 인용만을 유효하다고 해석할 여지도 없지 않으나, 이 조항의 진의는 그것이 아니고 그 인용에 의하여 중재조항을 채택하려는 의도가 명백하여 의심의 여지가 없으면 좋다는 견해[59]도 있지만, 이는 선하증권에 관한 것이 아니라 중재법 제8조 제4항 일반에 관한 것이다.

나. 대상판결의 취지와 그에 대한 평가

대상판결은 특정편입문구의 경우 ① 선하증권에 용선계약의 중재조항을 특정한 편입문구가 있고, ② 그 기재상에서 용선계약의 일자와 당사자 등으로 해당 용선계약이 특정되면 유효하나, 가사 용선계약이 특정되지 않았더라도 선하증권의 소지인이 용선계약의 존재와 중재조항의 내용을 알았던 경우는 유효하다고 판시하였다. 그러나 후자의 입증은 쉽지 않을 것이다. 한편 대상판결은 일반편입문구의 경우 ① 선하증권의 기재상으로 용선계약 자체가 특정되어 있어야 하고,[60] ② 선하증권의 양수인이 중재조항의 존재를 알았거나 알 수 있었어야 하며, ③ 중재조항이 선하증권에 편입됨으로 인하여 해당 조항이 선하증권의 다른 규정과 모순되지 않아야 하고,[61] ④ 중재조항은 그에 구속되는 당사자의 범위가 선박소유자와 용선자 간의 분쟁뿐 아니라 제3자 즉 선하증권 소지인에게도 적용됨을 전제로 광범위하게 규정될 것을 요구하였다. 대상판결은 이 사건에서 선하증권에 일반편입문구가 있었지만 용선

57) 서동희(註 40), 67-68면.

58) 송상현 · 김현(註 4), 265면. 그러나 선하증권에 편입문구가 실제로 기재되어 있다면 둘째의 조건은 대체로 충족될 것이므로 이 견해의 타당성은 의문이다.

59) 강이수(註 35), 330면. 이 견해의 문제는 일반편입조항을 사용한 경우 중재조항을 채택하려는 의도가 명백하여 의심의 여지가 없는 경우가 되기 위하여 과연 어떤 요건이 구비되어야 하는지가 애매하다는 점이다.

60) 대상판결은 명시하지 않지만, 이 경우에도 용선계약이 특정되지 않았더라도 선하증권의 소지인이 용선계약의 존재와 중재조항의 내용을 알았다면 ①의 요건은 충족될 것이다(본문 ②의 요건 참조).

61) 이는 위에서 본 영국 판례의 'consistency issue'이다.

계약이 특정되지 않았고(위 ①의 요건), 편입문구가 일반적이어서 편입대상인 용선계약의 조항 중 중재조항이 포함되는지도 선하증권의 소지인 등 제3자에게는 불분명하며(위 ②의 요건), 용선계약이 준용하는 장기해송계약서상의 중재조항은 효력이 미치는 인적 범위를 용선계약의 당사자들로만 한정하고 있다는 이유로(위 ④의 요건) 중재조항의 편입의 효력을 부정하였다.

대상판결은 중재조항이 편입문구에 의하여 선하증권에 편입되기 위하여 우리 법상 구비되어야 할 요건을 명시한 최초의 대법원판결로서 의의가 있다. 특히 충분한 학설의 논의가 없는 상태에서 내려진 것이라는 점에서 그 의의가 더욱 크다. 대상판결은 단순히 "일반적으로 용선계약상의 중재조항이 선하증권에 편입되기 위하여는"(밑줄은 저자가 추가함)이라고 설시하고 있는데, 그것이 우리 법상의 일반원칙이라는 것인지, 국가에 따라 상이하지만 일반적으로 그렇다는 의미인지는 명확하지 않지만 전자로 짐작된다.[62] 이런 이유로 저자는 대상판결이 용선계약상 중재조항이 선하증권에 편입되기 위한 우리 법상의 요건을 설시한 것으로 이해한다. 채동헌 판사는 이것을 '조리'라고 설명하지만,[63] 미국과 한국의 조리가 동일한 것은 아닐테고, 미국의 성문법규와 관습법을 알지 못하는 상태에서 어떻게 미국의 조리를 확인할 수 있는지 좀처럼 이해하기 어렵다.[64]

특정편입문구의 경우 중재조항과 용선계약이 명확히 특정되면 별 어려움이 없지만, 우리 법상 일반편입문구의 효력의 인정 여부와 그 요건은 까다로운 문제이다. 위에서 본 바와 같이 국가에 따라 그 요건이 다른 점에서도 짐작할 수 있는데, 이는 결국 첫째 선하증권 소지인의 이익과 해상운송인의 이익을 어떻게 조화시킬 것인가, 둘째 법적 안정성과 구체적 타당성을 어떻게

62) 채동헌 판사는 "대법원은 準據法인 미국의 법과 관습에 대한 입증이 없음을 이유로 조리에 기하여 판단하고, 위에서 본 바와 같은 이유[편입을 제한하자는 입장]로 중재조항의 선하증권 편입을 부정하는 방법을 택하였다"고 한다. 채동헌(註 1), 274면.

63) 채동헌(註 1), 274면.

64) 대상판결은, 소송과정에서 적용될 외국법규에 흠결이 있거나 그 존재에 관한 자료가 제출되지 아니하여 그 내용의 확인이 불가능한 경우 법원으로서는 법원(法源)에 관한 민사상의 대원칙에 따라 외국 관습법에 의할 것이고, 외국 관습법도 그 내용의 확인이 불가능하면 조리에 의하여 재판할 수밖에 없다고 판시하였다. 이는 선행판결(예컨대 대법원 2000. 6. 9. 선고 98다35037 판결)을 따른 것이나 옳지 않다. 대상판결이 말하는 '法源에 관한 민사상의 대원칙'은 우리 민법(제1조)에 기초한 것으로 짐작되는데, 일반적으로 영미법계 국가의 경우 판례도 法源이므로 그렇게 단정할 수 없고, 대상판결에서는 미국법이 準據法이었으므로 위의 설시는 부정확하다. 또한 선행판결에서는 중국법이 準據法이었던바 중국에서는 최고인민법원의 司法解釋도 法源으로 보인다.

조화시킬 것인가라는 상반되는 가치의 衡量의 문제를 수반한다.

첫째의 논점에 관하여는, 법원의 재판을 받을 선하증권 소지인의 권리를 중시한다면 일반편입문구의 효력을 전면 부정할 수도 있다. 독일 민사소송법과 함부르그규칙은 이런 태도를 취한 것이다. 반면에 해상운송으로부터 발생하는 분쟁을 특정한 장소에 집중하여 중재에 의하여 해결할 필요성이 있는 해상운송인의 권리를 중시한다면, 일반편입문구의 효력을 전면 부정하는 대신 일정한 요건 하에서 긍정할 여지도 있다. 대상판결은 후자의 태도를 취한 것이다. 실제로 해상운송인의 관점에서는 해상운송에서 발생하는 분쟁을 효율적으로 관리하기 위하여 특정한 국가에 전속적 국제재판관할을 부여하는 합의를 하거나 중재합의를 하는데, 우리 대법원은 2004. 3. 25. 선고 2001다53349 판결[65]에서 합의된 법원과 분쟁 간의 합리적 관련성이 존재할 것을 요구함으로써 전속적 관할합의에 비호의적인 태도를 취하였고, 대상판결을 통하여는 중재조항을 편입하는 일반편입문구의 효력을 부정하였다. 대상판결을 고려한다면 해상운송인들로서는 특정편입문구를 사용하는 편이 현명하다.[66]

한편 둘째의 쟁점에 관하여는, 대상판결에 따르면 개별사건별로 일반편입문구의 효력의 유무를 판단해야 하므로 법적 안정성과 당사자들의 예측가능성을 해할 가능성이 있다. 만일 대상판결이 일반편입문구의 효력을 전면적으로 부정하였다면 우리나라에서 중재신청을 하거나 중재판정을 집행할 필요가 있는 해상운송인들은 특정편입문구만을 사용하게 될 것이므로 편입문구의 효력에 관한 예측이 가능하고, 선하증권 소지인이 뜻하지 않게 재판을 받을 권리를 상실하는 일이 없게 되어 법적 안정성이 제고되는 측면이 있기 때문이다. 특히 일반편입문구에 관한 ②의 요건의 구비 여부는 입증과 판단이 쉽지 않을 것이다. 만일 실무상 용선계약에는 통상 중재조항이 포함되고, 용선계약 선하증권의 경우 일반편입문구에 의하여 중재조항을 편입하는 것이 상관습(또는 상관행)으로 정착되었다면 ②의 요건의 구비를 인정하기가 쉬울 것이나, 대상판결은 그런 상관습(또는 상관행)의 부존재를 전제로 한 것으로

---

65) 평석은 석광현, "專屬的 國際裁判管轄合意의 유효요건 ―지정된 법원과 당해 사건간의 합리적인 관련성," 國際私法과 國際訴訟 제3권(2004), 244면 이하 참조.

66) 위에서 본 바와 같이 1994년 개정된 표준항해용선계약 선하증권(CONGENBILL)은 중재조항을 언급하는 특정편입문구를 사용한다. 다만 그 경우에도 아래(Ⅳ.)에서 보는 바와 같이 중재합의의 방식요건의 구비는 여전히 문제가 된다.

보인다.

요컨대 대상판결은 영국의 판례가 발전시켜 온 편입요건에 관한 법리의 영향을 받았으면서도 이를 다소 완화하여 우리 법상의 편입요건을 제시한 것으로 보이는데—대상판결이 우리 법상의 요건임을 명확히 했더라면 하는 아쉬움이 있다—, 대상판결이 제시한 편입요건은 대체로 수긍할 수 없는 것은 아니지만 그로 인하여 법적 불안정성이 도입되는 것은 불가피하다. 법적 안정성의 측면에서는 차라리 특정편입문구만을 유효하다고 보는 것이 더 좋지 않았을까라는 생각도 든다. 아직 일본 판례가 확립된 것은 아니고, 영국 판례의 태도를 단정하기는 어렵지만 위에서 본 바를 기초로 외국법의 태도와 비교하자면, 대체로 독일 → 영국 → 미국 → 일본의 순으로 엄격하다고 할 때 대상판결은 영국과 미국 사이의 어디엔가에 있는 것이 아닌가 생각된다.

Ⅳ. 중재합의의 방식과 성립(과 실질적 유효요건)

대상판결에서는 중재조항의 선하증권에의 편입은 쟁점이 되었지만, 중재합의의 방식과 실질적 요건은 쟁점이 되지 않았다.[67] 아마도 편입요건이 구비되면 당연히 방식요건과 성립요건이 구비된다고 본 것으로 짐작되나, 편입요건, 방식요건과 성립요건은 일부 중첩되는 것은 사실이지만 완전히 동일한 것은 아니다. 따라서 중재합의의 방식과 성립요건을 살펴볼 필요가 있다.

1. 중재합의의 방식

가. 중재합의의 방식을 규율하는 규범

문제는 용선계약상 중재조항을 선하증권에 편입하는 것이 서면요건을 구비하는가이다. 이 사건의 경우 중재지가 서울이어서 1958년의 "外國仲裁判定의 承認 및 執行에 관한 뉴욕협약"(이하 "뉴욕협약"이라 한다)은 적용되지 않고 구 중재법이 적용되는 사안이므로 구 중재법을 중심으로 논의하되, 필요한 범위 내에서 중재법과 뉴욕협약을 언급한다. 구 중재법(제2조 제1항)에

67) 판례공보는 참조법령으로 중재법 제8조를 적고 있으나 판결문 자체는 중재법을 언급하지 않는다.

따르면 중재계약은 사법상의 법률관계에 관하여 당사자 간에 발생하고 있거나 장래에 발생할 분쟁의 전부 또는 일부를 중재에 의하여 해결하도록 하는 당사자 간의 합의를 말하는데, 이는 중재법(제3조 제2호)의 정의와 유사하다.[68] 구 중재법(제2조)은 중재법(제8조 제2항)과 마찬가지로 중재합의가 서면에 의할 것을 요구한다. 그 이유는 중재합의는 법원이 아닌 사인에게 분쟁해결을 맡기는 것이므로, 계약의 진정성을 담보하는 한편, 당사자들로 하여금 계약의 내용이 가지는 중요성을 일깨워 줌으로써 신중한 의사결정을 하도록 할 필요가 있기 때문이다.[69] 구 중재법(제2조 제3항)은 중재합의의 방식으로서 당사자가 중재를 합의한 서면에 기명·날인한 것, 계약 중에 중재조항이 기재되어 있는 것과, 교환된 서신 또는 전보에 중재조항이 기재된 것을 들고 있었다.[70] 참고로 이는 뉴욕협약(제2조 제2항)[71]과도 별 차이가 없다.

나. 서면요건의 의미

중재합의를 서면으로 해야 한다는 의미는 중재합의에 관한 서면증거가 있어야 한다는 의미가 아니라, 합의 자체가 서면으로 이루어져야 한다는 것이므로 양당사자가 서명한 계약서, 또는 일방당사자가 작성한 문서가 서로 교환된 경우에는 이 요건이 구비되지만, 서면청약을 구두로 승낙하거나 구두청약을 서면으로 승낙하는 것과, 당사자 간의 구두합의를 사후에 서면으로 확인하는 것은 비록 국제거래에서는 실제로 널리 사용되고 있지만 서면요건을 구비하지 못한다. 독일에서는 이를 '완전한 서면방식'(volle Schriftform)

---

68) 중재법은 '중재계약'이 아니라 '중재합의'라는 용어를 사용하나 이는 표현상의 문제이다.

69) 목영준(註 44), 37면; van den Berg(註 38), p. 171.

70) 한편 중재법(제8조)은 중재합의의 방식에 관하여 중재합의는 서면으로 하여야 한다고 하고(제2항), 서면에 의한 중재합의가 이루어지는 태양을 다음과 같이 열거한다(제3항).
1. 당사자들이 서명한 문서에 중재합의가 포함되어 있는 경우
2. 서신·전보·전신 및 모사전송 기타 통신수단에 의하여 교환된 문서에 중재합의가 포함되어 있는 경우
3. 일방 당사자가 당사자 간에 교환된 문서의 내용에 중재합의가 있는 것을 주장하고 상대방 당사자가 이를 다투지 아니하는 경우

또한 계약이 중재조항을 포함한 문서를 인용하는 경우 중재합의가 있는 것으로 보나, 다만 그 계약이 서면으로 작성되고 중재조항을 그 계약의 일부로 하고 있는 경우에 한한다(제4항). 그러나 영국 중재법 제5조 제3항에 따르면 중재조항을 포함한 문서를 인용하는 구두계약도 족하다.

71) 조항은 다음과 같다. '서면에 의한 합의'라 함은 계약문 중의 중재조항 또는 당사자 간에 서명되었거나 교환된 서신이나 전보에 포함되어 있는 중재의 합의를 포함한다.

또는 '이중서면성'(doppelte Schriftlichkeit)이라고 설명한다.[72] 모델중재법에 관하여도 이와 같이 설명하며,[73] 뉴욕협약의 경우에도 마찬가지이다.[74]

다. 중재조항을 포함한 다른 문서의 인용

중재합의의 서면성과 관련하여 당사자 간의 계약이 중재조항을 포함한 다른 문서(또는 약관)를 인용하는 경우에도 서면성 또는 방식요건이 구비되는지가 문제된다.[75] 구 중재법 하에서 대법원은 "중재계약은 … 중재조항을 포함하는 일반거래약관 등 다른 문서를 인용하고 있는 경우에도 당사자가 이를 계약의 내용으로 삼은 이상 허용된다"는 취지로 판시하였던바,[76] 이는 타당하다. 중재법 제8조 제4항은 이를 명시한 것이라고 할 수 있다. 여기에서 중재조항을 포함하는 다른 문서의 인용이 중재조항을 특별히 언급하는 특정편입문구인 경우에는 문제가 없지만 일반편입문구도 족한지가 문제된다. 모델중재법(제7조 제2항)은 중재조항에 대한 명시적인 특정언급을 요구하는 것은 아니라는 견해가 유력하고,[77] 위에 언급한 대법원판결들도 모두 중재조항을 특정하지 않은 일반편입문구에 관한 사안으로 보인다. 물론 일반편입문구의 효력을 전면적으로 부정할 것은 아니지만,[78] 일반편입문구가 항상 충분한 것은 아닐 테고, 상대방이 뜻하지 않게 재판을 받을 권리를 상실하는 불이익을 입지 않도록 할 필요가 있다. 예컨대 우리 법이 準據法이라면 다른 약관을 인용할 경우 약관의 규제에 관한 법률(이하 "약관규제법"이라 한다)에 따른 편입통제를 생각할 수 있다.

---

72) Martiny/Hausmann(註 29), Rz. 3269; Epping(註 10), S. 65.

73) Holtzmann and Neuhaus, A Guide To The UNCITRAL Model Law On International Commercial Arbitration: Legislative History and Commentary (1989), pp. 260-261; Klaus Peter Berger, International Economic Arbitration (1993), p. 142 *et seq.*

74) van den Berg(註 38), p. 196. 그러나 Fouchard/Gaillard/Goldman, On International Commercial Arbitration (1999), N. 620은 완화된 태도를 취한다. 최근에는 UNCITRAL 차원에서 중재합의의 서면성을 완화하기 위한 논의가 진행중인데 이는 아래(註 84)를 참조.

75) 별도의 계약서가 아니라 계약서의 이면에 중재조항을 포함한 약관이 기재된 경우 일반편입이든 특정편입이든 방식요건의 구비는 문제가 없다고 본다. van den Berg(註 38), p. 216, p. 228

76) 예컨대 대법원 1990. 4. 10. 선고 89다카20252 판결; 대법원 1997. 2. 25. 선고 96다24385 판결; 대법원 2001. 10. 12. 선고 99다45543 판결 등.

77) Holtzmann and Neuhaus(註 73), p. 264.

78) van den Berg(註 38), p. 217 이하는 특정편입의 경우 방식요건이 구비되지만 일반편입의 경우 이를 부정한다. 다만 후자의 경우에도 편입된 약관이 이미 상대방에게 교부된 경우에는 방식요건의 구비를 인정한다. van den Berg(註 38), p. 221, p. 228.

라. 용선계약상 중재조항의 선하증권에의 편입과 중재합의의 방식

한편 선하증권에서 중재조항을 포함하는 문서(용선계약)를 인용하는 경우를 중재조항을 포함한 다른 문서를 인용한 경우와 동일시할 수 있는지가 문제되는데, 논리적으로 다음 두 개의 논점을 구분할 필요가 있다.

첫째, 편입요건에 관하여.

편입요건에 관한 한 통상의 계약과 선하증권을 구별할 필요가 있는지에 대해 의문이 있을 수 있지만, 선하증권은 유가증권으로서 전전유통되는 것이어서 계약의 당사자가 아닌 선하증권 소지인이 중재조항에 구속되는지가 문제되므로 편입요건을 좀더 엄격하게 볼 필요가 있다. 따라서 당사자들이 서명한 통상의 계약서에서 중재조항을 포함한 다른 문서를 인용하는 경우에는 일반편입문구로 족하다고 보더라도 선하증권의 경우에는 이를 제한할 필요가 있다. 예컨대 특정편입문구만을 허용하거나, 일반편입문구를 허용하더라도 좀더 엄격한 요건을 부가하는 방안이다.

둘째, 중재합의의 서면성(방식요건)에 관하여.

중재조항이 용선계약 선하증권에 편입된 경우 방식요건의 구비에 관하여는 우리나라에서는 종래 활발히 논의되고 있지 않은 것으로 보이는데, 이는 아마도 편입요건이 구비되면 방식요건은 별문제가 없다고 보기 때문이 아닌가 짐작된다. 그러나 사견으로는 용선계약상 중재조항을 선하증권에 편입한 경우 구 중재법의 서면성을 엄격히 해석하는 한 이를 충족하는 것으로 보기는 어렵다.[79] 왜냐하면 선하증권은 운송인이 일방적으로 작성하여 송하인에게 교부하는 것이기 때문이다. 우리 법상은 선하증권은 운송인과 송하인(또는 수하인) 간의 계약도 아니다. 즉 위(다.)에서 본 바와 같이 당사자들이 서면으로 작성한 계약에서, 중재조항을 포함한 일반거래약관 등 다른 문서를 인용하는 경우처럼 당사자가 이를 계약의 내용으로 삼은 경우에는 특정편입문구는 물론이고 일반편입문구의 경우도 일정한 제한하에 서면에 의한 중재합의가 성립하지만, 통상의 계약이 아닌 선하증권의 경우는 이와 달리 보아야 한다는 것이다.[80] 선하증권 소지인이 중재조항을 편입한 선하증권을 단순

79) 선하증권상의 국제재판관할합의의 경우에도 서면요건이 문제되나 國際私法과 민사소송법에 명문규정이 없으므로 종래 서면성을 완화하여 해석하고 있다. 한충수, "國際裁判管轄合意에 관한 硏究," 연세대학교 대학원 박사학위논문(1996), 84면 이하 참조.

80) 김갑유(註 40), 184면도 동지. 그러나 van den Berg(註 38), p. 220은 양자를 동일하게 취

히 수령한 것만으로는 방식요건은 구비된다고 볼 근거도 없다.[81] 그러나 수하인이 그 후의 서면에서 중재조항을 언급하는 경우에는 그에 의하여 방식요건이 구비될 수 있다. 더 나아가 사안에 따라서는 이른바 금반언의 법리에 근거하여 방식요건이 구비된 것으로 취급될 가능성도 있다.[82]

요컨대 편입요건에 관한 한 선하증권의 경우 특정편입문구는 유효하다고 볼 여지가 있지만, 방식요건에 관한 한 구 중재법의 서면요건을 엄격하게 해석한다면 선하증권상의 일반편입문구는 물론이고 특정편입문구도 구 중재법상의 서면요건을 구비한다고 보기 어렵고, 이 점은 모델중재법을 채택한 중재법 하에서도 마찬가지다.

사실 선하증권에 편입된 중재조항이 서면요건을 구비하는지에 관하여는 모델중재법의 성안과정에서도 논란이 있었는데, 모델중재법(제7조 제2항. 우리 중재법 제8조 제4항에 상응)의 서면요건을 충족한다는 견해도 있었다.[83] 그러나 모델중재법상 서면성에 문제가 있다고 보아 이를 해결하기 위한 노력이 시도되었으나 채택되지 않았기 때문에 여전히 문제가 남아 있는데 결국 서면성을 부정하는 견해가 모델중재법에 충실한 해석으로 보인다.[84]

참고로 뉴욕협약을 보면, 서면요건을 정한 제2조 제2항의 해석에 관하여 다양한 해석이 존재하는데, 뉴욕협약의 서면요건을 좀더 완화하는 해석

급하는 것으로 보인다.

81) Mankowski(註 10), S. 173.

82) 하지만 아래에서 언급하는 대법원 2004. 12. 10. 선고 2004다20180 판결은 이를 인정하지 않은 것으로 보인다.

83) Holtzmann and Neuhaus(註 73), p. 261. 註 19에 소개된 견해 참조. 이는 선하증권을 계약서로 본다.

84) 모델중재법의 성안과정에서 독일대표단은 국제거래의 관행을 반영함으로써 이 문제를 해결하고자 당시 "民事 및 商事事件의 裁判管轄과 裁判의 執行에 관한 유럽공동체協約"(브뤼셀협약)을 참조하여 서면요건을 완화하자는 제안을 하였으나 이는 뉴욕협약의 서면요건에 합치하지 않는다는 이유로 거부되었는데, 모델중재법상의 이런 문제의 심각성은 국제조약에 의하여 해결되거나, 상대방이 구두합의에 대한 이의를 포기함으로써 완화될 수 있다. Holtzmann and Neuhaus(註 73), p. 261. 미국은 모델중재법의 중재합의의 방식요건이 예시적이라는 이유로 독일의 제안에 크게 관심을 가지지 않았다고 한다. Berger(註 73), p. 146. 참고로 당시 브뤼셀협약(제17조 제1항)은 국제상거래에서 당사자들이 알고 있었거나 알고 있었어야 하는 관행에 부합하고, 나아가 관련 상거래분야에서 당해 유형의 계약의 당사자들에게 널리 알려져 있고 그들에 의하여 규칙적으로 준수되는 방식을 명시함으로써 관할합의의 서면성을 완화하고 그 결과 선하증권에 의한 관할합의를 허용하였다. 관할합의의 서면성에 관한 브뤼셀협약(브뤼셀규정)과 유럽법원의 판례의 진화를 보면 방식요건을 이해하는 데 도움이 된다. Jan Kropholler, Europäisches Zivilprozeßrecht: Kommentar zu EuGVO und Lugano-Übereinkommen, 7. Auflage (2002) Art. 23 Rz. 30ff. 특히 Rz. 66-67 참조.

이 불가능한 것은 아니고 실제로 완화하여 해석하는 국가도 있다.85) 그리고 선하증권의 일반편입문구는 뉴욕협약의 서면요건을 구비하지 못한다고 보는 것이 정설이지만,86) 특정편입문구가 뉴욕협약상의 서면요건을 충족하는가에 관하여는 견해가 나뉘는데, 사견으로는 구 중재법 및 중재법에 따른 결론은 뉴욕협약의 해석론으로도 마찬가지이다. 즉 선하증권에 관한 한 특정편입문구와 일반편입문구는 모두 서면요건을 구비하지 못한다고 보는 것이 뉴욕협약의 입법경위에 비추어 뉴욕협약의 조문에 충실한 해석이라는 것이다.87) 다만 그와 같이 엄격하게 해석하더라도 중재합의의 서면요건은 선하증권의 소지인을 보호하기 위한 것이므로 소지인이 선하증권에 직접 포함되거나 인용된 중재조항을 원용하는 경우 서면요건의 미비는 문제가 되지 않는다.88)

---

85) van den Berg(註 38), p. 170 이하. 예컨대 Gary B. Born, International Commercial Arbitration in the United States (1994), pp. 293-294의 주 229, 주 230과 주 231에 인용된 미국 하급심 판결들 참조. 미국의 연방중재법(Federal Arbitration Act of 1925)은 뉴욕협약보다 완화된 서면요건을 요구한다고 한다. Born, 위 책, p. 293. 또한 스위스 연방대법원은 1995년 판결에서 선하증권의 이면에 포함된 중재합의가 방식요건을 구비한다고 판시하였다고 한다. Várady/Barceló, Ⅲ/von Mehren, International Commercial Arbitration (1999), p. 156; 21 Yearbook Commercial Arbitration 690 (1996) 참조. 이는 특히 선하증권의 이면약관에 중재조항이 포함된 경우에 그런 것으로 보인다. Reithmann/ Martiny/Hausmann(註 29), Rz. 3288. 최근에는 UNCITRAL 차원에서 중재합의의 서면성을 완화하기 위한 논의가 진행되어 2006년 6월—7월에 개최된 UNCITRAL 제39차 본회의에서는 모델중재법 제7조를 개정하여 서면요건을 완화하는 개정안과, 더 나아가 아예 서면성을 폐지하는 대안을 채택하였고, 나아가 뉴욕협약상의 서면요건을 완화하여 해석하기 위한 해석선언을 채택하였다. 상세는 노태악 · 구자헌, "최근 UNCITRAL 모델 仲裁法의 개정논의 결과와 國內法에의 示唆—仲裁合意의 書面性과 仲裁判定部의 臨時的 處分을 중심으로," 국제규범의 현황과 전망—2006년 국제규범연구반 연구보고—(2006), 488면 이하; 강병근, "UNCITRAL 모델중재법의 개정—제39차 유엔국제 무역법위원회 본 회의를 중심으로—," 한림법학 FORUM 제17권(2006), 8면 이하 참조.

86) 이순우, "용선계약상 중재조항이 선하증권에도 자동삽입되는가," 중재 제297호(2000년 가을), 58면. 지난 1998. 6. 10. 뉴욕 UN본부에서 개최된 뉴욕협약 제정 제40주년 기념세미나에서도 이 문제가 크게 부각되어 거론되었다고 한다. 이순우, "뉴욕협약 40주년 기념식 참관기," 중재 제289호(1998 가을), 9-10면 참조. Reithmann/Martiny/Hausmann(註 29), Rz. 3288ff., Rz. 3441.

87) 뉴욕협약상으로도 문제가 있음은 Holtzmann and Neuhaus(註 73), p. 261; Berger(註 73), p. 142 참조. 부정설은 Peter Schlosser, Das Recht der internationalen privaten Schiedsgerichtsbarkeit 2. Auflage (1989), Rn. 374, 384. 그러나 van den Berg(註 38), p. 218, p. 220은 위에서 언급한 바와 같이 계약 일반에 관한 논의를 선하증권에도 동일하게 적용한다.

88) Epping(註 10), S. 67, Fn. 49. 편입문구가 사용된 경우가 아니라 선하증권에 중재조항이 포함된 경우에 관하여, 중재법 제8조 제3항 제1호의 당사자들이 서명한 문서의 "당사자들"이 복수로 되어 있다고 하여 모든 당사자들이 서명하여야 한다기보다는 당사자들의 서명이란 그 합의내용의 수락을 의미하는 것이므로 선하증권의 경우 소지인이 선하증권에 기

이처럼 이 쟁점은 뉴욕협약상의 서면요건에 관하여는 물론이고 모델중재법의 성안과정에서도 이미 논의되었던 것이므로, 독일의 예에서 보듯이 우리나라도 1999년 중재법 개정시 이를 입법적으로 해결하는 편이 바람직하지 않았을까 생각된다.[89] 입법적으로 해결되지 않은 이상 완화된 해석을 하는 것은 상대적으로 어렵고, 어느 범위까지 완화할 것인지도 분명하지 않다. 그러나 대상판결의 사안과 달리 1994년 개정된 GENCON이 중재조항을 포함하고 있고, 특정편입문구를 포함한 1994년 개정된 표준항해용선계약 선하증권(CONGENBILL)이 사용되고 있는 현실에서, 비록 우리나라가 독일 민사소송법이나 함부르그규칙처럼 입법적으로 해결하지는 않았지만 법원이 과연 엄격한 서면요건을 고집할지는 분명하지 않다.

2. 중재합의의 성립(과 실질적 유효요건)

구 중재법 제2조(중재법 제8조)가 중재합의의 방식(또는 형식적 유효성)을 정한 것임은 명백하나, 문제는 그것이 방식만을 정한 것인가 아니면 중재합의의 성립과 실질적 유효요건도 규정한 것인지이다. 생각건대 구 중재법 제2조(중재법 제8조)는 중재합의의 방식의 문제이고, 중재합의의 성립 및 실질적 유효요건(예컨대 의사표시의 하자의 부존재)과는 개념상 구별되므로 양자의 구비는 각각 검토되어야 한다.[90] 다만 구 중재법 제2조(중재법 제8조)는 '합의'를 요구하는 점에서 중재합의의 성립을 부분적으로 규율하므로 그 범위 내에서는 구 중재법에 따를 것이나, 그 밖의 사항은 중재합의를 규율하는

하여 권리를 주장하는 경우, 당사자들의 서명이 있는 것에 준하여 선하증권에 포함된 중재조항은 운송인과 선하증권 소지인 간의 유효한 중재합의라고 보는 것이 타당하다는 견해가 있지만(정병석(註 12), 487면), 선하증권의 소지인이 중재신청이 아니라 소를 제기하는 경우에까지 그렇게 볼 근거는 없다.

89) 위에서 본 바와 같이 독일 민사소송법(제1031조 제3항)은 이를 입법적으로 해결하였다. 일본 중재법(제13조 제2항)은 우리 중재법(제3항 제2호)에 상응하는 문언을 좀더 명확히 함으로써 선하증권이 포함된다고 한다. 近藤昌昭/後藤 健/內堀宏達/前田 洋/片岡智美, 仲裁法(2003), 50면. 보다 명확한 독일 중재법이 적절하다고 본다. 만일 중재법의 개정에 의해 입법적으로 해결한다면 뉴욕협약이 적용되는 사안에서 가사 뉴욕협약상 방식요건이 구비되지 않는다고 보더라도 뉴욕협약(제7조 제1항. 이른바 more-favorable-right-provision)에 따라 우리 중재법이 적용될 수 있다. 중재법의 개정작업에 참석한 장문철 교수도 운송인이 일방적으로 작성하는 선하증권의 경우 중재합의는 중재법상의 서면요건을 구비하지 못한다고 한다. 양병회 외, 주석중재법(2005)(장문철 집필부분), 41면.

90) Berger(註 73), p. 154 이하; 松浦 馨(註 35), 171면.

법에 의해 보충될 필요가 있다.[91] 실제로는 편입요건과 방식요건이 구비되면 중재합의의 성립요건은 별 문제가 없겠지만, 예컨대 의사표시의 하자가 없을 것과 같은 요건은 필요하고, 그 밖의 중재합의의 유효요건이 구비되어야 하며,[92] 나아가 準據法이 우리 법이라면 약관규제법에 따른 편입통제와 내용통제는 여전히 적용될 수 있다.

3. 대상판결의 취지와 그에 대한 평가

독일 민사소송법은 편입요건에 관한 명시적인 조문을 둠으로써 중재조항의 선하증권에의 편입요건과 방식요건을 함께 해결하였다. 대상판결은 우리 법상의 편입요건은 제시했지만, 그 요건이 모두 구비되더라도 방식요건이 당연히 충족되는 것은 아니므로 방식요건을 별도로 검토할 필요가 있었다. 특히 대상판결의 경우 일반편입문구가 사용되었는데, 만일 이 사안에서 판례가 요구하는 편입요건을 모두 구비했더라도, 선하증권상의 일반편입문구는 방식요건을 구비하지 못한다고 보면 중재합의는 무효이다.[93] 한편 대상판결이 요구한 편입요건이 모두 방식요건의 문제는 아니다. 대상판결이 편입요건이 구비되면 방식요건은 당연히 구비된다고 본 것인지, 아니면 편입요건이 구비되지 않았기 때문에 굳이 방식요건을 검토할 필요가 없다고 본 것인지, 이것도 아니면 편입요건에 골몰한 나머지 서면요건을 간과한 것은 아닌지 모르겠다.[94] 앞으로 대법원이 선하증권에 의한 중재합의시 방식요건에 대하여 어떻

---

91) 독일 민사소송법상으로는 제1031조 제4항의 요건이 구비되면 편입요건과 방식요건이 구비되지만 성립요건은 당연히 구비되는 것은 아니고, 민사소송법이 정하지 않는 성립요건 내지 실질적 유효요건은 실질법에 의해 보충된다. 즉 중재지가 독일이더라도 당사자의 합의에 의하여 중재합의의 유효성의 準據法이 외국법인 경우 그의 요건(예컨대 영국법상의 consistency issue)이 구비되어야 한다. Epping(註 10), S. 171. 따라서 독일법이 중재합의의 準據法이고 독일이 중재지인 경우 민사소송법의 중재합의의 요건과 일반계약법이 모두 적용된다. Epping(註 10), S. 170-171.

92) 예컨대 중재합의가 특정한 법률관계에 관한 것일 것과 중재가능성이 있을 것 등이다.

93) 일반편입문구는 뉴욕협약의 서면요건을 구비하지 못한다고 보는 것이 정설이라는 점은 위 이순우, "용선계약상 중재조항이 선하증권에도 자동삽입되는가," 중재 제297호(2000 가을), 58면.

94) 위에서 언급한 1978. 9. 18.의 *Admiralty Court (Queen's Bench Division), The Rena K (U.K. no. 6)* 사건판결은 중재조항을 언급한 특정편입문구는 유효하다고 판시하였는데, 이는 뉴욕협약이 적용되는 사안임에도 불구하고 법원은 뉴욕협약 제2조 제2항과 관련하여 논의하지 않았다고 한다. van den Berg(註 38), p. 220.

게 판단할지 주목된다.

선하증권에 의한 국제재판관할합의(전속관할합의를 포함하여)와 마찬가지로 중재합의도 국제거래에서 빈번히 이루어지고 있는데, 전자의 경우 서면성을 완화하여 방식요건이 구비되는 것으로 보는 견해가 국제적으로 널리 인정되고 있음을 고려하면, 중재합의의 경우에도 마찬가지로 볼 여지도 있다. 그러나 구 중재법, 중재법, 모델중재법과 뉴욕협약의 서면요건을 엄격하게 해석하는 것이 법과 협약의 취지에 부합하는 점은 부인할 수 없다. 따라서 입법에 의하여 엄격성을 완화하는 방안이 가장 적절하나, 그 전에라도 판례에 의해 서면요건을 제한된 범위 내에서 완화하는 방안도 신중히 고려할 필요가 있으며, 그 경우 업계의 상관습(또는 상관행)을 충분히 고려해야 한다. 위에서 언급한 것처럼 혹시 대상판결이 편입요건이 모두 구비되면 방식요건은 당연히 구비되는 것으로 본 것이라면, 대상판결이 방식요건을 완화한 것이라고 평가할 여지도 있지만 이 점은 분명하지 않다. 더욱이 대법원 2004. 12. 10. 선고 2004다20180 판결[95]이 중재합의의 방식에 관하여 비교적 엄격한 태도를 취한 점에서[96] 대상판결을 그렇게 이해하는 것이 적절한지는 의문이다. 어쨌든 사견으로는 해석론에 의하여 방식요건을 완화하는 경우에도 위에서 본 일반편입문구의 문제점—방식의 문제가 아닌 편입요건상의 문제점—을 고려한다면 결론적으로는 특정편입문구에 한정하는 것이 설득력이 있다.[97]

---

95) 판례공보 218, 103 [2005. 1. 15.].

96) 판결요지는 다음과 같다. "뉴욕협약의 제4조 제1항은 중재합의가 제2조에 정한 '서면에 의한 중재합의'(agreement in writing)일 것을 요구하고 있고, 제2조 제2항은 서면에 의한 중재합의란 '당사자들에 의하여 서명되었거나 서신(letter) 또는 전보(telegram) 교환 속에 담긴, 주된 계약 속의 중재조항 또는 중재합의를 포함한다'고 규정하고 있으므로, 이 사건 중재신청을 전후하여 원고와 피고 사이에 교환된 업무연락서류, 중재관련서류 등에 의하여 중재합의가 확인된다는 특별한 사정이 없는 한, 원고가 베트남 상사중재원에 중재판정을 신청하고 이에 대하여 피고가 중재 당시 아무런 이의를 제기하지 아니함으로써 일종의 묵시적인 중재합의가 이루어졌다 한들 이를 들어 유효한 중재합의가 있었다고 볼 수는 없다." 이러한 결론의 타당성은 의문이다. 위 대법원판결에 대한 평석은 석광현, "國際商事仲裁에서의 仲裁合意에 관한 법적 문제점—대법원 2004. 12. 10. 선고 2004다20180 판결이 제기한 뉴욕협약상의 쟁점들을 중심으로—," 중재연구 제15권 제1호(2005. 8.), 225면 이하; 석광현, 국제사법과 국제소송 제4권(2007), 제5장 [10] 참조.

97) 방식요건을 이중서면성으로 이해한다면, 논리적으로는 선하증권의 이면약관에 중재조항이 편입된 경우와, 중재조항을 포함한 용선계약을 선하증권에 편입하는 문구가 사용된 경우를 구별하기는 어렵다. 그러나 방식요건을 완화한다면 상대적으로 전자가 쉬울 것이다. Reithmann/Martiny/Hausmann(註 29), Rz. 3288, 3299는 양자를 구별한다.

이 사건의 경우 그 밖에 중재합의의 성립요건 및 실질적 유효요건은 특별히 문제가 없는 것으로 보인다.

V. 이 사건에서 제기되는 國際私法的 爭點

1. 쟁점의 정리

여기에서는 이 사건에서 제기되는 國際私法的 爭點을 취급한다. 위에서 언급한 바와 같이 용선계약 하에서 발행된 선하증권의 경우 통상 편입문구가 삽입되는데, 유효한 중재합의가 존재하려면, 첫째 용선계약상 중재조항이 편입문구에 의하여 선하증권에 편입되고, 둘째 중재합의의 방식요건이 구비되어야 하며, 셋째 중재합의의 성립요건과 실질적 유효요건이 구비되어야 한다. 편입요건과 방식요건이 구비되면 통상 중재합의의 성립요건과 실질적 유효요건은 별로 문제되지 않는다. 아래에서는 위 각 논점의 準據法을 검토하는데, 다만 선하증권의 準據法과 至上約款의 법적 성질에 관하여는 아래(VI.)에서 별도로 논의한다.

2. 중재조항의 편입의 準據法

위에서 본 바와 같이 용선계약의 중재조항이 선하증권에 편입되기 위한 요건은 국가에 따라 상이하다. 기본적으로 선하증권에 편입문구가 있고, 편입문구가 용선계약을 적절히 특정해야 하는 점은 대체로 차이가 없지만, 일반 편입문구가 유효한지, 유효하다면 어떤 요건이 구비되어야 하는지에 관하여는 차이가 있다. 문제는 편입의 準據法인데 이에 관하여는 다음과 같은 몇 가지 견해가 주장될 수 있다.

첫째는 선하증권의 準據法에 따른다고 견해인데, 이는 약관을 어떤 계약에 편입하는 경우 편입은 당해 계약의 準據法에 따른다고 보는 것[98]과 동일

98) 석광현, "國際去來와 약관의규제에관한법률의 적용," 國際私法과 國際訴訟 제3권(2004), 168면. Jan Kropholler, Internationales Privatrecht 5. Auflage (2004), § 52 I 3a; Münch-Komm/Martiny, Band 10: EGBGB, 3. Auflage(1998), Art. 31 Rn. 8ff.

한 논리를 따른 것이다. 대상판결도 이런 견해이다. 둘째는 용선계약의 準據法에 의할 것이라는 견해[99]이다. 셋째는 아래(4.)에서 논의하는 바에 따라 결정되는 중재합의의 성립의 準據法에 의할 것이라는 견해[100]이다. 편입에 의해 당사자들 간에 중재합의가 성립하는지가 문제되므로 중재합의의 성립의 準據法에 따른다는 것이다. 넷째는 독일처럼 편입요건을 중재합의의 방식으로 보아 방식의 準據法에 따른다는 견해이다.[101]

나아가, 중재조항의 편입은 약관인 용선계약을 편입하는 것이므로 약관의 편입통제의 문제가 제기된다. 국제적으로 통용되는 운송업의 약관에 대하여는 약관규제법의 일부조항(제7조—제14조)이 배제되므로(약관규제법 제15조와 동법시행령 제3조) 내용통제는 제6조만이 문제되지만[102] 편입통제는 여전히 적용된다. 따라서 편입요건의 準據法이 한국법이면 약관규제법의 편입통제, 즉 명시의무·설명의무를 고려해야 한다.[103] 예컨대 국내사건의 경우에도 구 중재법 제2조(중재법 제3조)는 방식요건이고, 약관규제법상의 편입요건(대상판결이 설시한 편입요건과는 상이한)도 구비되어야 한다.

3. 중재합의의 방식의 準據法

위에서 본 바와 같이 구 중재법 제2조 제2항(중재법 제8조 제3항)은 중재합의의 서면성이 구비되는 예를 열거한다. 이 사건의 경우 뉴욕협약은 적용되지 않는데, 중재법(제2조, 제8조)과 달리 구 중재법은 중재합의의 방식에 관한 구 중재법의 적용범위를 명시하지 않으므로 이는 涉外私法에 따라 결정된다. 涉外私法(제10조)에 따르면 중재합의의 방식의 準據法은 아래(4.)에서

99) Mankowski(註 10), S. 172; Reithmann/Martiny/Hausmann(註 29), Rz. 1628은 독일 민법시행법 제31조 제1항(우리 國際私法 제29조 제1항에 상응)을 적용하여 만일 편입문구가 유효하다면 적용될 법이 準據法이 된다고 한다. 다소 애매하나, 예컨대 용선계약에 明示的 準據法條項이 있다면 동 법이 편입되어 적용될 것이므로 그에 따른다는 취지로 보인다.

100) Epping(註 10), S. 170-171. Reithmann/Martiny/Hausmann(註 29), Rz. 3406은 약관에 포함된 중재조항이 당사자들의 의사합치의 대상인지는 중재합의의 準據法에 따른다고 한다. 선하증권에 관한 것은 아니나 김갑유(註 40), 185면은 이런 견해로 보인다.

101) Reithmann/Martiny/Hausmann(註 29), Rz. 1629는 제1031조 제4항을 소송상의 방식규정으로 성질결정하고 이는 법정지 또는 중재지가 독일인 경우 적용된다고 한다. 그러나 Epping(註 10), S. 170-171은 이를 방식과 실질적 합의에 관한 것으로 본다.

102) 대법원판결(예컨대 1999. 12. 10. 선고 98다9038 판결)에 따르면 약관규제법 제6조도 배제되나, 저자는 이에 반대한다. 석광현(註 98), 160면 이하 참조.

103) 국제거래에 약관규제법이 어떻게 적용되는가는 석광현(註 98), 151면 이하 참조.

논의하는 중재합의의 성립의 準據法 또는 중재합의의 체결지법에 선택적으로 연결된다.[104] 이 경우 중재합의의 체결지에 관하여는 涉外私法 제11조 제2항의 적용 여부가 문제된다.[105] 편입요건이 중재합의의 성립요건인지, 방식요건인지는 비록 실질법상으로는 큰 차이가 없더라도, 準據法이 달라질 가능성이 있다는 점에서 國際私法상으로는 큰 차이가 있다.

4. 중재합의의 성립(과 실질적 유효요건)의 準據法

이 사건에서는 전혀 문제가 되지 않았지만, 중재조항의 유효한 편입요건과 중재합의의 성립요건을 구별한다면 양자의 準據法을 각각 결정하여야 한다. 중재합의의 準據法을 어떻게 결정할지는 중재합의의 법적 성질을 어떻게 볼 것인가와 결부되어 견해가 나뉘기도 하지만, 구 중재법 하에서는 중재합의의 성립은 우리 涉外私法에 의하여 결정되는 準據法에 따를 사항이라고 볼 가능성이 크다. 뉴욕협약이 적용되지 않는 이 사건에서는[106] 중재합의의 準據法이 명시적 또는 묵시적으로 지정된 경우 그에 따를 것이나 그렇지 않은 경우[107] 客觀的 準據法의 결정이 문제된다. 이에 관하여는 涉外私法 하에서는 중재합의의 체결지법이 유력할 것이다.[108] 이 사건에서 중재합의가 해

104) 중재법에 따르면 이 사건의 경우 중재지는 한국이므로 중재합의의 방식은 우리 중재법에 의한다(중재법 제2조). 독일에서도 과거 이것이 통설이었다. Mankowski(註 10), S. 41.

105) 석광현(註 10), 151면 참조.

106) 뉴욕협약상으로는, 제Ⅴ조 제1항 a호에 따라 당사자가 선택한 법, 선택이 없는 경우 중재판정지법이 적용된다. 이는 중재판정의 승인·집행의 단계만을 정하고 있지만, 중재합의에도 불구하고 소가 제기되어 상대방이 항변을 하거나, 중재신청을 하여 중재절차가 진행되는 경우에도 이를 유추적용할 것이다. 목영준(註 44), 62면도 동지. 중재합의의 準據法에 관하여는 다른 기회에 논의하겠지만 우선 김갑유(註 40), 177면 이하를 참조.

107) 주된 계약의 準據法이 지정된 경우 동일한 법이 중재합의의 準據法으로 묵시적으로 지정된 것으로 볼 수 있는지에 관하여는 논란이 있다.

108) 國際私法(제26조)에 따르면 가장 밀접한 관련이 있는 국가의 법이 準據法이 되는데, 그것이 주된 계약의 準據法인지, 아니면 중재지법(또는 중재절차의 準據法)인지가 문제된다(주된 계약은 선하증권에 따른 선하증권 소지인과 해상운송인 간의 관계로 볼 것이다). 종래 독일에서는 전자가 다수설이고 후자가 소수설로 보인다. Reinhold Geimer, Internationales Zivilprozeßrecht 5. Auflage (2005), Rz. 3788ff. 상세는 Epping(註 10), S. 44ff.; Mankowski(註 10), S. 48. 그러나 중재법(제36조 제2항 제1호)은 중재판정 취소사유의 하나로 仲裁合意가 當事者들이 지정한 法에 의하여 無效이거나 그러한 지정이 없는 경우에는 大韓民國의 法에 의하여 無效인 사실을 열거하므로 그 결과 중재지법이 客觀的 準據法이 된다는 견해가 가능하다. 예컨대 김갑유(註 40), 181면. 그러나 목영준(註 44), 60면은 涉外私法 하의 견해이다. 독일의 민사소송법도 중재법과 유사한 조문을 두는데 독일에서도 아직은 전통적인 견해가 다수로 보이나, 중재지법을 적용할 것이라는 견해도 있다. 예컨대 Epping(註 10),

상운송인과 수하인(또는 선하증권 소지인)간에 직접 체결되는 것으로 본다면[109] 격지자 간의 계약체결이 되어 청약의 발신지인 캘리포니아주법이 準據法이 될 가능성이 크다.[110]

5. 대상판결의 취지와 그에 대한 평가

대상판결은 용선계약상 중재조항이 선하증권에 편입되어 선하증권의 소지인(수하인이 아닌)과 운송인 사이에서도 효력을 가지는지 여부는 선하증권의 準據法에 의할 것이라고 판단하였다. 논란의 여지는 있지만, 우선 대상판결이 이 점을 정면으로 판단한 것을 높이 평가한다. 우리나라의 종래의 논의는 주로 외국의 實質法을 소개하는 데 그치고 편입요건의 準據法이라는 중요한 國際私法的 爭點을 소홀히 해 온 것을 고려한다면 더욱 그러하다.

그러나 대상판결이 중재합의의 방식과 성립(과 실질적 유효요건)의 準據法을 고려하지 않은 점은 아쉽다. 대상판결로서는 구 중재법 제2조와의 관련 하에서 중재합의의 방식의 準據法을 검토할 필요가 있었다. 대상판결처럼 편입이 선하증권의 準據法에 의할 사항이라고 본다면, 중재합의의 방식은 캘리포니아주법,[111] 중재합의의 성립(과 실질적 유효요건)은 캘리포니아주법에 따르는 것으로 볼 수 있다.[112] 일응 서면요건은 방식의 準據法, 중재합의의 성립(과 실질적 유효요건)은 중재합의의 準據法에 의하여 각각 규율된다고 볼 것인데, 어려운 것은 과연 대상판결이 제시한 편입요건이 전부 선하증권의 準據法에 의할 사항인지, 아니면 그것이 방식요건과 중재합의의 성립(과 실질적 유효요건)으로 완전히 해소될 수 있는지이다.[113] 저자는 중재조항의 편입요건, 중재합의의 성립(과 실질적 유효요건) 및 중재합의의 방식은 논리적으로는 구별해야 할 것으로 보나, 이 점은 좀더 검토를 할 필요

S. 45ff. 그러나 중재지법을 중재합의의 묵시적 준거법으로 보는 견해도 있다.

109) 이는 용선계약과 선하증권의 관계를 어떻게 이해할 것인가라는 문제와 관련된다.

110) 다만 이 사건 선하증권의 準據法을 미국법이라고 본 이상 약관인 중재합의의 편입요건에 관한 약관규제법상의 문제되지 않으므로 중재합의의 성립의 準據法은 별 문제가 없다.

111) 選擇的 準據法인 행위지법의 결정에 관하여는 다툼이 있다.

112) 선하증권의 準據法을 미국법이라고 본 이상 약관규제법상의 편입통제는 문제되지 않으므로 중재합의의 성립의 準據法은 별로 문제될 것이 없다.

113) Berger(註 73), p. 150 주 805에 인용된 Samuel, Lindacher, Lalive 등은 후자를 취한다고 한다.

가 있다.

하지만 대상판결의 가장 큰 잘못은 여러 가지 쟁점의 準據法이 미국법이라고 보았으면서도 미국법에 관한 자료가 제출되지 않았다는 이유로 조리에 의하여 판단한 점이다. 채동헌 부장판사는 "이 사건의 경우 법원이 미국의 법과 관습을 정면으로 설시하고 편입을 부정하는 방법이 있을 수 있으나, 대법원은 準據法인 미국의 법과 관습에 대한 입증이 없음을 이유로 조리에 기하여 판단하고 중재조항의 선하증권 편입을 부정하는 방법을 택하였다"고 설명하나,[114] 법원으로서는 마땅히 쟁점의 準據法을 결정하고, 準據法이 외국법이라면 외국법은 직권증거조사사항이며 직권탐지주의가 타당한 영역이므로 법원은 모든 인식수단을 이용하여 당해 準據法을 조사해야 한다. 외국법의 조사는 쉽지 않고 특히 개별재판부에 과도한 부담을 줄 수 있으므로, 재판부의 부담을 덜고 適正한 재판이라는 민사소송의 이상을 실현하며, 司法의 국제경쟁력을 제고하기 위하여 재판의 전제가 되는 외국법의 체계적인 조사를 담당할 가칭 '외국법조사센터'를 법원행정처에 두는 방안을 검토할 필요가 있다.

Ⅵ. 선하증권의 準據法과 至上約款[115]

위에서 본 바와 같이 만일 편입요건의 準據法이 선하증권의 準據法이라고 본다면 선하증권의 準據法을 결정할 필요가 있다. 이를 위하여는 선하증권의 準據法이 가지는 의미(1.), 至上約款의 법적 성질(2.)과 용선계약의 準據法과 선하증권의 準據法의 관계(3.)를 검토할 필요가 있다.

1. 선하증권에 따른 법률관계와 선하증권의 準據法

선하증권의 효력을 채권적 효력과 물권적 효력으로 구분하는 것에 상응

114) 채동헌(註 1), 274면.

115) 이에 관한 상세는 석광현, "船荷證券의 準據法에 관한 몇 가지 문제점 —國際海上物件運送契約法의 序論的 考察—," 國際私法과 國際訴訟 제2권(2001), 81면 이하 참조. 至上約款에 관한 영국법상의 논의는 우선 Nicholas Gaskell, Regina Asariotis and Yvonne Baatz, Bills of Lading: Law and Contracts (2000), para. 2.48 이하 참조.

하여 선하증권에 따른 법률관계의 準據法을 논의함에 있어서도 채권적인 법률관계와 물권적인 법률관계를 나누어 보아야 한다. 선하증권의 채권적인 법률관계라 함은 선하증권의 적법한 소지인과 운송인 간의 채권적인 법률관계를 말하는데, 이 사건의 쟁점은 중재조항의 편입에 관한 것이므로 채권적인 효력의 문제이고, 이는 선하증권의 準據法(Konnossementsstatut)에 따른다.

선하증권의 準據法은 운송계약의 準據法과 마찬가지로 명시적 또는 묵시적으로 지정될 수 있는데 한국 선사들이 발행하는 선하증권은 대체로 準據法條項을 두므로 그 경우 선하증권의 準據法은 문제되지 않으나, 이 사건에서와 같이 용선계약을 편입할 뿐이고 선하증권의 발행인이 선하증권의 準據法을 지정하지 않은 경우 準據法을 결정할 필요가 있다. 이 경우 첫째 至上約款의 법적 성질과 둘째 선하증권의 客觀的 準據法의 결정이 문제된다.

2. 至上約款(paramount clause)

가. 至上約款의 취지

至上約款은, 이 사건 선하증권에서 보듯이 선하증권의 다른 조건에도 불구하고 선하증권에 따른 법률관계에 헤이그규칙 또는 헤이그-비스비규칙(이하 편의상 "헤이그-비스비규칙"만을 언급한다)이 직접 적용된다고 규정하거나, 또는 특정국가(선적항 또는 양륙항)에서 적용되는 헤이그-비스비규칙이 적용된다는 취지의 조항인데,[116] 이는 헤이그-비스비규칙의 비체약국 법원이 운송인이 선하증권의 이면약관에 기초하여 면책을 주장하는 것을 금지함으로써 동 규칙의 실효성을 확보하기 위한 것이다.[117] 이 사건에서처럼 선하증권이 至上約款을 둔 경우 至上約款이 선하증권의 準據法을 정한 것인지, 아니면 선하증권의 내용에 헤이그-비스비규칙을 편입한 것인지가 문제되고, 만일 전자라면 至上約款과 선하증권의 客觀的 準據法과의 관계가 문제된다. 이는 至上約款의 법적 성질이 抵觸法的 指定, 즉 準據法의 지정인지, 아니면 實質法的 指定(incorporation of foreign law by reference)(외국법을 계약내용으로 편입하는 것)인지의 문제이다.[118]

116) 헤이그규칙을 입법화한 선적지 또는 목적지의 국내법이 적용됨을 규정한 至上約款의 예는 석광현(註 115), 86면 註 16 참조.
117) 서울지방법원, 국제거래 · 상사 소송의 실무(1997), 309면.
118) 양자의 차이는 석광현(註 10), 207면 이하 참조.

나. 至上約款의 법적 성질

至上約款의 법적 성질에 관하여 독일과 일본에서는 실질법적 지정으로 보는 견해와 저촉법적 지정으로 보는 견해가 있다. 특히 후자는 선하증권의 準據法이 별도로 지정된 경우 至上約款은 準據法을 분할(*dépeçage*)한 것으로 보는데,[119] '계약의 성립, 방식 및 효력' 등 일반적 문제에 대하여는 準據法條項에 기재된 법률을, '운송인의 책임이나 의무의 제한'에 대하여는 至上約款에 기재된 법률을 각각 분할지정한 것으로 보아야 한다고 한다.[120] 어쨌든 분할지정의 경우, 선하증권의 소지인과 운송인 간의 채권적인 법률관계의 내용 중 운송인의 책임과 의무 및 그 제한에 관한 사항 이외의 것이 선하증권의 準據法에 따라 규율된다.

저자는 종래 至上約款의 법적 성질을 사안에 따라 대체로 다음과 같이 이해하고 있다.[121]

① 헤이그-비스비규칙이 직접 적용된다고 규정하는 경우에는 실질법적 지정이다. 왜냐하면, 논란이 있기는 하지만 涉外私法과 國際私法의 해석으로는 특정국가의 법(national system of law)만이 準據法이 될 수 있다고 보기 때문이다.

② 헤이그-비스비규칙을 입법화한 특정국가의 법이 적용된다고 규정하는 경우 그것이 당해 국가법의 적용요건을 구비한 때에는 抵觸法的 部分指定으로 본다.

③ 헤이그-비스비규칙을 입법화한 특정국가의 법이 적용된다고 규정하더라도 그것이 당해 국가법의 적용요건을 구비하지 못한 때에는 실질법적 지정

---

119) 高桑昭, "實質法的指定と抵觸法的指定—至上約款," 涉外判例百選 第3版, 別冊ジュリスト No. 38(1995), 78-79面.

120) 平塚眞, "船荷證券," 涉外判例百選 第3版(1995), 82-83面; 서울지방법원(註 117), 309면도 동지로 보인다. 이는 대체로 옳으나 엄밀히 말하면 船荷證券은 계약은 아니므로 '契約의 成立'이라는 표현은 다소 부적절하고, 또한 船荷證券의 方式은 선택적으로 연결되므로 이를 함께 설명하는 것도 부적절하다. 여기의 방식은 선하증권의 방식이지 중재합의의 방식은 아니다.

121) 본문의 견해는 準據法條項과 至上約款이 병존하는 사안을 전제로 저자가 Mankowski(註 10), S. 199-231을 참조하여 제시한 것인데(석광현(註 115), 84면) 이 사건에서처럼 별도의 準據法條項이 없더라도 결과는 동일하다. 또한 저자는 위 글의 발표 후 선고된 대법원 1999. 12. 10. 선고 98다9038 판결은 명시하지는 않지만 至上約款 및 멕시코책임조항이 포함된 船荷證券의 準據法에 관하여 이를 準據法의 部分指定으로 본 것이라는 견해를 피력한 바 있다. 석광현(註 10), 209면. 채동헌(註 1), 261-262면도 同旨로 보인다.

이다. 왜냐하면 당해 국가의 입법자의 의도에 반하여 특정국가의 법을 準據法으로 적용할 것은 아니기 때문이다.[122]

저자는 이 사건 선하증권을 보지 못하였지만, 이 사건 선하증권은 "선적국에서 입법화된 헤이그규칙이 적용된다고 하면서 나아가 헤이그-비스비규칙이 적용되는 거래에서는 해당 조항이 이 선하증권에 규정된 것으로 본다"고 규정하였다는데,[123] 그렇다면 이 사건 선하증권의 경우 운송인의 책임과 의무 및 그 제한은 至上約款에 의하여 準據法으로 지정된 헤이그규칙을 입법화한 미국법(미국의 해상물건운송법. COGSA)에 따르나, 헤이그-비스비규칙은 계약의 내용을 이루며, 그 밖의 선하증권의 채권적 효력(운송인의 책임이나 의무의 제한 이외의)은 아래에서 보는 바에 따라 결정되는 선하증권의 準據法에 따르므로 선하증권의 準據法의 분할(또는 분열)이 발생할 수 있다. 이 사건의 경우 결과적으로 그 밖의 선하증권의 채권적 효력의 準據法도 선하증권의 발행지인 미국법이라고 보았으므로 準據法의 분할(또는 분열)이 발생하지는 않았다.

다. 대상판결의 취지와 그에 대한 평가

대상판결은, 이 사건 선하증권은 이면약관에서 선적국에서 입법화한 헤이그규칙 및 일정한 경우 헤이그-비스비규칙이 적용된다는 至上約款을 담고 있는 외 달리 명시적으로 선하증권의 準據法을 정하지는 않았으므로 이 사건 선하증권에 대하여는 약관에 따라 먼저 선적국인 미국에서 입법화된 헤이그규칙 및 일정한 경우 헤이그-비스비규칙이 적용되고, 나머지 사항에 대하여는 선하증권이 발행된 장소인 미국의 법과 관습이 적용된다고 판시하였다.[124] 이 사건 선하증권은 미국에서 발행되었는데 만일 그것이 미국 해상물건운송법의 적용대상이라면,[125] 대상판결이 至上約款의 결과 일정한 범위 내

122) 이 점은 Peter Nygh, Autonomy in International Contracts (1999), p. 215도 참조.

123) 이는 혹시 미국이 헤이그규칙은 비준하였지만 비스비규칙은 비준하지 않았기 때문에 전자는 적용된다고 함으로써 準據法으로 부분지정하고(저촉법적 부분지정), 후자는 선하증권에 규정된 것으로 본다고 함으로써 선하증권의 내용으로 삼은 것(실질법적 지정)은 아닌지 모르겠다.

124) 이는 결국 미국의 Pomerene Bills of Lading Act of 1994와 보통법(common law)이 될 것이다. 전자는 송상현 · 김현(註 4), 254면; 岡部邦男, "米國の1994年船荷證券法"(1), 일본 해사법연구회지 No. 174(2003. 6.), 2면 이하 참조.

125) 미국의 해상물건운송법은 용선계약에는 적용되지 않지만 용선된 선박에 관하여 선하증권이 발행된 경우에는 적용된다(동법 제5조, 제1(b)조). 송상현 · 김현(註 4), 264면.

에서, 즉 부분적으로 헤이그규칙을 입법화한 미국법이 準據法이 된다고 본 결론은 저자의 견해와 일치하므로 환영한다. 특히 대상판결이 至上約款의 법적 성질을 판단한 점을 높이 평가한다. 종래 우리나라에서는 至上約款의 國際私法的 意味에 대한 논의가 부족하였음을 고려할 때 더욱 그러하다. 그러나 선하증권의 準據法을 선하증권의 발행지법으로 본 것은 논란의 여지가 있는데, 이는 아래에서 항을 바꾸어 논의한다.

3. 선하증권의 客觀的 準據法의 결정

선하증권의 발행인이 準據法을 지정하지 않은 경우 선하증권의 客觀的 準據法의 결정이 문제된다. 이는 논리적으로는 단순하지만 구체적인 사안에서 묵시적 지정의 유무를 판단하는 것은 결코 쉽지 않다. 涉外私法(제9조)은 당사자가 법률행위의 準據法을 지정하지 않은 경우 행위지법원칙을 채택하고 있었으므로 그에 따르면 선하증권이 발행된 나라의 법이 準據法이 될 가능성이 있다. 대상판결은 이 견해를 취하였다.[126] 그러나 사견으로는 涉外私法(제9조 단서)이 취하고 있는 행위지법원칙의 부당성에 비추어 그 경우 선하증권과 가장 밀접한 관련을 가지는 법이 準據法으로 되어야 한다는 견해를 피력한 바 있다.[127] 저자의 견해를 따르지 않더라도 첫째 편입문구에 의하여 용선계약의 準據法이 선하증권의 準據法이 되거나, 둘째 최근 대법원 2004. 6. 25. 선고 2002다56130, 56147 판결[128]처럼 이른바 '가정적 당사자의사'에 의하여 準據法을 정할 수 있는지를 검토할 필요가 있다.

가. 운송계약의 準據法과 선하증권의 客觀的 準據法

선하증권의 발행인이 선하증권의 準據法을 명시적 또는 묵시적으로 지정하지 않은 경우, 운송계약의 準據法이 선하증권의 準據法이 될 수 있는지가 문제된다. 운송계약의 당사자가 아닌 선하증권의 적법한 소지인과 운송인 간에는 선하증권의 準據法은 별도의 원칙에 따라 객관적으로 연결하여야 한다. 특히 國際私法(제26조)하에서는 그와 같이 해석해야 할 것이다. 독일에서도

126) 涉外私法의 문언에 충실한 견해는 행위지법, 즉 선하증권 발행지법을 準據法으로 본다. 서울지방법원(註 117), 315-316면; 平塚眞(註 120), 83面.

127) 석광현(註 115), 85면 註 12.

128) 판례공보 207, 1230 [2004. 8. 1.].

운송계약과 선하증권을 구별하고, 선하증권의 客觀的 準據法은 목적지국법이라는 견해가 유력하다.[129] 그러나 용선계약 선하증권처럼 운송계약이 선하증권에 편입되는 경우에는 달리 볼 수 있는데 이는 항을 바꾸어 논의한다.

나. 용선계약의 準據法과 편입문구가 있는 용선계약 선하증권의 客觀的 準據法[130]

용선계약의 準據法과 선하증권의 準據法이 각각 결정되는 것이 원칙이지만 이 사건에서와 같이 선하증권에 일반편입문구가 있는 경우 용선계약의 準據法이 선하증권의 準據法으로 편입되는지가 문제될 수 있다.[131]

이에 관하여 독일의 유력한 견해[132]는 편입문구에 의하여 용선계약의 準據法이 선하증권의 準據法이 되는가에 관하여, 첫째 용선계약이 準據法을 명시적으로 지정한 경우, 둘째 용선계약이 準據法을 묵시적으로 지정한 경우와, 셋째 용선계약의 準據法이 객관적으로 결정되는 경우로 구분하여 논의한다. 이론구성에는 차이가 있지만 이 견해는 결과적으로 어느 경우에나 용선계약의 準據法이 묵시적으로 선하증권의 準據法이 된다고 한다.

이 사건에서 각급법원의 판결문이 용선계약의 準據法을 언급하지 않는 것을 보면 용선계약에 명시적으로 지정된 準據法은 없었고, 아마도 묵시적으로 지정된 準據法도 없다고 본 듯하다. 그렇다면 용선계약의 客觀的 準據法이 일반편입문구에 의하여 선하증권의 準據法이 되는지가 문제되는데, 편입의 성질상 당사자의 합의가 아니라 법원에 의하여 결정되는 용선계약의 조건을 당사자들이 편입하였다고 보기는 어렵고, 특히 대상판결이 제시한 중재조항의 편입요건(선하증권의 양수인이 해당 조항의 존재를 알았거나 알 수 있었을 것)이 準據法條項의 편입에도 유사하게 요구될 것이라는 점에서[133] 독

---

129) Mankowski(註 10), S. 181; Prüßmann/Rabe(註 29), 650 H.

130) 상세는 Mankowski(註 10), S. 167ff. 참조.

131) 저자는 전에 용선계약하에서 발행되는 선하증권의 경우, 운송인이 선하증권에 별도의 準據法條項을 두지 않고 용선계약을 편입하는 방식을 취한다면 용선계약과 선하증권의 準據法은 동일하게 될 것이라고 하였는데(석광현(註 115), 83면 註 6), 여기의 논의는 이를 좀 더 진전시킨 것이다.

132) Mankowski(註 10), S. 167-174.

133) 실제로 서울중앙지방법원 2006. 1. 19. 선고 2003가합83073 판결은, 항해용선계약에 영국법을 준거법으로 한다는 특약사항이 있었으나 선하증권상에 항해용선계약의 일자와 당사자가 공란으로 되어 있어 용선계약이 특정되지 아니하였고 선하증권의 소지인인 원고가 항해용선계약의 존재와 준거법조항을 알았다고 인정할 자료가 없다는 이유로 항해용선계약의

일의 유력한 견해와 달리 이는 부정해야 할 것으로 생각된다.

다. 가정적 당사자의사에 기한 선하증권의 客觀的 準據法

당사사들이 계약의 明示的 또는 黙示的 準據法을 지정하지 않은 경우 涉外私法하에서는 행위지법이 準據法이 되었다(涉外私法 제9조). 그런데 涉外私法의 해석론으로 당사자들의 현실적인 합의는 없으나 만일 당사자들이 합의하였더라면 가졌을 것으로 생각되는 의사, 이른바 가정적 당사자의사(hypothetischer Parteiwille)(또는 추정적 당사자의사)에 의하여 準據法을 정할 수 있는지에 관하여는 견해가 나뉘었다.[134] 만일 이를 긍정한다면 이 사건에서도 그에 의하여 선하증권의 準據法을 정할 가능성이 있다.

저자가 이를 언급하는 이유는 위에 언급한 대법원 2004. 6. 25. 판결이 명시적으로 이를 허용하였기 때문이다. 즉 동 판결은 근로계약의 準據法에 관하여 "··· 종래 섭외사법 제9조는 법률행위의 성립 및 효력에 관하여 당사자의 의사에 의하여 법을 정하되 당사자의 의사가 분명하지 아니한 때에는 행위지법에 의하도록 규정하고 있는바, 근로계약의 당사자 사이에 準據法 선택에 관한 명시적인 합의가 없는 경우에 있어서는 근로계약에 포함된 準據法 이외의 다른 의사표시의 내용이나 소송행위를 통하여 나타난 당사자의 태도 등을 기초로 당사자의 묵시적 의사를 추정하여야 할 것이고 <u>그러한 묵시적 의사를 추정할 수 없는 경우에도 당사자의 국적, 주소 등 생활본거지, 사용자인 법인의 설립 준거법, 노무급부지, 직무내용 등 근로계약에 관한 여러 가지 객관적 사정을 종합하여 볼 때 근로계약 당시 당사자가 준거법을 지정하였더라면 선택하였을 것으로 판단되는 가정적 의사를 추정하여 준거법을 결정할 수 있다</u>"고 판시하였다(밑줄은 저자가 추가함). 저자는 涉外私法과 國際私法상 가정적 당사자의사에 의한 客觀的 準據法의 결정에 반대하지만,[135] 만일 이를 인정한다면 이 사건 선하증권에 이런 법리를 적용할 가능성이 있는지를 검토할 필요가 있었다고 본다.

준거법조항이 문제된 선하증권에 편입되었다고 볼 수 없다고 판단하였다.

134) 석광현, "涉外私法의 改正에 관한 立法論," 國際私法과 國際訴訟 제2권(2001), 15면 참조.

135) 2004년 대법원판결에 대한 간단한 평석은 석광현, "2004년 國際私法 분야 大法院判例: 정리 및 해설," 국제사법연구 제10호(2004), 433면 이하 참조.

라. 대상판결의 취지와 그에 대한 평가―선하증권의 客觀的 準據法

대상판결은 추상적인 법률론으로서 涉外私法(제9조)에 따르면 선하증권의 準據法은 선하증권이 명시적으로 準據法을 정하고 있는 경우에는 그 정한 법률, 선하증권의 발행인이 선하증권의 準據法을 명시적 혹은 묵시적으로 지정하지 않은 경우에는 선하증권이 발행된 나라의 법이 된다고 보고 이 사건 선하증권의 경우 선하증권의 발행지인 미국법이 準據法이 된다고 판시하였다.

대상판결에 대하여는 다음과 같은 두 가지 점에서 비판을 할 수 있다. 첫째 편입문구에 의하여 용선계약의 準據法이 선하증권의 準據法이 될 가능성은 없었는지, 둘째 선하증권의 客觀的 準據法을 결정하는 데 있어, 涉外私法(제9조 단서)이 취하고 있는 행위지법원칙이 아니라 선하증권과 가장 밀접한 관련을 가지는 법을 準據法으로 볼 여지는 없었는가, 나아가 2004년 대법원판결처럼 가정적 의사를 인정할 여지는 없었는가라는 점이다. 만일 이런 접근을 하였더라면 한국법이 準據法으로 인정될 여지도 있었던 사안으로 생각된다.

Ⅶ. 맺 음 말

대상판결은 첫째, 용선계약상 중재조항을 용선계약 하에서 발행된 선하증권에 편입하기 위한 우리 법상의 요건을 명확히 제시한 대법원판결로서 커다란 의의가 있다. 이는 주로 實質法인 海商法상의 의의이다. 대상판결은 특정편입문구만이 아니라 일반편입문구도 일정한 요건이 구비되면 유효하다고 하였으나, 일반편입문구의 효력을 인정한 것은 법적 안정성에 비추어 비판의 여지가 있다. 둘째, 대상판결은 중재조항의 편입요건은 선하증권의 準據法에 따른다는 것을 전제로 涉外私法상 선하증권의 客觀的 準據法은 선하증권의 발행지법이라고 보고, 至上約款의 결과 선하증권의 準據法이 분열됨을 명확히 한 최초의 대법원판결로서 커다란 의의가 있다. 이는 國際私法상의 의의이다. 전통적으로 해상법분야는 국제성을 특징으로 하는 國際私法的 論點의 寶庫임에도 불구하고, 종래 우리의 해상법학은 國際私法的 論點을 捨象하는 파행을 보여온 점을 고려할 때 대상판결은 우리 법률가들에게 만연된 '國際私法的 思考의 貧困'[136]에 경종을 울리는 판결이다. 셋째, 대상판결은 國際私法 내지는 國際民事節次法이 국제해상운송의 현실에 미치는 영향을 보여주는 판결로서 의의가 크다. 이는 실무상의 의의이다.

반면에 대상판결이 아쉬움을 남기는 것도 사실인데, 특히 편입요건을 치밀하게 판단하면서도 우리 구 중재법상의 중재합의의 방식요건과 그의 準據法을 고려하지 않은 점은 유감이다. 특히 종래 선하증권의 일반편입문구는 중재합의의 방식요건을 구비하지 못한다는 견해가 유력하였음을 고려하면 더욱 그러하다. 저자는 독일처럼 중재법에 중재조항의 특정편입만을 허용하는 조항을 둠으로써 편입요건과 방식요건을 함께 입법적으로 해결하는 것이 바람직하다고 생각한다.[137] 저자가 해석론에 의한 방식요건의 완화에 반대하는 것은 아니지만, 그러한 해석은 구 중재법, 중재법(모델중재법)과 뉴욕협약의 본래의 취지에는 부합하지 않고, 나아가 그 경우 그 근거와 완화된 방식요건을 명확히 해야 함을 지적해 둔다. 대상판결을 보면서 우리도 선하증권상의 중재합의를 포함한 *海事國際私法* 또는 *海事國際民事節次法*에 대해 좀더 체계적인 연구를 할 필요성을 절감한다. 그렇게 함으로써 우선 대상판결의 쟁점이 國際私法과 중재법 하에서 제기될 경우에 대비하고, 國際私法과 중재법의 최근 개정이 가지는 실천적 의의를 깨달을 수 있을 것이다. 어쨌거나 대상판결의 가장 큰 잘못은 準據法이 미국법이라고 보면서도 자료가 제출되지 않았다는 이유로 법원이 조리라고 믿는 바에 의하여 판단한 점인데, 이는 위에서 본 대상판결의 國際私法上의 意義를 半減시키는 것이다. 이런 태도는 마땅히 시정되어야 한다.

---

136) 김갑유(註 40), 185면도 중재합의에 관하여 유사한 지적을 하고 있다.

137) 그렇더라도 성립(과 실질적 유효)요건까지 모두 해결되는 것은 아니다. 대상판결에서 제기된 쟁점들이 현재 국제연합 국제무역법위원회(UNCITRAL)에서 작업중인 해상물건운송에 관한 국제조약에 의하여 일부 해결될 가능성도 있다. 이에 관하여는 U.N. Doc. A/CN.9/WG.Ⅲ/WP45를 참조.

부 록

국제상사중재 관련 주요 규범*

* 기타 영국, 프랑스, 독일 및 중국의 중재법과 AAA 국제중재규칙, LCIA 규칙, LMA 중재규칙과 CIETAC 중재규칙은 대한상사중재원, 외국중재법규집 제1집(2005) 참조. ICSID 협약의 국문번역은 강병근, ICSID 중재제도 연구(2006), 337면 이하 참조. 정부가 공표한 것은 번역에 문제가 많다.
기타 외국의 중재법규는 青山善充(編), 世界の仲裁法規 別冊 NBL no.78(2003) 참조.

[11] 한국 仲裁法

[11-1] 仲 裁 法

第 1 章　總　　則

第1條 (目的)

이 法은 仲裁에 의하여 私法上의 紛爭을 적정·公平·신속하게 解決함을 目的으로 한다.

第2條 (적용범위)

① 이 法은 第21條의 規定에 의한 仲裁地가 大韓民國 안인 경우에 이를 적용한다. 다만, 第9條 및 第10條의 規定은 仲裁地가 아직 정하여지지 아니하였거나 大韓民國 안이 아닌 경우에도 적용하며, 第37條 및 第39條의 規定은 仲裁地가 大韓民國 안이 아닌 경우에도 적용한다.

② 이 法은 仲裁節次를 인정하지 아니하거나 이 法의 仲裁節次와는 다른 節次에 의하여 仲裁에 회부할 수 있도록 정한 法律과 大韓民國에서 發效중인 條約에 대하여는 영향을 미치지 아니한다.

第3條 (定義)

이 法에서 사용하는 用語의 定義는 다음과 같다.

1. "仲裁"라 함은 當事者間의 合意로 私法上의 紛爭을 法院의 裁判에 의하지 아니하고 仲裁人의 判定에 의하여 解決하는 節次를 말한다.
2. "仲裁合意"라 함은 契約上의 紛爭인지의 여부에 관계없이 일정한 法律關係에 관하여 當事者間에 이미 발생하였거나 장래 발생할 수 있는 紛爭의 전부 또는 일부를 仲裁에 의하여 解決하도록 하는 當事者間의 合意를 말한다.
3. "仲裁判定部"라 함은 仲裁節次를 진행하고 仲裁判定을 내리는 單獨仲裁人 또는 多數의 仲裁人으로 구성되는 仲裁人團을 말한다.

第4條 (書面의 통지)

① 當事者間에 다른 合意가 없는 경우에 書面의 통지는 受信人 本人에게 書面을 직접 교부하는 방법에 의한다.

② 第1項의 規定에 의한 직접 교부의 방법에 의할 수 없는 경우에는 書面이 受信人의 住所·營業所 또는 郵便連絡場所에 정당하게 傳達된 때에 受信人에게 통지된 것으로 본다.

③ 第2項의 規定을 적용함에 있어서 적절한 照會를 하였음에도 受信人의 住所·營業所 또는 郵便連絡場所를 알 수 없는 경우에는 최후로 알려진 受信人의 住所·營

業所 또는 郵便連絡場所로 登記郵便 기타 發送을 증명할 수 있는 郵便方法에 의하여 書面이 發送된 때에 受信人에게 통지된 것으로 본다.

④ 第1項 내지 第3項의 規定은 法院이 행하는 송달에는 이를 적용하지 아니한다.

第5條 (異議申請權의 상실)

當事者가 이 法의 任意規定 또는 仲裁節次에 관한 當事者間의 合意에 위반한 사실을 알고도 지체없이 異議를 제기하지 아니하거나 정하여진 異議提起期間 내에 異議를 제기하지 아니하고 仲裁節次가 진행된 때에는 그 異議申請權을 상실한다.

第6條 (法院의 관여)

法院은 이 法이 정한 경우를 제외하고는 이 法에 관한 사항에 관여할 수 없다.

第7條 (管轄法院)

① 다음 各號의 사항에 대하여는 仲裁合意에서 지정한 地方法院 또는 支院(이하 이 條에서 "法院"이라 한다)이, 그 지정이 없는 경우에는 仲裁地를 관할하는 法院이 관할하며, 仲裁地가 아직 정하여지지 아니한 경우에는 被申請人의 住所 또는 營業所를 관할하는 法院이, 住所 또는 營業所를 알 수 없는 경우에는 居所를 관할하는 法院이, 居所도 알 수 없는 경우에는 최후로 알려진 住所 또는 營業所를 관할하는 法院이 관할한다.

1. 第12條 第3項 및 同條 第4項의 規定에 의한 仲裁人의 선정
2. 第14條 第3項의 規定에 의한 仲裁人의 忌避申請에 대한 法院의 忌避決定
3. 第15條 第2項의 規定에 의한 仲裁人의 權限終了申請에 대한 法院의 權限終了決定
4. 第17條 第6項의 規定에 의한 仲裁判定部의 權限審査申請에 대한 法院의 權限審査
5. 第27條 第3項의 規定에 의한 鑑定人의 忌避申請에 대한 法院의 忌避決定

② 第28條의 規定에 의한 證據調査는 證據調査가 행하여지는 地域을 관할하는 法院이 관할한다.

③ 다음 各號의 사항에 대하여는 仲裁合意에서 지정한 法院이, 그 지정이 없는 경우에는 仲裁地를 관할하는 法院이 관할한다.

1. 第32條 第4項의 規定에 의한 仲裁判定原本의 보관
2. 第36條 第1項의 規定에 의한 仲裁判定取消의 訴

④ 第37條 내지 第39條의 規定에 의한 仲裁判定의 승인과 執行請求의 訴는 다음 各號의 1에 해당하는 法院이 관할한다.

1. 仲裁合意에서 지정한 法院
2. 仲裁地를 관할하는 法院
3. 被告所有의 財産所在地를 관할하는 法院
4. 被告의 住所 또는 營業所, 住所 또는 營業所를 알 수 없는 경우에는 居所, 居所도 알 수 없는 경우에는 최후로 알려진 住所 또는 營業所를 관할하는 法院

第 2 章 仲裁合意

第8條 (仲裁合意의 方式)

① 仲裁合意는 獨立된 合意 또는 契約중 仲裁條項의 形式으로 할 수 있다.

② 仲裁合意는 書面으로 하여야 한다.

③ 다음 各號의 1에 해당하는 경우에는 이를 書面에 의한 仲裁合意로 본다.

1. 當事者들이 署名한 文書에 仲裁合意가 포함되어 있는 경우
2. 書信·電報·電信 및 模寫電送 기타 通信手段에 의하여 交換된 文書에 仲裁合意가 포함되어 있는 경우
3. 一方 當事者가 當事者間에 交換된 文書의 내용에 仲裁合意가 있는 것을 主張하고 相對方 當事者가 이를 다투지 아니하는 경우

④ 契約이 仲裁條項을 포함한 文書를 인용하고 있는 경우에는 仲裁合意가 있는 것으로 본다. 다만, 그 契約이 書面으로 작성되고 仲裁條項을 그 契約의 일부로 하고 있는 경우에 한한다.

第9條 (仲裁合意와 法院에의 提訴)

① 仲裁合意의 대상인 紛爭에 관하여 訴가 제기된 경우에 被告가 仲裁合意存在의 抗辯을 하는 때에는 法院은 그 訴를 却下하여야 한다. 다만, 仲裁合意가 不存在·無效이거나 효력을 상실하였거나 그 이행이 불가능한 경우에는 그러하지 아니하다.

② 被告는 第1項의 抗辯을 本案에 관한 최초의 辯論을 할 때까지 하여야 한다.

③ 第1項의 訴가 法院에 繫屬중인 경우에도 仲裁判定部는 仲裁節次를 開始 또는 진행하거나 仲裁判定을 내릴 수 있다.

第10條 (仲裁合意와 法院의 보전처분)

仲裁合意의 當事者는 仲裁節次의 開始 전 또는 진행중에 法院에 보전처분을 申請할 수 있다.

第 3 章 仲裁判定部

第11條 (仲裁人의 數)

① 仲裁人의 數는 當事者間의 合意로 정한다.

② 第1項의 合意가 없는 경우에는 仲裁人의 數는 3人으로 한다.

第12條 (仲裁人의 선정)

① 當事者間에 다른 合意가 없는 경우에 仲裁人은 國籍에 관계없이 선정될 수 있다.

② 仲裁人의 選定節次는 當事者間의 合意로 정한다.

③ 第2項의 合意가 없는 경우에는 다음 各號의 1에서 정하는 방법에 따라 仲裁人을 선정한다.

1. 單獨仲裁人에 의한 仲裁의 경우: 一方 當事者가 相對方 當事者로부터 仲裁人의 선정을 요구받은 후 30日 이내에 當事者들이 仲裁人의 선정에 관하여 合意

하지 못한 때에는 一方 當事者의 申請에 의하여 法院이 仲裁人을 선정한다.
2. 3人의 仲裁人에 의한 仲裁의 경우: 각 當事者는 각 1人의 仲裁人을 선정하고, 이에 따라 선정된 2人의 仲裁人들이 合意하여 나머지 1人의 仲裁人을 선정한다. 이 경우 一方 當事者가 相對方 當事者로부터 仲裁人의 선정을 요구받은 후 30日 이내에 仲裁人을 선정하지 아니하거나 선정된 2人의 仲裁人들이 선정된 후 30日 이내에 나머지 1人의 仲裁人을 선정하지 못한 때에는 一方 當事者의 申請에 의하여 法院이 그 仲裁人을 선정한다.

④ 第2項의 合意가 있더라도 다음 各號의 1에 해당하는 때에는 當事者의 申請에 의하여 法院이 仲裁人을 선정한다.
1. 一方 當事者가 合意된 節次에 따라 仲裁人을 선정하지 아니하는 때
2. 兩當事者 또는 仲裁人들이 合意된 節次에 따라 仲裁人을 선정하지 못한 때
3. 仲裁人의 선정을 위임받은 機關 기타 第3者가 仲裁人을 선정할 수 없는 때

⑤ 第3項 및 第4項의 規定에 의한 法院의 決定에 대하여는 抗告할 수 없다.

第13條 (仲裁人에 대한 기피사유)

① 仲裁人이 되어 달라고 요청받은 者 또는 선정된 仲裁人은 자신의 공정성이나 獨立性에 관하여 疑心을 야기할 수 있는 사유가 있는 때에는 지체없이 이를 當事者들에게 告知하여야 한다.

② 仲裁人은 第1項의 사유가 있거나 當事者들이 合意한 仲裁人의 資格을 갖추지 못한 사유가 있는 때에 한하여 기피될 수 있다. 다만, 當事者는 자신이 선정하였거나 選定節次에 참여하여 선정한 仲裁人에 대하여는 선정 후에 알게 된 사유에 한하여 忌避申請을 할 수 있다.

第14條 (仲裁人에 대한 忌避節次)

① 仲裁人에 대한 忌避節次는 當事者間의 合意로 정한다.

② 第1項의 合意가 없는 경우에 仲裁人을 기피하고자 하는 當事者는 仲裁判定部가 구성된 날 또는 第13條 第2項의 사유를 안 날부터 15日 이내에 仲裁判定部에 書面으로 忌避申請을 하여야 한다. 이 경우 忌避申請을 받은 仲裁人이 辭任하지 아니하거나 相對方 當事者가 忌避申請에 同意하지 아니하면 仲裁判定部는 그 忌避申請에 대한 決定을 하여야 한다.

③ 第1項 및 第2項의 規定에 의한 忌避申請이 받아들여지지 아니하는 경우에는 忌避申請을 한 當事者는 그 결과의 통지를 받은 날부터 30日 이내에 法院에 해당 仲裁人에 대한 忌避申請을 할 수 있다. 이 경우 忌避申請이 法院에 繫屬중인 때에도 仲裁判定部는 仲裁節次를 진행하거나 仲裁判定을 내릴 수 있다.

④ 第3項의 規定에 의한 忌避申請에 대한 法院의 忌避決定에 대하여는 抗告할 수 없다.

第15條 (仲裁人의 職務不履行으로 인한 權限終了)

① 仲裁人이 法律上 또는 사실상의 사유로 職務를 수행할 수 없거나 정당한 사유없이 職務遂行을 지체하는 경우에는 그 仲裁人의 辭任 또는 當事者間의 合意에

의하여 仲裁人의 權限은 종료된다.

② 第1項의 規定에 의한 仲裁人의 權限終了與否에 관하여 다툼이 있는 경우에 當事者는 法院에 이에 대한 決定을 申請할 수 있다.

③ 第2項의 規定에 의한 權限終了申請에 대한 法院의 權限終了決定에 대하여는 抗告할 수 없다.

第16條 (補闕仲裁人의 선정)

仲裁人의 權限이 종료되어 仲裁人을 다시 선정하는 경우 그 選定節次는 대체되는 仲裁人의 선정에 적용된 節次에 의한다.

第17條 (仲裁判定部의 判定權限에 관한 決定)

① 仲裁判定部는 자신의 權限 및 이와 관련된 仲裁合意의 存否 또는 有效性에 대한 異議에 대하여 決定할 수 있다. 이 경우 仲裁合意가 仲裁條項의 形式으로 되어 있는 때에는 契約중 다른 條項의 효력은 仲裁條項의 효력에 영향을 미치지 아니한다.

② 仲裁判定部의 權限에 관한 異議는 本案에 관한 答辯書를 제출할 때까지 제기되어야 한다. 이 경우 當事者는 자신이 仲裁人을 선정 하였거나 選定節次에 참여하였더라도 異議를 제기할 수 있다.

③ 仲裁判定部가 仲裁節次의 진행중에 그 權限의 범위를 벗어났다는 異議는 그 사유가 仲裁節次에서 다루어지는 즉시 제기하여야 한다.

④ 仲裁判定部는 第2項 및 第3項의 規定에 의한 異議가 同項에 規定된 時期보다 늦게 제기되었더라도 그 지연에 정당한 이유가 있다고 인정하는 경우에는 이를 받아들일 수 있다.

⑤ 仲裁判定部는 第2項 및 第3項의 規定에 의한 異議에 대하여 先決問題로서 決定하거나 本案에 관한 仲裁判定에서 함께 판단할 수 있다.

⑥ 仲裁判定部가 第5項의 規定에 의하여 先決問題로서 그 權限이 있다고 決定한 경우에 異議當事者는 당해 決定의 통지를 받은 날 부터 30日 이내에 法院에 仲裁判定部의 權限에 대한 審査를 申請할 수 있다.

⑦ 仲裁判定部는 第6項의 規定에 의한 申請으로 裁判이 繫屬중인 경우에도 仲裁節次를 진행하거나 仲裁判定을 내릴 수 있다.

⑧ 第6項의 規定에 의한 權限審査申請에 대한 法院의 權限審査에 대하여는 抗告할 수 없다.

第18條 (臨時的 처분)

① 當事者間에 다른 合意가 없는 경우에 仲裁判定部는 一方 當事者의 申請에 따라 決定으로 紛爭의 대상에 관하여 필요하다고 인정하는 臨時的 처분을 내릴 수 있다. 이 경우 仲裁判定部는 被申請人에게 臨時的 처분에 갈음하여 제공할 擔保의 금액을 정할 수 있다.

② 仲裁判定部는 臨時的 처분의 申請人에게 적절한 擔保를 제공할 것을 명할 수 있다.

第4章 仲裁節次

第19條 (當事者에 대한 동등한 待遇)

兩當事者는 仲裁節次에서 동등한 待遇를 받아야 하고, 자신의 事案에 대하여 辯論할 수 있는 충분한 기회를 가져야 한다.

第20條 (仲裁節次)

① 이 法의 强行規定에 반하지 아니하는 한 當事者들은 仲裁節次에 관하여 合意할 수 있다.

② 第1項의 合意가 없는 경우에는 仲裁判定部가 이 法의 規定에 따라 적절한 方式으로 仲裁節次를 진행할 수 있다. 이 경우 仲裁判定部는 증거의 能力, 관련성 및 證明力에 관하여 판단할 權限을 가진다.

第21條 (仲裁地)

① 仲裁地는 當事者間의 合意로 정한다.

② 第1項의 合意가 없는 경우에 仲裁判定部는 當事者의 편의와 당해 事件에 관한 諸般 사정을 고려하여 仲裁地를 정한다.

③ 當事者間에 다른 合意가 없는 경우에 仲裁判定部는 第1項 및 第2項의 規定에 의한 仲裁地外의 적절한 場所에서 仲裁人들간의 協議, 證人·鑑定人 및 當事者 本人에 대한 訊問, 물건·場所의 檢證 또는 文書의 閱覽을 할 수 있다.

第22條 (仲裁節次의 開始)

① 當事者間에 다른 合意가 없는 경우에 仲裁節次는 被申請人이 仲裁要請書를 受領한 날부터 開始된다.

② 第1項의 仲裁要請書에는 當事者, 紛爭의 대상 및 仲裁合意의 내용을 기재하여야 한다.

第23條 (言語)

① 仲裁節次에서 사용될 言語는 當事者間의 合意에 의하고, 合意가 없는 경우에는 仲裁判定部가 지정하며, 仲裁判定部의 지정이 없는 경우에는 韓國語로 한다.

② 第1項의 言語는 달리 정함이 없는 한 當事者의 準備書面, 口述審理, 仲裁判定部의 仲裁判定 및 決定 기타 意思表現에 사용된다.

③ 仲裁判定部는 필요하다고 인정하는 경우에는 書證과 함께 第1項의 言語로 작성된 飜譯文을 제출할 것을 當事者에게 명할 수 있다.

第24條 (申請書와 答辯書)

① 申請人은 當事者들이 合意하였거나 仲裁判定部가 정한 기간 내에 申請趣旨와 申請原因事實을 기재한 申請書를 仲裁判定部에 제출하고, 被申請人은 이에 대하여 답변하여야 한다.

② 當事者는 申請書 또는 答辯書에 중요하다고 인정하는 書類를 첨부하거나 장래 사용할 증거방법을 표시할 수 있다.

③ 當事者間에 다른 合意가 없는 경우에 當事者는 仲裁節次의 진행중에 자신의 申請이나 攻擊防禦方法을 변경 또는 補完할 수 있다. 다만, 仲裁判定部가 변경 또는 補完에 의하여 節次가 현저히 지연될 우려가 있다고 인정하는 경우에는 그러하지 아니하다.

第25條 (審理)

① 當事者間에 다른 合意가 없는 경우 仲裁判定部는 口述審理를 할 것인지 또는 書面만에 의한 審理를 할 것인지의 여부를 決定한다. 다만, 當事者들이 口述審理를 하지 아니하기로 合意한 경우를 제외하고는 仲裁判定部는 一方 當事者의 申請에 따라 적절한 段階에서 口述審理를 하여야 한다.

② 仲裁判定部는 口述審理期日 또는 그 밖의 證據調査期日에 관하여 사전에 충분한 時間을 두고 當事者에게 통지하여야 한다.

③ 一方 當事者가 仲裁判定部에 제출하는 準備書面·書類 기타 資料는 相對方 當事者에게 告知되어야 한다.

④ 仲裁判定部가 判定에서 기초로 삼으려는 鑑定書 또는 書證은 兩當事者에게 告知되어야 한다.

第26條 (一方 當事者의 解怠)

① 申請人이 第24條 第1項의 規定에 의하여 申請書를 제출하지 아니하는 경우에 仲裁判定部는 仲裁節次를 종료하여야 한다.

② 被申請人이 第24條 第1項의 答辯書를 제출하지 아니하는 경우에 仲裁判定部는 이를 申請人의 主張에 대한 自白으로 看做하지 아니하고 仲裁節次를 계속 진행하여야 한다.

③ 一方 當事者가 口述審理에 출석하지 아니하거나 정하여진 기간 내에 書證을 제출하지 아니하는 경우에 仲裁判定部는 仲裁節次를 계속 진행하여 제출된 증거를 기초로 仲裁判定을 내릴 수 있다.

④ 第1項 내지 第3項의 規定은 當事者間에 다른 合意가 있거나 仲裁判定部가 상당한 이유가 있다고 인정하는 경우에는 이를 적용하지 아니한다.

第27條 (鑑定人)

① 當事者間에 다른 合意가 없는 경우에 仲裁判定部는 특정 爭點에 대한 鑑定을 위하여 鑑定人을 지정할 수 있다. 이 경우 仲裁判定部는 當事者로 하여금 鑑定人에게 필요한 情報를 제공하고 鑑定人의 調査를 위하여 관련 文書와 물건등을 제출하거나 그에 대한 接近을 허용하도록 할 수 있다.

② 當事者間에 다른 合意가 없는 경우에 仲裁判定部는 職權으로 또는 當事者의 申請에 의하여 鑑定人을 口述審理期日에 출석하여 當事者의 質問에 답변하도록 할 수 있다.

③ 第13條 및 第14條의 規定은 仲裁判定部가 지정한 鑑定人에 관하여 이를 準用한다.

第28條 (證據調査에 관한 法院의 협조)

① 仲裁判定部는 職權으로 또는 當事者의 申請에 의하여 法院에 證據調査를 촉탁할 수 있다.

② 第1項의 경우에 仲裁判定部는 調書에 기재할 사항 기타 證據調査가 필요한 사항을 書面으로 지정할 수 있다.

③ 受託法院은 證據調査를 마친 후 證人訊問調書謄本·檢證調書謄本등 證據調査에 관한 記錄을 지체없이 仲裁判定部에 송부하여야 한다.

④ 仲裁判定部는 證據調査에 필요한 費用을 受託法院에 납부하여야 한다.

第 5 章 仲裁判定

第29條 (紛爭의 實體에 적용될 法)

① 仲裁判定部는 當事者들이 지정한 法에 따라 判定을 내려야 한다. 특정 國家의 法 또는 法體系가 지정된 경우에 달리 명시되지 아니하는 한 그 國家의 국제사법이 아닌 紛爭의 實體에 적용될 法을 지정한 것으로 본다.

② 第1項의 지정이 없는 경우에 仲裁判定部는 紛爭의 대상과 가장 밀접한 관련이 있는 國家의 法을 적용하여야 한다.

③ 仲裁判定部는 當事者들이 명시적으로 權限을 부여하는 경우에 한하여 衡平과 善에 따라 判定을 내릴 수 있다.

④ 仲裁判定部는 契約에서 정한 바에 따라 판단하고 해당 去來에 적용될 수 있는 商慣習을 고려하여야 한다.

第30條 (仲裁判定部의 意思決定)

當事者間에 다른 合意가 없는 경우에 3人 이상의 仲裁人으로 구성된 仲裁判定部의 意思決定은 過半數의 決議에 의한다. 다만, 仲裁節次는 當事者間의 合意가 있거나 仲裁人 全員이 權限을 부여하는 경우에는 節次를 主宰하는 仲裁人이 單獨으로 이를 決定할 수 있다.

第31條 (和解)

① 仲裁節次의 진행중에 當事者들이 和解에 이른 경우에 仲裁判定部는 그 節次를 종료한다. 이 경우 仲裁判定部는 當事者들의 요구에 의하여 그 和解內容을 仲裁判定의 形式으로 기재할 수 있다.

② 第1項의 規定에 의한 和解內容을 기재한 仲裁判定은 第32條의 規定에 따라 작성되어야 하며, 仲裁判定임이 명시되어야 한다.

③ 和解仲裁判定은 당해 事件의 本案에 관한 仲裁判定과 동일한 효력을 가진다.

第32條 (仲裁判定의 形式과 내용)

① 仲裁判定은 書面으로 작성하여야 하며, 仲裁人 全員이 署名하여야 한다. 다만, 3人 이상의 仲裁人으로 구성된 仲裁判定部의 경우에 過半數에 미달하는 일부 仲裁人에게 署名할 수 없는 사유가 있는 때에는 다른 仲裁人이 그 사유를 기재하고

署名하여야 한다.

② 仲裁判定에는 그 判定의 근거가 되는 이유를 기재하여야 한다. 다만, 當事者間에 合意가 있거나 第31條의 規定에 의한 和解仲裁判定인 경우에는 그러하지 아니하다.

③ 仲裁判定에는 作成日字와 仲裁地를 기재하여야 한다. 이 경우 仲裁判定은 당해 日字와 場所에서 내려진 것으로 본다.

④ 第1項 내지 第3項의 規定에 의하여 작성·署名된 仲裁判定의 正本은 第4條 第1項 내지 第3項의 規定에 의하여 각 當事者에게 송부하고, 仲裁判定의 原本은 그 송부사실을 증명하는 書面을 첨부하여 管轄法院에 송부·보관한다.

第33條 (仲裁節次의 종료)

① 仲裁節次는 終局判定 또는 第2項의 規定에 의한 仲裁判定部의 決定에 의하여 종료된다.

② 仲裁判定部는 다음 各號의 1에 해당하는 때에는 仲裁節次의 終了決定을 하여야 한다.

1. 申請人이 仲裁申請을 撤回하는 경우. 다만, 被申請人이 이에 同意 하지 아니하고 仲裁判定部가 被申請人에게 紛爭의 최종적 解決을 구할 정당한 이익이 있다고 인정하는 경우에는 그러하지 아니하다.
2. 當事者들이 仲裁節次의 종료에 合意하는 경우
3. 仲裁判定部가 仲裁節次를 續行하는 것이 불필요하거나 불가능하다고 인정하는 경우

③ 仲裁判定部의 權限은 第34條의 경우를 제외하고는 仲裁節次의 종료와 함께 終結된다.

第34條 (仲裁判定의 訂正·解釋 및 追加判定)

① 當事者들이 달리 기간을 정하지 아니하는 한 각 當事者는 仲裁判定의 正本을 받은 날부터 30日 이내에 다음 各號의 1에 規定된 訂正·解釋 또는 追加判定을 仲裁判定部에 申請할 수 있다.

1. 仲裁判定의 誤算·誤記 기타 이에 유사한 誤謬의 訂正
2. 當事者間의 合意가 있는 경우에 仲裁判定의 일부 또는 特定爭點에 대한 解釋
3. 仲裁節次에서 主張되었으나 仲裁判定에 포함되지 아니한 請求에 관한 追加判定. 다만, 當事者間에 다른 合意가 있는 때에는 그러하지 아니하다.

② 第1項의 申請을 하는 경우에 申請人은 相對方 當事者에게 그 취지를 통지하여야 한다.

③ 仲裁判定部는 第1項 第1號 및 第2號의 申請에 대하여는 申請을 받은 날부터 30日 이내에, 同項 第3號의 申請에 대하여는 申請을 받은 날부터 60日 이내에 이를 판단하여야 한다. 이 경우 第1項 第2號의 解釋은 仲裁判定의 일부를 구성한다.

④ 仲裁判定部는 判定日부터 30日 이내에 職權으로 第1項 第1號의 訂正을 할 수 있다.

⑤ 仲裁判定部는 필요하다고 인정하는 때에는 第3項의 기간을 연장할 수 있다.
⑥ 第32條의 規定은 仲裁判定의 訂正・解釋 또는 追加判定의 形式에 관하여 이를 準用한다.

第6章 仲裁判定의 효력 및 불복

第35條 (仲裁判定의 효력)

仲裁判定은 當事者間에 있어서 法院의 確定判決과 동일한 효력을 가진다.

第36條 (仲裁判定取消의 訴)

① 仲裁判定에 대한 불복은 法院에 제기하는 仲裁判定取消의 訴에 의하여만 할 수 있다.

② 法院은 다음 各號의 1에 해당하는 때에 한하여 仲裁判定을 取消할 수 있다.

1. 仲裁判定의 取消를 구하는 當事者가 다음 各目의 1에 해당하는 사유를 증명하는 경우
   가. 仲裁合意의 當事者가 그 準據法에 의하여 仲裁合意 당시 無能力者이었던 사실 또는 仲裁合意가 當事者들이 지정한 法에 의하여 無效이거나 그러한 지정이 없는 경우에는 大韓民國의 法에 의하여 無效인 사실
   나. 仲裁判定의 取消를 구하는 當事者가 仲裁人의 선정 또는 仲裁節次에 관하여 적절한 통지를 받지 못하였거나 기타의 사유로 인하여 本案에 관한 辯論을 할 수 없었던 사실
   다. 仲裁判定이 仲裁合意의 대상이 아닌 紛爭을 다룬 사실 또는 仲裁判定이 仲裁合意의 범위를 벗어난 사항을 다룬 사실. 다만, 仲裁判定이 仲裁合意의 대상에 관한 부분과 대상이 아닌 부분으로 分離될 수 있는 경우에는 대상이 아닌 仲裁判定部分만을 取消할 수 있다.
   라. 仲裁判定部의 구성 또는 仲裁節次가 이 法의 强行規定에 반하지 아니하는 當事者間의 合意에 따르지 아니하거나 그러한 合意가 없는 경우에는 이 法에 따르지 아니하였다는 사실
2. 法院이 職權으로 다음 各目의 1에 해당하는 사유가 있다고 인정하는 경우
   가. 仲裁判定의 대상이 된 紛爭이 大韓民國의 法에 따라 仲裁로 해결될 수 없는 때
   나. 仲裁判定의 승인 또는 執行이 大韓民國의 선량한 風俗 기타 社會秩序에 違背되는 때

③ 仲裁判定取消의 訴는 仲裁判定의 取消를 구하는 當事者가 仲裁判定의 正本을 받은 날부터 또는 第34條의 規定에 의한 訂正·解釋 또는 追加判定의 正本을 받은 날부터 3月 이내에 제기하여야 한다.

④ 당해 仲裁判定에 관하여 大韓民國의 法院에서 내려진 승인 또는 執行判決이 확정된 후에는 仲裁判定取消의 訴를 제기할 수 없다.

第 7 章 仲裁判定의 승인과 執行

第37條 (仲裁判定의 승인과 執行)

① 仲裁判定의 승인 또는 執行은 法院의 승인 또는 執行判決에 의한다.

② 仲裁判定의 승인 또는 執行을 申請하는 當事者는 다음 各號의 書類를 제출하여야 한다. 다만, 仲裁判定 또는 仲裁合意가 外國語로 작성되어 있는 경우에는 정당하게 認證된 韓國語의 飜譯文을 첨부하여야 한다.

1. 仲裁判定의 正本 또는 정당하게 認證된 그 謄本
2. 仲裁合意의 原本 또는 정당하게 認證된 그 謄本

第38條 (國內仲裁判定)

大韓民國내에서 내려진 仲裁判定은 第36條 第2項의 사유가 없는 한 승인 또는 執行되어야 한다.

第39條 (外國仲裁判定)

① 외국중재판정의 승인 및 집행에 관한 협약의 적용을 받는 外國仲裁判定의 승인 또는 執行은 同 協約에 의한다.

② 민사소송법 제217조, 민사집행법 제26조 제1항 및 제27조의 規定은 외국중재판정의 승인 및 집행에 관한 협약의 적용을 받지 아니하는 外國仲裁判定의 승인 또는 執行에 관하여 이를 準用한다.

第 8 章 補 則

第40條 (商事仲裁機關에 대한 보조)

政府는 이 法에 의하여 國內外 商事紛爭을 공정・신속하게 解決하고 國際去來秩序를 확립하기 위하여 産業資源部長官이 지정하는 商事仲裁를 행하는 社團法人에 대하여 필요한 經費의 전부 또는 일부를 보조할 수 있다.

第41條 (仲裁規則의 制定 및 승인)

第40條의 規定에 의하여 商事仲裁機關으로 지정받은 社團法人이 仲裁規則을 制定하거나 변경하는 때에는 大法院長의 승인을 얻어야 한다.

附 則

① (施行日) 이 法은 公布한 날부터 施行한다.

② (仲裁進行중인 事件에 대한 經過措置) 이 法 施行전에 仲裁節次가 진행중인 事件에 대하여는 종전의 規定에 의한다.

③ (商事仲裁機關指定등에 따른 經過措置) 이 法 施行 당시의 社團法人 大韓商事仲裁院은 第40條의 改正規定에 의한 商事仲裁를 행하는 社團法人으로 지정된 것으로 보며, 社團法人 大韓商事仲裁院의 商事仲裁規則은 第41條의 改正規定에 의한 大法院長의 승인을 얻은 것으로 본다.

[11-2] 중재법 영문시역

Arbitration Act of Korea[1)]

Article 1 (Purpose)

The purpose of this Act is to ensure the proper, impartial and rapid settlement of disputes in private laws by arbitration.

Article 2 (Scope of Application)

(1) This Act shall apply where a place of arbitration under Article 21 is in the Republic of Korea. The provisions of Articles 9 and 10 shall also apply even where a place of arbitration has not been determined yet or is not in the Republic of Korea, and the provisions of Articles 37 and 39 shall also apply even where a place of arbitration is not in the Republic of Korea.

(2) This Act shall not affect any other Act by virtue of which certain disputes may not be submitted to arbitration or may be submitted to arbitration only according to provisions other than those of this Act, nor the treaties which are valid in the Republic of Korea.

Article 3 (Definitions)

The definitions of terms used in this Act shall be as follows:

1. The term "arbitration" means a procedure to settle any dispute in private laws, not by the adjudication of a court, but by the award of an arbitrator or arbitrators, as agreed by the parties;
2. The term "arbitration agreement" means an agreement by the parties to submit to arbitration all or certain disputes which have arisen or which may arise between them in respect of defined legal relationships, whether contractual or not; and
3. The term "arbitral tribunal" means a single arbitrator or a panel of arbitrators who conducts the arbitral proceedings and makes an arbitral award.

Article 4 (Receipt of Written Communications)

(1) Unless otherwise agreed by the parties, any written communication shall be deemed to have been received on the day it is delivered to the addressee personally.

---

1) 이는 대한상사중재원의 웹사이트(http://www.kcab.or.kr/)에 있는 번역문이므로 유권적인 영문번역이라고 하기는 어려우나 편의상 전재하였다. 다만 몇 가지 오류는 주에 표시하였다.

(2) If there is no way the personal delivery under paragraph (1) is effected, any written communication shall be deemed to have been received by the addressee on the day it is properly delivered at his habitual residence, place of business or mailing address.

(3) In applying paragraph (2), if none of the addressee's habitual residence, place of business and mailing address can be found after making a reasonable inquiry, a written communication shall be deemed to have been received by him on the day it is sent to his last-known habitual residence, place of business or mailing address by registered mail or any other means which provides a record of the attempt to deliver it.

(4) The provisions of paragraphs (1) through (3) shall not apply to communications in court proceedings.

Article 5 (Waiver of Right to Object)

A party who knows that any provision of this Act from which the parties may derogate or any requirement under the arbitration agreement has not been complied with and yet proceeds with the arbitration without stating his objection to such non-compliance without undue delay or, if a time-limit is provided therefor, within such period of time, shall be deemed to have waived his right to object.

Article 6 (Extent of Court Intervention)

In matters governed by this Act, no court shall intervene except as provided in this Act.

Article 7 (Competent Court)

(1) Matters as prescribed in any of the following subparagraphs shall fall under the jurisdiction of the district court or its branch(the both are referred to as the "court" hereinafter) designated by an arbitration agreement or, failing such designation, under the jurisdiction of the competent court of the place of arbitration or, if the place of arbitration has not yet been determined, under the jurisdiction of the competent court of the respondent's habitual residence or place of business or, if none of those can be found, his place of abode or, if it cannot be found, his last-known habitual residence or place of business:

1. Appointment of an arbitrator under Article 12 (3) and (4);
2. Decision on the request for challenging an arbitrator under Article 14 (3);
3. Decision on the request for terminating the mandate of an arbitrator under Article 15 (2);
4. Decision on the jurisdiction of the arbitral tribunal under Article 17 (6); or
5. Decision on the request for challenging an expert under Article 27 (3).

(2) The taking of evidence under Article 28 shall fall under the jurisdiction of the competent court of a place where it is performed.

(3) Matters as prescribed in any of the following subparagraphs shall fall under the jurisdiction of the court designated by an arbitration agreement or, failing such designation, under the jurisdiction of the competent court of the place of arbitration:

1. Deposit of the original arbitral award under Article 32 (4); or
2. Application for setting aside an award to court under Article 36 (1).

(4) An application for the recognition or enforcement of an arbitral award under Articles 37 through 39 shall fall under the jurisdiction of a court as prescribed in any of the following subparagraphs:

1. Court designated by an arbitration agreement;
2. Competent court of the place of arbitration;
3. Competent court of the place where a respondent's property is located; or
4. Competent court of the respondent's habitual residence or place of business or, if none of those can be found, his place of abode or, if it cannot be found, his last-known habitual residence or place of business.

Article 8 (Form of Arbitration Agreement)

(1) An arbitration agreement may be in the form of a separate agreement or in the form of an arbitration clause in a contract.

(2) An arbitration agreement shall be in writing.

(3) An agreement shall be deemed to be an arbitration agreement in writing:

1. If it is contained in a document signed by the parties;
2. If it is contained in an exchange of letters, telegrams, telexes, telefacsimiles or other means of telecommunication which provide a record of the agreement; or
3. If it is contained in an exchange of statements of claim and defence[2)] in which the existence of an agreement is alleged by one party and not denied by another.

(4) The reference in a contract to a document containing an arbitration clause constitutes an arbitration agreement, provided that the contract is in writing and the reference is such as to make that clause part of the contract.

---

2) 여기에서는 모델법과 같은 것처럼 번역하고 있지만 이는 잘못이다. 모델법은 본문처럼 "신청서와 답변서의 교환"이라고 하나 우리 중재법은 "당사자 간에 교환된 문서"라고 그 범위를 확대하였기 때문이다. 저자는 이런 차이를 지적한 바 있는데 대한상사중재원이 아직까지도 이를 시정하지 않는 것은 유감이다.

Article 9 (Arbitration Agreement and Substantive Claim before Court)

(1) A court before which an action is brought in a matter which is the subject of an arbitration agreement shall, if the respondent raises a plea that an arbitration agreement exists, dismiss the action, unless it finds that the agreement is null and void, inoperative or incapable of being performed.

(2) The respondent shall raise a plea under paragraph (1) not later than when submitting his first statement on the substance of the dispute.

(3) Where an action referred to in paragraph (1) has been brought, arbitral proceedings may nevertheless be commenced or continued, and an award may be made, while the issue is pending before the court.

Article 10 (Arbitration Agreement and Interim Measures by Court)

A party to an arbitration agreement may request, before or during arbitral proceedings, from a court an interim measure of protection.

Article 11 (Number of Arbitrators)

(1) The parties are free to agree on the number of arbitrators.

(2) Failing such agreement referred to in paragraph (1), the number of arbitrators shall be three.

Article 12 (Appointment of Arbitrators)

(1) No person shall be precluded by reason of his nationality from acting as an arbitrator, unless otherwise agreed by the parties.

(2) The parties are free to agree on a procedure of appointing the arbitrator or arbitrators.

(3) Failing such agreement referred to in paragraph (2),

1. In an arbitration with a sole arbitrator, if the parties are unable to agree on the arbitrator within thirty days after a party has received a request for initiating the procedure for his appointment from the other party, he shall be appointed, upon request of a party, by the court; or
2. In an arbitration with three arbitrators, each party shall appoint one arbitrator, and the two arbitrators thus appointed shall appoint the third arbitrator. If a party fails to appoint the arbitrator within thirty days of receipt of a request to do so from the other party, or if the two arbitrators fail to agree on the third arbitrator within thirty days of their appointment, the appointment shall be made, upon request of a party, by the court.

(4) Where, under an appointment procedure agreed upon in paragraph (2), it falls under any of the following subparagraphs, the appointment shall be made, upon request of a party, by the court:

1. A party fails to act as required under such procedure;
2. The parties or two arbitrators are unable to reach an agreement expected of them under such procedure; or
3. A third party including an institution, entrusted to appoint the arbitrator or arbitrators, fails to do so.

(5) A decision of the court under paragraph (3) or (4) shall be subject to no appeal.

Article 13 (Grounds for Challenge)

(1) When a person is approached in connection with his possible appointment as an arbitrator or has already been appointed as such, he shall without delay disclose all circumstances likely to give rise to justifiable doubts as to his impartiality or independence.

(2) An arbitrator may be challenged only if circumstances referred to in paragraph (1) exist, or if he does not possess qualifications agreed to by the parties. A party may challenge an arbitrator appointed by him, or in whose appointment he has participated, only for reasons of which he becomes aware after the appointment has been made.

Article 14 (Challenge Procedure)

(1) The parties are free to agree on a procedure for challenging an arbitrator.

(2) Failing such agreement referred to in paragraph (1), a party who intends to challenge an arbitrator shall, within fifteen days after becoming aware of the constitution of the arbitral tribunal or after becoming aware of any circumstance referred to in Article 13 (2), send a written statement of the reason for the challenge to the arbitral tribunal. Unless the challenged arbitrator withdraws from his office or the other party agrees to the challenge, the arbitral tribunal shall decide on the challenge.

(3) If a challenge under the procedure of paragraph (1) or (2) is not successful, the challenging party may request, within thirty days after having received notice of the decision rejecting the challenge, the court to decide on the challenge. While such a request is pending in court, the arbitral tribunal may continue the arbitral proceedings or make an award.

(4) A decision of the court under paragraph (3) shall be subject to no appeal.

Article 15 (Termination of Mandate of Arbitrator Due to His Failure of Impossibility to Act)

(1) If an arbitrator becomes de jure or de facto unable to perform his functions or for other reasons fails to act without undue delay, his mandate terminates if he withdraws from his office or if the parties agree on the termination.

(2) If a controversy remains concerning the termination of the mandate of the arbitrator under paragraph (1), any party may request the court to decide on the termination of the mandate.
(3) A decision of the court under paragraph (2) shall be subject to no appeal.

Article 16 (Appointment of Substitute Arbitrator)

Where the mandate of an arbitrator terminates, a substitute arbitrator shall be appointed according to the procedure that were applicable to the appointment of the arbitrator being replaced.

Article 17 (Ruling of Arbitral Tribunal on its Jurisdiction)

(1) The arbitral tribunal may rule on its own jurisdiction, including any objections with respect to the existence or validity of the arbitration agreement. For that purpose, an arbitration clause which forms part of a contract shall be treated as an agreement independent of the other terms of the contract.
(2) A plea that the arbitral tribunal does not have jurisdiction shall be raised not later than the submission of the statement of defence on the substance of the dispute. A party is not precluded from raising such a plea by the fact that he has appointed, or participated in the appointment of, an arbitrator.
(3) A plea that the arbitral tribunal is exceeding the scope of its authority shall be raised as soon as the matter alleged to be beyond the scope of its authority is raised during the arbitral proceedings.
(4) The arbitral tribunal may, in either case of paragraphs (2) and (3), admit a later plea if it considers the delay justified.
(5) The arbitral tribunal may rule a plea referred to in paragraph (2) or (3) either as a preliminary question or in an arbitral award on the merits.
(6) If the arbitral tribunal rules as a preliminary question that it has jurisdiction under paragraph (5), any party who is dissatisfied with that ruling may request, within thirty days after having received notice thereof, the court to decide on the jurisdiction of the arbitral tribunal.
(7) While a request under paragraph (6) is pending in court, the arbitral tribunal may continue the arbitral proceedings or make an arbitral award.
(8) A decision of the court under paragraph (6) shall be subject to no appeal.

Article 18 (Interim Measure)

(1) Unless otherwise agreed by the parties, the arbitral tribunal may, at a request of a party, decide on such interim measure of protection as the arbitral tribunal may consider necessary in respect of the subject-matter of the dispute. The arbitral tribunal may determine an amount of security to be provided by the respondent in

lieu of such measure.

(2) The arbitral tribunal may require the party requesting the interim measure to provide appropriate security.

Article 19 (Equal Treatment of Parties)

The parties shall be equally treated in the arbitral proceedings and each party shall be given a full opportunity of presenting his case.

Article 20 (Arbitral Proceedings)

(1) Subject to the mandatory provisions of this Act, the parties are free to agree on the arbitral proceedings.

(2) Failing such agreement referred to in paragraph (1), the arbitral tribunal may, subject to the provisions of this Act, conduct the arbitration in such manner as it considers appropriate. The power conferred upon the arbitral tribunal shall include the power to determine the admissibility, relevance, materiality and weight of any evidence.

Article 21 (Place of Arbitration)

(1) The parties are free to agree on the place of arbitration.

(2) Failing such agreement referred to in paragraph (1), the place of arbitration shall be determined by the arbitral tribunal having regard to the circumstances of the case, including the convenience of the parties.

(3) Notwithstanding the provisions of paragraphs (1) and (2), the arbitral tribunal may, unless otherwise agreed by the parties, meet at any place it considers appropriate for consultation among its members, for hearing witnesses, experts or the parties, or for inspection of goods, other property or documents.

Article 22 (Commencement of Arbitral Proceedings)

(1) Unless otherwise agreed by the parties, the arbitral proceedings in respect of a particular dispute shall commence on the date when a request for that dispute to be referred to arbitration is received by the respondent.

(2) In the request referred to in paragraph (1), the parties, the subject-matter of the dispute and the contents of the arbitration agreement shall be contained.

Article 23 (Language)

(1) The parties are free to agree on the language or languages to be used in the arbitral proceedings. Failing such agreement, the arbitral tribunal shall determine such language or languages, and otherwise the Korean language shall be used.

(2) The agreement or determination referred to in paragraph (1) shall, unless otherwise specified therein, apply to any written statement by a party, any hearing and any award, decision or other communication by the arbitral tribunal.

(3) The arbitral tribunal may, if considered necessary, order a party to submit any documentary evidence, accompanied by a translation into the language or languages referred to in paragraph (1).

Article 24 (Statement of Claim and Defence)

(1) Within the period of time agreed by the parties or determined by the arbitral tribunal, the claimant shall state his claim and the facts supporting it, and the respondent shall state his defence in respect of these particulars.

(2) The parties may submit with their statements of claim or defence all documents they consider to be relevant or may add a reference to other evidence they will submit.

(3) Unless otherwise agreed by the parties, either party may amend or supplement his claim or defence during the course of the arbitral proceedings, unless the arbitral tribunal considers that such amendment or supplement might cause the considerable delay in the arbitral proceedings.

Article 25 (Hearings)

(1) Subject to any contrary agreement by the parties, the arbitral tribunal shall decide whether to hold oral hearings or whether the proceedings shall be only conducted on the basis of documents or other materials. Unless the parties have agreed that no hearings shall be held, the arbitral tribunal shall hold such hearings at an appropriate stage of the proceedings, if so requested by a party.

(2) The parties shall be given sufficient advance notice of any oral hearing and of any meeting of the arbitral tribunal for the purpose of taking evidence.

(3) All statements, documents or other information supplied to the arbitral tribunal by a party shall be communicated to the other party.

(4) Any expert report or evidentiary document on which the arbitral tribunal may rely in making its decision shall be communicated to the parties.

Article 26 (Default of Party)

(1) If the claimant fails to communicate his statement of claim in accordance with Article 24(1), the arbitral tribunal shall terminate the proceedings.

(2) If the respondent fails to communicate his statement of defence in accordance with Article 24(1), the arbitral tribunal shall continue the proceedings without treating such failure in itself as an admission of the claimant's allegations.

(3) If any party fails to appear at a hearing or to produce documentary evidence within a fixed period of time, the arbitral tribunal may continue the proceedings and make the award on the evidence before it.

(4) The provisions of paragraphs (1) through (3) shall not apply, if otherwise agreed

by the parties, or if the arbitral tribunal considers that there exists any sufficient cause for the failure.

Article 27 (Expert)

(1) Unless otherwise agreed by the parties, the arbitral tribunal may appoint one or more experts to report to it on specific issues to be determined by it. For this purpose, the arbitral tribunal may require a party to give the expert any relevant information or to produce, or to provide access to, any relevant documents, goods or other property for his inspection.

(2) Unless otherwise agreed by the parties, if a party so requests or if the arbitral tribunal considers it necessary, the expert shall participate in a hearing where the parties have the opportunity to put questions to him and to present expert witnesses in order to testify on the points at issue.

(3) The provisions of Articles 13 and 14 shall apply mutatis mutandis to an expert appointed by the arbitral tribunal.

Article 28 (Court Assistance in Taking Evidence)

(1) The arbitral tribunal may, either on its own initiative or upon the request of a party, request from a competent court assistance in taking evidence.

(2) When requesting the assistance under paragraph (1), the arbitral tribunal may, in writing, specify the matters to be recorded in the protocol of the court and other particulars necessary for investigation.

(3) The court referred to in paragraphs (1) shall, without delay after taking evidence, send the records on taking evidence such as a certified copy of protocol for examination of witness or inspection of property to the arbitral tribunal.

(4) The arbitral tribunal shall pay necessary expenses for taking evidence to the court referred to in paragraph (1).

Article 29 (Rules Applicable to Substance of Dispute)

(1) The arbitral tribunal shall decide the dispute in accordance with such rules of la w[3] as are chosen by the parties as applicable to the substance of the dispute. Any designation of the law or legal system of a given State shall be construed, unless otherwise expressed, as directly referring to the substantive law of that State and not to its conflict of laws rules.

(2) Failing the designation referred to in paragraph (1), the arbitral tribunal shall apply the law of the State with which the subject-matter of the dispute is most closely connected.

---

3) 국문은 제1항과 제2항 모두 '법'이라고 하는데, 영문번역은 제1항의 법은 'rules of law'로, 제2항의 법은 'law'라고 하므로 국문에 충실하지 못하다.

(3) The arbitral tribunal shall decide ex aequo et bono or as amiable compositeur only if the parties have expressly authorized it to do so.

(4) The arbitral tribunal shall decide in accordance with the terms of the contract and shall take into account the usages of the trade applicable to the transaction.

Article 30 (Decision-making by Arbitral Tribunal)

Unless otherwise agreed by the parties, in arbitral proceedings with not less than three arbitrators, any decision of the arbitral tribunal shall be made by a majority of all its members. However, questions of procedure may be solely decided by a presiding arbitrator, if so agreed by the parties or if so authorized by all members of the arbitral tribunal.

Article 31 (Settlement)

(1) If, during the arbitral proceedings, the parties settle the dispute, the arbitral tribunal shall terminate such proceedings. The arbitral tribunal may, if requested by the parties, record the settlement in the form of an arbitral award on agreed terms.

(2) An award on agreed terms under paragraph (1) shall be made in accordance with the provisions of Article 32 and shall state that it is an award.

(3) The arbitral award referred to in Paragraph (2) shall have the same effect as any other award on the merits of the case.

Article 32 (Form and Contents of Award)

(1) The award shall be made in writing and shall be signed by all arbitrators. However, if, in arbitral proceedings with not less than three arbitrators, there exist circumstances where less than half members of the arbitral tribunal cannot sign, other arbitrator may, instead of them, sign with reason therefor.

(2) The award shall state the reasons upon which it is based, unless the parties have agreed that no reason are to be given or the award is an award on agreed terms under Article 31.

(3) The award shall state its date and place of arbitration. The award shall be deemed to have been made on that date and at that place.

(4) The duly authenticated award made and signed in accordance with paragraphs (1) through (3) of this Article shall be delivered to each party in accordance with paragraphs (1) through (3) of Article 4, and the original award shall be sent to and deposited with the competent court, accompanied by a document verifying such delivery.

Article 33 (Termination of Proceedings)

(1) The arbitral proceedings are terminated by the final award or by a decision of the

arbitral tribunal in accordance with paragraph (2) of this Article.

(2) The arbitral tribunal shall make a decision for the termination of the arbitral proceedings when it falls under any of the following subparagraphs:

1. The claimant withdraws his claim, unless the respondent objects thereto and the arbitral tribunal recognizes a legitimate interest on his part in obtaining a final settlement of the dispute;
2. The parties agree on the termination of the proceedings; or
3. The arbitral tribunal finds that the continuation of the proceedings has for any other reason become unnecessary or impossible.

(3) The mandate of the arbitral tribunal shall terminate with the termination of the arbitral proceedings, subject to the provisions of Article 34.

Article 34 (Correction or Interpretation of Award or Additional Award)

(1) Within thirty days of receipt of the award, unless another period of time has been agreed upon by the parties, a party may request the arbitral tribunal:

1. To correct in the award any errors in computation, any clerical or typographical errors or any errors of similar nature;
2. To give an interpretation of a specific point or part of the award, if so agreed by the parties; or
3. To make an additional award as to claims presented in the arbitral proceedings but omitted from the award, unless otherwise agreed by the parties.

(2) When making any request in accordance with paragraph (1), a party shall give notice to the other party to that effect.

(3) The arbitral tribunal shall decide on the issue within thirty days of the receipt of the request under subparagraphs 1 or 2 of paragraph (1) and within sixty days of the receipt of the request under subparagraph 3 of paragraph (1) respectively. The interpretation under subparagraph 2 of paragraph (1) shall form part of the award.

(4) The arbitral tribunal may, on its own initiative, correct any error of the type referred to in subparagraph 1 of paragraph (1) within thirty days of the date of the award.

(5) The arbitral tribunal may extend, if necessary, any period of time as referred to in paragraph (3).

(6) The provisions of Article 32 shall apply *mutatis mutandis* to the form of a correction or interpretation of the award or to an additional award.

Article 35 (Effect of Arbitral Award)

The arbitral award shall have the same effect on the parties as the final and conclusive judgement of the court.

Article 36 (Application for Setting Aside Award to Court)

(1) Recourse against an arbitral award may be made only by an application for setting aside to a court.

(2) An arbitration award may be set aside by the court only if:

1. The party making the application furnishes proof that:

(a) a party to the arbitration agreement was under some incapacity under the law applicable to him; or the said agreement is not valid under the law to which the parties have subjected it, or failing any indication thereon, under the law of the Republic of Korea; or

(b) a party making the application was not given proper notice of the appointment of the arbitrator or arbitrators or of the arbitral proceedings or was otherwise unable to present his case; or

(c) the award deals with a dispute not contemplated by or not falling within the terms of the submission to arbitration, or contains decisions on matters beyond the scope of the submission to arbitration. If the decisions on matters submitted to arbitration can be separated from those not so submitted, only that part of the award which contains decisions on matters not submitted to arbitration may be set aside; or

(d) the composition of the arbitral tribunal or the arbitral procedure were not in accordance with the agreement of the parties, unless such agreement was in conflict with any provision of this Act from which the parties cannot derogate or, failing such agreement, were not in accordance with this Act; or

2. The court finds on its own initiative that:

(a) the subject-matter of the dispute is not capable of settlement by arbitration under the law of the Republic of Korea; or

(b) the recognition and enforcement of the award is in conflict with the good morals or other public policy of the Republic of Korea.

(3) An application for setting aside the award shall be made within three months of the date on which the party making that application has received the duly authenticated award or, if a request has been made under Article 34, the duly authenticated copy of a correction or interpretation or an additional award.

(4) An application for setting aside the award may not be made after the judgement for recognition or enforcement of the award rendered by a court of the Republic of Korea becomes final and conclusive.

Article 37 (Recognition or Enforcement of Arbitral Award)

(1) Enforcement of an arbitral award shall be granted by the judgment of a court.[4)]

(2) The party applying for the recognition or enforcement of an award shall submit the following documents. If the award or the arbitration agreement is not made in the Korean language, a duly certified translation thereof into the Korean language shall be accompanied:

1. The duly authenticated award or a duly certified copy thereof; and
2. The original arbitration agreement or a duly certified copy thereof.

Article 38 (Domestic Awards)

An arbitral award made in the territory of the Republic of Korea shall be recognized or enforced, unless any ground referred to in Article 36(2) can be found.

Article 39 (Foreign Awards)

(1) Recognition or enforcement of a foreign arbitral award to which the Convention on the Recognition and Enforcement of Foreign Arbitral Awards of 1958 applies shall be granted in accordance with the Convention.

(2) The provisions of Articles 217 of the Civil Procedure Act, Articles 26(1) and 27 of the Civil Execution Act shall apply *mutatis mutandis* to the recognition or enforcement of a foreign arbitral award to which the Convention referred to in Paragraph (1) does not apply.

Article 40 (Assistance to Commercial Arbitration Institution)

In order to secure the impartial and rapid settlement of domestic or international commercial disputes and to establish the international transaction order by this Act, the Government of the Republic of Korea may provide all or part of necessary expenses for an incorporated association conducting the commercial arbitration and designated by the Minister of Commerce, Industry and Energy.

Article 41 (Establishment and Approval of Arbitration Rules)

The incorporated association designated as a commercial arbitration institution under Article 40 shall obtain the approval of the Chief Justice of the Korean Supreme Court to establish or amend its arbitration rules.

Addenda

(1) (Enforcement Date) This Act shall enter into force on the date of its promulgation.

---

4) 영문은 승인을 언급하지 않으므로 국문에 충실하지 못하다. 또한 집행은 집행판결을 받아야 한다는 취지인데, 영문은 마치 법원은 중재판정을 집행하여야 한다는 것으로 보이는 점에서도 국문과 상이하다.

(2) (Transitional Measures on Arbitration Cases in Process) Cases for which the arbitral proceedings have been in process before this Act enters into force shall be governed by the previous pertinent provisions.

(3) (Transitional Measures on Designation of Commercial Arbitration Institution) The Korean Commercial Arbitration Board, Incorporated Association which has been established when this Act enters into force, shall be deemed to be designated as an incorporated association conducting the commercial arbitration under the provisions of amended Article 40, and its commercial arbitration rules shall be deemed to be approved by the Chief Justice of the Korean Supreme Court under the provisions of amended Article 41.

[11-3] 舊仲裁法

第1條 (目的)

이 法은 當事者間의 合意로 私法上의 紛爭을 法院의 判決에 의하지 아니하고 仲裁人의 判定에 의하여 신속하게 解決함을 目的으로 한다.

第2條 (仲裁契約)

① 仲裁契約은 私法上의 法律關係에 관하여 當事者間에 발생하고 있거나 將來에 발생할 紛爭의 全部 또는 一部를 仲裁에 의하여 解決하도록 合意(이하 "仲裁契約"이라 한다)함으로써 效力이 생긴다. 다만, 當事者가 處分할 수 없는 法律關係에 관하여는 그러하지 아니한다.

② 前者의 仲裁契約은 當事者가 仲裁를 合意한 書面에 記名·捺印한 것이거나, 契約中에 仲裁條項이 記載되어 있거나, 交換된 書信 또는 電報에 仲裁條項이 記載된 것이어야 한다.

第3條 (直訴禁止)

仲裁契約의 當事者는 仲裁判定에 따라야 한다. 다만, 仲裁契約이 無效이거나 效力을 喪失하였거나 履行이 不能일 때에 限하여 訴를 提起할 수 있다.

第4條 (仲裁人의 選定)

① 當事者는 仲裁契約에서 仲裁人의 選定方法 및 그 數를 정할 수 있다.

② 仲裁契約에 仲裁人의 選定을 約定하지 아니하였을 때에는 各當事者는 1人의 仲裁人을 選定한다.

③ 商行爲로 인하여 발생되는 法律關係에 관한 仲裁(이하 "商事仲裁"라 한다)契約에서 仲裁人의 選定을 約定하지 아니하였거나 當事者의 意思가 分明하지 아니하는 경우에는 前項의 規定에 불구하고 通商産業部長官이 지정하는 사단법인의 商事仲裁規則에 의하는 것으로 推定한다.

④ 仲裁契約을 締結한 當事者의 一方이 仲裁人의 選定을 拒否하거나 選定한 仲裁人이 다음 各號의 1에 해당하는 경우에는 그 相對方은 仲裁人의 選定 또는 闕員의 補充이나 代替를 催告할 수 있다.

1. 仲裁人이 職務의 수행을 태만히 하거나 拒否한 때
2. 仲裁人이 그 職務遂行이 不可能한 때
3. 仲裁人이 死亡한 때

⑤ 前項의 催告後 7日 以內에 催告를 받은 者가 仲裁人을 選定하지 아니하거나 補充 또는 代替하지 아니한 경우에는 法院은 그 催告를 한 當事者의 申請에 의하여 仲裁人을 選定 또는 補充하거나 代替하여야 한다.

第5條 (仲裁人의 缺格事由)

다음 各號의 1에 해당하는 者는 仲裁人이 될 수 없다.

1. 禁治産者 또는 限定治産者
2. 破産者로서 復權되지 아니한 者
3. 禁錮 以上의 刑을 받고 그 執行이 終了되거나 執行을 받지 아니하기로 確定된 후 3年을 경과하지 아니한 者
4. 금고 이상의 형을 받고 그 집행유예의 기간중에 있는 자
5. 禁錮 以上의 刑의 宣告猶豫를 받은 경우에 그 宣告猶豫期間中에 있는 者
6. 公民權의 制限 또는 資格停止의 刑을 받은 者

第6條 (仲裁人의 忌避)

當事者는 民事訴訟法 第37條 또는 第39條 第1項의 事由를 理由로 仲裁契約이나 이 法에 특별한 規定이 없을 때에 限하여 法院에 仲裁人의 忌避를 申請할 수 있다. 다만, 仲裁人 앞에서 陳述을 한 때에는 民事訴訟法 第39條 第1項의 事由를 理由로 忌避할 수 없다.

第7條 (仲裁節次)

① 仲裁節次는 仲裁契約으로써 정할 수 있다.

② 仲裁節次에 관하여 當事者의 合意가 없는 경우에는 이 法이 정하는 節次에 의하고 이 法에 특별한 規定이 없는 事項은 仲裁人이 정한다.

③ 商事仲裁節次에 관하여 當事者의 合意가 없거나 當事者의 意思가 分明하지 아니한 경우에는 前項의 規定에 불구하고 通商産業部長官이 지정하는 사단법인의 商事仲裁規則에 의하는 것으로 推定한다.

第8條 (當事者·證人·鑑定人의 審問)

① 仲裁人은 仲裁判定前에 當事者를 審問하여야 한다.

② 仲裁人은 任意로 출석한 證人 또는 鑑定人을 審問할 수 있다. 그러나 그 證人 또는 鑑定人을 宣誓시킬 수는 없다.

第9條 (法院의 協助)

仲裁人이 仲裁判定에 필요하다고 인정하는 行爲로서 仲裁人이 직접 할 수 없는 것은 仲裁人이나 當事者의 申請에 의하여 法院이 이에 관한 事務를 행한다. 이 경우에는 民事訴訟法을 準用한다.

第10條 (仲裁節次 違法의 主張과 仲裁人의 判定權)

仲裁人은 當事者가 法律上 有效한 仲裁契約이 成立하지 아니하였다는 것, 仲裁契約이 判定하여야 할 다툼에 관계가 없다는 것 또는 仲裁人이 그 職務를 수행할 權限이 없다는 것 기타 仲裁節次를 許容할 수 없는 것이라고 主張하는 경우에도 仲裁節次를 續行하여 仲裁判定을 할 수 있다.

第11條 (仲裁判定)

① 仲裁判定은 仲裁契約에 따로 정함이 있는 경우를 제외하고는 仲裁人이 數人인 경

우에는 그 過半數의 贊成으로써 判定한다.

② 仲裁判定은 仲裁契約에 따로 約定된 때를 제외하고는 仲裁人이 數人인 경우에 仲裁判定에 관한 의견이 可否同數인 때에는 當該仲裁契約은 그 效力을 喪失한다.

③ 仲裁判定은 書面으로 作成하여 仲裁人이 署名·捺印하고 중재판정에 대한 주문 및 이유의 요지와 作成年月日을 記載하여야 한다.

④ 仲裁人은 判定의 正本을 當事者에게 送達하고 그 原本은 送達의 證書를 첨부하여 管轄法院에 移送保管하게 한다.

⑤ 仲裁判定은 仲裁契約에서 約定된 期間內 또는 仲裁가 開始된 날로부터 3月 內에 하여야 한다.

第12條 (仲裁判定의 效力)

仲裁判定은 當事者間에 있어서는 法院의 確定判決과 同一한 效力이 있다.

第13條 (仲裁判定取消의 訴)

① 當事者는 다음 各號의 1에 해당하는 경우에는 仲裁判定의 取消의 訴를 提起할 수 있다.

1. 仲裁人의 選定 또는 仲裁節次가 이 法이나 仲裁契約에 의하지 아니한 때
2. 仲裁人의 選定 또는 仲裁節次에 있어서 當事者가 訴訟無能力者이거나 代理人이 適法하게 選任되지 아니하였을 때
3. 仲裁判定이 法律上 금지된 行爲를 할 것을 內容으로 한 때
4. 중재절차에 있어서 정당한 사유 없이 당사자를 審問하지 아니하였거나 仲裁判決에 理由를 붙이지 아니하였을 때
5. 民事訴訟法 第422條 第1項 第4號 내지 第9號에 해당하는 事由가 있을 때

② 前項第4號의 事由에 관하여 當事者間에 따로 合意하였을 때에는 仲裁取消의 訴를 提起할 수 없다.

第14條 (仲裁判定에 의한 强制執行)

① 仲裁判定에 의하여 하는 强制執行은 法院의 執行判決로 그 適法함을 宣告한 때에 限하여 할 수 있다.

② 前項의 執行判決은 仲裁判決取消의 訴를 提起할 수 있는 理由가 있는 때에는 하지 못한다.

③ 第1項의 執行判決에는 상당한 擔保를 제공하게 하거나 擔保를 提供하지 아니하고 假執行을 할 수 있음을 宣告하여야 한다.

第15條 (執行判決 후의 仲裁判定取消의 訴)

① 執行判決을 한 후에는 仲裁判定의 取消의 訴는 第13條 第1項 第5號의 事由를 理由로 한 경우에 限하여 仲裁判定取消의 訴를 提起할 수 있다. 다만, 當事者가 過失없이 執行判決節次에서 그 取消의 理由를 主張할 수 없었다는 것을 疏明한 때에 限한다.

第16條 (訴提起期間)

① 仲裁判定取消의 訴는 그 取消의 理由를 안 날로부터 30日內 또는 執行判決이 確定된 날로부터 5年內에 提起하여야 한다.

② 前項의 取消의 理由를 안 날은 執行判決이 確定되기 전에는 進行하지 아니한다.

③ 第1項의 期間은 不變期間으로 한다.

第17條 (管轄法院)

① 仲裁人을 選定하거나, 忌避하거나, 仲裁契約이 消滅하거나, 仲裁節次를 許容할 수 없는 것이거나, 仲裁判定取消의 訴 또는 執行判決에 관한 訴에 대하여 仲裁契約에서 合意한 때에는 그 地方法院 또는 同支院이 管轄하고 그러하지 아니한 때에는 民事訴訟法 第1條 내지 第22條를 適用한다.

② 前項의 規定에 의하여 管轄을 가지는 法院이 多數인 때에는 當事者 또는 仲裁人이 最初로 관계하게 한 法院이 管轄한다.

第18條 (仲裁規則의 承認)

通商産業部長官이 지정하는 사단법인은 商事仲裁規則을 制定하거나 變更하고자 할 때에는 大法院의 承認을 얻어야 한다.

附　　則

생략

[12] 국제상사중재에 관한 UNCITRAL 모델법

[12-1] UNCITRAL MODEL LAW ON INTERNATIONAL COMMERCIAL ARBITRATION

(adopted on 21 June 1985)

CHAPTER I. GENERAL PROVISIONS

Article 1. Scope of application*

(1) This Law applies to international commercial** arbitration, subject to any agreement in force between this State and any other State or States.

(2) The provisions of this Law, except articles 8, 9, 35 and 36, apply only if the place of arbitration is in the territory of this State.

(3) An arbitration is international if:

(a) the parties to an arbitration agreement have, at the time of the conclusion of that agreement, their places of business in different States; or

(b) one of the following places is situated outside the State in which the parties have their places of business:

(i) the place of arbitration if determined in, or pursuant to, the arbitration agreement;

(ii) any place where a substantial part of the obligations of the commercial relationship is to be performed or the place with which the subject-matter of the dispute is most closely connected; or

(c) the parties have expressly agreed that the subject-matter of the arbitration agreement relates to more than one country.

* *Article headings are for reference purposes only and are not to be used for purposes of interpretation.*

** *The term "commercial" should be given a wide interpretation so as to cover matters arising from all relationships of a commercial nature, whether contractual or not. Relationships of a commercial nature include, but are not limited to, the following transactions: any trade transaction for the supply or exchange of goods or services; distribution agreement; commercial representation or agency; factoring; leasing; construction of works; consulting; engineering; licensing; investment; financing; banking; insurance; exploitation agreement or concession; joint venture and* *other forms of industrial or business co-operation; carriage of goods or passengers by air, sea, rail or road.*

(4) For the purposes of paragraph (3) of this article:

(a) if a party has more than one place of business, the place of business is that which has the closest relationship to the arbitration agreement;

(b) if a party does not have a place of business, reference is to be made to his habitual residence.

(5) This Law shall not affect any other law of this State by virtue of which certain disputes may not be submitted to arbitration or may be submitted to arbitration only according to provisions other than those of this Law.

Article 2. Definitions and rules of interpretation

For the purposes of this Law:

(a) "arbitration" means any arbitration whether or not administered by a permanent arbitral institution;

(b) "arbitral tribunal" means a sole arbitrator or a panel of arbitrators;

(c) "court" means a body or organ of the judicial system of a State;

(d) where a provision of this Law, except article 28, leaves the parties free to determine a certain issue, such freedom includes the right of the parties to authorize a third party, including an institution, to make that determination;

(e) where a provision of this Law refers to the fact that the parties have agreed or that they may agree or in any other way refers to an agreement of the parties, such agreement includes any arbitration rules referred to in that agreement;

(f) where a provision of this Law, other than in articles 25(a) and 32(2)(a), refers to a claim, it also applies to a counter-claim, and where it refers to a defence, it also applies to a defence to such counterclaim.

Article 3. Receipt of written communications

(1) Unless otherwise agreed by the parties:

(a) any written communication is deemed to have been received if it is delivered to the addressee personally or if it is delivered at his place of business, habitual residence or mailing address; if none of these can be found after making a reasonable inquiry, a written communication is deemed to have been received if it is sent to the addressee's last-known place of business, habitual residence or mailing address by registered letter or any other means which provides a record of the attempt to deliver it;

(b) the communication is deemed to have been received on the day it is so delivered.

(2) The provisions of this article do not apply to communications in court proceedings.

Article 4. Waiver of right to object

A party who knows that any provision of this Law from which the parties may derogate or any requirement under the arbitration agreement has not been complied with and yet proceeds with the arbitration without stating his objection to such non-compliance without undue delay or, if a time-limit is provided therefor, within such period of time, shall be deemed to have waived his right to object.

Article 5. Extent of court intervention

In matters governed by this Law, no court shall intervene except where so provided in this Law.

Article 6. Court or other authority for certain functions of arbitration assistance and supervision

The functions referred to in articles 11(3), 11(4), 13(3), 14, 16(3) and 34(2) shall be performed by ...

[Each State enacting this model law specifies the court, courts or, where referred to therein, other authority competent to perform these functions.]

CHAPTER II. ARBITRATION AGREEMENT

Article 7. Definition and form of arbitration agreement

(1) "Arbitration agreement" is an agreement by the parties to submit to arbitration all or certain disputes which have arisen or which may arise between them in respect of a defined legal relationship, whether contractual or not. An arbitration agreement may be in the form of an arbitration clause in a contract or in the form of a separate agreement.

(2) The arbitration agreement shall be in writing. An agreement is in writing if it is contained in a document signed by the parties or in an exchange of letters, telex, telegrams or other means of telecommunication which provide a record of the agreement, or in an exchange of statements of claim and defence in which the existence of an agreement is alleged by one party and not denied by another. The reference in a contract to a document containing an arbitration clause constitutes an arbitration agreement provided that the contract is in writing and the reference is such as to make that clause part of the contract.

Article 8. Arbitration agreement and substantive claim before court

(1) A court before which an action is brought in a matter which is the subject of an

arbitration agreement shall, if a party so requests not later than when submitting his first statement on the substance of the dispute, refer the parties to arbitration unless it finds that the agreement is null and void, inoperative or incapable of being performed.

(2) Where an action referred to in paragraph (1) of this article has been brought, arbitral proceedings may nevertheless be commenced or continued, and an award may be made, while the issue is pending before the court.

Article 9. Arbitration agreement and interim measures by court

It is not incompatible with an arbitration agreement for a party to request, before or during arbitral proceedings, from a court an interim measure of protection and for a court to grant such measure.

CHAPTER III. COMPOSITION OF ARBITRAL TRIBUNAL

Article 10. Number of arbitrators

(1) The parties are free to determine the number of arbitrators.

(2) Failing such determination, the number of arbitrators shall be three.

Article 11. Appointment of arbitrators

(1) No person shall be precluded by reason of his nationality from acting as an arbitrator, unless otherwise agreed by the parties.

(2) The parties are free to agree on a procedure of appointing the arbitrator or arbitrators, subject to the provisions of paragraphs (4) and (5) of this article.

(3) Failing such agreement,

(a) in an arbitration with three arbitrators, each party shall appoint one arbitrator, and the two arbitrators thus appointed shall appoint the third arbitrator; if a party fails to appoint the arbitrator within thirty days of receipt of a request to do so from the other party, or if the two arbitrators fail to agree on the third arbitrator within thirty days of their appointment, the appointment shall be made, upon request of a party, by the court or other authority specified in article 6;

(b) in an arbitration with a sole arbitrator, if the parties are unable to agree on the arbitrator, he shall be appointed, upon request of a party, by the court or other authority specified in article 6.

(4) Where, under an appointment procedure agreed upon by the parties,

(a) a party fails to act as required under such procedure, or

(b) the parties, or two arbitrators, are unable to reach an agreement expected of them under such procedure, or

(c) a third party, including an institution, fails to perform any function entrusted to it under such procedure, any party may request the court or other authority specified in article 6 to take the necessary measure, unless the agreement on the appointment procedure provides other means for securing the appointment.

(5) A decision on a matter entrusted by paragraph (3) or (4) of this article to the court or other authority specified in article 6 shall be subject to no appeal. The court or other authority, in appointing an arbitrator, shall have due regard to any qualifications required of the arbitrator by the agreement of the parties and to such considerations as are likely to secure the appointment of an independent and impartial arbitrator and, in the case of a sole or third arbitrator, shall take into account as well the advisability of appointing an arbitrator of a nationality other than those of the parties.

Article 12. Grounds for challenge

(1) When a person is approached in connection with his possible appointment as an arbitrator, he shall disclose any circumstances likely to give rise to justifiable doubts as to his impartiality or independence. An arbitrator, from the time of his appointment and throughout the arbitral proceedings, shall without delay disclose any such circumstances to the parties unless they have already been informed of them by him.

(2) An arbitrator may be challenged only if circumstances exist that give rise to justifiable doubts as to his impartiality or independence, or if he does not possess qualifications agreed to by the parties. A party may challenge an arbitrator appointed by him, or in whose appointment he has participated, only for reasons of which he becomes aware after the appointment has been made.

Article 13. Challenge procedure

(1) The parties are free to agree on a procedure for challenging an arbitrator, subject to the provisions of paragraph (3) of this article.

(2) Failing such agreement, a party who intends to challenge an arbitrator shall, within fifteen days after becoming aware of the constitution of the arbitral tribunal or after becoming aware of any circumstance referred to in article 12(2), send a written statement of the reasons for the challenge to the arbitral tribunal. Unless the challenged arbitrator withdraws from his office or the other party agrees to the challenge, the arbitral tribunal shall decide on the challenge.

(3) If a challenge under any procedure agreed upon by the parties or under the procedure of paragraph (2) of this article is not successful, the challenging party may request, within thirty days after having received notice of the decision

rejecting the challenge, the court or other authority specified in article 6 to decide on the challenge, which decision shall be subject to no appeal; while such a request is pending, the arbitral tribunal, including the challenged arbitrator, may continue the arbitral proceedings and make an award.

Article 14. Failure or impossibility to act

(1) If an arbitrator becomes de jure or de facto unable to perform his functions or for other reasons fails to act without undue delay, his mandate terminates if he withdraws from his office or if the parties agree on the termination. Otherwise, if a controversy remains concerning any of these grounds, any party may request the court or other authority specified in article 6 to decide on the termination of the mandate, which decision shall be subject to no appeal.

(2) If, under this article or article 13(2), an arbitrator withdraws from his office or a party agrees to the termination of the mandate of an arbitrator, this does not imply acceptance of the validity of any ground referred to in this article or article 12(2).

Article 15. Appointment of substitute arbitrator

Where the mandate of an arbitrator terminates under article 13 or 14 or because of his withdrawal from office for any other reason or because of the revocation of his mandate by agreement of the parties or in any other case of termination of his mandate, a substitute arbitrator shall be appointed according to the rules that were applicable to the appointment of the arbitrator being replaced.

CHAPTER IV. JURISDICTION OF ARBITRAL TRIBUNAL

Article 16. Competence of arbitral tribunal to rule on its jurisdiction

(1) The arbitral tribunal may rule on its own jurisdiction, including any objections with respect to the existence or validity of the arbitration agreement. For that purpose, an arbitration clause which forms part of a contract shall be treated as an agreement independent of the other terms of the contract. A decision by the arbitral tribunal that the contract is null and void shall not entail ipso jure the invalidity of the arbitration clause.

(2) A plea that the arbitral tribunal does not have jurisdiction shall be raised not later than the submission of the statement of defence. A party is not precluded from raising such a plea by the fact that he has appointed, or participated in the appointment of, an arbitrator. A plea that the arbitral tribunal is exceeding the scope of its authority shall be raised as soon as the matter alleged to be beyond the scope of its authority is raised during the arbitral proceedings. The arbitral

tribunal may, in either case, admit a later plea if it considers the delay justified.

(3) The arbitral tribunal may rule on a plea referred to in paragraph (2) of this article either as a preliminary question or in an award on the merits. If the arbitral tribunal rules as a preliminary question that it has jurisdiction, any party may request, within thirty days after having received notice of that ruling, the court specified in article 6 to decide the matter, which decision shall be subject to no appeal; while such a request is pending, the arbitral tribunal may continue the arbitral proceedings and make an award.

Article 17. Power of arbitral tribunal to order interim measures

Unless otherwise agreed by the parties, the arbitral tribunal may, at the request of a party, order any party to take such interim measure of protection as the arbitral tribunal may consider necessary in respect of the subject-matter of the dispute. The arbitral tribunal may require any party to provide appropriate security in connection with such measure.

CHAPTER V. CONDUCT OF ARBITRAL PROCEEDINGS

Article 18. Equal treatment of parties

The parties shall be treated with equality and each party shall be given a full opportunity of presenting his case.

Article 19. Determination of rules of procedure

(1) Subject to the provisions of this Law, the parties are free to agree on the procedure to be followed by the arbitral tribunal in conducting the proceedings.

(2) Failing such agreement, the arbitral tribunal may, subject to the provisions of this Law, conduct the arbitration in such manner as it considers appropriate. The power conferred upon the arbitral tribunal includes the power to determine the admissibility, relevance, materiality and weight of any evidence.

Article 20. Place of arbitration

(1) The parties are free to agree on the place of arbitration. Failing such agreement, the place of arbitration shall be determined by the arbitral tribunal having regard to the circumstances of the case, including the convenience of the parties.

(2) Notwithstanding the provisions of paragraph (1) of this article, the arbitral tribunal may, unless otherwise agreed by the parties, meet at any place it considers appropriate for consultation among its members, for hearing witnesses, experts or the parties, or for inspection of goods, other property or documents.

Article 21. Commencement of arbitral proceedings

Unless otherwise agreed by the parties, the arbitral proceedings in respect of a particular dispute commence on the date on which a request for that dispute to be referred to arbitration is received by the respondent.

Article 22. Language

(1) The parties are free to agree on the language or languages to be used in the arbitral proceedings. Failing such agreement, the arbitral tribunal shall determine the language or languages to be used in the proceedings. This agreement or determination, unless otherwise specified therein, shall apply to any written statement by a party, any hearing and any award, decision or other communication by the arbitral tribunal.

(2) The arbitral tribunal may order that any documentary evidence shall be accompanied by a translation into the language or languages agreed upon by the parties or determined by the arbitral tribunal.

Article 23. Statements of claim and defence

(1) Within the period of time agreed by the parties or determined by the arbitral tribunal, the claimant shall state the facts supporting his claim, the points at issue and the relief or remedy sought, and the respondent shall state his defence in respect of these particulars, unless the parties have otherwise agreed as to the required elements of such statements. The parties may submit with their statements all documents they consider to be relevant or may add a reference to the documents or other evidence they will submit.

(2) Unless otherwise agreed by the parties, either party may amend or supplement his claim or defence during the course of the arbitral proceedings, unless the arbitral tribunal considers it inappropriate to allow such amendment having regard to the delay in making it.

Article 24. Hearings and written proceedings

(1) Subject to any contrary agreement by the parties, the arbitral tribunal shall decide whether to hold oral hearings for the presentation of evidence or for oral argument, or whether the proceedings shall be conducted on the basis of documents and other materials. However, unless the parties have agreed that no hearings shall be held, the arbitral tribunal shall hold such hearings at an appropriate stage of the proceedings, if so requested by a party.

(2) The parties shall be given sufficient advance notice of any hearing and of any meeting of the arbitral tribunal for the purposes of inspection of goods, other property or documents.

(3) All statements, documents or other information supplied to the arbitral tribunal by one party shall be communicated to the other party. Also any expert report or

evidentiary document on which the arbitral tribunal may rely in making its decision shall be communicated to the parties.

Article 25. Default of a party

Unless otherwise agreed by the parties, if, without showing sufficient cause,

(a) the claimant fails to communicate his statement of claim in accordance with article 23(1), the arbitral tribunal shall terminate the proceedings;

(b) the respondent fails to communicate his statement of defence in accordance with article 23(1), the arbitral tribunal shall continue the proceedings without treating such failure in itself as an admission of the claimant's allegations;

(c) any party fails to appear at a hearing or to produce documentary evidence, the arbitral tribunal may continue the proceedings and make the award on the evidence before it.

Article 26. Expert appointed by arbitral tribunal

(1) Unless otherwise agreed by the parties, the arbitral tribunal

(a) may appoint one or more experts to report to it on specific issues to be determined by the arbitral tribunal;

(b) may require a party to give the expert any relevant information or to produce, or to provide access to, any relevant documents, goods or other property for his inspection.

(2) Unless otherwise agreed by the parties, if a party so requests or if the arbitral tribunal considers it necessary, the expert shall, after delivery of his written or oral report, participate in a hearing where the parties have the opportunity to put questions to him and to present expert witnesses in order to testify on the points at issue.

Article 27. Court assistance in taking evidence

The arbitral tribunal or a party with the approval of the arbitral tribunal may request from a competent court of this State assistance in taking evidence. The court may execute the request within its competence and according to its rules on taking evidence.

CHAPTER VI. MAKING OF AWARD AND TERMINATION OF PROCEEDINGS

Article 28. Rules applicable to substance of dispute

(1) The arbitral tribunal shall decide the dispute in accordance with such rules of law as are chosen by the parties as applicable to the substance of the dispute. Any designation of the law or legal system of a given State shall be construed, unless

otherwise expressed, as directly referring to the substantive law of that State and not to its conflict of laws rules.

(2) Failing any designation by the parties, the arbitral tribunal shall apply the law determined by the conflict of laws rules which it considers applicable.

(3) The arbitral tribunal shall decide ex aequo et bono or as amiable compositeur only if the parties have expressly authorized it to do so.

(4) In all cases, the arbitral tribunal shall decide in accordance with the terms of the contract and shall take into account the usages of the trade applicable to the transaction.

Article 29. Decision making by panel of arbitrators

In arbitral proceedings with more than one arbitrator, any decision of the arbitral tribunal shall be made, unless otherwise agreed by the parties, by a majority of all its members. However, questions of procedure may be decided by a presiding arbitrator, if so authorized by the parties or all members of the arbitral tribunal.

Article 30. Settlement

(1) If, during arbitral proceedings, the parties settle the dispute, the arbitral tribunal shall terminate the proceedings and, if requested by the parties and not objected to by the arbitral tribunal, record the settlement in the form of an arbitral award on agreed terms.

(2) An award on agreed terms shall be made in accordance with the provisions of article 31 and shall state that it is an award. Such an award has the same status and effect as any other award on the merits of the case.

Article 31. Form and contents of award

(1) The award shall be made in writing and shall be signed by the arbitrator or arbitrators. In arbitral proceedings with more than one arbitrator, the signatures of the majority of all members of the arbitral tribunal shall suffice, provided that the reason for any omitted signature is stated.

(2) The award shall state the reasons upon which it is based, unless the parties have agreed that no reasons are to be given or the award is an award on agreed terms under article 30.

(3) The award shall state its date and the place of arbitration as determined in accordance with article 20(1). The award shall be deemed to have been made at that place.

(4) After the award is made, a copy signed by the arbitrators in accordance with paragraph (1) of this article shall be delivered to each party.

Article 32. Termination of proceedings

(1) The arbitral proceedings are terminated by the final award or by an order of the arbitral tribunal in accordance with paragraph (2) of this article.

(2) The arbitral tribunal shall issue an order for the termination of the arbitral proceedings when:

(a) the claimant withdraws his claim, unless the respondent objects thereto and the arbitral tribunal recognizes a legitimate interest on his part in obtaining a final settlement of the dispute;

(b) the parties agree on the termination of the proceedings;

(c) the arbitral tribunal finds that the continuation of the proceedings has for any other reason become unnecessary or impossible.

(3) The mandate of the arbitral tribunal terminates with the termination of the arbitral proceedings, subject to the provisions of articles 33 and 34(4).

Article 33. Correction and interpretation of award; additional award

(1) Within thirty days of receipt of the award, unless another period of time has been agreed upon by the parties:

(a) a party, with notice to the other party, may request the arbitral tribunal to correct in the award any errors in computation, any clerical or typographical errors or any errors of similar nature;

(b) if so agreed by the parties, a party, with notice to the other party, may request the arbitral tribunal to give an interpretation of a specific point or part of the award. If the arbitral tribunal considers the request to be justified, it shall make the correction or give the interpretation within thirty days of receipt of the request. The interpretation shall form part of the award.

(2) The arbitral tribunal may correct any error of the type referred to in paragraph (1)(a) of this article on its own initiative within thirty days of the date of the award.

(3) Unless otherwise agreed by the parties, a party, with notice to the other party, may request, within thirty days of receipt of the award, the arbitral tribunal to make an additional award as to claims presented in the arbitral proceedings but omitted from the award. If the arbitral tribunal considers the request to be justified, it shall make the additional award within sixty days.

(4) The arbitral tribunal may extend, if necessary, the period of time within which it shall make a correction, interpretation or an additional award under paragraph (1) or (3) of this article.

(5) The provisions of article 31 shall apply to a correction or interpretation of the

award or to an additional award.

CHAPTER VII. RECOURSE AGAINST AWARD

Article 34. Application for setting aside as exclusive recourse against arbitral award

(1) Recourse to a court against an arbitral award may be made only by an application for setting aside in accordance with paragraphs (2) and (3) of this article.

(2) An arbitral award may be set aside by the court specified in article 6 only if:

(a) the party making the application furnishes proof that:

(i) a party to the arbitration agreement referred to in article 7 was under some incapacity; or the said agreement is not valid under the law to which the parties have subjected it or, failing any indication thereon, under the law of this State; or

(ii) the party making the application was not given proper notice of the appointment of an arbitrator or of the arbitral proceedings or was otherwise unable to present his case; or

(iii) the award deals with a dispute not contemplated by or not falling within the terms of the submission to arbitration, or contains decisions on matters beyond the scope of the submission to arbitration, provided that, if the decisions on matters submitted to arbitration can be separated from those not so submitted, only that part of the award which contains decisions on matters not submitted to arbitration may be set aside; or

(iv) the composition of the arbitral tribunal or the arbitral procedure was not in accordance with the agreement of the parties, unless such agreement was in conflict with a provision of this Law from which the parties cannot derogate, or, failing such agreement, was not in accordance with this Law; or

(b) the court finds that:

(i) the subject-matter of the dispute is not capable of settlement by arbitration under the law of this State; or

(ii) the award is in conflict with the public policy of this State.

(3) An application for setting aside may not be made after three months have elapsed from the date on which the party making that application had received the award or, if a request had been made under article 33, from the date on which that request had been disposed of by the arbitral tribunal.

(4) The court, when asked to set aside an award, may, where appropriate and so requested by a party, suspend the setting aside proceedings for a period of time determined by it in order to give the arbitral tribunal an opportunity to resume the arbitral proceedings or to take such other action as in the arbitral tribunal's opinion will eliminate the grounds for setting aside.

CHAPTER VIII. RECOGNITION AND ENFORCEMENT OF AWARDS

Article 35. Recognition and enforcement

(1) An arbitral award, irrespective of the country in which it was made, shall be recognized as binding and, upon application in writing to the competent court, shall be enforced subject to the provisions of this article and of article 36.

(2) The party relying on an award or applying for its enforcement shall supply the duly authenticated original award or a duly certified copy thereof, and the original arbitration agreement referred to in article 7 or a duly certified copy thereof. If the award or agreement is not made in an official language of this State, the party shall supply a duly certified translation thereof into such language.***

Article 36. Grounds for refusing recognition or enforcement

(1) Recognition or enforcement of an arbitral award, irrespective of the country in which it was made, may be refused only:

(a) at the request of the party against whom it is invoked, if that party furnishes to the competent court where recognition or enforcement is sought proof that:

(i) a party to the arbitration agreement referred to in article 7 was under some incapacity; or the said agreement is not valid under the law to which the parties have subjected it or, failing any indication thereon, under the law of the country where the award was made; or

(ii) the party against whom the award is invoked was not given proper notice of the appointment of an arbitrator or of the arbitral proceedings or was otherwise unable to present his case; or

*** *The conditions set forth in this paragraph are intended to set maximum standards. It would, thus, not be contrary to the harmonization to be achieved by the model law if a State retained even less onerous conditions.*

(iii) the award deals with a dispute not contemplated by or not falling within the terms of the submission to arbitration, or it contains decisions on matters beyond the scope of the submission to arbitration, provided that, if the decisions on matters submitted to arbitration can be separated from those not so submitted, that part of the award which contains decisions on matters submitted to arbitration may be recognized and enforced; or

(iv) the composition of the arbitral tribunal or the arbitral procedure was not in accordance with the agreement of the parties or, failing such agreement, was not in accordance with the law of the country where the arbitration took place; or

(v) the award has not yet become binding on the parties or has been set aside or suspended by a court of the country in which, or under the law of which, that award was made; or

(b) if the court finds that:

(i) the subject-matter of the dispute is not capable of settlement by arbitration under the law of this State; or

(ii) the recognition or enforcement of the award would be contrary to the public policy of this State.

(2) If an application for setting aside or suspension of an award has been made to a court referred to in paragraph (1)(a)(v) of this article, the court where recognition or enforcement is sought may, if it considers it proper, adjourn its decision and may also, on the application of the party claiming recognition or enforcement of the award, order the other party to provide appropriate security.

[12-2] 국제상사중재에 관한 국제무역법위원회 모델법 국문시역[1]

제 1 장 총 칙

제1조 (적용범위)*

① 이 법은 당국과 타국 간에 체결된 모든 합의에 순응할 것을 조건으로 하고 국제 상사**중재에 이를 적용한다.

② 이 법의 규정은 제8조, 제9조, 제35조 및 제36조를 제외하고, 중재지가 해당국의 영역 내에 있는 경우에 한하여 적용한다.

③ 국제중재는 다음에 해당하는 경우이다.

1. 중재합의의 당사자가 중재합의를 체결할 당시 상이한 국가 내에 영업소를 두고 있는 경우
2. 다음 장소 중 어느 한 장소가 당사자의 영업소 소재지국외에 있는 경우
   (i) 중재합의에서 결정되어 있거나 또는 그에 따라 결정되는 중재지
   (ii) 상거래상 의무의 실질적인 부분이 이행되어야 할 장소 또는 분쟁의 본안사항과 가장 밀접하게 연결되어 있는 장소
3. 중재합의의 본안사항이 2개국 이상과 관련되어 있다고 당사자들이 명시적으로 합의한 경우

* *각 조의 제목은 오로지 참조를 위한 것이고 그의 해석의 목적상 사용하여서는 아니 된다.*

** *"상사"라는 용어는 상사의 성질을 가지는 모든 관계로부터 발생하는 사항들을, 그것이 계약적인 것이든 아니든 간에 포함할 수 있도록 넓게 해석하여야 한다. 상사적 성질의 관계는 다음 거래들을 포함하나 그에 한정되지 아니 한다. 물품 또는 용역의 공급 또는 교환을 위한 무역거래, 판매점계약(distribution agreement), 상사대리(commercial representation or agency), 팩토링, 리스, 공장건설(construction of works), 컨설팅, 엔지니어링, 라이센스, 투자, 금융, 은행업, 보험, 개발계약 또는 양허계약, 합작투자 및 다른 형태의 산업협력 또는 사업협력, 항공, 해상, 철도 또는 도로에 의한 물품 또는 여객의 운송.*

④ 제3항의 적용상

1. 일방당사자가 2개 이상의 영업소를 두고 있는 경우에는 중재합의와 가장 밀접한 관계가 있는 영업소를 지칭하고

---

1) 이는 대한상사중재원의 웹사이트(http://www.kcab.or.kr/)에 있는 번역문이므로 유권적인 국문번역이라고 하기는 어려우나 편의상 전재하였다. 다만 "국제상사중재에 관한 국제상거래법위원회 표준중재법"이라는 제목을 위와 같이 수정하였고, 아래 본문의 번역에서도 몇 가지 주를 달았다.

2. 일방당사자가 영업소를 두고 있지 아니하는 경우에는 상거소를 참조하는 것으로 한다.

⑤ 해당국가의 법령에 의하면 특정 분쟁이 중재에 회부될 수 없거나 이 법 이외의 규정에 따라서만 중재에 회부되어야 하는 경우에 이 법은 해당 국가의 타 법령에 영향을 미치지 아니한다.

제2조 (정의와 해석의 원칙)

이 법의 적용상

1. "중재"라 함은 상설중재기관에 의하여 관리되거나 아니되거나를 불문하고 모든 중재를 말한다.
2. "중재판정부"라 함은 단독 중재인 또는 수인의 중재인단을 말한다.
3. "법원"이라 함은 한 국가의 사법기관을 말한다.
4. 제28조를 제외한 이 법의 규정이 당사자로 하여금 일정한 쟁점을 자유롭게 결정하도록 허용하고 있는 경우에는, 어떤 기관을 포함한 제3자에게 당해 결정을 내릴 권한을 부여하는 당사자의 권리가 포함된다.
5. 이 법의 규정에서 당사자가 합의하였거나 합의할 수 있다고 정하거나 또는 기타 방법으로 당사자의 합의에 관하여 언급한 경우에 그러한 합의는 그 합의 속에 언급된 모든 중재규칙을 포함한다.
6. 제25조 제1호 및 제32조 제2항 제1호를 제외하고 청구에 관한 이 법의 규정은 반대청구에도 적용된다. 방어에 관한 규정은 그러한 반대청구의 항변에도 적용된다.

제3조 (서면통지의 수령)

① 당사자간에 달리 합의가 없는 한

1. 모든 서면통지는 수신인에게 직접 교부되거나 수신인의 영업소, 상거소 또는 우편 주소지에 전달된 경우에는 수령된 것으로 본다. 또한 그러한 주소들이 합리적인 조회의 결과로써도 발견될 수 없는 경우에는 등기우편 또는 전달하려고 한 기록을 제공할 수 있는 그 밖의 다른 수단에 의하여 수신인의 최후 영업소, 상거소, 또는 우편주소지에 발송된 경우에는 서면통지가 수령된 것으로 본다.
2. 서면통지는 1호의 방법으로 전달된 일자에 수령된 것으로 본다.

② 제1항의 규정은 소송절차상의 송달에는 적용되지 아니한다.

제4조 (이의신청권의 포기)

이 법의 규정에 의하여 당사자가 그 효력을 배제할 수 있다는 규정이나 중재합의의 요건이 준수되지 아니한 사실을 알았거나 알 수 있으면서 당사자가 지체없이 또는 기한이 정해져 있는 경우에는 그 기한 내에 그러한 불이행에 대해 이의를 제기하지 아니하고 중재절차를 속행한 경우에는 자신의 이의신청권을 포기한 것으로 본다.

제5조 (법원의 관여)

이 법이 적용되는 사항에 대해서 법원은 이 법이 규정한 경우를 제외하고는 관여하여서는 아니된다.

제6조 (중재 지원 및 감독 기능을 수행하는 법원 또는 기타 기관)

제11조 제3항, 제11조 제4항, 제13조 제3항, 제14조, 제16조 제3항 및 제34조 제2항에 규정된 기능은 ... [이 모델법을 입법하는 각 국가는 법원 또는 이 기능을 수행할 수 있는 기타 기관을 명시하여야 함] ... 에 의하여 수행된다.

제 2 장 중재합의

제7조 (중재합의의 정의와 방식)

① "중재합의"는 계약에 의하거나 또는 계약에 의하지 아니한 일정한 법률관계에 관하여 당사자간에 이미 발생하였거나 장래 발생할 수 있는 모든 분쟁 또는 특정한 분쟁을 중재에 부탁하는 당사자 사이의 합의이다. 중재합의는 계약상의 중재조항의 형식이나 별도의 합의형태로 할 수 있다.

② 중재합의는 서면으로 하여야 한다. 중재합의는 당사자가 서명한 서류에 포함되어 있거나 서신, 텔렉스, 전신 등 기타 중재합의를 기록한 통신 등의 교환에 포함되어 있거나 또는 신청서와 답변서의 교환 속에서 중재합의의 존재가 일방당사자에 의해서 주장되고 상대방당사자가 이를 부인하지 아니하는 경우에는 그러한 합의는 서면으로 작성한 것으로 한다. 그리고 당사자간의 계약 속에서 어떤 중재조항이 포함되어 있는 서류에 대한 언급이 있는 경우에는 이를 중재합의로 의미하고 있는 것으로 해석한다. 다만 그러한 계약이 서면으로 작성되어 있어야 하며, 당해 조항이 그러한 계약의 일부를 구성하는 것으로 볼 수 있을 경우에 한한다.

제8조 (중재합의와 법원에 제소)

① 중재합의의 대상이 된 사건이 법원에 제소되었을 경우로서, 일방당사자가 그 분쟁의 본안에 관한 제1차 진술서를 제출하기 이전에 이에 관한 항변을 제기하면, 법원은 그 중재합의가 무효이거나, 실효하였거나, 또는 이행불능의 상태에 있는 것으로 판단되지 아니하는 한 당사자들을 중재에 회부하여야 한다.

② 제1항에서 언급한 소송이 제기된 경우에도 중재절차는 개시되거나 속행될 수 있으며 사건이 법원에 계속 중인 경우에도 중재판정이 행해질 수 있다.

제9조 (중재합의와 법원의 보전처분)

일방당사자가 중재절차 전이나 진행 중에 법원에 보전처분을 신청하거나 법원이 이러한 조치를 허여하는 것은 중재합의에 반하지 아니한다.

제 3 장 중재판정부의 구성

제10조 (중재인의 수)

① 당사자는 중재인의 수를 자유로이 정할 수 있다.

② 그러한 결정이 없는 경우에는 중재인의 수는 3인으로 한다.

제11조 (중재인의 선정)

① 당사자가 달리 합의하지 않는 한 누구라도 자신의 국적을 이유로 중재인으로서 활동하는데 배제되지 아니한다.

② 본조 제4항과 제5항의 제한 하에 당사자는 중재인의 선정절차를 자유로이 합의할 수 있다.

③ 그러한 합의가 없는 경우에

1. 3인 중재에서 각 당사자는 1인의 중재인을 선정하고 이에 따라 선정된 2인의 중재인이 제3의 중재인을 선정한다. 일방당사자가 상대방으로부터 중재인 선정을 요구받은 후 30일 이내에 중재인을 선정하지 않거나 2인의 중재인이 그 선정된 후 30일 이내에 제3의 중재인을 선정하지 못하였을 경우에는 일방당사자의 요청에 따라 제6조에 규정된 법원이나 기타 기관이 중재인을 선정한다.
2. 단독중재의 경우에 당사자가 중재인 선정을 합의하지 못한 때에는 일방당사자의 요청이 있으면 제6조에 규정된 법원이나 기타 기관이 중재인을 선정한다.

④ 당사자가 합의한 중재인 선정절차에 따라

1. 일방당사자가 그 절차에서 요구하는 대로 이행하지 아니하거나,
2. 양당사자나 2인의 중재인이 그 절차에서 기대되는 합의에 이를 수 없거나,
3. 일정 기관을 포함한 제3자가 그 절차에서 위임된 기능을 수행할 수 없는 때에 당사자는 선정절차 합의 내용 속에 그 선정을 보전하는 그밖의 다른 조치가 없는 한 제6조에 규정된 법원이나 기타 기관에 필요한 처분을 취할 것을 요청할 수 있다.

⑤ 본조 제3항과 제4항에 따라 제6조에 규정된 법원이나 기타 기관에 위임된 사항에 관한 결정에 대하여는 항고할 수 없다. 중재인을 선정할 때 법원이나 기타 기관은 당사자들의 합의에서 요구하는 중재인의 자격을 고려하여야 하며 또한 독립적이며 공정한 중재인의 선정을 보장하는데 적절한지도 고려하여야 한다. 단독중재인이나 제3의 중재인의 경우에는 당사자들의 국적 이외의 국적을 가진 중재인을 선정하는 것이 바람직한 지도 고려하여야 한다.

제12조 (중재인기피의 사유)

① 중재인으로 직무수행의 요청을 받은 자는 그 자신의 공정성이나 독립성에 관하여 당연시되는 의심을 야기할 수 있는 모든 사정을 고지하여야 한다. 중재인은 중재인으로 선정된 때로부터 그리고 중재절차의 종료시까지 그러한 사정을 당사자에게 지체없이 고지하여야 한다. 다만, 중재인이 그러한 사정을 이미 통지한 당사자에게 대하여는 그러하지 아니하다.

② 중재인은 그 자신의 공정성이나 독립성에 관하여 당연시되는 의심을 야기할 수 있는 사정이 존재하거나 또는 당사자가 합의한 자격을 갖추지 못한 때에 한해 기피될 수 있다. 당사자는 자신이 선정하였거나 그 선정절차에 참여한 중재인에 대

하여 선정 후에 비로소 알게 된 사유에 의해서만 기피할 수 있다.

제13조 (중재인의 기피절차)

① 본조 제3항의 제한 하에 당사자들은 중재인 기피절차를 자유로이 합의할 수 있다.

② 제1항의 합의가 없는 경우에 중재인을 기피하고자 하는 당사자는 중재판정부가 구성된 후 또는 12조 제2항의 사정을 알게 된 후 15일 이내에 중재인기피사유를 진술한 서면을 중재판정부에 송부하여야 한다. 기피당한 중재인이 그 직무로부터 사퇴하지 아니하거나, 상대방당사자가 그 기피신청에 동의하지 아니하는 한 중재판정부는 그 기피신청에 관하여 결정하여야 한다.

③ 당사자가 합의한 절차나 본조 제2항의 절차에 따라 기피신청이 받아들여지지 아니하면, 기피신청한 당사자는 그 기피거절 결정의 통지를 받은 후 30일 이내에 제6조에서 정한 법원이나 기타 기관에 기피에 대한 결정을 신청할 수 있다. 그 결정에 대하여는 항고할 수 없으며 그러한 신청이 계속중인 경우에도 기피신청의 대상이 된 중재인을 포함한 중재판정부는 중재절차를 속행하여 판정을 내릴 수 있다.

제14조 (중재인의 불이행 또는 이행불능)

① 중재인이 법률상 또는 사실상 자신의 직무를 이행할 수 없거나, 다른 사유로 인하여 적정기간에 직무를 수행하지 아니하는 경우에 그가 자진하여 사임하거나 당사자의 합의로써 중재인의 직무권한은 종료된다. 이러한 사유에 관하여 다툼이 있는 경우에 각 당사자는 제6조에 기재된 법원이나 기타 기관에 대하여 중재인의 권한종료에 관하여 결정할 것을 요청할 수 있으며 그 결정에 대하여는 항고할 수 없다.

② 본조나 제13조 제2항에 따라 중재인이 자진하여 사임하거나 당사자가 중재인의 권한종료에 합의하였다 하더라도 이러한 사실이 본조나 제12조 제2항에서 언급하고 있는 기피사유의 유효성을 인정하는 것을 의미하지는 아니한다.

제15조 (보궐중재인의 선정)

제13조나 제14조에 따라 또는 기타 사유로 인하여 중재인이 자진하여 사임하거나 또는 당사자의 합의로 중재인의 권한이 취소되었거나 기타 사유로 인하여 중재인의 권한이 종료되는 경우에 보궐중재인은 대체되는 중재인의 선정에 적용되었던 규칙에 따라 선정되어야 한다.

제 4 장 중재판정부의 관할

제16조 (자신의 관할에 관한 중재판정부의 결정권한)

① 중재판정부는 중재합의의 존부 또는 유효성에 관한 이의를 포함하여 자신의 관할을 결정할 권한을 가진다. 그러한 규정의 적용상 계약의 일부를 이루는 중재조항은 그 계약의 다른 조항과는 독립된 합의로 취급하여야 한다. 중재판정부에 의한 계약무효의 결정은 법률상 당연히 중재조항의 부존재 내지 무효를 의미하는 것은 아니다.

② 중재판정부가 관할권을 가지고 있지 않다는 항변은 늦어도 답변서를 제출할 때까지 제기되어야 한다. 당사자의 이러한 항변은 자신이 중재인을 선정하였거나 또는 중재인의 선정에 참여하였다는 사실 때문에 배제되지 아니한다. 중재판정부가 그 직무권한의 범위를 벗어났다는 항변은 그러한 권한유월이 주장되는 사항이 중재절차 진행중에 제출된 즉시 제기되어야 한다. 중재판정부는 시기에 늦게 제출된 항변에 대해서도 그 지연이 정당하다고 인정하는 경우에는 이를 허용할 수 있다.

③ 중재판정부는 본조 제2항의 항변에 관하여 선결문제로서 또는 본안에 관한 중재판정에서 결정할 수 있다. 중재판정부가 선결문제로서 자신의 관할권이 있음을 결정하는 경우에 당사자는 당해 결정의 통지를 받은 후 30일 이내에 제6조에 명시된 법원에 대하여 당해 사항을 결정해 줄 것을 신청할 수 있으며 그 결정에 대하여는 항고할 수 없다. 이러한 신청이 계속중인 경우에도 중재판정부는 중재절차를 속행하여 중재판정을 내릴 수 있다.

제17조 (중재판정부의 보전처분)

당사자가 달리 합의하지 않는 한 중재판정부는 일방당사자의 신청에 따라 분쟁의 본안에 관하여 필요하다고 인정하는 보전처분을 명하도록 일방당사자에게 명할 수 있다. 중재판정부는 각 당사자에게 그러한 조치와 관련하여 적절한 담보를 제공할 것을 요구할 수 있다.

제 5 장 중재절차의 진행

제18조 (당사자의 동등한 대우)

양당사자는 동등한 대우를 받아야 하며 각 당사자는 자신의 사안을 진술할 수 있는 충분한 기회를 가져야 한다.

제19조 (중재절차규칙의 결정)

① 이 법의 규정에 따라 당사자는 중재판정부가 중재절차를 진행할 때 지켜야 할 절차규칙에 관하여 자유로이 합의할 수 있다.

② 제1항의 합의가 없는 경우에 중재판정부는 이 법의 규정에 따라 스스로 적절하다고 여기는 방식으로 중재를 진행할 수 있다. 중재판정부의 권한에는 증거의 채택여부, 관련성, 중요성 및 그 경중을 결정할 권한이 포함된다.

제20조 (중재지)

① 당사자는 중재지에 관하여 자유로이 합의할 수 있다. 그러한 합의가 없는 경우는 중재지는 중재판정부가 당사자의 편의 등을 포함한 당해 사건의 사정을 고려하여 결정한다.

② 본조 제1항의 규정에도 불구하고 당사자의 별도 합의가 없는 한 중재판정부는 그 구성원 간의 협의를 위해서나 증인, 감정인 또는 당사자의 심문을 위하여 또는 물품, 기타 재산 또는 문서의 조사를 위하여 중재판정부가 적당하다고 여기는 장소에서 회합할 수 있다.

제21조 (중재절차의 개시)
당사자간에 달리 합의하지 않는 한 특정한 분쟁에 관한 중재절차의 진행은 당해 분쟁을 중재에 부탁할 것을 요구한 서면이 피신청인에 의하여 수령된 일자에 개시된다.

제22조 (언어)
① 당사자는 중재절차의 진행에 사용되는 일개 또는 수개 언어에 관하여 자유로이 합의할 수 있다. 그러한 합의가 없는 경우에는 중재판정부는 중재절차에 사용되는 일개 또는 수개 언어를 결정하여야 한다. 그러한 합의 또는 결정은 그 속에 별도의 의사가 명시되어 있지 않는 한 당사자의 서면진술, 중재판정부의 심문 및 판정, 결정 또는 기타 통지에도 적용된다.
② 중재판정부는 어떤 서증에 대하여서도 당사자에 의하여 합의하거나 중재판정부가 결정한 일개 또는 수개 언어로 번역한 문서를 첨부하도록 명할 수 있다.

제23조 (중재신청서와 답변서)
① 당사자가 합의하였거나 또는 중재판정부가 결정한 기간 내에 신청인은 청구의 원인사실, 쟁점사항과 신청취지를 진술하여야 하고, 피신청인은 그러한 세부사항에 대한 답변내용을 진술하여야 한다. 그러나 당사자가 그러한 진술의 필요한 사항을 달리 합의하는 경우에는 그러하지 아니하다. 당사자는 직접 관계가 있다고 보는 모든 서류를 상기 진술서에 첨부하여 제출할 수 있으며 자신이 제출하고자 하는 기타 증거에 참고자료로 추가할 수도 있다.
② 당사자간에 달리 합의하지 않는 한 어느 일방 당사자가 중재절차 진행 중에 자신의 청구내용이나 답변을 수정하거나 보충할 수 있다. 다만 중재판정부가 이를 인정함으로써 야기되는 지연을 고려하여 그러한 수정을 허용하는 것이 부적절하다고 여기는 경우에는 그러하지 아니하다.

제24조 (구술심리 및 서면절차)
① 당사자간에 반대의 합의를 하지 않는 한, 중재판정부는 증거의 제출이나 구술변론을 위하여 구술심문을 할 것인지 아니면 서면 및 기타 자료에 근거하여 중재절차를 진행시킬 것인지를 결정하여야 한다. 그러나 당사자간에 구술심문을 개최하지 아니한다는 별단의 합의가 없는 한, 중재판정부는 당사자 일방의 요청이 있으면 중재절차 진행 중의 적절한 단계에서 그러한 구술심문을 개최하여야 한다.
② 모든 심문에 관한 통지 및 물품, 또는 기타 재산 및 문서의 조사를 위한 중재판정부의 회합의 통지는 충분한 시간적 여유를 두고 사전에 당사자들에게 발송되어야 한다.
③ 당사자의 일방에 의하여 중재판정부에 제출된 모든 진술서, 문서, 또는 기타 정보는 타방 당사자에게도 통지되어야 한다. 중재판정부가 그 결정상 원용하게 될지도 모르는 감정인의 모든 보고서 또는 서증도 당사자들에게 통지되어야 한다.

제25조 (일방당사자의 해태)
당사자가 달리 합의하지 않는 한 충분한 이유를 제시하지 아니하고

1. 신청인이 제23조 제1항에 의하여 청구에 관한 진술서를 제출하지 않는 경우에는 중재판정부는 중재절차를 종료하여야 한다.
2. 피신청인이 제23조 제1항에 의하여 방어에 대한 진술서를 제출하지 아니하는 경우에는 중재판정부는 그러한 해태의 사실 자체가 피신청인이 신청인의 주장을 그대로 인정하는 것으로 취급함이 없이 중재절차를 속행하여야 한다.
3. 당사자의 어느 일방이 심문에 출석하지 아니하거나, 서증을 제출하지 아니하는 경우에는 중재판정부는 중재절차를 속행하고 중재판정부에 제출된 증거에 근거하여 중재판정을 내릴 수 있다.

제26조 (중재판정부가 지정한 감정인)

① 당사자가 달리 합의하지 않는 한 중재판정부는,

1. 중재판정부에 의하여 결정될 특정한 쟁점에 관하여 보고할 1인 이상의 감정인을 지정할 수 있다.
2. 일방당사자로 하여금 감정인에게 관계 정보를 주거나 감정인의 조사를 위해 관련 문서의 제출, 물품 또는 기타의 재산을 조사하거나 또는 감정인이 이용할 수 있도록 명할 수 있다.

② 당사자가 달리 합의하지 않는 한 당사자 일방의 요청이 있거나 중재판정부가 필요하다고 여기는 경우에는 그 감정인은 자신의 서면 또는 구두보고를 제출한 후에도 문제된 쟁점에 관하여 당사자들이 그 감정인에게 질문할 기회 및 타감정인들이 그 전문가적 증언을 할 기회를 갖는 심문에 참가하여야 한다.

제27조 (증거조사에서 법원의 협조)

중재판정부나 중재판정부의 승인을 받은 당사자는 해당국가의 관할법원에 대해 증거조사에서 협조를 요청할 수 있다. 법원은 그 권한 범위 내에서 증거조사의 규칙에 따라 그러한 요청에 응할 수 있다.

제 6 장 중재판정문의 작성과 중재절차의 종료

제28조 (분쟁의 실체에 적용할 법규)

① 중재판정부는 당사자들이 분쟁의 본안에 적용하려고 선택한 법규에 따라 판정을 하여야 한다. 달리 명시하지 아니하는 한 일정한 국가의 법 또는 법률체계의 지정이 있을 때는 당해 국가의 실체법[2)]을 직접 지칭하는 것으로 해석하며, 그 국가의 국제사법원칙을 지칭하는 것으로 해석하지 아니한다.

② 당사자들에 의한 준거법의 지정이 없는 경우에는 중재판정부는 중재판정부가 적용가능하다고 보는 국제사법 규정에 따라 결정되는 법을 적용한다.

③ 중재판정부는 당사자가 명시적으로 권한을 부여하는 경우에 한하여 형평과 선에 의하여 또는 우의적 중재인으로서 판정을 내려야 한다.

④ 전 각항의 모든 경우에 있어서 중재판정부는 계약조건에 따라 결정하여야 하며,

2) 이는 '실질법'이라고 번역하는 것이 옳다.

당해 거래에 적용가능한 상관습을 고려하여야 한다.

제29조 (중재판정부의 결정방법)

당사자들이 달리 합의하지 않는 한, 2인 이상의 중재인에 의한 중재절차진행에 있어서는 중재판정부의 모든 결정은 전 구성원 중의 과반수 결의에 의한다. 그러나 중재절차의 문제는 당사자나 중재판정부 구성원 전원의 수권이 있으면 의장중재인이 결정할 수 있다.

제30조 (화해)

① 중재절차 진행중에 당사자들 자신이 분쟁을 해결하는 경우에는 중재판정부는 그 절차를 종료하여야 하며, 당사자들의 요구가 있고 중재판정부가 이의를 제기하지 않는 한 중재판정부는 그 화해를 당사자가 합의한 내용의 중재판정문의 형식으로 기록하여야 한다.

② 당사자가 합의한 내용의 중재판정문은 제31조의 규정에 따라 작성되어야 하고 이를 중재판정으로 한다고 기재되어야 한다. 그러한 중재판정문은 당해 사건의 본안에 관한 다른 모든 중재판정과 동일한 지위와 효력을 가진다.

제31조 (중재판정의 형식 및 내용)

① 중재판정문은 서면으로 작성되어야 하며 중재인 또는 중재인들이 이에 서명하여야 한다. 2인 이상의 중재에 있어서는 중재판정부 구성원 중의 과반수의 서명으로 충분하다. 다만 이 경우에는 서명이 생략된 이유가 기재됨을 요한다.

② 중재판정문에는 그 판정의 근거가 되는 이유를 기재하여야 한다. 다만, 당사자간에 이유의 불기재에 관하여 합의하였거나 또는 그 중재판정문이 제30조에 의하여 합의된 내용의 판정인 경우에는 그러하지 아니하다.

③ 중재판정문에는 작성일자와 제20조 제1항에 따라 정해진 중재지를 기재하여야 한다. 중재판정문은 당해 장소에서 작성된 것으로 한다.

④ 중재판정문이 작성된 후 본조 제1항에 따라 중재인들이 서명한 등본은 각 당사자에게 송부되어야 한다.

제32조 (중재절차의 종료)

① 중재절차는 최종판정에 의하거나 본조 제2항에 따른 중재판정부의 명령에 의하여 종료된다.

② 중재판정부는 다음의 경우에 중재절차의 종료를 명하여야 한다:

1. 신청인이 그 신청을 철회하는 경우. 다만, 피신청인이 이에 대하여 이의를 제기하고 중재판정부가 분쟁의 최종적 해결을 구하는 데에 대하여 피신청인에게 적법한 이익이 있다고 인정하는 때에는 그러하지 아니하다.
2. 당사자가 중재절차의 종료를 합의하는 경우
3. 중재판정부가 그 밖의 사유로 중재절차를 속행하는 것이 불필요하거나 불가능하다고 인정하는 경우

③ 제33조와 제34조 제4항의 규정에 따를 것을 조건으로 하고 중재판정부의 판정임

무는 중재절차의 종료와 동시에 종결된다.

제33조 (중재판정문의 정정 및 해석과 추가판정)

① 당사자들이 달리 정하지 않는 한 중재판정문을 수령한 날로부터 30일 이내에,

1. 일방당사자는 상대방에게 통지함과 동시에 그 판정문의 계산상 오류, 오기나 오식 또는 이와 유사한 오류를 정정해 줄 것을 중재판정부에 요청할 수 있다.
2. 당사자간에 합의가 있는 경우에 일방당사자는 상대방 당사자에게 통지함과 동시에 중재판정의 특정 사항이나 판정의 일부에 대한 해석을 중재판정부에 요청할 수 있다. 중재판정부는 그 요청이 이유가 있다고 보는 경우에는 이를 수령한 날로부터 30일 이내에 정정 또는 해석하여야 한다. 그 해석은 중재판정의 일부를 형성하는 것으로 한다.

② 중재판정부는 판정일자로 부터 30일 이내에 본조 제1항 (가)호에 규정된 유형의 오류도 정정할 수 있다.

③ 당사자들이 달리 합의하지 않는 한, 일방당사자는 상대방에게 통지함과 동시에 중재판정문을 수령한 날로부터 30일 이내에 중재절차 중에 제출되었으나 중재판정에서 유탈된 청구부분에 관한 추가판정을 중재판정부에 요청할 수 있다. 중재판정부는 그 요청이 정당하다고 보는 경우에 60일 이내에 추가판정을 내려야 한다.

④ 중재판정부는 필요한 경우 본조 제1항 또는 제3항에 따라 정정, 해석 또는 추가판정의 기간을 연장할 수 있다.

⑤ 제31조의 규정은 중재판정문의 정정이나 해석 또는 추가판정의 경우에 이를 적용한다.

제 7 장 중재판정에 대한 불복

제34조 (중재판정에 대한 유일한 불복방법으로서 취소신청)

① 중재판정에 대하여 법원에 제기하는 불복은 본조 제2항과 제3항에 따라 취소신청을 함으로써 가능하다.

② 중재판정은 다음에 해당하는 경우에 한하여 제6조에 명시된 관할법원에 의해 취소될 수 있다.

1. 취소신청을 한 당사자가 다음의 사실에 대한 증거를 제출하는 경우
   - (i) 제7조에 규정된 중재합의의 당사자가 무능력자인 사실 또는 그 중재합의가 당사자들이 준거법으로서 지정한 법에 의하여 무효이거나 그러한 지정이 없는 경우에는 중재판정이 내려진 국가의 법률에 의하여 무효인 사실
   - (ii) 취소신청을 한 당사자가 중재인의 선정 또는 중재절차에 관하여 적절한 통지를 받지 못하였거나 기타 사유로 인하여 방어할 수가 없었다는 사실
   - (iii) 중재판정이 중재부탁의 내용에 예정되어 있지 아니하거나 그 범위에 속하지 아니하는 분쟁을 다루었거나 또는 중재부탁합의의 범위를 유월한 사항에 관한 결정을 포함하고 있다는 사실. 다만, 중재에 부탁된 사항에 관한

결정이 부탁되지 아니한 사항에 관한 결정으로부터 분리될 수 있는 경우에는 중재에 부탁되지 아니한 사항에 관한 결정을 포함하는 중재판정 부분에 한하여 취소될 수 있다는 사실

(iv) 중재판정부의 구성이나 중재절차가 당사자간의 합의에 따르지 아니하였다는 사실 또는 그러한 합의가 없는 경우에 이 법에 따르지 아니하였다는 사실. 다만, 그 합의는 당사자에 의해 배제될 수 없는 성격을 가진 본 법의 규정에 저촉되어서는 아니된다는 사실, 또는

2. 법원이 다음의 사실을 알았을 경우,

(i) 분쟁의 본안이 해당국의 법령상 중재로 해결할 수 없다는 사실 또는

(ii) 중재판정이 해당국의 공서양속에 저촉되는 사실

③ 중재판정취소의 신청인이 중재판정문을 수령한 날로부터 3개월이 경과하였거나 또는 제33조에 의하여 신청을 하였을 경우에는 당해 신청이 중재판정부에 의해 처리된 날로부터 3개월이 경과한 후에는 제기할 수 없다.

④ 중재판정취소신청이 있을 경우에 법원은 당사자의 신청이 있고 또한 그것이 적절한 때에는 중재판정부로 하여금 중재절차를 재개하게 하거나 중재판정부가 취소사유를 제거하는 데 필요한 기타의 조치를 취할 기회를 허여하기 위하여 일정한 기간을 정하여 정지할 수 있다.

제 8 장 중재판정의 승인과 집행

제35조 (승인과 집행)

① 중재판정은 그 판정이 어느 국가에서 내려졌는지 불문하고 구속력 있는 것으로 승인되어야 하며 관할법원에 서면으로 신청하면 본조 및 제36조의 규정에 따라 집행되어야 한다.

② 중재판정을 원용하거나 그 집행을 신청하는 당사자는 정당하게 인증된 중재판정문의 원본 또는 정당하게 증명된 등본과 제7조에서 규정한 중재합의서의 원본 또는 정당하게 증명된 등본을 제출하여야 한다. 중재판정문이나 중재합의서가 해당국의 공용어로 작성되어 있지 아니한 경우에 당사자는 정당하게 증명된 해당국의 공용어 번역본을 제출하여야 한다.

제36조 (승인 또는 집행의 거부사유)

① 중재판정의 승인과 집행은 판정이 내려진 국가에 관계없이 다음의 경우에 한하여 거부할 수 있다.

1. 중재판정이 불리하게 원용되는 당사자의 신청이 있을 때 그 당사자가 다음의 사실에 대하여 승인 또는 집행을 신청한 관할법원에 증거를 제출하는 경우

(i) 제7조에 규정된 중재합의의 당사자가 무능력자인 사실 또는 그 중재합의가 당사자들이 준거법으로서 지정한 법에 의하여 무효이거나 그러한 지정이 없는 경우에는 중재판정이 내려진 국가의 법에 의하여 무효인 사실

(ii) 중재판정이 불리하게 원용되는 당사자가 중재인의 선정 또는 중재절차에 관하여 적절한 통지를 받지 못하였거나 기타 사유로 인하여 방어할 수 없었다는 사실

(iii) 중재판정이 중재부탁의 내용에 예정되어 있지 아니하거나 그 범위에 속하지 아니하는 분쟁을 다루었거나 또는 중재부탁합의의 범위를 유월한 사항에 관한 결정을 포함하고 있다는 사실. 다만, 중재에 부탁된 사항에 관한 결정이 부탁되지 아니한 사항에 관한 결정으로부터 분리될 수 있는 경우에는 중재에 부탁되지 아니한 사항에 관한 결정을 포함하는 중재판정 부분에 한하여 취소될 수 있다는 사실

(iv) 중재판정부의 구성이나 중재절차가 당사자간의 합의에 따르지 아니하였다는 사실 또는 그러한 합의가 없는 경우에 이 법에 따르지 아니하였다는 사실. 다만, 그 합의는 당사자에 의해 배제될 수 없는 성격을 가진 본 법의 규정에 저촉되어서는 아니 된다는 사실, 또는

2. 법원이 다음의 사실을 알았을 경우,

(i) 분쟁의 본안이 해당국의 법령상 중재로 해결할 수 없다는 사실 또는

(ii) 중재판정이 해당국의 공서양속에 저촉되는 사실

② 중재판정의 취소 또는 정지신청이 본조 제1항 (가)호 (5)에서 정한 법원에 제출되었을 경우에 승인 또는 집행의 청구를 받은 법원은 정당하다고 판단하는 경우에 그 결정을 연기할 수 있으며 중재판정의 승인 또는 집행을 구하는 당사자의 신청이 있으면 상대방에게 상당한 담보를 제공할 것을 명할 수 있다.

[12-3] Revised articles of the UNCITRAL Model Law on International Commercial Arbitration

A/6/17 Annex I

[Article 1, paragraph 2]

2. The provisions of this Law, except articles 8, 9, 17 H, 17 I, 17 J, 35 and 36, apply only if the place of arbitration is in the territory of this State.

Article 2 A. International origin and general principles

1. In the interpretation of this Law, regard is to be had to its international origin and to the need to promote uniformity in its application and the observance of good faith.
2. Questions concerning matters governed by this Law which are not expressly settled in it are to be settled in conformity with the general principles on which this Law is based.

[Article 7]

Option I

Article 7. Definition and form of arbitration agreement

1. "Arbitration agreement" is an agreement by the parties to submit to arbitration all or certain disputes which have arisen or which may arise between them in respect of a defined legal relationship, whether contractual or not. An arbitration agreement may be in the form of an arbitration clause in a contract or in the form of a separate agreement.
2. The arbitration agreement shall be in writing.
3. An arbitration agreement is in writing if its content is recorded in any form, whether or not the arbitration agreement or contract has been concluded orally, by conduct, or by other means.
4. The requirement that an arbitration agreement be in writing is met by an electronic communication if the information contained therein is accessible so as to be useable for subsequent reference; "electronic communication" means any communication that the parties make by means of data messages; "data message" means information generated, sent, received or stored by electronic, magnetic, optical or similar means, including, but not limited to, electronic data interchange

(EDI), electronic mail, telegram, telex or telecopy.

5. Furthermore, an arbitration agreement is in writing if it is contained in an exchange of statements of claim and defence in which the existence of an agreement is alleged by one party and not denied by the other.
6. The reference in a contract to any document containing an arbitration clause constitutes an arbitration agreement in writing, provided that the reference is such as to make that clause part of the contract.

Option II

Article 7. Definition of arbitration agreement

"Arbitration agreement" is an agreement by the parties to submit to arbitration all or certain disputes which have arisen or which may arise between them in respect of a defined legal relationship, whether contractual or not.

Chapter IV A. Interim measures and preliminary orders

Section 1. Interim measures

Article 17. Power of arbitral tribunal to order interim measures

1. Unless otherwise agreed by the parties, the arbitral tribunal may, at the request of a party, grant interim measures.
2. An interim measure is any temporary measure, whether in the form of an award or in another form, by which, at any time prior to the issuance of the award by which the dispute is finally decided, the arbitral tribunal orders a party to:
   (a) Maintain or restore the status quo pending determination of the dispute;
   (b) Take action that would prevent, or refrain from taking action that is likely to cause, current or imminent harm or prejudice to the arbitral process itself;
   (c) Provide a means of preserving assets out of which a subsequent award may be satisfied; or
   (d) Preserve evidence that may be relevant and material to the resolution of the dispute.

Article 17 A. Conditions for granting interim measures

1. The party requesting an interim measure under article 17, paragraph 2 (a), (b) and (c) shall satisfy the arbitral tribunal that:
   (a) Harm not adequately reparable by an award of damages is likely to result if the measure is not ordered, and such harm substantially outweighs the harm that is likely to result to the party against whom the measure is directed if

the measure is granted; and

(b) There is a reasonable possibility that the requesting party will succeed on the merits of the claim. The determination on this possibility shall not affect the discretion of the arbitral tribunal in making any subsequent determination.

2. With regard to a request for an interim measure under article 17, paragraph 2 (d), the requirements in paragraph 1 (a) and (b) of this article shall apply only to the extent the arbitral tribunal considers appropriate.

Section 2. Preliminary orders

Article 17 B. Applications for preliminary orders and conditions for granting preliminary orders

1. Unless otherwise agreed by the parties, a party may, without notice to any other party, make a request for an interim measure together with an application for a preliminary order directing a party not to frustrate the purpose of the interim measure requested.
2. The arbitral tribunal may grant a preliminary order provided it considers that prior disclosure of the request for the interim measure to the party against whom it is directed risks frustrating the purpose of the measure.
3. The conditions defined under article 17 A apply to any preliminary order, provided that the harm to be assessed under article 17 A, paragraph 1 (a), is the harm likely to result from the order being granted or not.

Article 17 C. Specific regime for preliminary orders

1. Immediately after the arbitral tribunal has made a determination in respect of an application for a preliminary order, the arbitral tribunal shall give notice to all parties of the request for the interim measure, the application for the preliminary order, the preliminary order, if any, and all other communications, including by indicating the content of any oral communication, between any party and the arbitral tribunal in relation thereto.
2. At the same time, the arbitral tribunal shall give an opportunity to any party against whom a preliminary order is directed to present its case at the earliest practicable time.
3. The arbitral tribunal shall decide promptly on any objection to the preliminary order.
4. A preliminary order shall expire after twenty days from the date on which it was issued by the arbitral tribunal. However, the arbitral tribunal may issue an interim

measure adopting or modifying the preliminary order, after the party against whom the preliminary order is directed has been given notice and an opportunity to present its case.

5. A preliminary order shall be binding on the parties but shall not be subject to enforcement by a court. Such a preliminary order does not constitute an award.

Section 3. Provisions applicable to interim measures and preliminary orders

Article 17 D. Modification, suspension, termination

The arbitral tribunal may modify, suspend or terminate an interim measure or a preliminary order it has granted, upon application of any party or, in exceptional circumstances and upon prior notice to the parties, on the arbitral tribunal's own initiative.

Article 17 E. Provision of security

1. The arbitral tribunal may require the party requesting an interim measure to provide appropriate security in connection with the measure.
2. The arbitral tribunal shall require the party applying for a preliminary order to provide security in connection with the order unless the arbitral tribunal considers it inappropriate or unnecessary to do so.

Article 17 F. Disclosure

1. The arbitral tribunal may require any party promptly to disclose any material change in the circumstances on the basis of which the measure was requested or granted.
2. The party applying for a preliminary order shall disclose to the arbitral tribunal all circumstances that are likely to be relevant to the arbitral tribunal's determination whether to grant or maintain the order, and such obligation shall continue until the party against whom the order has been requested has had an opportunity to present its case. Thereafter, paragraph 1 of this article shall apply.

Article 17 G. Costs and damages

The party requesting an interim measure or applying for a preliminary order shall be liable for any costs and damages caused by the measure or the order to any party if the arbitral tribunal later determines that, in the circumstances, the measure or the order should not have been granted. The arbitral tribunal may award such costs and damages at any point during the proceedings.

Section 4. Recognition and enforcement of interim measures

Article 17 H. Recognition and enforcement

1. An interim measure issued by an arbitral tribunal shall be recognized as binding and, unless otherwise provided by the arbitral tribunal, enforced upon application to the competent court, irrespective of the country in which it was issued, subject to the provisions of article 17 I.
2. The party who is seeking or has obtained recognition or enforcement of an interim measure shall promptly inform the court of any termination, suspension or modification of that interim measure.
3. The court of the State where recognition or enforcement is sought may, if it considers it proper, order the requesting party to provide appropriate security if the arbitral tribunal has not already made a determination with respect to security or where such a decision is necessary to protect the rights of third parties.

Article 17 I. Grounds for refusing recognition or enforcement*

1. Recognition or enforcement of an interim measure may be refused only:
   (a) At the request of the party against whom it is invoked if the court is satisfied that:
      (i) Such refusal is warranted on the grounds set forth in article 36, paragraph 1 (a)(i), (ii), (iii) or (iv); or
      (ii) The arbitral tribunal's decision with respect to the provision of security in connection with the interim measure issued by the arbitral tribunal has not been complied with; or
      (iii) The interim measure has been terminated or suspended by the arbitral tribunal or, where so empowered, by the court of the State in which the arbitration takes place or under the law of which that interim measure was granted; or
   (b) If the court finds that:
      (i) The interim measure is incompatible with the powers conferred upon the court unless the court decides to reformulate the interim measure to the extent necessary to adapt it to its own powers and procedures for the purposes of enforcing that interim measure and without modifying its substance; or
      (ii) Any of the grounds set forth in article 36, paragraph 1 (b)(i) or (ii), apply to the recognition and enforcement of the interim measure.

* *The conditions set forth in article 17 I are intended to limit the number of*

circumstances in which the court may refuse to enforce an interim measure. It would not be contrary to the level of harmonization sought to be achieved by these model provisions if a State were to adopt fewer circumstances in which enforcement may be refused.

2. Any determination made by the court on any ground in paragraph 1 of this article shall be effective only for the purposes of the application to recognize and enforce the interim measure. The court where recognition or enforcement is sought shall not, in making that determination, undertake a review of the substance of the interim measure.

Section 5. Court-ordered interim measures

Article 17 J. Court-ordered interim measures

A court shall have the same power of issuing an interim measure in relation to arbitration proceedings, irrespective of whether their place is in the territory of this State, as it has in relation to proceedings in courts. The court shall exercise such power in accordance with its own procedures in consideration of the specific features of international arbitration.

[Article 35, paragraph 2]

2. The party relying on an award or applying for its enforcement shall supply the original award or a copy thereof. If the award is not made in an official language of this State, the court may request the party to supply a translation thereof into such language.

국제상사중재에 관한 국제무역법위원회 모델법의 개정조문

국문 번역 생략[3]

3) 노태악 · 구자헌, "최근 UNCITRAL 모델 仲裁法의 개정논의 결과와 國內法에의 示唆 — 仲裁合意의 書面性과 仲裁判定部의 臨時的 處分을 중심으로," 국제규범의 현황과 전망 — 2006년 국제규범연구반 연구보고 — (2006), 474면 이하 참조.

[13] 외국중재판정의 승인 및 집행에 관한 국제연합협약(뉴욕협약)

[13-1] Convention on the Recognition and Enforcement of Foreign Arbitral Awards

(New York Convention of 1958)

Article I

1. This Convention shall apply to the recognition and enforcement of arbitral awards made in the territory of a State other than the State where the recognition and enforcement of such awards are sought, and arising out of differences between persons, whether physical or legal. It shall also apply to arbitral awards not considered as domestic awards in the State where their recognition and enforcement are sought.
2. The term "arbitral awards" shall include not only awards made by arbitrators appointed for each case but also those made by permanent arbitral bodies to which the parties have submitted.
3. When signing, ratifying or acceding to this Convention, or notifying extension under article X hereof, any State may on the basis of reciprocity declare that it will apply the Convention to the recognition and enforcement of awards made only in the territory of another Contracting State. It may also declare that it will apply the Convention only to differences arising out of legal relationships, whether contractual or not, which are considered as commercial under the national law of the State making such declaration.

Article II

1. Each Contracting State shall recognize an agreement in writing under which the parties undertake to submit to arbitration all or any differences which have arisen or which may arise between them in respect of a defined legal relationship, whether contractual or not, concerning a subject matter capable of settlement by arbitration.
2. The term “agreement in writing” shall include an arbitral clause in a contract or an arbitration agreement, signed by the parties or contained in an exchange of letters or telegrams.
3. The court of a Contracting State, when seized of an action in a matter in respect of which the parties have made an agreement within the meaning of this article,

shall, at the request of one of the parties, refer the parties to arbitration, unless it finds that the said agreement is null and void, inoperative or incapable of being performed.

Article III

Each Contracting State shall recognize arbitral awards as binding and enforce them in accordance with the rules of procedure of the territory where the award is relied upon, under the conditions laid down in the following articles. There shall not be imposed substantially more onerous conditions or higher fees or charges on the recognition or enforcement of arbitral awards to which this Convention applies than are imposed on the recognition or enforcement of domestic arbitral awards.

Article IV

1. To obtain the recognition and enforcement mentioned in the preceding article, the party applying for recognition and enforcement shall, at the time of the application, supply:
   (a) the duly authenticated original awards or a duly certified copy thereof;
   (b) the original agreement referred to in article II or a duly certified copy thereof.
2. If the said award or agreement is not made in an official language of the country in which the award is relied upon, the party applying for recognition and enforcement of the award shall produce a translation of these documents into such language. The translation shall be certified by an official or sworn translator or by a diplomatic or consular agent.

Article V

1. Recognition and enforcement of the award may be refused, at the request of the party against whom it is invoked, only if that party furnishes to the competent authority where the recognition and enforcement is sought, proof that:
   (a) the parties to the agreement referred to in article II were, under the law applicable to them, under some incapacity, or the said agreement is not valid under the law to which the parties have subjected it or, failing any indication thereon, under the law of the country where the award was made; or
   (b) the party against whom the award is invoked was not given proper notice of the appointment of the arbitrator or of the arbitration proceedings or was otherwise unable to present his case; or
   (c) the award deals with a difference not contemplated by or not falling within the term of the submission to arbitration, or it contains decisions on matters beyond the scope of the submission to arbitration, provided that, if the decisions on matters submitted to arbitration can be separated from those not

so submitted, that part of the award which contains decisions on matters submitted to arbitration may be recognized and enforced; or

(d) the composition of the arbitral authority or the arbitral procedure was not in accordance with the agreement of the parties, or failing such agreement, was not in accordance with the law of the country where the arbitration took place; or

(e) the award has not yet become binding on the parties, or has been set aside or suspended by a competent authority of the country in which, or under the law of which, that award was made.

2. Recognition and enforcement of an arbitral award may also be refused if the competent authority in the country where recognition and enforcement is sought finds that:

(a) the subject matter of the difference is not capable of settlement by arbitration under the law of that country; or

(b) the recognition or enforcement of the award would be contrary to the public policy of that country.

Article VI

If an application for the setting aside or suspension of the award has been made to a competent authority referred to in article V paragraph 1(e), the authority before which the award is sought to be relied upon may, if it considers it proper, adjourn the decision on the enforcement of the award and may also, on the application of the party claiming enforcement of the award, order the other party to give suitable security.

Article VII

1. The provisions of the present Convention shall not affect the validity of multilateral or bilateral agreements concerning the recognition and enforcement of arbitral awards entered into by the Contracting States nor deprive any interested party of any right he may have to avail himself of an arbitral award in the manner and to the extent allowed by the law or the treaties of the country where such award is sought to be relied upon.

2. The Geneva Protocol on Arbitration Clauses of 1923 and the Geneva Convention of the Execution of Foreign Arbitral Awards of 1927 shall cease to have effect between Contracting States on their becoming bound and to the extent that they become bound, by this Convention.

Article VIII

1. This Convention shall be open until 31 December 1958 for signature on behalf of

any Member of the United Nations and also on behalf of any other State which is or hereafter becomes a member of any specialized agency of the United Nations, or which is or hereafter becomes a party to the Statute of the International Court of Justice, or any other State to which an invitation has been addressed by the General Assembly of the United Nations.

2. This Convention shall be ratified and the instrument of ratification shall be deposited with the Secretary-General of the United Nations.

Article IX

1. This Convention shall be open for accession to all States referred to in article VIII.
2. Accession shall be effected by the deposit of an instrument of accession with the Secretary-General of the United Nations.

Article X

1. Any State may, at the time of signature, ratification or accession, declare that this Convention shall extend to all or any of the territories for the international relations of which it is responsible. Such a declaration shall take effect when the Convention enters into force for the State concerned.
2. At any time thereafter any such extension shall be made by notification addressed to the Secretary-General of the United Nations and shall take effect as from the ninetieth day after the day of receipt by the Secretary-General of the United Nations of this notification, or as from the date of entry into force of the Convention for the State concerned, whichever is the later.
3. With respect to those territories to which this Convention is not extended at the time of signature, ratification or accession, each State concerned shall consider the possibility of taking the necessary steps in order to extend the application of the Convention to such territories, subject, where necessary for constitutional reasons to the consent of the Government of such territories.

Article XI

In the case of a federal or non-unitary State, the following provisions shall apply:

(a) With respect to these articles of this Convention that come within the legislative jurisdiction of the federal authority, the obligations of the federal Government shall to this extent be the same as those of Contracting States which are not federal States;

(b) With respect to those articles of this Convention that come within the legislative jurisdiction of constituent states or provinces which are not, under the constitutional system of the federation, bound to take legislative action, the federal Government shall bring such articles with a favourable recommendation to the notice of the appropriate authorities of constituent states or provinces at the earliest possible moment;

(c) A federal State party to this Convention shall, at the request of any other contracting State transmitted through the Secretary-General of the United Nations, supply a statement of the law and practice of the federation and its constituent units in regard to any particular provision of this Convention, showing the extent to which effect has been given to that provision by legislative or other action.

Article XII

1. This Convention shall come into force on the ninetieth day following the date of deposit of the third instrument of ratification or accession.
2. For each State ratifying or acceding to this Convention after the deposit of the third instrument of ratification or accession, this Convention shall enter into force on the ninetieth day after deposit by such State of its instrument of ratification or accession.

Article XIII

1. Any Contracting State may denounce this Convention by a written notification to the Secretary-General of the United Nations. Denunciation shall take effect one year after the date of receipt of the notification by the Secretary-General.
2. Any State which has made a declaration or notification under article X may, at any time thereafter, by notification to the Secretary-General of the United Nations, declare that this Convention shall cease to extend to the territory concerned one year after the date of the receipt of the notification by the Secretary-General.
3. This Convention shall continue to be applicable to arbitral awards in respect of which recognition or enforcement proceedings have been instituted before the denunciation takes effect.

Article XIV

A Contracting State shall not be entitled to avail itself of the present Convention against other Contracting States except to the extent that it is itself bound to apply the Convention.

Article XV

The Secretary-General of the United Nations shall notify the States contemplated in article VIII of the following:

(a) Signature and ratifications in accordance with article VIII;

(b) Accessions in accordance with article IX;

(c) Declarations and notifications under articles I, X and XI;

(d) The date upon which this Convention enters into force in accordance with article XII;

(e) Denunciations and notifications in accordance with article XIII.

Article XVI

1. This Convention, of which the Chinese, English, French, Russian and Spanish texts shall be equally authentic, shall be deposited in the archives of the United Nations.
2. The Secretary-General of the United Nations shall transmit a certified copy of this Convention to the States contemplated in Article VIII.

Reservation made by the Republic of Korea

By virtue of Paragraph 3 of Article I of the present Convention, the Government of the Republic of Korea declares that it will apply the Convention to the recognition and enforcement of arbitral awards made only in the territory of another Contracting State. It further declares that it will apply the Convention only to the differences arising out of legal relationships, whether contractual or not, which are considered as commercial under its national law.

[13-2] 외국중재판정의 승인 및 집행에 관한 협약
(1958년 뉴욕협약)

제1조[1)]

1. 이 협약은 중재판정의 승인 및 집행의 요구를 받은 국가 이외의 국가의 영토 내에서 내려진 판정으로서, 자연인 또는 법인 간의 분쟁으로부터 발생하는 중재판정의 승인 및 집행에 적용한다. 이 협약은 또한 그 승인 및 집행의 요구를 받은 국가에서 내국판정이라고 인정되지 아니하는 중재판정에도 적용한다.
2. "중재판정"이라 함은 개개의 사건을 위하여 선정된 중재인이 내린 판정뿐만 아니라 당사자들이 부탁한 상설 중재기관이 내린 판정도 포함한다.
3. 어떠한 국가든지 이 협약에 서명, 비준 또는 가입할 때 또는 이 협약 제10조에 의하여 확대적용을 통고할 때에 상호주의의 기초에서 다른 체약국의 영토 내에서 내려진 판정의 승인 및 집행에 한하여 이 협약은 적용한다고 선언할 수 있다. 또한 어떠한 국가든지 계약적 성질의 것이거나 아니거나를 불문하고 이러한 선언을 행하는 국가의 국내법상 상사상의 것이라고 인정되는 법률관계로부터 발생하는 분쟁에 한하여 이 협약을 적용할 것이라고 선언할 수 있다.

제2조

1. 각 체약국은 계약적 성질의 것이거나 아니거나를 불문하고 중재에 의하여 해결 이 가능한 사항에 관한 일정한 법률관계에 관련하여 당사자 간에 발생하였거나 또는 발생할 수 있는 전부 또는 일부의 분쟁을 중재에 부탁하기로 약정한 당사자 간의 서면에 의한 합의를 승인하여야 한다.
2. "서면에 의한 합의"라 함은 계약문중의 중재조항 또는 당사자 간에 서명되었거나 교환된 서신이나 전보에 포함되어 있는 중재의 합의를 포함한다.
3. 당사자들이 본조에서 의미하는 합의를 한 사항에 관한 소송이 제기되었을 때에는 체약국의 법원은 전기 합의를 무효, 실효 또는 이행불능이라고 인정하는 경우를 제외하고 일방당사자의 청구에 따라서 중재에 부탁할 것을 당사자에게 명하여야 한다.

제3조

각 체약국은 중재판정을 다음 조항에 규정한 조건하에서 구속력 있는 것으로 승인하고 그 판정이 원용될 영토의 절차 규칙에 따라서 그것을 집행하여야 한다. 이 협약이 적용되는 중재판정의 승인 또는 집행에 있어서는 내국 중재판정의 승인 또는 집행에 있어서 부과하는 것보다 실질적으로 엄중한 조건이나 고액의 수수료 또는 과징

---

1) 여기의 국문번역은 정부에서 관보에 게재한 것이다. 엄밀하게는 국문번역에서도 영문에 따라 로마숫자를 사용해야 할 것이나 정부는 아라비아숫자를 사용하였다. 몇 가지 오류를 지적해둔다.

금을 부과하여서는 아니 된다.

제4조

1. 전조에서 언급된 승인과 집행을 얻기 위하여 승인과 집행을 신청하는 당사자는 신청서[2]에 다음의 서류를 제출하여야 한다.
   가. 정당하게 인증된 판정 원본 또는 정당하게 증명된 그 등본
   나. 제2조에 규정된 합의의 원본 또는 정당하게 증명된 그 등본
2. 전기 판정이나 합의가 원용될 국가의 공용어로 작성되어 있지 아니한 경우에는 판정의 승인과 집행을 신청하는 당사자는 그 문서의 공용어 번역문을 제출하여야 한다. 번역문은 공증인 또는 선서한 번역관, 외교관 또는 영사관에 의하여 증명되어야 한다.[3]

제5조

1. 판정의 승인과 집행은 판정이 불리하게 원용되는 당사자의 청구에 의하여 그 당사자가 판정의 승인 및 집행의 요구를 받은 국가의 권한 있는 기관에게 다음의 증거를 제출하는 경우에 한하여 거부될 수 있다.
   가. 제2조에 규정된 합의의 당사자가 그들에게 적용될 법률에 의하여 무능력자이었던가 또는 당사자들이 준거법으로서 지정한 법령에 의하여 또는 지정이 없는 경우에는 판정을 내린 국가의 법령에 의하여 전기 합의가 무효인 경우 또는
   나. 판정이 불리하게 원용되는 당사자가 중재인의 선정이나 중재절차에 관하여 적절한 통고를 받지 아니하였거나 또는 기타 이유에 의하여 응할 수 없었을 경우 또는
   다. 판정이 중재부탁 조항에 규정되어 있지 아니하거나 또는 그 조항의 범위에 속하지 아니하는 분쟁에 관한 것이거나 또는 그 판정이 중재부탁의 범위를 벗어나는 사항에 관한 결정을 포함하는 경우. 다만, 중재에 부탁한 사항에 관한 결정이 부탁하지 아니한 사항과 분리될 수 있는 경우에는 중재부탁사항에 관한 결정을 포함하는 판정의 부분은 승인되고 집행될 수 있다.
   라. 중재기관의 구성이나 중재절차가 당사자간의 합의와 합치하지 아니하거나 또는 이러한 합의가 없는 경우에는 중재를 행하는 국가의 법령에 합치하지 아니하는 경우 또는
   마. 판정이 당사자에 대한 구속력을 아직 발생하지 아니하였거나 또는 판정이 내려진 국가의 권한 있는 기관이나 또는 그 국가의 법령에 의거하여 취소 또는 정지된 경우[4]

---

2) '신청시'가 옳은 번역이다.

3) 여기의 "공증인 또는 선서한 번역관"은 잘못이며, "공적인(또는 공적기관인) 또는 선서한 번역관"이 옳다.

4) 본문 중 "… 판정이 내려진 국가의 권한 있는 기관이나 또는 그 국가의 법령에 의거하여 취소 또는 정지된 경우"라는 번역 중 밑줄 부분은 잘못된 번역이다. 이는 "또는 중재판정의 기초가 된 법령이 속하는 국가의 권한 있는 기관에 의하여"라고 번역하는 것이 옳다.

2. 중재판정의 승인 및 집행이 요구된 국가의 권한 있는 기관이 다음의 사항을 인정하는 경우에도 중재판정의 승인과 집행을 거부할 수 있다.
   가. 분쟁의 대상인 사항이 그 국가의 법률하에서는 중재에 의한 해결을 할 수 없는 것일 경우 또는
   나. 판정의 승인이나 집행이 그 국가의 공공의 질서에 반하는 경우

제6조

판정의 취소 또는 정지를 요구하는 신청이 제5조 1항의 (마)에 규정된 권한 있는 기관에 제기되었을 경우에는 판정의 원용이 요구된 기관은 그것이 적절하다고 인정될 때에는 판정의 집행에 관한 판결을 연기할 수 있고 또한 판정의 집행을 요구하는 당사자의 신청에 의하여 타방당사자에 대하여 적당한 보장을 제공할 것을 명할 수 있다.[5)]

제7조

1. 이 협약의 규정은 체약국에 의하여 체결된 중재판정의 승인 및 집행에 관한 다자 또는 양자협정의 효력에 영향을 미치지 아니하며 또한 어떠한 관계당사자가 중재판정의 원용이 요구된 국가의 법령이나 조약에서 인정한 방법과 한도 내에서 그 판정을 원용할 수 있는 권리를 박탈하지도 아니한다.
2. 1923년 중재조항에 관한 제네바 의정서 및 1927년의 외국중재판정의 집행에 관한 제네바 협약은 체약국 간에 있어 이 협약에 의한 구속을 받게 되는 때부터 그 구속을 받는 한도 내에서 효력을 종료한다.

제8조

1. 이 협약은 국제연합회원국, 현재 또는 장래의 국제연합 전문기구의 회원국, 현재 또는 장래의 국제사법재판소 규정의 당사국 또는 국제연합총회로부터 초청장을 받은 기타 국가의 서명을 위하여 1958년 12월 31일까지 개방된다.
2. 이 협약은 비준되어야 하며 비준서는 국제연합사무총장에게 기탁되어야 한다.

제9조

1. 이 협약은 제8조에 규정된 모든 국가의 가입을 위하여 개방된다.
2. 가입은 국제연합사무총장에게 가입서를 기탁함으로써 발효한다.

제10조

1. 어떠한 국가든지 서명, 비준 또는 가입시에 국제관계에 있어서 책임을 지는 전부

대법원 2003. 선고 2. 26. 선고 2001다77840 판결은 이 점을 지적한 바 있다. 오래 전부터 이런 지적이 있었음에도 불구하고 정부가 이를 방치하는 것은 유감이다. 번역을 "마. 판정이 당사자에 대한 구속력을 아직 발생하지 아니하였거나 또는 판정이 내려진 국가의 권한 있는 기관이나 중재판정의 기초가 된 법령이 속하는 국가의 권한 있는 기관에 의하여 취소 또는 정지된 경우"라고 수정해야 한다.

5) 본문 중 "… 그것이 적절하다고 인정될 때에는 판정의 집행에 관한 판결을 연기할 수 있고 또한"이라는 부분 중 밑줄 부분을 "판정의 집행에 관한 재판을 연기할 수도 있고"라고 번역하는 것이 정확하다는 지적이 있다. 주석중재법/이호원, 403면, 주 112.

또는 일부의 영토에 이 협약을 확대 적용할 것을 선언할 수 있다.
이러한 선언은 이 협약이 관계국가에 대하여 효력을 발생할 때 발효한다.

2. 이러한 확대적용은 그 이후 어느 때든지 국제연합사무총장 앞으로 통고함으로써 행할 수 있으며, 그 효력은 국제연합사무총장이 통고를 접수한 날로부터 90일 후 또는 관계국가에 대하여 이 협약이 효력을 발생하는 날 중의 늦은 편의 일 자에 발생한다.
3. 서명, 비준 또는 가입시에 이 협약이 확대 적용되지 아니한 영토에 관하여는 각 관계국가는 헌법상의 이유에 의하여 필요한 경우에는 이러한 영토의 정부의 동의를 얻을 것을 조건으로 하고, 이 협약을 이러한 영토에 확대 적용하기 위하여 조치를 취할 수 있는 가능성을 고려하여야 한다.

제11조

연방국가 또는 비단일국가의 경우에는 다음의 규정이 적용된다.

1. 이 협약의 조항 중 연방정부의 입법 관할권내에 속하는 것에 관하여는 연방정부 의 의무는 그 한도 내에서 연방국가 아닌 다른 체약국의 의무와 동일하여야 한다.
2. 이 협약의 조항중 주 또는 지방의 입법권의 범위 내에 있고 또한 연방의 헌법체제 하에서 입법조치를 취할 의무가 없는 것에 관하여는 연방정부는 주 또는 지방의 관계기관에 대하여 가급적 조속히 호의적 권고를 첨부하여 이러한 조항에 대한 주의를 야기시켜야 한다.
3. 이 협약의 당사국인 연방국가는 국제연합사무총장을 통하여 전달된 기타 체약국의 요청이 있는 때에는 이 협약의 어떠한 특정 규정에 관한 연방과 그 구성단위의 법령 및 관례와 아울러 입법 또는 기타 조치에 의하여 그 규정이 실시되고 있는 범위를 표시하는 설명서를 제공하여야 한다.

제12조

1. 이 협약은 세번째의 비준서 또는 가입서의 기탁일자로부터 90일 후에 발효한다.
2. 세번째의 비준서 또는 가입서의 기탁일자 후에 이 협약을 비준하거나 또는 이 협약에 가입하는 국가에 대하여는 그 국가의 비준서 또는 가입서의 기탁일자로 부터 90일 후에 효력을 발생한다.

제13조

1. 어떠한 체약국이든지 국제연합사무총장 앞으로의 서면통고로써 이 협약을 폐기 할 수 있다. 폐기는 사무총장이 통고를 접수한 일자로부터 1년 후에 발효한다.
2. 제10조에 의하여 선언 또는 통고를 한 국가는 그 후 어느 때든지 사무총장이 통고를 접수한 일자로부터 1년 후에 관계영토에 대한 확대적용이 종결된다는 것을 선언할 수 있다.
3. 폐기가 발효되기 전에 시작된 판정의 승인이나 집행절차에 관하여는 이 협약이 계속하여 적용된다.

제14조
체약국은 타체약국에 대하여 이 협약을 적용하여야 할 의무가 있는 범위를 제외하고는 이 협약을 원용할 권리를 가지지 못한다.

제15조
국제연합사무총장은 제8조에 규정된 국가에 대하여 다음의 사항에 관하여 통고하여야 한다.

1. 제8조에 의한 서명 또는 비준
2. 제9조에 의한 가입
3. 제1조, 제10조 및 제11조에 의한 선언 및 통고
4. 제12조에 의하여 이 협약이 효력을 발생한 일자
5. 제13조에 의한 폐기 및 통고

제16조
1. 중국어, 영어, 프랑스어, 러시아어 및 스페인어로 된 이 협약은 동등한 효력을 가지며 국제연합 기록보관소에 기탁 보존되어야 한다.
2. 국제연합사무총장은 이 협약의 인증등본을 제8조에 규정된 국가에 송부하여야 한다.

대한민국의 유보
이 협약 제1조 제3항에 따라 대한민국 정부는 타 체약국의 영토 내에서 내려진 중재판정의 승인과 집행에 한하여 이 협약을 적용할 것이라고 선언한다. 또한 대한민국 정부는 계약적 성질의 것이거나 아니거나를 불문하고 국내법상 상사상의 것이라고 인정되는 법률관계로부터 발생하는 분쟁에 한하여 이 협약을 적용할 것이라고 선언한다.

[13-3]

Annex II

Recommendation regarding the interpretation of article II, paragraph 2, and article VII, paragraph 1, of the Convention on the Recognition and Enforcement of Foreign Arbitral Awards, done in New York, 10 June 1958, adopted by the United Nations Commission on International Trade Law on 7 July 2006 at its thirty-ninth session

The United Nations Commission on International Trade Law,

Recalling General Assembly resolution 2205 (XXI) of 17 December 1966, which established the United Nations Commission on International Trade Law with the object of promoting the progressive harmonization and unification of the law of international trade by, *inter alia*, promoting ways and means of ensuring a uniform interpretation and application of international conventions and uniform laws in the field of the law of international trade,

Conscious of the fact that the different legal, social and economic systems of the world, together with different levels of development, are represented in the Commission,

Recalling successive resolutions of the General Assembly reaffirming the mandate of the Commission as the core legal body within the United Nations system in the field of international trade law to coordinate legal activities in this field,

Convinced that the wide adoption of the Convention on the Recognition and enforcement of Foreign Arbitral Awards, done in New York on 10 June 1958,[6] has been a significant achievement in the promotion of the rule of law, particularly in the field of international trade,

Recalling that the Conference of Plenipotentiaries which prepared and opened the Convention for signature adopted a resolution, which states, inter alia, that the Conference "considers that greater uniformity of national laws on arbitration would further the effectiveness of arbitration in the settlement of private law disputes,"

Bearing in mind differing interpretations of the form requirements under the Convention that result in part from differences of expression as between the five

---

* 이는 국제연합의 A/6/17의 Annex Ⅱ이다.

6) United Nations, *Treaty Series*, vol. 330, No. 4739.

equally authentic texts of the Convention,

Taking into account article VII, paragraph 1, of the Convention, a purpose of which is to enable the enforcement of foreign arbitral awards to the greatest extent, in particular by recognizing the right of any interested party to avail itself of law or treaties of the country where the award is sought to be relied upon, including where such law or treaties offer a regime more favourable than the Convention,

Considering the wide use of electronic commerce,

Taking into account international legal instruments, such as the 1985 UNCITRAL Model Law on International Commercial Arbitration,[7] as subsequently revised, particularly with respect to article 7,[8] the UNCITRAL Model Law on Electronic Commerce,[9] the UNCITRAL Model Law on Electronic Signatures[10] and the United Nations Convention on the Use of Electronic Communications in International Contracts,[11]

Taking into account also enactments of domestic legislation, as well as case law, more favourable than the Convention in respect of form requirement governing arbitration agreements, arbitration proceedings and the enforcement of arbitral awards,

Considering that, in interpreting the Convention, regard is to be had to the need to promote recognition and enforcement of arbitral awards,

1. *Recommends* that article II, paragraph 2, of the Convention on the Recognition and Enforcement of Foreign Arbitral Awards, done in New York, 10 June 1958, be applied recognizing that the circumstances described therein are not exhaustive;

2. *Recommends also* that article VII, paragraph 1, of the Convention on the Recognition and Enforcement of Foreign Arbitral Awards, done in New York, 10 June 1958, should be applied to allow any interested party to avail itself of rights it may have, under the law or treaties of the country where an arbitration agreement is sought to be relied upon, to seek recognition of the validity of such an arbitration agreement.

---

7) *Official Records of the General Assembly, Fortieth Session, Supplement No. 17* (A/40/17), annex I, and United Nations publication, Sales No. E.95.V.18.

8) Ibid., *Sixty-first Session, Supplement No. 17* (A/61/17), annex I.

9) Ibid., *Fifty-first Session, Supplement No. 17* (A/51/17), annex I, and United Nations publication, Sales No. E.99.V.4, which contains also an additional article 5 bis, adopted in 1998, and the accompanying Guide to Enactment.

10) Ibid., *Fifty-sixth Session, Supplement No. 17* and corrigendum (A/56/17 and Corr.3), annex II, and United Nations publication, Sales No. E.02.V.8, which contains also the accompanying Guide to Enactment.

11) General Assembly resolution 60/21, annex.

1958년 6월 10일 뉴욕에서 채택된 외국중재판정의 승인 및 집행에 관한 협약 제2조 제2항과 제7조 제1항의 해석에 관하여, 국제연합 국제무역법위원회가 2006년 7월 7일 제39차회기에서 채택한 권고

[前文 번역 생략]

1. 1958년 6월 10일 뉴욕에서 채택된 외국중재판정의 승인 및 집행에 관한 협약 제2조 제2항을 적용함에 있어서, 동 항에 기술된 상황이 망라적인 것은 아니라는 점을 인정할 것을 권고한다.

2. 1958년 6월 10일 뉴욕에서 채택된 외국중재판정의 승인 및 집행에 관한 협약 제7조 제1항을 적용함에 있어서, 모든 이해관계인이, 중재합의가 유효함을 승인받기 위하여, 그곳에서 중재합의를 원용하려는 국가의 법률 또는 조약에 기하여 가지는 모든 권리를 이용할 수 있도록 허용할 것을 권고한다.

[14] 제네바의정서와 제네바협약

[14-1] 1923년 중재조항에 관한 제네바의정서(Protocol on Arbitration Clauses)

The undersigned, being duly authorised, declare that they accept, on behalf of the countries which they represent, the following provisions: —

1. Each of the Contracting States recognises the validity of an agreement whether relating to existing or future differences between parties, subject respectively to the jurisdiction of different Contracting States by which the parties to a contract agree to submit to arbitration all or any differences that may arise in connection with such contract relating to commercial matters or to any other matter capable of settlement by arbitration, whether or not the arbitration is to take place in aion is to take place in a country to whose jurisdiction none of the parties is subject.
   Each Contracting State reserves the right to limit the obligation mentioned above to contracts which are considered as commercial under its national law. Any Contracting State which avails itself of this right will notify the Secretary-General of the League of Nations, in order that the other Contracting States may be so informed.
2. The arbitral procedure, including the constitution of the arbitral tribunal, shall be governed by the will of the parties and by the law of the country in whose territory the arbitration takes place.
   The Contracting States agree to facilitate all steps in the procedure which require to be taken in their own territories, in accordance with the provisions of their law governing arbitral procedure applicable to existing differences.
3. Each Contracting State undertakes to ensure the execution by its authorities and in accordance with the provisions of its national laws of arbitral awards made in its own territory under the preceding articles.
4. The tribunals of the Contracting Parties, on being seized of a dispute regarding a contract made between persons to whom Article 1 applies and including an arbitration agreement whether referring to present or future differences which is valid in virtue of the said article and capable of being carried into effect, carried into effect, shall refer the parties on the application

of either of them to the decision of the arbitrators.

Such reference shall not prejudice the competence of the judicial tribunals in case the agreement or the arbitration cannot proceed or become inoperative.

5. The present Protocol, which shall remain open for signature by all States, shall be ratified. The ratifications shall be deposited as soon as possible with the Secretary-General of the League of Nations, who shall notify such deposit to all the signatory States.
6. The present Protocol shall come into force as soon as two ratifications have been deposited. Thereafter it will take effect, in the case of each Contracting State, one month after the notification by the Secretary-General of the deposit of its ratification.
7. The present Protocol may be denounced by any Contracting State on giving one year's notice. Denunciation shall be effected by a notification addressed to the Secretary-General of the League, who will immediately transmit copies of such notification to all the other signatory States and inform them of the date of which it was received. The denunciation shall take effect one year after the date on which it was notified to the Secretary-General, and shall operate only in respect of the notifying State. 8. The Contracting States may declare that their acceptance of the present Protocol doe present Protocol does not include any or all of the under-mentioned territories: that is to say, their colonies, overseas possessions or territories, protectorates or the territories over which they exercise a mandate.

The said States may subsequently adhere separately on behalf of any territory thus excluded. The Secretary-General of the League of Nations shall be informed as soon as possible of such adhesions. He shall notify such adhesions to all signatory States. They will take effect one month after the notification by the Secretary-General to all signatory States.

The Contracting States may also denounce the Protocol separately on behalf of any of the territories referred to above. Article 7 applies to such denunciation.

[14-2] 1927년 외국중재판정의 집행에 관한 제네바협약(Convention on the Execution of Foreign Arbitral Awards)

Article 1

In the territories of any High Contracting Party to which the present Convention applies, an arbitral award made in pursuance of an agreement, whether relating to existing or future differences (hereinafter called "a submission to arbitration") covered by the Protocol on Arbitration Clauses, opened at Geneva on September 24, 1923, shall be recognised as binding and shall be enforced in accordance with the rules of the procedure of the territory where the award is relied upon, provided that the said award has been made in a territory of one of the High Contractingne of the High Contracting Parties to which the present Convention applies and between persons who are subject to the jurisdiction of one of the High Contracting Parties.

To obtain such recognition or enforcement, it shall, further, be necessary:—

(a) That the award has been made in pursuance of a submission to arbitration which is valid under the law applicable thereto;

(b) That the subject-matter of the award is capable of settlement by arbitration under the law of the country in which the award is sought to be relied upon;

(c) That the award has been made by the Arbitral Tribunal provided for in the submission to arbitration or constituted in the manner agreed upon by the parties and in conformity with the law governing the arbitration procedure;

(d) That the award has become final in the country in which it has been made, in the sense that it will not be considered as such if it is open to opposition, appel or pourvoi en cassation (in the countries where such forms of procedure exist) or if it is proved that any proceedings for the purpose of contesting the validity of the award are pending;

(e) That the recognition or enforcement of the award is not contrary to the public policy or to the principles of the law of the country in which it is sought to be relied upon.

Article 2

Even if the conditions laid down in Article 1 hereof are fulfilled, recognition and enforcement of the award shall be refused if the Court is satisfied: —

(a) That the award has been annulled in the country in which it was made;

(b) That the party against whom it is sought to use the award was not given notice of the arbitration proceedings in sufficient time to enable him to present his case; or that, being under a legal incapacity, he was not properly represented;

(c) That the award does not deal with the differences contemplated by or fading within the terms of the submission to arbitration or that it contains decisions on matters beyond the scope of the submission to arbitration.

If the award has not covered all the questions submitted to the arbitral tribunal, the competent authority of the country where recognition or enforcement of the award is sought can, if it think fit, postpone such recognition or enforcement or grant it subject to such guarantee as that authority may decide.

Article 3

If the party against whom the award has been made proves that, under the law governing the arbitration procedure, there is a ground, other than the grounds referred to in Article 1 (a) and (c), and Article 2 (b) and (c), entitling him to conte, entitling him to contest the validity of the award in a Court of Law, the Court may, if it thinks fit, either refuse recognition or enforcement of the award or adjourn the consideration thereof, giving such party a reasonable time within which to have the award annulled by the competent tribunal.

Article 4

The party relying upon an award or claiming its enforcement must supply, in particular: —

(1) The original award or a copy thereof duly authenticated, according to the requirements of the law of the country in which it was made;

(2) Documentary or other evidence to prove that the award has become final, in the sense defined in Article 1 (d), in the country in which it was made;

(3) When necessary, documentary or other evidence to prove that the conditions laid down in Article 1, paragraph 1 and paragraph 2 (a) and (c), have been fulfilled.

A translation of the award and of the other documents mentioned in this Article into the official language of the country where the award is sought to be relied upon may be demanded. Such translation must be certified correct by a diplomatic or consular agent of the country to which the party who seeks to rely upon the award belongs or by a sworn translator of the country where the award is sought to be relied upon.

Article 5

The provisions of the above Articles shall not deprive any interested party of the right of availing himself of an arbitral award in the manner and to the extent allowed by the law or the treaties of the country where such award is sought to be relied upon.

Article 6

The present Convention applies only to arbitral awards made after the coming into force of the Protocol on Arbitration Clauses, opened at Geneva on September 24th, 1923.

Article 7

The present Convention, which will remain open to the signature of all the signatories of the Protocol of 1923 on Arbitration Clauses, shall be ratified.

It may be ratified only on behalf of those Members of the League of Nations and non-Member States on whose behalf the Protocol of 1923 shall have been ratified.

Ratifications shall be deposited as soon as possible with the Secretary-General of the League of Nations. who will notify such deposit to all the signatories.

Article 8

The present Convention shall come into force three months after it shall have been ratified on behalf of two High Contracting Parties. Thereafter, it shall take effects in the case of each High Contracting Party, three months after the deposit of the ratifications on its behalf with the Secretary-General of the League of Nations.

Article 9

The present Convention may be denounced on behalf of any Member of the League or non-Member State. Denunciation shall be notified in writing to the Secretary-General of the League of Nations, who will immediately send a copy thereof, certified to be in conformity with the notification, to all the other Contracting Parties, at the same time informing them of the date on which he received it.

The denunciation shall come into force only in respect of the High Contracting Party which shall have notified it and one year after such notification shall have reached the Secretary-General of the League of Nations.

The denunciation of the Protocol on Arbitration Clauses shall entail, ipso facto, the denunciation of the present Convention.

Article 10

The present Convention does not apply to the Colonies, Protectorates or territories under suzerainty or mandate of any High Contracting Party unless they are specially mentioned.

The application of this Convention to one or more of such Colonies, Protectorates or territories to which the Protocol on Arbitration Clauses, opened at Geneva on September 24th, 1923, applies, can be effected at any time by means of a declaration addressed to the Secretary-General of the League of Nneral of the League of Nations by one of the High Contracting Parties.

Such declaration shall take effect three months after the deposit thereof.

The High Contracting Parties can at any time denounce the Convention for all or any of the Colonies, Protectorates or territories referred to above. Article 9 hereof applies to such denunciation.

Article 11

A certified copy of the present Convention shall be transmitted by the Secretary-General of the League of Nations to every Member of the League of Nations and to every non-Member State which signs the same.

判例索引

[한 국]

[독 일]

[미 국]

[영 국]

[일 본]

[프랑스]

우리말索引

外國語索引

著者紹介

略　歷

서울대학교 법과대학 졸업
사법연수원 수료(11기)
독일 프라이부르그 법과대학 LL.M.
서울대학교 대학원 졸업(법학박사)
金·張 法律事務所 변호사(1984. 9.-1999. 2.)
영국 Linklaters & Paines 법률사무소 연수
한양대학교 법과대학 교수(1999. 3.-2007. 9.)
현재 서울대학교 법과대학 교수: 國際去來法·國際私法 담당

著　書

「증거조사에 관한 국제민사사법공조 연구」(법무부)
「國際裁判管轄에 관한 硏究」(서울대학교 출판부)
「國際私法과 國際訴訟」 제 1 권, 제 2 권, 제 3 권, 제 4 권(博英社)
「2001년 개정 國際私法 해설」 제 1 판, 제 2 판(도서출판 지산)

論　文

스왑거래의 법적 문제점
국제물품매매협약 가입과 한국법에의 수용
연지급신용장의 만기전 매입 또는 지급
신용장의 비서류적 조건의 유효성
항공기에 대한 국제적 담보거래 —케이프타운협약과 항공기의정서를 중심으로—
국제물품매매계약에 관한 국제연합협약(CISG)상의 본질적 계약위반
채무자회생 및 파산에 관한 법률(이른바 統合倒産法)에 따른 國際倒産法
외 다수

國際商事仲裁法研究 제1권

2007年 10月 25日 初版印刷
2007年 10月 30日 初版發行

著　者 石　光　現
發行人 安　鍾　萬
發行處 博　英　社
서울特別市 鍾路區 平洞 13-31番地
電話 (733) 6771 FAX (736) 4818
登錄 1952. 11. 18. 제1-171호(倫)

著者와 협의하여 印紙 첩부를 생략함

www.pakyoungsa.co.kr e-mail: pys@pakyoungsa.co.kr

定　價 45,000원

ISBN 978-89-10-51472-5
978-89-10-51471-8(세트)